일본 정치사상사

일본 정치사상사

17~19세기

와타나베 히로시
김선희 · 박홍규 옮김

KOREA
UNIVERSITY
PRESS
고려대학교
출판문화원

이 책은 일본 산토리문화재단의 2016년도 해외출판조성기금 및 한국연구재단의 지원(NRF-2007-362-A00019)을 받음.

한국어판 저자 서문

저는 이제까지 한국의 여러 연구자들과 교류하면서 많은 공부를 해 왔습니다. 우선 이에 대해 깊이 감사하는 바입니다. 특별히 한국어로 졸저 《일본 정치사상사―17~19세기》(도쿄대학출판회, 2010)가 번역·간행되는 것은 다른 언어로 번역되는 것보다 저에게는 훨씬 기쁜 일이자 명예로운 일입니다(이 책은 이미 영문판 *A History of Japanese Political Thought, 1600-1901* [Tokyo: I-House Press, 2012]이 간행되었고, 현재 중국어판의 출판이 진행되고 있습니다).

이 책을 주목해 주시고 번역·간행을 위해 진력해 주신 박홍규 교수님께 깊이 감사드립니다. 세심한 주의를 기울여 번역에 임해 주신 김선희 박사님에게도 또한 감사 인사를 전합니다. 진심으로 고맙습니다. 아울러 이 책의 간행을 지원해 주신 산토리문화재단에도 사의를 표합니다. 재단의 지원이 이 책의 출판에 큰 도움이 되었습니다.

저는 이 책을 일본어로 썼지만 일본인을 위해 쓴 것은 아니었습니다. 또 일본인으로서 쓰려는 마음도 없었습니다. 저는 그동안 써 온 다른 논문과 마찬가지로 (아무리 소수라 할지라도) 이 주제에 관심을 가진 세상의 모든 사람들을 향해서, 이 주제에 관심을 가진 한 인간으로서 쓰고자 하였습니다.

이런 집필 자세는 자연과학 분야에서는 당연한 것입니다만, 사회과학 · 인문과학에서는 반드시 일반적인 것은 아닐지도 모르겠습니다. 그러나 예를 들어 어느 한 나라 사람들만을 대상으로 이야기하고 그 나라에서만 설득력을 가지는 '학문'은 학문으로서 불충분하지 않을까요? 그런 까닭에 가장 가까우면서도 한편으로는 (안타깝게도) 요즘은 더더욱 먼 이웃나라인 한국의 독자에게 이 책이 읽히고 논의의 대상이 되어 준다면 저로서는 참으로 기쁘겠습니다.

이 책에는 서구 중심주의에 대한 비판이 담겨 있습니다. 그렇다고 해서 '아시아 중심주의'의 입장에 서 있지도 않습니다. 하물며 '일본 중심주의' 같은 것은 결코 아닙니다. 이 책은 17세기 초부터 19세기 말까지의 일본을 주제로 삼고 있는데, 그 주제가 그저 세계 안에서 그리고 동아시아 안에서 일어나는 흥미로운 한 가지 예이기 때문입니다.

무엇보다 거기서 전개된 정치사상사의 내용은 특히 한국사상사와 비교하면 극히 특이하고 기묘하기조차 할 것입니다. 그러나 아무리 특이하고 일견 기묘한 사상이라 할지라도, 그런 사상이 출현한 환경 · 상황을 잘 이해하면 누구라도 (찬동하지는 않더라도) 이해할 수 있을 것이라고 저는 믿고 있습니다. 그런 신념이 어디까지 실현되었는지 아무쪼록 읽고 확인해 보시길 바랍니다.

이 책의 간행이 한국과 일본의 지적 교류를 한층 활발하게 하는 계기가 되고, 또한 정치라고 하는, 인류에게 그야말로 성가신 문제를 이해하고 연구하는 데 조금이라도 공헌할 수 있다면 다행이겠습니다.

2017년 봄, 요코하마에서
와타나베 히로시

차례

한국어판 저자 서문 5

서장 이 책으로의 초대 13

1. 정치에 대한 물음 13
2. 일본 · 메이지 유신 · 역사의 즐거움 14
3. 타임머신을 타고 16

제1장 중화의 정치사상 — 유학 23

1. 들어가며 23
2. 천天과 인人 24
3. 예禮와 도道 26
4. 오륜과 오상 28
5. 천자와 천하 30
6. 군 · 신 · 민 32
7. 예악 · 학교 · 과거 34
8. 수기치인 35
9. 삼대三代와 혁명 36
10. 화이華夷 39

제2장 무사들의 고뇌 43

1. 들어가며 43
2. 전국戰國시대에 44
3. 어정밀御靜謐 시대에 52

제3장 어위광御威光의 구조 — 도쿠가와 정치체제 61

1. 권력과 종교 61
2. 폭력과 평화 65
3. 어위광의 모습들 68
4. 어위광의 장치 75

제4장 가직家職국가와 입신출세 79

1. 이에イエ 79
2. 종족宗族 84
3. 가업도덕 87
4. 시장도덕 92

제5장 매력적인 위험 사상 ― 유학의 섭취와 알력 95

1. 동기 95
2. 유자儒者의 출현 101
3. 사士와 군신 105
4. 인정仁政 112
5. 혁명 115

제6장 이웃 나라의 정통 사상 ― 주자학의 체계 119

1. 들어가며 119
2. 존재론 121
3. 인간론 125
4. 수양론 128
5. 통치론 133

제7장 '사랑愛'의 역설 137
― 이토 진사이伊藤仁齋(도가이東涯)의 사상

1. 인물과 저작 137
2. 도道 140
3. 인정人情·풍속 142
4. 인仁 145
5. 왕도王道 148
6. 혁명 151

제8장 일본 국왕을 위하여 155
― 아라이 하쿠세키新井白石의 사상과 정책

1. 인물과 저작 155
2. 안민安民 159
3. 예악禮樂 164
4. 일본 국왕과 공주共主 167
5. 서양과의 만남 172

제9장 반反'근대'의 구상 — 오규 소라이荻生徂徠의 사상 177

1. 인물과 저작 177
2. 방법 179
3. 도 181
4. 장치 190

제10장 무뢰와 방벌 — 소라이학의 붕괴 199

1. 초조 199
2. 붕괴 200
3. 방벌 — 야마가타 다이니의 사상 208

제11장 반反도시의 유토피아 — 안도 쇼에키安藤昌益의 사상 215

1. 인물과 저작 215
2. 토활진土活眞과 전정轉定 219
3. 남녀 220
4. 자연의 세상 223
5. 법세法世 226
6. 복귀 228

제12장 어백성御百姓과 강소强訴 233

1. 연공年貢과 어백성 233
2. 무라오키테村掟와 하치부ハチブ 237
3. 소송과 공사公事 239
4. 잇키一揆와 강소 242

제13장 기묘한 진심 — 모토오리 노리나가本居宣長의 사상 249

1. 게이추契沖 249
2. 가모노 마부치賀茂眞淵 251
3. 인물과 저작 255
4. 노래 배우기 257
5. 고대의 도 260
6. 고대의 도와 지금의 세상 271

제14장 민을 들뜨게 하다 — 가이호 세이료海保青陵의 사상 277

1. 인물과 저작 277
2. 지智 278

3. 다스림과 장치 283
4. 경제와 경쟁 289
5. 사士와 상인 291
6. 들뜨게 하다 · 상승시키다 294
7. 난문難問 299

제15장 일본이란 무엇인가 — 구조와 변화 301
1. 구니國 301
2. 화이華夷 304
3. 일본국 · 일본인 306

제16장 성性의 불가사의함 317
1. 성과 정치체제 317
2. 우키요浮世와 색色 317
3. 이에와 색 324
4. 무사와 색 333
5. 금리와 합체 335

제17장 서양이란 무엇인가 — 구조와 변화 341
1. 당인唐人과 이인異人 341
2. 기독교切支丹 341
3. 궁리 345
4. 삼대三代 350

제18장 사상 문제로서의 개국 361
1. 인 · 의 · 예 361
2. 도리의 소재 368
3. 세계 일통一統 375

제19장 와해와 일신 379
1. 난세적 혁명 379
2. 어국위御國威와 양이 381
3. 존왕과 무가 384
4. 인심 화합과 공의 여론 390
5. 폭정과 자유 393

제20장 문명개화 399

1. 바람風 399
2. 예의와 사람됨 402
3. 구한毆漢일치 · 백교百教일치 407
4. 방법 410

제21장 후쿠자와 유키치의 서원誓願 419

1. 인물과 저작 419
2. 독립과 문명 423
3. 네이션 438
4. 고상함 443

제22장 루소와 이의理義 — 나카에 조민中江兆民의 사상 447

1. 인물과 저작 447
2. 이의理義 453
3. 정치와 이의 456
4. 정치의 이의 458
5. 생각해야만 한다 464

에필로그 467
옮긴이 후기 470

도판 출전 일람 476
주요 인물 소개 479
주요 인명 찾아보기 498

일러두기

1. 외래어의 우리말 표기는 기본적으로 국립국어원의 외래어 표기법에 따랐다.
2. 일본어 표기는 한자를 음독하는 경우에는 우리말 한자음대로, 훈독하는 경우에는 일본어 발음대로 표기하는 것을 기준으로 하되, 인명과 지명, '쇼군'과 같이 익숙한 일본 역사 용어는 일본어 그대로 표기했다. 서명의 경우는 기본적으로 같은 기준을 따르되, 독자의 이해를 위해 우리말 번역을 덧붙였다.
3. 각주에는 저자 주와 함께 필요한 경우 역자 주를 추가했고, 본문에 등장하는 인물들에 관한 소개를 부록으로 덧붙였다.
4. 연도는 연호를 통해서도 시대를 가늠할 수 있는 까닭에 서기와 일본의 연호를 병기했다.
5. 본문에서 저자가 강조 및 사료 인용을 밝히기 위해 사용한 꺾쇠표는 빈도가 잦아 가독성이 떨어진다고 판단되어 경우에 따라 생략했다.

서장 이 책으로의 초대

1. 정치에 대한 물음

세상이 이래도 되는 것일까? 이런 일들이 벌어져도 인류에게 미래가 있을까? 내가 지금 살고 있는 이 국가는 어떤가? 이대로는 안 된다면, 혹은 적어도 안 좋다고 한다면 어떻게 해야 할까? 어떻게 하면 나아질 것인가?

이런 물음에 인류는 기원전부터 고민해 왔다. 그런 물음에 최종적인 해답을 준다는 교의나 사상도 지속적으로 등장했다. 그 실현을 위해서, 그리고 그 실험의 결과 이미 막대한 피를 흘렸다. 그러나 실상은 그에 대한 해답은 여전히 찾지 못하였다.

어쩌면 이런 물음에 대한 해답은 결국 없는지도 모르겠다. 우리들은 끝없이 변화하는 복잡한 체계 속에서 순간순간을 단지 즉흥적으로 살아가는 데 지나지 않은지도 모른다. 그러나 어두컴컴한 허공에서 흩날리듯이, 끊임없이 즉흥적이고 지침마저 없는 영속이 가능할까?

세계도 국가도 결국 개인의 집합체라고 한다면, 이런 물음은 인간이 어떻게 살 것인가라는 인생관 · 윤리관의 문제이다. 또 인간이 집단을 이루어 살 수밖에 없는 이상 어쩔 수 없이 발생하는 공동과제와 씨름하고, 그 집단을 운영해 가는 것은 결국 정치의 문제이다. 그렇다면, 정치는 어떠해야 하며, 통치는 어떻게 행해져야 할 것인가, 또 어떻게 가능한가라는 문제에 다다르게 된다(물론, 애초에 국가나 정치는 없는 편이 낫다는 의견도 있다).

위와 같은 물음에 대하여 생각하려면 지금까지 고안된 여러 가지 견해를 음미하는 것이 한 가지 방법이 될 것이다. 과거 정치에 관련된 사상—체계적인 사상뿐 아니라 막연한 생각과 감정을 포함하며, 또 인생관 · 윤리관뿐 아니라, 자연관 · 인간관 · 사회관도 관련된다—을 탐구하여 이해하는 것은, (그 역사적 문맥이 상이함에도 불구하고 현대의 우리가 이해할 수 있는 이상은) 지금 정치에 대하여 원리적으로 고찰하기 위한 자극과 재료를 얻는 기회가 되지 않을까?

2. 일본 · 메이지 유신 · 역사의 즐거움

이 책은 도쿠가와 시대부터 메이지 기 중반까지의 '일본'을 다룬다. 후술하듯이(15장), 도쿠가와 시대에 현재의 '일본' 열도의 혼슈本州 · 시코쿠四國 · 규슈九州와 주변 섬들—즉, 도쿠가와 가문과 그 밑에서 참근교대參勤交代[1]를 하는 다이묘大名[2]의 가문이 통치했던 범위—에 살고 있던 대다수 사람들은 중국[3]이나 천축天竺과 함께 일본의 존재를 명료하게 의식하고 있었다. 중국인이 아닌 일본인이라는 의식이다. 이 책은 넓은 의미에서 정치에 관련되는 일본인들의 사유 · 생각 · 의식 · 심정과 변천을 그 대상으로 삼는다. 거꾸로 말하면 당시 다수 간행되었

1_[옮긴이] 참근교대는 에도 막부가 다이묘를 통제하기 위하여 정기적으로 영지를 떠나 일정 기간 에도에 체류하게 한 제도이다. 일본어로는 '산킨코타이'라고 읽는다.

2_[옮긴이] 다이묘는 에도 시대 막부 직속의 지교知行 1만 석 이상을 영유한 무사를 가리킨다.

3_[옮긴이] 당시에는 중국을 唐, 漢으로 쓰고 '가라'라고 읽었다. 지나支那라는 용어는 에도 시대부터 사용되어 메이지 이후에는 일반화하였고, 제국주의 시대 대륙침략의 확대와 함께 경멸의 뜻을 띠게 되었다. 일본의 패전 후에는 한자를 쓰지 않고 가타카나로 표기하여 사용하였다.

던 전국 지도에는 종종 기재되지 않은 대부분의 에조치蝦夷地와 류큐국琉球國[4]에서 살아 간 사람들의 사상은 다루지 않는다. 그들에게 18세기는 애당초 '도쿠가와 시대'가 아니었기 때문이다.

당시 일본인은 앞서 던진 물음에 어떤 생각을 하였을까? 국가나 사회를 무엇이라고 여겼으며, 또 그런 생각은 어떻게 변화했을까?

이 시기 비교적 고립된 열도에서 전개된 정치사상의 역사는 때로 기묘하리만큼 독특하다. 게다가 열도 밖의 정치사상에 거의 영향을 끼치지 못했다. 그런 의미에서는 갈라파고스 제도에서 독자적으로 진화한 기묘한 동물이 떠오를지도 모르겠다. 그러나 바로 그 동물들의 '기묘함'이야말로 다윈의 연구가 위대한 보편적 이론의 성립에 중요한 계기가 되었음을 모르는 사람이 누가 있겠는가?

정치 · 사회제도나 정보가 전달되는 구조는 때로 사람들의 생각을 깊게 규정하지만 거꾸로 사람들의 생각이 정치 · 사회제도를 바꾸기도 한다. 예를 들면 메이지 유신이 그렇다. 유신의 진행을 목격한 러시아 혁명가가 "역사상 우리들이 알 수 있는 가장 완전하고 급진적인 혁명"이라고 평가한[5] 이 엄청난 정치 · 사회 · 경제 · 문화의 혁명은, 알다시피 미국 정부가 파견한 소함대의 에도 만 진입(1853)이 계기였다. 그 후 14년여 만에 그때까지 2세기 반 동안 지속되어 온 초장기 군사정권이 맥없이 붕괴되고, 금리禁裏[6]가 역사상 처음으로 긴키近畿 지방을 떠나 에도江戸까지 이전하게 된 것이다. 이유가 무엇일까? 그리고 그때까지 양이攘夷를 부르짖던 사람들이 180도 바뀌어 서양을 모범으로 삼는 '문명개화'를 추구하기 시작하고, 이윽고 천황을 받들고 의회를 가진 국가를 만든 것이다. 도대체 무슨 일이 일어났던 것일까?

4_[옮긴이] 에조치는 지금의 홋카이도와 지시마千島, 사할린을 가리키며, 류큐국은 지금의 오키나와 현 일대에 위치하였던 독립왕국이다.

5_레프 일리치 메치니코프Lev Il'ich Mechnikov 《망명 러시아인이 본 메이지 유신》(講談社, 1982) 16쪽. 메치니코프는 1874년부터 다음 해까지 도쿄에 체재하였다.

6_[옮긴이] 원래는 천황이 사는 장소를 가리키는데, 바뀌어 천황을 뜻하기도 한다. 금중禁中 · 내리內裏라고도 한다. 일본어로는 '긴리'라고 읽는다.

이러한 사태는 도쿠가와 가문의 지배가 확립된 때나, 가혹한 기독교 금제가 실행된 때에도, 또 1673년(寬文 13)에 통상재개를 요구한 영국의 요청이 매몰차게 거절되었을 때에도 예상하지 못했을 것이다. 그러면서도 작은 계기로 와해와 변혁으로 돌진하게 된 조건들이 페리 내항 이전 국내에 충분히 형성되어 있었을 것이다. 도쿠가와 가문의 치세에 당시 인구로는 세계에서도 유수했던 대국에서 무엇인가 벌어지고 있었던 것이다. 정치 · 사회의 존재양태를 뿌리에서부터 변혁시키고 새로운 체제를 태어나게 한 무언가가, 지적으로도 이미 발생하고 있었던 것이다. 이 세계사적 대사건의 지적 기원과 그 귀결을 탐색하는 것을 이 책은 과제로 삼는다.

그렇지만 사실 다른 어떤 의의를 갖지 않는다 해도 역사의 탐구는 그 자체로 즐거운 것이다. 사람에게 사람만큼 흥미로운 것은 없다. 다종다양한 사람들이 희한하게도 이 세상에 태어나 그 짧은 삶 동안 생각하고 느끼며 살아간 것—그런 삶을 알고 이해하는 일은 지금까지 많은 사람들에게 큰 즐거움이었다. 이 책은 그 즐거움을 아는 것을 지향한다.

3. 타임머신을 타고

과거를 탐구하고 있노라면 '정말 타임머신이 있다면 얼마나 좋을까? 15분만이라도 좋으니 시가지를 둘러보고 사람들을 만나 봤으면!'이란 상상을 한다. 그러나 실은 우리는 이미 고성능 타임머신을 가지고 있다. 바로 문자이다. 문자를 통하여 우리는 천 년 전 헤이안쿄平安京[7] 궁정 여성의 감상과 짝사랑도 어느 정도까지는 공감할 수 있다. 400년 전 전국시대 무사가 주군을 향해 품었던 애증 역시 어느 정도 이해할 수

7_[옮긴이] 간무桓武천황 치세의 794년에 나가오카쿄長岡京에서 이전하여 1868년 도쿄로 옮기기 전까지의 수도로 중국의 장안을 모방하여 설계하였다. 현재의 교토부의 중심부로 동서 약 4.5km, 남북 5.2km에 걸치며, 중앙을 남북으로 가로지르는 주작대로에 의해 좌경 · 우경으로 나뉜다.

있다. 또는 에도의 어느 저택에서 존마게丁髷[8]를 틀어 올린 이의 머릿속에서 전개된 당시의 상세한 현상분석과 정책제안을 이해하는 것도 어느 정도 가능하다.

지금부터 이 어마어마한 타임머신을 이용하여 약 100년에서 400년 전으로 시간을 거슬러 올라가 보도록 하자. 과거의 아름다운 일본 열도의 역사로!

일찍이 일본 열도는 정말로 아름다웠던 것 같다. 도쿠가와 말부터 메이지 초기에 일본을 방문한 서양인들은 종종 사람을 황홀하게 하는 이야기의 나라에서 길을 잃어버린 것 같은 인상을 받았다고 입 모아 이야기한다. 예를 들면 메이지 초기에 일본에 온 프랑스인은 다음과 같이 적고 있다.

> 50일간의 항해 끝에 상륙할 육지와 항구가 나타나는 순간의 느낌은 어디에도 비교할 바가 못 된다. 눈앞에 펼쳐지는 해안선과 풍경을 얼마나 그려 왔던가! 첫눈에 들어오는 광경은 항상 기대를 저버리는 일이 많다. […] 그러나 에도 만에 들어와 요코하마横浜를 바라보며 닻을 내리는 여행자의 경우는 다르다. 여행자의 눈에 들어오는 것은 1년 내내 푸른 언덕과 그림처럼 깎아지른 절벽, 바다 가운데까지 깊숙이 들어간 수목 사이에 숨어 있는 마을, 마침내 더 가까이 다가가면 산기슭에 계단형으로 줄지어 자리 잡은 별장(방갈로), 우아한 집들이 질서 정연하게 덮고 있는 절벽, 녹색의 산기슭에 자리한 하얀 도시이다. 운 좋게 투명한 겨울 하늘에 태양이 빛난다면, 이 광경은 그야말로 넋을 잃을 만큼 아름다워서, 일본에서 요코하마의 해안과 그 부근만 보고서도 "시칠리아 하늘 아래 프로방스 기후"를 만났다고 하는 선원이나 여행자의 환희가 거짓이 아님을 증명한다.[9]

8_[옮긴이] 에도 시대 남자 머리모양의 하나로, 이마 위의 머리를 밀고 뒷부분의 머리를 모아 틀어 올린 일본식 상투이다.

식산홍업 · 전쟁 폐허 · 고도성장 이전 도쿄 만의 모습이다.

개항 이전 에도는 인구로 치면 이미 세계 굴지의 대도시였다. 그러나 마차 한 량, 증기기관 한 대도 없는 곳이었다. 낮이라도 산기슭이라면 더욱 조용했을 것이다. "각종 야생 동물이 […] 그러나 놀랄 정도로 사람을 무서워하지 않으며"[10] 지요다 성千代田城의 해자에는 따오기가 놀고 있고,[11] 때때로 정문 위 하늘에는 학이 춤추고 있었다.[12] 램프나 전등도 없었다. 맑은 날이면 에도의 밤하늘에도 은하수가 넓게 가로지르고 달이나 별이 뜨지 않은 밤에는 길가도 정말로 캄캄했다. 사람들의 이동은 원칙적으로 도보였다. 여행의 노정은 하루 40킬로미터가 표준이었다. 총인구의 8할 이상이 살고 있는 교외의 마을[13]에 가 보면, 토지는 부지런한 농부의 손에 의해 구석구석 경작되어 있었다(비료로 썼던 분뇨 냄새는 났다지만).

그러나 생활은 지금과 비교하면 심하게 가난했다. 아무나 다다미가 깔린 저택에서 살 수 있던 것은 아니다. 오늘날 남아 있는 대부분의 '전통적'인 민가는 매우 훌륭한 것이다. 봉당만 있는 집에 볏짚이나 왕겨 위에서 가축처럼 자는 사람도 있었다.[14] 유아사망률은 어마어마하게 높았고 다섯이 태어나도 둘만 살아남는 것이 보통이었다.[15] 요컨대 부모는 과반수의 자식과 (때로는 양육이 어려워 산아를 죽임으로써) 어릴 적

9_조르주 부스케Georges Bousquet《부스케 일본견문기: 프랑스인이 본 메이지 초년의 일본 1》(みすず書房, 1977) 57-58쪽. 괄호 안 문장도 원저자에 의함.

10_타운젠드 해리스Townsend Harris《일본 체재기 하》(岩波書店, 1954) 33쪽.

11_러더퍼드 올콕Rutherford Alcock《대군의 수도: 막말 일본 체재기 상》(岩波書店, 1962) 213쪽.

12_마쓰라 세이잔松浦静山《갑자야화 속편 3》(平凡社, 1980) 92쪽.

13_세키야마 나오타로關山直太郎《근세 일본인의 인구 구조》(吉川弘文館, 1958) 312쪽. 기토 히로시鬼頭宏《문명으로서 에도 시스템(일본의 역사 19)》(講談社, 2002) 96쪽.

14_고다마 고타兒玉幸多《근세 농민 생활사(신고판) 3》(吉川弘文館, 1957) 180-182쪽. 또 1788년 한 여행자는 사카타酒田 가문의 조카마치 쓰루오카鶴岡의 "열에 여덟 집은 봉당에 기거하고 있다"고 보고하였다. 후루카와 고쇼켄古川古松軒《동유잡기: 무오奧羽 · 마쓰마에松前 순시사기》(平凡社, 1964) 61쪽.

15_기토 히로시, 앞의 책, 81-95쪽.

에 사별하였다. 영양실조에 걸리기도 했을 것이다. 어른이라 할지라도 지금과 비교하면 안쓰러울 정도로 체구가 작았다.[16]

그러나 마루마게丸髷[17] · 시마다島田[18] · 존마게로 틀어 올린 머릿속에서 지성은 활발하게 활동하였다. 동시대의 세계 수준에서 보더라도 식자율은 매우 높았다.

> 모든 일본인—최상층에서 최하층까지 모든 계급의 남녀, 아이들—은 종이와 붓과 먹물을 휴대하거나 늘 몸에 지니고 있다. 모두가 읽기와 쓰기 교육을 받는다. 하층계급일지라도 쓰는 습관이 있으며 편지로 오가는 의사전달은 우리보다 널리 행해지고 있다.

1848년(嘉永 1)에 '밀입국'하여 다음 해 나가사키長崎에서 강제 송환된 미국인의 관찰이다.[19] 좀 과장이 있더라도 이런 증언은 많다.[20]

더구나 이미 전국적인 시장경제가 성립하였다. 오사카大坂에서는 쌀의 선물거래가 이루어졌고, 각 지방은 앞 다투어 특산품 개발에 힘썼다. 영국 초대 주일공사는 "이들의 문명은 고도의 물질문명이며 모든 산업기술은 증기의 힘과 기계의 도움 없이 도달할 수 있는 최대치의 완

16_예를 들면 폴 본탱Paul Bonnetain의 〈메이지 자폰 1886〉에는 남자의 평균 신장이 150-155cm라고 나와 있다. 《몽블랑의 일본 견문기: 프랑스인의 막말 메이지관》(新人物往來社, 1987) 106쪽.

17_[옮긴이] 기혼 여성의 머리 모양의 하나로 타원형으로 평평하게 올렸다.

18_[옮긴이] 주로 미혼 여성이 틀었던 머리 모양의 하나로 여러 종류가 있다.

19_로널드 맥도널드Ronald MacDonald 《일본 회상기: 인디언이 본 막말 일본》(刀水書房, 1979) 124쪽.

20_예를 들면 1860년에 일본에 온 프로이센 장교는 다음과 같이 적고 있다. "일본에서는 하녀들이 서로 친구에게 편지를 쓰기 위하여 여가를 이용하며, 누더기를 걸친 육체노동자라도 읽고 쓸 수 있어 우리를 놀라게 한다. 민중교육을 관찰한 바, 전혀 읽고 쓰기가 안 되는 문맹은 전체 1%에 지나지 않는다. 세계 어느 나라가 자국이 이렇다고 말할 수 있겠는가?" 라인홀트 베르너Reinhold Werner 《에르베 호 함장의 막말기》(新人物往來社, 1990) 90쪽. 참고로 1850년경 즉 이미 산업혁명이 진행되던 유럽의 식자율은 최대 50-55%, 러시아제국은 5-10%였다고 한다. 카를로 치폴라Carlo M. Cipolla 《읽고 쓰기의 사회사: 문맹에서 문명으로》(御茶の水書房, 1983) 61쪽.

성도를 보인다"고 보고하였다.[21] 상인들은 시장경제에서 성공하기 위해 극심한 경쟁을 하였다. '입신출세'는 메이지 기의 신기한 유행어가 아니라 그들이 즐겨 사용한 말이다.

그에 따라 출판업도 성황이었다. 소설 · 춘본春本이나 각종 취미서부터, 사전 · 교과서나 장사에서 성공하기 위한 매뉴얼, 근엄한 유학서 · 불교서 · 역사서와 난학서蘭學書까지 다종다양한 책이 출판되어 판매되었다. 방언의 분화는 매우 커서, 에도 사람이 조금이라도 주요 가도를 벗어나면 의사소통에 오해가 발생할 정도였지만,[22] (당시 공문서의 서체 · 문체이기도 한) 오이에류御家流[23]의 흘려 쓴 글자로 소로분候文[24] 편지를 쓰면 전국 어디에서도 통용되었다(한문은 동북아시아 전체에서 통용되었다). 하치노헤八戸[25]에 사는 의사가 교토京都에 있는 출판사에서 책을 간행하기도 하였다(안도 쇼에키安藤昌益《자연진영도自然眞營道》 1753). 잡지는 없었지만 서평이나 논쟁도 행해졌다. 다양한 지성의 네트워크가 확산되어 나름의 '문예 공화국La république des lettres'이 성립한 것이다. 정치에 직접적인 정식 참여는 그만한 지위에 있는 무사신분의 남성으로 제한되었지만 그에 관련한 논의는 활발하였다. 정치에 직간접으로 관련되는 다양한 지식의 침투와 논의의 전개, 아마도 이것이 당시 권력자들의 의식까지 점차 변화시켜서 저 메이지 유신 역시 은밀하게 준비했던 것이다.

다만 이들의 문장을 경솔하게 읽으면, 당시 복장이나 머리 모양이 현대 일본인에게 이미 이국적인 것처럼 그들의 사고 또한 기묘하게 생각되기도 한다. 때때로 유치하게까지 느껴질지도 모르겠다. 만약 그럴 때면 우선 자신의 무지와 몰이해를 반성해야 한다. 저들도 우리와 마

21_러더퍼드 올콕《대군의 수도: 막말 일본체재기 하》(岩波書店, 1962) 201쪽.

22_예를 들면, 후루카와 고쇼켄《동유잡기 15》(平凡社, 1964) 15, 41, 88쪽 참조.

23_[옮긴이] 일본식 서체의 유파를 가리킨다.

24_[옮긴이] 문말에 '소로우候'라는 경어를 사용하는 문어체의 글로, 중세 이래 편지나 공문서 등에 사용되었다.

25_[옮긴이] 지금의 동북지방 북부 아오모리 현青森縣 남동부에 위치한 도시이다.

찬가지로 분별력 있는 성인이다. 일견 논쟁이 우습게 여겨진다면 거기에는 현대의 우리에게 보이지 않는 어떤 전제조건이 숨어 있는 것이다. 이 점을 염두에 두고 확실히 역사적 문맥 속에서 바라볼 때 우리와 마찬가지로, 세상에서 대다수 다양한 사람들과의 공생과 관련한 곤란한 문제를 조용히 사색하는 이들의 모습이 등신대로 눈앞에 나타날 것이다.

제1장 중화의 정치사상 – 유학

1. 들어가며

유학은 인류가 지금까지 쌓아 온 최강의 체계적인 정치이데올로기이다. 공자(孔丘, 기원전 552-479)가 집대성한 이후, 점차 다른 사상조류와의 싸움에서 이기고 기원전부터 2천 년 이상 긴 세월 동안 거의 일관되게 세계 굴지의 대제국의 정통 사상으로서 군림하였다. 특히 전근대 동아시아에서 압도적인 권위를 가진 윤리철학 · 정치철학이 되었다. 도쿠가와 일본에서도 유학은 지식인에 의한 정치사상사 전개의 기축이 되었고, 메이지 유신에도 중대한 역할을 하였다. 우선 유학의 정치사상 체계를 개관하되, 유학에도 많은 학파가 있고 견해도 서로 다르기 때문에, 여기서는 특히 주자학에서 전제가 된 가장 기본적인 내용을 소개하고자 한다. 주희朱熹(1130-1200)가 집대성한 주자학은 중국 송대에 성립하여 이후 명 · 청과 조선에서 정통 학문으로 여겨졌고, 그 때문에 도쿠가와 일본에서도 독특한 유학사 전개의 전제가 된 거대한 학파이다.

주자학자를 포함한 유학자는 대체로 다음과 같이 생각한다.

2. 천天과 인人

세상에는 하늘이 있고 땅이 있다. 그 하늘 아래, 그리고 땅 위에 사람이 살고 있다. 저승이라는 것은 없다. 불교도처럼 이승은 어차피 허망하다고도 하지 않는다. 확실히 천·지 · 인으로 구성되는 이 세상만이 존재한다(물론 이것은 장자나 데카르트가 아니더라도 논리적으로 의심할 만한 전제이다. 그러나 유학자는 이러한 확신에서 출발한다).

하늘이란 단순한 허공이 아니다. 그것도 포함되지만 현대 일본어로 말하면 '대자연' '대우주'에 가깝다(육안의 시대이다. '자연'이나 '우주'라고 부르더라도 규모에 차이는 없다). 맑게 갠 밤하늘에는 손에 잡힐 듯한 별과 달, 쉼 없이 운행하는 태양, 대체로 규칙적으로 순환하는 계절, 시시각각 변화하는 날씨—이러한 인위를 초월한 모든 현상은 바로 하늘의 움직임이자 그 작용이다.

따라서 따뜻한 봄을 맞이하여 초목과 곡류가 싹을 틔우고, 태양과 비의 은총으로 성장하여 결실을 맺는 것도 하늘의 작용이다. 그런 열매를 먹이로 하여 동물이 살아가고 번식하는 것 역시 결국 하늘의 활동의 일부이다. 그래서 하늘은, 땅에 대비되는 말이지만 땅을 포함하여 말하기도 한다(실제로 지진도 '천재'라고 하지 않는가).

더욱이 사람 역시 이 동식물을 이용하면서 돌고 도는 계절 속에서 태어나 살아가며 자식을 낳아 기른다. 하늘의 크나 큰 작용 안에서 인류도 살아가는 것이다. 그런 의미에서 사람 또한 하늘의 영위의 일부이다. 우리도 대자연 · 대우주의 일부이며 그 작용으로 그곳에서 태어나 그곳으로 돌아가는 것이다. 요컨대 천 · 지 · 인은 구별하거나 대비할 수는 있어도 동시에 모든 것은 하늘이라고 할 수 있다.

하늘이란 조용히 스스로 끊임없이 모든 것을 생성하고 살아가게 한다. 물론 때로는 잔혹한 재앙도 일으킨다. 그럼에도 불구하고 지금 우리 인류는 살아 있다. 많은 것이 하늘의 은혜로 살아가고 있다. 이것이 바로 부동의 기본적인 천의天意이다. 대단하지 않은가? 도대체 누가 대

자연, 즉 하늘을 외경하지 않을 수 있겠는가?

이렇게 유학자는 초월적인 인격신 없이도, 서구의 급진적 계몽 철학자들처럼 무엇보다 nature에 의거하여[1] 장대한 윤리와 정치의 철학체계를 구축하려 한 것이다.

사람의 삶도 동식물과 마찬가지로 하늘의 운영의 일부라고 할 수 있다. 그러나 사람은 금수와는 전혀 다르다. 벌거벗은 채 나무 위에서 살거나, 남녀가 난교하거나 누가 아비인지도 모른 채 가족을 이루지 않는다. 문자나 작법도 없고, 약육강식을 하거나 부모의 죽음을 서글퍼 할 줄도 모른다면 금수이지, 사람답다고 할 수 없다. 사람은 그렇게는 살지 않는다. 사람은 역시 특별히 뛰어난 '만물의 영장'이다. 실제로 유학의 대표적 경전의 하나인 《서경》에는 "천지는 만물의 부모, 사람은 만물의 영"[2]이라고 나와 있다('영'은 영장류의 '영'이며 불가사의할 만큼 뛰어나다는 의미이다). 이 구절의 표준적인 옛 주석은 "천지가 낳은 중에 오직 사람이 고귀하다"고 풀이한다. 하늘이 사람을 존재하는 모든 것의 서열에서 가장 높은 곳에 자리하도록 생성한 것이다.

인간은 금수와 달리 이를테면 사회적 · 윤리적 · 문명적으로 살아가는 능력을 가진다. 그야말로 천성으로서 그런 능력을 갖는다. 그런 의미에서 인간의 성은 선하다.

이렇게 유학자는 인류 보편의 사람다운 자연스러운 (본성에 따르는) 삶의 방식이 있으며 사회성 · 윤리성 · 문명성이 포함되어 있다고 생각한다. 호모 사피엔스만이 자연(본질)을 지니지 않고 모든 것이 사회적 · 문화적 구축물이라고 보는 극단적인 인간 예외론은 취하지 않는다. 현대 일본에서 악용을 상정하지 못한 엉성한 제도설계를 비난하면서 '성선설에 기초하고 있기 때문에 안 되는 거야'라고 말할 때처럼, '성선설' 역시 어수룩한 낙관론이 아니다.

1_Nature와 자연은 현대어에서도 의미가 약간 다르다. 그러나 여기서는 의미가 중복되는 부분에 대해 논한다.

2_[옮긴이] 《서경》 〈태서〉 天地萬物父母, 惟人萬物之靈.

예를 들면 인간은 언어를 사용한다. 아무리 '미개'한 민족이라 하더라도 그렇다. 이는 불이나 수레의 사용과 다르며, 어느 누군가가 발명하여 파급된 것도 아니다. 사람으로 태어난 이상 언어사용의 잠재능력을 갖는 것이다.[3] 마찬가지로 인간은 사회적 동물이며 태어나면서부터 그에 걸맞은 능력을 지닌다(아마도 인간 게놈 프로그램에 의해). 가치상대주의가 널리 퍼진 현대에도 흉악하고 잔혹한 범죄자를 '저놈은 사람이 아니다'라고 평한다. 대개 사람인 이상 어떤 최소한의 사회성 · 윤리성을 갖추고 있을 터이며, 그렇지 않다면 사람답지 못하다고 생각하기 때문이다. 이러한 사고방식이 유학자의 입장에 가깝다.[4]

3. 예禮와 도道

유학자들은 사람답게 살아가는 구체적인 양식을 예라 부른다. 예란 일상의 작법 · 의례 · 관혼상제 등의 의식 · 사회제도 · 정치제도 등 모든 것을 가리킨다. 작법이나 제도까지 예라고 하는 것은 이상하게 여겨질지도 모르겠다. 그러나 양자 모두 인간 행위의 틀이라고 하는 점에서는 마찬가지이다. 그런 데에서 인간의 사회성 · 윤리성이 구체적으로 나타나는 것이다. 이 예야말로 금수와 인간을 명확하게 구별하는 것이다. 금수는 사람과 달리 제대로 정해진 예가 없기 때문이다. 사람이 사회적 · 윤리적 존재라고 하는 것은 구체적으로는 예적 존재임을 말하는 것이다.

3_스티븐 핑커Steven Pinker《언어를 창출하는 본능 상 · 하》(日本放送出版協會, 1995).

4_참고로 세계인권선언(국제연합총회 1948년 12월 10일 결의) 제1조 역시 "인간은 이성과 양심을 부여받았으며, 서로 동포의 정신으로 행동해야 한다"고 말하고 있다. 어리석은 생각인가?

[옮긴이] 우리 나라 국가인권위원회는 "모든 사람은 태어날 때부터 자유롭고, 존엄하며, 평등하다. 모든 사람은 이성과 양심을 가지고 있으므로 서로에게 형제애의 정신으로 대해야 한다"고 해석하고 있다.

> 앵무새는 말을 할 수 있지만 나는 새에 지나지 않고 성성이는 말을 할 수 있지만 금수에 지나지 않는다. 이제 사람으로서 예가 없으면 비록 말을 한다 하더라도 또한 금수의 마음이 아니겠는가? 무릇 금수만이 예가 없는 것이다.[5]

무엇보다 개개의 구체적인 예는 사람이 정한 것이다. 자연 어디에 존재하는 것이 아니다. 그런 의미에서 사회 · 문명의 구체적인 존재양태는 모두 인간의 작위 · 제작에 의한다. 그러나 예에 입각하여 행동하는 자체는 천성으로서 사람다움의 주요 요소이다.

게다가 예는 자의적으로 제작할 수 있는 것이 아니다. 시대에 따라 변천하기는 해도 그 근저에는 사람다움의 기본원칙이 있다. 바로 도이다. 거꾸로 말하면 도가 역사적 조건에 조응하여 구체화된 것이 개개의 예이다.

도란 본디 사람이 걷는 길을 의미한다. 사람인 이상 당연하게 항상 걸어야 할 길이다. 그 길을 벗어나 짐승의 길을 걷는다면 사람답지 못한 것이다. 또 사람인 이상 누구라도 걸을 수 있는 길이다. 특별한 능력을 가진 자만이 다닐 수 있는 길은 천하의 대도大道가 아니다. 사람이라면 누구나 다닐 수 있기 때문에 사람의 길인 것이다(그런 까닭에 유학자에게 '길 없는 길을 가다', '스스로 새로운 길을 개척하여 나의 길을 간다'는 것은 사람의 기본을 벗어나는 것일 뿐이다. 당연히 악한 것이다. 유학자는 개개인이 각기 개성을 살려 자기답게 사는 것, 그 자체로 좋은 일이라는 생각은 하지 않는다. '나답게 살고 싶다'고도 말하지 않는다. 히틀러가 히틀러답게 살았던 결과를 모르는 사람이 있을까?).

이 길에 결승점은 없다. 그 길을 걸었다고 해서 천국이나 극락에 이르지 않는다.[6] 그런 곳은 없기에. 단지 사람이 사람인 이상 그 길을 걸

5_[옮긴이]《예기》〈곡례 상〉鸚鵡能言, 不離飛鳥, 猩猩能言, 不離禽獸. 今人而無禮, 雖能言, 不亦禽獸之心乎. 夫唯禽獸無禮.

6_참고로 이슬람법인 샤리아의 원뜻은 '물 마시는 곳으로 이르는 길'이라고 한다. 오쓰카 가즈오大塚和夫 외 편《이와나미 이슬람 사전》(岩波書店, 2001) 466쪽.

어야 하며 걸을 수 있는 것이다.

4. 오륜과 오상

도의 내용은 당연히 현세에서 좋은 사회인·좋은 문명인으로 사는 방식이다. 출가하여 결혼하지 않고 자식을 낳지 않는 것은 당연히 도가 아니다. 그러면 인류는 소멸하고 만다. 특별한 고행 역시 만인이 할 수 있는 것이 아니기에 도가 아니다. 사도邪道이다. 이단(《논어》 위정)이다. 이 현세에 머물면서 겹겹의 인간관계 속에서 성실하게 사는 것, 이것이 사람다운 삶의 방식이다.

유학자에 따르면 이 세상에는 주요한 인간관계가 다섯 가지가 있다. 이른바 오륜이다. 부자·군신·부부·장유·붕우를 말한다. 사람이라면 이 다섯 가지 인간관계 속에서 나고 자라며 죽어 가는 것이 마땅하다. 그리고 각각의 관계에서 실현되어야 할 올바른 모습이 친親·의義·별別·서序·신信이다. 부자에게는 친애, 군신에게는 의로움, 부부에게는 구별, 장유에는 순서, 붕우에게는 신실함이다.

이 가운데서도 부자가 중요하다. 부자라고 하지만 모자도 포함된다. 부모와 자식이 깊이 사랑하고 특히 자식이 부모에게 존경이 가득찬 애정을 가지고 표현한다. 나아가 조부모·증조부모나 손자·증손자에게까지 미친다. 유학자들은 이것이 인륜의 기본이며 사람다움의 기축이라고 생각한다.

왜 그럴까?

사람은 반드시 누구의 자식이자 손자이자 증손자로 태어나 자라며, 누군가의 부모, 조부모, 증조부모가 되어야 하기 때문이다. 요컨대 사람은 단순히 개인으로서 존재하지 않는다. 어떤 규정성도 띠지 않은 벌거숭이의 개별적 자아가 먼저 존재하며, 그것이 자기의 정체성을 취해 간다는 것은 텅 빈 논리이다. 사람은 고립된 추상적 존재가 아니라 반드시 누구의 자식으로 태어난다. 이 사실은 부정할 수 없는 절대적인 끈이다. 당연히 이는 다른 모든 규정에 우선하는 인간의 근원적이고 중심적인 정체성을 이룬다. 자식이 아무리 나이를 먹어도 부모에게 효를 다하는 것은 당연하지 않은가(도대체 파더 콤플렉스 · 마더 콤플렉스가 왜 나쁜가)? 유학자는 이렇게 생각한다.

따라서 부모 자식의 사이가 안 좋은 것은 단순한 불행이 아니다. 사람으로서 근원적인 존재양태에 반하는 것이며 윤리적으로 악한 것이다(군신 · 부부에 관해서는 후술한다).

이렇게 사람은 부모로서 자식으로서 군주로서 신하로서 남편으로서 아내로서 어른으로서 아이로서, 그리고 친구로서 각기 그에 어울리는 방식이 존재하며, 마땅히 그렇게 대해야 한다. 즉 사람을 상대에 따라 변하는 다양한 사회적 · 윤리적 역할을 가지는 다면체로서 파악하는 것이다. 이러한 도는 인류에게 보편타당한 것이다. 무사도나 기사도와 같은 신분도덕이 아니다. 각각의 입장과 역할은 (보통 군신에는 여성이 상정되지 않음을 제외하면) 누구에게라도 있을 법하기 때문이다.

이상의 다섯 가지의 인륜관계가 잘 영위되기 위해서는 항상 다섯 가지의 덕이 발휘되어야 한다. 인 · 의 · 예 · 지 · 신, 오상이다.

(1) 특히 인이 중요하다. 인은 보통 애愛를 인용하여 설명한다. 사랑이야말로 인간관계를 일관하는 가장 중요한 덕이다. 유학에서는 윤리의 근저 · 인간성의 기축이 사랑인 것이다(다만, 이때의 사랑은 비틀즈가 노래한 All You Need Is Love(1967)와는 다르다. 비틀즈의 love의 모범적인 형태는 남녀의 성애지만 유학에서 말하는 사랑은 오륜론에서 알 수 있듯이 부모와 자식이다).

(2) 그러나 단지 사랑만으로, 무조건적인 친절함만으로는 윤리적으로 충분하지 않다. 상대와 일의 성질에 따라 적절하고 올바르게 사랑하지 않으면 안 된다. 이 올바름이 의이다.

(3) 게다가 의는 공정하고 적절한 행위의 형식에 따라 표현되어야 한다. 예이다.

(4) 나아가 항상 지혜로움을 수반해야 한다. 복잡한 이 세상에서 항상 적절하게 행동하기 위해서는 지혜가 필요하기 때문이다. 요컨대 유학자는 아리스토텔레스와 마찬가지로, 누군가 인간으로서 뛰어나다고 하는 데는 현명함이 포함된다고 생각한다. '어리석지만 마음이 맑고 훌륭한' 사람은 있을 수 없다, 이 세상은 그렇게 만만하지 않다, 윤리성 · 도덕성에는 지혜도 필수다, 이렇게 생각하는 것이다(틀린 말일까? 지적 엘리트에게나 유리한 불쾌한 생각인가?).

(5) 위 네 가지 덕이 모두 착실하고 확실하며 신실해야 하는 것, 이것이 신이다.

이렇게 하여 인 · 의 · 예 · 지 · 신, 오상이 서로 어우러져야 오륜도 잘 영위되고 사람답게 살 수 있는 것이다.

5. 천자와 천하

그런데 문제가 있다. 현실에서 인간은 종종 사람답지 못하고, 금수처럼 행동하기도 한다. 대다수 인간은 완벽하지 않다. 본성이 선할지라도 사람의 길을 벗어나 어질지 못하고 혹은 잔학하기까지 하다. 이 점을 유학자는 잘 알고 있다.

그러면 어찌해야 하는가?

초월자의 도움을 구할 수는 없다. 그런 존재는 없기 때문에. 자치 역시 해결책이 못 된다. 범인이 범인을 통치할 수는 없는 노릇이다. 결국 뛰어난 누군가가 사회와 윤리의 옹호자 · 문명의 보증인으로서 사람들을 이끌어 갈 수밖에 없다. 이것이 통치자이다. 이런 의미에서 인간답게 생활하는 데 통치 · 지배는 불가결하다. 사람을 그러한 영위가 필요한 존재로 생성하였다는 점에서 통치도 자연의 의지, 천의인 것이다(여기서 통치는 필요이지 필요악이 아니다. 이런 의미에서 유학은 자유주의가 아니다. 하물며 '일체의 권력의 부정' 따위는 무책임하고 난폭한 주장에 지나

천단天壇

지 않는다. 훌륭한 통치에 의한 무위에 가까운 정치는 있을 수 있지만, 정치적 권위가 없는 문명 상태란 있을 수 없다고 생각하는 것이다).

그렇다면 누가 통치자가 될 수 있는가?

강자가 아니다. 당연히 가장 사람다운 사람, 윤리적으로 뛰어나고 문명을 제대로 체현한 사람이어야 한다. 오상의 덕을 겸비한 선량이다. 게다가 사람이 사람답게 살고자 하는 것은 당연지사이므로 그런 사람은 자연히 다른 사람들이 떠받들게 될 것이다. 사람들은 저절로 그런 사람을 따를 것이다. 그런 사람(다만 제16장에서 후술하겠지만, 남성에 한정된다)이 다른 사람들을 위해 통치자로서 군림해야 하며, 군림할 것이다.

이런 통치자를 천자天子라고 한다(예전에는 왕이라고도 했고, 진시황제 이후 황제라고도 한다). 사람을 생성하고 사람답게 살게 하려는 대자연, 즉 천의의 대리인이기 때문이다. 이렇게 천자의 지위 자체가, 말하자면 하늘에서 내려온다. 그리고 천하는 통치 대상이 된다. 천하에는 인류(인민 · 만민 · 조민)가 살고 있다.

더군다나 구체적인 인물이 사람들에게 추대되어 이 중대한 책임을 받아들일 때, 그 역시 단순한 추천 · 선거라고는 생각하지 않는다. 단순한 인위가 아니라 하늘이 그렇게 만든 것이며, 하늘이 뜻하신 바로써 어울리는 사람에게 대리인을 지명하신 것이다, 이렇게 해석한다. 이를 천명이 내렸다고 표현한다.

이 임무를 부여받아 중국의 황제는 진북眞北을 뒤로하여 궁성을 짓고, 신민을 남면南面한다. 하늘의 중심은 항성의 회전이 보여 주듯 북극이기 때문이다. 황제는 하늘에 제사지낼 때에만 북면한다. 천자는 특권으로서 또 성스런 의무로서 그에게 명을 내린 하늘에 제사지내는 것이다. 현재 베이징의 관광 명소인 천단天壇이 바로 그 장소이다.

6. 군 · 신 · 민

(1) 천자의 통치는 천하의 만민을 위한 것이다. 천자를 위해 만민이 존재하는 것이 아니라 만민을 위하여 천자가 있는 것이다(예전의 '대일본제국'에서는 천황이 신민을 위하여 존재했던 것일까? 아니면 그 반대일까?). 이것은 '인민에 의한 통치'라는 의미에서 보자면 민주주의가 아니지만, '인민을 위한 통치'라는 의미에서 보면 단호한 민본주의이다.

천자의 통치는 당연히 모든 사람이 사람답게 살아갈 수 있도록 하겠다는 자애로움에서 나온다. 사람다움의 기축이 되는 인의 가장 큰 규모인 인정仁政이다. 정치란 특별히 뛰어난 사람이 사람다움이 모자란 사람들을, 사람다움의 본질인 성실한 자애로움을 가지고 도와서 이끄는 것이다. 눈앞에 만물을 생성하고 살아가게 하는 은혜로운 하늘처럼. 내 자식을 아끼는 부모처럼.

부모와 같기 때문에, 사람들을 살아가게 하고 가르치고 이끌어 간다. 때로 엄하게 꾸짖거나 벌하기도 한다. 그러나 그 역시 민을 위한 것이다. 눈물의 꾸짖음, 사랑의 회초리이다. 실제로 유학자는 통치자를 종종 '민의 부모'라 부른다. 남자만이 상정됨에도 '민의 아버지'라고는 하지 않는다. 만물을 낳으신 하늘의 대리인에게 모성은 필수이기 때문이다. 천자는 양성구유Udrogynous의 존재로서 그 역할을 한다. 이 퍼터널리즘paternalism과 머터널리즘maternalism은 온정적이니 만큼, 칸트 같은 철학자가 보기에는 한층 더 악질적인, 자율적 인격을 녹여 버리는 최악의 전제정치일지도 모른다. 그러나 유학자는 현실의 인간은 칸트가 전제하는 것처럼 훌륭하지 않다고 생각한다.

(2) 천자가 아무리 뛰어나다 하더라도 혼자서는 천하를 다스릴 수 없다. 조력자가 필요하다. 바로 신이다. 천자는 신하와 의로운 군신관계를 맺어 함께 민을 통치한다.

그렇다면 어떤 사람이 신하가 되어야 하는가? 천자 정도는 아니더라도 마땅히 사람으로서 뛰어난 사람이어야 한다. 문명을 깊히 체득해야 하고 덕이 있어야 한다. 테크노크라시technocracy가 아니라 이른바 도덕관료제ethicocracy이다. 따라서 이상적으로 신하의 선발이 이루어지면 상대적으로 어리석은 자나 소인들이 민으로 남게 된다. "도가 있는 세상에서는 사람들이 모두 덕을 닦아 지위가 반드시 그 덕의 크고 작음에 걸맞다"[7]고 하는 것이다.

군주는 신하를 신뢰하고 신하는 군주에 충성해야 한다. 충이란 진심을 다하는 것이다. 이는 어느 개인에게 예속되어 복종하는 것이 아니다. 만일 군주가 잘못하였다면 간언해야 한다. 민을 위하여 의로움에 의거한 관계이기 때문이다. 거듭 간언해도 받아들여지지 않으면 군신관계를 반려해야 한다("남의 신하된 도리는 군주의 잘못을 드러내놓고 간하지 않는다. 세 번 간하여도 듣지 않을 때에는 곧 떠난다"[8]).

(3) 한편 일반적으로 군주에 대한 민의 충성의무는 거론하지 않는다. 민은 상대적으로 어리석어 충분히 도덕적이지 못하기 때문에 백성인 것이다. 그런 민을 가르쳐 이끄는 이가 군주인 것이다. 통치란 교육이다. 그런 까닭에 민이 다스려지지 않고 세상이 어지럽다면 그것은 군

7_[옮긴이]《맹자집주》〈이루 상〉有道之世, 人皆修德, 而位必稱其德之大小.

8_[옮긴이]《예기》〈곡례 하〉爲人臣之禮, 不顯諫, 三諫而不聽, 則逃之.

주의 책임이다. 아동교육부진의 책임을 누가 아동에게 묻겠는가?

따라서 어떤 왕조가 무너지는 것을 민이 강 건너 불구경하듯이 수수방관하고 있어도, 도덕적으로 그들은 비난받지 않는다. 다시 말하면 후쿠자와 유키치福澤諭吉가 말한 '네이션nation'의 관념(《문명론의 개략》 제21장 참조)이 여기에는 없는 것이다.

이런 의미에서 일본에서 종종 잘못 이해되기도 하지만, 유학은 민을 가르쳐 충군애국을 권하는 가르침이 아니다. 오직 통치하는 쪽이 배우고 믿어야 하는 가르침이며, 그렇기 때문에 강력했던 것이다.

7. 예악 · 학교 · 과거

이상과 같은 통치는 어떻게 하여 이루어지는가?

우선 예악에 의한 감화이다.

유학자는 폭력이야말로 정치의 본질이라는 생각은 하지 않는다. 법을 제정하여 위반자를 권력으로 벌하는 것도 옳은 방식이 아니다(안타깝게도 현실적으로는 필요하지만). 통치는 우선 사람들의 모범이 되는 천자의 덕으로 감화(덕치)하여 행해져야 한다.[9] 아동들에게 훌륭한 선생과 마찬가지이다. 구체적으로는 예를 정하여 솔선해서 따르고, 올바르고 아름답게 행동하면 된다. 백성도 사람이다. 그들 자신의 야만스러움을 깨닫는다면 스스로 부끄러워하지 않을 수 없다. 문명을 사모하고 올바른 질서를 향해 흥기할 것이다.

또 음악도 중요하다. 아름답고 올바른 궁정음악을 듣고 배우는 것은 사람을 내면부터 도야하게 하고 선한 삶으로 이끈다(얼핏 이런 주장은 설득력이 없이 이상하게 들릴지도 모르겠으나, 음악과 정신의 존재양태 사이

9_현재 일본에서도 정치가나 조직의 책임자가 사죄할 때 "제 부덕의 소치로"라고 말하는 것은 덕치 관념의 잔향이다. 체포된 자전거 도둑이 "제 부덕의 소치로"라고 한다면 이상하게 들리는 것도 그 때문이다.

에 어떤 병행관계가 있지 않을까? 평소에 음란한 음악에 빠져 살면서 고매한 인격을 지닐 수 있겠는가? 원망하거나 분노를 내뿜는 노래가 유행하는 것은 이 세상에 뭔가 문제가 있지 않을까? 유학자는 고대 그리스인과 마찬가지로 그렇게 의심하였다).

둘째 교육의 제도화이다. 즉 통치의 일환으로서 학교이다. 정치가 교육이라면 단적으로 국가가 학교를 설립하여 교육하면 되는 것이다. 주희는 고대 이상적인 세상에서는 곳곳에 소학小學이 있어 누구나 여덟 살이 되면(다만 남자아이에 한함) 거기에서 배우며, 열다섯이 되면 천자의 아들과 지위가 높은 사람의 적자嫡子, 백성 가운데 우수한 자는 대학大學에 진학한다고 했다(《대학장구》〈서〉. 이 명칭에서도 알 수 있듯이 메이지 유신 후 교육제도는 서양을 모방한 것이면서 동시에 뒤늦게나마 유학의 이상을 실현한 것이다).

셋째 덕이 있는 신하의 등용이다.

그러기 위해 주요한 두 가지 방법은 향거이선鄕擧里選, 즉 지방에서 인망이 있는 사람을 추천받는 것과 공개 필기시험인 과거를 치르는 것이다. 사람다움을 잘 체득한 덕 있는 사람을 선발하기 위해서는 도를 기술한 서적(사서오경)에 대해 논문을 쓰게 하여 뽑으면 된다는 발상이다(과거는 중국에서는 6세기에 이미 실시되었다. 10세기 송대에는 관료선발 방법으로서 완전히 확립되었다. 당시 일본은 헤이안 귀족의 시대였고 서구는 여전히 중세였다. 그런 시대에, 출생 신분에 상관없이 개인을 필기시험으로 선발하여 이후의 활동에 따라 최고 관직까지 승진시키는 장치가 확립된 것이다. 이런 장치가 20세기 초 마오쩌둥毛澤東의 어린 시절까지 이어졌다. 유학은 단순히 종이 위의 명분에 불과한 것이 아니었다).

8. 수기치인

그렇다면 덕이 있는 사람은 어떻게 나타나는 것일까?

역사상 태어나면서 완벽한 인격을 갖춘 사람(이를 성인聖人이라 부른다)도 있었다고 한다. 사서의 하나인 《중용》에 따르면 "태어나면서 도를 알고" "자연스레 쉽게 행하는" 사람이다. 공자 같은 사람이다.

그와 반대로 우리처럼 대부분의 사람들은 인격적으로 아직 불완전하며, 그런 의미에서 완전한 사람이 되지 못한다. 그럼에도 불구하고 그런 이들도 사람이며 본성은 선하기에 노력하면 정말로 사람다운 사람이 될 수 있다. 《중용》의 표현에 따르면 배워서 알고, 이롭게 여겨 행하면 되는 것이다. 혹은 애써서 알고 힘껏 노력하여 행하면 되는 것이다(현대 일본어의 벤쿄勉强, 즉 공부의 어원이기도 하다).

누구나 사람인 이상, 노력에 따라 성인이 될 수 있다는 것이다. 이렇게 성인이 되기 위한 노력을 수신修身이라고 한다. 사람이면서 '안 돼, 안 돼. 나 같은 사람은 도저히 할 수 없어'라고 포기해 버리는 것을 자포자기(스스로 해치고 스스로 버리는 일)라고 한다(《맹자》 이루 상).

수신이 진전되면 그 효과는 널리 미친다. 우선 가족관계가 잘 이루어진다. 이윽고 나라가 잘 다스려지고 천하가 평안하게 될 것이다. 수신 · 제가 · 치국 · 평천하(《대학》)이다. 이는 산 속에 있는 한 집안이 조화롭게 된다고 해서 그 감화가 세상에 미친다는 만만한 몽상이 아니다. 구체적으로는 수신이 나아가 통치에 관여한다고 상정하는 것이다. 자신의 신심을 닦은 인격자가 통치자가 된다는 '수기치인'이 당연한 경과이기 때문이다.

다만 수신은 통치를 위한 수단이 아니라, 사람이 사람답고자 하는 것은 당연하기 때문에 그 자체가 목표이다. 그러나 치인을 위해서는 수기가 필수이며, 수기하지 못한 사람이 통치에 관여할 수는 없다.

9. 삼대三代와 혁명

유학자에 따르면 일찍이 완벽한 인격자, 성인이 천하를 다스렸던 이상적인 세계가 실재했다. 이 세상에서 생각할 수 있는 최선의 상태가 유토피아처럼 멀고 먼 섬이나, '진보'의 끝이 될 먼 미래가 아니라 과거에 실재했다는 것이다.

바로 요堯(도당씨陶唐氏)·순舜(유오씨有虞氏)·우禹, 세 성인이 통치한 시대이며 우에서 시작하는 하 왕조와, 역시 성인이었던 탕왕에서 시작하는 은(또는 상) 왕조, 문왕·무왕·주공의 세 성인에서 시작하는 주 왕조로 이어지는 시대이다. 요순삼대·당우삼대唐虞三代라고도 한다.

요에서 순으로, 순에서 우로 이어진 정권교체는 선양禪讓에 의한 것이다. 왕위를 신하였던 성인에게 물려준 것이다. 이 세상에서 최고 인격자에게 천명이 부여된다고 한다면 그렇게 하는 것이 당연하다.

그런데 우 이후는 세습에 의하여 왕조가 시작되었다. 이상하지 않은가? 앞서 서술한 정치관에서 보자면 당연히 의문이 생길 것이다. 사서의 하나인《맹자》에는 이에 관한 맹자와 만장萬章의 문답이 있다.

먼저 맹자는 하늘의 뜻은 천하 민의 동향으로 나타난다고 말한다.

> 만장이 물었다. 우임금에 이르러 덕이 쇠미해져서 현인에게 물려주지 않고 아들에게 전해 주게 되었다는 말이 있습니다만 그렇습니까?
>
> 맹자가 이르기를, 그렇지 않다. 하늘이 현자에게 주고자 하면 즉 현자에게 주고, 하늘이 아들에게 주고자 하면 아들에게 주는 것이다. […] 우임금이 붕어하시고 3년상을 마치니 (현인인) 익은 우임금의 아들을 피하여 기산으로 숨었다. 참근하는 자와 송사하는 자들이 익에게 가지 아니하고, (우임금의 아들인) 계에게로 가서 "우리 군주의 아드님이시다"라고 하였다. 덕을 노래하는 자들도 익을 노래하지 않고, 계를 노래하며 "우리 군주의 아드님이시다"라고 하였다.[10]

10_[옮긴이] 〈만장 상〉 萬章問曰, 人有言至於禹而德衰, 不傳於賢而傳於子, 有諸. 孟子曰, 否, 不然也. 天與賢則與賢, 天與子則與子 […] 禹崩三年之喪畢, 益避禹之子於箕山之陰, 朝覲訟獄者不之益而之啓曰, 吾君之子也, 謳歌者不謳歌益而謳歌啓曰, 吾君之子也.

유학에서 하늘이란 실로 강력한 개념이다. 이리하여 세습제 또한 실제로 인민이 추종한다는 사실을 하늘의 의지의 표현으로 해석함으로써 정당화되며, 황제는 인격자로 여겨지게 된다. 후세에는 황제를 성인으로 칭하는 일도 많았다.

그러나 세습을 하게 되면 실제로는 폭군이 출현할 가능성도 있지 않을까. 그럴 때는 어떻게 해야 하는가? 유학의 정치이론은 어떻게 답할 것인가?

유학은 놀랄 만큼 일관성을 보인다. 다시 한 번 하늘이 등장한다.

첫째 천인상관天人相關이다. 즉 천명을 받은 천자의 천하통치가 좋고 나쁨은 하늘의 활동과 무관할 수 없다는 것이다. 천자가 그 지위에 어울리는 좋은 통치를 하면 하늘의 운행도 순조로우며, 경사로운 일이 줄지어 출현한다. 반대인 경우에는 홍수나 가뭄, 지진이 발생한다. 계속되는 천재지변은 천자에게 문제가 있는 것이며, 하늘이 경고를 내리는 것이다. 천견天譴이자 천벌이다. 이런 의미에서 보면 천재도 인재인 것이며 정치의 문제이며, 천자의 덕의 문제이다.

둘째 방벌에 의한 혁명이다.

하늘의 경고조차 두려워하지 않고 폭정을 이어가는 천자가 나타났다면 당연히 신하는 간언해야 한다. 그래도 듣지 않는다면, 사려 깊은 신하는 모두 물러날 것이다. 이윽고 천하의 민심도 멀어질 것이며, 이는 천명이 해제됨에 다름 아니다. 그리고 민심은 다른 누군가를 향하게 되고 그들에 의해 다시금 천하에 질서가 잡힐 것이다. 새로운 천자가 탄생하는 것이다. 바야흐로 천명이 바뀐 것이다. 이것을 혁명이라고 한다(천명이 혁신되었기 때문이다. 현대 중국어 · 한국어 · 일본어의 '혁명'은 revolution의 번역어이다).

새로운 천자는 지난날의 신하여도 괜찮다. 아니, 그런 경우가 많을 것이다. 그리고 만약 이전의 천자가 그 자리에 눌러 앉으려고 하면 추방하여 정벌할 수도 있다. 선양에 의한 혁명과는 정반대인 방벌에 의한 혁명이다(폭력에 의한 왕조 교체 역시 이로써 정당화된다. 왕조가 바뀌면 왕가의 성이 바뀌므로 역성 혁명이라고도 한다).

웅변가인 맹자는 이에 대해서도 문답하고 있다. 상대는 전국시대 어느 왕이다.

> 제선왕이 물었다. 탕은 (하 왕조 마지막 왕으로 폭군이었던) 걸을 추방하고, 무왕은 (은 왕조의 마지막 왕으로 폭군이었던) 주를 정벌했다고 하니, 이는 사실입니까?
>
> 맹자가 이르기를, 전傳에 있습니다.
>
> 왕이 물었다. 신하가 그 군주를 시해함이 가합니까?
>
> 맹자가 이르기를, 인을 해치는 자를 적賊이라 이르고, 의를 해치는 자를 잔殘이라 이릅니다. 인을 해치고 의를 해치는 사람을 일부一夫라 이르니, 일부인 주를 베었다는 말은 들었습니다만, 군주를 시해하였다는 말은 듣지 못하였습니다.[11]

맹자는 폭군살해를 단호하게 긍정하고 있다. 이에 대해서는 중국에서도 아무리 그래도 너무 심하다며 반발하기도 했다. 그러나 유학의 기본신조로 보면 이 논리를 부정하기는 쉽지 않다. 주자학의 대성자인 주희 역시 극히 엄격한 조건을 붙이긴 했지만, 원리적으로 방벌에 의한 혁명을 인정하고 있다. 탕왕 · 무왕은 주군시해의 범죄자로 규탄을 받거나 하지 않는다. 성인으로 추앙받는 것이다.

10. 화이華夷

하늘은 하나이다. 도, 즉 사람이 사람답게 살아가는 법도 근본적으로는

11_[옮긴이] 〈양혜왕 하〉 齊宣王問曰湯放桀, 武王伐紂, 有諸. 孟子對曰, 於傳有之. 曰臣弑其君, 可乎. 曰賊仁者謂之賊, 賊義者謂之殘, 殘賊之人謂之一夫, 聞誅一夫紂矣, 未聞弑君也.

하나이다. 따라서 천명을 받아 사람들을 이끄는 천자 역시 한 사람이어야 한다. 요컨대 문명의 중심은 전 인류에게 하나이며, 천자는 전 인류의 지도자여야 한다(천주교 신자들에게 교황처럼). 그러나 실제는 천자의 감화에도 한도가 있다. 주변에는 사람답지 못하고 금수와 같은 생활을 하는 이들이 남게 된다. 그런 이들이 중화에 반하는 이적夷狄이다.

이것이 이른바 중화사상이다. 인류에게는 보편타당한 생활양식이 존재한다는 신념을 유지하면서 현실의 다양성을 설명하려는 시도이다(이는 미국적 생활양식이 갖는 보편타당성에 대한 신념과 문화상대주의를 병존시키고자하는 시도와 비교하면, 더 노골적이거나 솔직하다). 따라서 중화사상은 기본적으로 인종주의는 아니다. 예를 몸에 익히고 도에 따라 살아간다면 이적이라도 중화인이 될 수 있다. 실제로 중화적 생활양식의 확대침투가 현재의 (언어 · 용모 · 키의 지역 차에도 불구하고 상호 동일 '민족'이라고 굳게 믿고 있는) '한민족漢民族' 형성의 한 요인이다. 게다가 주변인 한반도나 일본열도에 사는 사람들도 문자 · 복식 · 정치제도를 포함한 예의 많은 부분을, 강제가 아니라 스스로 습득하였다. 중화의 왕조는 인간의 올바른 삶의 방식을 인도하는 전 인류의 중심이라는 설명은 오랜 동안 꽤 설득력이 있었다(현재 미국이 그렇다는 주장 이상으로).

천자는 이적을 어떻게 대하는가? 폭력으로 정복하여 강제적으로 문명화시키는 것은 인이라 말하기 어렵다. 그래서 이적은 이적의 수장이 그 나름대로 지배하는 것을 인정하게 된다. 때로는 그 수장의 사자가 천자를 숭모하여 공물을 들고 경의를 표하며 방문하는 경우도 있다. 이것이 조공이다. 그런 수장에게 천자는 그 애처로운 마음씨를 어루만지며 원방遠方의 신하로서, 그 나름의 지배의 정통성을 승인해 주는 것이다. 그런 경우에 수여하는 칭호가 예를 들면 '국왕'이다. 조선 국왕 · 월남 국왕 · 류큐 국왕 · 위노委奴 국왕 · 왜왕 · 일본 국왕 등이다. 이렇게 어떤 이적 집단의 수장이 지배하는 것을 승인하고 그에 걸맞은 칭호를 수여하는 것을 책봉冊封이라고 한다(실제 조공과 책봉은 쌍방의 다양한 의도에서 비롯되었다. 다만 천자 측은 공식적으로 그렇게 해석하는 것이다).

책봉 시 천자는 원호元號를 포함하는 역曆을 수여한다. 천자가 공식으로 정한 하늘의 운행에 기초한 시간의 올바른 구분법이다. 책봉된 측은 향후 그에 따를 것, 즉 정삭正朔을 받드는 것이 요구된다. 거꾸로 말하면 천자의 원호와 역을 사용하는 일은 천자의 권위를 승인함을 의미한다(그래서 후쿠자와 유키치는 "지금 일본에서 메이지의 연호를 받드는 자는 현 정부에 따라야 한다는 조약을 맺은 인민이다"라고 주장하였다. 《학문의 권장》).

이렇게 해서 천자는 공간적으로, 또 시간적으로 인류 문명의 제1인자로서 세계를 질서 있게 정리한다. 저 크나큰 하늘의 대리인으로서 말이다.

참고 문헌

시마다 겐지《중국사상사 연구》(島田虔次《中國思想史の硏究》京都大學學術出版會, 2001)

도가와 요시오·하치야 구니오·미조구치 유조《유교사(세계 종교사 총서10)》(戶川芳郎·蜂屋邦夫·溝口雄三《儒敎史(世界宗敎史叢書10)》山川出版社, 1987)

고지마 쓰요시《중국 근세 예의 언설》(小島毅《中國近世における禮の言說》東京大學出版會, 1996)

제2장 무사들의 고뇌

1. 들어가며

1467년 시작된 오닌應仁의 난[1] 이후, 일본열도에서는 기존의 많은 제도가 융해되고 다차원적인 전쟁상태(전국시대)가 단속적으로 이어졌다. 상술하지 않겠지만 전쟁은 극도로 잔학하고 음험했다. 그러나 이 전쟁상태는 토마스 홉스가 생각하는 것처럼(《리바이어던》 1651) 사람들의 상호계약 대신 최강자의 지배가 점차 실제적으로 확립되면서 끝이 났다. 게다가 홉스를 포함하는 동시대 유럽인이 상상할 수도 없었던 국내외의 평화(태평시대)가 2세기 이상 계속되었다. 어째서일까?

또 유럽 근세의 절대왕정을 지탱한 것은 상비군과 관료제였다고 하지만, 도쿠가와 일본에서는 상비군이 관료제였으며, 관료제가 상비군이었다. 즉 무사라는 직업군인의 조직이 그대로 통치조직이었던 것이다. 그런 상태로 한 신분으로서 기본적으로 세습을 이어 간 것이다. 2

1_[옮긴이] 1467년(應仁 1)부터 1477년(文明 9)에 걸쳐 일어난 내란으로 무로마치 막부의 전국 지배를 붕괴시켰다. 아시카가足利 쇼군 가의 후계자 계승 문제와 관령管領인 하타케야마畠山와 시바斯波 두 가문의 상속 문제를 계기로, 동군 호소카와 가쓰모토細川勝元와 서군 야마나 소젠山名宗全이 이끄는 세력이 교토를 중심으로 대항하였다. 교토는 전화로 황폐해졌고 막부의 권위는 땅에 떨어졌으며, 사회적 · 문화적으로 큰 변화를 가져온 사건이다.

세기 이상 전쟁 경험 없이 세습되는 군사조직은 도대체 어떤 것일까?

게다가 근대에도 무사, 사무라이는 일본인 남성의 자화상으로서, 또 외부에서 바라보는 일본인 상으로서 사람들의 상상력을 자극함과 동시에 강하게 속박해 왔다. 그들은 어떤 사람들이었을까?

이런 물음에 답하기 위해서는 먼저 전국시대로 거슬러 올라가 그 폭풍 속에서 형성된 그들의 의식과 조직을 살펴봐야 할 것이다.

2. 전국戰國시대에

(1) 무자武者

무사란 그 이름대로 무엇보다 무를 자기규정의 핵으로 삼는다. 무자이자, 군인이자, 병사이다. 즉 전투에서 폭행 · 상해 · 살인을 본래의 역할로 삼는 특수한 직업인이다. 그 전투는 멀리 떨어진 곳에서 정밀기기를 조작하는 것이 아니다. 한 사람 한 사람이 활과 철포 · 창 · 칼을 들고 바로 눈앞에 얼굴이 보이는 적과 대치하여, 살아 있는 몸뚱이의 감각을 느끼며 튀어 나오는 피에 범벅이 되어 싸우는 것이다. 개개인의 용맹과 무예가 의미를 가지며 개개인의 전투업적을 평가받을 수 있다. 그들은 자신의 업적을 증명하기 위하여 죽인 적의 머리를 본진으로 가져와 기록하는 관행이 있었다. 나중에 죽 늘어놓은 머리를 대장이 검사하여 확인하였다(구비짓켄首實檢). 당시의 기록에는 "2,700여 명의 목을 베었다" "다음 날 구비짓켄을 실시하셨다. 수급이 삼천여 급이었다"(오타 규이치太田牛一《신장공기信長公記》[2])고 전하고 있다(썩은 내가 얼마나 진동하였을까?).

게다가 전투는 종종 농작물의 의도적 유린 · 방화 · 약탈(분도리分捕

2_[옮긴이]《신장공기》는《노부나가 공기》라고도 하며, 일본어로는 '신초코키'라고 읽는다. 오다 노부나가와 도요토미 히데요시를 섬긴 오타 규이치가 17세기 초기에 지은 오다 노부나가의 전기이다.

り)과 강간을 수반하였다.[3] 이런 일은 기를 쓰고 숨겨야 하는 직업상의 비밀 따위가 아니었다. "사람을 베고 강도짓 하는 것은 무사의 당연한 습관"이라는 말은 도쿠가와 말기까지 관용어였다. 그들에게는 조의調儀 · 조략調略 · 모략謀略 · 무략武略을 구사하여 적을 무너뜨리는 것도 당연지사였다. 페어플레이를 하다 졌다 한들 구제조치는 없었다.

과거의(?) 전쟁이란 대체적으로 그러하였는지도 모르겠다. 그렇다면 당연히 군인을 비하하는 문화가 있었을 것이다. 예를 들면 중국에는 "좋은 사람은 병사가 되지 않으며, 좋은 철은 못이 되지 않는다好人不當兵, 好鐵不打釘"는 속담이 있다. 어차피 무뢰배인 폭력 종사자를 유학적 교양인이 이끌어, 꼭 필요할 때만 어쩔 수 없이 싸우게 한다는 것이 중국과 조선에서 주류였던 사고방식이다. 그러나 일본에서는 "꽃 중에 꽃은 벚꽃, 사람이라면 자고로 무사"이다. 무사가 공가公家[4]나 사사寺社의 권위와 권력을 점차로 찬탈하여 전국시대를 지나면서 일원적 지배를 확립하고 흔들림 없는 통치신분으로 성장했기 때문이다. 그런 탓에 그들은 자신이 공가나 승려, 조닌町人[5]이나 백성百姓[6] 또는 학자도 아닌 무사라는 사실에 자긍심을 가질 수 있었다.

긍지, 즉 명예 의식은 무사들의 의기와 조직을 지탱하는 데에도 유효하였다. 목숨을 걸고 싸우는 자에게는 부와 지위의 보장만으로는 모자라다. 죽어 버리면 아무 소용이 없기 때문이다. 그래서 지금 이 세상을 초월하는 무언가를 굳게 믿으며, '성전聖戰'에 종사하고 있다고 여겨

3_후지키 히사시藤木久志《잡병들의 전쟁: 중세의 용병과 노예사냥》(朝日新聞社, 1995) 참조.

4_[옮긴이] 일본사에서 공가란 천황을 중심으로 하는 조정과 궁정 귀족을 가리킨다. 일본어로는 '구게'라고 읽는다.

5_[옮긴이] 조닌은 전근대 사회에서 도시에 거주하며 주로 상공업에 종사했던 신분계층을 가리킨다. 좁은 뜻으로는 집과 그 대지를 소유한 이에모치家持만을 가리키는데, 집과 대지는 상거래에서 담보물로 이용되는 등, 조닌 신분의 가장 주요한 자본이었다.

6_[옮긴이] 일본사에서 백성은 신분상의 명칭이다. 편의상 농민이라고 번역되기도 하지만 완전히 일치하지는 않으며, 어민 또는 상업 및 제조업을 주로 하는 사람도 존재한다. 요컨대 비도시적 집락인 무라村에 속한 신분을 가리킨다. 일본어로는 '햐쿠쇼' 라고 읽는다.

진다면 목숨까지 걸 수 있는 것이다. 그러나 그런 회로를 독점하고 있는 사원이나 신사의 권위야말로 무사의 숙적이었다(잇코잇키一向一揆[7] 진압을 겁먹는다면 다른 무사집단에게 약점을 잡히는 꼴이 된다). 또 19세기 이래 '국민국가'의 군인처럼 영원한(할 것인) '국민'과 앙양한 일체감을 가진다면 자기희생의 의의를 찾을 수 있을지도 모른다. 그러나 통치자까지 포함한 일체로서의 '국민'의식 같은 것은 아직 존재하지 않았다.

그래서 화살과 총탄이 빗발치고, 겨누어진 창이 줄지어 기다리고 있는 전장에서 무사들을 지탱한 것은 무엇보다도 개개인의 명예심이었고 수치의식이었다. 적극적으로는 드높은 이름을 날려 용맹한 무사로서 상찬을 받고 싶은 공명심이며, 소극적으로는 "무사 발꿈치에도 못 미친다"는 조롱을 받고 싶지 않다는 수치심이다. 무사로서 야심을 가지는 것은 상스러운 일이 아니다. "이름을 날리고 싶다"는 경쟁심은 당연한 것이었다. 그런 마음이 그들을 앞으로 나아가게 한다. "명색이 무사라면서"라고 동료에게 깔보이고 싶지 않다거나, 창피를 당하느니 차라리 죽는 게 낫다는 예민한 수치심이 그들을 물러서지 않게 만든다. "수치를 안다"는 것은 무사에 대한 전형적인 찬사였다.

이것은 도착된 이기심으로도 보인다. 명예라는 환영을 위해 죽음도 불사한다는 것은 인간으로서 불합리하지 않은가? 그러나 "수치를 아는" 무사의 집단은 "목숨은 부지하고 볼 일"이라고 생각하는 집단보다 동등한 조건에서 이길 확률이 높다. 그런 집단의 승부경쟁이 장기간 벌어진다면, 결과적으로 목숨보다 정말로 이름을 중시하는 사람들이 살아남지 않을까? 그런 의미에서 근대 군인의 가슴에 빛나는 훈장이 시사하듯이, 명예 의식은 전투자 집단에게는 필시 직업적 합리성을 갖는다.

7_[옮긴이] 잇코잇키란 전국시대 정토진종 혼간지本願寺 교단의 신도들에 의한 무력 봉기를 가리킨다. 잇키란 어떤 목적 달성을 위해 결성된 집단을 가리키는데, 시대와 지역에 따라 다양한 계층에서 여러 형태로 결성되었다.

게다가 전장에서의 용맹함이나 무예의 달인으로 불리는 것만으로는 부족하였다. 항상 무사다운 행동을 하는 것이야말로 무사도 · 무자도武者道 · 무변도武邊道 · 그리고 남도男道 등으로 불리며 존숭되었다(무사이기를 그만두는 것은 "남자를 포기하는 것"이라고도 표현되었다. 유럽의 기사도와 달리 종교의 옹호자를 자처하지 않고, 여성숭배가 아닌 노골적인 여성멸시를 표방한 것이 무사도의 특색이다). 이것은 첫째 전시에만 무사답게 행동해서는 안 되기 때문이다. 배신과 기습, 그리고 속이고 공격하는 데 대비하는 경계심과 냉정함은 항상 필요하였다. 방심하여 실수를 해서는 안 된다. 목숨이 달려 있다. 평소에 경망스러우면 위기관리를 할 수 없다. 둘째 이름을 중시하여 경쟁하는 동료 사이에서는 서로 조금이라도 무사다움을 의심받을 만한 행동을 보여서는 안 되기 때문이다. 게다가 부하들도 항상 지켜보고 있다. 겁쟁이로 의심받으면 무사로서 자기 보존도 위태롭다. 작은 모욕을 감수하면 큰 굴욕이 기다리고 있다. 항상 무사다움을 내걸고 체통을 무너뜨리지 않도록 해야 한다.

이러한 태도는 자신의 모습에 타자의 시선을 의식한다는 의미에서 일종의 미의식이다. 당연히 천박한 댄디즘dandyism일 수도 있다. 그러나 그런 시선이 내면화하는 일도 있다. 설령 누가 보고 있지 않더라도 언제 어디서든 무사로서 부끄러운 짓은 하지 않는다는, 긴장감에 가득 찬 자존심이 뒷받침하는 자율적 '양심'이 될 수도 있는 것이다. 태평한 시대가 되었어도 어떤 무사는 "타인을 지팡이 삼아 심히 의지하는 것은 좋지 않다. 무사는 독립하는 마음이 있어야 한다"고 가르치고 있다(저자 불명《무사라면武士としては》).

(2) 주군과 봉공인

전국시대에 어떤 무장이 이렇게 말했다고 한다.

> 대신大身 · 중신中身에 의지하여 연명하는 소신少身을 봉공인이라 한다. 그리고 소신들을 모아 은혜를 베풀어 연명하게 하는 어진 대신 ·

중신을 가리켜 주군이라 하는데, 이것이 대장이다. 소신자가 주군에게 봉록을 받아 황공해하는 것을 주군을 가졌다고 말한다. 주군을 가지면 반드시 은혜에 보답하여 섬기는 것을 봉공이라고 한다. (《갑양군함甲陽軍鑑》[8] 품 제27)

홉스는 '자연 상태'에서 갖는 살해 능력의 기본적 평등을 상정했지만(《리바이어던》 제13장), 아마 환상일 것이다. 실제에서는 체력뿐 아니라 음모능력 · 조직화 능력 등, 다양한 원인에 따라 살해 능력에 큰 차이가 있다. 그대로라면 약자는 강자에게 먹히고 만다. 그러나 복종과 보호를 교환하는 수가 있다. 강자는 약자에게 토지나 봉록을 부여하고(혹은 원래의 점유를 승인해 주는 은혜를 베풀고) 그 대신 약자의 봉사를 요구한다. 이렇게 하여 주군과 봉공인의 관계가 성립한다(그리고 강자는 점점 더 강해진다).

실제로 무사는 통상적으로 어은御恩과 봉공이라는 정리情理로 결합된 주종관계 속에서 살아간다. 주종관계의 연쇄와 그 묶음이 무사의 조직을 구성한다. 이것은 권한의 분배로 구성된 관료제의 일종인 근대의 군대와는 다르다. 사람과 사람의 구체적인 인간관계이다. 주종이란 때로는 강력한 적과의 일시적 휴전 상태의 미칭에 지나지 않는다. 때로는 공수동맹에 가깝다. 대장과 사양할 줄 아는 객의 관계일 수도 있다. 그리고 어느 때는 농밀한 부모 자식 같은 관계에 이르기도 한다.

또 무사로서 실력을 무기로 수시로 주군을 바꿔 가는 와타리渡り 봉공인[9]도 있었다. 한편 "(대대로 한 주군을 섬기는) 고후다이御普代들은

8_[옮긴이] 《갑양군함》은 에도 초기의 군학서로 전 20권이다. 가이甲斐(지금의 야마나시 현)의 다케다 신겐武田信玄 · 가쓰요리勝賴 부자의 사적을 통하여 가이 지방의 군학을 59품으로 나누어 설명하고 있다. 다케다 가의 가로였던 고사카 마사노부高坂昌信가 남긴 기록에 기초하여 오바타 가게노리小幡景憲가 집대성하였다. 무사의 교과서로서 널리 읽혔으며 20여 종의 판본이 있다.

9_[옮긴이] 일본어 '와타리'는 이리저리 떠돈다는 뜻이다. 와타리 봉공인은 기회를 봐서 주군을 바꾸는 무사를 가리킨다. 현대 일본어에서는 뜨내기로 고용살이를 하는 사람을 지칭하기도 한다.

좋든 싫든 오이에御家의 개"(《미카와 모노가타리三河物語》[10]), "후다이슈普代衆라는 자들은 […] 주군이 좋든 싫든 주인의 집을 떠나지 않는 신하이다"(《기요미즈 모노가타리清水物語》[11])라는 관념도 있었다. 실상은 다양했으며 상황에 따라 변하였다.

1579년(天正 7)에 일본에 온 천주교 신부는 "이 나라 국민의 제2의 악은 대부분 주군에 대한 충성심이 결여되어 있다는 것이다. 주군의 적과 결탁하여 기회를 노려 주군에 반역하고 스스로 주군이 된다. 반전하여 재차 그 편이 되는가 하다가도 또 새로운 상황에 따라 모반하는 형편인데, 이로써 그들이 명예심을 잃어버리지는 않는다"(알레산드로 발리냐노《일본 순찰기》[12]).

도쿠가와 시대에 들어서도 다음과 같은 지적이 있다.

> 요즘 일본의 사무라이는 의리를 모르기 때문에 잘 부리는 것이 중요하다. 총애가 지나치면 방자하고 홀대하면 주군을 죽인다. 또 몰인정한 처사에 원한이 깊어도 그 가문을 떠나지 못하는 자는 기회를 노려 모반한다. 이 모든 것이 주인 한 사람의 마음에 달려 있다. (《본좌록本佐錄》[13])

10_[옮긴이]《미카와 모노가타리》는 도쿠가와 이에야스·히데타다秀忠·이에미쓰家光의 3대를 섬긴 오쿠보 히코자에몬 다다타카大久保彦左衛門忠教가 이에야스의 사적을 중심으로 오쿠보 일족의 충심과 무공을 기록하여 자손에게 남긴 전 3권의 교훈서. 1622년 성립하였으며, 에도 시대 초기의 무사의 생활과 사고방식을 알기에 좋은 사료이다.

11_[옮긴이]《기요미즈 모노가타리》는 에도 전기 유학자인 아사야마 이린안朝山意林庵이 지은 소설로 1638년 간행되었다. 전 2권. 교토의 유서 깊은 사찰인 기요미즈데라清水寺 참배 시에 순례자와 노인, 승려와 청중의 문답 형식으로 되어 있으며, 정치론과 도덕론을 포함한 불교 비판서로서 당시 베스트셀러가 되었다.

12_참고로 이 국민의 "제1의 악"은 "욕정의 죄에 탐닉하는 것"이라고 하였다. Alessandro Valignano, 松田毅一 외 역《일본 순찰기》(平凡社, 1973) 16-17쪽.

13_[옮긴이]《본좌록》은 에도 초기에 성립한 정치의 도를 논한 교훈서로, 저자는 혼다 마사노부本多正信, 혹은 후지와라 세이카藤原惺窩라고도 하지만 정확하지 않다. 도쿠가와 히데타다의 하문에 답하는 형식으로, 천도天道와 백성을 다스리는 법 등 위정자로서의 심술을 밝히는 내용이다.

자긍심으로 자신을 지탱하는 사람들도 있다. 주군에게 모욕을 당하면 반역하기도 한다. 충성을 바치고자 간언하다 도리어 화를 입어 절망하여 떠나는 일도 있다. 물론 단순한 공명심으로 모반하는 사람도 있다. 주군에게 당한 굴욕 때문에 오히려 따끔한 맛을 보여 주려고 용맹하게 싸우는 사람도 있다.

주군 측도 이런 점을 충분히 인지하면서 세심하게 심리를 조작하여 자신의 지위를 지키면서 다른 대장과 경쟁해서 이겨야 하는 것이다. 그런 까닭에 대장의 능수능란한 '사람 부리기'가 빈번하게 논의되었다. "아무리 영리하다 하더라도 잘하고 못하는 것이 있다. 제각각 그에 어울리게 부리면 모든 일을 맡길 수 있어 주인이 고생하지 않는다"(《아사쿠라 소테키 화기朝倉宗滴話記》[14])고 하여, 가신 한 사람 한 사람의 개성을 살려 적재적소에 두어야 하는 것도 종종 주장되었다(개인주의에 기초하는 개성존중이 아니라, 조직의 유효성을 위한 개성 활용론이다).

그리고 전국 상태에서 유리한 쪽은 결국 유능하고 교활한 '기량'(능력과 역량. 이탈리아의 전국 상태에서 살았던 마키아벨리가 말하는 비르투 virtù에 가까운 개념이다. 《군주론》)을 가진, 주군 밑에서 농밀한 '오야분親分-고분子分'[15] 관계를 확고한 기축으로 갖는 군단이었다.

주군은 그런 관계 배양에 힘을 쏟았다. 예를 들면 저 거만한 오다 노부나가도 '무도회'를 열어, 부하들을 춤추게 하고 자신도 춤을 추면서 그들에게 "한 사람 한 사람에게 말을 걸고 […] 차를 따라 주시"는 일도 했다고 한다. "황송하기 짝이 없어 염천하의 고생도 잊어버리고, 감사하여 모두 눈물을 흘렸다"고 한다(《신장공기》). 미카와의 어느 무사는 도쿠가와 이에야스의 조부인 마쓰다이라 기요야스松平清康를 그리워하며 다음과 같이 묘사하였다.

14_[옮긴이] 《아사쿠라 소테키 화기》는 전국시대 무장의 교훈서로 아사쿠라 소테키(1474-1555)의 18세부터 79세까지 경험한 열두 번의 출전 경험을 측근이 기록하였다. 전국시대 무사들의 처세를 엿볼 수 있다.

15_[옮긴이] 오야분-고분은 실제 가족이 아닌 외부 집단에서 혈연의 친자 관계와 같은 사회관계를 가리킨다.

> 13살의 나이로 대를 이으신 이래, 가신들에게 보여 주신 연민과 정은 이루다 말하기 어렵다. […] 무예가 용맹하셨을 뿐만 아니라 자비를 베푸셔서 연민과 정을 보여 주시니, 어느 한 사람도 불만을 갖는 자가 없었다. 체통을 잃으신 일도 없다. 하물며 추방하시거나 처벌하시는 일도 없이 사람을 아끼셨다. 이렇게 하신 것은 대대로 섬겨 온 사람이라면, 헛되이 사람을 잃어버리는 것보다 자신의 말 앞에서 죽게 하셔서 쓸모가 있게 하려고 생각하신 까닭이다. (《미카와 모노가타리》)

이렇게 해서 "이런 사람의 휘하에 들어가자" 나아가 "이 사람을 위해서라면 죽을 수 있다" "이 사람의 눈앞에서 용맹하게 죽는 것을 보여 주고 싶다"고 생각하게 만들 수 있다면 성공한 것이다. "병사 보기를 사랑하는 자식처럼 하라. 그러면 기꺼이 더불어 죽을 것이다"[16] "선비는 자기를 알아주는 이를 위해 목숨을 바치고, 여자는 자기를 기뻐하는 이를 위해 꾸민다"[17]는 것은 고대 중국 이래 전해 온 경험적 지혜이다. 여성이 자기를 사랑하는 남자를 위해 예뻐지길 원하는 것처럼 자신을 총애하는 주인을 위해서 남자는 사지로 들어가는 것이다.

전국시대에 이렇게까지 다짐한 무사가 얼마나 실재했는지는 물론 분명치 않다. 그러나 그런 주종관계가 바람직하다는 생각이 널리 퍼진 것만은 사실이다. 또 그렇게까지 비합리적으로 헌신적이었던 것은 아니다(그랬다고 단정해서 찬미하거나 혐오할 필요는 없다). 신뢰가 깊은 주종관계에 의해 군단의 사기를 높게 유지할 수 있다면 당시의 전투형태에서 보더라도 승리와 생존 확률이 결과적으로는 높았을 터이기에.

대장이 조작을 잘 행하면 전장에서는 용맹심과 공명심, 그리고 충성심이 한 몸이 되어 불타오른다. 주군의 상찬을 좇아, 자신의 명예를 걸고 무사들은 서로 경쟁한다. 또 이것이 전후 논공행상과 연관된다.[18] 남

16_[옮긴이]《손자》〈지형〉視卒如愛子, 故可與之俱死.

17_[옮긴이]《사기》86권,〈자객열전〉士爲知己者死, 女爲悅己者容.

18_난부 노부나오南部信直는 "봉록이 적은 자도 주군에 봉공을 잘 하면, 바로 측근으로 삼아 그것을 본 자들 모두 나도 뒤지지 않는다며 봉공하게 될 것이니, 그렇게 만들

을 앞질렀다는 쾌감이나 질투, 원망도 있었을 것이다. 이것은 "수많은 첩들이 총애를 다투고 여성스러움을 경쟁하는 것과 매우 닮아있다"(미타무라 엔교三田村鳶魚 〈무사도 이야기武士道の話〉[19]). 그것은 검질기고 굳센 육체에 깃든 일체의 감상感傷을 모욕하는 불굴의 정신과 모순되지 않았다.

3. 어정밀御靜謐[20] 시대에

(1) 권태 · 의장擬裝 · 허영

오다 노부나가의 패권도 도요토미 가문의 통치도 허망하게 끝이 났다. 그런 탓에 오사카 전투[21]가 끝나고 도쿠가와 씨의 전국 지배가 확립된 때에도 전국시대의 최종 결착이라고는 쉽게 판정할 수 없었다. 그 뒤로 5년이 지나고 10년이 지났어도 단지 전국시대의 일시적 휴지기였는지도 모른다. 때문에 오사카 전투 직후에 발포된 무가제법도武家諸法度 제1조에서도 "항상 문무궁마文武弓馬의 도에 힘써야 한다"고 지시하고 "치세에 난을 잊지 않아야 하니, 어찌 수련을 게을리하겠는가"라고 경고하고 있다. 임전체제를 풀 수 없었던 것이다. 게다가 군사정권의 존립은 전쟁 발발 가능성에 의존한다. '이제는 어디에도 적이 없고 천하가 태평하니 무사는 필요 없다'고 하면, 통치조직 전체가 느슨해져서 붕괴하고 만다. 언제 일어날지 모르는 만일의 사태에 대비하

려는 계략이다"고 했다 한다. 후지이 조지藤井讓治《막번 영주의 권력 구조》(岩波書店, 2002) 34쪽.

19_미타무라 엔교《엔교 에도문고 11 무가의 생활》(中央公論社, 1997) 202쪽.

20_[옮긴이] '정밀'이란 세상이 태평한 것을 가리킨다. 도쿠가와 가문이 통치한 에도 시대는 이전 시대와 달리 260여 년 동안 드물게 전쟁이 없어 '팍스 도쿠가와'라고도 한다. 御는 정밀을 가져오고 유지하고 있는 사람, 즉 쇼군에 대한 존칭을 나타내기 위하여 쓴 것이다.

21_[옮긴이] 일본사에서는 오사카의 진大坂の陣이라 일컫는다. 1614년 겨울 전투와 이듬해 여름 전투를 끝으로 도쿠가와 이에야스가 도요토미 가문을 멸망시켰다.

여 대기하는 자세를 이어 갈 수밖에 없었다.

무사 개개인도 무사로서 자기 규정을 바꿀 수는 없었다. 무사임에 긍지를 가짐으로써 그들의 기개도 조직의 규율도 보존되는 것이다. 그들은 다음의 전쟁을 기다렸다. 기다리고 기다리다가 세대가 바뀌면서 어쩌다 보니 200년 이상 흐른 것이다.

예를 들면 1795년(寬政 7)이 되어서도 어느 하타모토旗本는 이렇게 적고 있다.

> 지금까지도 다이묘에서 하타모토, 고케닌御家人[22]에 이르기까지 수많은 무사들이 존재하는 이유는 무엇인가. 오직 큰일이 있을 때를 대비하기 위해 평소에 약간의 봉록을 하사하는 것 […] 오로지 다른 사람을 밀어제치고 가장 먼저 해야 할 일은 전장에서 가장 먼저 말을 타고 가장 먼저 창을 던지는 것뿐이다. (하부토 마사야스羽太正養《가훈家訓》[23])

모든 무사들이 이런 의식을 가지고 있지는 않았지만, 이런 명분을 정면에서 부인하기는 어려웠을 것이다.

그러나 아무리 기다려도 전쟁은 일어나지 않았다. 어려서부터 무사로서 자긍심을 가지고(강요받고), 무예를 연마하며 허리에는 두 자루의 칼을 차고 다녀도 '어정밀'의 시대가 이어졌다. "억울하도다! 방구석에서 쓰러져 죽다니. 너무 훌륭한 시대에 태어났기에"라는 사세구辭世句를 남긴 무사도 있다고 한다(미와 싯사이三輪執齋《싯사이 선생 잡저執齋先生雜著》). 무사들은 집단으로서 말하자면 만성적인 정체성 위기에 빠지게 된 것이다.

당연히 타락하고 마는 사람도 있었다. 사소한 일에 칼을 빼들어 허망하게 죽어 버리는 무사도 적지 않았다. "불필요한 때 무술을 내세우

22_[옮긴이] 에도 시대 다이묘란 쇼군 직속 가신 중에 봉록 1만 석 이상인 자를 가리키며, 하타모토는 1만 석 이하의 봉록에 쇼군을 배알할 자격이 있는 사람을 가리킨다. 쇼군 배알의 자격이 없는 직속 가신을 고케닌御家人이라고 한다.

23_곤도 히토시近藤齊《근세 이후 무가가훈 연구》(風間書房, 1975) 220-221쪽.

고 하찮은 일에 자신을 망치는 일"(에지마 다메노부江島爲信《몸의 거울身の鏡》 1659 간행), "자연의 때(만일의 경우)를 위하여 봉록을 받고 있다는 주군의 명을 잊어버리고 한때의 싸움이나 논쟁, 사적인 일에 목숨을 버리는"(이하라 사이카쿠井原西鶴《무가 의리 이야기武家義理物語》 1688서) 일에 대한 비난은 있었지만, 그것이 어떠한 작은 모욕도 참지 않고 목숨을 걸고 체면을 세우려는 무사다움의 표현이란 것도 부정할 수 없었다. "봉공인의 무도에 대해 타이를라 치면 이내 싸움이 벌어진다. 아무리 좋게 대하라고 가르쳐도 무사도에 무관심하기"(《갑양군함》) 때문이다.

괴이한 복장과 말투로 무시무시한 이름을 가진 집단을 만들어 거들먹대면서 거리를 돌아다니며 싸움을 걸고 난폭하게 구는 자도 있었다. 사람을 죽여 보고 싶어서 길거리에서 행인을 시험 삼아 베는(쓰지기리辻斬り) 자도 있었다. 17세기 후반까지 흔히 볼 수 있던 현상이었다. 그러나 누구라도 평생을 방탕하게 보내기란 쉽지 않다. 결혼도 하고 자식이라도 태어나면 평온하게 가정을 지키고 싶은 생각도 들 것이다. 목숨보다 이름을 아까워한다는 명분 아래서 실제로는 소심하게 살아갈 수밖에 없을 것이다. 주군으로서도 부하들이 용맹한 것은 바람직하더라도 무턱대고 난폭하다면 곤란할 것이다. 다른 다이묘 가문과 말썽이라도 생기면 집안의 큰 문제가 되기 쉽다. 그래서 점차로 '수치를 아는' 용맹한 무사의 외관과 평온한 질서를 양립시키기 위한 다양한 행동양식이 성립하였다. 말하자면 의장으로서의 무사도인 것이다.

무사들 사이에서 "그러하시었소"라는 식의 딱딱한 말투와 거들먹거리는 예의 작법의 배경에는 서로 상대에게 수치심을 들게 해서는 안 된다는 두려움이 있었다. 낮은 계급의 무사라 하더라도 이유 없이 굴욕을 주면 광분해서 칼을 빼어 들고 덤벼 들 가능성이 있다(그렇게 하지 않으면 나중에 당사자가 가혹한 처벌을 받을 수 있다). 그런 말다툼을 피하려는 마음이 이제는 많은 무사들의 심정이었을 것이다. 그래서 긍지를 가져야 하는 무사이기 때문에 신중하게 말하고 세심하게 행동하지 않을 수 없었던 것이다.

어떤 다이묘는 부하들에게 다음과 같이 명령한다.

> 싸움과 논쟁은 무사가 모욕을 당했을 때만 부득이하게 해야 하는 것이며, 자신의 떳떳함을 위한다고는 하지만 의로움에서 그리 하는 자는 드물며 의롭지 않은 죽음이 많다. […] 무사도에 해를 끼치지 않으려면 감수하고 참아서 다툼이 일어나게 하지 않는 것이다. 복수를 하려는 자가 도와 달라고 해도 부탁을 들어주면 안 된다.

《아동교훈 이로하 가회초兒童敎訓伊呂波歌繪抄》(시모코베 슈스이下河邊拾水 그림, 1836). 두 자루의 칼을 차고 으스대는 무사를 묘사. 이런 힘 있는 자에게는 자기가 옳더라도 따라 주라고 가르친다.

그러나 비겁한 겁쟁이로 보여서는 곤란하다. 예를 들면 누군가에게 쫓겨서 저택에 숨어 들어온 자를 숨겨 주지 않는 것은 무사로서 비겁한 짓이다. 그러나 드러내놓고 숨겨 준다면 다른 가문과 분란이 일어날 수 있다. 어떻게 해야 하는가? 이 다이묘의 지시는 도망쳐 온 자를 쫓아 들어온 무리들이 행방을 묻는다면 설령 눈에 띄었다 하더라도 어디까지나 "그런 사람 없소이다"라고 대답하라, 만약 끝까지 조른다면 그들에게 우리가 알아서 수색해 보겠다고 대답하고 어느 정도 지나서 "어디로 도망쳤거나, 아니면 잘못 보신 것 같소. 집 안에는 없소이다"라고 하라는 것이었다. 그렇다면 로닌浪人[24]이 하소연하러 온다면 어떻게 할 것인가? "가로家老와 함께 출타 중이시라서", 즉 집에 없는 척하라는

24_[옮긴이] 로닌이란 자신이 섬기던 주군 가문을 떠나 봉록을 잃어버린 무사를 뜻한다. 현대 일본어에서는 입학시험 등에 실패하여 재수를 준비하는 사람을 가리킨다.

것이다(이상 《사카이 가교령酒井家教令》 1699).

칼을 빼 들고 달려오는 자를 길에서 마주친다면 어찌할 것인가? 길옆으로 살짝 비켜서서 그냥 지나치게 한다면 나중에 겁쟁이라는 말을 들을지도 모른다. 그렇다고 해서 맞상대하여 칼을 빼어 들면 무슨 사달이 벌어질지 모른다. 그래서 일단 지나가게 하고 뒤에서 "그냥 둘 수는 없지. 게 섰거라!"고 소리치면서 뒤를 쫓는 척하라는 것이 하나의 정설이었다(《하가쿠레葉隱》 11[25]). 길의 "한쪽을 막고 서서" 다른 쪽으로 도망가는 것은 관여하지 않겠다는 태도를 보이란 말도 있었다(《무사라면》).

이렇게 하여 무사도는 대부분 무사다움을 연기하게 되었다. 이것은 무사 신분 전체가 직면한 기묘한 체제적 딜레마에서 유래하는, 공허하면서도 멈출 수는 없는 심각한 연기였다.

또 이런 식으로 실질적으로 엉성해졌다고는 해도 무사는 그 가문에 자부심을 가질 수 있었다. 대부분의 무사는 이미 무사의 가문에서 태어났기 때문이다. 물론 출생이나 가문에 대한 자부심은 당사자의 기량이나 무예와 관계없는 허영이다. 그러나 동시에 그것은 인위적으로는 메울 수 없는 조닌 · 백성과 절대적 거리를 과시하는 것이기도 했다. 무사의 명예심은 의장의 무사도에 대응한 가문의 허영과 결합해 갔다.

그러나 그렇게 해서 무사의 신분적인 정체성 위기가 완전히 해소될 수는 없었다. 그래서 유학자들이 '그대들은 단순한 무자가 아닙니다. 문文을 익혀 민을 다스리는 고귀한 책임을 져야 합니다'라고 말하기 시작한 것이다.

⑵ 사랑戀과 오시코메押込め[26]

아무리 기다려도 자연스런 시기(만일의 사태)가 도래하지 않았고 그러는 동안 많은 무사들이 "주군 가문의 개"라 했던 후다이가 되어 갔

25_《하가쿠레》의 가르침이 태평시대 처세술의 일면이라는 점에 대해서는 야마모토 히로후미山本博文 《〈하가쿠레〉의 무사도: 오해받는 '죽음 찬미' 사상》(PHP研究所, 2001)이 적확한 지적을 하고 있다.

고 주종관계도 점차 변질되었다.

출생에 따라 다이묘가 된 주군 밑에 우연히 태어나, 함께 싸워 가는 흥분이나 감격을 느껴 보지 못한 채 살아가는 것이다. 형식적인 은혜는 쌓이고 쌓였지만 진지한 충의는 가져 보지 못하고 보신을 위한 느긋한 인생으로 끝나 버린 무사도 많았을 것이다.

그러나 그와 반대로 조용해진 어정밀 시대에서 전시를 상상하며 화려하게 싸워 주군의 말 앞에서 전사하는 전성기를 꿈꾸는 사람들도 있었다. 예를 들면 1663년(寛文 3)에 전국적인 금지령이 나오기 전까지 오이바라追腹, 즉 순사를 위한 할복이 그칠 줄 모르고 유행했다. 전국시대에는 병사한 주군을 위해 여러 명이 그 뒤를 따르거나 하지는 않았다(그럴 수는 없는 일이었다). 그러나 태평해진 탓에 특히 은혜를 입은(입었다고 느끼는) 가신이 그동안 지녀 온 마음을 다하기 위해 순사하는 것이 유행한 것이다. 이는 다른 가신을 뛰어넘는 고명한 순절이다. 그러나 동시에 태평시대를 살아가는 무사라는 모순된 삶에 대한 항의 자살처럼 보이기도 했다.

또 어떤 무사는 주군을 의심하는 측근 무사를 죽이고 곧바로 자살하는 것을 권장하였다. 그러면 "미치광이가 일으킨 사태"로 여겨져 일이 수습되고, 주군 가문의 소동으로 번지지 않는, "순사보다 백배는 낫고 충 · 의 · 용에 부합되며 후세 무사에게 교본이 되는 크나큰 충절"이기 때문이다(다이도지 유잔大道寺友山 《무도초심집武道初心集》). 말하자면 충의의 마조히즘에 대한 몽상이다.

게다가 "군신의 관계는 연인을 사랑하는 마음과 같아야 한다"고 큰소리치며 "무조건적으로 봉공함에 기뻐하고 오로지 한 사람의 주인을 소중히 여기면 충분하다"고 말하는 무사도 있었다. "무사도란 죽음에서 찾는 것이다"는 구절로 유명한 야마모토 쓰네토모山本常朝이다(《하

26_[옮긴이] 오시코메란 에도 시대 형벌의 한가지로, 일종의 가택 연금이다. 번주의 폭정에 대해 가신단이 번주를 폐위시키고 새로운 번주를 옹립하는 절차가 되기도 하였다.

가쿠레》). 그는 "연부戀部에서 가장 지극한 사랑은 시노부코이忍戀"[27] 이다, "죽을 때까지 (상대가) 알지 못한다면 깊고 깊은 사랑이 아니겠는가"라고 서술하고 있다.

> 사리분별도 못 하고 재능이나 용기도 없고 아무런 쓸모가 없이 시골 구석에서 일생을 썩는 자가, 나는 주군의 가신이다, 친밀하게 대해 주시든 인정을 베풀지 않으시든 알아보지 못하시든 상관하지 않고 항상 황송한 은혜를 골수에 사무치게 하여 눈물을 흘리며 소중하게大切に 받들 뿐이다.

'다이세쓰大切'는 일찍이 천주교도가 amor愛의 번역어로서 사용한 말이다.[28] "저 사람은 내가 누구보다 자기를 사랑하고 있다는 사실을 모른다. 그래도 나는 그를 깊게 사랑하겠다. 언젠가는 반드시 그를 위해 처참하게 죽을 것이다. 그때는 그 사람도 비로소 내 사랑을 눈치 챌 것이다. 언젠가는 […]" 예를 들면 이런 마음을 가지라고 야마모토는 권하는 것이다. 마조히즘과 나르시시즘이 융합한 동성애적인 사랑을 꿈꾸는 것이다.

물론 이렇게까지 생각하는 사람은 예외적이었을 것이다. 그러나 아코로시赤穗浪士[29] 역시 그런 측면이 있지 않았을까? 또 그들의 행위에

27_이 구절은 화가집和歌集에서 춘 · 하 · 추 · 동 · 연부의 분류에서 연부 제목의 하나이다.

[옮긴이] 일본어의 '시노부'는 견딘다는 뜻이다. 시노부코이란 한 사람에게 일생을 걸고 사랑하면서도 상대가 그 마음을 알아채지 않도록 감추는 사랑을 말한다. 야마모토 쓰네토모는 그러한 마음이 사랑의 본질이라 파악했으며 이는 남녀 간의 사랑이 아니라 주군에 대한 봉공인의 사리사욕 없는 충정을 가리킨다.

28_참고로 현재 일본의 표준 수화에서도 '사랑한다'와 '다이세쓰'는 동일하다. 확실히 "저 사람은 내 소중한 사람이다"는 말은 "나는 저 사람을 사랑한다"는 말과 결국 같은 말일 것이다.

[옮긴이] '다이세쓰'는 우리말로 '소중함' 또는 '중요함'으로 번역된다.

29_[옮긴이] 아코는 지금의 효고 현兵庫縣 남부 지방의 옛 지명이다. 1703년 1월 30일 밤에 아코 번의 무사 47인이 주군 아사노 나가노리淺野長矩의 복수를 위해 에도에 있

감동한 사람들 역시 그런 마음에 공감하지 않았을까? 분명 무사의 주종관계는 본디 한편으로 이런 '꿈'을 키우는 성질을 가지고 있으며, 그것이 지금 나무 그늘에 서식하는 기묘한 이끼처럼 고요히 자라난 것이다.

한편 무사들의 주종의식은 일견 대극적인 성질도 강하게 띠게 되었다. 주인 개인이 아니라 이에家[30]의 당주라는 지위에 대한, 나아가서는 주군의 이에 자체를 향한 강한 충성심으로 변질된 것이다. 실제로 다이묘 가의 가신이라도 주군의 얼굴을 직접 대할 기회가 아예 없는 경우도 많다. 주군에 대한 마음을 깊게 가지려 해도 실제로 느끼기는 쉽지 않으며, 주인과 가신 쌍방이 세대교체를 이어가게 된다. 주종관계가 개개인의 인간관계가 아니라 이에 간의 관계로 변하는 것이다. "주군은 한 대로 끝나지만 이에는 영속된다"라는, 다이묘 개인이 볼 때 불쾌한(이케다 사다쓰네池田定常《생각나는 대로思ひ出草》[31]) 속담도 있었다. 미노베 다쓰키치美濃部達吉가 말하는 국가의 천황과 같이, 군주는 말하자면 법인인 이에의 기관인 것이다.

이런 상황을 잘 보여 주는 것이 이에를 위기에 빠뜨리는 주군을 강제적으로 구금하여 은거시키는 사건인데, 빈번하게 발생하였다. 예를 들면, 행패를 부리며 간언해도 듣지 않는 주인을 그대로 방치하면 얼마 안가 에도에 있는 정부의 처벌을 받게 되고 결국에는 주군의 이에 자체가 멸망할지도 모른다. 그런 때에 주군 개인에게 충성을 바쳐야 할 것인가, 아니면 그 자식이나 친척에게 이에를 이어 가게 할 것인가. 정답은 분명했다. 실제로 5대 당주를 구금하여 은거시킨 미노 국美濃國(지

는 기라 고즈케노스케 요시히사吉良上野介義央 저택을 습격하여 그와 그 가신들을 살해하였다. 이 사건은 일반적으로 주신구라忠臣藏로 알려졌으며 소설과 가부키 등의 단골 소재가 되었다.

30_[옮긴이] 보통 이에는 가문으로 번역되지만, 우리나라의 혈연 관계를 중심으로 하는 가문과는 차이가 있다. 이에 대해서 저자는 제4장에서 자세히 설명하고 있다. 본문에서는 문맥에 따라, 시스템으로서의 의미가 강조되지 않은 경우에는 가문 또는 집안으로 번역하였다.

31_[옮긴이] 원제는《思ひ出草》이며 일본어로는 '오모이데구사'라고 읽는다. 저자가 66세에 자신의 회상을 쓴 수필집이다. '오모이데'는 기억 또는 추억이라는 뜻이다.

금의 기후 현 남부) 가노加納의 다이묘 가문의 가로家老 등은 "시비를 가릴 필요도 없이 이에와는 바꾸기 어려워 이와 같이 구금시킨다"고 설명하고, 풀어 주었다가 소동이 일어나면 "이에를 받들어 충의를 세우지 못했다"고 말했다고 한다.[32] 주군의 이에에 대한 충의—정확한 표현이다. 이것은 반역이 아니다. 간언을 해도 듣지 않는 방탕한 다이묘의 은거를 이에의 수치라고 하여 찔러 죽이고 자살한 가로를 충신이라 평가한 사례조차 있다(기타무라 노부요喜多村信節《들은 대로ききのまにまに》). 이는 유학에서 말하는 민을 위한 방벌이 아니다. 민을 위해서가 아니라 '주군의 이에'를 위한 궁극의 충성인 것이다.

주군의 입장에서는 이에에 해가 된다고 유력한 가신들이 판단하면 자신의 지위가 위태로워지는 것이다. 주군은 개혁을 할 때도 신중하지 않으면 안 되었다. 인심의 화합은 주군들의 끊임없는 걱정거리였다. 이렇게 무사들은 서로를 속박해 갔다.

일견 대극적인 시노부코이와 오시코메는 모두 어정밀 시대에 살았고 살아가야만 했던 무사들의 고뇌가 구현된 것이다. 뒤에서 서술하듯이(제19장) 무사들은 결국 그 체제가 덧없이 붕괴하고 나서야 비로소 그 폐쇄적인 상황에서 해방될 수 있었던 것이다.

참고 문헌

우지이에 미키토《에도 번저 이야기: 전장에서 거리로》(氏家幹人《江戸藩邸物語：戰場から街角へ》中央公論社, 1988)

가사야 가즈히코《근세 무가사회의 정치 구조》(笠谷和比古《近世武家社會の政治構造》吉川弘文館, 1993)

이소다 미치후미《근세 다이묘 가신단의 사회 구조》(磯田道史《近世大名家臣團の社會構造》東京大學出版會, 2003)

32_가사야 가즈히코笠谷和比古《주군 '오시코메'의 구조: 근세 다이묘와 가신단》(平凡社, 1988) 56-57쪽.

제3장 어위광御威光의 구조 — 도쿠가와 정치체제

1. 권력과 종교

16-17세기 유럽은 처참한 종교 전쟁의 시대였다. 기독교도 간의 살육이었다. 존 로크John Locke의 《관용에 대한 서간》(1689)조차 천주교도와 무신론자는 관용의 한계 밖에 두고 있다. 국내에서 존재를 용인하지 않은 것이다. 정치사회의 존립이 '올바른 신앙'과 연결된다고 생각했던 것이다. 그래서 당시 유럽에서는 먼 나라 국왕의 지원으로 방문한 선교사들이 국내에서 활발하게 '이교'를 포교하는 행위는 상상할 수 없었다. 그런데 같은 시기 일본에서는 불교의 여러 종파가 공존하고 있었을 뿐 아니라, 천주교의 포교도 왕성해서 많은 신도를 얻을 수 있었다.

이는 센고쿠 다이묘戰國大名[1]가 특별히 관용을 보여서가 아니라, 당시 그들의 권력은 특정 종문宗門과 결합하여 성립한 것이 아니었기 때문이다. 신자 조직과 정치사회는 별개였다. 무사는 무운장구를 위해 특정한 신불神佛에 귀의하는 일은 있었지만, 정통의 종지宗旨를 지키기 위해 싸우지는 않았다. 무사가 주종관계를 맺는 유대관계에 같은

1_[옮긴이] 센고쿠 다이묘는 일본의 전국시대에 각지에서 할거한 영주로, 이전 무로마치 시대의 슈고 다이묘守護大名가 몰락하면서 새롭게 출현하였다.

종문일 필요는 없었다. 때문에 (천주교와 함께 서양인이 가져온) 철포를 포함한 무역상의 이익을 위하여, 센고쿠 다이묘는 의외로 쉽게 천주교 포교도 용인하였다.

그러나 자신들이 영역 지배를 심화하고 확대해 가는 데 종문의 결합이 위협과 장애가 된다고 판단이 되면, 그들은 그것이 자신에게 해가 되지 않도록 하기 위해서 무시무시한 폭력의 사용을 주저하지 않았다. 히에이잔比叡山 화공火攻[2]이나, 잇코잇키 탄압이 그 예이다. 도쿠가와 이에야스도 20세에 미카와의 잇코잇키와 사투를 반복하였다. 그의 가신단 가운데도 잇코슈一向宗, 즉 정토진종 신자가 적지 않았던 탓에 사태가 심각했다. 개중에는 "주군이라 부르는 것도 겨우 현세에서뿐이다. 여래불은 앞으로 영겁을 의탁하는 일대 본존이시다"(《참주일향종난기參州一向宗亂記》)라며 대대로 섬겨 온 주군을 배신한 가신도 있었다.

그래서 이에야스는 전국의 패자가 되고 나서 얼마 후에 천주교 신앙 자체를 금지하고 철저하게 탄압하기 시작했다. 물론 '올바른 신앙'을 옹호하기 위한 것도 아니고, 호언장담했듯이 신국神國(이라고는 해도 신도와 불교의 습합이 전제이다)을 침략으로부터 지키기 위한 것만도 아니었다. (아마도) 그들의 지배에 기독교의 교의가 정치적으로 위험하다고 판단했기 때문이다.

예를 들어 천주교 선교사는 다음과 같이 말하였다.

> 우리 주 예수는 우리의 진정한 부모이시며 진정한 주군이십니다. (《병든 자를 돕는 마음가짐》[3])
>
> 주를 헌신적으로 경배하고 따르고 섬겨야 함을 알지어다. (《기아 도 페

2_[옮긴이] 히에이잔은 교토 북동부와 시가 현의 경계에 있는 산으로 엔랴쿠지延曆寺나 히요시타이샤日吉大社와 같은 유서 깊은 절과 신사가 있어 신앙의 산으로 알려져 있다. 히에이잔 화공은 1571년 9월 30일에 오다 노부나가가 히에이잔의 사원 세력을 공격하면서 벌어진 대규모 전투이다.

3_[옮긴이] 원제는 《病者を扶くる心得》이다. 1593년경 지어진 것으로 알려져 있다.

카도르》[4])

그대에게 생명을 주신 분의 은총을 잊지 말지어다. (《그리스도 수난의 관념》[5])

천주의 관군이 되어 섬기는 그대, 목숨을 바치거나 크나큰 충성을 맹세하지 않겠는가? 진실로 주께서는 가장 먼저 우리를 구하기 위하여 목숨을 바치셨으니 병사의 몸으로서 후진으로 빠져 목숨을 아까워하는 것은 생애의 치욕 [⋯] . (《산토스의 지으신 일》[6])

세속의 주군을 초월한 진실한 주군의 은혜에 고다이세쓰御大切(amor)를 바쳐 봉공하지 않아서 되겠는가, 이 '대주군'은 너를 위하여 목숨을 바치셨다, 부끄럽지 않은가?—그렇게 추궁하는 것이다. 무사적인 의식을 가진 사람들은 때로는 영혼이 요동쳤을 것이다. 그리고 무사가 아닌 사람들에게는 지상의 무사보다 고귀한 천주의 충신이 될 수 있다는 자부심과 격려가 되었을 것이다.

그러나 이러한 교의가 잇코잇키를 체험한 지상의 대주군과 그의 지배에 위험하게 여겨지는 것도 무리는 아니었다. 잔혹한 고문으로 배교를 강제하였고, 또 거부하고 순교한 다수의 신자가 있었다. 적어도 그들 중 일부에게는 '진실한 주군'을 위한 순사殉死였다. 그리고 순교자가 늘어갈수록 천주교의 위험성은 더욱 실증되었으며, 금제는 더더욱 엄격해졌다. '기리시탄 종문어제금きりしたん宗門御制禁'의 포령이 전

4_[옮긴이] 원제는 《ぎやどぺかどる》이다. 1555년에 간행된 스페인 도미니코회의 사제 루이스 드 그라나다Luis de Granada(1504-1588)의 저서를 포르투갈어로 번역한 책을 다시 일본어로 번역한 것이다. '기아 도 페카도르Guia do Pecador'는 죄인을 선한 곳으로 인도한다는 뜻이다.

5_[옮긴이] 원제는 《御パシンの観念》이다. '파신パシン'은 The Passion, 즉 그리스도의 수난을 뜻하며, 이 책은 그것을 성찰하기 위한 가르침을 담고 있다. 4대 복음서의 수난 관계 기사도 포함되어 있다.

6_[옮긴이] 원제는 《サントスの御作業》이며, 주로 순교한 성인들에 관한 전기를 담고 있다.

국에 내려지고, 민들은 사원으로부터 천주교 신자가 아님을 보증받아야 하는 의무가 지워졌다. 나중에 '쇄국'이라고 불리게 된 극도로 제한적인 출입국과 무역의 관리 역시 천주교 배제가 중요한 이유였다. 그런 의미에서 도쿠가와 체제는 천주교의 서양을 잊을 수가 없었다. 항상 의식하고 대치를 이어가지 않으면 안 되었던 것이다. 그 결과 메이지에 이를 때까지, 기독교切支丹[7]는 암흑 속의 공포와 엽기적인 관심으로 상기되었다.

도쿠가와 일본에는 국교도 국교회도 없었다. 그리고 적어도 통치자 측은 현세를 초월한 존재를 향한 깊은 신앙은 위험하다고 의식하였다. "특히 신하된 몸으로 불교를 믿어 후세를 위해 기도하는 것은, 부녀자가 밀부密夫와 내통하는 것과 같으며, 주군에 대하여 큰 불충이 된다"(《세사견문록世事見聞錄》[8])라는 감각은 예외적인 것이 아니었다. 실제로 일본의 통치자들은 (서양인이 말하는) '종교'를 믿지 않았다는 것이 메이지 초기의 상식이었다. 한편, 유럽에서는 이와 반대로 이 세상을 초월한 존재에 대한 깊은 신앙이 없는 자는 위험하다는 것이 통념이었다(어느 쪽이 옳은 것일까?). 16세기에 양측 모두 내란을 경험한 유럽과 일본은, 이렇게 종교의 정치적 자리매김이 대조적인 길을 걷기 시작한 것이다.

7_[옮긴이] 기리시탄은 '기독교의' '기독교도의'란 뜻을 가진 포르투갈어 christão에서 비롯된 말로, 처음에는 吉利支丹으로 표기하였으나, 금제 후에는 鬼理死丹 · 切死丹으로 한자의 뜻을 더하여 표기하였으며, 제5대 쇼군 쓰나요시綱吉 이후에는 吉을 휘하여 切支丹으로 표기하였다. 본래는 로마 가톨릭교, 동방 정교회, 개신교 등 3개의 주요 집단을 포함하는 용어인데, 15세기 중반에 일본에 전래된 것은 천주교이므로 본문에서 그 점을 강조할 필요가 있을 때에는 천주교라고 번역하였다.

8_[옮긴이] 저자는 에도 시대 후기의 수필가 무양은사武陽隱士이며 상세한 내력은 그다지 알려져 있지 않으나 에도에 거주했던 로닌으로 여겨진다. 1816년경 지어진 《세사견문록》은 신분별로 각 계층에 존재하는 모순과 폐해를 상세하게 기술하고 있어 당시의 세태와 풍속을 아는 데 도움을 준다.

2. 폭력과 평화

강자와 약자가 뒤섞인 전쟁 상태는 결국 최강자에게 나머지가 복종하는 형태로 결착하였다. 거기에는 당연히 이긴 쪽에 서서 살아남고자 하는 지혜도 작동했다. 일찍이 도요토미 가를 따랐던 봉록 10만 석 이상의 대다이묘大大名들도 도쿠가와의 깃발 아래로 우르르 몰려갔다. 그 결과 도쿠가와 가의 당주가 모든 다이묘들에게 토지를 나눠 주고 지방통치를 맡기는 형식이 성립하였다.

게다가 도쿠가와 가는 이 세상을 초월하는 존재를 위험시한 이상, 거꾸로 그런 존재에 의지하여 자신의 지배를 정당화할 수도 없었다. 교황에 의한 신성한 대관식 같은 것을 할 수 없고, 천명을 부여받았다고 일컬어지는 천자가 될 수도 없었다. 전통적으로 천자로 불린 교토의 금리를 말살하기에는 정치적 비용이 너무 컸을 것이다. 에도에 천단은 지어지지 않았고, 도쿠가와 가 당주는 제천의식도 하지 않았다.

그러면 어떻게 했을까?

강자의 지배가 당연하게 여겨졌다면 단지 강자로서 지배하면 된다. 계속해서 승자라고 여겨지기만 하면 되는 것이다. 그것을 부끄러워할 필요도 변명할 필요도 없다. 당시 사람들은 후세의 일부 역사가들처럼 통치의 정통성 원리가 무엇인지 탐색하지도 않는다. 유학자들이 도쿠가와 시대를 탄식한 것처럼, 도쿠가와 가에 한하지 않고 '말 위에 올라' 천하를 손에 넣은 무가들은 다음의 전쟁을 기다린다는 명분 아래, 한나라 고조와는 다르게(《사기》 육가전), 기본적으로는 단지 '말 위에서' 통치를 이어 간 것이다. "무가는 무력으로 천하를 얻는 자이니, 오로지 무위武威를 뻗쳐 빛나게 하고, 하민을 겁주어 밀어붙여 복종시킨다. 나라를 다스림에도 오직 위광과 격식에 의지하여 통치하였다"(《부진언不盡言》[9]) 어무위 · 어위세 · 어위광을 두려워하게 하는 것, 즉 압도적인

9_[옮긴이] 에도 시대 중기의 유학자이자 의사였던 호리 게이잔堀景山(1688-1757)의 저서이다.

폭력에 대한 두려움의 환기가 복종을 보증한 것이다. 이 시대에 시오키仕置란 말은 통치 · 처벌 · 단속을 동시에 의미하였으며, 정도政道는 금지 · 조사 · 처벌이라는 의미도 있었다.

그러나 "오로지 위광에만 의지하여 무리하게 밀어붙여 사람들을 위세로 눌러 복종시키는 것은, 당장은 그럴 수 있지만 조금이라도 그 위광이 떨어지면 그대로 인심이 멀어져 천하가 어지러워"(위의 책)지지 않을까? 맞는 말이다. 그래서 무가는 항상 어무위 · 어위광을 빛내도록 세심한 주의를 기울였다. 그 결과 예를 들면 많은 사람들은 도쿠가와 가문을 상징하는 접시꽃 문양을 보기만 해도 숙연해지고 부지불식간에 무릎을 꿇기도 하였다. 그 어위광은 부하들까지 빛나게 하여, 관료들은 각각 그 지위에 따른 위세御役威를 가졌다. 이 군사 겸 통치조직은 전체가 어위광을 등에 업고 화려하게 빛난 것이다. 도쿠가와 시대가 저물어 가면서 어느 번사는 "3백 년 동안 천하의 번들이 어위광이란 글자를 두려워하여 그 습관이 철두철미하게 배어들었다"고 말하였다(〈무라타 미사부로 서간村田巳三郎書簡〉).

실감했을 것이다. 그러나 그런 번에서도 다이묘와 그 가신들은 마찬가지로 각각의 어무위 어위광으로써 민중에 임하고 그들을 엎드리게 하였을 것이다.

다만 여기에는 기묘한 모순이 있다. 무위로 약자의 복종이 완벽하게 조달되면, 그 무력을 발휘하여 진정한 강자임을 증명할 기회가 없어지는 것이다. 천하태평한 세상에서 어떻게 하면 강자임을 드러낼 수 있을 것인가. 그것은 외관밖에 없다. 싸워서 강함을 증명할 수 없는 이상, 강하게 보이는 것만이 과제가 된다. 강함에 의한 지배는 강한 이미지에 의한 지배로 바뀔 수밖에 없다.

강한 이미지란, 후쿠자와 유키치가 말하는 "허위虛威"(《문명론의 개략》)이다. 그러나 허위가 허위임을 알아차리지 못한다면 실제 위세와 다르지 않다. 알아차리지 못하게 하기 위해 후쿠자와가 말하는 "위계 · 복식 · 문서 · 언어 등 모든 것에서 모조리 정해진 상하의 격식"(같은 책)이 크게 기능하였다. 앞서 인용한 위광과 격식에 의지하려 했다는 것은 그런 의미이다. 사람과 사람이 마주하는 일체의 예식 · 예의 · 작법이 상하 신분의 차이를 상징하여 강조되고, 서로 확인하는 기회가 되었다.

특히 도쿠가와 가문의 입장에서는 "위로는 황실이 있고 아래로는 여러 번국이 있다. 번국 가운데는 초기까지는 공의公儀(도쿠가와 정부)와 동렬의 가문도 있고, 적대시한 가문도 있던" 상태였다. 바로 그렇기 때문에 공의는 "(교토의) 고귀한 사람들을 어위광으로 누르고" 나아가 "만사에 존엄하고 위엄있게"(《우언迂言》[10]) 하려고 노력했다.

이러한 기도는 그야말로 적중했다. 증기기관을 가진 군함으로 상징되는 산업혁명 후의 최신기술을 접한 왕이 벌거숭이라는 사실이 폭로되기 전까지, 확실히 어위광은 견고하고 화려하게 빛났다.

도쿠가와 시대의 저작에는 종종 천하태평, 어정밀, 잘 다스려지는 세상을 축하하면서 위정자에게 감사하는 구절이 보인다. 이는 단지 비굴한 추종이 아니다. "해 뜨는 곳, 군주의 은총의 위대함이여! 온 나라 끝까지 복종하는 시절이니 […]"(《천하장사 명인들》[11]), 또는 "안심하고 잘 수 있는 것도 닛코日光의 세공細工"(《갑자야화 3편》[12] 권7), "무사로서는 본의 아니게 지금은 실로 극락세상"(《가나문장 낭절용》[13]) 등의 문구에는 어느 정도 실제 감각이 포함되었을 것이다. 그리고 저 끔찍한

10_[옮긴이] 에도 시대 후기 유학자인 히로세 단소廣瀨淡窓(1782-1856)의 저서.

11_[옮긴이] 원제는 《日下開山名人そろへ》로 일본어로는 '히노시타카이잔 메이진소로에'라고 읽는데, '히노시타카이잔'은 스모에서 최고위에 해당하는 요코즈나에 대한 명예로운 호칭이다. 17세기 말 무렵 간행되었으며, 1919년 희서복제회稀書複製會에서 복각되었다.

12_[옮긴이] 원제는 《甲子夜話三篇》이며, 에도 시대 후기 히라도 번平戶藩의 번주 마쓰라 세이잔松浦靜山(1760-1841)의 수필집으로 다이묘나 하타모토의 일화와 시정의 풍속을 담았다. 인용문의 닛코의 세공이란 말은 곧 도쿠가와 이에야스의 덕분이란 뜻이다.

13_[옮긴이] 원제는 《仮名文章娘節用》이다. 에도 시대 후기 소설가인 교쿠 산진曲山人의 풍속소설로 1831-1834년에 간행되었다. 무가 사회를 무대로 한 두 남녀의 애절한 사랑을 그렸다. 일본어로는 '가나마지리 무스메세쓰요'라고 읽는다.

전국시대가 다시 오는 것을 막고 평화와 치안을 유지하고 있다는 사실이야말로, 도쿠가와 가문의 지배와 무가 지배 전체의 정통성을 느끼게 한 최대의 근거였다. '실제로 잘 다스려지고 있지 않은가? 감사히 생각하라. 그리고 복종하라. 너는 이를 어지럽히고 싶은가? 그것은 결국 내란을 불러일으키는 범죄이다.' 이 (현재에도 이어지는 억압적 권위주의 체제) 논리는 '허위'에 반발심을 가진 사람이라도 부정하기 어려웠을 것이다.

그러나 이 같은 사실의 규범화는 사실의 붕괴에 의해 소멸한다. 그토록 단단해 보였던 도쿠가와의 세상이, 서양의 압력에 직면한 청나라나 조선 정부—유학적 이론으로 자기 무장한—와 달리 그 앞에서 허무하게 무너진 이유의 하나가 바로 거기에 있다.

3. 어위광의 모습들

어위광은 그러나 노골적인 위협으로만 끝나지 않는다. 무위를 기반으로 하면서도 도쿠가와 가 당주로 말하자면 다음과 같은 측면들을 가짐으로써 누구도 따라올 수 없는 위압적인 빛을 발하였다.

(1) 덴카사마

도쿠가와 가문의 당주는 덴카사마天下様, 덴카도노天下殿, 덴카로서 위신을 갖는다. 그것은 오다 노부나가와 도요토미 히데요시를 계승한 전국의 패자覇者로서의 호칭이다. 본래 천자의 통치대상을 가리켰던 용어가 현실의 전국 통치자의 호칭으로 전화된 것이다('천하天下'가 무시무시한 지배자의 호칭이라는 것이 묘하게 여겨지지만, 지금도 가정에서 아내가 권력을 쥐고 흔드는 모양새를 가카텐카嬶天下라고 하지 않는가). 다른 다이묘는 결코 그렇게 불리지 않는다. 이 호칭은 올려다볼 때면 외경심을, 스스로 받으면 의기양양한 자긍심을 불러일으키는, 엄청난 권위를 느끼게 하였다. 예를 들어 "세상 어느 누구도 두렵지 않네, 덴카의 조닌이기만 하면"(이하라 사이카쿠 《호색이대남好色二代男》)이라는 말은, '덴카사마 슬하의 조닌이기에'라는 표현이다.[14] 또 러시아에 표착하여 상트페테르부르크도 방문했던 어느 어부는, 예카테리나 황제를 "에조[15]의 덴카사마"라고 불렀다(《북사문략北槎聞略》[16]). 그에게는 전제 군주를 부르는 가장 어울리는 일본어였던 것이다.

(2) 이에家

그 덴카사마는 대대로 도쿠가와 이에○○의 이름을 갖고 있었다. 그것은 이에야스의 후계자임을 의문의 여지없이 표시한다(도요토미 히데요시에서 한 글자를 딴 히데타다秀忠는 예외이다. 후계자가 되기 전까지 쓰나요시綱吉는 쇼군 이에쓰나家綱에서, 요시무네吉宗는 쓰나요시綱吉에서, 요시노부慶喜는 이에요시家慶에서 한 글자씩 따왔으니, 결국은 마찬가지다). 이이나오○○井伊直○은 다이로大老 가의 당주임을, 미즈노 다다○○水野忠○은 중견의 후다이 다이묘임을 나타냈듯이, 그 이름 자체가 무가의 정점에 있음을 표시하는 것이다. 그는 그렇게 동조대권현東照大權現(동조궁東照宮・신조神祖・신군神君으로도 쓰임)의 위광을 업게 된다.

그는 지요다千田代 성 안에 있는 동조궁을 자주 참배했다. 때때로 여러 다이묘를 이끌고 스스로 닛코의 동조궁을 참배했다(닛코 어사참日光御社參). 대규모 인마의 엄숙한 행렬이 닛코의 가도를 지나 신조와 일체화된 후계자의 위엄을 확인하고 자랑스레 드러내 보인 것이다.

게다가 동조대권현은 막연하게나마 아마테라스오미카미天照大神,

14_나카무라 유키히코中村幸彦 〈덴카의 조닌고〉(《나카무라 유키히코 저술집》 제3권, 中央公論社, 1983).

15_에조는 고대 이래 막부 말기까지 일본 열도의 도호쿠東北 지방 이북에 살았던 이민족 혹은 그 거주 지역을 지칭한다. 주로 아이누 민족을 가리켰으나 에도 시대 후기에는 러시아인에 대해서까지 에조의 범위가 확대되었다.

16_[옮긴이] 이 책은 1782년 12월 러시아에 표류하여 1792년 아담 락스만 사절단과 함께 귀국한 다이코쿠야 고다유大黑屋光太夫(1751-1828)의 견문을 의사였던 가쓰라가와 호슈桂川甫周가 정리하여 1794년 간행한 것이다.

하치만 보살八幡菩薩[17] 등과 융합되어 떠올려지기도 하였다. 도쿠가와 가문의 당주는 그렇게 신불습합의 실태를 가진 신국 겸 불국의 위에 군림한 것이다.

(3) 구보사마

덴카사마는 하타모토 등으로부터 가미上, 우에사마上樣, 구보사마公方樣라고 불렸다. 에도정부는 보통 어공의御公儀로 불렸다. 공식 서류에 이 용어가 사용된 것으로 보면 정부의 명칭이었던 것이다. 의儀는 난의難儀 · 대의大儀에 쓰인 의와 마찬가지로 '일こと'이란 뜻이다. 좀 점잖게 말하면 공변公邊이라고도 한다. 다이묘를 가신들이 공의라고 부르기도 하는데 그 경우 에도정부를 구별하여 대공의라고 한다. 공의의 직할지를 공과公科 · 어료御料라 하고 다이묘에게 할당한 영지를 사령私領이라 한다.

여기서 공은 번역어로서의 공공公共이 아니다(예를 들어 영영사전을 펼쳐보면 알겠지만, public은 어느 지역의 people 전체에 관련되는 일이란 의미이다). 유럽의 여러 언어에서는 res publica(공공의 일)를 국가의 의미로 사용하지만, 이와는 다르다. 공권력을 칭한다고 오해해서는 절대 안 된다. 그것은 서양어의 public, 한자의 공 · 일본어의 오야케おおやけ[18]가 일부분 중첩되지만 원래 큰 차이가 있는 세 언어의 의미[19]를 터무니없이 혼동한 데서 비롯된 오해이다. 공의에는 사람들의 공통 문제를 해결하기 위한 공공기관이라는 전제는 없었다. 공사公事란 말도 오카미お上에게 가져가서 판결을 받는 것이었지, res publica의 의미가 아

17_[옮긴이] 아마테라스는 일본 신화에 등장하는 신으로 일본 황실의 조상신으로 여겨지고 있다. 하치만 보살은 하치만 신을 부처가 지켜 준다고 여기는 불교식 칭호이다. 하치만 신은 오진應神천황을 주좌로 하는 무운武運의 신이다.

18_[옮긴이] 일본어의 오야케는 일반적으로 한자 公으로 쓰고 있으나, 원래의 뜻에서는 大家 · 大宅으로도 쓴다.

19_자세한 것은 졸고 〈'오야케' '와타쿠시'의 어의: '공' '사' 'public' 'private'의 비교〉(사사키 다케시佐々木毅 외 편 《공과 사의 사상사(공공철학 1)》 東京大學出版會, 2001) 참고.

니다. 이 공은 public이 아니라, 오야케에 원래 다른 뜻을 가진 한자를 대응시킨 것에 지나지 않는다. 그리고 오야케(커다란 집)란, 내부에 대하여 그것을 포괄하는 외부적인 것, 작은 것에 대하여 그것을 포섭하는 큰 것, 내부의 내밀함에 대하여 드러냄을 의미한다(적어도 도쿠가와 시대의 일본어 '오야케'의 정의에 people이 등장하는 일은 있을 수 없다). 때문에 최소의 와타쿠시私가 개인의 겸칭이 되는 것이다. 이것은 단순한 겸양어가 아니라 상대를 오야케로 높이는 겸양어인 것이다. 그리고 무사의 이에라는 작은 상자의 처지에서 다이묘의 오이에御家는 작은 상자를 포함하는 큰 상자이기 때문에 오야케인 것이다. 그러나 그 오야케도 에도의 어공의에 대해서는 와타쿠시인 것이다. 이렇게 상대적인 와타쿠시와 오야케가 차곡차곡 포개진 거대한 상자의 정점에 에도의 구보사마가 있는 것이다. 그로서는 대다이묘의 영지 구니國도 결국 사령私領에 지나지 않는다. 그 탁월한 위세는 이렇게 호칭에서도 체현되어 과시되었던 것이다.

어공의가 특히 19세기에 들어 점점 (천황에 의해 임명되는 쇼군의 정부임을 강조하여) 막부幕府라고 불리게 되고, '고기고야쿠닌사마公儀御役人様'가 종국에 막사幕使로 불리게 된 것은 위신저하의 징표였다.

(4) 정이대장군征夷大將軍

에도의 공의에 대해서 교토에 있는 '천자'의 궁정은 보통 금리禁裏, 금중禁中이라고 불렀다. 천자는 긴리사마禁裏樣 · 긴추사마禁中樣 · 다이리사마內裏樣라고 불렀다. ○○천황이라는 시호는 1840년(天保 11)에 고카쿠光格 천황으로 부활할 때까지 오랜 동안 사용되지 않았다. 모모조노인桃園院이라는 원호院號[20]뿐이었다. 당시 사람들은 덴노사마라고 하면 천황의 덴노가 아니라 먼저 사천왕사나 우두천왕牛頭天王의 덴노사마天王様를 떠올렸을 것이다.

20_[옮긴이] 퇴위한 천황을 높여 부르는 말로, 천황이 퇴위한 후 거처하는 곳을 ○○원이라 하는 데서 비롯되었다.

덴카사마는 긴리사마를 슈조主上라고 불렀다. 그러나 양자의 관계는, 당시 일본을 방문한 외국인이 해석하는 데 고심한 것처럼, 극히 애매하였다. 예를 들면 덴카사마는 한편으로는 "천자의 예능 가운데 학문이 으뜸이다"(금중병공가제법도禁中竝公家諸法度)라고 금리의 책무를 규정하였다. 더욱이 "무가의 관위는 공가의 관위와 별개이다"라고도 규정하였다. 일찍부터 무가의 명예 호칭처럼 되어 버린 율령제의 관위를 사실상 에도에서 마음대로 수여할 수 있도록 확인한 것이다. 형식상으로는 금리가 부여하는 관官과 위位이며, 게다가 형식상으로는 자신보다 상위인 공가를 규제하기도 하고 때로 처벌하기도 하였다(이런 신하는 어떤 신하일까?). 이 관위는 단지 무가 내부에서의 등급을 매기는 장치였다.

또 형식상으로는 금리가 수여한 정이대장군征夷大將軍, 내대신內大臣과 같은 관명이나 정2위正二位라는 위명도 마찬가지이다. 무가의 제1인자에게 어울리는 것이었다. 이로써 그의 위세가 확인되고 확정되었다. 특히 관백關白의 아들이자 정2위 권대납언正二位權大納言 도요토미 히데요리豊臣秀頼가 오사카 성에 있던 1603년에, 이미 이에야스가 (1573년 아시카가 씨 이래 오래된) '종1위 우대신 정이대장군從一位右大臣征夷大將軍'이 되었다는 것은 다이묘들에게 시위 효과는 있었을 것이다. 그 2개월 뒤 히데요리가 대항하기라도 하듯 내대신內大臣이 된 것을 고려하더라도 말이다. 때문에 금리를 슈조로서 추대하는 정치적 가치는 있었을 것이다. 그러나 그에 따라 어떤 권한을 부여받았던 것은 아니다. 당시 사람들은 그로 인해 대정위임大政委任이 이루어졌다고는 이해하지 않았다. 그 후 도쿠가와 당주가 장군선하將軍宣下를 받은 것도 마찬가지이다. 이것은 아사노淺野 다쿠미노카미內匠頭가 금리의 내부 공사와 관여된 것이 아니거나, 오오카大岡 에치젠노카미越前守에게 에치젠 국越前國의 통치권이 없는 것과 마찬가지이다. 어공의의 명령은 금리의 명령이기 때문에 따라야 한다는 논법도 없다. '위임'된 적이 없는 '대정大政'을 15번째 정이대장군이 공손하게 '봉환奉還'

하게 된 것은, 후술하겠지만 그 후에 서서히 진행된 체제 해석이 심각하게 변혁한 결과이다.

정이대장군은 전국에서 한 사람뿐이다. 다른 일체의 무가로부터 격절된 지위를 도쿠가와 가 당주에게 부여한다. 기껏해야 5위나 4위의 다이묘가 보기에는 정2위, 종1위라는 위계는 눈앞이 아찔할 정도로 높다.

그러나 고대 이래의 제도를 이용한 유서 깊은 위계 장치에는 문제가 있었다. 그것은 형식상 도쿠가와 가 당주나 다른 다이묘 역시 마찬가지로 금리로부터 관위를 받는 이상, 양자는 주종관계가 아니라 금리의 신하처럼 보인다는 것이다. 실제로 다음과 같은 지적도 있었다.

> 천하의 다이묘 모두 쇼군의 가신이지만, 관위는 가미카타上方로부터 윤지綸旨와 위기位記를 받는 것이기에, 마음속으로는 금리를 진정한 군주로 생각하는 이들도 있을 것이다. 당장은 위세를 두려워하여 가신이 된다고 하는 마음을 잃어버리지 않는다면 말기가 될수록 안심하기 어려운 일이 생길 것이다. (오규 소라이荻生徂徠《정담政談》[21])

> 봉록은 물론 관위도 간토關東의 명령으로 황도皇都로부터 구선口宣을 받는 것일 뿐으로, 완전히 공방公方 가의 신하이다. […] 그럼에도, 구니모치다이묘國持大名[22]의 방자한 무사가 "우리의 군주는 갸쿠다이묘客大名[23]로서 황조의 신하이다. 후다이 다이묘와는 완전히 다르다"라고 다짐하는 일도 있다고 들었다. 비루하구나. (이케다 사다쓰네《생각나는 대로》)

21_[옮긴이]《정담》은 8대 쇼군 요시무네에게 바친 의견서로 1716-1736년에 지어졌다. 당시의 사회적 병폐와 대책을 논하였다.

22_[옮긴이] 일국 이상을 영유하는 다이묘로서 마에다前田·시마즈島津·다테伊達 등 18 가문이 있었다. 이후에는 일종의 가격家格이 되어 일국을 영유하지 않더라도 포함되는 경우도 있었다.

23_[옮긴이] 갸쿠다이묘는 도자마 다이묘外樣大名를 가리키는데, 세키가하라 전투 이후 도쿠가와 가에 복종한 다이묘를 말한다. 이에 대하여 후다이 다이묘는 그 이전부터 도쿠가와 가를 섬겨 온 다이묘를 가리킨다.

> 제후 가운데도 2위와 3위가 있고, 어공의를 1위 · 2위로 두시니, 한두 등급의 차별이 생긴다. 그 외에 다른 작은 제후들까지도 5위에 임명하시니, 모두 같은 조정의 신하라고 오해한다. (히로세 단소《우언》)

이것은 도쿠가와 체제 붕괴기에 공공연한 사실이 되었다.

(5) 일본국 대군

도쿠가와 가 당주는 대가 바뀔 때마다 어전御殿에서 조선 국왕과 류큐 국왕의 사절을 받아들이고, 매해 봄 오란다阿蘭陀 카피탄(네덜란드 동인도회사 나가사키長崎 상관장)을 응접했다. 이들의 행렬은 수많은 구경꾼을 불러 모았던 큰 행사였다. 이러한 외교의 독점은, 강약의 상대적인 차이로만 보일 법한 차이를 질적으로 격절된 것으로 생각하게 만드는 능수능란한 조작이었다.

조선 국왕의 서간(물론 한문으로 쓰여 있다)의 수신자는 '일본국 대군日本國大君'이었다. 그런 의미에서 도쿠가와 가의 당주는 일본국 대군이기도 했다. 덴카사마나 구보사마로는 한문이 지닌 위신을 세우지 못한다. 쇼군將軍으로 하자니 전국 지배자로서 실질적인 표현이 안 된다. 애매하긴 하지만 대군은 양국이 허용할 수 있는 직함이었을 것이다.

대군은 조선국왕과는 대등한 서식으로 서장을 주고받긴 하지만 자신의 사절을 한성으로 보내지 않았다. 조선은 히데요시 침략의 경험도 있고 해서 위험한 일본인은 수도로 들이지 않았다고 이해했지만, 일본에서는 조선이 일방적으로 배하하러 온 것처럼도 보였다. 또 시마즈島津 씨가 지배하는 류큐국(명 · 청의 조공국이기도 했다)은 보통 속국, 속방으로 여겨졌다. 에도 성에 오른 네덜란드 상관장을 구보사마는 단지 '보시는' 것이었으며 네덜란드 국왕과 통신은 없었다. 그리고 명 · 청과는 상인을 나가사키에 받아들이기는 했지만 외교관계는 갖지 않았다. 명 · 청 중심의 화이질서에 편입되어 조공국으로 여겨지지 않기 위해서이다.

일본열도의 덴카사마는 외관상 자신의 사절은 파견하지 않고 특별히 용인한 나라의 사절이 공손하게 내방하는 것을 받아 줄 뿐인 것처럼 보였다. 해외까지 어무위가 빛나는 것처럼 보이지 않을 것도 없었다. 마쓰오 바쇼松尾芭蕉가 지은 "오란다 사람 벚꽃 보러 왔구나, 말 타고 멀리" "카피탄도 절하게 하네, 봄날의 군주"와 같은 하이쿠俳句에는 그런 군주에 대한 찬탄과 그런 군주를 가진 데 대한 자랑스러움이 묻어난다. 국내의 다른 어떤 군주도 따라올 수 없는 도쿠가와 가 당주의 어위광이었다.

다만, 훗날 분명해졌듯이 그것은 대외적인 어무위, 어위세의 실추가 곧바로 그 지배를 동요시킬 수 있음을 의미하기도 했다.

4. 어위광의 장치

모든 정치사회는 어딘가 연극 무대 같은 성격을 띠게 마련이다. 그리고 모든 정치에는 연극 · 연기의 요소가 있다. 정치는 공적인 일에 대한 이성적인 논의나 숙의만으로는 행해질 수 없다. 눈에 보이고 체감할 수 있는 언어 이외의 무엇인가가 제도를 체현하고 상황을 정의하는 데 이용된다. 대통령 관저나 왕궁 대부분이 위엄과 멋들어진 건물인 것은 우연이 아니다. 변두리의 허름한 건물에서 의회가 열린다면 기묘하게 여겨지는 것도, 비실용적이기 때문이 아니다. 건물의 위치와 형식이 정치사회의 중심을 드러내고, 거기서 행해지는 행위의 중요성을 상징하기 때문이다. 또 예를 들면 재해가 발생했을 때 위정자가 작업복 차림으로 현지시찰을 하는 것도 시찰이 주된 목적이 아니다(작업하는 현장에서 보자면 오히려 방해가 될 것이다). 모습을 보여 주는 것이 정부가 관심을 가지고 있으며, 구조와 복구에 노력하고 있음을 상징하는 것이다. 사람이 꼭 말로만 설득되는 것은 아니다. 그리고 모두가 현장에 있어서 전 상황을 파악하는 것이 불가능한 이상, 많은 사람들은 겉모습으로 사물을 판단한다(판단하지 않을 수 없다). 연극적 무대장치와 의식적儀式的 연기는 정치사회에서 사라지지 않을 것이다.

특히 도쿠가와 정치체제는 그런 장치가 이상할 정도로 발달하였다. 게다가 그 연극의 주제는 거의 항상 어위광과 격식의 확인이었다. 자유민권론자였던 우에키 에모리植木枝盛는 도쿠가와 시대를 돌아보며 이렇게 설명한다.

> 막부와 같은 기구는 본디 천하의 정리正理가 아니라 실제로는 심대하게 무리한 장치에 의거하여 존재하기에 [⋯] 하나는 병력으로 인민을 위협하고, 다른 하나는 사술詐術로 인민을 기망하여 [⋯] 백방에 미치지 않는 곳이 없다. 특히 주요하게 생각하는 것은 힘을 극대화하여 가능한 한 정부를 장엄하게 하여, 인민이 우러러 보게만 하고 마침내 고귀한 것으로 여기게 한다. 정부를 바라보면 실제로 이에 미칠 만한 것이 없다고 여기게 만들어, 정부라는 것이 꽤나 대단하며 고대무변高大無邊하다고 감탄하게 하고 간담을 서늘하게 하여 넋이 나가게 하는 것이다. [⋯] 이를 신비정략神秘政略이라고 한다. (〈노인론老人論〉)

분명 그런 신비정략은 구석구석까지 고안되었다.

우선 에도라는 정치적 수도 자체가 그러했다. 에도는 현대 일본의 도시와 달리 주도면밀한 도시 계획에 따라 건설되었다. 중심에는 의심할 나위 없이 광대한 지요다 성이 있었다. 겹겹의 해자와 석벽으로 둘러싸인 성은 그 깊이를 알 수 없는 인상을 주었다. 그리고 다이묘 · 하타모토 · 고케닌御家人의 저택이 각각의 격에 조응하는 위치와 면적을 차지하고 성을 둘러싸고 있다. 무가 저택의 엄중한 문은 그 형식과 크기로 각각의 격을 나타내면서, 지나가는 사람을 말없이 위협했다. 또 그들의 필요에 응하기 위한 시가지町가 저택 사이사이와 바깥 둘레에 놓였다. 거대 사원과 신사는 특히 유서 깊은 사사寺社만이 내부에 놓였고 나머지는 교외에 두어졌다.

〈니회泥繪 류큐사절 에도 성 니시노마루 등성도〉 에도 도쿄박물관 소장. 류큐 사절이 에도 성 니시노마루西の丸에 등성하는 광경. 현재 황거의 니주바시二重橋 앞. 에도를 다녀온 기념품으로 팔린 육필화이다.

이는 public에게 열린 광장을 중심으로 집들이 늘어선 유럽의 전통 도시나, 그에 대항하듯이 왕궁을 중심으로 방사선형으로 도로를 넓힌 베르사유 같은 도시와 마찬가지로, 세상 전체의 비유이자 그 이미지의 구체적인 축소판이었다. 그리고 각각의 다이묘의 조카마치城下町[24] 역시 그 축소판이었다. 본래 군사적 목적과 격식에 대한 적합성을 배려하여 구축한 도시의 구조와 건축 일체가 결과적으로 어위광의 지배, 후쿠자와가 말하는 허위를 위한 장치로서 기능한 것이다.

이 에도를 향하여 전국에서 온 다이묘의 무장 행렬이 장엄하게 행진하였다(참근교대). 다이묘 행렬은 우스꽝스러운 가장행렬이 아니라, 행군이자 무장한 통치자의 신분을 시위하는 행진이다. 이는 주위에 긴장감을 부여하고, 가두에서는 땅에 꿇어앉아 납작 엎드릴 것을 명하였다. 그리고 에도의 중심인 지요다 성의 중심에 있는 혼마루本丸 어전을 향하여, 일 년에 십수 회 에도에 있는 각 번의 저택을 출발한 다이묘들

24_[옮긴이] 성을 중심으로 하여 그 부근에 발달한 시가지를 뜻한다. 여기에서 거주하면서 상공업에 종사하는 사람들을 조닌이라 한다.

의 행렬이 지나갔다. 총등성總登城이다.

어전에서는 다이묘의 격과 쇼군의 관계에 따라 자리가 정해지고 그에 조응한 형식으로 쇼군 알현인 오메미에御目見가 행해졌다. 멀리 낮은 자리에서 엎드려 있을 뿐이지만, 긴장과 경외로 몸이 얼어붙는 경험이었다.

그리고 이 다이묘에게 그의 부하가 엎드리고, 또 그 부하에게 조닌과 백성이 엎드렸다. 엎드리게 하는 자와 엎드리는 자의 장대한 연쇄가 전국을 관통하고 있었다. 도대체 누가 이것을 전복 가능한 인공적인 연쇄라고 명확하게 의식할 수 있었을까?

덴카사마 · 구보사마 · 정2위 내대신 겸 정이대장군 · 일본국 대군, 동조대권현의 확실한 자손, 도쿠가와 이에○○가 이 신비정략의 정점에 위치한다. 정략은 성공했다. 당시 세계적으로 봐도 대규모였던 정치사회에서 19세기 후반까지 위태로움을 안고서도 어쨌든 내외 안정이 실현된 것이다. 동시기 격동의 세계를 생각하면 정말 기적에 가까운 일이었다.

참고 문헌

다카기 쇼사쿠《일본 근세 국가사의 연구》(高木昭作《日本近世國家史の研究》岩波書店, 1990)

로널드 토비 저, 하야미 아키라 외 역《근세 일본의 국가형성과 외교》(ロナルド · トビ(速水融ほか譯)《近世日本の國家形成と外交》創文社, 1990)

노무라 겐《일본 근세 국가의 확립과 천황》(野村玄《日本近世國家の確立と天皇》清文堂出版, 2006)

제4장 가직家職국가와 입신출세

1. 이에イエ

1871년(明治 4) 폐번치현廢藩置縣[1] 단행 후 향후 정책의 지침을 찾아 서구회람의 여행을 떠난 정부의 대사절단인 이와쿠라岩倉 사절단[2]을 수행한 구메 구니타케久米邦武는 보고서인 《특명 전권대사 미구회람실기特命全權大使米歐回覽實記》 〈구라파주 정속政俗 총론〉에서 이렇게 적고 있다.

> 구주의 정치를 총괄하여 논하자면 동양과 완전히 다르다. 구주인의 성품은 회사會社 단결의 기풍을 갖추고 있다. 이는 동양 인종에게 없는 점이다. 따라서 구주의 정치와 풍속은, 자세히 분석하자면 크게는 일국의 정체政體로부터 주 · 현 · 군 · 촌읍으로 나뉘는데 모두 회사라는 성질로 결정結晶을 이룬다. 이것을 미루어 생각하면 일가족의 가

1_[옮긴이] 전국의 번을 폐지하고 부현府縣으로 대신한 대개혁. 3부 302현이 되어 과거의 번주들은 가록家祿과 화족華族 신분을 보장받고 도쿄로 소집되었으며 부지사와 현지사가 중앙에서 파견되었다. 그해 말에는 3부 72현으로 통합되어 중앙집권적 체제가 정비되었다.

2_[옮긴이] 1871년 12월 23일부터 1873년 9월 13일까지 미국과 유럽에 파견되었다. 이와쿠라 도모미岩倉具視를 정사正使로 107명으로 구성되었다.

산을 모으는 것도 회사의 성격을 띠지 않는 것이 없다. 회사의 연결은 구주인의 철두철미한 기풍으로 주장主長을 공거公擧함으로써 공화 정치를 낳고, 이것을 세습함으로써 군주 정치를 세운다. 그 체면은 크게 다르지만 회사라는 성질과는 대동소이할 뿐이다.

여기서 말하는 동양은 일본을 가리킨다. 일본에서는 상공업이 회사에 의하지 않으므로 정町 · 촌村 · 현縣은 회사라는 성질을 띠지 않는다. 따라서 국가 전체도 형식상 공화정 · 군주정의 차이를 초월한 민중이 스스로 결성한 회사의 성질을 갖지 않는다는 것이다. 여기서 말하는 회사란 현대 일본어의 회사보다 훨씬 더 의미가 넓다. 사람들이 의도적으로 결성한 단체를 말한다.

그렇다면 도쿠가와 일본에서 산업은 회사가 아닌 무엇이 담당하였으며, 정 · 촌이나 국가의 정체는 무엇으로 지탱되었는가?

바로 '이에家'이다.

당시 직업은 개인적인 것이 아니다. 나의 직업이 아니라 나의 이에의 직업이다. 가직 · 가업이라 한다. 다이묘나 무사라고 하는 것도 실제로 가업이라고 말한다. 그 밖에 술도가 · 미곡상 · 환전상 · 포목상 등은 모두 가업이며, 농림 어업은 백성 신분인 이에의 가업이지만, 실제로는 백성 신분이면서도 섬유 의류 산업 · 주조업 · 상업 등이 주된 가업이 된 사람도 있다. 한 이에에 소속된 개인은 직간접적으로 이에의 직업에 종사하게 된다. 설령 어느 백성의 가족에게 불행이 덮쳐 어린 딸 하나만이 남아 원래 소유하던 밭을 갈고 있다면 이전 이에의 가업에 종사하고 있다고 여겨지는 것이다.

즉 원칙적으로 사람은 누구나 한 이에에 소속됨으로써 가업 · 가직에 종사하며 살아간다. 그래서 이에가 원만하고 가업이 번영하는 것이 가장 바람직하다(가내안전家內安全 · 상매번성商賣繁盛). 더욱이 이에는 현재 구성원 개인의 이익을 위한 편의적인 단체가 아니다. 선조로부터 계승된 것이며, 자손에 이어 주어야 한다. 세대를 넘어 영속해야 한다. 따라서 어느 대의 이에의 당주도 "나는 선조의 심부름꾼이라고 생각해야" 하며(반 고케이伴蒿蹊《주종심득서主從心得書》), 이에를 위해 살아가야 하는 것이다. 당주 이외 모두가 마찬가지다.

이러한 이에의 관념은 근세 이전에는 일부 신분의 사람들만 가졌던 것 같다. 그러나 많은 백성들이 자신의 작은 이에에서 살아간 17세기 중반에는 사회 전체에 침투한 듯하다.

촌이나 정, 그리고 무사의 통치조직(가중家中 · 공의公儀)이나, 금리 모두 이에를 구성 단위로 하는 이에의 집합체였다. 요컨대 다양한 가업 · 가직을 갖는 이에라는 상자가 여러 겹으로 쌓인 형태로, 각 개인이 이에를 위해 살아감으로써 전체가 성립되고 존속한다—전국이 그런 형태를 띠게 된 것이다. 실제로는 후술하듯이 유동적이었으나 당시 사람들은 그런 구도의 세상을 그렸던 것이다. 이것을 가직 국가[3] · 가업 국가라 불러도 좋을 것이다.

물론 출가한 승려 외에 어느 이에에도 속하지 않은 사람도 있었다. 그러나 그들 역시 그것이 당시 세상에서 비정상이라고 자각하고 있었을 것이다.

이에는 일종의 기구이자 법인이다. 이에는 기구로서의 사회적 기능을 갖는다. 가업 또는 가직이다. 그리고 그와 관련하여 각각 사회적 지위와 명예를 갖는다. 이에가라家柄 · 가격家格 · 이에나家名이다. 그리고 이에는 그 자체로서 재산을 가진다. 가산家產 · 가재家財이다. 이는 이에 구성원의 재산의 합계가 아니며, 현행 일본 민법에서 말하는 공유와도 다르다. 이에 자체의 재산이다.

> 이에의 재산은 선조 대부터 영원히 지속될 자손을 위하여 축적된 것이다. 따라서 나 하나의 영화를 위해 소비하는 것은 큰 죄가 된다. 내가 성실하게 하여 자식에게 물려주는 것은 선조로부터 받은 것을 다시 선조에게 되돌리는 도리이다. (니시카와 조켄西川如見《서민의 주머니》)[4]

3_이시이 시로石井柴郎《일본인의 국가 생활》(東京大學出版會, 1986) 220쪽.

이것이 당시의 통념이었다.

이에에는 그 대표자인 당주當主가 있다. 이는 가독家督을 이어받아 취임하는 일종의 지위이며, 당주가 되면 이에를 계승하였다고 표현된다. 또 그 지위는 생전에 양위가 가능하다. 은거隱居가 그것이다.

또 이에는 자체의 명칭을 가진다. 성姓이나 옥호屋號이다. 어느 성이 개인에게 붙여져, 그 성을 공유하는 사람들이 이에를 구성하는 것이 아니라, 어떤 성을 가진 이에에 속함으로써 그 성으로 불리는 것이다. 실제로 성을 공공연히 칭하는 것이 일반적으로 허가되지 않은 조닌·백성 신분의 이에에서는 그 대신 옥호를 쓰게 된다. 스하라야 모헤에須原屋茂兵衛, 오카다야 가시치岡田屋嘉七와 같이 이름을 짓는다. 그야말로 기구의 이름이 성의 대용이 된 것이다. 참고로 스하라야와 오카다야는 에도의 유명한 출판사이다. 당주는 '모헤에' '가시치' 등 대대로 물려받는 이름, 즉 도오리나通り名를 쓴다. 이에를 이음과 동시에 습명襲名하는 것이다.

더욱이 이에는 자체의 심벌마크를 가진다. 가문家紋이다. 의식 행사 시 특히 당주는 가문을 몇 번이고 물들인 기모노를 입는다(몬쓰키紋付き).

이에의 당주는 아들이 잇는 것이 원칙이다. 딸만 있는 경우는 어떻게 할까. 딸을 결혼시키면 된다. 서양자婿養子이다. 사위가 됨과 동시에 이에의 양자가 되는 것이다. 생판 모르는 남이어도 상관없다. 그러면 자식이 없는 경우는 어떻게 할까? 친척 혹은 타인으로부터 양자를 들여 양자를 결혼시키면 된다. 순서는 반대여도 괜찮다. 부부양자夫婦養子이다. 그렇게 해서 이에는 아무 탈 없이 이어진다.

양자는 이에를 잇기 위해서 들이는 것이므로 능력이 중요하다. 친자식이 있어도 가업을 이어가는 것이 미덥지 못하면 기량 있는 양자를 들

4_[옮긴이] 원제는 《町人嚢》으로, 일본어로는 '조닌부쿠로'라고 읽는다. 1719년 간행된 조닌의 교훈서로서 조닌의 삶에 대한 지침서로서는 가장 이른 시기의 저작으로 후대에 영향을 미쳤다.

이도록 정하고 있는 예도 있다. 그렇다면 혹시 타인에게 이에를 빼앗기게 되지는 않을까라는 생각은 하지 않는다(그래서 양자로 가는 것은 기량과 야심이 있는 남자에게는 출세 수단이 되기도 하였다).

양자는 예외적인 현상이 아니다. 하타모토 5천 명의 상속인 조사에서 23%가 양자였다고 한다.[5] 또 다이묘인 난부南部 가문은 17세기에 약 13%, 18세기에 약 23%가 양자였고, 가가加賀의 마에다前田 가문의 양자는 각각 28%, 36%에 달하고 있다.[6]

게다가 절가재흥絶家再興이란 것도 있다. 예를 들어 무사의 이에에서 가계가 끊어져 위패와 묘소만 남아 있는 경우, 다이묘가 그 이에를 재흥시키라는 명을 내릴 때 일어난다. 가신 중에 어느 이에의 차남이 그 이에의 성으로 바꾸고 가직에 나아가 위패와 묘를 지킨다면, 그가 몰락한 이에의 자손이라 여겨져 그 이에의 사람으로 살아가는 것이다.

요컨대 이에는 어떤 혈연[7]의 연속이 바람직하게 여겨지기는 했지만, 이에를 이에답게 하는 것은 궁극적으로는 혈연이 아니라 가업 · 가직과 성(옥호)의 계승이었다.

메이지 초년 서양을 다녀 온 모리 아리노리森有禮는 이렇게 적고 있다.

5_Kozo Yamamura, *A Study of Samurai: Income and Entrepreneurship: Quantitative Analyses of Economic and Social Aspects of the Samurai in Tokugawa and Meiji Japan*, Harvard University Press, 1974. 신보 히로시新保博 외 감역《일본 경제사의 새로운 방법: 도쿠가와 · 메이지 초기의 수량분석》(ミネルヴァ書房, 1976) 74쪽. 여기서 말하는 양자는 동생 · 손자 · 백부 · 숙부를 제외한다.

6_쓰보우치 레이코坪內玲子《계승의 사회인류학: 누가 '이에'를 계승했는가》(ミネルヴァ書房, 2001) 20, 124쪽. 난부 가에 대해서는 쓰보우치가 작성한 표에서 서양자 · 매서妹婿 혹은 자서姉婿 · 손낭서孫娘婿 · 양자동성 · 양자이성을 더한 숫자이며, 마에다 가에 대해서는 서양자 · 매서 · 양녀서 · 양자를 더한 숫자이다. 형제 · 손자 · 조카 · 숙부 · 종형제를 포함하지 않는다.

7_당연히 혈연이란 비유에 지나지 않는다. 부모 자식을 이어주는 것은 유전자 정보뿐이다. 엄마와 태아도 혈관이 이어져 있지는 않다. 그래서 모자여도 혈액형이 다를 수 있는 것이다. 그러나 혈연의 비유는 서양뿐 아니라 도쿠가와 시대 일본에서도 언급된다.

혈통을 바르게 하는 것은 구미의 습관으로 윤리로 인하여 세워지는 것이다. 아세아亞細亞 국가에서는 꼭 그렇지는 않다. 특히 우리 나라가 제일 혈통을 가벼이 여긴다. […] 종래 우리 나라의 습속이 가계를 일종의 가부株[8]로 간주하여 만약 자손이 대를 이을 만하지 않으면 다른 친족의 아들이라도 받아들여 잇게 하였다. 이를 일컬어 양자 제도라고 한다. 또 만약 여자아이가 있으면 결혼을 시켜 배우자로 하여금 가계家系를 잇게 한다. 이를 서양자라고 한다. (〈처첩론 2妻妾論ノ二〉《명륙잡지明六雜誌》11호)

2. 종족宗族

이상과 같은 도쿠가와 시대 이에의 성격은 현대 일본인에게도 그다지 이상하지는 않을 것이다. 가부키 배우의 이에나 예능의 이에모토家元[9]를 떠올리면 쉽게 납득이 될 것이다. 그러나 이에는 서구와 다를 뿐 아니라, 동시대 중국의 '지아家'나 조선의 '집안'과도 완전히 다른 독특한 것이다. 실제로 중국에는 가직 · 가격 · 가산 · 가독 · 당주 · 은거 · 이에를 잇는다는 관념이 애초에 존재하지 않는다. 아래에서는 주로 시가 슈조滋賀秀三의 《중국 가족법의 원리》를 토대로 서술하겠다.

중국에서 지아의 최대 의미는 오로지 남성의 계통을 따라 동일한 선조를 가진 사람들 전체를 말한다. 종宗 · 종족 · 동족으로도 불린다. 이들은 선조에게 물려받은 같은 기氣(이 개념은 제6장에서 설명)가 흐르고 있다고 생각한다. 생물학적으로 말하면 부친으로부터 이어받은 것은 게놈의 반이며, 조부로부터는 4분의 1이다. 10대를 거슬러 올라가면 1024분의 1에 지나지 않는다. 그럼에도 불구하고 이를 100% 동일한

8_[옮긴이] 가부란 특정의 신분이나 지위 또는 직업상 · 영업상의 권리와 의무를 동반하는 자격을 가리키는데, 세습되며 매매도 가능하다.

9_[옮긴이] 예도藝道에서 그 유파의 정통을 전하는 위치에 있는 이에나 그 사람으로 종가宗家라고도 한다.

기가 흘러 와서 지금의 자기가 있다고 생각하는 것이며, 모계는 일체 무시된다(어떤 작물을 작물로 만드는 것은 밭이 아니라 씨라고 설명된다). 일조분파一祖分派 · 동기연지同氣連枝라고 한다. 개개인은 기의 흐름의 한 결절일 뿐이다. 기의 유구한 흐름의 일부로서 상류에 있는 선조를 기리고, 언젠가 하류에서 태어날 자손이 모셔 줄 제사를 기대하면서 살아가는 것이다(아내는 남편과 일체라고 여겨진다).

종족은 같은 성을 쓰는 것으로 표시된다. 성이란 부친에게 물려받은 자신의 근원적 아이덴티티를 나타내는 것이다. 당연히 남녀 모두 평생 바뀔 수 없다. 성을 바꾸는 것은 자신과 선조를 부정하는 부끄러운 행위이다. 따라서 양자는 동일 종족의, 가능하면 아들 세대에 해당하는 남성을 들여야 한다. 이성양자異姓養子는 당사자에게 치욕이며 더욱이 기가 다른 이상 무의미하다(이성불양異姓不養). 또 동일 종족 내에서는 결혼도 할 수 없다(동성불혼). 게놈을 생각하면 천만 분의 일 정도의 연속에 불과해도, 같은 기를 지니기에 근친상간이 되기 때문이다.

어떤 종족의 현재 구성원은 수만 명 또는 그 이상이 될 수 있다. 따라서 동거의 단위가 될 수 없다(특히 남중국에서는 어느 지역에 종족이 집단 거주하여 지역집단을 겸하는 일이 많고, 그에 따라 각종 사업을 협력하여 운영하는 기업 그룹과 같은 성질을 띠는 경우도 있지만). 실제로는 어느 종족의 세세한 분지分枝가 하나의 가족으로서 생활을 같이한다. 이 단위가 협의의 지아이다. 이 역시 이에와 완전히 다른 성질을 가진다.

지아란 "가계家計를 함께하는 생활 공동체"(시가, 앞의 책, 52쪽)이다. 지아의 개개인의 활동에 의한 수입은 공통의 가계에 들어가서 공동으로 소비한다. 동거공재同居共財라고 표현한다. 양친과 직업을 달리하는 세 명의 기혼 자식이 동거하고 있어도 마찬가지다. 만약 부친이 세상을 떠나도 곧바로 상속문제가 발생하지는 않는다. 그대로 동거공재한다고 결정하면 같은 지갑 하나로 생활을 이어갈 뿐이다. 이렇게 몇 세대가 지나면 그대로 대가족이 된다. 이때 최고 연장자에게 최대의 발언권이 있으나, 딱히 그가 당주의 지위에 있는 것은 아니다. 그래서 은거도 없다.

그러나 부친의 사후 형제가 지아를 분할할 수도 있다(이에 자체의 재산으로서 가산이 아니기 때문에 당연하다). 분가 · 분업 · 분재 · 석거析居라고 한다. 가계를 나누어 생활을 달리 하는 것이다. 그때 형제균등이 대원칙이다(여자 제외). 따라서 형제 중 누구 하나가 "지아를 이었다"는 관념은 없다. 종족의 분기가 진행되어 기가 분류한 것일 뿐이다. 당연히 가직이란 개념이 있을 리 없고 가격家格도 없다. 어떤 종족의 한 가지로서의 지아가 예를 들면 연속해서 과거 합격자를 배출하여 눈에 띄는 부귀를 얻는 일은 있겠지만, 그것이 또 가지가 나뉘어 보잘것없이 되는 일도 있다. 특정한 기능을 지닌 견고한 상자와 같은 이에가, 그 지위를 보존하면서 세대를 초월하여 상자가 중첩된 형태로 퍼져 가는 그림은 그릴 수 없는 것이다. 거기서는 "하나의 샘물에서 여러 갈래로 물줄기가 나뉘어 흐르듯이, 또는 하나의 가지에서 천지만엽이 무성해지듯이" "한 선조의 생명의 연장선이 연장 확대"되는 종족이, 다른 종족과 여성을 결혼상대로 교환하면서 연장되어 간다. "인간 세계는 각각 하나의 무형의 생명이라고 할 만한 다수의 종족이 병존하여 사라지고 자라는 세계였다"(같은 책, 37쪽).

그것은 다음과 같은 탄식을 내뱉게 했던 가직국가와는 크게 달랐다.

> 이 세상은 덴카天下라고 칭하는 큰 상자, 제후라고 하는 작은 상자, 사士라고 하는 내부의 구분으로, 활물세계活物世界를 죽은 것처럼 다스리는 세상이다. (와타나베 가잔渡邊崋山 〈퇴역원서지고退役願書之稿〉)
>
> 일본의 수천만 인류는 각기 수천만 개의 상자 안에 갇히고, 또 수천만 개의 울타리에 막힌 것처럼, 조금도 움직일 수 없다. 사농공상이 그 신분을 달리하는 것은 물론, 사족 가운데는 대대로 봉록을 받거나 관직을 받거나 심지어는 유관儒官이나 의사 같은 자도 그 이에에 정해진 직업을 바꿀 수 없다. 농민에게도 이에가라가 있고 상공업자에게도 가부시키株式[10]가 있다. 그 격벽隔壁의 견고함은 철과 같아서 어떤 힘을 써

도 무너뜨릴 수 없다. (후쿠자와 유키치《문명론의 개략》)

3. 가업도덕

늦어도 17세기 중반 이후 도쿠가와 일본에서는 신분고하를 막론하고, 또 승려 · 신주神主 · 유자儒者[11]에 관계없이 대부분의 사람들이 당연하게 생각했던 공통 덕목이 있다. "부모에게 효도" "주인에게 충성" "가업에 성정을 다함" "분수를 지킴" 등이다. 이런 내용은 앞서 서술한 가직국가의 구조에 정확히 대응하고 있다. 그래서 통치자에게는 편리한 덕목이었고 동시에 당시의 질서를 전제로 삼는 한, 개개의 이에의 편의에 들어맞는 덕목이었다. 그런 까닭에 강력하게 통용될 수 있었다.

즉 첫째로 부모에 대한 효도란 단순히 부모에게 사랑과 존경을 다하는 것이 아니라, 대대로 부모가 그러했던 것처럼 소속된 이에에 충성을 다하는 것이다. 요컨대 가업에 힘써 이에를 존속시키고 번영하도록 힘쓰는 것이다.

> 가업은 선조가 분골쇄신한 공적이자 음덕의 여경餘慶이다. 부모가 잘 지켜서 나에게 물려준 것이다. 내가 잘 지켜서 자식에게 물려주는 것이 효이자 명예이다. (도키와 단포쿠常盤潭北《민가동몽해民家童蒙解》)

> 이에의 재산은 선조 대부터 영원히 지속될 자손을 위하여 축적된 것이다. 따라서 나 하나의 영화를 위해 소비하는 것은 큰 죄가 된다. 내가 성실하게 하여 자식에게 물려주는 것은 선조로부터 받은 것을 다시

10_[옮긴이] 에도 시대 가부 또는 가부시키란, 관허를 받고 결성된 상공업자의 독점적 동업조합인 '가부나카마株仲間'의 일원으로서 갖는 특권을 뜻한다. 권리와 의무를 동반하는 자격으로서 세습이나 매매가 가능하였다.

11_[옮긴이] 이 책에서는 유학자와 유자란 용어를 같이 쓰고 있다. 유학자란 말 그대로 유학을 공부하며 유학의 도를 믿는 사람을 가리키며, 유자는 에도 시대 일본에서 유학을 주로 하는 독특한 전문 직업인을 뜻한다.

선조에게 되돌리는 도리이다. 이것이 효행의 첫 번째이다. (에지마 기세키江島其碩《상인가직훈商人家職訓》)

그런데, 이에의 부모가 꼭 친부모인 것은 아니다. 양자가 된 사위나 며느리에게 이에의 부모와 친부모는 다르다. 그럴 경우 당연히 현재 속한 이에의 부모에 대한 효가 우선된다. "원래 양자라 하는 것은 소중한 가독을 상속하여 물려주는 도리를 다하기 위한 신분이므로, 양부의 이에의 중요함은 실가實家보다 백배나 더하다"(하부토 마사야스羽太正養《가훈》), "양부모를 낳아 준 부모로 여겨 효행을 하고, 이에의 상속존속에 대한 궁리만을 하는 것이 양자의 역할이다"(《상가견문집商家見聞集》), "양부모를 나의 진정한 부모로 여기고 고향의 부모는 친족으로서 응대해야 한다. 나중의 부모를 부모로 여기는 것이 천하의 규정이니, 이런 마음가짐과 달리 친부모를 소중히 여기고 지금의 부모를 소홀히 하면 양부모도 서먹하게 여기게 된다. 결국 인연이 끊어지게 된다면 양자나 사위의 잘못이라 할 수 있다"(《나를 위하여》)[12]는 것이다.

세키몬 심학石門心學으로 일컬어지는 서민적 수양운동의 창시자, 이시다 바이간石田梅岩에게 어느 날 제자가 "친부가 양부를 죽이면 양자는 어찌해야 하는가?"라고 물었을 때, "양부의 적을 베어 그 목을 무덤 앞에 바쳐야 한다"고 했다(《세키몬 선생어록》). 심정적으로는 힘들어도 건실한 사회인으로서 친부를 죽여야 한다는 것이다. 앞에서 인용한 천하 규정의 논리적 귀결이다.

둘째로 대대로 같은 주군을 섬겨 온 무사라면 주가主家에 충의를 다하는 것이 가업이며, 그것이 바로 이에를 위한 것이다.

군주를 섬기는 것은 이에를 위한 것. 효신孝信도 이에를 위한 것이다.

12_[옮긴이] 원제는 《我身のため》이며 일본어로는 '와가미노타메'라고 읽는다. 오하시 마쓰구大橋眞嗣가 저술한 교훈서로 1823년 간행되었다. 충효를 중심으로 일상생활에서의 마음가짐을 담았다.

일신을 위한 것이 아니다.

인간의 도리를 생각하라. 자라서 처를 맞이하고 자식을 낳고 이에의 업을 무난하게 자손에게 물려주는 것이 바로 그 도리이다.

오카다 가쿠메이岡田鶴鳴란 무사가 남긴 가훈이다(《오카씨 가훈岡氏家訓》). 충이 결국 효이며, 모두 이에를 위한 것이다. 이것이 신분적 정체성의 위기, 아이덴티티 크라이시스에도 불구하고 무사 조직의 극단적인 부패를 방지한 원인의 하나일 것이다.

셋째로 조닌·백성에게도 가업은 사회를 위한 것이자 인간을 위한 것이고, 나아가 영주에 대한 봉공이 된다고 여겨졌다. 이것은 무사가 자신들을 인민을 위한 봉사자라고는 여기지 않고 오히려 조닌·백성들이 봉사해야 한다고 생각했던 것과 대조적이다.

예를 들면 난부 리쓰안南部立庵은 "농부는 사시사철 땅을 지키고 밭갈기에 정성을 다하고, 장인은 이에의 세공을 숙달하도록 노력을 게을리하지 않는다. 상인은 상도를 잘 새겨서 부모를 봉양하고 처자식을 부양하고 밖으로는 영주의 법도를 지키고 연공과 부역에 게으름 피우지 않고, 분수에 어울리는 이에를 만드는 것이 서인의 충이라고 할 것이다. […] 천지 역시 각기 역할이 있다. 금수도 제각각 도리를 다한다. 그러니 사람으로서 어찌 홀로 그 역할을 다하지 않겠는가. 그 역할이란 우선 가직을 말한다"라고 주장했다(《왜충경倭忠經》). 근로 자체가 "서인의 충"인 것이다.

이시다 바이간도 "사농공상은 천하를 다스리는 데 도움이 된다. 사민이 없으면 도움이 안 될 것이다. 사민을 다스리는 것은 군주의 직분이다. 군주를 돕는 것은 사민의 직분이다. 사士는 본래 지위가 있는 신하를 말한다. 농민은 초망草莽의 신하이다. 상공은 시정市井의 신하이다"(《도비문답都鄙問答》)라고 하였다.

이러한 덕목의 핵심은 가업에 정성을 다하는 것이다. 가업·가직에 온 힘을 다하면 이에에 대한 효가 되고 충이 된다. 유학에도 직분론이 없지는 않지만(예를 들면 《안씨가훈顔氏家訓》[13] 면학 제8), 업을 다한다고 해서 충효가 된다고는 말하지 않는다. 그러나 도쿠가와 일본에서는 그것이 상식이었다. 단적으로 《가업 도덕론家業道德論》(1740 간행)이란 책을 쓴 사람도 있다.

> 삼가 세상 사람들아, 부단히 가직의 큰 길을 방심하지 않고 지켜서 이단의 사악한 길에 빠지는 일 없게 하라.
>
> 가업에 전념하는 일은 유불儒佛의 궁극적인 뜻.
>
> 세상 사람들은 이 이치를 잘 생각하여 가업의 길에서 벗어나지 않아야 함을 깨닫고, 만약에라도 자신이 해야 할 일에서 벗어나는 이단외도異端外道를 걷지 말아야 한다.

사람으로서 도리는 가업에 정력을 다해 힘쓰는 데 모든 것이 담겨 있다. "가업은 사람의 도리 중 제일가는 책무"(《상가견문집》)였다.

따라서 "방심하지 않고 열심히 일하는 몸은 신불이 지켜 주시고 이에는 번창"(쓰카다 효에몬塚田兵右衛門 《각서覺書》)한다. 마쓰오 바쇼의 제자인 모리카와 교리쿠森川許六는 "오직 사농공상의 가업 외에 다른 길이란 없다"고 단언한다(《풍속문선風俗文選》 1706 서). "내가 이어받은 직분을 다하여 자신을 완전하게 하는 것이 신도神道"라는 말도 있다(《세상의 뒷이야기》[14]).

따라서 거꾸로 신불신앙에 빠져 가업을 게을리하는 것은 본말전도로 여기는 것이 상식이었다. 신심도 좋지만 "너무 지나치면 가업을 게을리하게 되고 자연스레 이상한 사람이 된다"(미쓰이 다카히라三井高平

13_[옮긴이] 중국 남북조 시대 말기의 귀족 안지추顔之推(531-591)가 자손을 위하여 저술한 교훈서이다.

14_[옮긴이] 원제는 《當世穴さがし》이다. 일본어로는 '도세 아나사가시'라고 읽으며, 1769년 간행된 에이사이 슈진穎齋主人의 저작이다. 재치 넘치는 문체로 통속적인 교훈을 담아 크게 인기를 끌었다.

《종축유서宗竺遺書》).

여기서 한걸음 더 나아가 가업 도덕은 신분을 따지지 않는다.

> 무릇 인민은 하늘 아래 태어나 제각기 하늘로부터 받은 업이 있다. 그래서 송구하오나 천자 · 쇼군사마는 온갖 중요 정무를 업으로 하여 천하를 다스리신다. 제후는 일국의 정무를 업으로 하고, 공경 · 대부는 각각 관직과 역할을 업으로 삼는다. 그 아래 무의巫醫 · 악사 · 농공 · 상매 · 백행百行의 사람들 모두 무엇보다 그 업을 행하여야 한다. (나카가와 아리쓰네中川有恆《미은록米恩錄》)

> 아침 해가 밝아 까마귀가 울면 일어나서 세수하고 머리 빗고 몸을 단정히 하고, 한 사람 한 사람 해야 할 가업 천직에 힘써야 한다. 왕공王公에서 서인까지 그에 어울리는 직분이 있다. 지위가 높으면 직분도 무거워진다. (기도徽堂《도세간요기渡世肝要記》)

> 무릇 사람은 우선 이에의 직에 가장 힘써야 한다. 이것이 바로 서인의 충이다. 천하의 도리라고 마음에 새겨야 한다. (사무카와 마사치카寒河正親《자손감子孫鑑》)

> 귀하거나 천하거나 각기 직분이 있으니 그 직분을 외면해서는 아니 됩니다. (〈어심득지개조御心得之ヶ條〉 마쓰다히라 사다노부가 16세의 쇼군 이에나리에게 바침)

직분을 지키고 각각 이에의 직에 충실하면 그로써 누구라도 도덕적이 되어 세상이 좋아진다, 이렇게 주장하는 것이다. 가직국가의 구조와 정확히 대응하는 도덕관이자 인생관이다. 이는 정치적 · 사회적 불평등을 전제로 하면서도 대다수 사람들에게 일종의 도덕적 평등을 인정하는 것이다. 개개인을 이에에 가두면서 근로 의욕과 생활 규율을 지탱하였다.

이것은 국민국가가 아니다. 그러나 권위주의적이면서도 일체적이고, 보수적이면서도 활동적인 이에의 연합체였다. 물론 근대 일본은 이러한 의식적 기반에서 성립하였다.

4. 시장도덕

이에에는 가격家格 의식이 동반된다. 동일한 가업을 영위해도 사회적 지위에 상하가 있을 수 있다. 그런 이상 가업도덕에는 잘만 하면 가격을 높일 수 있다는 경쟁심이 숨어 있다. 질투와 선망은 무사나 조닌이나 백성도 가지고 있다. 가직국가이기 때문에 그야말로 자신이 속한 이에의 지위를 높이려는 충동이 부단히 끓어오르는 것이다.

특히 고도로 발달한 시장경제, 즉 경쟁경제의 담당자였던 조닌들 사이에는 입신출세를 지향해야 한다고 공공연하게 주창되었다. "가난한 이에는 부유해질 것을 간절히 바라여 일용의 노력을 게을리해선 안 되며, 부유한 이에는 오래도록 재산을 지키기 위해 가업을 게을리해서는 안 된다. 서로서로 간망을 경쟁하면서 세상이 서는 것이다"(《서민의 주머니》 1692 서)는 지적도 있었다. 이 세상은 경제경쟁으로 성립한다는 것이다. 따라서 경쟁에서 이기기 위한 지침서도 다수 출판되었다. 《도세상군담渡世商軍談》《입신시말감立身始末鑑》《개운출세전수開運出世傳授》《출세초出世礎》《금지중보기金持重寶記》《상인황금대商人黃金袋》《생재변生財辨》《부귀자재집富貴自在集》《재보속축전財寶速蓄傳》《진보산, 돈 되는 나무珍寶山, 金のなる木》 등 솔직한 제목이 독자를 유혹하였다. 그리고 "사람은 항상 입신출세에 뜻을 두어야 한다"(《미곡매매출세차米穀賣買出世車》), "사람으로서 입신과 출세도 싫어하고 바보가 되어 다른 사람의 비웃음을 당하거나, 미움을 사고 싶어 하는 자는 아무도 없을 것이다. 모두 입신출세하여 칭찬받고 예쁨을 받고자 마음먹는 것은 태어나면서부터 자연스러운 것이다"(《상가견문집》), "뼛속까지 입신출세를 지향하여 더욱더 용기를 내서 장사에 힘써라"(《현은대안

매現銀大安賣》), "운이 트이거나 출세를 전수하고 돈을 잘 버는 것이 최고의 충의효행"(《돈 버는 법 전수かねもうかるの傳授》) 등등, 출세욕을 부채질하였다. 입신출세주의는 메이지 일본의 새로운 풍조가 아니라 이에 의식과 시장경제로 인해 도쿠가와 시대에 이미 스멀스멀 올라오고 있었다.

도쿠가와 말기 부유한 조닌의 모습. 네덜란드인의 사진첩에 보존되어 있었다. 고니시 시로小西四郎 외 감수 《되살아나는 막말: 네덜란드에 보존된 800장의 사진》 아사히 신문사, 1986, 116쪽.

그런데 입신출세를 위해서 장사는 어떻게 해야 할까? 그 답은 널리 일치하고 있었다. 근면 · 재치와 기지 · 검약 · 공손함, 그리고 정직이다. 왜 정직해야 하는가? 속임수를 쓰는 장사는 오래가지 못하여 결국 돈을 벌 수 없기 때문이다. "질 나쁜 물건이나 질 좋은 물건이나 그에 맞는 가격을 매긴다. 물건이 나오는 곳을 열심히 찾아다녀 싸게 살 수 있는 곳에서 물건을 싸게 사들여 그 물건이 적은 곳에서 가격을 높이 받아 파는 것이 상도"(《미곡매매출세차》)이다. "옛날 책에도 대상인은 사기를 치지 않는다고 했다. 전국에서 마당발 장사꾼은 꼭 남겨야 하는 이윤 외에는 단골손님에게 헛소리를 늘어놓으며 금방 들통날 거짓말은 하지 않는다" "빨리 많은 이윤을 남기려는 자 가운데 크게 출세하는 상인은 없다" "엄청 벌어들이는 장사가 항상 유지되지는 않는다" "이득을 많이 보려 하지 않고, 거래와 단골을 넓히자고 마음먹는 것이 중요"한 것이다(《부귀의 지기富貴の地基》). "가격을 싸게 물건을 매입하여 이윤을 많이 남기지 않는 장사를 하라"라는 노래를 자손을 위해 지은 시모쓰케 국下野國(지금의 도치기 현 마오카眞岡)의 상인도 있었다(쓰카다 효에몬 《각서》).

이것은 가업 도덕이자 말하자면 시장 도덕이었다. 장기적이고 안정적인 이윤 획득을 위해서는 손님을 만족시켜야 하며, 신용이 중요하다. 근면 · 지혜 · 절약 · 예의바름이 장사의 비결임과 동시에, 정직이 가장 좋은 방법Honesty is the best policy인 것이다. 요컨대 이에와 자신의 이윤추구는 도덕과 일치한다. 이 도덕을 지키지 않는 자는 정부의 개입이나 신불의 명벌冥罰 없이, 시장에 의해 확실하게 처벌되고 언젠가 파멸한다. 성공을 이어가는 상인은 영리할 뿐 아니라 윤리적이다. 즉 시장이 사람을 도덕적으로 만든다. 이것은 너무 달콤한 말인가? 또는 공리功利도덕이자 저급한 신념인 것인가?

그러나 어째서 윤리가 자기이익과 일치하면 안 되는가? 오히려 그것이야말로 대단하지 않는가? 아마도 당시의 올곧았던 많은 상인들은, 동시대 벤저민 프랭클린처럼[15] 그렇게 생각했을 것이다.

참고 문헌

나카다 가오루《도쿠가와 시대 문학에 보이는 사법》(中田熏《德川時代の文學に見えたる私法》岩波書店, 1984)

나카노 다카시《상가 동족단 연구(제2판): 난렴을 둘러싼 이에와 이에 연합 연구》(中野卓《商家同族團の研究(第二版): 暖簾をめぐる家と家連合の研究》(上下) 未來社, 1978·81)

하야미 아키라 · 미야모토 마타오《경제사회의 성립 17-18세기 일본 경제사1》(速水融 · 宮本又郎《經濟社會の成立 17-18世紀 日本經濟史1》岩波書店, 1988)

15_예를 들면, Benjamin Franklin, *The Way to Wealth* 1757 참조. 현명한 자기이익의 원리가 미국에서 널리 수용된 데 대해서는 토크빌도 지적하고 있다. Cf. Alexis de Tocqueville, *De la Démocratie en Amérique* (1840), Deuxième Partie, Chapitre VIII Comment les Américains combattent l'individualisme par la doctrine de l'intérêt bien entendu 〈미국인은 어떻게 올바른 이익의 이해라는 언설로 개인주의와 싸웠는가〉(마쓰모토 레이지松本禮二 역《미국의 민주주의》제2권 상, 岩波文庫, 2008).

제5장 매력적인 위험 사상 — 유학의 섭취와 알력

1. 동기

정치 · 사회 · 가족 · 문화가 대륙과는 크게 다름에도 불구하고, 유학사상이 앞의 세 장에서 소개한 체제에서, 특히 17세기 중반 이후 어느 정도 섭취되었다. 유학을 가르치는 것을 업으로 하는 유자라는 일군의 사람들이 출현하여, 실행은 여하튼(실제 예의 실천이나 실시는 드물었다) 정치와 도덕에 관한 논의 방식에 큰 영향을 미치기에 이르렀다. 이유가 무엇일까?

(1) 무사

도쿠가와 초기에는 무사가 책을 가까이하는 일 자체가 기이한 것이었다. 하물며 한문으로 된 유학서라면, 마치 승려가 불경을 외는 모습과 비슷하다. 주위에서는 종종 "무사가 왜 저래?"라며 비웃기까지 한 것 같다. 그런데 유학을 배우는 무사라는, 전국시대 풍의 상식으로 보자면 기이한 사람이 17세기에 간간이 나타나기 시작해서 점차 증가했다.

그 이유는 첫째로 태평천하에서 무사들의 신분적 정체성 위기를 구제하는 측면이 있었기 때문이다. 실태와 유리된 전투자로서의 명예의식을 유학적인 사士로서의 자긍심이 보완하는 것이다.

둘째로 무사의 조직 유지에 도움이 되는 측면이 있었기 때문이다. 전투 집단의 물자 보급을 위해 조닌과 백성이 존재한다는 전국시대적인 의식을 전면적으로 부정하지는 않더라도, 민을 통치하여 태평을 유지하기 위해 애쓰시는 주군을 돕기 위해 우리가 존재한다는, 조금은 민본주의적인 설명은 태평한 시대에 가신의 사기와 규율 유지에 편의적이다. 게다가 그런 설명은 조닌과 백성을 향하기도 하여 그들의 복종을 확보하는 데 유리하다. 앞서 말한 '태평'의 지속 그 자체에 의한 통치의 정통성 확보와 맞물려 이 같은 인정론仁政論적인 언설이 출현한 것이다(다만 그것이 인정을 통치자의 존재이유로 삼는 유학적인 통치관으로 전환되었다는 뜻은 아니다. 그렇다고 한다면 무사의 자기부정이 되고 만다).

셋째로 유학에는 통치를 위한 길잡이의 측면이 있었다. 전국시대 이래의 경험적 지혜 · 《헤이케 모노가타리平家物語》나 《태평기太平記》를 제재로 한 병학 · 군학의 강석 · (당시 최대 지식인 집단인) 승려의 설법에 더하여 유학서의 강의를 듣고, 나아가 직접 읽는 것이 다이묘나 관리에게 도움이 된다고 여겨지기도 한 것이다. 예를 들면 교토 쇼시다이京都所司代와 로주老中[1]를 역임한 이타쿠라 시게노리板倉重矩(1617-1673)는 아들에게 "다른 사람의 주인이 되는 자가 배움이 없으면 정도政道를 이루기 어렵다. 사서오경과 칠서류, 글자는 모르더라도 읽어 주는 것을 듣고 그 도리를 도구로 삼아야 한다"고 하였다(《이타쿠라 시게노리 유서板倉重矩遺書》). 중국의 병학서 칠서와 함께 사서오경을 언급한 것이다. 또 그는 "모든 봉공인과 다른 모든 관리는 이 같은 도리를 명심하여 그 본성을 바르게 하고 경중을 헤아려, 인애충효의 마음을 기본으로 하여 지혜와 정직의 도리에 힘쓰면, 아랫사람들이 편안하고 민은 고달프지 않게 된다"라고도 적고 있다(《자심수용집自心受用集》).

1_[옮긴이] 교토 쇼시다이와 로주는 에도 막부의 관직명으로, 전자는 교토의 수호와 조정 관련 정무를 관장하며 서국西國의 다이묘들을 감시하는 역할을 행하였다. 1600년 설치되어 1867년 폐지되었다. 로주는 쇼군 직속으로 막부의 정무를 총괄한다. 보통 봉록 3만 석 이상의 후다이 다이묘에서 보임한다.

시즈타니閑谷 학교. 오카야마의 다이묘 이케다 미쓰마사의 명령으로 건립되어 유학을 가르친 학교. 1701년 완성. 지금의 오카야마 현 비젠 시備前市에 있다.

물론 옛날의 다른 나라 가르침이 무슨 소용이 있느냐는 반발도 있었다. 예를 들면 수완가였던 로주 마쓰다이라 노부쓰나松平信綱(1596-1662)는 "다케다 신겐의 병법을 배우기보다 곤겐사마權現樣(도쿠가와 이에야스)의 무략을 듣고, 사서오경을 듣기보다 대대로 내려오는 오이에御家의 법도를 아는 사람의 말을 듣는 것이 곧 자신의 덕이 된다"(《신강기信綱記》)고 주장하였다. 그러나 유학의 체계성과 다면성, 그리고 중화의 문자력은 "대대로 내려오는 오이에의 법도를 아는 사람"의 구전 이상의 매력을 가졌던 것이다.

이렇게 해서 17세기 중반에 무사들 사이에서까지 서서히 유학에 대한 관심이 높아졌다. 그 가운데는 많지는 않지만 다이묘도 있었다. 오와리尾張의 도쿠가와 요시나오德川義直(1600-1650), 오카야마岡山의 이케다 미쓰마사池田光政(1609-1682), 아이즈會津의 호시나 마사유키保科正之(1611-1672), 미토水戶의 도쿠가와 미쓰쿠니德川光圀(1628-1700) 등이다. 이들 모두 도쿠가와 본가에 가까운 다이묘라는 것은 우연이 아니다. 무시무시한 어위광이 빛나는 곤겐사마, 도쿠가와 이에야스의 영향일 것이다. 이에야스는 첫째 당시로서는 매우 드물었던 주자학자 하야시 라잔林羅山(1583-1657)을 측근에 두었으며, 그의 자손 역시 조금은 특별한 이예로서 쇼군 가에 봉사하였다. 둘째 1599년(慶長 4) 이래 이에야스는 《역易》《공자가어孔子家語》《정관정요貞觀政要》《군서치요群書治要》《삼략三略》《육도六韜》 등의 간행사업을 실시하였다(무가제법도에서 문무궁마지도文武弓馬之道라고 강조하였던 그 감각에서, 전투와 통치에 곧바로 도움이 될 만한 것을 선택한 것이리라). 셋째 이에야스 사후 유학서를 포함한 이에야스의 장서가 고산케御三家 등에 배포되었다(〈스루가 어양본駿河御讓本〉). 센코쿠 다이묘 중에서 예외적으로 문文에 관심이 있었던 이에야스의 이러한 행위가 유학에 권위를 부여하였다. 실제 훗날에 이에야스가 유학을 진흥시켜야 한다고 생각했었다는 전설이 확립되었다(《도쿠가와 실기德川實紀》 동조궁어실기부록東照宮御實記附錄 권22).

더욱이 제5대 쇼군 도쿠가와 쓰나요시德川綱吉(1646-1709)가 유학을 좋아하였던 영향이 컸다. 그가 쇼군 직을 계승한 지 얼마 안 되어 직할지를 통치하는 다이칸代官에게 배포한 7개조의 첫 번째는 "민은 나라의 근본이다. 다이칸은 항상 민의 고통을 살피고 배고픔과 추위를 걱정하는지 들어야 한다"(1680)이다. 2년 뒤 각국에 내린 민에게 게시한 고찰高札 첫머리에는 "충효에 힘쓰고 부부, 형제, 친척과 화목하고 노비에게도 인서仁恕해야 한다. 불충불효는 중죄가 될 것이다"고 하였다. 같은 해 가와고에川越의 상인은 쓰나요시를 일본의 성인이라 찬미하고, 쓰나요시의 노래라면서 "이 세상에 있는 동안 민의 아픔을 살피리. 나 역시 그 옛날에는 민이었으니" "때를 가리지 않고 슬픔 가득한 세상 풍파에 시달려도 떠나기 전까지는 민을 구하리라"는 (위작이 분명한) 두 수를 인용하고 있다(《에노모토야자에몬 각서榎本彌左衛門覺書》). 공의의 자세 변화를 눈부시게 생각했을 터이다.

게다가 그 다음 해 쓰나요시는 기존의 무가제법도를 개정하여 제1

조를 “문무충효를 권장하여 예의를 바르게 할 것”으로 고친다. 1691년(元祿 4)에는 그때까지 체발하고 법인法印이란 승려의 지위를 가진 하야시 가문(린케林家)의 당주에게 머리를 기르게 하고, 대학두大學頭라는 율령제의 관명을 (공의에 ‘대학’같은 것은 없었지만) 허락하였다. 나아가 린케에 공자묘 건설을 명하였다(유시마 성당湯島聖堂[2]).

이러한 쓰나요시의 획기적인 성격을 아라이 하쿠세키新井白石도 높게 평가하고 있다(《본좌록고本佐錄考》).

> 말하기 송구하나, 생각건대 헌묘憲廟(쓰나요시)께서 하신 일은 우리의 도에 공이 크셨으니, 이때부터 유儒라고 하는 도 또한 세상에서 명맥이 있음을 멀리 떨어진 나라의 무지몽매한 무리도 알게 되었다.

그 뒤로 조금씩 파동을 보이면서도 유학의 지식이 무사들 사이까지 어느 정도 확대되어 갔다. 게다가 18세기 말 무렵부터는 다이묘가 가신들에게 유학을 가르치는 번학 · 번교를 설립하기까지 이른다. 이는 도쿠가와 초기를 생각하면 정말로 커다란 변화였다.

(2) 유예

특히 17세기 말 이후 비교적 부유한 조닌과 백성이 자식을 데라코야寺子屋나 주쿠塾[3]에 다니게 하여, 기초적인 읽고 쓰기와 산수를 배우게 하는 일이 늘었다. 관공서 관계의 모든 문서나 일반 계약서와 서간 모두 일본식 초서인 구즈시지崩し字로 된 소로분候文으로 쓰였기 때문이다. 그러나 한 걸음 더 깊이 들어가 한문으로 된 유학서를 배우는 것은

2_[옮긴이] 하야시 라잔이 우에노上野 시노부가오카忍岡에 세운 가숙家塾과 공자묘를 1690년 쓰나요시의 명으로 유시마로 이전하였다. 대성전을 조영하여 하야시 가문을 당주로 하여 교육을 시켰으며 1797년에는 막부 관할의 학문소인 쇼헤이코昌平黌가 되었다.

3_[옮긴이] 데라코야나 주쿠 모두 기초적인 읽고 쓰기를 중심으로 한 서민의 교육기관이다. 데나라이주쿠手習塾라고도 한다.

예외였다. 통상적으로 가업에 불필요한 것이다. 그렇다고 해서 부유한 조닌·백성이 한시문을 즐겨 하고 나아가 유학서를 배우는 일이 없지는 않았다. 그런 것이 유예로서의 성격을 가지고 있었기 때문이다.

유예遊藝란 당시 사장師匠에게 배우는 즐거움으로서의 계고稽古[4]를 뜻한다. 문외한인 시로우토素人가 그 자체를 즐거움으로 하여 전문가인 구로우토玄人에게 배우며, 전문가는 수업료로 수입을 얻는다. 다도·꽃꽂이·서도·향도香道·노래·비파·가야금·피리·장고·샤미센三味線 등 악기 연주·와카和歌·하이쿠俳句·바둑·일본식 수학인 화산和算 등등이다. 요컨대 현재 일본에서 전통문화로 불리는 대부분은 유예로서 존재했던 것이다. 유예가 성행한 배경에는 17세기 경제성장으로 여유로워지고, 도시화와 두터운 조닌층이 형성되었기 때문이다. 나아가 유예가 지위의 상징status symbol으로 여겨지고 (당연히 따라오는) 속물근성snobbism과, 유예를 위한 자발적 결사(샤추社中, 렌추連中 등)의 (종종 신분을 초월하는) 네트워크가 형성된 까닭이다. 과거시험에 효용이 없음에도 불구하고 유예의 하나로서, 무사뿐 아니라 통치를 받는 민이 스스로 유학을 배울 수 있었던 것이다.

1874년(明治 7) 일찍이 그 자신도 유학자였던 니시 아마네西周는, "이른바 학술이라는 것은 7, 8년 전만 해도 사서오경의 범위를 벗어나지 않았다. 사자육경조차 노리개, 이를 낮추어서는 다도와 꽃꽂이에 견주고, 높여서는 궁마검창과 견주어 말할 수 있을 뿐이다"(〈비학자직분론非學者職分論〉《명륙잡지》 2호)라고 하였다. 유학은 낮게는 유예에, 높게는 무예에 버금간다는 것이다. 유학을 도덕과 통치의 보편적인 가르침으로 생각하면 부당한 대접일 것이다. 그러나 도쿠가와 유학은 오히려 유예·무예에 버금가는 정도였기 때문에 보급된 측면이 있다. 그리고 거기서 시작하여 점차 진지해진 사람도 나타나게 된 것이다.

4_[옮긴이] 계고로서 다도·꽃꽂이·서예·무용·샤미센 등 일본 전통의 예능을 익히는 것을 게이코고토稽古事라고 한다.

2. 유자儒者의 출현

유학의 사장이 유자이다(다른 유예와 달리 대부분 남성이다). 명경도明經道의[5] 공가公家도 아니고 (한문에 친숙한) 승려도 아닌 일반 속인이 유학을 강석하는 일은 17세기 초기 발생한 새로운 현상이었다.

그 수는 원래 극히 소수였다. 구마자와 반잔熊澤蕃山은 만년의 저서 《집의외서集義外書》에서 "지금 일본 전체에 수십 명에 지나지 않는 유자의 도리를 행하는 사람" "백 명도 안 되는 유자"라고 쓰고 있다. 예를 들면 불교 사원과 승려의 수나, 전국에 가득한 본산 · 말사의 조직과 비교하면 유학자는 그야말로 미약한 세력이었다.

유학자는 때로는 군학자 · 병학자를 겸하였다. 군담 낭독을 업으로 삼는 강석사講釋師와 경계가 모호한 경우도 있었다.[6] 의사를 겸하는 경우도 많았다(유의儒醫). 의사도 (이른바 한의사였기에) 한문 능력이 필요하였고, 그와 유사한 특수한 직업이었기 때문이다.

그들의 출현으로 유학에 관심을 갖게 된 사람도 있을 것이다. 공급이 수요를 환기시키고, 그 수요에 공급이 대응하는 순환이 서서히 확대되었다.

유자의 선구는 후지와라 세이카藤原惺窩(1561-1619)이다. 17세기 저명한 유학자 중에는 그의 제자 · 손제자가 많다. 그는 공가 출신이지만 어려서 임제종의 사찰에 맡겨져 승려가 되었다. 그러는 중에 (원래 사상적으로도 선불교와 교섭이 있었던) 주자학에 관심을 갖게 되면서 명나라에 건너가 유학을 공부하고자 결심한다. '쇄국'되기 한참 전이다. 실제

5_[옮긴이] 명경도란 일본 율령제에서 대학료大學寮의 4학과의 하나로 경학을 배우는 과정이다. 《논어》와 《효경》을 필수로, 《주역》 《상서》 《예기》 《주례》 《의례》 《시경》 《좌전》 중 하나를 선택하여 배우게 하였다. 헤이안 시대 이후 점차 쇠퇴하여 기요하라淸原, 나카하라中原 두 가문의 가학이 되었다.

6_군학 · 병학과 마치 강석町講釋 · 쓰지 강석辻講釋과의 교착에 대해서는, 효도 히로미兵藤裕己의 《태평기 〈읽기〉의 가능성: 역사라는 이야기》(講談社選書メチエ, 1995; 講談社學術文庫, 2005, 168-176쪽)를 참조.

로 1596년(慶長 1), 서른여섯의 나이로 사쓰마薩摩까지 가서 야마가와山川 항구에서 배를 타고 대륙을 향했다. 그러나 태풍을 만나 배가 표류하는 바람에 결국 체념하고 교토로 돌아갔다. 그러나 2년 뒤 히데요시의 조선 침략 당시 포로가 된 주자학자 강항姜沆(1567-1618)을 알게 되어, 강항이 귀국하기까지 1년 반가량 필담을 통해 배웠다. 강항은 훗날 일본에도 한자와 사물의 이치를 아는 사람이 있다며 세이카의 이름을 언급하였다(《간양록看羊錄》). 세이카 문집에는 강항의 글도 수록되어 있다. 이 만남으로 세이카는 한층 더 주자학에 경도되었다. 역설적이게도 히데요시의 침략으로 도공뿐 아니라 유학자까지 납치한 것이, 일본에서의 유학 보급에 중대한 의의를 갖게 된 것이다. 세이카는 이윽고 도쿠가와 이에야스를 포함하는 다이묘들에게 불려 나가 강석하게 되었다. 하야시 라잔은 그의 제자이다. 아라이 하쿠세키의 스승 기노시타 준안木下順庵은 세이카의 손제자이다.

세이카처럼 승려뿐 아니라 로닌, 의사, 유예에 푹 빠진 부유한 조닌의 자식 가운데 유자가 되는 사람이 많았다. 유자가 되면 원래의 신분은 대부분 문제시되지 않는다. 무사가 조닌 유자를 스승으로 삼는 경우도 있고, 유자 간 서간에도 출신 성분을 배려하는 일은 보이지 않는다. 이런 점 또한 유예의 세계와 비슷하다.

유학을 가르치는 것을 직업으로 살아가는 유자는 크게 두 가지 사회적 존재양태를 취한다. 마치유자町儒者와 어유자御儒者이다.[7] 의사가 마치의사町醫師와 어전의御典醫로 나뉘는 것과 같다. 전자는 마치의(대부분 자택에 있는) 사숙에서 강습하고 수업료로 생활한다. 1706년(寶永 3) 에도의 시바芝에 사숙을 연 어느 유자는 수십 명의 제자의 수업료로 "의식은 대체적으로 족하다"고 했다(야나다 제이간梁田蛻巖《제이간집 후편蛻巖集後編》). 그러나 "의사는 추위를 몰라도 유자는 춥다"는 속

7_[옮긴이] 중국 · 조선 · 일본에서 유학자의 사회적 존재양태와 그 차이에 대해서는 저자의《동아시아의 왕권과 사상》(東京大學出版會, 2016 증보신양장판) 115-141쪽 참조.

담처럼 일반적으로 생활은 어려웠다.

마치유자로서 먹고 살 만할 만큼 제자가 없어서, 이리저리 시내나 촌락을 떠돌면서 여유가 있어 보이는 집을 찾아가 강석을 허락받는 힘든 생활을 하는 사람도 있었다. 길거리에서 군담 등을 들려주고 돈을 받던 쓰지강석사辻講釋師와 비슷한 생활이다. 1788년(天明 8) 이세 국伊勢國을 여행하던 시바 고칸司馬江漢은 소개장을 가지고 방문한 집의 대문에 "유자 · 학자 · 허명자虛名者 및 거지 출입금지"라 붙어 있는 것을 보았고 "그래서 들어가지 않았다"고 적고 있다(《고칸 서유일기江漢西遊日記》).

한편 쇼군이나 다이묘의 측근으로 녹과 후치扶持[8]를 받는 유자를 어유자라고 부른다. 18세기가 되면 대체로 봉록시세가 형성되어 "대개 10인의 후치에서 200석의 녹을 상한"으로 한다(도키와 단포쿠《야총명화野總茗話》 1733 서). 1인 후치는 하루 5홉의 비율로 현미가 지급되는 것이다. 1년에 1석 8말분의 현금수입이 된다. 그리고 10인 후치, 즉 실수입 18석은 지교知行[9]의 50석(그중 35%가 실수입이 된다)에 해당한다. 다이묘의 가신으로 치면 하급 중상위 정도이다. 지교 100석은 상급의 하위이다. 자긍심이 강한 다자이 슌다이太宰春台는 "나를 쓰려면 반드시 2백 석 이상이어야 가능하다"고 일컬었다(〈히라타 기미노부에게 답하는 글報平田公信書〉《슌다이 선생 자지원후고春台先生紫芝園後稿》 권12). 결국 자리를 얻지 못했다.

다만 쇼군이나 다이묘 측근에 있다고 해도 어유자인 한 주류의 무사는 아니다. 명령에 따라 주군의 학문 상대가 되거나, 때로 주군의 이에

8_[옮긴이] 일본사에서 후치란 주인이 종자를 부조하는 것을 가리키는데, 막부나 다이묘가 가신에게 지급한 급여의 한 형태이다. 주로 쌀로 지급되었으며 이를 후치마이扶持米라 한다.

9_[옮긴이] 일본사에서 지교란 중세 · 근세에 상급자에게 부여받은 직분이나 영지를 지배하는 것을 가리킨다. 그 어원은 어떤 직무를 관장하는 것이며, 파생적으로 그 직무에 따른 소득의 취득을 의미하였다. 구체적인 내용은 시대에 따라 차이가 있는데, 에도 시대에는 주군이 어은御恩으로서 무사들에게 부여한 직분이나 토지를 가리킨다. 그 면적에 따라 군역의 기준이 정해졌다.

의 기록을 편찬하고 서책을 조사하는 생활이다. 그러나 주군이 진지하게 유학을 신봉한다면 어유자도 영향력을 가진다. 신분은 낮더라도 주군과 직접 대화를 할 수 있기 때문에, 만약 통치에 대한 상담을 요청받으면 정치고문이 되는 것이다. 가장 현저한 예가 아라이 하쿠세키이다(제8장 참조).

그러나 유자 따위가 통치에 참견을 하면 본류의 무사들이 반발한다. '유자료간儒者料簡'이란 말이 있다. 유자들에게 흔히 보이는 이치상 옳지만 실행하면 해가 되는 생각이란 정도의 뜻이다. 일본의 유자는 자신들에게 향하는 그런 시선을 의식하지 않을 수 없었다.

이러한 유자의 지위는 지식인의 사회적 존재양태로서는 세계사적으로 희귀하다. 이들은 대부분 도시에 사는 불안정하고 특수한 직업으로서 세속적인 지식인이었다. 관료도 지주도 아니라는 점에서 명·청의 사대부나 조선의 양반과 다르다. 그 존재를 지탱하는 조직이 없다는 점에서 유럽의 대학교수와도 다르다. 한편 귀족의 비호 아래서 비서·고문으로서 살아가는 외에 시내에서 사숙을 열어 그 수업료로 생활하는 방법도 있었다는 점에서 유럽 근세의 지식인과도 다르다.

유자에게는 독자나 청중이 보장되지 않았다. 단가檀家[10]도 없으며, 자격을 수여하는 이에모토 제도도 없었다. 애당초 현실에서 영주의 법도나 세상의 풍속은 유자의 가르침과는 전혀 딴판이다. 적의·경계·멸시·냉소의 눈을 의식하면서 수기치인의 도리를 설명하고 설득하지 않으면 안 되었다. 한편 과거시험을 위한 표준학설을 가르칠 필요가 없다는 점에서 그들은 자유로웠다. 주자학이든, 양명학이든 그 모두를 비판하든 그다지 문제가 되지 않는다(제7장 이토 진사이의 예를 참조). 쇼군도 다이묘들도 기본적으로는 올바른 경서 해석에 대한 관심이 없었기 때문이다. 이러한 자유의 이면은 권력으로부터 소외이다. 도를 아무리 닦아도 그것을 위로부터 실행할 수 있는 보증이 없다. 정책제안도 가능은 하지만 대부분 탁상공론으로 끝난다.

10_[옮긴이] 단가는 일정한 사원에 속하여 시주를 하는 속가俗家를 뜻한다.

이렇게 불안정한 소수파의 처지에서 자신이 믿는 가르침과 도쿠가와 일본이란 현실의 낙차를 실감하고 권력과 결합을 바라면서도 그 어려움을 알고 있었던 유자들은, 그야말로 독특한 사상적 장에 놓여 있었다. 때로는 죽음을 찬미하는 사상을 영위하기도 했다. 그 결과 특히 도쿠가와 시대 전반기 유학은 백화요란百花繚亂의 사상적 전개를 보이게 되었다.

3. 사士와 군신

유학은 그것을 배워서 덕을 갖추게 된 사람이 통치하는 자리에 나아가야 한다고 주장한다. 그렇다면 도쿠가와 시대에도 과거제도 도입이 바람직한(오제 호안小瀨甫庵《동몽선습童蒙先習》) 것이 된다. 그러나 본격적인 과거제도 도입은 신분사회의 전복과 가직국가의 파괴를 의미한다. 거꾸로 말하면 과거 도입 가능성이 없음에도 유학이 확대되는 것은 사실상 체제에 위험하다. 학문과 무관한 무인의 세습에 의한 통치 자체가 문제가 되기 때문이다.

여기서 현재의 무사를 변화시키자는 유자도 있었다. (훗날 점차 실현되는) 무사에게 유학을 가르치는 학교를 설립하자는 주장도 있었다. 적어도 뛰어난 인재를 발탁하여 등용해야 한다는 논의도 있었다. (중국적 · 유교적 종교의식에서는 애초에 인정하기 어려운) 서양자 제도를 우선 폐지하자(그렇게 하면 멸망한 이에의 후계자로 뛰어난 인재를 발탁할 수 있다)는 교묘한 논의도 있었다(오규 소라이《정담》등).

그것이 불가능하더라도 유자들은 무사에게 유학적인 '사'의 길을 주장했다. 부모에게 효를 드러내는 예로서 유교적 장례 · 유교적 묘 · 그리고 (《논어》에도 있는) 삼년상 등의 실행은 어렵더라도 적어도 오륜오상의 실행을 마음에 새기도록 주장한 것이다.

그러나 무위武威가 지배하는 세상이다. 당연히 강한 반발도 있었다.

후쿠오카福岡의 다이묘를 모시던 가이바라 에키켄貝原益軒은 《무훈武訓》(1716 간행)에서 아래와 같은 박력 넘치는 이론異論을 소개하였다.

> 무릇 병兵이라 함은 공을 세우는 데 있다. 위나라의 조조나 일본으로 말하자면 아시카가 다카우지足利尊氏와 같은 사람은 인의를 저버리고 다른 나라를 빼앗았지만, 이것이 무장의 본의이다. 중국의 제갈공명이나 일본의 구스노키 마사시게楠木正成 같은 자는 충의는 있지만 공을 세우지는 못했다. 이것은 무장의 본의가 아니다. 병은 궤도詭道이다. 시세에 따라 내 편에게도 거짓으로 표리를 달리해 다른 이의 공을 가로채고, 혹은 나라를 어지럽게 하여 거꾸로 빼앗아도 병술에는 해가 되지 않는다. 이것이 일본의 무도武道이다. 중국의 도리를 가지고 일본의 무도는 행하기 어렵다. 일본은 무국武國이기에 중국의 느슨한 풍속으로는 공을 세우기 어렵고 일본의 풍속에 맞지 않는다. 심성이 비뚤고 빈틈이 없이 다른 사람이 세운 공명이라도 빼앗아 내 것으로 삼고, 다른 사람이 벤 목이라도 빼앗아 나의 용맹으로 내세우는 것이 일본의 무도이다.

이것이야말로 전국시대의 무사 이래 뿌리 깊게 남아 있는 본심이었을 것이다. 이에 전면 대결을 한다면 고립되어 패배하는 쪽은 필시 유자 측일 것이다.

실제로 유학을 좋아한 무사로서 고립감을 맛본 경험이 있는 나카에 도주中江藤樹는 “본래 잘못이 없는 세상을 잘못이라 하여, 부모형제의 행동이나 주군의 배려도, 오랜 친구의 행동도 모두 이유 없이 헛된 짓거리라고 생각하기에, 좌우를 둘러봐도 모두 내 마음에 맞지 않는 일뿐이라 여겨 세상과의 사귐을 꺼려 홀로 있기를 좋아하게” 된다면 이는 가짜 학문을 하기 때문이라고 생각하게 되었다.

> 유학서에 담긴 예의작법을 조금도 바꾸지 않고 전부 행하는 것을 유

학의 도를 행한다고 생각하는 것은 큰 잘못이다. 그렇게 하더라도 행하는 바에 때와 장소, 지위에 따라 적당하게 하는 도리가 없다면, 그것은 유도를 행하는 것이 아니라 이단이다. (《옹문답翁問答》)

유학의 가르침을 보편적인 부분과 상대적인 부분으로 나누어 때와 장소, 지위에 대응하여 유연하게 바꾸어도 괜찮다는 것이다.

그의 제자 구마자와 반잔도 "도란 큰 길과 같다. 대중들이 모두 따라야 하는 것이다. […] 예는 이를 장식하고 돕는 것이다. 때와 장소, 지위를 헤아려 대중과 함께 행하여야 한다"(《집의외서》), "대도란 대동이다. 속俗과 함께 나아가야 한다. 홀로 떨어져 나와서는 안 된다. 대중과 함께 행하여야 한다. 나 혼자 달라서는 안 된다"(《집의화서集義和書》)라고 한다. 대중과 함께 행함이 중요한 것이다.

그러나 이러한 태도가 결국 도리 자체를 상대화시키는 것은 아닐까? 도주의 학문에 대하여 "원숙한 사람으로서 다른 사람의 마음에 드는 것을 으뜸으로 하는" 것이며, 향원인鄕愿人(위선자)을 만드는 것(사젠 셋케이佐善雪溪 《하곡집下谷集》)이라는 비판이 나오는 것도 당연한 것이다.

한편 세상에 맞춰 의식적으로 유학을 변화시키려는 시도도 나왔다. 예를 들면 병학자인 야마가 소코山鹿素行가 그렇다. 그는 주자학도 배우고 노장과 선불교까지 배웠으나 "사실 세상과 학문은 동떨어져 있는 것", 학문이 "세상과 맞지 않고 모두 사물과 별개로 되어 있음"을 고민하였다(《배소잔필配所殘筆》). 그리고 결국 무사의 작법, 무장 · 무사 일용의 업을 닦아 공을 세우는 것이 진실한 학문, 성학聖學이라고 생각하기에 이르렀다. 무사로서, 무사답게 필요한 군학 · 병학을 배우면 그것으로 성학을 배우는 것이 된다는 주장이다.

그러나 과연 이것은 유학인가? 이런 의문에 대해 소코는 일본이 사실 세계의 중심이며 당연히 유학에서 말하는 도의 정수도 원래부터 일본에 있었다고 응답하였다(《중조사실中朝事實》 1669 간행. 중조란 일본을 가리킨다). 중국 유학경전의 가르침대로가 아니더라도 일본은 일본 나름으로 하면 되고, 게다가 그리해도 중국에 뒤지지 않는다는 것이다.

그러나 무사를 변화시키지 않고도 괜찮은 것일까? 무위武威를 자랑삼아 무위無爲로 생활하는 무사의 지배가 도에 합당한가? 유자들로부터 다음과 같은 격렬한 비판도 출현하였다.

> 결국 가망도 없는 병란을 기대하며 때가 오면 쓰일 것이라면서 지금 무위도식하는 것은, 예를 들면 쓰나미가 오면 마을 사람을 배로 구출해야 한다며 삼림에서 놀고먹는 선장과 같은 것이다. 그래서 쓰나미가 오면 나와서 구할 것인가. 쓰나미의 기미조차 안 보이는데도 허세를 부리며 큰소리치며 당장의 의식을 낭비하는 것은, 선조의 공이 있다 하더라도 오늘날 가장 의롭지 못한 일일 것이다. (미나가와 기엔皆川淇園《기엔답요淇園答要》)

유학을 배워 도덕의 모범이 되지 못하면 무사는 그 존재 자체가 의롭지 못하다는 것이다.

보편적이라고 여겨지는 외래의 사상 · 제도를 확실히 보편적이라고 인정하고 일본의 현실을 그렇게 바꾸자는 것인가, 아니면 거꾸로 그것은 보편적인 것이 아니라 이국적이니, 일본은 일본의 방식으로 해 나가면 된다고 갑자기 태도를 바꾸는 것인가라는 문제 상황이었다(근대 서구와의 관계에서 동일한 상황이 재현되었다).

게다가 유학으로 무사를 변화시켜야 하는가, 무사에 맞춰 유학을 바꿔야 하는가? 개혁인가, 보수인가? 그 경계는 미묘하다. 좀 더 구체적으로 오륜의 하나인 군신을 예로 들어 살펴보자.

당시에 군신이라 하면 우선은 무사의 주종관계이다. 사서오경의 군신에 대한 가르침을 무사의 주종관계에 적용하는 것이다. 예를 들어 충으로써 섬기고 군이 도에 반하면 간언해야 한다. 여기까지는 수용하기 쉬울 것이다. 그러나 이미 서술한 대로 《예기》는 세 번 간하여도 듣지 않을 때에는 떠난다고 말한다. 조선의 양반이나 명 · 청의 과거 관료라면 간언하여 듣지 않으면 사직하고 고향에 내려가 지주로서 사는 게 불가능하지는 않다. 그러나 무사에게 토지는 없다. 사직하면 대부분 선조 대대로 지켜 온 이에를 망하게 하는 것과 같다.

무사가 그렇게 해야 하는가? 유자는 그러라고 무사들에게 권해야 하는가? 애초에 대대로 섬겨 온 가신과 주군의 관계가, 세 번 간하여 듣지 않는다고 인연을 끊어도 상관이 없는가? 군주에 대한 충이란 그런 것인가?

이런 문제에 대하여 하나의 전형적인 답이 나왔다. 자신을 정통 주자학자라고 굳게 믿고 있던 아사미 게이사이淺見絅齋이다. 그는 원래 의사였는데 야마자키 안사이山崎闇齋에게 수학하고 교토에 살면서 마치유자로 지냈다.

그에 따르면 일본의 많은 무사는 "무사란 이름으로 입신하고 뜻을 세워 평생 의를 음미하지 않는 잘못은 진실로 군신의 대의를 모르는 것이다"(《정헌유언강의靖獻遺言講義》). 문제는 "근본이 되는 큰 충의"(같은 책)이다. 그 중핵은 인仁이며, 따라서 애愛인 것이다. 그렇다면 애란 무엇인가?

> 사랑이라 함은 무엇이든 어여쁘다, 친밀하다, 아름답다, 은혜롭다, 소중하다처럼 정情을 참기 어려운 정도를 말한다. (〈인지변仁之辨〉)
>
> 이렇게 태생적인, 부드럽고 정감 넘치고 마음 깊이 스며든 인이 그대로 부모를 향하면 부모를 사랑하게 되고, 군주를 향하면 군주를 소중하게 여기게 된다. (〈게이사이 선생 인의예지필기絅齋先生仁義禮智筆記〉)

그리고 게이사이는 노래를 인용한다(《구유조사설拘幽操師說》).

> 나를 사랑하는 사람을 사랑하지 않는 대가인가
> 내가 사랑하는 사람은 나를 사랑하지 않네

사랑의 노래이다. 즉 그는 《하가쿠레》와 같은 주종관계를 주자학의 진수로서 상찬하고 있다.

아사미 게이사이가 51세였을 때 이른바 아코赤穗사건이 발생하였다. 그는 크게 감격하여 "이것은 나의 주군이 베고자 하는 적을, 그 바람대로 베어 버린 것이니 […] 나의 주군이나 부모의 원수를 위에서 용서하였다고 해서 거리끼어 베지 않는 것은 대의가 아니다"라고 말했다. 주군의 생각과 같기만 하면 되는 것이며, 그러기 위해서 정부고관을 암살해도 된다는 것이다.

게다가 아사미 게이사이는 그 나름의 의미에서 군신의 대의를 절대화한다. 천자에 대해서도 "어떠한 인물이라 할지라도 천자라는 이름을 가졌다면 바꿀 수 없다. 이것이 바로 명분의 엄중함을 범할 수 없다는 것이다"(《구유조부록사설拘幽操附錄師說》)고 했다. 천자에게 덕이 있든 없든 상관없이 천자라면 무조건 충의를 바치라는 것이다.

예를 들면 《일본서기》의 기술대로라면 극히 잔학했던 부레쓰武烈 천황에 대해서도 마찬가지이다.

> 일본에서도 부레쓰 천황은 활발함이 지나치셨지만 시간이 흘러감에 따라 다시 현군이 나오시니 일통一統의 지위가 이어졌다. 그렇다면 활발하다는 이유로 바꿀 수는 없는 것이며 그때만 참으면 영원히 이어진다. 이것이 군신의 의라고 하는 것이다.(같은 책)

그렇기 때문에 게이사이에게 가마쿠라 막부를 세운 미나모토노 요리토모源賴朝는 "천자의 권위를 점점 도적질하여, 부지불식간에 천하의 권력을 훔친" 난신적자亂臣賊子이다. 그 가신도 원래는 천자의 신하였다. 따라서 호조 씨北條氏는 요리토모라는 찬탈자의 찬탈자, 난신적자의 난신적자이다.

> 천자가 보면 요리토모는 천자의 권위를 도적질한 것이 되니, 천하제

후가 천자를 위해 벌해야 하고, 요리토모가 보면 호조는 그 이에를 끊어지게 만들었으니, 요리토모를 주군으로 생각하는 사람은 오히려 벌해야 하는 것이다.

그렇다고 하면, "작금의 사태는 어떠한가"라는 의문이 당연히 생긴다. 게이사이의 답은, 지금은 "조정을 공경하고 정통을 중하게 여겨 천하의 권위를 대리하여 받도록 명하신 것이니, 군신의 이름은 처음부터 올바른 것으로, 참란배역僭亂背逆과는 천양지차이다. [···] 때문에 각국의 군주를 모시는 자도 모두 천하 정통의 배신陪臣이 되는 것이니, 섬기는 데 의를 해치는 일이 없어야 한다. 이보다 더 큰 의는 감히 말할 수 없다." 쇼군이 천자의 대리인으로서 천하를 통치하는 것이며(당시에는 참신한 해석이었다), 쇼군의 지휘하의 다이묘들은 모두 천자의 신하이며, 그 가신들은 천자의 배신이라는 것이다.

게다가 "그 이상은 말할 수 없다"고 한다. 그는 다른 때에도 "이 이상은 오늘날 감히 말할 수 있는 것이 아니다. 학자들이 각자 살펴 스스로 음미함이 마땅하다"고 부언하였다(《차록箚錄》). 조정이 있는 교토에서 그렇게 말한 것이다.

그는 주군관계를 《하가쿠레》와 같이 절대시하고, 유학자답게 그것을 보편적인 '도'라고 여겼다. 그 결과, 일종의 존왕론이 발생하여, 일찍이도 도쿠가와 가문의 지배, 나아가 무가의 지배 자체의 정통성에 의문을 던지는 사태가 일어난 것이다.

중국의 충신들을 기록한 게이사이의 주저 《정헌유언靖献遺言》에 대해 어떤 유학자는 이렇게 비평하였다(《문회잡기文會雜記》).

게이사이는 관동의 땅을 밟지 않고 제후를 섬기지 않겠다고 서약하였다. 만약 때를 만나면 의병을 세워 왕실을 도와야 한다고 하면서 《정헌유언》을 지은 것이다.

아사미 게이사이는 1711년(正德 1)에 세상을 떠났다. 도쿠가와 체제가 성립한 지 약 100년, 유학이 드디어 지위를 얻은 무렵이다.

4. 인정仁政

《불망초不亡抄》(저자 불명, 1663 이전 성립)는 이렇게 적고 있다.

> 군주는 사람을 부리는 관官이 아니라 사람을 위해 힘쓰는 관이다. 이것은 하늘의 도리이다. [⋯] 군주를 존중하는 것만 생각하여 민을 업신여기는 것은, 누군가에게 날카로운 검을 얻어 다음 바로 그를 향해 빼어들면서 그대는 나의 적이 되지 못한다고 말하는 것과 같다. 그 불의함의 죄는 이루 다 말할 수 없다. 민도 나도 원래 개개의 범부이다. 민이 와서 내게 힘쓸 것을 구하니 그리할 것을 약속한다. 이로써 민은 절하며 나를 군주로 여긴다. 내가 군주가 되어 민을 위해 힘쓰는 것은 약속을 지키는 것이다.

'약속約'이라는 (사회 계약이 아닌) 지배 · 복종 · 계약적인 설명은 조금 낯설다.[11] 그러나 유학의 통치론으로 보자면 이렇게도 된다.

한편 "무사에겐 무사의 도리가 있다. 이는 온 나라에 적절한 도리이다. 이국의 성인의 도리는 풍속이 다르기 때문에 우리 나라에서 쓰이기 어렵다. 단지 그 쓰임이 될 만한 것을 취해서 도움이 되게끔 할 뿐이다. 무리하게 구석구석까지 배우기는 어렵다"고 생각한 사람도 많다. 오규 소라이는 교호享保 연간(1716-1736)에 그렇게 지적하였다(《태평책》). 실제로 덕치에 대하여 공공연하게 무치武治를 주장하기도 하였다(쓰가루 고도津輕耕道《정치제요政治提要》, 18세기 초 병학자).

11_다만 다자이 슌다이도 나라의 기본법은 "민과 서로 약속"하여 약법約法으로 정해야 한다고 말한다. 약이라는 표현도 그렇게 갑자기 등장한 것은 아니다(《경제록》 권8).

쓰가루는 외국은 문덕, 본조는 무덕으로 다스린다고 했다. "물과 땅의 형기形氣"가 다르기 때문이다.

> 무덕이 밖으로 나오는 흔적은 외경과 복종 두 가지이다. 이를 일컬어 무위라 한다. 무위가 현저하다고 함은 사람들이 복종하며 두려워하고, 두려워하면서도 복종하는 것이다.

한편 "외국 왕고往古의 민정民政"은 인이 지나치다.

> 민을 다스리는 도리에 인이 지나치면 그들은 반드시 사치하게 되고 법을 경시하게 된다. 따라서 무문민정武門民政의 큰 뜻은 사물의 절목과 제도를 상세하게 잘 세우고, 임시방편적인 은혜를 내리지 않으며, 풍년에는 안색이 나쁘지 않고, 흉년에도 굶주리지 않는 것이 인애가 미치는 것이다. 사해의 민 모두가 집집마다 풍요롭고 모조리 빈곤에서 벗어나게 하자고 주장하는 것은 속유俗儒의 공론으로 민정의 실무로 삼아서는 안 된다.

군사정권은 민을 엄연하게 위압해서 굶어 죽지 않게만 다스리면 된다는 주장이다.

중화와 막부 공인의 권위를 갖는 외래의 인정론 · 덕치론과 무사의 실제 감각에 가까운 토착 무치론—통치자들은 이 양 극단 사이에서 고뇌하였다. 그리고 점차적으로 전자를 고려한 논의가 늘어갔다. 때에 따라서는 실천이 수반되기도 하였다.

예를 들면 도쿠가와 미쓰쿠니의 주도로, 미토 도쿠가와 가는 《구민묘약救民妙藥》이라는 책을 간행하여(1693) 의사에게 기대지 않는 치료법을 소개하였다.[12] 5대 쇼군 쓰나요시의 동물 애호령[13]도 불교적인 자

12_쓰카모토 마나부塚本學《생활의 근세사: 인간환경의 역사로부터》(平凡社, 2001) 148쪽.

13_[옮긴이] 일본어로는 '쇼루이 아와레미노레이生類憐れみの令'라고 한다. 고아 · 병

비의 실천이기도 하며 그 나름의 인정이었는지도 모른다. 제8대 쇼군 요시무네吉宗도 메야스바코目安箱[14]를 설치하고, 고구마 재배를 장려하였으며, 고이시카와 양생소小石川養生所[15]를 세웠다. 소규모지만 빈민을 위한 병원을 무사정권이 설치한 것이다(전국시대에서는 상상불가이다). 더욱이 그는 양성소의 의사에게 3,600개의 처방집인 《보구류방普救類方》을 편찬하게 하였다(1729). 같은 해 의학서 《동의보감》도 간행하였다. 민의 부모가 되고자 했던 것인지도 모른다.

무엇보다 민을 가엾게 여겨 인구가 증가하면 연공年貢이 늘어난다. 그런 의미에서 인정은 형태를 달리한 교활한 무치武治라고도 할 수 있다.

실제로 예를 들면 1711년(寶永 8) 다이묘 마쓰다이라 노리사토松平乘邑는 가신에게 이렇게 말했다(《귀산훈龜山訓》).

> 백성과 조닌을 대하여 의가 아니면 조금도 행하지 말아야 한다. 사의 역할은 농공상이 원한을 품은 자를 쓰러뜨리고, 농공상을 편안케 하는 것이니, 농민이 지은 미곡을 무리하게 취하여 먹고, 공인에게 집을 만들게 시켜 대가도 주지 않고 살며, 상인이 파는 것을 공짜로 취하는 것은 도둑이기 때문이다. 그런 도둑을 잡아 삼민을 편안케 하는 관리가 백성이나 조닌에게 의가 아닌 것을 행할 리는 없다. 의가 아닌 것이 있다면 곧 도둑이다. 사민이 각각 직무가 있어 국가를 보호하는 것이다.

가직국가관을 배경으로 민을 편안케 하는 것(다만 주로 치안유지)을

자 방치 금지부터 말 · 소 · 개 · 닭 등 살아 있는 동물의 학대와 살생을 금지한 것으로 위반자에게는 엄벌이 내려졌다. 이로 인해 쓰나요시는 '이누쿠보犬公方'라고 불렸다. 1709년 폐지.

14_[옮긴이] 에도 시대 최고재판소라 할 수 있는 효조쇼評定所 앞에 둔 서민의 투서함을 가리킨다.

15_[옮긴이] 1722년 에도의 고이시카와 약원藥園 안에 설치한 빈민 치료 시설이다.

사의 역할로 명언한 것이다. 그러나 그는 훗날 쇼군 요시무네 아래서 재정을 담당하는 로주가 되어 연공 징수를 크게 늘린다(징수가 가혹하여 반발이 커져 급작스럽게 실각해서 칩거의 명을 받게 된다).

명군으로 일컬어지는 요네자와米澤의 다이묘 우에스기 하루노리上杉治憲(호는 요잔鷹山)의 〈전국傳國의 사詞〉 역시 미묘하다. 1785년(天明5)에 그가 은거하던 때에 후계자에게 전달한 이래 우에스기 가문에 대대로 가독 상속 시에 전해진 3개조이다.

1. 국가는 선조로부터 자손에게 이어지는 것으로 내가 사사로이 여길 수 없다.
1. 인민은 국가에 속하는 것이니 내가 사사로이 여길 수 없다.
1. 국가 · 인민을 위해 군주가 있는 것이니 군주를 위해 있는 국가 · 인민이 아니다.

이를 단순히 유교적 민본주의 선언으로 해석할 수는 없다(오히려 절대군주 프리드리히 대왕이 자칭한 "국가 제일의 공복"에 가깝다). 인민을 위해서가 아니라 국가, 인민을 위해 있는 군주이다. 국가란 이에와 가신, 즉 번 정부를 가리킨다. 즉 이것은 우에스기 가문을 당주 개인의 것이 아니라 이에와 그에 속하는 인민을 통치하기 위해 당주가 존재한다는, 이에 의식에 기반한 직분을 확인한 것이다.

안민이나 인민을 위한다는 것도 실은 국가를 위해서이고, 선조 대대로 내려온 이에를 위한 것이기도 하다. 일반적으로 그러하다면, 그리고 거기까지라면 무가 정부도 유학적 언사를 수용할 수 있었던 것이다.

5. 혁명

도쿠가와 이에야스는 유학적 방벌론에 호의를 가졌던 것 같다(하야시 라잔 〈대막부문對幕府問〉《라잔 선생 문집》 권31). 그는 히데요시 사망 후 도요토미 가를 배반하여 멸망시켰기 때문에 자신을 주 무왕 등에 비유할 수 있다면 그것도 나쁘지는 않았을 것이다.

그러나 태평한 시대에 방벌론은 불온하고 불령한 사상으로 보인다. 실제 17세기에 예외적으로 유학에 흥미를 가졌다고 하는 다이묘조차 부정적이었다.[16] 오이에를 위한 주군 오시코메는 그렇다 하더라도, 그들이 민을 위한 방벌을 납득하기는 어려웠을 것이다. 그것도 후다이 가신의 심정으로서는 민을 위해 주군을 죽이는 것은 직감적으로도 온당하지 않았다. 그들에게는 도저히 민에 대한 인이 주군에 대한 충에 우선할 수 없는 것이다.

그래서 앞에서 서술한 아사미 게이사이와 같은 논의도 있었다. 한편 어디까지나 폭군일 경우에 한해서 방벌을 긍정하는 유학자도 있었다. 실제로 유학의 논리를 응용하여 민을 위한 도쿠가와 정권 타도를 주장한 사람도 있었다. 야마가타 다이니山縣大貳(1725-1767)가 그랬다(제10장 참조).

게다가 방벌을 위해 정말로 결기한 사람도 있었다. 오시오 헤이하치로大鹽平八郎(1793-1837)이다. 오사카 마치부교쇼町奉行所의 요리키與力로 일하면서 유학을 배워 집에서 가르치고 저술도 하였던 그는 38세에 이에를 자식에게 물려주고 은거 생활을 하고 있었다. 그러나 여름 장마가 이어져(엘니뇨 현상이 발생했던 것일까) 수년 전부터 전국적으로 기근이 계속되던 1837년(天保 8) 2월, 자택에서 미리 준비해 두었던 대포 4정을 끄집어내서 철포를 쏘고 시내를 방화하면서 문인들과 함께 오사카 시내를 행진하기에 이르렀다. 결국 약 한 달 후 그는 잠복하던 곳에서 자살한다(45세).

그가 돌린 격문(셋쓰攝津 · 가와치河內 · 이즈미和泉 · 하리마播磨 등 마을

16_호시나 마사유키에 대해서는 요코타 도시마스横田俊益의 《하니쓰 영신언행록土津靈神言行錄》, 도쿠가와 미쓰쿠니에 대해서는 《서산공수필西山公隨筆》, 도쿠가와 쓰나요시에 대해서는 홋타 마사토시堀田正俊의 《양언록颺言錄》을 참조.

사람들에게 결집을 호소한 문서)에는 봉기의 취지가 명확하게 나타나 있다. 계속되는 재해는 (단순히 태평양 고기압의 강약의 문제가 아니라) 실정에 대한 천재이자 천벌이다(앞에서 말한 천인상관). 그러나 오사카의 부교와 모든 관리들, 오사카의 부자들은 아무런 반성도 하지 않는다. 그래서 자기에게 탕왕 · 무왕의 힘이나 공맹의 덕은 없지만 부득이하게 천하를 위하여 관리들을 주벌誅伐하고 부자 조닌들을 함께 주륙誅戮하여 무왕이 주왕의 창고를 열어 백성에게 나누어 주었듯이, 그들의 돈과 쌀을 나눈다. 탕 · 무 · 한 고조 · 명 태조가 민을 불쌍히 여겨 주군을 베고, 천토天討를 집행한 성심과 같다.

그리고 격문은 "천명을 받들어 천토를 하였다"고 맺고 있다. 혁명을 위한 방벌을 집행하여 도쿠가와 씨를 타도하고 새로운 왕조(아마도 오시오 왕조)를 세워 천하의 민을 구하겠다는 선언이다. 오사카에서의 천토는 그 시작일 터였다.[17]

실제 그는 구민이라 쓴 깃발과 탕무양성왕湯武兩聖王 · 천조황태신궁天照皇太神宮 · 동조대권현이라고 쓴 깃발을 내세웠다. 천조황태신궁은 그가 아마테라스오미카미를 요순과 같은 성인왕聖人王으로 생각하고 있었기 때문이다.

8월 오사카 마치부교는 소금에 절여 보존했던 오시오의 시체를 시내에서 끌고 다닌 뒤에 책형(시체를 찢어 죽이는 형벌)에 처했다.

훗날 다카마쓰 호손高松芳孫은 맹자를 가軻라는 이름으로 부르면서 이렇게 쓰고 있다(《정학지요正學指要》 1852 서).

17_오시오는 봉기 직전에 에도의 로주에게 그들의 금전적 부정행위를 지적하는 서간을 보냈다. 그래서 종종 오시오의 목적은 단지 로주 등에게 반성을 재촉하고 부정한 관리를 배제하는 것이었다고 해석되기도 한다. 그러나 실제로 격문에서 "천하국가를 찬탈하여 훔치려는 욕념慾念" 때문이 아니라고 하면서, 탕 · 무 · 한 고조 · 명 태조에 자신을 비유하고 있다. 욕념이 아니라 당당한 방벌로서 왕조 교체가 목적이라는 선언으로서 읽을 수밖에 없다. 서간은 로주들과 그 소인 무리를 자각시키고 부끄러움을 느끼게 하려는 의도가 아니었을까?

> 지난 덴포 8년 무렵에 오사카에서 봉기가 일어났었다. 무서워할 것은 없는 일인데 그 역적도 가軻의 주장을 깊게 믿은 데서 그런 폭동을 일으킨 자이다.

정확한 인식이라 할 수 있다.

확실히 유학은 당시 여러 의미에서 매력적이지만 위험한 사상이었다. 납득이 되는 것 같으면서도 불편했다. 적어도 진지한 유학자들은 직수입한 유학을 산만하게 조술祖述하고 있던 것은 아니었다.

참고 문헌

구로즈미 마코토《근세 일본 사회와 유학》(黑住眞《近世日本社會と儒學》ぺりかん社, 2003)

박홍규《야마자키 안사이의 정치 이념》(朴鴻圭《山崎闇齋の政治理念》東京大學出版會, 2002)

마에다 쓰토무《근세 일본의 유학과 병학》(前田勉《近世日本の儒學と兵學》ぺりかん社, 1996)

第6장 이웃 나라의 정통 사상 — 주자학의 체계

1. 들어가며

이 장에서는 남송의 주희朱熹(1130-1200)가 집대성한 유학의 한 학파인 주자학의 내용을 소개한다. 도쿠가와 일본의 걸출한 사상가를 이해하기 위해서는 유학 일반에 더해 특히 주자학 이해가 필수이기 때문이다. 게다가 1790년(寬政 2)에는 공의가 하야시 라잔 이래 출사하던 린케林家에 '정학正學'인 주자학만을 문인에게 가르치도록 명하기까지 했기 때문이다('간세이 이학의 금寬政異學の禁'. 그렇다고는 해도, 그의 저서 《화월초지花月草紙》에 보이듯이 이학금지령을 명한 로주 마쓰다이라 사다노부가 주자학 신봉자라고는 말하기 어렵다. 당시에도 "엣추사마越中様(사다노부)는 소라이학이시면서 요즈음 일부러 주자학을 표명하셨다니, 전체적으로는 소라이학이라네"라는 소문도 들렸다. 《풍문서よしの册子》[1] 1790년 8월의 조條).

주자학은 주요 선구자 정호程顥와 정이程頤 형제의 사상과 일체시되

1_[옮긴이] 일본어로는 '요시노조시'라고 읽는다. 마쓰다이라 사다노부의 가신인 미즈노 다메나가水野爲長가 세상 돌아가는 사정을 사다노부에게 전하기 위해 쓴 18세기의 풍문서이다. 당시의 관리들의 생활이나 시대상을 읽을 수 있는 내용으로 구성되었으며, 전해 들은 내용을 나타내는 '요시由'로 문단이 끝나고 있어 이 같은 제목이 붙여졌다.

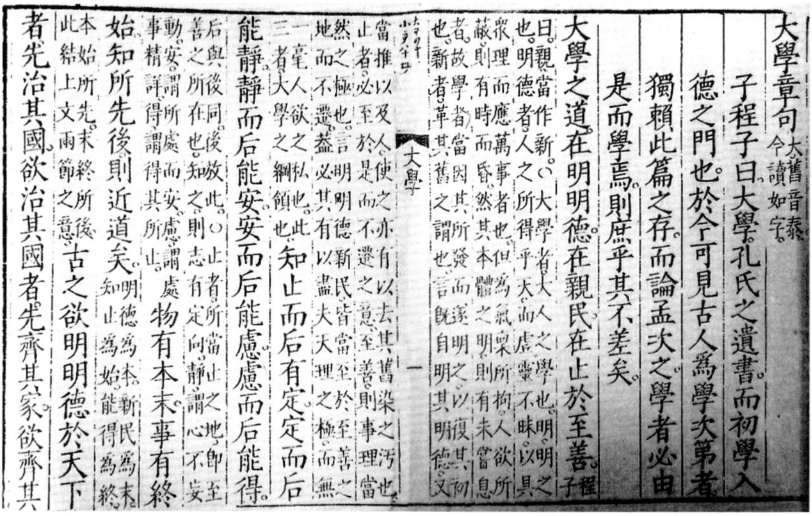

《대학장구》의 첫 부분. 청대의 단정한 글자체로 된 간행본이다(오지충吳志忠 간). 도쿄대학 동양문화연구소 소장.

어 정주학이라고도 한다. 또 도학, 이학, 성리학이라고도 한다. 송대에 확립된 까닭에 가까운 여러 학파를 포함하여 후세에 송학이라고도 부른다.

주자학은 당초에는 원리주의적인 성격 탓에 '위학僞學'이라 하여 정부의 탄압도 받았다. 그러나 사대부들은 이를 점차 자신들을 지탱하는 학문으로 신봉하였고, 특히 명 · 청의 왕조는 과거시험의 해답이 주자학적 입장에서 나와야 한다고 여겼다. 그런 의미에서 왕조의 정통 철학으로 지정한 것이다. 이렇게 하여 필기시험에 합격하여 관료가 되고 인민을 이끌고 싶은 (혹은 출세하고 싶은) 남자들은 모두 주자학을 배우지 않을 수 없게 되었다. 조선도 마찬가지였다. 요컨대 무사가 지배하는 도쿠가와 일본은 한편으로는 기독교의 서양과 대치하면서, 다른 한편 주자학이라는 고도의 철학 체계로 논리 무장한 정부와 마주보고 있었다.

주자학은 경서의 해석학 형식을 취한다. 특히 《대학》《논어》《맹자》《중용》의 사서를 중시한다. 이에 대한 주희의 주석서인 《대학장구》《논어집주》《맹자집주》《중용장구》를 합쳐서 《사서집주》라 한다. 경서가 전하는 고대의 성인과 현인의 언행에 진리가 담겨 있으며, 그것을 정확히 이해하면 된다는 것이다.

주희는 방대한 시문집도 지었다(《주문공문집朱文公文集》 전 121권). 그리고 제자들이 훗날 주제별로 분류하여 편찬한 문답집인 《주자어류朱子語類》가 있다(전 140권). 12세기 푸젠성福建省에서 행해진 선생과 제자들의 상세한 문답 기록이다.

아래에서는 이런 저작에서 읽어 낼 수 있는 주희의 사상 체계의 골격을 논리적으로 재구성하여 소개한다. 중국의 다른 사상이나 유학과 공통되는 부분도 많지만 그 체계는 독특하다. 그 용어나 논법은 정치하지만 오늘날에는 기묘하게 들릴지도 모른다. 그러나 주의를 기울이면 충분히 이해할 수 있다. 게다가 부분적으로는 의외로 현대 일본에도 이어지고 있다.

2. 존재론

(1) 기氣

유학자가 말하는 천 · 지 · 인은 무엇으로 이루어졌을까? 주희의 대답은 기이다. 주희는 공기나 물 · 흙 · 바위 · 금속 그리고 동식물, 인간 모두 기로 이루어졌다고 생각한다. 다양한 만물이 실은 하나의 기, 즉 일기一氣이다.

기의 기본적 이미지는 공기이다. 눈앞에서 호흡이나 바람으로 느껴지는, 매끄럽고 곳곳에 가득 차 있으며 스스로 움직이는 연속 유체流体이다. 기가 농축되고 응고하여 다양하게 섞여서 만물이 된다. 만물의 구성요소는 소립자이며, 그 간극이 진공상태라고는 생각하지 않는다.

진공은 없다. 일체가 어떤 공극空隙 없이 연속하고 있다. 따라서 우리 인간도 본래 천지와 일체이며 그 일부이다.

이 기가 상대적으로 밝고 따뜻하고 강하고 동적이며 적극적인 부분을 양이라 형용하며, 그 반대를 음이라 형용한다. 그런 의미에서 기는 근본적으로는 하나지만 음과 양의 두 기가 있다고 할 수 있다. 기가 농축해서 응고하여 형태를 이루는 것을 질質이라 한다. 질이 되면 기는 다섯 가지의 성질로 나뉜다. 목 · 화 · 토 · 금 · 수의 오행五行이다. 음양오행이 다양하게 혼합하고 융합하여 세상 만물을 생성하고 구성하는 것이다.

기는 스스로 움직인다. 이상한가? 사물은 스스로 움직일 리 없는 것일까? 실제로 계절도 일월도 공기도 생물도 스스로 움직이고 있지 않은가? 실제로 저절로 생겨나고 있지 않은가? '스스로 움직일 수 없는 물질이 움직이고 있는 이상, 배후에 있는 무엇인가가 움직이게 하는 것이 틀림없다. 적어도 제1원인이 필요하다'는 등의 문제는 애당초 기의 존재론에서는 설정될 수 없다.

또 기는 기상氣象의 기이며(현대 일본에도 그런 이름의 관청이 있다), 기질 · 기분 · 강기剛氣의 기이다.

사람은 천지로부터 기를 받아 태어나 음식 등으로 기를 보충하면서 산다. 태어나면서 받은 기를 원기元氣라고 한다. 현대 일본인도 인사로서 서로 원기의 상태를 부단히 확인한다(오겐키데스카お元氣ですか). 원기는 마음의 문제이며 몸의 문제이다. 주희는 "마음이란 몸의 주인 노릇 하는 바이다"[2]라고 하지만, 이 심신의 관계는 기독교적인 영혼과 육체, 주체로서의 정신과 물질 · 도구 · 기계로서의 신체의 관계와는 다르다. 마음에 의한 몸의 통제는 즉 기의 자기 통제이다.

그리고 원기가 다하면 사람은 죽고, 기는 흩어진다. 우리는 그렇게 언젠가는 천지로, 일기의 큰 바다로 돌아간다. 저세상은 없다.

2_[옮긴이]《대학장구》心者身之所主也.

(2) 이理

주희의 존재론에는 다른 측면이 있다. 바로 '이'이다.

'이'는 세상 만물 각각의 마땅히 그러한 존재양식 · 마땅히 그러해야 할 존재양태를 말한다("무릇 이라 함은 그리 존재해야 할, 그리 해야 하는 것을 말한다." 아메노모리 호슈雨森芳州 《다와레구사》[3]). 만물은 기로 이루어졌지만 분명히 질서가 있다. 하늘은 높으며 게다가 땅을 품어 돈다. 봄은 따뜻해서 초목이 싹을 틔어 자란다. 매는 하늘을 날고 물고기는 연못에서 헤엄친다. 사람은 금수와 달리 서서 걷는다. 제각각 마땅한 존재양태가 있으며 기본적으로 그러한 상태로 만물이 존재한다. '마땅히 그러한 것'에 조응하여 사람이 그에 대해 '마땅히 그렇게 해야 하는 것'이다. '이'는 이 두 가지의 '마땅함'이 일체가 된 것이다.

예를 들면 복숭아나무에는 복숭아의 '이'가 있다. 봄에 복사꽃이 피고 이윽고 열매가 열린다. 그래서 복숭아인 것이다. 만약 자두 꽃이 피어 자두가 열린다면 그것은 복숭아가 아니다. 따라서 복숭아가 복숭아인 이상, 거기에는 복숭아로서 마땅히 그래야 하는 존재양식, 즉 '이'가 내재하고 있다. 마찬가지로 의자에는 의자의 '이'가 있다. 의자에는 다리가 있으며 그 위에 앉을 수 있다. 그래서 의자인 것이다. 다리도 없고 앉을 수도 없다면 의자가 아니다. 따라서 의자가 의자인 이상, 거기에는 의자의 '이'가 내재하고 있다. 그것은 인간이 앉는 물건으로서 존재한다.

이렇게 사물이 있으면 반드시 그 '이'가 있다.

이상한가? 그러나 의자는 분명 인간이 앉는 물건으로서 존재하지 않은가. 그렇게 만들어진 것이 아닌가? 이는 믿음도 아니고 주관에 존재하는 당위도 아닌, 의자라고 하는 자체에 내재한 도리가 아닌가? 마찬가지로 사람은 복숭아를 복숭아로서 대응해야 하지 않은가?

그리고 마찬가지로 (주희는 그렇게 생각한다) 기의 연속에 의해 일체가

3_[옮긴이] 원제는 《たはれ草》이다. '다와레구사'란 시시하고 장난스런, 별 목적 없는 이야기 정도의 뜻이다.

된 부모자식이라는 '물物'은 서로 깊은 사랑으로 대해야 하는 물로서 존재한다. 이것이 부모자식의 '이'이다. 이것은 분명히 소외되거나 학대받는 존재로서는 존재하지 않는다. 깊은 사랑으로 결합해야 하는 것으로서 존재한다. 이것이 서로에게 물인 부모와 자식의 마땅한 존재양태이다.

이렇게 만물의 마땅한 존재양태(이른바 물리)는 사람이 그에 어떻게 접해야 하는가(이른바 도리)와 표리로서 파악된다. 사물 일체를 사람과 무관계로 존재하는 소원한 타자로서가 아니라, 사람이 접하고 대응해야 하는 대상으로서 파악하는 것이다.

확실히 세상 만물은 사람에게 있어서만 존재한다. 즉 사람이 사람 이외의 입장에서 사물을 보거나 접할 수는 없다. 사물은 사람이 어떤 의미로 대응해야 할 대상으로서만 존재한다. 주희는 암묵적으로 이렇게 전제하고 이 세상 모든 사물을 (직접적으로 혹은 잠재적으로) 사람이 적절하게 대처해야 하는 대상으로서 파악한다.

그런 까닭에 주희는 "물이란 곧 일의 뜻과 같다"[4]고 한다. 일견 기묘하지만 물이 단순한 물체가 아니라 사람이 이 세상에서 살아가는 동안 눈앞에 나타나는 일체의 대상이며, 따라서 사람이 그 성질에 응하여 올바르게 대처해야 하는 일로서 존재한다는 것이다. 바꿔 말하면 일체의 사물에 있어서 마땅히 그러한 것과 마땅히 그렇게 해야 하는 것이 표리일체를 이루고 있다고 할 수 있다.

나아가 그는 이렇게 생각한다. '이' 자체는 눈에 보이지 않고 만질 수도 없다. 그러나 '이'는 기와는 다른 의미에서 확실히 대상에 존재한다. 게다가 사람을 포함하는 만물은 하늘의 자연스런 운행 속에서 태어나기에, 하늘이 만물에 그 '이'를 부여한다고 말할 수 있다. 그런 의미에서 모든 '이'는 천리天理이다. 대자연의 '이'인 것이다.

모든 사물의 개별적인 '이'도 뿌리는 하나라고 생각한다. 이를 이일분수理一分殊(이는 하나이나 그 나뉨이 다름)라 한다. 만물의 '이' 역시 마땅히 그러한 존재양태 · 마땅히 그러해야 할 존재양태라는 의미에서

4_[옮긴이] 《대학장구》 物卽事也.

는 본질적으로 동일하기 때문이다. 하나의 기가 만물이 되는 것에 대응하여 근본이 하나인 '이'가 개별 사물에서 구체적인 형태를 취하는 것이다.

3. 인간론

(1) 성性

사람도 하나의 사물이므로 사람에게는 사람의 '이'가 있다. 사람은 태어나면서 사람의 '이'를 마음에 지니고 있다. 이것이 제1장에서 본 사람다움이라는 의미에서의 선한 본성이다. 당연히 사람은 사람의 '이'에 따라 살아가야 하며, 사람의 '이'에 따라 대접받아야 한다.

이렇게 말하면 다음과 같은 의문이 생길지도 모르겠다. 예를 들면 사람에게는 사회적 동물로서의 일종의 자질이 구비되어 있다고 하지만, 실제로 그렇게 살아야 한다고는 말하지 않는다. '-이다'라는 객관적인 사실명제와 '-해야 한다'라는 주관적 가치명제는 다르다는 의문이다.

그러나 만약에 환자를 잘 진료해서 치료성과도 높은 의사를 좋은 의사라고 부르는 것은 주관적 · 개인적 가치판단일까? 그는 객관적으로 좋은 의사가 아닐까? 왜냐하면 의사는 그 본성상 마땅히 그래야 하기(이!) 때문이다. 마찬가지로 자식을 잘 기르고 가르치는 부모는 객관적으로 좋은 부모이며, 부모에게 효를 다하는 자식은 객관적으로 좋은 자식이다. 요컨대 '부모는 부모답고 자식은 자식다워라. 당연하지 않은가'라는 논법이다. 게다가 일반적으로 유학에서는 제1장에서 서술하였듯이 사람을 부모 · 자식 · 군주 · 신하 · 남편 · 아내 · 친구 등 사회적 역할의 다면체로 간주한다. 그런 역할들을 종합하여 사람인 이상 사람은 사람다워야 한다, 그것이 자연스러우며 당연하다고 생각한다. 주희는 그것을 천리라고 부르는 것이다.

주희에 의하면 《중용》 첫머리에 "하늘이 명하는 것을 일러 성性이라 한다. 성을 따르는 것을 일러 도라고 한다"[5]는 구절은 바로 그것을 말한 것이다. "명이란 영令과 같다. 성이란 즉 이理이다. 하늘이 음양오행으로 만물을 화생化生하고 기로써 형상을 이루면 이 또한 부여하니 마치 명령하는 것과 같다."[6] 주희는 이렇게 주석을 달았다. 사람의 본성은 '이'이며, 이것은 하늘에 의해 천자의 칙령처럼 부여된 것이다. '이'에 따라 행동하는 것은 천명을 따르는 것이자, 사람의 도리를 따르는 것이 된다. 이렇게 《중용》의 천·성·도가 '이'로 연결된다.

그런데 모든 사람이 완벽하게 '이'에 따라 사람답게 살고 있지는 않다. 공자와 다른 우리 같은 보통 사람들은 종종 사람의 도에서 벗어나 때때로 금수처럼 행동하기까지 한다. 왜일까? 사람인 이상 본성으로서 '이'는 완전히 동일할 터이다. 그렇다고 한다면 기에 문제가 있는 것이다. 태어나면서 지녀 온 기의 품질이 나쁜 것이다. 이것은 컴퓨터의 작동의 차이와 비슷하다. 같은 OS를 탑재했는데도 작동에 문제가 있다면 하드웨어에 결함이 있는 것이다. '이'의 완전한 평등이 기의 불평등 때문에 발현되지 못하면 악이 발생한다.

물론 주희는 컴퓨터에 비유하지 않는다. 그는 사람의 기에 포함된 '이'를 물속의 보주寶珠에 비유한다. 물이 맑고 깨끗하면 구슬의 빛이 수면에 비치게 된다. 그러나 우리들 범인의 기질은 조금 탁해서 굴절과 거기서 싹트는 물욕으로 '이'의 빛이 발현하는 것을 방해하고 있는 것이다.

또 주희는 '본연의 성'과 '기질의 성'이라는 용어로 설명한다. 본연의 성이란 만인이 태어나면서 갖게 되는 '이', 사람으로서의 본래성이다. 이는 현실에서는 한 사람 한 사람의 기질에 덮여 씌어 존재하며 개개인의 차가 생긴다. 후자가 뜻하는 사람의 성질을 기질의 성이라고 한다.

다만 우리 같은 평범한 사람이라도 눈을 감고 정좌하여 마음 바깥으

5_[옮긴이] 天命之謂性, 率性之謂道.

6_[옮긴이] 《중용장구》 命猶令也, 性卽理也, 天以陰陽五行化生萬物, 氣以成形而理亦賦焉, 猶命令也.

로부터 어떤 자극이나 영향도 받지 않고 무념무상의 상태로 있다면, 마음은 본연의 성에 즉응하여 어떤 치우침도 없다(미발지중未發之中). 그런데 외물에 접하여 정情(감정이 아니라 마음이 바깥으로 나타나는 것)을 발하여 언행으로 나타나는 때가 문제인 것이다. 그때 '이'에 정확하게 즉응하여 행동하면 된다(이발지화已發之和). 그러나 보통 사람은 그것을 올바르게 할 수 없고 언행에 지나침과 모자람이 생겨나(과유불급過猶不及《논어》 선진), 악함도 발생하는 것이다.

이상과 같은 인간의 양상을 주희는 관료에 비유한다. 그 자신이나 훗날 그의 많은 신봉자가 관료였듯이, 관료는 사람 일반의 비유이다.

> "하늘이 명하는 것을 일러 성이라 한다"고 할 때의 명은 (황제가 내리는) 사령辭令과 같은 것이다. 성은 해야 하는 직무이다. […] 마음은 관리이다. 기질은 관리의 성벽性癖으로 관대하기도 하고 엄격하기도 한 것이며, 정은 관청에서 일을 처리하는 것이다.[7]

여기에 이성과 감정의 대치는 없다. 마음이 이 세상에 올바르게 발현할 때 그것은 정이며 '이'에 부합한다.

(2) 인仁

사람이 마땅히 해야 하는 것으로서의 '이'는 어떤 내용으로 채워져 있는가(주희는 항상 '사람'이라고 하는데 논리적으로는 여성도 포함되지만 여성까지 의식했는지는 매우 의심스럽다). 바로 오상, 인 · 의 · 예 · 지 · 신이다. 특히 황제의 관료로서의 인간이란 이미지에도 대응하여 인이 중심으로 여겨진다.

인이란 무엇인가? "사랑의 '이'이자 마음의 덕愛之理心之德"이다(《논어집주》). 공자는 인이란 "다른 사람을 사랑하는 것仁則愛人"이라

7_[옮긴이] 《주자어류》 권4, 天命之謂性, 命便是告劄之類, 性便是合當做底職事 […] 心便是官人, 氣質便是官人所習尙, 或寬或猛, 情便是當廳處斷事.

했다(《논어》 안연). 그러나 주희에 따르면 사랑은 정의 차원이며 그 자체가 성에 내재하는 것은 아니다. 내재하는 것은 사랑의 '이'이다. 더욱이 인이 의·예·지·신의 기초이기도 하며 그런 의미에서 마음이 가지는 가장 중요한 덕이다. 요컨대 만인에게 공통된 사람으로서의 본성의 기축은 인이다.

왜 사람의 본성은 다름 아닌 인일까? 그것은 하늘의 본연의 모습을 부여받았기 때문이다. 하늘은 부단히 만물을 생성한다. "천지는 만물을 낳는 것을 자신의 마음으로 삼는다天地以生物爲心"(《맹자집주》). 하늘·천지의 기본적인 모습이 바로 천리이며, 사람 역시 만물을 낳고 기르며 사랑하는 것을 그 본연의 본질로 하는 것이다. 인간성은 천지 본연의 모습과 대응하고 있으며 그것은 사랑의 도리이다, 이것이 모든 윤리를 관통한다—이렇게 생각하는 것이다. 그래서 우리의 과제는 그 인간성을 충분히 발현하여 진정으로 사람답게 사는 것이 된다.

4. 수양론

(1) 입지

우리 같은 평범한 사람들의 기질은 악하다. 그런 까닭에 종종 금수처럼 행동하기도 한다. 그러나 그런 우리라고 해도 사람인 이상 태생의 천리는 완벽하다. 공자와도 공통된다. 우리도 공자와 같은 완벽한 인격자, 성인이 될 수 있다, 주희는 이렇게 말한다.

단지 결의하고 노력하기 시작하면 되는 것이다. 이를 입지立志라 한다. 입지란 메이지 일본에서 "입지전중立志傳中의 인물"이라고 할 때처럼(나카무라 마사나오 역 《서국입지론西國立志論》과 이를 모방한 여러 책에 영향을 받은 용어법일 것이다) 크게 출세하자고 결의하는 것이 아니다. 사람으로 태어난 이상, 진실로 사람다워지자고 결의하는 것이다.

진실로 사람다워지기 위한 노력을 수양이라 하고 학문이라 한다. 신앙만을 의지하는 것도 아니고 조용히 계시를 기다리는 것도 아니고 그저 실천을 하는 것도 아니다. 지적 · 이성적인 노력으로 금수와는 다른, 진정으로 사람다운 사람이 되는 것이다.

(2) 거경

그러면 구체적으로 어떻게 해야 하는가? 수레의 두 바퀴처럼 병행해야 하는 두 가지 방법이 있다. 거경居敬과 격물치지格物致知이다.

거경이란 마음이 항상 천리에 따르듯이 천리, 즉 내 안의 본성에 부단히 마음을 집중하여 다잡는 것이다. 잠시도 그침 없이 삼가는 것이다.

주희는 선학先學의 어구를 인용하여 이렇게 설명한다. 우선 주일무적主一無適, 마음을 오로지 집중하여 가벼이 하지 않는 것이다. 정제엄숙整齊嚴肅, 단정하고 숙연한 태도를 유지한다. 상성성법常惺惺法, 자신을 잃고 도취되거나 열광하지 않는다. 기심수렴불용일물其心收斂不容一物, 마음을 단정히 하여 우르르 들이닥치는 외물에 반응하여 마음이 어지러워져 동요하지 않게 한다.

이는 내면만의 자기 규율이 아니다. 신체의 자기 규율도 포함한다. 외면이 정제엄숙하지 않으면 내면도 성성할 수 없다. 옷차림도 단정히 하고, 책상 위도 정돈하고 사람을 대할 때에도 항상 온화하면서도 근엄한 태도를 유지한다. 동시에 한순간도 끊어짐 없이 마음을 다잡아 평정하게 유지한다(사상적 실험으로서 시도해 보길 바란다. 곧바로 알아채겠지만 쉬운 일이 아니다). 그렇게 하여 그때그때의 자기 마음의 움직임에 주의하여 '이'에 부합하는지를 스스로 부단히 점검해야 한다.

또 정좌도 좋은 방법이다. 눈을 감고 정좌하여 느긋하게 마음을 가라앉히고 마음을 함양하고 존양存養하는 것이다.

(3) 격물치지

격물치지格物致知는 《대학》에 나오는 말이다. 《대학》의 수신 · 제가 · 치국 · 평천하 앞에 격물 · 치지 · 성의 · 정심이 있다. 요컨대 치국

평천하의 전제가 되는 수신을 위해서는 마음을 올바르게 하고 뜻을 성실하게 해야 하며, 그러기 위해서는 격물치지를 하지 않으면 안 된다.

주희는 격물을 "사물에 다다르다"고 해석한다. 사물 하나하나의 궁극까지 도달한다는 의미이며, 이것은 당연히 사물 하나하나의 '이'를 궁구하여 가는 것이다. 요컨대 《역경》에서 말하는 궁리窮理라고 풀이한다. 즉 수양 · 학문의 근간은 사물의 '이'를 궁구하여 완전히 해명하는 것이다. 그의 존재론 · 인간론의 논리적 귀결이다.

치지란 앎을 극점까지 추구하는 것이라 말한다. 자신의 내면의 지식을 온전히 발휘하는 것이다. 게다가 자신이 태어난 이래 갖게 된 지식을 온전히 발휘하는 것은 사사물물의 '이'를 완전하게 밝히는 것이라고 주희는 풀이한다.

어떤 의미인가? 사람의 마음에는 원래 '이'가 있다. 이것은 앞서 서술한 대로 근본적으로는 사물의 '이'와 동일하다(물아일리物我一理). 그래서 대상이 되는 개개의 '이'를 궁구하여 밝히면 그만큼 자신의 내면의 '이' 역시 분명해질뿐더러 명백히 드러난다는 것이다. 즉 대상을 인식하는 것과 자기 본래의 지를 발현시키는 것은 한 가지 일의 양면이다. 대상인식이란 외부 정보를 백지 같은 내면에 입력하는 것이 아니라, 본래의 지식을 꺼내는 것, 즉 자각하는 것이다(분명히 이 주장은 플라톤이 인식이란 사람이 생전에 보았던 이데아를 상기하는 것이라고 한 것(《파이드로스》)과 유사하다. 이는 플라톤의 이데아idea[8]보다는 아리스토텔레스의 에이도스eidos[9]와 유사하지만, 어떤 사물을 사물로서 인식할 수 있으려면 인

8_[옮긴이] 그리스어로 '보다'라는 뜻을 가진 eido에서 파생한 말로 원래 사물이 보이는 것으로서의 형태 · 형상을 뜻한다. 플라톤의 중기철학에서, 철학자에게 앎의 대상으로서 지정되는 존재로 규정되며, 이성에 의해서만 인식될 수 있는 보편적 개념으로서의 실재를 가리킨다.

9_[옮긴이] 이데아와 마찬가지로 그리스어 eido에서 파생된 말이다. 플라톤 철학에서는 이데아와 같은 뜻으로 사용되나, 아리스토텔레스 철학에서는 개별 사물에 내재하는 형상을 가리키며, 개별 사물이야말로 실재라고 주장하였다. 이는 15세기 보편 개념이 실재하는가라는 이른바 보편논쟁으로 이어져, 실재론과 유명론의 대결 양상이 나타났다.

식하는 쪽도 타불라 라사tabula rasa[10]일 수는 없다는 전제[11]에서는 플라톤과 주희는 일치한다).

격물치지는 구체적으로는 어떻게 행할 수 있는가? 주희는 일목일초지리一木一草之理까지 궁극한다고 말한다. 실제로 주희는 천문 · 기상에 대한 다양한 이해를 시험하였다(그런 까닭에 도쿠가와 일본의 난학자도 서양과학을 '궁리'의 하나로 이해하고 그렇게 불렀다. 현대 일본어의 물리학 · 생리학 · 이학부 · 이과계 등도 그런 까닭이다). 그러나 중심이 되는 것은 물체와 마주보는 것이 아니다. 사서오경을 읽는 것이다. '이'가 완전하게 발현한 인격자인 성인들의 언행을 기록한 것이거나 또는 그들의 편찬서이기 때문이다. 그리고 직접적으로 수기치인에 도움이 되기 때문이다. 또 역사서를 읽고 인물의 시비를 논하는 것도 좋고, 현실에서 행동하면서 그 행동이 옳은지 그른지를 스스로 음미하는 것도 중요하다. 벗과 강습 토론(《대학장구》)하는 것도 유익하다.

온갖 사물에 '이'가 있다는 말은 모든 사물에는 올바른 대처법이 있음을 뜻한다. 게다가 그것은 반드시 한 가지라는 것이다(아리스토텔레스 등과는 다르며, 누스nous[12]에 의한 절대적 인식과 프로네시스phronesis[13]에 의한 실천적인 적절한 판단과의 구별 등을 주희는 인정하지 않는다).

10_[옮긴이] 라틴어로 아무것도 적혀 있지 않은 석판이란 뜻이다. 인식 이전의 마음의 본래 상태에 대하여 경험주의의 입장을 지칭하는 말로 사용된다. 곧 마음에는 인식 이전의 생득적 관념이나 원리가 존재하지 않음을 가리킨다.

11_이 전제는 기묘한 듯해도 그 나름 근거가 있다. 예를 들면 수학의 진리는 발견된 것일까? 아니면 발명된 것일까? 전자라 해도 사물을 관찰하여 발견된 것이 아니다. 도대체 어디서 발견하는 것일까? 아니면 사고의 인공물, 관념상의 발명품에 지나지 않을까? 그러면 어째서 그것이 자연과 우주의 인식의 도구가 될 수 있을까? 갈릴레오의 "자연이란 책은 수학의 용어로 쓰여 있다"는 말은 여전히 유효하다. 그렇다고 한다면, 수학이란 실은 상기想起, 즉 뇌 내부에 잠재적으로 존재하는 생각이자 동시에 뇌 외부에 존재하는 것의 인식인지도 모르겠다. 주체와 객체를 준별해서 뇌 세포의 기능이 원래 백지라고 규정해서는 안 된다.

12_[옮긴이] 그리스어로 정신 또는 지성이란 뜻이다. 아낙사고라스는 우주에 질서를 부여하는 원리로서 설명하였으며, 플라톤이나 아리스토텔레스 역시 관상觀想의 주체로서 이 용어를 사용한다.

13_[옮긴이] 자신의 의지와 행위에 대한 실천적인 지혜를 가리킨다.

독서하고 논의하며 행동하면서 하나하나 '이'를 발견하고 동시에 상기해 가면 되는 것이다.

(4) 관통

그러나 여기서 의문이 생길 수 있다. 세상에 무수한 사물이 있는데 아무리 격물을 해 가도 끝이 없지 않을까?

주도면밀한 주희는 이미 답을 마련해 두었다.

> 오랫동안 힘써서 하루아침에 활연히 관통함에 이르면, 즉 모든 사물의 겉과 속, 자세한 부분과 대략적 부분에 대하여 이르지 않음이 없으며 내 마음의 전체全體와 대용大用 역시 밝혀지지 않음이 없다.[14]

오랫동안 노력하면 언젠가 탁하고 열리듯이 '관통貫通'한다. 다시 말하면 이것이 '이'로구나 하고 뿌리에서부터 깨닫게 되면 만물의 다양한 면이 이해가 되고 동시에 자신의 마음 일체가 분명해진다는 것이다. 그렇게 되면 그대는 성인이다. 하고 싶은 일이 해야 하는 일이며, 해야 하는 일이 하고 싶은 일이다. 일일이 고민하지 않고 그야말로 천지와 같이 저절로 모든 일을 올바르게 행할 수 있다. 이것은 다음과 같은 비유로 설명할 수 있겠다.[15] 사람의 마음에는 본래 사람의 도가 구비되어 있다. 사람인 이상 그 복잡한 이치도 잘 알고 있다. 다만 한때 그 거리(예를 들면 베이징)에서 멀어져 길을 잃고 말았다. 어슴푸레한 거리를 하나하나 더듬으며 찾아갔다. 그랬더니 한 순간 깨달았다. '아, 여기는 내 고향 베이징이로구나!' 그리고 더 이상 길을 헤매지 않았다. 어디든 헤매지 않고 걸어갈 수 있다.

이상과 같은 수양론은 흥미로운 점이 세 가지가 있다. 첫째는 정말

14_[옮긴이] 《대학장구》 至於用力之久, 而一旦豁然貫通焉, 則衆物之表裡精粗無不到, 而吾心之全體大用無不明矣.

15_참조 펑유란馮友蘭《신이학新理學》[1938](《삼송당전집三松堂全集》 제4권(河南人民出版社, 1986, 203쪽).

로 도리를 이해하면 그것을 실천할 수 있다고 상정한다는 점이다. 거꾸로 말하면 실천할 수 없을 것 같으면 정말로 이해했다고 말할 수 없는 것이다. 궁리란 단순한 정보의 취득이 아니라 자기의 본래성으로의 복귀, 이 세상에서 살아가는 진정한 사람이 되는 과정이기 때문이다. 이 복귀를 복초復初라 부른다. 이는 시간적인 처음이 아니라 인간의 존재구조상의 본질로 귀환하는 것이다.

둘째로 이 복초가 최고의 자기실현이라는 점이다. 이것은 만인에게 공통되는 사람다움으로의 회귀라는 점에서 진실한 자기의 실현이자 전개이다. 기존의 사회도덕에 개성을 밀어 넣는 자기소외의 극치가 아니다. 주자학자는 같은 인간인 타인과의 미세한 차이를 자랑하듯 강조하여, '나는 나다, 나답게 살고 싶다'고는 말하지 않는다.[16] 나답게 사는 것보다 사람답게 사는 것이 중요하다고 생각한다.

셋째로 사람으로서의 완성은 다양한 선택지 속에서 진중하게 생각하여 정확한 판단을 할 수 있는 상태가 아니라는 점이다. 고민하고 생각함은 미숙한 것이다. 천지의 운행과 마찬가지로 이것저것 생각하지 않고, 미혹됨 없이 모든 일을 술술 무심하게 행하는 것이야말로 인생의 달인이다. 그때 사람은 진정으로 천지와 일체이다. 천인합일이라는 최고의, 그리고 본래의 상태이다. 그대도 이를 지향해야 한다. 왜냐하면 그대 역시 사람이기 때문에.

5. 통치론

(1) 공公과 의義

정말로 만인이 도에 따르며 산다면 정말로 놀라운 일일 것이다. 그

16_주자학자의 입장에서 보면 "나는 지금까지 만난 누구와도 닮지 않았다"는 장 자크 루소의 《고백》 첫머리의 구절은, 그가 '소인'임을 스스로 고백한 것이 된다. 개성이 아니라, 인류 공통의 인간성 실현이야말로 중요하다고 생각하기 때문이다.

러기 위해서는 성인이 다른 사람들을 이끌어 감이 바람직하다. 그러나 성인은 좀처럼 나타나지 않는다. 그래서 성인이라 할 수는 없지만 그에 가까운 사람, 수양해서 도를 깨달은 사람이 교육하고 통치하면 된다. 그러면 모두가 천리를 깨달아 사람다워지면 서로 충돌이 없어지고 이 세상의 문제는 모두 해결된다.

어째서일까? 도, 즉 천리의 공적인 성격 때문이다. 보편적이며 공정하고 공평하며, 만인의 공존을 가능케 하기 때문이다. 여기서 공은 일본어의 '오야케'나 영어의 public과 의미가 다르다. 주군과 관계된 일도 아니며 모든 인민에 관련된 것도 아니다. 자신의, 자신만의, 자기만 좋으면, 이 아닌 것이다(현대 중국어도 '공용'이라고 하면 누구라도 사용할 수 있다는 의미이다. 높은 사람만이 사용하여 일반인이 손대면 안 된다는 뜻이 아니다). 천리라고 하는 공, 무아無我라는 공에 대비하여 인욕이라고 하는 사, 위아爲我라는 사라고 한다. 사란 자기만 좋으면 그만이라는 자사자리自私自利의 욕망을 말한다. 따라서 먹고 성교하는 것은 사람으로서 당연하므로 부정해야 하는 인욕이나 물욕이 아니다. 다만 다른 사람과의 공존을 불가능하게 하는 사리사욕은 진정한 의미에서 보면 사람답지 않은 것이다.

그래서 공적인 통치자가 사에 빠지기 쉬운 인민을 계도하는 것이다. 인정仁政 즉 사랑의 통치이다. 더군다나 통치는 교육과 한 몸이다. 따라서 주자학자는 어차피 어리석은 인민을 속여서라도 행복하게 해주면 된다는 생각은 하지 않는다. 또 아무리 가르쳐도 현실의 인간은 자신이 가장 소중하기 때문에, 이 점을 전제로 하여 제도를 만들어 어떻게든 공존할 수 있게 하면 된다고도 생각하지 않는다. 제도를 바꾸는 것보다 사람 만들기가 기본이며, 한 사람 한 사람이 착해지지 않으면 세상은 좋아지지 않는다고 생각한다.

주자학에서는 공사와 함께 의義와 이利의 변별을 중시한다. 사람으로서 올바른 일을 올바르다는 이유만으로 행하는 것이 의이다. 이로운 점이 있어 행하는 것이 이이다. 이여서는 안 된다. 저세상에서의 상벌을 의식하여 선한 행동을 하는 것도 이이다. 남들이 훌륭한 사람이라고 생각했으면 좋겠다고 하는 것도 이이다. 사람인 이상, 사람답게 살아가기 위해서는 당연하며, 어떤 상을 바라고 살아가는 것 차체가, '만물의 영장'으로서의 존엄을 부정하는 것이기 때문이다.[17]

따라서 주자학자는 현상이 올바르다고 생각되면 극도로 보수적이 되나, 현상이 옳지 않다고 생각되면 개인적 이해와 상관없이, 고립을 두려워 않는 단호한 반대자가 되기도 한다. '쓸모없는 저항'이라는 생각 자체를 거부한다. 주자학자는 보수적이고 전통주의적이라는 것은 오해이다.

(2) 태평太平

주희에 의하면 성인이 천자가 되어 통치하는 것이 가장 바람직하다. 여하튼 천지와 인간의 결절점에 있는 천자가 천지와 완전히 합일하고 있기 때문이다. 당연히 천지의 영위도 아무런 어긋남이 없어 천재지변이나 기근도 없다. 천자의 덕의 감화가 천하에 두루 미쳐 만민이 제자리를 얻어 태평을 구가한다. 성인의 통치에 관한 "중화를 이루면 하늘과 땅이 제자리에 있게 되고 만물이 자란다"[18]는 구절에 주희는 이렇게 주를 달았다.

> 무릇 천지와 만물이 본래 나와 일체여서, 나의 마음이 바르면 천지의 마음이 또한 바르고, 나의 기운이 순하면 천지의 기운이 또한 순하다. 그러므로 그 효험이 이와 같음에 이르는 것이니, 이것은 학문의 지극한 공효이며 성인이 할 수 있는 일 […][19]

17_루소(《에밀》 제4편 〈사부아 사제의 신앙고백〉)나 칸트(《실천 이성 비판》)는 이 세상에서는 종종 악인이 잘 살고 선인이 고생한다, 그렇기 때문에 저 세상(에서의 상벌)이 있을 것이다, 있어야 한다고 생각했다. 주희가 보자면 이것은 도착된 사고이다.

18_[옮긴이] 《중용》 致中和, 天地位, 萬物育.

19_[옮긴이] 蓋天地萬物本吾一體, 吾之心正則天地之心亦正矣, 吾之氣順則天地之氣亦

더욱이 우리도 성인이 될 수 있으며, 되어야 한다. 우리들의 작은 마음도 저 천지와 직결되어 있다. 이 마음을 올바르게 하고 몸을 닦으면, 나라가 잘 다스려지고 천하는 태평하게 되며 천지의 운행도 고르게 된다. 사람이라면 이것을 지향해야 한다. 현대 일본에서도 잘 알려진 주희의 말은 "정신을 한 곳에 모으면 무슨 일인들 못 이루겠는가精神一到何事不成"와 "소년은 늙기 쉽고 학문은 이루기 어렵다. 짧은 시간도 가벼이 여기지 말라少年易老學難成一寸光陰不可輕"이다. 모두 노력을 하라는 뜻이다. 그 제자에 따르면 주희가 죽으면서 마지막으로 제자에게 전한 가르침도 "각고하여 한 가지 길에 노력하라堅苦"는 것이었다고 한다(황간黃榦 〈주선생행장朱先生行狀〉).

주자학은 이렇게 초월자나 극락을 믿지 않고도 오로지 이 세상에 내재하면서 존재 · 인간 · 수양 · 통치 모든 것에 걸쳐 일관된 체계를 멋지게 구축하고 실천을 추구했다.

도쿠가와 일본에서 유학에 관심을 가진 사람들은, 이웃 나라에서 압도적인 권위를 갖는, 이 거대하고 근엄한 사상에 직면하였다.

참고 문헌

시마다 겐지《주자학과 양명학》(島田虔次《朱子學と陽明學》岩波書店, 1967)

야마노이 유《명청 사상사 연구》(山井湧《明清思想史の研究》東京大學出版會, 1980)

쓰치다 겐지로《도학의 형성》(土田健次郎《道學の形成》倉文社, 2002)

順矣, 故其效驗至於如此, 此學問之極功聖人之能事.

제7장 '사랑愛'의 역설
— 이토 진사이伊藤仁齋(도가이東涯)의 사상

1. 인물과 저작[1]

주자학을 신랄하게 비판하고 독자적인 새로운 유학체계를 구축하여, 후세 이토 진사이라는 이름으로 널리 알려진 인물은, 1627년(寬永 4) 교토 조닌 집안의 장남으로 태어났다. 어릴 적 이름은 겐시치源七였다. 외가는 유명한 렌가시連歌師[2] 사토무라 조하里村紹巴의 일족이며, 외조모는 스미노쿠라角倉 가문 출신이었다. 스미노쿠라 가는 이른바 스미노쿠라 배로 주인선朱印船[3]무역에 관여한 호상이다. 당시는 경제와 출판의 중심은 여전히 교토와 오사카였으며, 에도는 여전히 살벌한 신흥 정치 도시에 지나지 않았다. 진사이는 당시 일본 열도에서 문화적 세련도의 정점에서 태어나고 자랐다. 실제로 집안의 내력에 어울리게 그는 어릴 때부터 와카和歌나 한시 등을 배웠다. 고급 유예이다.

그런데 소년 겐시치는 가업의 한 켠에서 그런 유예를 즐기는 영역에

1_이하 전기적 사실은 주로 이시다 이치로石田一郞《이토 진사이》(吉川弘文館, 1960)에 의한다.

2_[옮긴이] 렌가란 일본 전통 시가의 한 양식으로 두 사람 이상이 단가短歌의 윗구에 해당하는 5 · 7 · 5의 장구長句와 7 · 7의 단구를 번갈아 읊는 창화를 기본으로 하는 시가의 형태를 말한다. 렌가를 직업으로 하는 사람을 렌가시라 한다.

3_[옮긴이] 주인선은 막부로부터 해외무역 공식 허가장인 주인장을 수여받은 배를 가리킨다. 주인장에는 상선의 도착지가 명기되어 있다.

서 벗어나 유학자가 되고 싶다는 말을 꺼내기 시작했다. 과거 제도도 없고 무가가 지배하는 도쿠가와 일본에서, 특히 그 초기에는 부유한 상인의 장남이 전문적인 유학자가 되겠다는 것은 그야말로 비상식적인 이야기였다. 당시 주위의 반응을 그는 훗날 이렇게 회고한다.

> 내 열 대여섯 무렵에 학문을 좋아해 유학의 길을 목표로 삼게 되었다. 그러나 친척과 친구들은 유학자로는 먹고 살 수 없다며 모두 의사가 되라고 하였다. 나는 못 들은 체 대답하지 않았다. 끊임없는 설득이 이어졌고 비난은 잦아들지 않았다. 부모는 늙어 가는데 집안이 가난해지고, 나이 먹고 나중에 생각대로 되지 않으면 어쩔 셈이냐며, 사람으로서 책무를 인용하고 예의를 근거로 장래 부모를 모실 것을 생각하지 않는다면서 점점 더 나를 책망하였다. 그 논리에 굴하여 말수도 없어졌는데, 거짓으로라도 알겠다고 한 적이 한 번도 없었다. […] 나에 대한 사랑이 깊어질수록 나에 대한 사람들의 공격은 점점 거세어졌다. […] 나를 깊게 사랑하는 사람이 나의 적이 되었다. (〈야나가와로 돌아가는 가타오카 소준을 배웅하는 글送片岡宗純還柳川序〉)

소년 겐시치가 이토록 간절하게 뜻을 두었던 유학은 물론 이웃 나라에서 직수입한 주자학이었다. 그는 자신의 방에 주희의 글을 걸어 놓고 '경재敬齋'라고 이름을 붙였다. 거경의 경이다. 스물아홉부터는 독립하여 혼자 살면서 학문에 전념하였고 그로부터 약 8년 동안 속세와 단절되어 은둔상태로 지냈다. 이 기간 동안 그는 고뇌하고 또 고뇌하면서 때로는 양명학을 가까이하기도 하고 불교에도 빠져들어 한때 모든 것이 헛되게 보인 적도 있었다고 한다. 그러나 1662년(寬文 2) 서른여섯이 되어 본가로 돌아간다.

그는 가업을 잇지 않고 작은 사숙을 열었다. 그즈음 구마자와 반잔도 교토에 있었고, 근처에서 야마자키 안사이가 주자학을 가르치고 있었다. 바야흐로 유학에 관심이 높아진 시대였다. 그런 가운데 그는 점점 주자학을 벗어나 독자적인 사상을 형성해 갔다. 그중에서도 주희의 《집주》를 대신하여 《논어》《맹자》에 자기 나름의 주석을 붙이는 형태로 사색을 진전시켰다. 그 결과가 《논어고의論語古義》《맹자고의孟子古義》('고의'란 본래의 의미란 뜻)라는 대담한 제목을 붙인 체계적인 주석서였다.

자신의 호를 게이사이敬齋에서 진사이仁齋로 고쳤다. 주자학으로부터 서서히 이탈함과 동시에 그는 세상 속으로 돌아갔다. 우선 부모와 화해하고 효행에 힘썼다. 모친은 임종 때에 지난날 걱정거리였던 아들에게 두 손을 모았다고 한다("고맙구나"라고 말하고 싶었을 것이다). 둘째, 결혼하였다. 처는 오가타 고린尾形光琳 · 겐잔乾山 형제의 막내 동생이었다. 혼아미 고에쓰本阿弥光悦는 처의 증조부의 형제이다. 지금 열거한 인물은 잘 알려진 대로 현대 일본에서 국보 · 중요 문화재로 중요시되는 미술 작품을 다수 만들어 낸 이들이다. 셋째, 교토의 조닌 · 의사 · 공가 사람들과 교유관계를 넓혔다. 시회 · 가회 · 다회 등에 참석하고, 공가의 저택에 초빙되어 강의를 하고 근교로 소풍을 가기도 했다. 바야흐로 교토 상류 사교계의 일원이 되었으며, 이토 가는 유학을 가업으로 하는 이에로 바뀌었다.

동시에 그는 경서에 자신이 납득할 수 있는 주석을 다는 노력을 이어가다가 79세로 조용히 눈을 감았다. 아들과 제자들이 올린 그의 시호는 고학古學 선생이다.

장남인 이토 도가이(1670-1736)는 이에를 계승하여 부친이 남긴 원고를 기초로 저작을 완성하여 차례차례 '고학' 해설서 등을 출판하였다. 시호는 소술紹述 선생이다. 계승하여 조술祖述한 선생이란 뜻이다. 도가이 자신이 부친의 학문을 가학家學이라 불렀다. 그 자손은 대대로 메이지 기까지 진사이학을 가르쳤다(진사이의 현손玄孫인 유사이輶齋는 젊은 공가인 사이온지 긴모치西園寺公望를 가르쳤다).

진사이의 이름으로 정식 출판된 것은 모두 사후이며 특히 도가이에 힘입었다. 따라서 엄밀히 말하면 진사이 · 도가이의 공저이지만, 이것이 오히려 당시 사람들에게는 '진사이학' '고학'이었다. 또 도가이의 주된 작업은 일관되게 진사이의 사색의 방향성을 지키며 표현을 다듬은 것이다. 여기서는 간행된 진사이의 저작과 도가이의 저작에 기초하여 이른바 진사이학의 내용을 소개하겠다. 정확히는 이토 진사이와 도가이의 사상이다.

2. 도道

진사이가 특히 강조하는 것은 시작도 끝도 없이 영원히 이어지는 천지의 존재이다. 한때 세상이 헛되게 여겨졌던 사람이니만큼 더욱 절실하였다. 나아가 이 천지를 초월하여, 천지 내부의 깊은 곳이나 혹은 천지 이전에 무언가 존재한다는 사유를 준엄하게 거부하였다. 천도天道 역시 날씨나 계절이 음양이 바뀌면서 쉼 없이 변화하고 있다는 사실을 그렇게 부름에 지나지 않는다. 이를 넘어선 하늘의 도리란 없다. 주희가 대자연의 존재양태가 성性으로서 사람에게 내재한다고 보고 양자를 이理로 연결시키는 데 반해, 진사이는 하늘의 이를 처음부터 인정하지 않는 것이다. 이렇게 천도와 인도, 존재론과 인간론의 직접적 연관은 부정된다. 따라서 천인합일이란 이상도 없다. 진사이에 따르면《중용》의 "중화를 이루면 하늘과 땅이 제자리에 있게 되고 만물이 자란다"는 부분은 앞뒤가 뒤바뀐 것이며, 경서 본래의 뜻이 아니다. 진사이는 오로지 고원한 하늘과는 단절된, 이 세상에서의 '사람의 도리'를 추구하는 것이다.

더욱이 진사이는 도를 주희처럼 인간 내면의 본성에 근거를 마련하지 않는다. 나의 내면의 도리를 믿어 그것을 현현시키려 노력한다는 것은 빗나간 생각이다. 도를 사물에 내재하는 이와 동일하다고 간주하거나, 궁리에 의하여 밝힐 수 있다고 여기지 않는다. 그런 이는 존재하지 않는다.

도란 인간의 본성이 아니며 사물에 내재하는 것도 아니다. 그렇다면 어떻게 존재하는가? 답은 싱거울 정도로 간단하다.

> 필경 도라고 하는 것은 사람의 몸을 떠나서 볼 수 있는 것이 아니다. 또 사람의 마음에 갖추어져서, 눈에 보이는 것도 아니며 귀로도 들을 수 없는 이도 아니다. 지금 사람들이 행하는 일, 평소 다른 사람과 어울리는 방식의 이름이다. (도가이《학문관건學問關鍵》)

즉 도는 구체적인 인간관계의 방식, "다른 사람과 어울리는 방식"으로서 자연스레 존재한다. 부모와 자식 · 군주와 신하 · 남편과 아내로서 접할 때 그 역할에 따른 행위의 방식으로서 실재한다.

무엇보다 도 자체는 눈에 보이지 않는다. 그러나 사람의 행동을 통해 똑똑히 보인다. 이것은 음악에서 "사람의 목소리"와 "음률의 열 두 박자"의 관계와 비슷하다(도가이《훈유자의訓幼字義》). 음정은 사람이 노래를 부르지 않아도 존재한다. 사람이 노래를 부르면 음정이 들린다. 도는 이와 마찬가지로 존재한다. 그에 따라 사람이 행동하면 선명하게 눈에 보이는 것이다.

진사이는 나아가 이렇게 말한다.

> 도는 사람이 있든 없든 상관없이 본래 저절로 존재하는 것이니, 천지에 가득 차 있고 인륜에 철저하며 때와 장소에 따라서 있고 없는 것이 아니다. (《동자문童子問》)

요컨대 사람은 말하자면 그 음정과 선율을 언제 어디서나 노래한다. 사람이 있으면 고금동서를 막론하고 오륜 · 오상이 존중되지 않는 곳이 없다. 그야말로 눈에 보이는 사실로서, 사람은 언제라도 또 어디서든 이러한 인간관계를 맺고 살아간다. 그대도 이에 따르면 되는 것이다. 이 단순하고 명쾌한 사실을 뛰어넘어 난해한 사변은 모두 가짜이다. 당연히 고원한 경지를 지향하는 고독한 수행은 오류이다.

세상에서 부자 · 군신 · 부부 · 붕우의 관계가 없는 곳이 있으랴! 인류는 이 관계를 언제 어디서든 맺고 있지 않은가? 그런 이상, 그 근거를 논할 필요는 없다. 오직 그대 역시 따르면 된다. 진사이는 그렇게 주장한다.

3. 인정人情 · 풍속

진사이 · 도가이에 따르면 도는 현실의 인정에 들어맞는다.

> 인정은 천하고금이 마찬가지로, 오상백행이 모두 여기에서 나온다. 어찌 인정 외에 별도로 천리라는 것이 있겠는가? […] 인정 외에 은애恩愛를 떠나 도를 구하는 것은 실로 이단이 숭상하는 것이며, 천하의 보편적인 도가 아니다. (《논어고의》)

예를 들면 어린 아이가 우물에 빠지려고 하면 누구라도 위험하다는 느낌이 든다. 아무리 배가 고파도 먹을 것을 누가 던져 준다면 화가 난다. 사람이란 모두 그렇다. 현실 속의 사람이 가진 태생(성)에서 발생하는 자연스런 감정인 것이다. 따라서 "인정의 지극함이 즉 도이다"(같은 책)라고까지 말할 수 있다.

그러나 실제로 비정한 악인도 있지 않은가? 당연히 그런 의문이 생긴다. 도가이는 이렇게 설명한다.

> 예를 들어 부모가 장수하길 바라고, 자손이 총명하길 바라고, 다른 사람의 행복을 듣고 기뻐하며, 그 어려움을 보고 가엾게 여기는 것은 정이다. 또는 마음이라고 말해도 된다. 혹은 아비와 아들이 송사에 휘말

리고 형제가 재산을 두고 싸우고, 남이 안 되는 것을 즐거워하며, 잘 되는 것을 시기하는 것도 마음에서 나오기에, 마음이 아니라고는 말할 수 없다. 다만 이것을 정이라고 하기는 어렵다. 모두 잘못되고 왜곡된 것이니, 태생의 마음이 아니다. 《맹자》에 "이 어찌 사람의 정이겠는가此豈人之情哉"라고 하였고 후세에도 "인정이 아니며, 인정에 가깝지 않다非人情不近人情"는 말이 있는데, 모두 이런 것이다. 이로써 인정이 선함을 알 수 있다.

정이라 함은 사람의 마음에서 사려 안배와 상관없이 태생 그대로 꾸밈없는 것을 말한다. (《훈유자의》)

부모는 항상 자식을 걱정하며, 자식으로서 부모가 건강하게 장수함을 기뻐하는 것이 당연하다. 물론 세상에는 부자지간에 소송을 걸거나 형제가 유산 상속으로 싸우는 일도 있다. 그러나 그런 일에는 누구나 미간을 찌푸린다. 인정이 없는 일이다. 부자형제가 서로를 위하는 것이 자연스런 인정이다. 사람의 정이란 그런 것이다—이렇게 말하는 것이다. 그래서 인정은 은애(특히 가족 간의 애정을 가리킨다)와 의미가 비슷하다. 주희가 말하는 정이 아니라, 일본어에서 말하는 정(나사케)이며 사람의 도리란 그에 즉응하는 것이다.

이것은 이른바 '정'선설이다.

너무 느슨한 인간관일까? 확실히 마키아벨리나 토마스 홉스라면 이를 비웃을 것이다. 그러나 첫째로 sympathy야말로 도덕의 기초라고 생각했던 데이비드 흄이나 애덤 스미스라면 고개를 끄덕일지도 모르겠다. 둘째로 당시 같은 교토에서 활약했던 지카마쓰 몬자에몬近松門左衛門의 조루리淨瑠璃[4]가 부자·남녀의 사랑과 정을 도리로서 구가했을 때 우리도 공감하지 않을까? 참고로 진사이는 "마을의 가요를 듣고 동네 극장에서 연극을 보는 것"도 학문에 도움이 되었다고 회고하였다

4_[옮긴이] 조루리란 샤미센 반주에 맞춰 독특한 억양과 가락을 붙여 이야기를 풀어가는 음악의 하나로 인형극과 가부키와 결합되어 서민 오락으로 크게 유행하였다.

(〈승려 도쿄 선생을 배웅하는 글送浮屠道香師序〉). 게다가 지카마쓰의 연극론으로 유명한 〈허실피막론虛實皮膜論〉을 소개한 《나니와 토산難波土産》(1738 간행)의 필자인 호즈미 이칸穗積以貫(1692-1769)은 《논어고의국자해論語古義國字解》의 저자이기도 한 도가이의 제자이다. 그는 지카마쓰와 친했으며, 그의 아들은 조루리 작가가 되어 지카마쓰 한지近松半二(?-1787)라는 이름으로 알려졌다. 지카마쓰의 세계와 진사이학의 세계는 인맥상으로도 가까웠다.

더욱이 셋째로 도가이에 따르면 고대의 성현은 보통 사람에게 "세상에서 일반적으로 통용되는 언어"로 설명하였으며, 독자적으로 의미를 창조하여 비밀스럽게 전수하지 않았다(《고학지요古學指要》). 도를 일본어로 "다른 사람과 어울리는 방식"이라 하고, 성을 태생적인 것으로, 정을 인정(나사케)이라고 하는 것은 편의적으로 바꿔 부르는 것이 아니다. 일상적인 말이야말로 보편적인 것이다(도가이 《병촉담秉燭譚》).

이토 진사이 · 도가이는 어디까지나 정리된 고전 중국어로 유학을 말한다. 게다가 경서의 '고의'를 재발견했다고 주장한다(주자학에 명백하게 보이는 선불교의 영향을 완전히 배제하고 해석하기 때문에 실제로 때때로 고의의 재발견처럼 보이기도 한다). 그러나 그 내용은 당시의 일상적인 일본어로 환원 · 변환하여 읽는 것이 이해하기 쉽고 또 그렇게 읽어도 상관없는 것이다.

이들의 논의는 격물치지, 거경궁리처럼 대륙에서 직수입한 논의와 달리 당시 일본의 청중과 독자의 마음에 친숙하게 느껴졌을 것이다. 그로써 비로소 성인의 가르침을 이해한 사람도 적지 않았을 것이다.

진사이 · 도가이는 도란 현실의 풍속과도 맞물린다고 주장한다. 현실의 속, 풍속은 피하거나 싫어할 만한 것이 아니다. 오히려 내가 옳으며 세상이 잘못되었다면서 고립되는 것은, 그 자체가 도덕적으로 문제가 있는 것이다.

무릇 비천한 일이라도 의로움에 해가 없으면 이것이 바로 속이며 즉

도이다. 속을 떠난 도는 없다. (《논어고의》)

일단 "의로움에 해가 없으면"이란 조건이 붙긴 했지만 어떠한 태도인지는 분명하다. 실제로 진사이 · 도가이는 의에 대해서는 그다지 말하지 않는다. 그 어떤 것도 현실에서 존재하는 사실을 초월하지 못하는 이상, 기본적으로 그때그때 다수의 행위의 집적인 속이 바로 도인 것이다.

따라서 세상으로부터 고립됨은 주관적인 허망함의 증거이다. 고립되어 게다가 자신만이 옳다고 하는 것은 지적 · 도덕적 오만이다.

> 눈과 귀를 놀라게 하지 않고, 세속에 어긋나지 않고, 조용히 품행을 온화하게 하며, 선함을 즐겨하길 싫증내지 말라. 학문의 도는 이와 같을 뿐이다. (《진사이 일찰仁齋日札》)

사람은 사람들이 살아가는 이 세상에 바싹 다가가 살아야 하는 것이다.

4. 인仁

도덕의 중심은 물론 진사이의 '인'이다. 여기서 말하는 인은 주자학이 말하는 사랑의 이理가 아니다. 중요한 것은 이를 궁구하여 이에 따라 살아가는 것이 아니다. 이로 판단하려고 하면 다른 사람을 비난하게 되고 가혹해지기 쉽다. 게다가 사리를 내세우면 사람들도 마음에서 우러나서 따르지 않으며 납득하지도 않는다. 그래서 진사이는 이렇게 말한다.

> 자애의 덕은 안에서 충실하여 터럭만큼도 잔인하고 각박한 마음이 없

다. 그 이로움과 은혜는 멀리 천하 후세에까지 미친다. 그리하여 훗날 이를 인이라 부른다. (《논어고의》)

일상적인 일본어로 말하자면 이렇다.

사람이란 항상 공손하고 매사를 소중히 하며 다른 사람에게 소홀함이 없으면 인에 부합한다. (《훈유자의》)

정중하고 상냥하게 다른 사람을 배려하는 것이 인한 태도이다.

이 인한 태도를 실현하기 위해서는 《논어》의 "충忠과 신信을 주로 한다"는 가르침에 따르면 된다. 거경이나 정좌, 궁리가 아니다. 그런 수양은 필요 없다.

마음의 정성을 다하는 것을 충이라 하고, 매사에 서로 다름이 없음을 신이라 한다. […] 달리 말하면 요즘 사람들이 이른바 의리를 중시한다고 말하듯이, 실박함이 굳건한 것을 말한다. (《훈유자의》)

요컨대 성실하고 정직하고 착실하게 다른 사람을 대하는 것이다.

또 서恕 역시 중요하다. 《논어》에서 "내가 원하는 바가 아니면 다른 사람에게도 하지 말아야 한다"[5]고 설명하는 태도이다. 주희는 이를 자기 마음을 올바르게 한 다음에 다른 이에게 미치게 하는 것이라고 해석한다. 그러나 도가이는 이렇게 말한다.

"기소불욕 물시어인"이라 함은 다른 사람의 마음을 헤아려 나쁘게 하지 않는 것이다. 그렇게 하면 다른 사람에게 소홀함이 없고 다른 사람도 은혜를 입게 되므로, 인이라 할 수 있다. (같은 책)

5_[옮긴이] 〈위령공 편〉 己所不欲, 勿施於人.

> 서라 함은 다른 사람의 마음을 헤아려 용서하는 일이다. (같은 책)

> 다른 사람을 생각하여 용서하면 상대방도 괴로운 고뇌를 벗어나 이익을 얻게 된다. 이를 가리켜 인이라 한다. (같은 책)

즉 배려이다. 상대의 사정을 배려하여 친절하게 대하면 되는 것이다.

결국 진사이학에서 말하는 인간의 이상형은 성실하고 배려심이 있는 친절한 사람이다.

이것은 마치 이상적인 결혼 상대란 누구냐는 질문에 대한 답을 떠올리게 하지 않는가? 그도 그럴 것이, 그런 질문에 대답할 때 사람들은 보통 정의로운 현실을 위해 노력하는 사람이나 이 세상을 악으로부터 구하기 위해 분투하는 사람이라고는 답하지 않는다. 오로지 자신과의 인간관계를 생각하여 답하기 때문이다. 진사이도 마찬가지이다. 그는 구체적인 관계를, 대인관계를 좋게 이어가는 것을 생각하는 것이다. 그리고 "모두 친절하게 대합시다. 다 같은 사람 아니오. 심술부리지 말고 다른 사람의 잘못을 너무 심하게 비난하지 말고 배려하면서 살아가는 것이 제일 중요하다오" 이렇게 주장하는 것이다.

그렇게 해서 세상이 돌아갈까? 진사이의 답은 명쾌하다. 그렇게 해야지만 이 세상이 잘 돌아간다. 사람(남성)은 한 집안의 주인으로서, 아비로서, 남편으로서, 형으로서, 동생으로서, 각각의 처지에서 다른 사람을 '사랑'하면 된다.

> 내가 다른 사람을 사랑하면 그 역시 나를 사랑한다. 서로 친하여 서로 사랑함은 부모의 친함과 같으며 형제의 화목함과 같다. (《동자문》)

따뜻하고 친절하고 배려하는 태도로 상대를 접한다. 그리하면 분명 상대방도 같은 태도로 나를 사랑해 줄 것이다. 좋은 인간관계가 성립한다. 따라서 어떤 일도 잘 풀리게 된다. "행함에 얻지 못하는 일이 없으며 성사되지 않음이 없다"(같은 책).

이렇게 도 · 정 · 속 · 인 · 애가 서로 연결되어 이 세상을 이루는 것이다.

이것은 지나치게 순진한 낙천주의일까? 태평한 시절이 계속되어 사리판단이 안 되는, 그저 온화하기만 한 처세술일까? 아마도 진사이라면 이렇게 반론할 것이다. "분명 제가 말하는 것은 고매하지도, 심원하지도 않습니다. 그렇지만 그대는 고매하고 심원한 이념과 이상을 추구하여, 그대를 사랑하는 사람들을 적이라고 여길 정도로 번뇌하여 8년이나 은둔하면서 괴로워한 경험이 있습니까? 추상적인 정의라던가, 진리라는 것을 굳게 믿어 다른 사람에게 강요하는 것이 얼마나 잔혹한 결과를 가져 오는지 아는지요? 만약 아신다면 제 말을 쉽게 경시하진 못할 것입니다. 인생이 논리이던가요? 한 사람 한 사람이 제멋대로 정의나 도의라는 논리를 가져다 대기 때문에 세상이 가혹한 상태가 되는 것은 아닌지요? 사고의 전환이 필요합니다. 인생에서 중요한 일이란 우선 가까운 사람들 간에 따뜻하고 자애로운 관계 속에서 살아가는 것입니다. 그리고 그런 관계를 넓혀 가는 것입니다. 더 이상 고매하고 심원한 것이 세상에 또 있을까요? 이 세상의 보통 사람들은 언제 어디서나 그리 되기를 가장 바라지 않을까요? 그대는 그것을 비웃을 수 있겠습니까?"

이것은 하나의 강력한 도덕 철학이다.

5. 왕도王道

진사이는 정치를 논하기도 한다. 왕도론이야말로 학문의 핵심이라는 주장을 반복하면서 실제의 왕도, 즉 통치자가 어떠해야 하는지를 논한다.

기본은 통치자가 민의 부모라는 데 있다. 스스로 수신의 모범이 되는 것도 아니고, 제도를 잘 만드는 것도 아니다. 자신의 지혜를 보이는 일도 아니다. 다만 온화한 부모가 되는 일이다.

> 부모는 자식의 마음을 자신의 마음으로 삼는다. 그래서 진퇴상벌은 반드시 나라 사람들의 마음에 의거하여 행해야 한다. [···] 자신의 좋고 싫음에 맡기지 말고 천하의 좋고 싫음을 잘 따르면 바로 민의 부모가 될 것이다. (《맹자고의》)

이렇게 하면 민도 응답한다.

> 그러나 자식은 부모가 말하지 않아도 듣고, 형태가 없어도 보며, 동서남북 오직 명하는 바를 행하여 감히 이반하지 않는다. 만일 어진 정치를 행하면 민이 군주를 친하게 여김이 이와 같다. (같은 책)

부모와 자식은 서로를 배려하여 상하일체, 군신일체가 된다. 거꾸로 민의 마음을 자신의 마음으로 하지 못하면 통치자로서 자격이 없다.

> 만일 누군가의 군주가 되어 민과 기쁨을 함께 하지 못한다면, 하늘이 내린 책임과 다르니 스스로 그 직을 폐하게 된다. 어찌 능히 그 자리를 지킬 수 있겠는가? (같은 책)

이렇게 통치자가 민을 고생시키지 않고, 민이 좋아하고 싫어함에 충실하게 따라 통치하면, 민은 통치자를 존숭하며 따른다. 즉, 내가 다른 사람을 사랑하면 그 역시 나를 사랑한다는 것이다. 왕과 민 사이의 도는 평생 다른 사람과 어울리는 방식 가운데 가장 큰 것이다. 그렇게 하지 못하면 하늘이 내린 책임에 반하는 것이며 군주는 그 자리를 지키지 못한다.

구체적인 예를 들면 정부가 비용 절약하고 잉여분을 약자에게 돌리는 것이 바람직하다. 거꾸로 "만약 군주가 취렴을 즐겨하면 민은 반드시 원망하게 된다. 원망이 그치지 않으면 분노하게 되며, 분노하면 이탈하게 된다. 이탈하게 되면 배반하게 된다"(《동자문》). 또 형벌은 가벼이 해야 한다. 무위에 의해 움츠러들게 하지 않고, 벌보다는 상에 무게를 두어야 한다. 민이 원하는 바이기 때문이다. 진사이는 "문이 무를 이기면 즉 국조國祚가 바로잡힌다. 무가 문을 이기면 국맥이 위축된다"(《동자문》)라고 단언한다.

이상의 '왕도론'은 상투적인 유학적 민본주의론과는 다르다. 한 발짝 더 나아간, 민의 의향에 따라 통치할 것을 주장한다. 진사이 · 도가이는 교토 땅에서 무위武威를 자랑하는 당시의 통치자를 향해서 조용히 항의한 것이다.

진사이는 민의 의향에 따른 선한 통치가 행해지면 세상은 매일이 설날처럼 여겨질 것이라고 말한다.

> 선왕의 시절에는 집집마다 내려 주시어 부유하였고, 민은 편안하여 풍속이 후하였다. 새벽부터 저녁까지, 봄부터 겨울까지, 민심이 화합함이 마치 의복을 차려입고 의례를 갖추어 술잔을 들어 장수를 기원하고, 각각 만세를 축원하여 온 집안이 즐거워 곧바로 곤궁했던 지난날의 고생을 잊어버리는 설날의 길함과 같다. (《동자문》)

이것은 교토의 음력 설날이다. 오가타 고린이 묘사한, 매화가 방긋이 피는 봄에 가족과 친척이 설빔 차림으로 모여 화기애애하고 단란한, 바로 그 설날이다. 진사이가 강의에서 이상적인 세상을 이렇게 묘사했을 때, 청중들의 눈이 반짝거리지 않았을까?

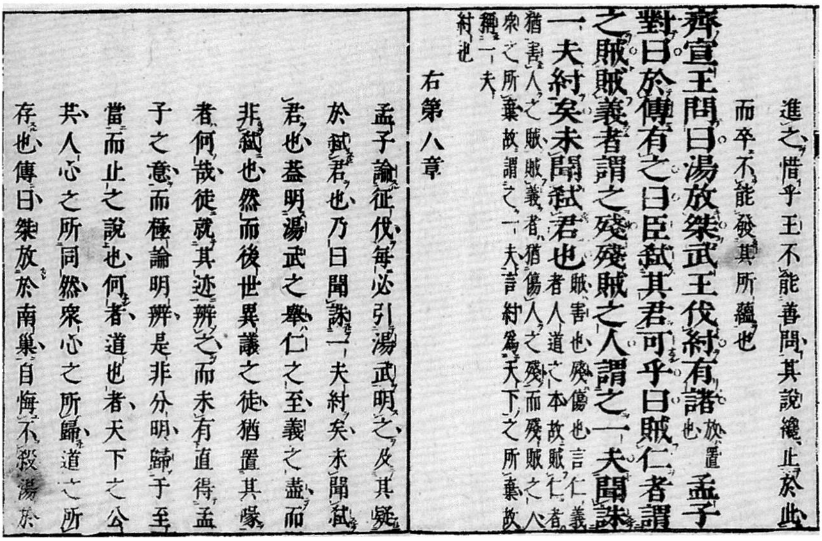
進之惜乎王不能善問其說纔止於此
而卒不能發其所蘊也
齊宣王問曰湯放桀武王伐紂有諸 放置也 孟子
對曰於傳有之曰臣弑其君可乎曰賊仁者謂
之賊賊義者謂之殘殘賊之人謂之一夫聞誅
一夫紂矣未聞弑君也 賊害也殘傷也言仁義
猶言人之賊賊義者猶傷人之殘而殘賊之人
衆之所棄故謂之一夫言紂爲天下之所棄故
稱一夫
紂也
右第八章
孟子論征伐每必引湯武明之及其疑
於弑君也乃曰聞誅一夫紂矣未聞弑
君也蓋明湯武之擧仁之至義之盡而
非弑也然而後世異議之徒猶置其喙
者何哉徒就其迹辨之而未有直得孟
子之意而極論明辨是非分明歸于至
當而止之說也何者道也者天下之公
共人心之所同然衆心之所歸道之所
存也傳曰桀放於南巢自悔不殺湯於

《맹자고의》(분센도文泉堂, 1720)의 한 절. 큰 글자는 《맹자》 본문이고 작은 글자는 진사이의 주석이다.

6. 혁명

진사이 · 도가이는 폭군 방벌을 단호하게 긍정한다. 인정을 베풀지 못하고 민과 마음을 하나로 하지 못하는 폭군은 추방하여 정벌해도 상관없는 것이다.

예를 들면 제1장에서 소개한 "일부一夫인 주를 베었다는 말은 들었습니다만, 군주를 시해하였다는 말은 듣지 못하였습니다"라는 맹자의 말에 대한 진사이의 주석은 강한 기백이 느껴진다.

> 도란 천하의 공공公共이자 인심이 모두 같이 그러한 것이다. 대중의 마음이 돌아가는 곳에 도가 존재한다. [...] 무릇 천하에 탕무가 한 사람만 있는 것이 아니다. 그 전에 걸주로 하여금 스스로 악함을 고치게 하였다면 반드시 탕무가 토벌하지는 않았을 것이다. 만약 악함이 처

음과 다름없다면 천하의 모두가 탕무가 되었을 것이다. 저기에 없으면 여기에 있고, 여기에 없으면 반드시 저기에 있을 것이다. 비록 그가 (결전이 치러진) 남소南巢와 목야牧野 전에 탕무를 죽일 수 있었다 하더라도 그 악함을 고치지 못한다면 즉 천하에 반드시 탕무와 같은 이가 다시 나와 그들을 칠 것이고, 열 번 죽이고 백 번 죽인다 해도 이로움이 없을 것이다. 따라서 탕무의 방벌은 천하가 방벌한 것이지 탕무가 방벌한 것이 아니다. 천하의 공공으로서 인심과 마찬가지로 그러함을 여기에서 알 수 있다. (《맹자고의》)

폭군이 폭군인 것은 천하 사람들의 마음을 따르지 않기 때문이다. 그런 폭군은 천하가 방벌한다. 통치자는 특별한 도덕적 인격이 필요한 것이 아니라, 천하의 인심에 따르면 된다. 따라서 누구라도 탕 · 무가 될 수 있다. 그래서 반격하여 그런 사람 열을 죽이든, 백을 죽이든 무익하다. 천하의 무수한 탕 · 무가 출현한다. 여기서 죽여도 저기에 또 있으며 저기서 죽여도 여기에 또 있다. 천하는 결코 폭군에게 굴하지 않는다.

앞서 기술한 "무릇 비천한 일이라도 의로움에 해가 없으면 속俗이며 이것이 즉 도이다. 속을 떠난 도는 없다"(《논어고의》)는 구절은 아래와 같이 이어진다.

그런 까닭에 요순의 선양은 중심衆心을 따른 것이다. 탕무의 방벌은 대중의 마음을 따른 것이다. 대중의 마음이 돌아가는 곳이 속이다. 따라서 오직 그것이 의로움에 맞는지 아닌지만 보면 된다. 어찌 속을 떠나서 도를 구하랴! 속을 떠나 도를 구하는 자들은 실로 이단의 부류로 성인의 도가 아니다.

대중의 마음이 방벌을 원하면 그것이 바로 그때의 속俗이며 도이다. 그것을 거스르면 안 되는 것이다.

진사이는 시종일관 주장한다. 착한 사람은 고립되지 않는다. 항상 천하와 함께하며 인심이 모두 같이 그러한 바에 따른다. 그래서 천하를 비난하면서 자기가 혁명을 하자고는 생각하지 않는다. 그러나 이것이 어떠한 폭정이라도 감내한다는 뜻은 아니다. 통치 역시 인심이 모두 같이 그러한 바를 따라 행해져야 하며 그런 까닭에 천하의 인심이 통치자로부터 멀어지면 천하의 사람들이 탕왕이나 무왕이 되어 방벌해도 되는 것이며, 또 그렇게 해야 한다. 진사이가 속을 따르라고 하는 것은 어떤 때라도 조용히 순종하라는 뜻이 아니다.

물론 당시 진사이 · 도가이는 도쿠가와 가 · 다이묘 가를 타도해야 한다고는 생각하지 않았을 것이다. 그러나 그야말로 현실을 근거로 한다는 근본적인 입장을 보면, 만약에 실제로 천하의 인심이 멀어진다면 무장반란이 속속 일어나 결국 이 정부를 타도할 수도 있으며, 그래도 괜찮다는 생각은 명백하게 서술하였다. 조용하면서도 단호한 경고였다.

17세기 일본 열도의 문화적 첨단이 주자학과 맹렬하게 맞부딪혔을 때, 거기에서 이러한 독특한 매력과 박력을 가진 유학체계가 주자학의 정면에서 대결하는 체계적 해석학의 형식으로 홀연히 출현하였다. 그것은 유학에 관심을 가진 사람들에게 커다란 충격을 주었다.

참고 문헌

가토 니헤이《이토 진사이의 학문과 교육: 고의당 즉 호리카와 주쿠의 교육사적 연구》(加藤仁平《伊藤仁齋の學問と教育: 古義堂即ち堀川塾の教育史的研究》第一書房, 재간, 1979)

요시카와 고지로《진사이 · 소라이 · 노리나가》(吉川幸次郎《仁齋 · 徂徠 · 宣長》岩波書店, 1975)

아사야마 요시로 · 옌밍《이토 진사이(일본 한시인 선집 4)》(淺山佳郎 · 嚴明《伊藤仁齋(日本漢詩人選集四)》研文出版, 2000)

제8장 일본 국왕을 위하여
— 아라이 하쿠세키新井白石의 사상과 정책

1. 인물과 저작[1]

이토 진사이가 죽은 지 4년 뒤인 1709년(寶永 6) 제5대 쇼군 쓰나요시綱吉가 세상을 떠났다. 쓰나요시의 조카인 이에노부家宣(초명은 쓰나토요綱豊)가 그의 뒤를 이었다. 이때를 조용히 기다리던 유학자가 있었으니 바로 아라이 하쿠세키(1657-1725)이다. 진작부터 이에노부가 신뢰하는 학문 상대였던 까닭에 이후 공의의 통치 전반에 걸쳐 직접적인 영향을 미쳤는데, 도쿠가와 일본에서 유학자로서는 전무후무하였다. 게다가 그는 "세상만사 어떠한 일이라도 눈에 보이거나 귀에 들린다면, 그냥 지나쳐서는 안 된다. 그 유래를 상세히 밝혀야 한다. 이 또한 고대의 이른바 격물의 한 가지 일이다"(《오리타쿠 시바노키》[2])라고 믿는 주

1_이하 전기적 사실은 주로 미야자키 미치오宮崎道生《아라이 하쿠세키》(吉川弘文館, 1989)에 의한다.

2_[옮긴이] 원제는《折りたく柴の記》이다. 이 책은 하쿠세키의 자서전으로, 책 제목은 고토바後鳥羽 천황의 시, "저녁 무렵 생각이 날 때마다 꺾어 지폈던 땔나무 연기에 목이 메니, 이 또한 기쁘네. 그대가 남긴 자취라 생각하니"에서 유래한다. 1716년 이에노부의 5주기에 집필을 시작하였다. '오리타쿠'는 꺾어서 불을 지핀다는 뜻이고 '시바'는 땔나무를 가리킨다.

자학자였다.

그는 이에노부 치세의 시작을 하늘이 내린 것으로 이해했다. 예를 들어 이누쿠보犬公方[3] 쓰나요시의 말년인 1703년(元祿 16) 11월 23일에, 에도를 포함한 간토 남부에서 대지진이 일어나 극심한 재해가 발생하였다(1923년 간토 대지진과 같은 구조로 일어난 거대 지진이었다). 곧이어 1707년(寶永 4)에는 후지산富士山이 분화하였다(가장 최근에 분화한 예이다). 주변 지역은 심대한 피해를 입어 에도까지 화산재가 쌓였다. 바로 다음 해 정월 초하루에는 이상 현상이 발생했는데, "폭우가 쏟아지니 심상치 않다." 3월에는 "땅 위에 흰 싹이 돋았다"(같은 책). 하쿠세키는 이 회상록에서 쓰나요시의 정치 기사를 언급하면서 "이 밖에도 천변지요天變地妖가 끊이지 않고, 올해도 저무는데 눈으로 직접 보지 않은 일은 적지 않는다"고 쓰고 있다(그의 일기에는 각종 이변이 기록되어 있다).

게다가 설상가상으로 1708년(寶永 5) 10월 20일부터 2개월 이상 에도에는 비가 내리지 않았다. 당시 대부분 목조 가옥이던 에도에서 대화재가 발생할 위험이 나날이 커짐을 뜻한다. 긴장감이 높아가는 가운데 새해가 밝았고, 1709년(寶永 6) 1월 10일 쓰나요시가 사망했다. 하쿠세키는 "오늘 밤에야 비가 내렸다. 작년 10월 20일 이후 처음이다"(같은 책)라고 기록했다.

이상 가뭄이 계속된 지 두 달 열아흐레 만에 내린 단비였다. 기다리고 기다렸던 비 소식은 다른 기록에서도 확인되는 사실이다. 그러나 하쿠세키에게는 단순한 사실이 아니었다(참고로 명나라 폭군 무종 정덕제正德帝가 사망했을 때, 청조가 편찬한 정사는 "오랜 가뭄 끝에 드디어 서울에 큰 비가 내렸다"〔《명사明史》 307권〕고 기록하고 있다). 하늘의 도리의 지배를 믿는 주자학자에게 자연 현상은 우연하게 일어나지 않는

3_[옮긴이] 개띠였던 쓰나요시의 별명으로, 동물애호령生類憐みの令을 내려 아이나 병든 자를 비롯하여 가축과 어패류 등에 대한 학대와 살생을 금지하였으며, 특히 개를 중시하여 위반자를 엄벌에 처했던 탓에 붙여졌다.

다. "하늘과 사람은 본디 기가 하나이니 서로 상응한다. […] 그리하여 사람의 기가 온화한 때는 천지 상하의 기운도 저절로 서로 화평하고, 사람의 기가 그렇지 못하면 천지의 기운도 저절로 불화한다"(《제사고祭祀考》). 하늘과 사람은 상관한다. 천변지이天變地異는 쓰나요시(그는 "이국의 걸주" 이상이라고도 불렸다. 작자 불명 《문묘외기文廟外記》)의 폭정 때문이며, 이에노부(그리고 하쿠세키)의 등장을 하늘은 확실하게 축복한 것이다.

아라이 하쿠세키 초상화. 개인 소장. 높은 지위에 걸맞게 위풍당당한 예복 차림인 에보시烏帽子에 포의布衣(가리기누狩衣)를 입은 모습이다.

아라이 하쿠세키는 소다이묘小大名인 쓰치야 가土屋家를 섬기는 무사의 자식으로 출생하였다. 이름은 긴미君美, '하쿠세키'는 학자로서의 호이다. 특히 17세 때 우연히 나카에 도주의 《옹문답翁問答》을 읽으면서 유학에 대한 관심을 갖게 되어 의사에게 조금 배운 정도였다. 그대로라면 그저 소다이묘의 유능한 가신으로 인생이 끝났을 터이다. 그러나 21세에 내분으로 말미암아 부자가 함께 쓰치야 가에서 쫓겨나게 되었다. 여기서 인생이 크게 바뀌었다. 먹고 살기 위해, 가능하면 재임용되기 위해 유학 학업에 힘썼다(교토 호상의 아들인 이토 진사이와 대조적인 상황이다). 그러는 한편 하이쿠俳句 수업도 했던 것 같다(유학자와 하이쿠시俳句師는 모두 유예의 사범이다. 당시 로닌 마쓰오 바쇼도 에도에 있었다. 하쿠세키보다 네 살 위인 지카마쓰 몬자에몬도 부친이 소다이묘를 모시고 있었으나, 십대에 로닌이 된 탓에 인생이 달라졌다).

그 후 잠시 임관되지만 35세에 다시 로닌이 된다. 그동안 기노시타 준안木下順庵(1621-1698) 문하에서 수학한다. 교토에서 태어나 후지와라 세이카의 제자인 마쓰나가 세키고松永尺五에게 가르침을 받은 유학자이다. 그는 가가加賀의 마에다 가前田家에서 일하다가 그 뒤 쓰나요시를 섬기게 되었다. 유학이 교토에서 에도로 확대되는 흐름을 상징하는 인물이다. 하쿠세키는 스승의 추천으로 1693년(元祿 6) 쓰나토요의 유자가 되었다. 주희의 《사서집주》《자치통감강목》 등의 경서와 사서를 자주 진강하였다. 이렇듯 깊은 주종관계를 맺고 있던 가운데 자식이 없었던 쓰나요시가 쓰나토요를 후계자로 정하였다. 그리고 이 쓰나토요가 쇼군 이에노부가 된 것이다.

이에노부의 즉위 후 하쿠세키는 하타모토의 신분이 되었다. 고쿠다카石高는 천 석에 이르렀다. 1711년(正德 1)에는 종5위하 지쿠고노카미筑後守라는 관위를 받았다. 도쿠가와 일본에서 관위를 얻은 유학자는 린케林家 당주와 그 후계자(종5위하, 다이가쿠노카미大學頭 · 즈쇼노가미圖書頭) 외에는 하쿠세키뿐이다. 그러나 소바요닌側用人 · 부교奉行[4]와 같은 관직은 얻지 못하였다. 어디까지나 이에노부와의 개인적 관계에 의하여, 일개 하타모토의 신분으로 통상 로주 등이 전혀 따라오지 못하는 큰 정치적 영향력을 발휘하게 된 것이다. 이에노부 쇼군 시대를 회고하면서 하쿠세키는 "천하의 크고 작은 정사에 대한 고문은 말할 것도 없고, 내가 생각했던 일은 말하지 않는 것이 없다. […] 열에 일고여덟은 (내가 말하는 대로) 수용되었다"(〈다케베 다쿠미노카미에게 주는 글與建部內匠頭書〉)고 적고 있다. 제안 중 7, 8할이 실행되었다는 것은 현대의 브레인 누구라도 질투할 만하다.

쇼군 재임 4년여 만에 병사한 이에노부의 뒤를 이은 이는 이에쓰나家繼였다(당시 만3세 10개월). 하쿠세키가 가진 영향력의 원천은 이에노부의 개인적인 신뢰였기에 정치적으로도 타격이 컸지만, 이에노부의 측근이 그대로 유지된 덕에 완전히 무력화되지는 않았다. 그러나 3년 후 이에쓰나도 병사한다.

기이紀伊 도쿠가와 가의 요시무네吉宗가 그 뒤를 이었고, 하쿠세키

4_[옮긴이] 양자 모두 에도 시대의 관직명으로, 소바요닌은 1681년 쓰나요시가 창설하였다. 쇼군과 로주 사이의 의사소통을 맡았다. 부교는 정무를 분장하여 행정과 재판 사무 등을 담당하였다.

는 나이 예순에 역할이 없는 하타모토가 되었다. 그리고 요시무네가 통치하던 1725년(享保 10) 에도에서 사망한다. 예순아홉이었다.

하쿠세키는 독자적인 경서 해석서 등을 저술하지 않았다. 이에노부에게도《사서집주》를 강의하였듯이 경학은 주희의 해석에 따랐다. 따라서 진사이학과 같은 의미의 '하쿠세키학'은 없다. 그의 특징은 기본적으로 주자학적 입장에서 현실적으로 전국 통치를 생각하여 정책을 입안하였고, 그것이 꽤 실행에 옮겨졌다는 점에 있다.

2. 안민安民

이에노부가 즉위한 2년 뒤 연호가 호에이寶永에서 쇼토쿠正德로 바뀐다. 당시의 연호는 형식적으로는 금리가, 실제적으로는 공의가 정하였다. 그리고 이에노부 시대에는 이처럼 중대하고 학식을 요하는 일은 물론 하쿠세키의 의견에 따른 것이다. '쇼토쿠'는 하쿠세키가 선택한 연호이다.

개원은 제3대 쇼군 이에미쓰 · 제4대 쇼군 이에쓰나의 사망 이듬해, 쓰나요시 사망 2년 뒤에 이루어졌다. 이에쓰구家繼 사망 두 달 뒤에도 바뀌었다. 개원에 관여한 하야시 가호林鵞峰(린케 2대 당주)는 이에미쓰의 죽음에 관해 "이로써 내년 가을 개원하여 조오承應라 한다"(《개원물어改元物語》)고 적고 있다. 그즈음까지 쇼군 즉위와 개원이 연동하였기 때문이다. 그런 의미에서 천황의 연호가 아니라 쇼군의 연호였다. 이에노부의 치세를 상징하는 연호가 정덕, 즉 '올바른 덕' '덕을 바로 한다'였다. 이 전후에는 엔포延寶 · 덴나天和 · 조쿄貞享 · 겐로쿠元祿 · 호에이寶永 · 교호享保 · 겐분元文 · 간포寬保 · 엔쿄延享 · 간엔寬延 · 호레키寶歷 등이었다. 녹祿이나 보寶는 본래 천자의 지위를 의미하지만, 쇼군의 지위를 가리키는지도 모른다. 대부분 쇼군의 안온이 계속되기를 기원하는 연호이다. 그 사이에 이채로운 정덕이란 연호(중국에서는 명대에 있었다)는 주자학자 하쿠세키가 일본 역사에 남긴 상징적인 흔적이다.

뒤이어 무가제법도가 전면 개정된다. 이에노부 즉위 다음 해, 그때까지 대대로 답습되었음에도 불구하고 하쿠세키에 의해 전면 개정된 것이다. 쓰나요시 대와 동일 내용 조항도 표현이 바뀐다. 신규 조항도 있다. 게다가 하쿠세키는 새로운 무가제법도의 해설서를 발간하였다. 도쿠가와 시대에 유례가 없는, 기초자에 의한 법령의 축조 해설서이다 (《신령구해新令句解》 1710).

무가제법도는 1615년(元和 1) 오사카 전투 직후 처음 공포되었는데, 원래 전국시대 색채가 강했다. 예를 들면 "이웃 나라에서 모반을 꾀하는 무리가 있으면 곧바로 보고할 것"이라는 조항이 있다. 이웃 나라에서 이상한 움직임이 있어 다이묘들이 비밀리에 결탁하는 것 같으면 곧바로 에도로 통보하라는 명령이다. 이것은 쓰나요시 대까지 조금씩 형태를 달리하면서 지속되었다. 또 히데타다 · 이에미쓰 · 이에쓰나 대에 제1조는 "문무궁마의 도는 전적으로 익힐 것"이었다. 이 조항은 쓰나요시 대에 유학적인 색채가 가미되어 "문무충효를 권장하여 예의를 바르게 할 것"으로 바뀌었다.

하쿠세키는 우선 문체를 전면적으로 개정하였다. 기존 조문은 대부분 한자로 쓰이긴 했지만, 한문 즉 고전 중국어는 아니었다.[5] 하쿠세키는 이를 정리하여 일본어 문장으로 만들었다. 일본의 관용어를 피하고 일반 한자어를 사용하였다. 어순을 바꾸면 대체로 고전 중국어로 변환될 수 있도록 한 것이다. 이것은 "나중에 세상 사람들이 이런 글자(한자)도 알아야 할 때가 되면, 일본 글자(가나)를 빼고 그 문장을 이룰 수 있도록 고려하여 지어야 한다"고 명을 받았기 때문이었다(《오리타쿠시바노키》). "문장을 이룬다"는 것은 고전 한문으로서 성립한다는 의미이다. 일국의 기본법이 세계에서 통용되지 않는 토착적인 문체로 되

5_[옮긴이] 예를 들면 본문에서 "이웃나라에서 모반을 꾀하는 […]"의 일본어 원문은 "於隣國企新儀結徒黨者有之者, 早可致言上事"이다. 이는 중국의 한문과 문법이 다른 일본식의 한문이다.

어 있다면 촌스럽다고 느낀 것이다.

내용도 바뀌었다. 제1조는 "문무의 도를 닦고, 인륜을 밝히며 풍속을 바로잡을 것"이다. 인륜을 밝히는 것은, "부자유친 · 군신유의 · 부부유별 · 장유유서 · 붕우유신, 인륜의 다섯 가지 가르침을 강구하여 밝히는 것이다." "풍속을 바로 잡는" 것은 "위가 가르치는 것을 풍이라 하고, 아래가 배우는 것을 속이라 한다. 위가 바로 이끌어 아래가 바르게 배우면 풍속은 저절로 바로 잡힐 것이다"라는 의미이다(《신령구해》). 다이묘의 주된 임무를 명확하게 유교적으로 규정한 것이다. 제2조는 "국군國郡의 가신들의 정무는 각각 그 마음과 힘을 다하여 사민이 원망과 고통에 빠지지 않게 할 것"이다. 나아가 모든 관리가 공평하고 공정하게 공무에 정근精勤해야 한다는 것도 새롭게 제정되었다(제6조 · 제7조). 한편 도당 금지는 제16조로 돌렸으며, 게다가 "순사 금지는 더욱더 엄격히 해야 한다. 혹은 도당을 결성해 서약을 맺는 등 망령되이 도리에 벗어난 일을 행하여 감히 헌법을 범하는 부류는 일절 엄금할 것"으로 바뀌었다(헌법이란 법도 · 법령의 의미). 도리에 어긋나는 일의 금지로 도당 금지의 이유를 바꾼 것이다.

이 지점에서 무가제법도는 다이묘 · 하타모토를 통솔하면서 만민을 도덕적으로 만들어야 하는 최고 통치자가 지방 행정관에게 공정한 행정을 하라는 훈시로 변질되었다(예를 들면 《하가쿠레》의 야마모토 쓰네토모는 하쿠세키와 거의 동시대를 살았다. 그의 정신세계와는 상당한 거리감이 느껴진다). 도쿠가와 정권이 스스로 정권의 성격 규정을 변경하였다고 볼 수도 있다. 획기적이었다. 훗날 유학자가 중심이 되어 집필한 막부의 정식 연대기인 《도쿠가와 실기》는 이 무가제법도를 "옛 조문을 존중하면서 새로운 법도를 끼워 넣어 토론과 윤색이 잘 정리되었다. 문장이 비루하지 않고 도리에 합당하니 조에이貞永 대의 법규 이래 무가의 법령 가운데 이만 한 것을 아직 보지 못하였다"고 평하였다(〈문소원전어실기文昭院殿御實紀〉 부록 상권).

이 무가제법도가 그 후에도 계승되었다면 실질적인 영향도 끼쳤을 것이다. 그러나 요시무네가 모든 것을 쓰나요시 대의 것으로 되돌린 이후에는 거의 변경되지 않았다. 그런 의미에서 도쿠가와 권력은 주자학자에 의한 자기 규정의 해석을 공식적으로는 거절한 것이다.

이에노부 시대 공의는 더더욱 유학적 통치관을 표명하였다.

예를 들면 먼저 쇼군 즉위 후의 전국순검全國巡檢의 결과를 수용한 오세이다사레被仰出(쇼군의 명)를 들 수 있다(正德 1). 제도순검사언상지취諸道巡檢使言上之趣에 대해서는 "대저 풍속이 쇠퇴하여 정사가 어지럽고 사민 모두 곤궁하게 된 연유를 들으시더니 우려하심이 적지 않으셨다"라 했다. 그런 까닭에 "지금부터 녹을 받는 관리로서 나라의 모든 영주가 스스로 크고 작은 정사를 게을리하지 않고, 사민 모두가 각기 그 삶을 영위할 수 있도록 해야 한다"고 하였다. 명백히 하쿠세키의 문장이다. 풍속을 바로 하고 민이 생활에 문제가 없도록 하는 것이 관리와 영주의 임무라고 쇼군 스스로 말한 형식이다.

둘째로 1712년(正德 2) 9월 효조쇼評定所의 구성원에게 장문의 명이 내려졌다. 하쿠세키가 기초한 구체적인 재판 관련 주의사항이다. 그 말미에는 "모든 부교쇼奉行所는 천하 정사가 행해지는 곳으로 만사의 옳고 그름理非이 여기서 정해져야 하는데, 지금과 같아서는 부교의 잘못만이라고는 할 수 없다. 즉 정사를 분명히 하지 않아 인민이 평안하지 않음을 마음에 새겨서 시비를 가려 일을 처리해야 함을 알린다"고 하였다. 정확하게 옳고 그름을 정하여 인민을 평안하게 하라는 말이다.

셋째로 다이묘에게 남겨진 이에노부의 유서이다. 거기에는 "세상을 위해 사람을 위해" 노력하지 않으면 "천하 인민이 불행하게 된다"고 쓰여 있다. 나아가 관리들에게 남긴 유서는 "모든 나라와 인민들이 곤궁하지 않도록 마음을 써라. 고생하지 않게 정사를 행하라. 이는 이에쓰구를 위해서가 아니다. 천하 사민이 평안할 수 있는 일을 생각할 뿐이다. [···] 천하 만민이 즐겁고 안심할 수 있도록 하라"고 하였다. 유교적인 천자의 대사이다.

위와 같은 선언뿐이 아니다. 그에 더해 하쿠세키는 다양한 정책 분야에서 구체적인 안건에 관여하였다. 재정 문제를 예로 들면 하쿠세키는 간조부교勘定奉行[6] 오기와라 시게히데荻原重秀(3,700석)를 탄핵하여 면직으로 몰았다. 그 이유는 "시게히데가 천하의 재부財賦를 장악한 이래, 조종祖宗의 좋은 법을 모조리 무너뜨려 사민의 원망과 고통이 끊임없이 일어나게 했던 일은 세상 모두 아는 바"(《오리타쿠 시바노키》)이기 때문이다. 무가제법도 제2조에서 말했던 "사민의 원망과 고통"이다.

게다가 하쿠세키는 시게히데가 행한 겐로쿠元祿의 화폐 개혁을 역전시키는 쇼토쿠의 화폐주조를 실시한다. 우선 시게히데가 파면된 다음 달 화폐 개주改鑄에 대해 상세한 명이 나온다. 겐로쿠의 개주로 "우리 나라에서 통용되는 금은"은 "수가 배로 늘어"났지만 질이 떨어지고 물가가 상승하여 "공사公私귀천 모두 가난에 빠졌다." 그래서 "금은은 원래의 품질대로 하고 물가를 잡고 어떻게든 천하의 골칫거리를 없애는 것이 본래 뜻"이지만, 급격한 변혁에는 폐해가 따른다. "천하의 부는 천하가 함께해야 하는 것이니, 생각한 대로만 결정하시기 어려운 일"이다. 따라서 "공상工商의 부류"가 어떻게 생각하는지를 알기 위해서 "천하 사람들과 함께 그 시기를 기다려야 할 것"이다. 그리고 2년 후 품위가 다시 높아진 쇼토쿠 금은이 발행된다. 덴카사마天下樣가 스스로 천하 만민에게 정책을 설명하고 함께 시기를 기다린 것인데, 이 역시 전무후무한 일이었다.

이런 정책의 현실적 효과는 차치하고서라도 이처럼 안민은 선언만이 아니었다. 은퇴 후 "전대 2기 동안 몸과 마음을 아끼지 않고, 천하 사람들이 어떻게든 태평시대를 살아가게 하고 싶었던 마음은 잠시라도 잊은 적이 없다"(무로 규소에게 보내는 서간室鳩巢宛て書簡)는 하쿠세키의 술회는 솔직한 심정이었을 것이다.

6_[옮긴이] 간조부교는 막부 재정 운영 및 각국의 다이칸代官의 통솔, 막부 직할지의 세금 징수, 금전 · 곡물출납, 영내 인민의 소송 등을 담당하였다.

3. 예악禮樂

하쿠세키는 유학자로서 "선왕께서 천하 국가를 다스리시매 반드시 예악으로 하시니"(《무가관위장속고武家官位裝束考》)라고 믿는다. 게다가 그에 따르면, 신조神祖 이에야스는 실제로 예를 제정하려는 의도가 있었다(《번한보藩翰譜》 제5). 그러나 충분히 하지 못한 채 서거하였다(《무가관위장속고》). 그래서 국가 초기부터 "백 년이 지난 지금이 예악을 진흥시켜야 하는 때"라고 믿었다(《번한보》 제5).

예악의 진흥은 도쿠가와 가의 존속을 위한 것이기도 했다. 바로 그 천인상관이다. 인민을 위해 폭군을 방벌하여 새로운 왕조를 연 탕왕 · 무왕보다 우월한 쇼군이 새로이 연 시대이면서도 이에쓰나 · 쓰나요시에게 후계자가 없었다. 그것은 "지금 예악이 아직 정비되지 못하여 천지의 기운이 조화를 이루지 못하였으니, 귀신의 도움이 없어서 생육의 이치에 도달하지 못한" 것이 아닐까?(《제사고》) 역시 장성한 아들이 없었던 이에노부를 향한 강력한 제언이었다.

예의 제정을 위한 첫 번째 노력은 즉위와 원복元服의 의식이었다. 우선 1709년(寶永 6) 쇼군 선하宣下의식[7]을 하쿠세키는 가까이에서 견학하였다. 그 이유는 "만약 예禮를 의논할 일이 있으면 물어보시기 위해서"이다(《오리타쿠 시바노키》). 다음 해에는 교토에 출장을 가서 당시 열한 살이었던 나카미카도인中御門院의 즉위례를 견학하였다. 당시의 즉위례는 당조唐朝의 의식을 모방하여 복장도 용무늬 등 당의 장속이었다(유아사 조잔湯淺常山《문회잡기文會雜記》). 즉 중화의 옛 의례가 남아 있었다. 더욱이 1711년 나카미카도인의 원복 의식도 견학하였다. 실제로 이에쓰구의 원복 의식은 하쿠세키의 고안대로 실행되었다. 금리의 의식과 비슷하였다.

둘째로 공자묘 참배의 의례도 하쿠세키가 정한 대로 실행되었다. 이

7_[옮긴이] 금리의 사절이 에도로 와서 무가 정권의 수장을 세이이타이쇼군征夷大將軍으로 임명하는 의식을 말한다.

에노부가 유시마 성당을 참배할 때의 복장과 작법이다. 물론 다이묘들도 함께 가서 배례하였다. 배례할 때는 박수를 치는 것이 중화의 옛 풍이라 하여 박수를 쳤다고 한다. 유시마 성당에 울리는 박수 소리가 기묘했겠지만 하쿠세키 생각으로는 쇼군이 올바른 유교적 군주임을 증명하는 것이기도 했다.

셋째로 다이묘 · 하타모토 등의 예복도 제정되었다. 신분별로 하카마袴[8] 색깔이 정해지고 형태도 새롭게 지정되었다(《도쿠가와 실기》).

넷째로 유학에서 중요한, 부모와 친족에 대한 상복이 제정되었다. 하쿠세키는 명을 받아 중국과 일본 고금의 상례를 조사하여 보고하였다(그러나 실행되기 전에 이에노부가 서거하여 실현되지 못하였다).

다섯째로 외교 의례가 대폭 개정되었다. 무엇보다 조선 통신사 응접 · 대우가 대대적으로 개혁되었다. 나아가 류큐국의 사신이 에도로 가져오는 일본어로 된 국왕의 서간을 한문으로 고치게 하였다. 국제적인 외교로서 체면이 서지 않는다고 생각했기 때문이다.

여섯째로 에도에 정문을 개설하였다(시바구치고몬芝口御門). 도카이도東海道가 에도 중심부로 들어가는 장소이다(1872년 철도 개통 당시 신바시新橋역의 부근이기도 하다). 서울에도 숭례문이 있다. 외국 사절을 영접하는데 정치적 수도에 정문이 없을 수는 없는 노릇이다. 나아가 에도 성 혼마루本丸 어전 앞에 장대한 문을 세운다(그러나 요시무네가 즉위하면서 바로 파괴된다).

일곱째로 정명正名(《논어》), 명칭을 올바르게 하려는 노력도 있었다. 예를 들면 1716년(正德 6)의 공문을 보면 산인도山陰道 · 산요도山陽道는 오음吳音에 따라 센온도, 센양도라고 음독해야 한다. "바다에 접하지 않은 나라"를 지나는 길을 "해도海道라고 부를 이유가 없다면" 닛코 해도日光海道, 고슈 해도甲州海道가 아니라 닛코 도중日光道中, 고슈 도중甲州道中이라고 불러야 한다. 천하의 주요 도로의 명칭은 이치에

8_[옮긴이] 하카마는 일본옷의 겉에 입는 하의로, 허리에서 발목까지 내려오는 길이에 넉넉하게 주름이 잡혀 있다.

합당해야 하기 때문이다. 또 간에이지寬永寺나 조조지增上寺에 있는 쇼군의 묘는 어묘御廟에서 어보탑御寶塔으로, 어불전御佛殿과 어당御堂은 어령옥御靈屋으로 변경된다. 훗날《도쿠가와 실기》는 이를 두고 "모든 이름이 올바르지 않음을 싫어하셨다. 사물을 전고에 따라 바로잡으시니 당대에 개혁된 것이 오늘에 이르러 구장舊章으로 전하는 일도 적지 않다"고 평하였다(〈문소원전어실기〉 부록 권상).

그 다음은 음악이다. 제1장에서 서술한 대로 유학자는 바르고 고상한 음악이 사람들을 내면부터 도야하게 한다고 믿는다. 특히 조정의 의식에 쓰이는 음악이 모범과 기준이 되는 것이다. 그런데 공의의 의식에서는 노能, 즉 사루가쿠猿樂[9]가 연주되었다(지요다 성 혼마루 어전, 오히로마大廣間 앞에 노 무대가 있다). 하쿠세키가 듣기에 그것은 세속적인 오랑캐의 음악에 지나지 않았다. 이에야스가 1615년(元和 1)에 니조 성二條城에서 개최한 예에 따라(《무가관위장속고》) 아악을 연주해야 한다. 그래서 쇼토쿠 원년 조선 통신사의 응접에는 노 대신 아악을 연주하게 하였다. 하쿠세키는 조선 통신사에게 저 "삼대의 예악"을 떠올리게 하였다고 자부심을 가졌다(《좌간필어坐間筆語》).

오늘날에 교호 · 간세이寬政 · 덴포天保의 개혁이라고는 하면서도, 무가제법도의 전면개정에도 불구하고 '쇼토쿠의 개혁'이라고는 하지 않는다(하쿠세키에 반대하였던 요시무네와 그 손자 마쓰다이라 사다노부松平定信의 편견이 남아 있는 것이리라). 그러나 이상의 예악의 개혁은 주자학적인 통치의 주축을 거의 망라하고 있다. 모든 것이 상징적인 의미를 가지며 교육적 · 정치적인 중요성을 가진다. 더욱이 외국 사절을 대하는 명예와 존엄과 연결된다. 하쿠세키는 분명 유학자 · 주자학자로서 마땅한 대개혁을 실행한 것이다.

9_[옮긴이] 사루가쿠는 헤이안 시대에 성립한 전통예능의 하나로 비속하고 해학적인 흉내와 이야기가 중심이다.

4. 일본 국왕과 공주共主

하쿠세키가 지은 중세정치사 《독사여론讀史餘論》은 쇼군 이에노부에게 강의했던 강의 노트이다(1712). 헤이안 시대의 문덕제文德帝에서 시작하여 히데요시까지 다룬다. 통치를 하기 위하여 유의해야 하는 정치사에서의 성공과 실패의 실제 사례와 함께 거기서 얻을 수 있는 교훈을 제시하고 있다.

예를 들면 후계자의 중요성이다. 세습제에서 권력의 계승문제는 후계자의 문제이다. 가장 중요한 교훈은 어린 아이를 후계자로 삼을 때의 위험이다. "왕가의 쇠퇴가 시작된 것은 문덕제가 어린 아이를 후계자로 삼은 데서 유래"하며 호조 도키요리北條時賴 역시 "장자를 버리고 어린 아이를 후계자로 삼아 사후 그 가문이 무너졌다"고 한다. 하쿠세키가 진강할 당시 이에노부에게는 장성한 아들이 없었다. 생생하면서도 심각한 문제였다.

또 하쿠세키는 하늘의 보응을 역사의 도리라고 강조한다. 하늘의 보응이라는 틀에서 역사를 읽는 것이다. 하쿠세키가 생각하기를, 악이 오랫동안 꽃을 피우는 경우는 없다. 악은 그 대가를 치르게 되며 선은 보답을 얻는다. 예를 들면 덴무天武 천황은 덴지天智 천황의 아들 오토모大友 천황에게 천하를 빼앗았다(임신壬申의 난). 그래서 덴무의 혈통은 겨우 7대에서 끊어졌다. 그 뒤를 이은 것은 공교롭게도 덴지 천황의 자손이었다. "하늘의 올바른 도리가 꺼려 하신 것이 분명하였다"는 것이다.

천황과 공가의 정치가 무가정치로 바뀐 것도 하늘이 그리하게 한 것이다. 단순한 사실상의 변화가 아니라 윤리적으로 필연적인 것이다. "이유 없이 황위皇威가 쇠퇴하고 무비武備가 이겼다고 생각하는 것은 잘못이다." "중세 이래 상란喪亂이 생길 때마다 의를 생각하여 힘을 다하고 죽은 이들은 무인뿐이다. […] 그렇다면 천도란 하늘을 대신하여 공을 세운 사람에게 보상을 하는 것이 그 이치라면, 그 후 무가의 세상이 될 것을 아는 것도 바로 이런 까닭이 있기 때문이다." 특히 고다이고後醍醐의 실정이 결정적이었다. "다카우지尊氏가 점차 천하의 권력을 갖게 된 것도 고다이고 중흥의 정치가 올바르지 못하여, 천하의 무사가 무가 세상을 바라게 된 까닭이다. 다카우지 이래 조정은 단지 빈 그릇을 잡고 있을 뿐이어서 천하는 완전히 무가의 세상으로 바뀌게 되었다." 고다이고의 개혁은 "생각건대 중흥의 초기 정치는 자세히 논할만한 것이 못 된다." 결국 그의 부덕 때문에 하늘이 돌보지 않고 버린 것이다.

오다 노부나가로부터 도요토미 히데요시에게 그리고 도쿠가와 이에야스로 이어지는 덴카도노天下殿의 교체도 마찬가지 이치이다. 히데요시는 무력과 모략만으로 천하를 손에 넣어 세상의 해악을 행하였기에 "천보天報로 인해 그 가문도 2대조차 이어지지" 못한 것이다. 그리고 세키가하라 전투로 천명이 바뀌었다. 이것이 하쿠세키의 해석이다. 그의 《번한보》 〈범례〉에서 "세키가하라 전투가 끝난 뒤에 천명이 다시 한 번 바뀌었으니"라고 분명히 말하고 있다. 탕왕과 무왕처럼 도쿠가와 이에야스가 도요토미 가라는 폭군을 방벌하고, 천명을 받아 새로운 왕조를 시작했다는 것이다. 조선 통신사 내방 시 이에노부 명의로 된 정식 서간에는 "우리 전조가 임진년의 변란에 이르러 병흔이 열렸으니 양국이 우호를 잃어 세월이 흘렀다. 하늘이 상란을 거리끼어 권고하는 길이 있었으니, 우리 신조가 천명을 받아 만국을 다스리게 되었다"[10](〈봉명교유조선사객奉命教諭朝鮮使客〉)라고 서술되어 있다. 하쿠세키는 "상천도 상란을 거리끼어 올바른 도를 가진 사람이 있으리라 생각하시어 우리 신조神祖 천명을 받드시어 이윽고 동방의 나라를 지키셨다"고 해석한다. 즉 도쿠가와 가의 당주는 천명을 받들어 통치하게 되었으며, 그런 의미에서 천자는 자신이라고 공식적으로 선언한 것이다.

10_[옮긴이] 及勝國壬辰之變, 兵釁一開, 兩國失驩, 積有歲年, 天厭喪亂, 眷顧有道, 我神祖受命, 奄有萬國.

그렇다면 천황은 누구인가?

하쿠세키가 《일본서기》《고사기》를 맞춰 보면서 "두 책 모두에 나오면서 사실과 다름이 없고 의리에 뛰어나다고 보이는 설에 따라" 고대사를 서술하고자 한 《고사통古史通》과 《고사통혹문古史通或問》은 그것을 명쾌하게 설명한다.

그에 따르면 《고사기》나 《일본서기》에 보이는 가미神는 초자연적인 존재가 아니다. 그런 존재는 세상에 없다. "가미란 사람이다. 우리 나라의 풍속이 대개 존경할 만한 사람을 칭하여 가미加美라고 한다. 옛말과 지금의 말이 서로 같다." 예를 들면 구니노토코타치노미코토國常立尊는 도코쿠니常國로 떠난 귀한 사람이란 의미이며 도코쿠니는 히타치노쿠니常陸國(지금의 이바라키 현茨城縣)이다. 다카아마하라高天原도 하늘에 있을 리가 없다. 여기서 말하는 아마天는 문자가 없던 시대의 말로 후대에 붙인 한자의 뜻에 구애되어서는 안 된다. 아마는 바다이다. 따라서 다카아마하라는 히타치노쿠니 다가 군多珂郡의 바다에 접한 땅이란 의미이다. 따라서 아마노카구야마天香具山는 부근의 쓰쿠바 산筑波山임에 틀림없다. 그리고 이자나기와 이자나미[11]가 성교(미토노마구아이)를 하여 열도를 낳았다는 것은, 두 사람이 이끄는 두 수군水軍을 통합한 사실을 그렇게 표현한 것이다.

하쿠세키는 기기記紀의 신화를 모두 고대의 영주들의 분쟁이라는 '역사적 사실'로 환원시킨다. 따라서 천손강림 역시 지금의 이바라키현의 호족이 자손을 배에 태워 파견시켰다는 얘기에 지나지 않는다. 천상의 태양신에게 영원히 "국가통치의 대권을 짐이 조종祖宗으로부터 계승하여 자손에게 전해야 하는 것"(대일본제국헌법 전문)이라는 근간을, 하쿠세키는 분쇄해 버린 것이다.[12]

11_[옮긴이] 일본 신화에서 다카아마하라의 신의 명을 받고 내려와 일본 국토를 생성한 남신과 여신이다. 참고로 다카아마하라는 다카마노하라, 다카마가하라 등으로도 읽는다.

12_하쿠세키는 "그 일을 신비화하여 이를 감추는 것은 천통天統을 공경하는 뜻이다"라는 설을 "그 민을 어리석게 여겨 스스로 존대하는 것은 진秦나라가 2대에서 망한 이

그렇다면 지금도 교토에 있는 긴리사마禁裏樣는 무엇인가?

《독사여론》은 다음과 같이 서술한다. "다카우지가 고묘光明 천황을 내세워 공주共主가 된 이래 천하는 오래도록 무가의 세상이 되었다." "겐무建武 3년 12월에 고다이고가 요시노吉野로 도망을 갔다. 이로부터 요시노 도노吉野展를 남조라 하고, 무가의 공주를 북조라 부르게 되었다." "북조는 다만 아시카가 도노가 군주를 배반하여 신하로서 천하를 다툰 것을 역시 마음속으로 황송하게 여기고, 또한 그 싸움에서 매번 이득이 없고 권하여 말하는 사람도 있어서, 결국 고묘인光明院을 군주로 세워 남북조 양제兩帝의 싸움처럼 보이게끔 하였다. [⋯] 그렇다면 북조는 완전히 아시카가 자신을 위하여 세운 것으로 올바른 황통이라고 말하기 어렵고 또 당시에 위왕위조僞王僞朝라고까지 한 것도 보인다."

현재의 천황 가까지 이어지는 북조는 고다이고에 대한 대항의 의미에서 아시카가 다카우지가 옹립한 무가의 공주인 것이다. 공주란 사마천의 《사기》(권40)에서는 전국시대 말기 주 왕조를 가리킨다. 제후에게 농락당하면서도 일단은 그들에게 떠받쳐져 근근이 지속된 주 왕조를 형용한 것이다. 덧붙이자면 훗날 야스이 솟켄安井息軒은 미 합중국에 군장君長이 없었기 때문에 워싱턴을 공주라고 하여,[13] 4년 교체로 하였다고 서술하였다(〈모 씨에게 공화정을 논하여 준 글與某生論共和政事書〉). 아래로부터 옹립하여 공통의 군주로서 삼았다는 의미에서 보자면 북조의 천자는 미 대통령과 유사하다.

그런 까닭에 "북조는 원래 무가를 위해 세워졌기 때문에 무가의 누대의 영광과 쇠퇴 역시 함께 해야 한다"(《오리타쿠 시바노키》). 그래서 하쿠세키는 금리 지원책·공존 공영책을 추진하였다. 제일 먼저 간인

유이다"라고 일축한다(《고사통》).

13_터무니없는 호칭이지만, 존 애덤스는 합중국을 "a monarchical republic"이라고 부른다. Gordon S. Wood, *Revolutionary Characters: What Made the Founders Different*, Penguin Books, 2006, p.198. 공주란 말하자면 republican monarch일지도 모르겠다.

노미야閑院宮[14]가의 설립이었다. 금리의 번영 없이 "당가當家 신조(이에야스)의 후예가 영원불변토록 더욱 번영하시기를 바라는 일"은 불가능하다. 동궁東宮 즉 황태자 이외의 황자 · 황녀를 출가시키던 관습을 완화하고, 미야케宮家[15]를 늘리도록 제언하여 실현시켰다.

둘째로 쇼군 이에쓰구와 천황 딸의 약혼이다. 당시 이에쓰구는 일곱 살이었고 약혼자는 레이겐인靈元院의 딸인 야소노미야 요시코八十宮吉子는 두 살이었다. 당사자의 의사와는 무관하게 공존공영의 상징으로 이보다 더 좋은 것은 없었다(다만 이에쓰나는 다음 해에 사망, 요시코는 세 살에 미망인이 되어 마흔 다섯에 세상을 떠났다).

하쿠세키는 위의 두 가지에 대하여 "이러한 일도 내가 우리 나라에서 태어났기에 황은을 입은 것이다"(《오리타쿠 시바노키》)라고 말했다. 그 나름의 진지한 존왕 행위였다.

그런데 공주를 옹립하여 추대하고 있는 군주의 올바른 이름은 무엇일까. "무가는 천하를 다스리시어 천자를 세워 세상의 공주가 되셨으니, 그 이름은 신하라고 할 수 있지만 사실은 그 이름에 반한"(《독사여론》) 상태이다. 형식상 왕관王官을 받았다고 해도 알맹이는 없다. 아시카가 요시미쓰足利義滿 시점에서 어떻게든 해야 했다(《독사여론》). 어찌해야 하는가? 답은 《독사여론》 진강 전년에 하쿠세키가 조선 통신사에게 요구했던 것에서 찾을 수 있다. 그는 도쿠가와 가 당주를 일본 국왕으로 만들고 싶었다.

하쿠세키는 통신사가 가져온 조선 국왕의 서간의 수신인을 '일본국대군日本國大君'에서 '일본 국왕'으로 바꾸게 하였다. "공가의 일에는 천天을 붙여 일본 천황이라 칭하고, 무가의 일에는 국國을 붙여 일본 국왕이라 칭하는 일은, 하늘과 땅이 저절로 그 자리가 바뀌지 않음과 같으며 모두 일본을 칭하는 것임은 주왕 · 주공이 군신이 함께 주周라

14_[옮긴이] 사친왕가의 하나로 에도 시대 중기의 히가시야마東山 천황의 황자인 나오히토直仁에서 시작한다. 하쿠세키의 건의로 1710년 창립되어 1947년까지 7대가 이어졌다.

15_[옮긴이] 미야케란 황족으로 궁의 칭호를 받아 따로 세운 가문을 가리킨다.

는 말로써 하신 것과 같은 일"이기 때문이다(《오리타쿠 시바노키》).

천명은 직접적으로 일본 국왕에게 내려오고, 전국의 사민士民은 그 통치하에 있다. 그리고 그가 자신을 위해서 공주로서 일본 천황을 옹립하고 있다. 이것이 실태이며 그에 정확하게 대응한 명칭이다(정명!). 부덕과 실정으로 단절된 옛 왕조 대신 무가에 의해 무가를 위해 옹립된 북조의 천황과 도쿠가와의 왕가는 이렇게 공존 · 공영한다—이것이 하쿠세키의 생각이었다. 본래 유학이 예정하고 있지 않았던 변칙적인 당시 정치체제에, 올바른 이름을 부여하기 위해 내린 주자학자의 결론이었다.[16]

5. 서양과의 만남

1708년(寶永 5) 8월 오스미국大隅國(현재의 가고시마 현 동부) 야쿠시마屋久島에 기묘한 인물이 나타났다. 천주교 선교사 시도티Giovanni Battista Sidotti (1668-1714) 신부이다. 시칠리아에서 태어나 로마에서 수행하고 1703년에 교황의 명으로 마닐라에서 준비를 거쳐 홀로 야쿠시마 해안에 도착한 것이다. 금교禁敎를 풀기 위해 일본의 통치자를 설득하기 위해서였다. 시도티 신부는 다음 해 에도에서 하쿠세키의 심문을 받게 된다. 시마바라島原의 난[17] 이래 유일한 잠입 선교사와 당대 유수의 지식인이 대화하게 된 드문 경우였다.

게다가 하쿠세키는 그 기록을 남겼다(《서양기문西洋紀聞》. 아쉽게도 시

16_쇼군의 '국왕'화는 공의의 권위 상승을 위한 음모라는 이해가 그 당시부터 현대까지 존재한다. 그러나 그것은 간인노미야 가閑院宮家 설립 등을 설명하지 못한다. 하쿠세키는 주자학자답게 진지하게 실태에 올바르게 대응한 명칭을 바라, 진지하게 공존 공영을 원했다고 봐야 한다.

17_[옮긴이] 1637-38년에 시마바라와 아마쿠사天草에서 학정과 천주교 탄압에 맞서 잇키가 발생하였다. 천주교 신도가 다수 참여하였으며, 막부가 파견한 대규모 병력에 진압되었다.

도티가 남긴 기록은 없다).

《서양기문》에 의하면 하쿠세키는 천주교 교리에는 마음이 움직이지 않았으나, 시도티의 천문 지리에 대한 지식에는 경탄했다. 그러나 (종종 오해되고 있지만) 당시 서양 과학의 '선진성'에 놀란 것은 아니었다. 천문에 대해서는 시도티가 "고개를 돌려 해가 있는 곳을 보고 땅 위에 있는 자신의 그림자를 보고 손가락을 구부려 헤아려 보더니, '우리 나라의 법으로는 모년 모월 모일 모시 모각'이라고 말했다"고 한다. 하쿠세키는 "이것은 구고법勾股法(피타고라스의 정리)으로 간단하게 보이지만 그리 간단하게 떠올릴 수 있는 것은 아니다"라며 감명을 받았다. 그러나 태양의 위치와 자신의 그림자 길이를 보고 손가락으로 꼽아서 헤아려 몇 월 며칠 몇 시 몇 분인지 알 수는 없다. 게다가 "우리 나라의 법으로는"이라고 말하는 것으로 보아, 그것이 정확한지 아닌지를 확인할 방법은 없었을 것이다. 또 하쿠세키는 지리에 관해서 시도티가 서양제의 세계 지도에서 로마 등의 위치를 지도 끝에서부터 컴퍼스로 따라가 정확하게 가리켰다면서 경탄했다. 그러나 시칠리아에서 태어나 로마에서 오랫동안 공부했던 사람이 세계지도에서 로마 위치를 보여주는데 왜 컴퍼스가 필요했겠는가?

모두 일본 정부 고관의 경탄을 이끌어 내기 위한 필사적인 연기였을 것이다.[18]

그러나 하쿠세키가 시도티 심문을 계기로 서양인의 지리 지식에 관심을 갖게 된 것은 사실이다. 그는 시도티와 네덜란드인에게 들은 이야기와 명나라에서 간행된 서양인의 세계 지리서 등을 참조하여《채람이언采覽異言》을 저술한다. 이 책은 서양인의 눈으로 본 세계 지리 소개서이며 그런 까닭에 아시아권에는 일본도 언급되어 있는데, 꽤 유포되어 나중에 난학자 야마무라 사이스케山村才助가 증보하여 도쿠가와 당대와 (일본을 아시아에 정립한 것을 포함하여) 그 후 일본인의 세계 이

18_하가 도루芳賀徹 편《문명으로서의 도쿠가와 일본》(中央公論社, 1993, 40쪽)에도 지적되어 있다.

해에 중요한 원천이 되었다.

한편 천주교에 대해서는 마테오 리치Matteo Ricci(利瑪竇, 1552-1610)의 《천주실의天主實義》 등을 참조하여 그 내용을 비판하기도 하였다. 예를 들면 첫째로 "무릇 만물은 스스로 만들어질 수 없다. 반드시 만들어 줄 이를 기다려서 이루어진 것이다." 따라서 천지만물에는 그것을 만든 주체가 마땅히 존재한다는 설에 대해서 하쿠세키는 그 만든 주체를 만든 이는 누구인가, 데우스天主만이 스스로 생겨났다고 한다면 천지 또한 스스로 생겨났다고 해도 이상할 것이 없다고 말한다. 하야시 라잔의 《배야소排耶蘇》도 그러듯이, 단순한 자연신학적인 데우스의 존재 증명을 유학자가 납득하기는 어려운 노릇이었다(오히려 데우스를 시간의 흐름 밖에 존재하는 영원한 존재라고 한다면 그것을 도 혹은 천도로 해석하여 납득할 수 있었을 것이다. 실제로 나카무라 마사나오中村正直 같은 메이지 초기의 유학적 교양인이 기독교를 이해하는 데는 그런 인식이 있다). 둘째로 "하늘은 계율을 깨뜨리는 것을 대죄라 하여 스스로 속죄할 수 없고, 데우스만이 이를 가엾게 여기셔서 스스로 맹세하여 2천 년 뒤에 예수로 태어나 그를 대신하여 죄를 씻었다는 설"에 대해서는 자신이 정한 규칙에 반한 자를 구하는데 왜 그런 일을 하는지 하쿠세키는 묻는다. 인仁하지 않다고 생각되는 것이다. 하쿠세키는 천주교 전체를 인도의 불교가 서방에 전래되어 천박하고 비루하게 변형된 것으로 이해한다.

그렇다면 불교처럼 천주교도 일본에서 확산되어도 괜찮은가? 하쿠세키는 그렇게 생각하지 않았다. 천주교의 가르침은 천주를 천지만물을 창조하는 대군대부大君大父로 여기기 때문이다.

> 만약 나의 군주 외에 섬겨야 할 대군이 있고, 내 아비 외에 모셔야 할 대부가 있어서 그를 존경함이 나의 군부에 미치는 정도가 아니라고 한다면, 집에 두 아비가 있으며 나라에 두 군주가 있다는 말일 뿐이다. 군주를 능멸하고 아비를 능멸함이 이보다 더 큰 것이 없다. 설령 그 가르침이 아비를 능멸하고 군주를 능멸하는 데까지는 이르지 않는다 하

더라도 폐단이 극심하여 반드시 그 군주를 죽이고 그 아비를 죽임에 이를지라도 반성하지 않을 것이다.

하쿠세키에 따르면 가르침 자체가 군주나 아비를 업신여기라고 하지는 않더라도, 이 세상의 주군과 아비를 초월한 '대군대부'를 믿는 자는 위험하다. 요컨대 잇코잇키 · 불수불시파不受不施波[19]의 탄압, 예전의 천주교 탄압과 같은 논리이다. 하쿠세키는 서양 여러 나라들은 우선 천주교를 포교하여 일본 국내에 아군을 만들고 그 뒤에 침략하려고 한다는 간접 침략론에는 동의하지 않는다. 그러나 (그 자신도 지지한) '하늘' 이외의 초월자에 대한 충성은 인정하기를 거부한 것이다.

아라이 하쿠세키는 확실히 그 나름 도쿠가와 왕조와 사민士民을 위하여 주자학자로서 해야 할 일을 한 것이다.

참고 문헌

미야자키 미치오 《아라이 하쿠세키의 연구(증정판)》(宮崎道生《新井白石の研究(增訂版)》吉川弘文館, 1969)

나카다 요시카즈 〈아라이 하쿠세키의 '사학' · '무가' · '예악'〉(中田喜万〈新井白石の'史學' · '武家' · '禮樂'〉《國文學會雜誌》제110권 11 · 12호, 1997)

케이트 W. 나카이 《아라이 하쿠세키의 정치 전략: 유학과 사론》(ケイト · W · ナカイ《新井白石の政治戰略 : 儒學と史論》東京大學出版會, 2001)

19_[옮긴이] 불수불시파는 1595년 교토 묘카쿠지妙覺寺 니치오日奥가 창시한 니치렌슈日蓮宗의 한 종파이다. 법화경 신자가 아니면 보시를 받지도 않고 포교하지도 않는다는 주장으로 막부의 탄압을 받았으나 1876년 재흥되었다.

제9장 반反 '근대'의 구상
— 오규 소라이荻生徂徠의 사상

1. 인물과 저작[1]

도쿠가와 일본에서 아마도 가장 자주 거론되고 사상적 영향력이 컸던 유학자는 오규 소라이이다. 도쿠가와 유학사는 소라이의 출현으로 양상이 일변한다. 그 이후에는 주자학자들도 소라이학을 의식하게 되었다. 이른바 국학도 소라이학에서 촉발되었다. 그의 영향은 깊고 크다.

소라이의 이름은 모케이茂卿, 통칭은 소에몬惣右衛門, 소라이는 학자로서의 호이다. 1666년(寬文 6) 에도에서 태어났다. 부친은 쇼군 이에쓰나의 동생 쓰나요시綱吉를 모시는 의사였다. 1679년(延寶 7) 쓰나요시의 노여움을 산 탓에 에도를 떠나, 당시로서는 변두리였던 보소 반도房總半島로 가족이 이주하게 된다. 10년 이상 고생한 뒤에 에도로 돌아왔다. 감수성이 예민한 시기를 에도에서 벗어나 생활한 것이다. 그 때문에 도시의 변모도 쉽게 알아채고 사고도 깊어졌다고 한다(《정담政談》).

1696년(元祿 9) 당시 이미 쇼군이 된 쓰나요시에게 부친이 재차 부

1_본문의 소라이 이력은 히라이시 나오아키平石直昭《오규 소라이 연보고荻生徂徠年譜考》(平凡社, 1984)에 따른다.

文化壬申再校
源賴寬輯 觀濤閣藏
論語徵集覽
服元喬閱
崇文堂發行

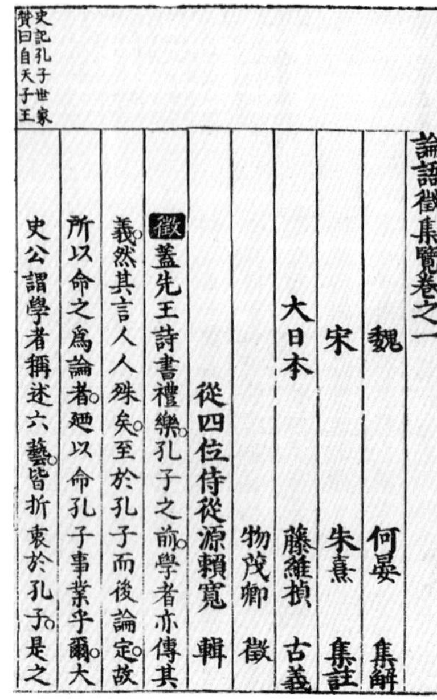
史記孔子世家贊曰自天子王

論語徵集覽卷之一
魏 何晏 集解
宋 朱熹 集註
大日本 藤維楨 古義
物茂卿 徵
從四位侍從源賴寬 輯
徵 蓋先王詩書禮樂。孔子之前。學者亦傳其義。然其言人人殊矣。至於孔子而後論定。故所以命之爲論者。迺以命孔子事業乎爾。大史公謂學者稱述六藝。皆折衷於孔子。是之

소라이학 신봉자였던 다이묘 마쓰다이라 요리히로松平賴寬의 조력으로 간행된 《논어》 주석집(1760 초판). 《논어》 본문 뒤에 하안何晏 · 주희 · 이토 진사이의 주를 인용하고 마지막에 소라이 《논어징》(1737 간행)의 주를 큰 글자로 썼다.

름을 받았다. 한편 소라이는 쓰나요시의 측근인 야나기사와 야스아키라柳澤保明의 유학자가 되었다. 유학을 좋아했던 쓰나요시는 야나기사와의 저택을 종종 방문하여 경서를 강석하거나 때로는 듣기도 하였다. 야나기사와도 유학자를 가까이에 두어야 했을 것이다. 소라이도 쓰나요시의 강의를 배청하였으니 그에게 얼굴은 알렸을 것이다(다만 하쿠세키와 달리 정치적 영향력은 없었다). 그런 생활이 13년 동안 이어졌다. 1709년(寶永 6) 소라이가 마흔네 살이 되던 해, 쓰나요시가 서거하고 이에노부가 즉위하였다. 하쿠세키의 시대가 열린 것이다. 아직은 주자학적 입장이었던 소라이는 하쿠세키의 개혁에 대해 생각하는 바가 깊었을 터이다.

1716년(正德 6) 소라이 쉰한 살에 어린 쇼군 이에쓰구가 죽고 요시무네吉宗가 즉위하였다. 곧바로 연호를 교호享保로 고치더니 하쿠세키의 개혁을 차례차례 예전으로 되돌렸다. 주자학자에 의한 개혁은 명백하게 좌절되었다. 그리고 바로 이때부터 그는 마치 둑이 무너지듯이 독자적인 사상체계(소라이학)를 단기간에 형성하고 확립하여 연이어 저서를 출판하였다. 《변도辨道》《변명辨名》《학칙學則》과 《논어》의 체계적인 주석서인 《논어징論語徵》 등이다(소라이학도 주자학 · 진사이학과 마찬가지로 경서의 해석학이란 형식을 취한다). 또 소라이는 《손자孫子》의 주석서도 지었으며, 《검록鈐錄》이라는 방대한 병학서도 저술하였다(진사이는 생각지도 못한 일이다).

1721년(享保 6) 쇼군 요시무네의 측근을 통하여 의뢰받은 듯한데, 소라이는 자기 주장의 정수를 일본어로 제출한다(《태평책太平策》, 간행은 되지 않았다). 다음 해 요시무네는 이례적으로 배신陪臣인 소라이를 에도 성 어전으로 불러 상을 내렸다. 더군다나 '은밀한 하명御隱密御用'을 위해 측근의 저택을 매달 3회 방문하도록 명하였다. 그리고 1726년에는 당시 사회와 정치의 현황 분석과 정책론을 전개한 대량의 저술을 제출하게 하였다(《정담》). 요시무네는 분명 읽었을 것이다. 그러나 이 정책이 실시되는 일은 없었다. 소라이는 도쿠가와 치세의 장래를 우려하면서 이태 뒤에 눈을 감았다. 예순셋이었다.

그는 주자학을 비판하여 독자적인 유학 사상 체계를 구축한 점에서 이토 진사이와 비슷하지만, 에도에 살면서 쇼군 가까이에서 정책도 제안했던 점에서는 아라이 하쿠세키를 떠올리게 한다. 게다가 그는 진사이의 경서 해석을 신랄하게 비판하고, 하쿠세키류의 개혁도 강하게 부정하였다.

2. 방법

오규 소라이에 따르면 "세상은 말을 싣고 변하고 말은 도道를 싣고 변한다"(《학칙》). 시대와 함께 언어는 변천하며, 도는 변천하는 언어에 의해 표현된다. 더욱이 그 언어는 다른 나라의 것이다. 시간과 공간이란 이중의 거리를 자각하여 극복하지 않는 한, 고대 중화의 성인의 가르침을 터득할 수 없다. 요컨대 소라이는 한문을 시공을 초월한 보편 언어의 세계로 간주하는 환상은 갖고 있지 않다(진사이 · 도가이의 일상어 환원론과는 대조적이다). 한유韓愈 이래 이른바 고문古文은 진정한 고문이 아니다. 경서 역시 고대의 역사적 문맥에서 성립한 것이다. 따라서 우선은 지금의 중국어를 배우고 나서 역사를 배워 고금의 차이를 알고, 나아가 고대의 서적을 폭넓게 읽어 그 언어를 터득해야 한다. 그 다음에 경서에 마음을 쏟아 내 마음의 성질과 지혜의 작용(《태평책》)을 변화시켜야 한다. 물론 한문은 훈독하지 않고 원래대로 읽는다. 스스로 옛날 풍의 시를 짓는다. 의고문擬古文 · 의고시이다. "문자를 터득하기 위해서는 옛 사람이 글을 지을 때의 마음가짐을 알지 못하면 풀리지 않는 일"(《답문서答問書》)이기 때문이다.

현대의 고전학자나 역사가를 부끄럽게 만드는 철저한 방법론이다. 그리고 소라이는 "송유宋儒는 고문사古文辭를 알지 못한다"고 단정한다.[2] 자못 충격적이며, 저 위풍당당한 주자학마저도 일거에 퇴색시켜 버리는 느낌까지 준다. 더욱이 폭넓은 독서로 중화의 고대에 침잠하고, 현재 일본을 고대의 중화로 비유하여 스스로 문장화 · 시화하는 일은 그 자체가 흥미로운 지적 유희이다. 이 역시 소라이학의 또 다른 매력이었다. 신봉자는 눈에 띄게 늘어 갔다.

2_이것은 전혀 허세가 아니다. 그의 《논어징》은 청조 중국에도 알려져, 청조의 고증학자가 저술한 대표적인 《논어》 주석(유보남劉寶楠(1791-1855), 《논어정의論語正義》)에도 반복해서 인용되고 있다.

3. 도

(1) 성인

소라이는 성인을 규범적인 인격자가 아니라 무엇보다 걸출한 통치자로 파악한다. 요 · 순 · 우 그리고 탕왕 · 문왕 · 무왕 등 성인은 천자였다. 때문에 성인의 도는 "천하국가를 다스리는 길"(《태평책》)이다. 거경하여 궁리함으로써 찾아내야 하는, 마음에 내재하는 인간으로서의 본래성이 아니다. 그러한 내면 수양론은 불교 · 노장의 영향으로 경서를 오독한 결과이다. 게다가

> 도는 사물이 마땅히 행해지는 이치가 아니며 천지자연의 도도 아니다. 성인이 세우신 것으로 천하를 다스리는 방법을 도라고 한다.(《답문서》)

즉 소라이에 따르면 도는 총명예지聰明叡智한 성인들이 세우고 제작한, 통치를 위한 사회제도 · 정치제도인 것이다.

구체적으로는 가장 먼저 의식주의 기술이다. 이것도 성인이 고안하여 전 세계로 확산된 것이다. 문화 인류학자가 말하는 문화영웅culture hero이다.

둘째로 오륜이다. 그 안에 부자관계는 자연스레 존재하지만, 남녀관계도 태고에는 "단지 가축과도 같은" 것이었다(《답문서》). 그런 의미에서 성인은 윤리 · 도덕의 설립자이기도 하다. "성인께서 심대한 지혜를 가지고 사람의 본성에 상응하여 세우신 결과로 인간계가 성립하였던 까닭에, 도를 배우지 않은 사람이라 할지라도 이처럼 오륜의 대강을 알게 되었다는 점에서 보자면 마치 태어나면서 갖추고 있는 것 같다"(《답문서》)라고 한다.

셋째로 고대의 예악형정 일체이다. 물론 예악형정의 제도를 성인이 제작하였다는 점은 유학의 통념이다. 주희도 《중용장구》 첫머리에서 성인이 천하의 법으로 삼은 가르침이란 예악형정과 같은 것이라고 말

한다. 다만 주희는 사람이 마땅히 행해야 하는 바, 즉 이가 스스로 존재하며 성인이 그에 따라 품절品節한 것이 예악형정이라고 생각한다. 말하자면 자연법과 그것을 구체화한 것으로서의 실정법이라는 2단 구조이다. 이에 비하여 소라이의 성인들은 그들을 초월하는 규범이란 없다. 그들이 제작한 실정법이 곧 도인 것이다.

(2) 성性 · 인정 · 기질

성인이 도를 제작하였다. 그러나 인간성을 왜곡하여 무리한 체계로 밀어 넣은 것은 아니다. 우선 그것은 인간의 근본적인 사회성을 전제로 한다.

> 서로 친하고, 서로 사랑하고, 서로 낳고, 서로 이루고, 서로 돕고, 서로 부양하고, 서로 바로잡고, 서로 구하는 것, 본래 인간의 성이 그러하다. (《변도》)

사람은 사회적 동물이기 때문에 집단생활을 하며 도와 가면서 살 수밖에 없다. 그래서 통치가 필요하고 가능한 것이다.

둘째로 사람은 사회생활의 다양한 국면에서 공통된 방식으로 느끼고 생각하고 행동한다. 이것을 인정이라고 부르며, 그 불변성에 착목하여 인지상정이라고 한다(주자학의 정이나 진사이학의 인정과 크게 다르다).

구체적으로는 예를 들면 "인정이란 낯익은 것에 편안함을 느끼는 것"이며, "모두 익숙한 것을 비호하는 것은 인정의 습관"이다(그러므로 습관의 조작이야말로 중요하다). 또 "지위가 높아 아랫사람들과 멀리 떨어져 있으면 아랫사람의 정에서 멀어지고 가신들에게 떠받들려 자란 탓에 […] 제멋대로 하게 되어 아랫사람들을 벌레 보듯이 한다. 이 또한 인정"이다(요컨대 상하 신분의 안정은 윗사람의 타락과 퇴화를 초래한다). 한편 "아랫사람의 천함은 어위광에 눌려 아무리 가르쳐도 말하기 어려워하는 것이 그들의 인정"이다. 그리고 "아랫사람의 정이란 윗사람과 멀어질수록, 패거리를 만드는 것이 인지상정"이다(즉, 상하는 소원해지기 쉽다)(이상, 《정담》).

위와 같은 성가신 성질을 지닌 인정은 근본적으로는 불변한다. 통치를 위한 선왕의 도는 이를 간파한 위에 구축된다.

> 일반적으로 인정은 시대의 변화 없이 고금이 마찬가지이다. 고대의 성인은 인정을 잘 아셨다. 인정에 상응하여 사람이 제멋대로 구는 것도 인정이 나쁜 쪽으로 흐르기 쉽다는 것도 알아, 이를 억제하신 문맥도 과거를 보면 분명하게 알 수 있다. (《정담》)

셋째로 사람은 모두 태생의 기질이 있다. "쌀은 쌀로서 쓰임이 있고 콩은 콩으로서 쓰임이 있다." 따라서 "오로지 기질을 잘 길러서 타고난 대로 이루게 하는 것이 학문"이다(《답문서》). 완벽한 인격으로서의 성인이 되는 것이 목표가 될 수 없다. 학문에 의해 각각 기질을 살려 천성을 발전시키면 통치자는 잘 조합하여 사용한다. 앞서 서술한 전국시대의 적재적소론이 성인의 도의 일환으로서 더욱 세련되게 재등장한 것이다.

한편 통치자는 아랫사람이 섣불리 학문을 하지 않게 하는 것이 좋다.

> 민간의 무리에게는 효제충신을 알게 하는 일 외에는 필요 없다. 효경·열녀전·삼강행실 같은 것을 벗어나면 안 된다. 그 밖의 학문은 사람의 간사한 지혜를 늘려서 몹시 안 좋게 된다. 백성들에게 간교함이 성하게 되면 다스리기 어렵다. (《태평책》)

인민은 기본적인 덕목만 알고 있으면 충분하다. 여기에는 《논어》조차 언급되지 않는다. 통치자가 되지 못하고 좌절한 공자가 제자에게 성인의 도의 요체를 밝힌 《논어》 같은 것은 인민에게는 불필요하다. 그래서

> 안민이라 함은 세속에서 말하는 자비와 같은 것이 아니다. 민을 안온하게 하는 것이다. 안온하게 한다 함은 배고픔이나 추위와 도적과 같은 우환도 없고 이웃들도 믿을 만하여, 그 나라 그 사는 곳이 살기 좋다 생각하고, 그 가업을 기꺼워하며 일생을 살아가게 하는 것이다. (《태평책》)

인민에게는 이 이상을 기대해서는 안 되며 인민 역시 그 이상을 바라서는 안 된다. 안전 · 안심할 수 있는 일생이 보장된다면 도대체 무슨 불만이 있겠는가?

> 인仁이란 주자학자들이 말하듯이 아랫사람을 불쌍히 여기고 자비를 베푸는 것만이 아니다. 또 믿음으로 아랫사람을 대하거나 이理대로 대하는 것도 아니다. 부모가 자식을 대함에 매를 들기도 하고 꾸짖기도 하고 거짓말도 하는 것이다. 다만 잘 보살피고 힘들게 뒷바라지하여, 어쨌거나 아랫사람으로서 성장하도록 하는 것이다. 그렇다면 통치의 도리는 윗사람이나 다른 사람에게 드러나지 않는 것이다. 세월이 흐르고 난 뒤에 그 통치가 좋았음을 아는 것이다. (《정담》)

(3) 와자わざ와 음모

민을 안온하게 하는 방법은 말로 설득하는 것이 아니며 인격으로 감화시키는 것도 아니다. 그러기는 불가능하다. 그래서 물物에 의하는 것이다(주자학에서 말하는 물物과는 의미가 다르다).[3]

3_[옮긴이] 주자학에서 말하는 물의 개념에 대해서는 제6장 참조. 격물의 물이며, 《논어집주》〈이인〉 제15장 "以己及物, 仁也. 推己及物, 恕也"의 물이다. 즉 나 이외에 나의 앎과 행동의 대상이 되는 모든 것을 가리킨다. 소라이가 말하는 물, '모노'에는 이러한 의미가 없다. 성인이 제정한 행위의 형태, 요컨대 제도를 가리키는 것이다. 현재의 교육 제도, 경제 제도 역시 행위의 형태인 것이며, 이를 '와자'라고 부를 수 있는 것이다. '와자'는 한자로 業이라고도 쓰는데, 업은 생업과 사업을 포함하는 개념이다. 따라서 '와자'를 '성인의 사업'이라고도 번역할 수 있는데 본문에서는 소라이가 강조한 의미를 살릴 필요가 있는 경우에 '와자'를 그대로 둔다.

> 무릇 선왕의 가르침은 물로써 하는 것이지 이理로써 하는 것이 아니다. 가르치매 물로써 하는 것은 반드시 일을 일로 하는(즉 실천에 집중하는) 것이다. […] 물이란 중리衆理가 모이는 바다. 그러므로 이에 오래도록 종사하면 반드시 마음으로 알게 된다. 어찌 말을 빌리겠는가? (《변도》)

소라이에 따르면 육경六經은 물, 즉 고대 제도의 기록이며 《예기》 《논어》는 그 뜻(의미 · 의도)을 설명한 것이다. 이 물은 '와자'라고도 바꿔 말할 수 있다(요컨대, 주희와 마찬가지로 물物은 일事이지만 그 의미가 다르다).

> 이의 난해함은 어리석은 사람이 알 수 없기 때문에, 고대의 성인은 도나 가르침 모두 사업에 기대게 하셨다. 만약 그 사업만 실행되면 이는 알지 못하더라도 자연스레 풍속이 변하여 사람의 마음도 고쳐지고 천하도 다스려질 것이다. 개개 사람으로 보더라도 풍기가 변하여 자연히 견식이 각별하게 넓어져서 재능과 덕을 성취하게 된다. 이는 모두 성인의 도, 성인의 가르치는 방법이 오묘하게 작용한 것이다. (《답문서》)

와자란 행위 · 방법이자 구체적인 행위양식이다. 이에 따라 행동함으로써 마음이 변해 간다. "성인의 도를 대도술大道術이라 부른다. […] 속인이 생각하지 못하는 데서 조작하셔서 알게 모르게 자연스레 고쳐지도록 행하신다"(《답문서》)는 것이다.

와자의 작용에 의한 통치는 통치자 개개인의 능력에 좌우되지 않는다. 예를 들면 일찍이 "오야시마大八洲(일본의 옛 이름)가 잘 다스려진 것은 담해공淡海公이 세우신 제도의 덕에 힘입었음을 알아야 한다. […] 현명하고 어리석음은 대대로 바뀌지만 제도의 힘으로 어질고 검소한 덕을 잃지 않고 옛 법을 잘 지켜서 온화하게 다스려진 것이다"(《나루베시南留別志》[4])라고 소라이는 말한다. 소라이는 담해공, 즉 후지와라노 후히토藤原不比等가 율령제라는 성인의 도에 매우 가까운 제도를 도입하였다고 이해한다. 그 제도의 힘으로 고대는 잘 다스려졌다는 것이다.

그렇다면 우선 그 와자 · 제도에 어떻게 따르게 할 것인가? 말이 효과가 없다면 폭력을 행사해야 할까? 소라이는 둘 다 아니라고 한다.

> 귀신은 선왕이 세우시고 선왕의 도는 하늘에 의거하여 천도를 받듦으로써 행하여진다. 선조를 제사하면서 하늘과 일체화된다. 도가 비롯되는 곳이다. (《변명》 귀신)

> 요순이 예를 제정하고 천도를 받듦으로써 이를 행하시니 그 가르침을 신神으로 하는(신비화 하는) 까닭이다.[5] 삼대의 천자가 새로운 정치를 하시고 새로운 일을 일으키시는 것 같은 일도, 또한 모두 조종을 제사하되 이를 하늘과 나란히 하여 하늘과 조종의 명을 받아 이를 내시고 점을 쳐서 이를 행하신다. 고대의 도는 그러하다. (《변명》 예)

여기서 말하는 하늘은 만물을 생성하는 사랑이 가득한 주자학적인 하늘이 아니라 오히려 고원하여 숭고한 신비이다. 그리고 귀신은 특히 왕조의 개조開祖가 제사된 것을 말한다. 요컨대 경외할 만한 하늘과 왕조의 조상신을 통치자가 제사하고, 그들의 신비한 말씀으로써 명령하고 순응하게 하는 것이다. 소라이는 병학서인 《검록》에서 더 노골적으로 서술한다.

> 대체로 음모陰謨는 원래 인仁의 도道이다. [⋯] 뛰어난 지혜를 가진 사

4_[옮긴이] 1762년 간행된 소라이의 수필집으로 4백여 사물의 명칭의 어원을 들어 그 전화轉化를 밝히고 있다. 서명의 한자는 음을 가차한 것으로, 각 조항의 문말에 '나루베시' 즉 '-일 것이다'라는 표현을 사용한 데서 유래한다.

5_덧붙이자면, 북송의 소순蘇洵도 성인이 예를 제정할 때 우선 그에 따르도록 하기 위해 역易을 이용하여 "그 가르침을 신으로 하였다"고 주장하고 있다(〈예론〉).

람의 음모는 그 흔적을 남기지 않아 다른 사람들이 음모를 알아채지 못한다. 이는 병가의 지극한 뜻이다. 귀신 · 점서占筮 · 재상災祥은 성인의 한 방법으로서 어리석은 자를 다루는 길이다. 어리석은 자를 다룬다는 것은 그들을 속이는 것이 아니다. 우민은 어리석기 때문에 도리를 타일러 의심하지 않게 할 수는 없다. 어중간한 도리는 의심의 씨앗이 된다. 따라서 귀신 · 점서 · 재상의 방법으로 우민의 마음을 일치시켜서 의심하지 않게 하는 것이다.(《검록》 권13)

종교적 권위를 이용하는 통치의 구상은 마키아벨리를 비롯하여 서구에도 많다. 장 자크 루소조차 《사회 계약론》(1762) 제2편 제7장에서 기본법의 기초자가 그 법을 인민이 받아들이게 하기 위해서는 논리나 힘이 아니라 "현세와는 다른 질서에 속하는 권위에 의지하는 것이 가장 필요하다"고 인정하였다. 인민은 행복을 바라지만 어떻게 하면 행복할 수 있는지를 모른다—기묘한 배합이지만 소라이와 루소, 두 사람은 그런 비관주의(페시미즘) 내지 현실주의(리얼리즘)를 공유하는 까닭에, 경외할 만한 신비적 권위를 이용한다는 유사한 결론에 이른 것이다.

그렇다고 하면 성인은 혹은 성인에게 배운 통치자는 어떠한 악행도 저지를 수 있지 않은가? 그를 초월하여, 그를 속박하는 도나 이는 없다. 게다가 그는 하늘이나 귀신조차 이용한다. 성인이 안민을 지향한다는 보장은 어디에 있는가?

소라이에 따르면 우선 사람을 무리지어 이를 통일시키는 것은 인仁일 수밖에 없다. 그렇지 않으면 사람들이 따르지 않는다. 농공상이 모두 서로 도와 잘 살게 할 수 있어야만 군주가 될 수 있다(《변명》 인). 그리고 통치를 안정시키고 개국 태조(《변명》 성)로서, 그 왕조와 자손의 존속을 바란다면 인민이 안심하고 살 수 있도록 뛰어난 제도체계를 구축해야 한다. 제도의 힘에 기댈 수밖에 없다. 따라서 총명예지의 덕(《변명》 성)을 지닌 사람은 최소한으로 정의된 안민을 지향하게 된다.

요컨대 성인에게 불합리한 자기희생 정신을 상정할 필요는 없다. 소라이는 인지상정을 초월한 위대한 선인善人이 무슨 까닭인지 고대에만 출현했다는 비역사적인 주장은 하지 않는다. 성인의 자기이익과 인민의 이익이 일치하는 이상, 성인은 단지 비범하게 총명하기만 하면 된다. 거꾸로 잔혹한 군주는 어질지 않은 이상으로 어리석은 사람이다.

(4) 순환

소라이는 고대 중화의 성인들이 건립한 제도체계를 도道로 간주하고, 인류 공통의 통치 규범이라고 생각한다. 이는 그저 성인들에 대한 단순한 신앙이 아니다. 고대 중화의 통치가 유례없이 성공한 것은 부정할 수 없는 역사적 사실이기 때문이다. 실제로 성인이 연 왕조인 하·은·주 3대의 안정은 매우 오래도록 지속되었다. 이후에는 그를 모방할 수밖에 없다.

한·당·송·명은 모두 약 300년 동안 이어졌다. 개국 이래의 제도가 대부분 성인의 도에 따른 것이기 때문이다. 한편 일본은 당으로부터 배운 성인의 도가 어느 정도 구비되었기에 공가가 약 300년간 지속되었고 이후 천하는 무가의 손에 넘어갔다. 그러나 가마쿠라 정권은 겨우 100년으로 막을 내렸고, 무로마치 역시 약 100년 뒤에 혼란에 빠졌다. 소라이는 그 이유를 "모두 배우지 않아서 삼대 성인의 통치를 따라야 함을 잊은 결과"(《정담》)라고 했다.

그렇다면 성인이 세운 왕조 또한 결국 멸망한 까닭은 무엇인가?

이 세상에는 성인의 제도조차도 결국은 막을 수 없는 역사의 법칙이 있기 때문이다.

> 예나 지금이나 성쇠의 기운, 치란治亂의 길은 부절符節을 합치는 것과 같다. 어느 시대라도 풍속이 무너지고 사치가 오래되면, 위아래 모두 빈궁하게 되고 밑천이 떨어져서 간사한 도둑이 많아지고 도적이 일어나 난세가 되는 일은 오랜 세월 동안 되풀이되었다. 일반적으로 치란

> 의 도는, 다스림이 지극하면 흐트러지고 어지러움이 지극하면 다시 다스려진다. 천운의 순환이면서도 완전히 인사人事에서 유래한다. 통치자가 어리석고 용렬한데 아래에 호걸이 있으면 세상은 반드시 어지러워진다. 어지러움이 지극하여 인심이 어지러움에 질리게 되면 이것이 다스려지게 되는 기운이 된다. 이때가 되어서야 어질고 현명하고 덕이 있는 사람에게 인망이 돌아가 천하를 통일한다. (《태평책》)

요컨대 첫째로 인간성이 불완전하기 때문이다. "화려하고 아름다운 것을 좋아하는 것은 인지상정"(《정담》)이다. 따라서 태평이 오래 지속되면 아무래도 사치가 늘어 간다. 그 결과 물가가 상승하고 결국 상하 모두 곤궁해져서 범죄가 증가하여 난세로 치닫게 된다. 게다가 윗자리에 있는 자는 고생에 단련되지 않아 "아랫사람의 정에서 멀어지고, 가신들에게 떠받들려 자란 탓에 […] 제멋대로 하게 되어 아랫사람들을 벌레 보듯이 한다"(같은 책). 그 결과 거꾸로 아래에 있는 자가 더 현명해져 간다. 이렇게 태평 자체가 불안정하게 되는 요인을 키운다.

둘째로 자원이 유한하기 때문이다. 소라이는 이 유한한 천지에서 무한한 발전과 성장이 가능하다는 식의 안일한 낙관주의를 취하지 않는다.

> 대체적으로 천지 간 만물의 생성은 각기 유한하다. 일본 내에서 쌀이 어느 정도 생산된다, 잡곡이 어느 정도 생산된다, 재목이 어느 정도 생산되어 몇 십 년을 지나 이 정도로 성장하였다고 하듯이, 만물에는 각기 그 한정이 있다. (같은 책)

그래서 태평으로 인해 소비성향이 높아지면 언젠가는 물자가 부족해지고 물가가 상승하여 일부 상인 외에는 곤궁해지는 것이다.

따라서 어떠한 왕조도 결국에는 이 사이클을 따라 멸망한다.

소라이에 따르면 이는 인체와 유사하다. 태어나 활발한 시기를 맞이하고 늙어가 이윽고 죽는다. 그런 의미에서 성인의 도에도 한계가 있다. 그러나 성인의 도는 말하자면 모범적인 체질·체형이며 이와 비슷해지면 장수하는 것이며 그렇지 않으면 일찍 병들어 죽는 것이다.[6]

4. 장치

(1) 치료

소라이는 사실상의 천자 요시무네에게 성인의 도를 설명하고 정책 제언을 할 기회를 얻었다. 그의 머릿속에는 이에노부와 하쿠세키를 대신하여, 이번에는 뛰어난 요시무네와 자신의 최강 조합으로 대개혁에 박차를 가할 가능성이 그려졌을 것이다.

《태평책》에서 소라이는 "국가를 다스리는 일은 의사가 치료하는 것과 같다"고 말한다. 통치를 의료에 비유하고 통치자를 의사에 비유하는 것이다(정치체가 인체와 같다면 이 같은 비유는 당연하다). 그리고 실력 없는 의사는 대증요법에 힘쓰지만 "실력 있는 의사는 명쾌하게 병의 근원을 찾아" 병의 근원을 고친다(《태평책》). 그때 환자의 체질과 연령에 주의하면서 그에 맞는 처방을 해야 한다(한방의학의 발상이다).

그런데 당시 말하자면 도쿠가와 왕조의 체질은 그다지 좋지 않았다. 그런 채로 어찌어찌 100년이 지난 시점이었다. 가마쿠라·무로마치 때 세상이 어지러워진 것은 100년이 지난 시점이며, 소라이가 볼 때 성인의 도로써 제도를 바꾸는 혁신이 간신히 가능한 시점이었다.

6_"스파르타나 로마조차 멸망한 이상 어떠한 국가가 영구히 존속하기를 바랄 수 있을까. […] 정치체도 인체와 마찬가지로 탄생과 함께 죽기시작하며, 스스로 그 안에 붕괴의 원인들을 내포하고 있다. 그러나 어느 쪽도 그 체질의 강약이 있으며 그로 인해 수명의 길고 짧음이 있을 수 있다"(루소《사회 계약론》 제3편 제11장 〈정치체의 죽음에 대하여〉)는 것이다.

(2) 사람을 정착시킨다

혁신의 첫째는 사람을 정착시키는 것이다.

> 현재로서 방법은 정치의 근본으로 돌아가서, 역시나 유약한 풍속 위에 고대를 생각하여 법을 고쳐 세우는 것만 한 것이 없다. 정치의 근본으로 돌아가 법을 고쳐 세운다는 것은 삼대의 고대나, 이국異國의 근년에도 또 우리 나라의 고대에도 역시 정치의 근본은 어쨌든 사람을 정착시키도록 해야 하는 것이다. 이것이 정치의 근본이다. (《정담》 이하 동)

이 짧은 문장에서 소라이는 정치의 근본을 네 번이나 반복하고 있다. 실로 중요한 정책 원리인 것이다. 왜 그럴까?

우선 치안의 회복과 확보를 위해서이다.

> 지금도 인별장人別帳이 있고 나누시名主와 고닌구미五人組[7]가 있지만 자유롭게 이사하고 다른 나라로 자유롭게 가거나 자유롭게 와서 산다. 그러니 일본 국내에 사람의 출입이 어지러워져 혼잡해지고 누구라도 모두 임시 거주자가 되어, 사람들이 영구적인 마음이 없고 이웃과 상관하지 않고 서로 관심을 두지 않아 그 사람의 유래를 모르게 되며 모른다고 해도 아무 상관이 없게 된다. 상대방도 알지 못하니 결국에는 나누시조차도 어려운 일에 신경 쓰지 않게 된다. 사람들이 서로 데면데면하여 모두 제멋대로 하게 된다.

유동성이 높아 상호 무관심해지고, '자유' 즉 각자가 제멋대로인 것은 체제의 병이다.

7_[옮긴이] 인별장은 에도 시대의 호적부이며 나누시는 무라村의 대표자로 지역에 따라 쇼야庄屋 · 기모이리肝煎라고도 한다. 연공의 수납 · 법령 준수 · 주민의 관리 등 영주의 지배를 위한 업무를 담당하였으나, 마을공동체의 대표로서 연공 감액 · 분쟁 조정의 역할도 하였다. 고닌구미는 이웃의 다섯 집을 단위로 조직한 치안, 행정의 연대책임 제도이다. 17세기 초중반 막번체제의 확립과 함께 전국적으로 실시되었다.

따라서 예를 들면 에도와 그 주변을 명확하게 구분지어 무분별한 확대를 방지한다. 그리고 무가의 땅에도 경계를 세우고 문지기를 두고[8] 구역별로 기모이리肝煎 즉 책임자를 정한다. 쇼군의 가신단과 동일한 직위에 있는 자들은 한 마을에 모여 살게 한다. "한 마을 안의 일은 집안의 작은 일까지도 모르는 것이 없도록" 하기 위해서이다.

나아가 호적을 정비하여 민을 하나하나 파악하고 국내 여행에도 여행증명서인 로인路引[9] 즉 여권을 반드시 소지하게 한다. 민이 제멋대로 이동하는 것을 방지하기 위해서이다. "이로써 혼동되는 자가 없어질 뿐 아니라 세상 사람들을 모두 관할하게 되기 때문에 세상 만민이 모두 군주의 손에 들어와 그 마음대로 할 수 있게 된다." 그리고 "떨어져 나가는 사람 하나 없게 되어 뒤섞여 혼동되는 자가 없게 된다." 그렇게 되면

> 사람들은 고향이 정해지게 되므로 친척도 가까운 곳에 살게 되어 어렸을 때의 친구도 많아지니, 자연스레 친척과 친구들 앞에서 나쁜 일을 하지 않게 된다. 도시나 촌에서 나누시가 모르는 사람이 없다. 마을 사람들이 서로 선조 대부터 알게 되고, 서로 어려서부터 알게 되면 선악 모두 분명하게 알려지게 된다. 더욱이 고닌구미 법으로써 조사하게 되면 어떤 일이라도 숨길 수 없게 된다.

뒤가 구린 사생활이 일절 없어지게 되는 것이다.

> 이와 같이 법을 정비하면 앞에서 말한 대로 어느 하나 숨겨진 집이 없을 뿐 아니라 온 마을 사람들은 서로 자연스레 친숙해진다. 따라서 나쁜 일에 대해서는 서로 다른 의견을 말하거나 듣거나 하여 이견을 듣

8_무가들의 영토에도 경계를 설치한다는 이 제안은 실행되지 않았지만, 이른바 간세이의 개혁으로 에도의 마을 곳곳에 경계가 철저하게 설치된다. 당시에는 이것이 소라이《정담》을 막부가 참고했다는 소문이 있었다(《풍문서よしの冊子》 2).

9_《대청율례大淸律例》 관율關律에도 이에 관한 규정이 있다.

지 않는 일이 없게 된다. 또한 서로 등지는 일도 없으며 정성스레 사귀게 된다. 게다가 부교가 다스림에 마음을 다하고 나누시에게 잘 지시한다면 온 마을이 서로 화목하게 되고 풍속은 저절로 고쳐지며 악인은 자연스레 사라지게 된다.

사람을 정착시킨다는 것은 요컨대 인간관계를 고정화하는 것이다. 인간관계를 고정화하고 끈끈한 인간관계망에서 전원을 파악하고, 그 안에서 서로를 묶어 두는 것이다. 이런 장치에 의해 감시 카메라 없이도 안정된 질서(안전안심?)이 성립하는 것이다.

더욱이 소라이는 무사들이 성 주변의 도시에 모여 거주하는 것을 되도록 금지하고 가능한 각각의 봉록지에서 살게 해야 한다고 주장한다. 무사들을 다시금 질박하고 강건하게 하기 위해서이며, 영주와 백성이 서로 친숙해져 "백성들이 어렸을 적부터 지토地頭[10]님이라고 존숭하는 마음을 골수에 새기게 되어 그 영지도 잘 다스려"지도록 하기 위해서이다. 무사들도 "내가 사는 곳을 끊임없이 보고 들어 친숙해지면 가엾게 여기는 마음이 자연스레 생겨나 누구라도 백성들에게 그리 가혹하게 굴지 않게 되는 것이니 그 또한 인정이다." 이것도 인간관계의 고정이다. 소라이에 의하면 그것은 고대 중화의 봉건 시대의 방식이며, 법에만 의지하여 과도하게 공公하여 은애恩愛가 없는 (진시황제 이후의) 군현 시대와는 대조적이다(《변도》).

일찍이 이토 진사이는 가족 · 친척 · 친구로서 서로 잘 배려할 것을 주장하였다. 그러면 온화하고 따뜻한 세상이 실현된다고 믿었다. 그러나 이 세상에는 젊은 진사이가 뼈저리게 느낀 "나를 깊이 사랑하는 이는 곧 나의 적"이라는 얄궂은 일도 존재한다. 친밀한 인간관계는 필요하지만 동시에 속박하기도 한다. 소라이는 두 번째 면에 착목하여 그

10_[옮긴이] 지토는 지교쇼知行所를 가진 영주로서 하타모토나 각 번에서 지교치知行地의 조세 징수권을 가진 가신을 말한다.

런 관계망 안에 사람들을 붙잡아 두는 장치에 의해 안정된 질서의 실현을 구상한 것이다.

게다가 소라이에 따르면 지금의 무사는 일생 여행자와 같은 상태에 있다. 게다가 그런 자각조차 잃어버렸다. 생활 전체가 화폐에 의한 상품구입에 의해서만 성립하는 "여숙旅宿의 경계"에 있는 것이다(현재의 우리와 마찬가지다). 무사들은 상인 없이는 살아갈 수 없으며, "무가가 모두 여숙의 경계에 있는 까닭에 상인이 이익을 얻는 일이 백 년 동안 성행하였으니 천지개벽 이래 이국에도 일본에도 없었던 일"이라는 이상 사태였다.

이 여숙의 경계화를 현대에서는 화폐 경제화 · 상품 경제화 · 시장 경제화 등으로 부르고 있다. 그러나 소라이는 그것을 인류사의 필연적이고 불가역적인 추세라고 생각하지 않는다. 역사상 되풀이되어 온, 태평이 지속되어 사치 풍조가 일시적으로 극단적으로 진행된 상태라고 생각한다(이렇게 이해하면 지구의 자원과 환경이 유한한 이상, 전 세계의 상품 경제화도 인류사에서 일시적인 버블에 지나지 않을 것이다).

그래서 대책이 필요하다. 그렇지 않으면 곤궁해지고 얼마 안 가서 난세에 빠져 버린다. 소라이는 그 대책으로서 무가가 지교쇼知行所에서 살아야 한다고 주장하였다. 무사는 지교쇼에 살면서 물자는 현물로 백성에게 직접 받는다. 연공으로 받은 쌀을 판 대금으로 필요 물자를 구입하는 것이 아니다. 생활 도구도 직인에게 재료를 주고 직접 주문 생산하게 한다. 무기 등은 하급 무사가 스스로 제작한다. 그리고 에도의 쇼군은 다이묘들로부터 특산품을 직접 헌상하게 한다. 도시화에 의한 상품 경제화를 근본 원인부터 역전시키려고 한 것이다. 그야말로 토착이 통치(정치)의 근본인 것이다.

(3) 예법의 제도

소라이는 더 나아가 《정담》에서 이렇게 말한다.

> 고대 성인의 법의 대강은 상하 만민을 모두 그 땅에 정착하게 하고 그 위에 예법의 제도를 세우셨다. 이것이 정치의 대강이다.

그렇다면 두 번째 대강, 예법의 제도란 무엇일까?

> 제도라 함은 법제 · 절도를 말한다. 고대 성인이 다스리시매 제도를 세워서 상하 차별을 두고 사치를 억누르고 세상을 풍요롭게 하신 신묘한 방법이다. 이로써 역대 모두 이 제도를 세우게 되었다. 지금은 대란 이후 무위로써 통치하는 세상이다. 상고와는 시대가 요원한 까닭에 고대의 제도는 세우기 어렵다. 게다가 대란 이후라 어느 제도도 남아 있지 않아 대대로의 풍속을 바로잡지 못하고 그대로 두었기에, 지금에 이르러서는 어느 하나 제도가 없이 상하 모두 제멋대로인 세상이 되었다.

구체적으로는 "의복 · 주거 · 기물 · 혼례 · 상례 · 서신 · 증답 · 수행원에 이르기까지 사람들의 귀천과 봉록의 고하 · 관위에 조응하여 각기 순서가 있음을 제도라고 한다." 요컨대 신분에 대응하여 의식주와 관혼상제의 의식과 행렬까지 일체를 정부가 정해 버리는 것이다. 의복의 원단 · 색 · 형태까지 생활의 양식과 수준을 신분별로 공식적으로 정하여 고정시키는 것이다.

왜 그럴까?

먼저 자원이 유한할 뿐 아니라 "그 가운데 좋은 물건은 적고 나쁜 물건이 많다. 따라서 의복 · 음식 · 주거에 이르기까지 귀인은 좋은 물건을 쓰게 하고 천인은 나쁜 것을 사용하도록 제도를 세울 때, 원래 귀인이 적고 천인은 많기 때문에 적은 물품을 적은 사람들이 사용하고 많은 것을 많은 사람이 사용하는 것이 도리에 맞으며, 장애가 없이 일본 내에서 생산되는 물건을 일본 내의 사람들이 사용함에 부족하지 않기" 때문이다.

자원과 생산물은 유한한 데다 품질이 좋은 물건은 적고 질이 안 좋은 물건은 많다. (이것을 현대에는 수입에 따라 불평등하게 배분하고 있는 셈이지만) 전자를 숫자가 적은 높은 신분의 사람들이 사용하고, 후자를 숫자가 많은 신분이 낮은 사람들이 사용한다. 그렇게 하면 도리에 상응하여 과부족 없이, 올바른 불평등 분배 · 소비가 가능하다는 것이다.[11]

게다가 그러한 제도를 만들면 신분의 구별을 명확하게 표시할 수 있기 때문에 상하 관계도 안정된다고 한다. 예를 들면 당시에는 무사라면 누구나 가미시모裃[12]를 입었기 때문에 외견만으로는 상하 신분이 구분되지 않는다. 따라서 고위자는 신분이 높다는 것을 드러내기 위해 "위압적인 태도를 취하여 신분의 높고 낮음을 구별하게 된"다. 한편 "하위자는 지나치게 예를 차려 굴종하고 아첨하는 풍속"이 되고 있다. 과도한 오만과 비굴이 만연한 것은 상하 구별이 명시되지 않았기 때문이다.

앞에서 "고대 성인이 다스리시매 제도를 세워서 상하 차별을 두고 사치를 억누르고 세상을 풍요롭게 하신 신묘한 방법"이라고 한 것은 바로 이 같은 이유 때문이다.

(4) 교체기

이상과 같은 혁신은 어떻게 실현할 수 있을까? 소라이가 말하는 대로 인간이 습관의 동물이라면 어떻게 대개혁이 가능할까?

소라이에 따르면 혁신의 최적기는 이에쓰나 말기 · 쓰나요시 치세 초기(1680년경)였다. 그런데 그 뒤에 저 돌팔이 의사 아라이 하쿠세키의 정책으로 심한 부작용이 발생했다(화폐 질을 높여 양을 줄인 탓에 디플레 상태였다)(《태평책》). 따라서 우선 동전을 대량으로 주조하여, 일시적으로 경기를 진작시킨다. 다음으로는 덕정령德政令을 내려 무사

11_이것은 《순자》 예론에도 보이는데, 명의 나흠순羅欽順 《곤지기困知記》(상권 52)에도 보이는 생각이다.

12_[옮긴이] 가미시모는 에도 시대 무사의 예복으로서 소매가 없는 가타기누肩衣와 색깔과 재질이 같은 하의인 하카마로 구성된다.

들의 지불 불가능한 빚을 탕감해 주는 대신, 향후 재판에 의해 착실하게 빚을 징수할 수 있게 한다. 무가의 당장의 곤궁을 구제하기 위한 것이다.

그리고 대개혁의 준비를 시작한다.

> 앞에서 말한 대로 의복 등의 제도를 정하기 위해서는 교체 시기에 윤곽이 그려지지 않으면 안 된다. 우선 동조궁에 고해야 한다. 닛코 참배를 하시기 2, 3년 전부터 수행원들의 장속裝束 · 다이묘 참배의 장속을, 이번에는 이렇게 해야 한다는 호령을 내려 신중하게 준비시키고, 이후에는 바로 평소에 사용하도록 하게 한다. (《정담》)

닛코 참배 즉 쇼군의 닛코 동조궁 참배이다(제3장 3). 수 년 동안 준비하여 다이묘들이 수행하고 또 그들을 따르는 어마어마한 행렬이 에도와 닛코를 왕복하는 성대한 의식이다. 그래서 예를 들면 3년 후에 닛코 참배를 한다는 고시를 내리고 신분별로 장속 등을 정하여 준비시킨다. 그리고 닛코를 방문하여 요시무네가 개국의 군주 이에야스를 참배한다. 그때 아마도 혁신하라는 계시가 내릴 것이다. 그리고 그때부터는 그 장속 등을 평일에도 사용한다. 이렇게 하여 닛코 참배가 교체 시기가 된다.

여기서 동조궁은 그야말로 귀신인 것이다. 즉 "삼대의 천자가 새로운 정치를 하시고 새로운 일을 일으키시는 것처럼, 또한 모두 조종을 제사하되 이를 하늘과 나란히 하여 하늘과 조종의 명을 받아 이를 내시고 점을 쳐서 이를 행하신다"고 하는 성인의 도를 충실하게 적용한 것이다. 어위광 지배의 정점에서 위엄 있게 빛나는 동조대권현의 권위를 빌려 경외하고 복종하는 것이다.

다만 일은 신중하게 해야 한다. 선후 완급의 순서를 정해서 "모든 일에서 총체적인 것을 우선 대강 세운 다음에 상세하게 한다." 무사의 토착 또한 다이묘의 참근교대 수행을 축소하고 에도에서 근무하는 가신단을 줄이는 데서 시작한다. 세세한 생활양식의 규정도 우선 조닌 · 백성을 대상으로 실행하여 사치를 금지시킨다. 그럼으로써 수요를 감소시켜 물가를 낮추고 무가를 구제한 다음에 무가에 대한 규정을 만들어 간다.

소라이는 진지했다.[13]

오규 소라이 사상의 근간은 때때로 '근대적'으로 불리는 입장의 반대, 거의 정확한 음화陰畵이다. 즉 역사관으로서는 반진보 · 반성장이다. 그리고 반도시화 · 반시장경제이다. 개개인의 생활에 대해서는 반'자유'이자 반평등이며 피치자에 대해서는 반'계몽'이다. 그리고 정치에 대해서는 철저한 반민주주의이다. 그런 점에서 놀랍도록 일관하고 있다.

찬동하기 어려운 입장일지도 모른다. 그러나 소라이는 유한한 환경에서 시장경제에 의한 무한한 '발전'이 가능하다고는 생각하지 않는다. 그리고 자유롭게 떠돌면서 얕은 인간관계만 유지하면서도 나쁜 일을 저지르지 않을 만큼 질서를 확보할 수 있을 정도로 인간이 훌륭하다고도 생각하지 않는다. 여기에 우리들은 어떻게 반론할 수 있을까?

참고 문헌

비토 마사히데 〈국가주의 원형으로서의 소라이〉(〈國家主義の祖型としての徂徠〉尾藤正英編《荻生徂徠(日本の名著十六)》中央公論社, 1974)

히노 다쓰오《에도인과 유토피아》(日野龍夫《江戸人とユートピア》朝日新聞社, 1977)

다지리 유이치로《오규 소라이(총서 · 일본의 사상가 15)》(田尻祐一郎《荻生徂徠(叢書 · 日本の思想家 十五)》明德出版社, 2008)

13_소라이의 개혁안은 본문에 서술한 것 외에도 매우 다양한 방면에 이른다. 이상은 주요한 부분의 개략에 지나지 않는다.

제10장 무뢰와 방벌 — 소라이학의 붕괴

1. 초조

만약에 쇼군 요시무네가 오규 소라이의 건언에 공감하여 그를 측근으로 두고 그 지도에 따라 '혁신'을 실행하였다면, 그리고 소라이 문인들도 차차 등용되어 각기 기질과 재능을 발휘하여 정책실행에 관여하였다면, 더 나아가 그 결과 만인이 '토착'하여 질박하고 안정된 세상이 실현되었다면, 소라이와 그 문인들로서는 최선의 결과였을 것이다.

실제로 소라이는 일시적으로 요시무네에게 기대를 걸었던 것 같다. 그의 손제자에 따르면 언젠가 소라이는 이렇게 말했다고 한다.

> "지금이 중흥기이다. 마나베 에치젠노카미間部越前守를 할복하게 하고 국초 공신인 왕후들이 쇠퇴하였으니, 은혜를 베푸시어 돌보시고 민의 이목을 새롭게 하지 않으면 점차로 쇠퇴하게 될 것"이라고 말씀하셨다.
>
> 그 후 1년 남짓 지나, "내가 말한 대로 되지 않았으니, 이런! 중홍의 기운이 없구나"라고 한탄하면서 슌다이春台에게 말씀하셨다. (《문회잡기》)

이에노부 · 이에쓰구 아래에서 아라이 하쿠세키에게 협력한 로주 마나베 아키후사間部詮房를 할복하게 하고(!), 그들에게 반발하였던 후다이 다이묘들과 손잡고 정치 개혁에 착수하려는 구상이었을 것이다.

그러나 소라이가 말한 대로 '중흥'이 시작될 기미는 없었다. 그는 도쿠가와 치세의 장래를 비관하면서 위기감과 초조감이 커져만 갔다. 1728년(享保 13) 죽음에 임박하여 그는 이렇게 말했다.

> 국맥이 크게 쇠퇴하여 머지않아 갑주甲冑가 필요하게 될 것이다.(같은 책)

얼마 가지 않아 난세에 빠지게 될 것이라는 예고였다.

남겨진 소라이 문인들은 어떻게 살아가야 했을까? 주자학자라면 자신의 정책제안이 채용되지 않더라도 홀로 수양하며 완벽한 인격자란 의미에서 성인을 지향하면서 노력해 가는 것에서 인생의 의미를 찾을 수 있다. 그런 삶 자체가 다른 인류에게 모범을 보이게 되기도 한다. 또 진사이학자라면 주군에게 제언이 받아들여지지 않더라도, 주변 사람들에게 따뜻하고 친절한 태도로 사랑을 베풀면서 살아간다면 그것으로 훌륭하게 도를 실행하면서 산 것이 된다. 그러나 오로지 천하 국가를 다스리는 도를 배웠던 소라이학자들은 도가 실행되지 않았을 때 어떻게 해야 할까. 정치학 · 정치학자가 어떻게 정치의 현실과 결합할 수 있을까라는 고대 이래의 난문(플라톤《국가》499B)이, 소라이학자를 번뇌하게 하는 것이다.

우선 네 종류의 대응이 있었다.

2. 붕괴

첫 번째는 포기하지 않고 정책 제언을 계속하여 위정자에게 적극 요청하는 대응이다. 다이묘 가에서 그렇게 해 온 예도 있다(우사미 신스이宇

佐美灊水 등). 그리고 쇼군 가에서는 소라이의 유력한 제자인 다자이 슌다이가 그러하였다. 그는 소라이가 죽은 다음 해《경제록》(경제란 경세안민 · 경국제민의 약자. 통치의 의미)을 저술한다. 그는 서문에 이렇게 쓰고 있다.

> 무릇 경제란 고금이 때가 다르고 중화와 일본이 풍속이 달라도 이를 행하는 기술은 조금도 다르지 않다. 만약 옛날에는 좋았지만 지금은 좋지 않고, 저 나라에는 좋지만 이 나라에는 좋지 않다면 성인의 도라 할 수 없을 것이다. 이를 행하여 실행되거나 혹은 실행되지 않거나 하는 것은 행하는 사람에게 달린 것이다. 사방 만국, 해와 달이 비추는 땅에 성인의 도가 행해지지 않은 곳은 없다. 하물며 일본은 고대부터 중화의 도를 이용하여 다스려 오던 나라이니, 말세라 해도 도저히 재흥할 수 없지는 않을 것이다. 만약 영웅호걸이 있어 윗사람에게 쓰이게 되어 때를 얻고 그 기술을 펼치면, 선왕의 도와 공자의 가르침이 나라 안에 행해져서 만민이 그 덕과 은택을 입을 것이니 때를 기다려야 한다.

성인의 도가 갖는 보편성과 실효성에 대한 신념과 (다자이 슌다이 자신과 같은) 영웅호걸의 등용에 의한 재흥을 기대하는 것이다.

그리고 4년 뒤 쉰넷이 된 1733년(享保 18)에 그는 새로 쇼군직을 계승한 도쿠가와 이에시게德川家重에게 의견서를 제출한다. 요시무네에게 실망하여 다음 대에 기대를 걸었을 것이다. 일개 로닌으로서는 대담한 행위였으며 처벌될 위험도 있었다. 그러나 그 정도는 각오했을 만큼 골똘히 생각하여 결심했던 것 같다. 그러나 이에시게는 아무런 반응이 없었다.

슌다이는 그것까지도 짐작하고 있었을 것이다.《경제록》서문에는 다음과 같은 안타까운 말도 있다.

옛날 어떤 사람이 천금을 써서 용을 죽이는 기술을 배웠어도 죽일 수 있는 용이 없어서 일생을 허무하게 보냈다더니, 나 같은 사람이 그와 비슷하구나. 그러나 이 몸이 이대로 죽는다면 배웠던 용 잡는 기술은 헛되게 땅 속에 묻히게 되어 애석하니, 변변치 못한 글을 기록하여 서고 안에 넣어 두었다가 넓은 세상에서 누군가 만약 용을 찾아 죽이려고 생각하는 사람이 있으면 조용히 이것을 건네 그 계획을 도울 수 있기를 바란다. 이는 내가 평생토록 가져 온 작은 마음이다. 만약 그 가운데 만분의 일이라도 채용되는 것이 있다면 이 몸은 죽어서도 살아 있는 것과 같으리라.

생각해 보면 공자와 맹자도 명군을 찾아 일생을 떠돌았다. 그들의 제자와 마찬가지인 슌다이도 문자의 힘에 기대를 건 것이다.

두 번째는 탈정치화이다. 문인文人으로 알려진 핫토리 난카쿠服部南郭가 그 전형이다. 그 역시 정책을 논하기도 했다. 그러나 소라이 문인들의 일화를 수집한 《훤원잡화萲園雜話》에 따르면 "난카쿠가 한문으로 공의의 일을 썼다가 이 때문에 특히 고생을 했기 때문에 그 후로 일절 경제를 그만두고 오로지 시문에 전념하게 되었다"는 일도 있었다. 실제로 "나는 절대 경제에 대한 이야기는 하지 않겠다"고 말했다고도 한다(《문회잡기》). 일부러 정치적 관심을 스스로 봉한 것이다. 그 이유는 다음과 같다.

학자의 생각으로는 나라를 다스리게 되면 이렇게 저렇게 해야 한다고 말한다. 이런 논리를 마음속에 가지고 시세도 모르는 대다수가 나와 경제로써 나라를 잘못 이끄는 죄를 얻게 되는 것이다. 그래서 쌀에 관한 일을 글에 담아야 된다고 생각하지만, 또 한편으로는 그렇게 쓴다 해도 등용될 것 같지도 않고, 활용되거나 활용되지 않거나 하는 것도 운수이니, 무익하게 여겨져서 글로 쓰지 않게 되었다. 대다수 지금의 학자는 종이 위에서 헛된 이야기만 할 뿐, 산천을 돌아다니는 일도 없고 민의 정서를 알지도 못하면서 남을 다스린다고 생각하니 씁쓸한 일이다. (《문회잡기》)

정책 제언을 해도 채용될지 안 될지 모른다. 게다가 그야말로 소라이학으로 현실 감각을 키운 탓에 민의 정서까지 알지 못하면 통치할 수 없음을 안 만큼, 거꾸로 (소라이처럼 시골에서의 생활 경험도 없는) 자기를 부정하기에 이른 것이다.

이렇게 핫토리 난카쿠는 생애 오로지 의고적이고 기교적인 시문을 지었다. 때때로 "우리 학파가 배운 일은 애초에 세상에서 혹 덩어리나 사마귀 같이 쓸모없는 것이었다"(〈덴다이신에게 보내는 서문送田大心序〉《난카쿠 선생 문집 3편》 권5)라고 자조하면서 울적한 마음을 내비치고 있다. 강렬하게 정치적이었던 만큼 일부러 탈정치화하여 굴절된 문인으로서 살아간 것이다.

세 번째로 무도덕화이다. 그것은 도덕에 반함을 알면서도 잘못을 저지르고 마는 부도덕이 아니다. 도덕성 자체에 대한 무관심과 냉소이다. 애초 소라이학은 도덕적 수양 자체를 중시하지 않는다. 통치 조직에서 일하기 위하여 각각의 기질에 응하여 어울리는 덕을 기르면 될 뿐이다. 그런데도 통치하는 자리로 나아가는 길이 막힌다면 그런 덕을 기를 이유도 없어지는 것이다.

이윽고 소라이학을 배우면 인격이 망가진다, 방탕하고 무뢰배가 된다는 평가가 정평 · 정설이 되어 갔다.

예를 들어 "어떤 사람 말로는, 소라이의 가르침으로는 제자들이 방탕하기 쉬워서 그 부모형제도 배우는 것을 말리게 되고, 지금은 주자학을 하는 것도 드문 일이 아니니 조금은 다른 이야기를 하지 않으면 흥미롭지 않다고 하여 육왕학陸王學[1]을 주창하는 사람도 나오게 되었

1_남송의 육상산과 명의 왕양명의 학문. 서로 유사하여 육왕으로 병칭한다.

다"는 지적이 있다(간차잔管茶山《붓 가는 대로》[2]). 나아가 "오자와 분지로小澤文二郎는 소라이학이지만 방탕하지 않으니, 서책을 정치하게 읽었기 때문"이라는 소문이 있다(《풍문서よしの册子》 1787년 12월 항목). 소라이학을 배웠지만 방탕하지 않다는 것이 화제가 되는 것이다.

그 이유를 오타 긴조大田錦城는 "소라이 이후의 학자는 천하의 로주가 되기 전까지는 학문은 쓸모없다고 생각한다. 그래서 무도불선無道不善을 행하는 것이 더욱 심하다"고 설명하였다(《오창만필 후편梧窓漫筆後篇》 1824 서). 나아가 히로세 단소는 도를 인조물이라고 한 것이 문제라고 하였다(《야우료필기夜雨寮筆記》).

> 성인도 사람이다. 유가의 시조라 하는 공자도 중국인이다. 우리 나라 사람으로 치면 군주도 아니고 부모도 아니다. 아무 상관이 없는 사람이다. 만약 도라는 것이 그 사람의 마음에서 만들어지는 것이라고 한다면 평소에는 이를 이용할 수 있겠지만, 일생의 큰일에 임해서 목숨을 버리고 그 가르침을 지키는 것은, 성인군자에게야 각별하지만 평범한 사람은 할 수 없는 일이다.

하늘도 믿지 않고 자연법도 믿지 않고 어차피 도덕 · 윤리를 인간 작위의 산물이라고 생각하는 사람은 목숨을 걸면서까지 도덕적이고자 하지 않는다. 나아가 "도를 만들어진 것이라 함으로써 세상에서 독실하고 근엄한 군자를 겉만 꾸미는 자라고 하고, 방탕하고 무뢰한 자들을 천하의 진실을 얻었다고 한다"는 데까지 이른다. 소라이학은 도덕에 대한 노력을 위선이라 냉소하는 시니컬한 무뢰한을 생성한다는 것이다.

그래서 일단은 소라이학을 끌어안으면서도 주자학으로 되돌아가는

2_[옮긴이] 원제는 《筆のすさび》이며, 일본어로는 '후데노 스사비'라고 읽는다. 간차잔의 수필집으로 사숙의 방문자에게 들은 여러 나라의 이야기와 친구들에게 받은 편지에서 관심 가는 일에 대해 써 둔 것을, 그의 제자가 정리하여 1856년에 간행하였다.

사람도 나왔다(예를 들면 비토 지슈尾藤二洲). 또 소라이학의 충격을 받아들이면서 다시금 도덕의 기초를 다지고자 하는 사람도 나왔다(예를 들면 가타야마 겐잔片山兼山 · 이노우에 긴가井上金峨 · 가메이 쇼요龜井昭陽 · 도시마 호슈豊島豊州).

네 번째의 대응은 어떤 의미에서는 가장 심각하다. 소라이학이 현실 정치에 활용되지 못하는 것뿐이라면, 나쁜 것은 그런 현실이지 소라이학이 아니라고 말할 수도 있다. 그러나 소라이학이 예견한 난세가 오지 않는다면, 그것은 소라이학에 대한 회의를 품게 한다.

1747년(延享 4) 세상을 떠난 다자이 슌다이는 "도쿠가와 치세 말년은 큰 도적떼의 난세가 될 것이다"라고 말했다고 한다(《문회잡기》). 그러나 그 이후에도 태평시대는 계속되었다. 18세기 후반 기근 · 폭동은 산발하였지만 여전히 대외적 위기감도 없었다. 아무리 봐도 전국시대가 다시 올 것 같지는 않았다.

핫토리 난카쿠는 "지금의 국가는 봉건제로 인하여 예양화악禮讓和樂이 삼대의 풍속에 가깝다"(〈덴다이신에게 보내는 서문〉《난카쿠 선생 문집 3편》 권6)고 적고 있다. 또 다자이 슌다이의 제자 마쓰자키 간카이松崎觀海는 다음과 같이 서술한다.

> 신조神祖가 세상을 통치하시매 태평이 백 년을 지났다. 이는 삼대보다 우월하다. 하 우왕의 아들 계啓는 얼마 안 가 난세를 맞이하였고, 은은 상세하지 않으며, 주는 문무성강文武成康이 이어졌지만 소왕은 남천南遷하여 돌아오지 않았다. 지금 일본의 태평치세는 하나라, 주나라보다 훨씬 뛰어난 체제라고 생각된다. (《문회잡기》)

성인의 도로써 제도를 개혁하는 일(《태평책》)이 행해지지 않는데도 지금이 중화의 고대보다 나은 태평한 시대라는 것은 무슨 의미인가? "선왕이 예악을 만드심도 태평하게 다스리고자 생각하신 까닭이다.

따라서 지금 태평하니 이미 예악이 필요치 않을 것이다"(핫토리 난카쿠의 말, 《문회잡기》)는 것이 논리적인 해답일 것이다.

그렇다면 그 이유는 무엇일까? 난카쿠는 이렇게 말했다고 한다.

> 중국과 비교해 보면 나중에 성인이 나올지도 모른다. 지금 일본은 중국의 요순 시대 이전인지도 모르겠다.(같은 책)

현재 일본은 성인의 도 이전의 원시적인 평화 상태인지도 모른다는, 좀 낯간지러운 해석이다. 그러나 답이 하나 더 있다. 난카쿠가 내린 최종 결론이기도 했다.

> 중화에서는 성인과 천자는 종묘를 머리 꼭대기에 모시고 제후는 천자를 받들게 하여 배치하여 나눈다. 그리고 경卿이라 하는 것을 두는바 사람들의 됨됨이가 심히 안 좋은 나라라고 생각한다. 그래서 성인은 예악으로써 다스렸던 것이다. 일본이 예악 없이도 다스려지는 것을 보면 중국인보다 됨됨이가 좋은 것이다.(같은 책)

요컨대 일본 특수론인 동시에 일본 우위론이다. 다자이 슌다이의 제자에게 배우고 난카쿠와도 교유한 가모노 마부치賀茂眞淵도 이렇게 증언하고 있다.

> 이국을 좋아하는 사람이 일본을 낮추어 생각하는 것은 이국의 학문을 잘 아는 사람이 아니다. 동쪽(에도를 가리킴)에도 완고한 사람이 많지만, 난카쿠라 하는 자는 학문을 배우는 데 도란 무익한 공담이며 세상을 다스릴 수 없음을 알아서 수시로 사람들에게도 말하였다. 그런 까닭에 단지 시문을 짓는 데만 마음을 두고자 하여 전혀 경서에 대해 말하지 않게 되었다. 하늘 아래 일본만큼 잘 다스려지는 나라는 없다. 이 위에 무엇이 있겠는가.(〈류코비·가모노 마부치 문답龍公美賀茂眞淵問ひ答へ〉

두주頭註)

결국 제도로는 일본의 안정과 번영을 설명할 수 없다. 그렇다면 중요한 것은 사람이다. 일본인은 원래 뛰어나기에 외국을 모방하지 않더라도 외국 이상으로 잘 되는 것이다—라는 해석이다.

오타 긴조 역시 이렇게 쓰고 있다.

> 옛날 왕조가 홍성했을 때에 제왕 27대, 340여 년 동안 의관衣冠한 자를 처벌하여 죽이는 일이 없었다(《호겐 모노가타리保元物語》[3]). 인후仁厚한 정치는 한·당·송·명의 계획이 미칠 수 있는 바가 아니니다. 지금 역시 도쿠가와 가문이 천하를 통치하신 이래로 2백 년, 간과병란干戈兵亂의 우환이 없다. 이 역시 삼대 성인의 통치가 미칠 수 있는 바가 아니니다. […] 그렇다면 우리 나라는 군현제라도 중국보다 잘 다스려지며 봉건제라도 중국보다 잘 다스려지는 국풍인 것이다. 이는 제일 먼저 인정과 풍속이 순박하고 충후忠厚하기 때문이다. (《오창만필》 1823 서, 괄호 안도 긴조)

이렇게 소라이학의 존재 의의에 대한 부정은 나아가 중국에 대한 일본 우위론을 낳았다. 그것이 오타 긴조처럼 절충적인 유학에서 그치는 경우도 있다. 그러나 더 나아가 결국 유학과 중국 자체를 비하하여 일본인과 그 마음을 찬미하는 데 이른다. 요컨대 국학적 입장이다. 후술하듯이 국학의 태두는 일면 사상 체계로서의 소라이학의 붕괴의 결과이다.

이렇게 소라이학 체계를 그대로 유지하는 것은 곤란해졌다. 그리고 당치 않게도 그 일부를 채용하여 소라이가 지키고자 했던 도쿠가와 정권을 타도하려는 인물까지 등장하였다. 야마가타 다이니山縣大貳이다.

3_[옮긴이] 《호겐 모노가타리》는 1156년 일어난 호겐의 난의 전말을 그린 가마쿠라 시대 초기의 군기물이다.

3. 방벌—야마가타 다이니의 사상

(1) 인물과 저작

야마가타 다이니(1725-1767)는 막부 직할령인 고후甲府(지금의 야마나시 현 중부)의 하급 무사였다.[4] 주자학자인 야마자키 안사이의 손제자이자 신관이기도 했던 가가미 오우加賀美櫻塢와 다자이 슌다이의 제자로 의사였던 고미 후센五味釜川에게 배웠다(후센의 이름은 슌다이의 시문집《슌다이 선생 자지원고春台先生紫芝園稿》에도 반복해서 등장한다). 그러나 26세에 동생의 불상사에 연루되어 로닌이 된다. 에도로 가서 일시적으로 다이묘에 봉공하기도 하지만, 1760년(寶曆 10) 이후에는 사숙을 열어 유학과 병학을 가르치며 생활하였다.

그 기간 동안 그는 좀 기묘한 행동을 한다. 두 개의 현창비를 건립한 일이다. 첫 번째는 1762년(寶曆 12)에 건립한 야마토타케루노미코토日本武尊의 기념비이다. 장소는 고향인 고후 근교인 사카오리노미야酒折宮이다. 그곳이 야마토타케루노미코토가 동이東夷를 평정하고 돌아오는 길에 들른 구지舊址이기 때문이다. 두 번째는 야마토타케루노미코토를 위해 자살한 오토타치바나히메弟橘比賣의 비이다. 장소는 에도 무코지마向島에서 그녀를 제사했다고 여겨지는 바위의 옆이다(1766). 그리고 그 다음 해 11월 마흔셋의 그는 제자들과 함께 체포되어 8월 사죄死罪(참수 후 사체는 칼의 시험에 이용)에 처해진다. 여러 가지로 불경하고 오만방자함이 지극하다는 이유였다. 큰 파장을 일으킨, 이른바 메이와 사건明和事件이다.

다이니는 어떤 생각으로 무엇을 하려고 했던 것일까? 간략한 판결문으로는 그다지 분명하지 않다. 그러나 그의 주저《유자신론柳子新論》(1759, 미간행)에서 추측할 수는 있다.

4_다이니의 이력은 대체로 이이즈카 시게타케飯塚重威《야마가타 다이니 정전正傳》(三井出版, 1943)에 의한다.

〈아즈마노모리 비吾嬬森碑〉 야마가타 다이니가 세운 오토타치바나히메弟橘媛를 기리는 석비. 도쿄 스미다 구墨田區.

(2) 《유자신론》의 주장

《유자신론》의 기본적인 이론 틀은 소라이학에 가깝다(정확하게는 성인 출현 이전의 인류는 전쟁상태였다고 강조하는 등, 다자이 슌다이[5]에 가깝다). 즉 다이니에 따르면 야만적이었던 인류에게 일찍이 성인이 의식 기술을 가르치고 귀천 친소의 명분을 정하고 농공 상매의 분업을 가르치고 예와 관제를 세웠다. "우리 동방의 나라를 만드시"는 데 이르러서도 신황神皇이 의관의 제도와 예악의 가르침을 세워서, 삼대의 시대에 견주어 떨어지지 않을 정도였다. 즉 소라이학적인 성인 제작론인데 고대 천황을 성인으로 간주하는 것이다. 그래서 역사 해석이 소라이와는 크게 달라진다.

호겐保元 · 헤이지平治의 난[6] 이후 조정이 쇠퇴하고 주에이壽永 · 분

5_다자이 슌다이《변도서》(1735 발).

6_[옮긴이] 호겐의 난은 헤이안 시대 말기인 1156년 7월에 스토쿠崇德상황과 고시라카와後白河천황의 대립과, 셋칸가攝關家였던 후지와라노 다다미치藤原忠通 · 요리나가

지文治(1182-1190) 이후, 결국 동이[7]가 일절무단一切武斷하여 배신陪臣이 권력을 전횡하고 황통이 겨우 지속되고는 있었지만 이름과 실제가 분리되고 말았다. 선왕의 예악은 소실되었고 전국戰國의 폐단이 이어져 지금까지도 임시변통의 정치가 행해지고 있다. 다이니는 그렇게 이해한다.

이 배경에는 적지 않은 유학자가 품었던, 금리는 중화풍의 군주라는 이미지가 있다(국학자는 언급하지 않으며, 메이지 유신 이후는 감춰진 이미지이다). 율령제 · 당의 장속에 의한 즉위 의례 · 아악 · 존마게가 아닌 공가의 머리 모양과 우아한 복장, 그리고 당의 장안을 모방한 헤이안平安즉 교토의 도시 구조[8] 등등에 의한다.

그래서 다이니에게 무가의 세상으로 전환된 것은 선왕의 예악이나 의관이 실추된 것이다. 도쿠가와 씨도 폭력적인 찬탈자로서 야만적인 '동이'이다(동이를 평정한 야마토타케루노미코토를 현창한 함의는 명백하다). 따라서 성인의 도는 그에게 도쿠가와 시대의 연명이 아니라 비판의 도구로 전화한다. 그에게 성인의 도는 권형權衡 · 승묵繩墨 · 규구規矩이며, "이것을 이용하여 경중을 바로잡고 이것을 꼬아서 곡직을 바로잡고 이것을 마련하여 방원方圓을 바로" 해야 한다.

그가 보기에 현재는 "제작의 때와 멀어진 것이 천여 년이니, 세상이 그때의 세상이 아니며 나라가 그때의 나라가 아니다. 말미암아야 할 예가 없고 계승해야 할 법이 없"으며, 할거의 유속遺俗과 융만戎蠻

賴長 형제의 대립이 격화되어 발생하였다. 무사의 정계 진출에 커다란 계기가 되었다. 호겐의 난 이후 고시라카와 천황의 친정과 원정院政 동안에 무사와 측근들 사이에 권력 투쟁이 격화되어 1159년 12월에는 헤이지의 난이 발생하였다. 다이라노 기요모리平清盛가 미나모토노 요시토모源義朝를 격퇴시키고 다이라 씨가 중앙 정계에서 최강의 무사 가문으로 대두되었다.

7_[옮긴이] 여기서 동이는 가마쿠라 막부를 가리킨다.

8_장안이 아닌 헤이안쿄平安京의, 왕궁을 북쪽에 두고 정확하게 동서남북으로 직선도로가 놓이는 도시 계획은 전형적으로 중국적이며, 교토를 '일본적'인 도시처럼 생각하는 것은 착각이다. 조카마치城下町야말로 일본적이다. 따라서 지방의 조카마치를 '○○의 작은 교토'라고 부르는 것은 오류이다.

의 여풍餘風뿐이었다. 관제가 어지러워지고 문무의 구별이 없기 때문에 무인이라 칭하는 자에 의한 가혹한 정치가 행해지고 있다. 문을 존숭하지 않으므로 예악이 무너져 사士는 비루한 풍속을 견디지 못하며, 무만을 높이는 까닭에 형벌만 행해지고 민은 그 가혹함을 견디지 못한다. 그래서 사람들은 이동하게 되고 "토착하던 풍속이 변화하고 도시로 떼 지어 모이는 풍속"이 일어나고 있다. 대읍통도大邑通都가 이상하리만치 번영하고 상인이 거대한 부를 축적한다. 한편 공후公侯·경상卿相·대부大夫·사士·농공農工은 궁핍해진다.

상인을 적대시하는 것과 토착의 이상理想은 소라이에게 물려받은 것이다. 나아가 편오編伍의 제도와 호적법이 없으면 안 된다는 등, 소라이의《정담》과 유사한 개혁안도 서술하고 있다.[9]

그러나 결국 그에게는 도쿠가와 정권 자체가 근본적인 문제였다. 예악 문물로 천하 사람들의 이로움을 일으키고 정령政令과 형벌로 그 해악을 없애지 않으면 안 된다. 그리고 방벌이야말로 인仁을 위한 가장 큰 형벌이다.

> 일찍이 형벌이라는 것이 어찌 단지 민이 죄 짓는 것을 금하기 위한 것일 뿐이겠는가? 만약 천하에 해악을 끼치는 자라면 나라의 군주라 하더라도 반드시 벌해야 한다. 잘못하면 거병하여 이를 친다. 그런 까닭에 탕이 하를 방벌하고 무가 은을 방벌한 것도 모두 그 큰 것이다.

나아가 다이니는 이렇게 단언한다.

9_《정담》은 원래 비서秘書였을 터인데, 1859년 간행되기 이전에 사본에 의해 널리 유포되었다. 모토오리 하루니와本居春庭(노리나가의 아들)의 유고라 일컬어지는《도능좌희초道能佐喜草》(1819 서, 아키타야 이치베에秋田屋市兵衛 간, 스하라야 모헤에須原屋茂兵衛·야마시로야 사헤에山城屋佐兵衛·오카다야 가시치岡田屋嘉七 외 발매)에는, "몇 해 전 모노노베物部 소라이라는 남자가 정담을 쓰고, 그의 고제 다자이슌太宰純이라는 남자가 경제록을 썼다. 한학을 하는 사람들이 그들의 책을 보고 두 사람을 성도聖道의 중흥이라 생각하는 것은 크게 잘못되었다"는 서술이 있다(13정).

설령 그 무리 아래 있더라도 이를 잘 이용하여 그 해악을 없애고 이로움을 일으키는 데 뜻을 두면, 방벌 또한 인이라 할 만하다. 다름 아닌 민과 뜻을 같이하면 된다.

제후 등의 지위에 있지 않더라도 민과 뜻을 같이하여 민을 위해 궁극의 형벌로써 폭군을 방벌한다. 그것은 인한 행위이다.

그리고 《유자신론》 말미에는 다음과 같은 분명한 선동이 등장한다.

큰 나무가 꺾이는 것은 반드시 나무 굼벵이가 지나다니기 때문이다. 큰 둑이 무너지는 것은 반드시 틈이 통하기 때문이다. 그러나 여기에 거센 바람과 폭우가 더해지지 않으면 꺾이지 않으며 무너지지 않는다. 그렇지만 바람과 비가 없다고 해서 그 벌레와 틈을 위태롭게 여기지 않으면 우환에 이르게 된다. [···] 이때에 임해 영웅호걸이 몸을 던져 인을 이루거나 민을 이끌어 의를 따르고, 충신지용忠信智勇의 사士가 가르치고 이끌어서 천하를 선동하면, 주린 자가 먹을 것을 찾고 목마른 자가 마실 것을 찾듯이, 분연히 일어나 고분고분하게 따르게 되어, 그 기운을 스스로 제어할 수 없을 것이다. 원통함을 씻어 내서 설욕하려는 마음, 은혜에 감사하여 보답을 하려는 의지, 용기를 내어 의로움을 격려하면, 방벌하는 것은 나무 굼벵이가 지나다니는 나무, 틈이 벌어지는 둑과 같이 쉬우며 게다가 여기에 거센 바람과 폭우를 더하였다고 할 수 있다.

소리 내어 읽어 보면 누구라도 알 수 있듯이 사람을 떨쳐 일어나게 만드는 문체이다.

1763년(寶暦 13) 병학자 마쓰미야 간잔松宮觀山은 《유자신론》의 발문에서 깊고 원대한 계략은 대체로 올바르나 양도향배지론兩都向背之論은 문제가 있다고 지적했다. 양도, 즉 에도와 교토 중 어느 쪽을 취할지에 대한 논의는 부적절하다는 것이다. 지금 "천조天朝의 존귀함은 높이 구중구름 위에 있으며" 인신관계人臣官階의 권한을 관장하고 조세재화의 이익에는 관여하지 않기 때문에 보상寶祥, 즉 천자의 지위는 흔들리지 않는다. 천하에 도를 갖춘 선비는 그것을 송하頌賀하고 있다. 이것이 간잔의 감상이다.

다이니는 이에 대해 강하게 반론하였다. 천조가 존귀하다고 해도 그 봉록은 일개 대부大夫의 녹봉 이하이며 인신관계의 권한도 형식일 뿐이다. 그리고 조세재화의 이익에 관여하지 않는 것은 위를 위해서는 괜찮아도 아래로는 조민兆民이 있지 아니한가. 그들은 주리고 추위에 떨면서 가혹한 형벌로 고통받고 있다. "천황의 위광 아래 제후를 잘 제어"하라, 그러면 군자는 의를 중시하고 소인은 이로움에 의지하게 된다. 그리고 군국軍國의 제도를 대신하여 관면冠冕의 정치 즉 예악에 의한 통치가 행해져야 한다.

다이니는 도쿠가와 가를 대신하여 금리가 스스로 다이묘를 이끌고 문의 통치를 실현하기를 꿈꾸었던 것이다. 통치 방법으로서의 성인의 도에 대한 소라이학파적인 신봉이, 천조를 거점으로 하여 방벌에 의한 혁신을 호소하는 것으로 바뀌었던 것이다.

아래의 오다 긴조의 말은 암묵적으로 다이니를 가리키는 것이 아닐까?

> 세상에 왕실가라고 하는 학자가 있다. 이것은 성인의 도덕을 모르면서 제도만을 도라고 생각하여 기뻐하는 마음에서, 옛 왕조의 관직과 관복 등을 사모하여 지금의 사카야키月代[10]나 가미시모를 싫어하고 무가의 시대를 비난하는 무리이다. (《오창만필》)

또 다이니에 대한 판결문은, 다이니가 금리를 행행行幸도 할 수 없는 갇힌 몸과 같다고 하고, 제자들에게 병란 혹은 변사가 생기면 입신할

10_[옮긴이] 사카야키는 에도 시대 남자의 머리 모양으로 이마에서 머리 한가운데에 걸쳐 머리털을 밀었다.

수 있다면서 구체적인 지리나 성城을 언급하여 병학의 강석을 했다고 지적하고 있다. 앞서 말한 대로 다이니는 "영웅호걸이 몸을 던져 인을 이루거나 민을 이끌어 의를 따르고, 충신지용의 사士가 가르치고 이끌어서 천하를 선동하면" 방벌은 용이하다고 믿었다. 그는 자신을 그런 영웅호걸이라 가정하였을 것이다.

참고 문헌

사가라 도루《근세 일본의 유교 운동의 계보》(相良亨《近世日本における儒教運動の系譜》理想社, 1965)

노구치 다케히코《에도 문학의 시와 진실》(野口武彦《江戸文學の詩と眞實》中央公論社, 1971)

히노 다쓰오《소라이학파》(日野龍夫《徂徠學派》筑摩書房, 1975)

히노 다쓰오《핫토리 난카쿠 전고》(日野龍夫《服部南郭傳攷》ぺりかん社, 1999)

제11장 반反도시의 유토피아
— 안도 쇼에키安藤昌益의 사상

1. 인물과 저작

진사이 · 하쿠세키 · 소라이 등이 살았던 번화한 대도시와 농촌의 격차는 매우 크다. 특히 산간 · 벽지의 빈곤함은 때로 방문한 도회인을 경악하게 했던 것 같다.

어떤 에도 사람은 자신이 "시골을 지날 때, 시나노信濃 어디에서 숙소를 찾았는데" 거기서 젖먹이를 재우는 모습을 전하고 있다(지다라쿠自墮落 선생[1] 《노사광勞四狂》 1745 서).

> 나무를 발처럼 엮어 놓은 곳에 큰 멍석 하나 깔고 작은 돗자리 한 장 펴서 벌거벗은 아기를 눕혀 놓고, 누더기 무명 조각에 누빈 보자기 같은 천 한 장을 덮어 놓았을 뿐이다. 부모 역시 잘 때는 아무것도 입지 않고 저러겠지.

1_[옮긴이] 《노사광》은 《노자경》을 빗대어 붙인 제목이다. 인생을 살아가는 데에 고생은 당연히 따라오는 것이며 그 때문에 미치고 만다는, 저자의 인생관을 엿볼 수 있는 책이다.

또 교토 출신의 나카자와 도니中澤道二는 오사카의 청중에게 얼마 전에 시나노에 갔었을 때 목격한 일을 이야기 한다.

> 거기서는 계집아이나 사내아이나 모조리 원숭이 같더라. 모내기 철이었는데 모내기를 쉴 때에 둑이나 들판에 올라가 서로서로 머릿니를 잡아 준다. 매끼 먹는 것으로 말하자면 수수와 피 같은 소 여물 같은 것을 먹고 […] 몸에 두른 것은 갈기갈기 […] 교토와 오사카의 여자들처럼 머리를 올리고 있는 사람은 한 명도 없더라. 변소를 보자면 거적뿐이고 널빤지 두 장을 깔았을 뿐으로, 흙발로 다니는 탓에 널빤지는 흙으로 불룩해져 있다. 그 판자에 다리를 걸치고 앉으며, 종이는 없고 호마목護摩木 같은 나무 조각이 구석에 있는데 그것으로 닦아 내더라.
> (《도이옹도화 6편道二翁道話六編》)

게다가 특히 간토關東 이북은 빈번하게 기근이 덮쳤다. 냉해로 인한 흉작이 몹시 심했다. 냉해는 태풍이나 해충의 피해보다 범위가 넓다. 그러나 전국적인 구제활동 같은 것은 없다. 그래서 각 영국領國은 식량을 저장해 둔다. 이윽고 영양실조 · 체력 저하 · 대량 병사와 아사의 과정을 밟는다. "풍년이 몇 년이나 계속되는 것이 아니다. 대개 15년 정도에 작은 기근이 들고 30년에 대기근이 있다. 무엇보다 40년, 50년이 지난 뒤에 흉작이 들면 가까운 시일에 또 흉년이 오기 때문에, 그때는 반드시 얼어 죽고 굶어 죽는 자가 수만에 이르는 것이 옛날부터 그러하다"(《기근통고饑饉通考》 저자는 쓰가루津輕 사람)는 이야기도 있었다.

도호쿠東北의 냉해는 태평양 고기압이 일본 열도를 덮지 않고, 장마전선 정체가 오래되어 북동의 냉습한 바람(높새바람)이 불 때 발생한다(미야자와 겐지宮澤賢治가 말하는 추위가 닥친 여름이다). 따라서 태평양의 동북해안이 특히 위험하다. 그리고 식량 확보 경쟁에서 가장 불리한 곳은 규모가 작은 영지인데, 오슈奧州의 동북단에 있는 난부 씨南部氏의 영지인 하치노헤八戶가 가장 혹독한 환경에 처한 지역이었다. 하치노헤는 표준 수확량이 겨우 2만 석인데 대개 5년에 한 번은 3천 석 이상 수확이 감소하였다고 한다. 또 예를 들면 1753년(寶曆 3)에는 약 1만 2천 석 감소, 2년 뒤에는 1만 9천 석 감소, 10년 뒤에는 아예 수확이 거의 없었다고 한다.[2] 처참한 상황이 실제로 발생한 것이다.

그리고 이번 장의 주인공 안도 쇼에키는 장년이 되어 바로 그곳의 의사로 사료에 등장한다. 실제로 그의 사상은 교토의 상류 조닌이나 쇼군의 고문 등과는 대극의 위치에서 세상을 바라보며 형성되었다.

그는 1703년(元祿 16)에 태어났다. 생가는 데와 국出羽國 아키타 군秋田郡 니이다무라二井田村에서 촌장을 하던 안도 가문이다. 쇼에키는 의사로서의 이름이다. 생가를 떠난 후에는 교토에서 의사 수업을 받았다.[3] 그리고 늦어도 1744년에는 하치노헤에서 의사로서 생활하였다. 의사로 호레키의 기근[4]을 체험했을 것이다. 1753년 그의 나이 쉰하나에 교토 오가와 겐베에小川源兵衛를 발행처로 하여《자연진영도自然眞營道》3권을 간행한다. 부분적인 차이가 있는 후쇄본도 있는 것을 보면 약간의 반향은 있었던 것 같다. 이윽고 여기에서 사유를 발전시켜 전 101권, 93책의《자연진영도》를 저술한다(그 가운데 15권만 현존한다. 이하 《고본稿本》이라 약칭). 또《통도진전統道眞傳》5권도 저술한다. 이 책들은 모두 일본어 어순과 어법에 가까운 비표준적 한문으로 쓰였으며, 훈점과 한자의 독음이 자세히 달려 있다(한문이 서툴러서가 아니라 일부러 전아함을 피하여 했을 것이다)[5].

그리고 아마도 1758년(寶曆 8)에 니이다무라로 돌아간다. 안도 가의 전 당주가 2년 전에 죽어서 그 뒤를 계승하고 마고자에몬孫左衛門이란

2_이상은 아라카와 히데토시荒川秀俊《기근》(教育社, 1979, 41-43, 83-85쪽)에 의거한다.

3_스즈키 히로시鈴木宏〈《유도통지도儒道統之圖》: 안도 쇼에키 교토 수학에 관련한 새로운 자료에 대하여〉(《일본사연구》437호, 1999년 1월).

4_[옮긴이] 호레키 연간(1753-1757)에 발생하여 도호쿠 지방에 큰 피해를 끼친 기근이다.

5_이하, 그의 글에서는 그의 구두점과 훈점에 따라 풀어서 인용한다.

이름도 이어받았을 것이다. 그리고 이내 마을 사람들의 마음을 사로잡았던 것 같다. 안도 쇼에키 사후, 마을의 절과 관계가 깊었던 어떤 신직神職은 이렇게 적고 있다.

> 근년에 쇼에키가 이곳으로 왔는데 5년 내에 집집마다 일대日待·월대·폐백幣白·신사神事·제례 등을 일절 믿지 않게 되어 그만두고, 그 밖에 경신대庚申待·이세코伊勢講·아타고코愛宕講도 중지하여 […]. (《약직수기掠職手記》)

쇼에키의 영향으로 기존에 지켜 왔던 기도나 신사·참배와 관련된 행사를 모두 중단해 버렸다는 것이다. 또 역시 쇼에키 사후 현지 다이칸代官은 "요즘 이곳에 떠돌다 들어와 사법邪法을 행하여 마을 사람들을 현혹시키는 의사 쇼에키"라고 적고 있다. 수상쩍은 신흥 종교 교주처럼 보였던 것 같다.

그러나 쇼에키는 살아서는 그다지 비난을 받는 일 없이, 1762년(寶曆 12) 60세로 병사한다. 그리고 2년 뒤 마을 사람들은 그의 집 뒤에 그의 현창비를 세운다. 거기에는 안도 가의 세손과 가르침의 요점이 쓰여 있고, 더군다나 수농대신 확룡당 양중선생재령守農大神確龍堂良中先生在靈이라고 새겨져 있다. 농업을 지킨 큰 신이란 의미일 것이다. 확룡당 양중이란 쇼에키가 주요 저술에서 쓴 이름이다(요컨대 진실한 도를 발견한 사람으로서 그는 확룡당 양중이었던 것이다). 그러나 "일본에서 대신이라고 부르는 것은 아마테라스오미카미天照大神와 야하타노오카미八幡大神뿐"이라고 믿는 신직과 (데라우케寺請제도에 의해 영주의 권력과 결합하여 힘을 가진) 사원의 압력이 들어와 마을 전체가 망하게 될 것을 두려워한 마을 사람들은 비석을 파괴하고 새긴 글을 기록한 문서만을 몰래 지켜 왔다. 이윽고 그의 자손들도 기억에서 지워져 갔다.[6]

6_이상의 경력은 주로 안도 쇼에키 연구회 편《안도 쇼에키전집》(農山漁村文化協會) 자료편 및 동《별권》〈연보〉에 의함.

《자연진영도(고본)》〈대서大序〉에 그는 "세상 사람들이 이 책을 보면 놀랄 것임에 틀림없다"라고 적고 있다. 《자연진영도(간본)》에 제자가 쓴 서문에도 "내 스승은 일본 중에서도 이 나라에서 태어나 불초하게도 고설古說을 자연의 도에 맞지 않는다고 하였다. 이 책을 읽는 사람은 곧 정신이 놀라고 전해 듣는 사람은 간담이 서늘하여 비웃기도 하고 싫어하기도 하니 이를 죄라고 하기를 바라지 않겠는가"라고 한다. 쇼에키는 스승의 가르침을 얻었던 일도 없고 고서를 배워 깨우친 것도 아니다. 그것은 "고대의 성인 · 석가 · 노자 · 장자 · 의醫 · 무巫 · 제불諸佛 · 제현諸賢 · 제학자諸學者가 아직 모르고, 아직 말하지 않은 것"이었다(《고본》). 기성의 가르침은 모조리 오류라고 하는 것이다. 따라서 그의 논의는 경전 해석학의 형식을 취하지 않는다. 다만 "나의 분별과 앎을 더하지 않"고 현실을 관찰하여 발견한 것이다(같은 책). 그리고 그의 문장은 독특한 조어와 표기로 가득 차 있다. 바로 이 때문에 오래도록 은폐되어 있던 진실을 드러낼 수 있다고 그는 믿고 있었다.

그렇다면 안도 쇼에키, 확룡당 양중선생이 발견한 사실은 무엇이었을까?

2. 토활진土活眞과 전정轉定

《고본》의 본문 첫머리에는 서명이 《자연활진영도》라고 쓰여 있다. 자연은 "혼자서 한다", 활진은 "살아가매 진실하다"라고 훈독하기도 했다. 스스로 살아가며 진실해지는 도를 말하는 것이다. 이 도는 전정의 운용이다. 전은 천天이다. 정은 바다이다.[7] 우주는 회전하는 공 모양의 전과 그 안에 둘러싸여 안정되어 고요한 정으로 구성된다. 그리고 이

7_[옮긴이] 쇼에키는 전정轉定을 음독하여 '텐치'로 읽었는데, 이는 천지天地와 발음이 같다. 쇼에키는 하늘은 끊임없이 움직이고 바다는 하늘 안에 감싸여 정지한 것으로 보았기 때문에 한자 轉과 定으로 표기하였다. 이에 따라 이하 본문에서는 독자의 편의를 위해 전정을 천지로 바꾸어 번역하였다.

전정의 중앙에 땅이 있다(《고본》 3). 그것들은 모두 기氣로 이루어지며 시작도 없고 끝도 없다. 부단히 저절로 운동하여 (나아가거나 물러나고, 통通・횡橫・역逆으로 움직여) 사람을 포함한 만물을 생성한다.

이상은 천지의 기가 자기 운동하여 만물이 생성된다고 하는 유학적 자연관에서 그리 멀지 않다. 그러나 그 다음에 그의 논의는 놀랄 만한 방향으로 전개된다.

첫째로 이상과 같은 전정의 운행, 만물의 생성을 그는 '직경直耕'이라고 한다. 자연의 운행과 계절의 순환을 활진이 저절로 그리고 스스로 하는 거대한 일굼, 즉 농사로 간주하는 것이다. 유학자라면 언급하지 않는 내용이다. 또 동시대 서양에서 유행한 자연을 거대한 시계 작용 즉 기계로 간주하는 사유와도 대조적이다.

둘째로 그는 만물이 '호성互性'을 이룬다고 한다. 그것은 '이별二別'의 부정과 표리관계를 이룬다. 모두 그가 만든 말이다. 요컨대 유학에서는《역경》에 전형적으로 보이듯이, 종종 음양 · 천지 · 존비 · 귀천 상하 · 사정邪正 · 치란治亂 등 대비와 대립으로 만상을 파악한다. 그러나 그에 따르면 그런 이항 대립적인 이해(이별)는 오류이다. 언뜻 그렇게 보이는 것도 서로를 안으로 포함하고(성性을 서로互하고), 한 몸으로서 있는 것이 존재의 실상이다. "상대어가 있는 말은 모두 잘못된 것이다"(《통도진전》 1). 치라고 하기 때문에 난도 있는 것이다. 치가 없으면 난도 없다(같은 책). 남녀라는 상대어조차 오류이다. "남자의 성은 여자, 여자의 성은 남자, 남녀 호성으로 활진인活眞人"(《고본》 대서)이다. 따라서 그는 남녀라고 쓰고 '사람'이라고 읽는다. 남녀 한 쌍으로 완전한 사람인 것이다.

3. 남녀

남녀는 천지에서 생겨나고 그 천지의 존재양식을 체현하고 있다. 천지의 적자이며 작은 천지이다(《고본》 5).

그래서 첫째로 남녀는 천지와 마찬가지로 직경해야 하는 것이다. 스스로 경작하여 곡식을 얻고 그것을 먹고 살아가는 것이다. "하늘과 사람과 직경은 서로 화합하여 시작도 없고 끝도 없는 자행自行"이다(같은 책).

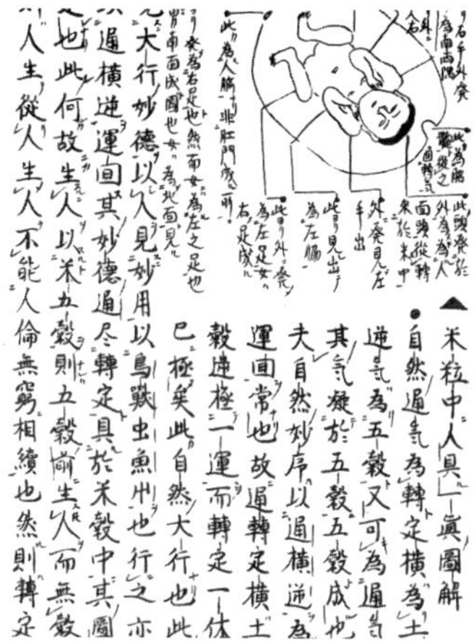

《통도진전》 3 〈인륜권〉. 곡물에 의해 사람이 태어나기 때문에 오곡의 으뜸인 쌀알은 사람과 서로 비슷한 모양을 하고 있다고 한다.

둘째로 천지가 곡식을 생성하고 특히 그것을 먹고 남녀가 생기는 것이므로 "사람은 오곡의 자식이며 오곡은 사람의 부모"(《고본》 6)이고 "사람은 미곡을 먹기에 사람이니 사람은 곧 미곡"(《통도진전》 1)이다. 조수충어鳥獸蟲魚의 사류四類를 먹어서는 안 된다.[8] 사류는 사류 상호의 먹이다. 담배와 술도 이용해서는 안 된다. 또 마와 면과 달리 누에고치, 즉 견은 사람의 의류가 아니다(《고본》 25).

또 남녀 한 쌍으로 사람이기 때문에 부부야말로 인륜의 기본 축이다. "인륜은 부부로부터 시작한다." 오륜이란 유학자가 말하는 군신 등이 아니라, 조부모 · 부모 · 부부 · 자식 부부 · 손자 부부를 가리킨다(《통도진전》 3). 물론 모두 일처일부여야만 한다. "정숙한 여자는 두 지아비를 섬기지 않는다"고 한다면 동시에 "올바른 남자는 두 처를 두지 않는다"고 해야 한다. 한 남자로서 여러 여자를 범하는 것은 금수의 짓이다(《고본》 6)(측실을 두는 쇼군과 다이묘 등은 금수라는 말이 된다). 그리고 그는 네덜란드의 다음과 같은 모습을 호의적으로 전한다.

> 이미 처를 들이고 한 번 시집간 다음에는, 남자는 다른 여자와 사귀지 않고 여자는 다른 남자를 섬기지 않는다. 서로 부부의 애정을 지켜 전

8_다만 물고기는 먹는다고 서술한 부분도 있다. 예를 들면 《고본》 권1 〈자연세상론〉.

혀 다른 정이 없다. 만약 아내가 없는 남자라 하더라도 다른 사람의 아내와 관계를 가지면 일족을 모아 그 남자를 죽인다. 또 과부가 다른 사람의 지아비와 관계를 가지면 일족을 모아 곧바로 죽인다. (《통도진전》 5)

또 그에 의하면 인류는 한 쌍의 부부에서 시작되었으며 모두 그 자손이다. 따라서 만국의 사람들은 동성同姓이다. 그래서 동성과 혼인하지 않는다는 유학의 가르침은 잘못된 것이다(《고본》 6). (이상의 부부론은 그가 기독교 교리를 부분적으로 접한 것은 아닌지 의구심이 든다).

이상과 같은 사람의 존재양태는 만인에게 공통된다. 사람의 심신은 기본적으로 똑같으며 사람은 근본적으로 동일하기 때문이다. 따라서 사람에게 상하 귀천의 구별은 없다(《고본》 대서大序).

> 사람의 몸은 자연의 기가 통하여 생겨난다. 따라서 심신 모두 동일하며 만인이 한 사람인 것이다. 한 사람인 사람이 누구를 왕으로 하고 누구를 민으로 할 것인가? 만인을 되돌아보라. 키가 크게 다를 것도 없고 심술心術이 크게 다를 것도 없다. 결국 모두 같은 몸, 같은 마음이다. (《통도진전》 1)

> 천하에 사람은 오직 하나의 사람이다. 오직 한 사람인 것이니 누구를 위의 군주로 삼고 아래의 신하로 삼을 것이며, 왕으로 삼고 민으로 삼을 것인가? 또 성자로 삼고 어리석은 자로 삼겠는가? 한 사람이니 누구를 다스릴 것인가? 왕정을 하겠는가? 천하의 만인이 하나의 직경을 하는 하나의 사람이다. 이를 훔쳐서 사사롭게 만들어 낸 오륜으로써 세상의 정치로 삼는다. 그래서 난세가 끊이지 않는다. (같은 책)

요컨대 직경이 만인 본래의 살아가는 방식인 이상, 다른 사람에게 연공을 거둬들여 스스로 경작하지 않고 탐식하는 사람이 있어서는 안 된다는 것이다.

> 천지는 한 몸이고, 만인이면서 한 사람이니 자연의 천지에 군신이라 하는 것은 없다. 군주는 성인이 나와 천지를 훔치고 사사로운 법을 세워서 위에 자리한 다음부터 있었다. 강도의 다른 이름이다. (같은 책)

군주란 강도의 다른 이름이라니, 놀랄 만큼 용감한 발언이다.

그렇다면 군주란 이름의 강도가 없었던 세상은 어떠하였을까? 그것은 '자연의 세상'이라 불린다.

4. 자연의 세상

그에 따르면 자연의 세상에서 사람은 천지와 일체이며 훌륭한 상태에 있었다고 한다.

> 자연의 세상에서는 천지와 함께 사람이 일을 하고, 천지와 함께하매 조금도 이상한 것이 없다. 봄에는 만물이 생성하여 꽃이 피니 이와 함께 밭을 갈아 오곡 10종의 씨를 뿌린다. 천지가 여름이면 만물이 자라 번성하니 이와 함께 김을 매어 10종의 곡식이 익게 한다. 가을에는 만물이 견강해지니 이와 함께 10곡을 열매 맺게 하여 이를 수확하고 […]. (《고본》 1)

최소한의 교환은 하지만 모두가 계절의 순환과 함께 경작에 종사한다. 연공을 납부할 상대도 없고 연공을 거두려는 이도 없다.

> 군주가 없으면 아랫사람을 겁박하여 빼앗으려는 사욕奢欲도 없다. 아랫사람이 없으면 군주에게 아첨하거나 음모를 꾸미는 일도 없다. 그러니 원망하고 싸우는 일도 없다. 또 난군亂軍이 나올 일도 없고 위에서서 천도를 훔쳐 위로 강도의 뿌리를 심는 자도 없으며, 아래에 있으

면서 가재家財를 훔치는 자도 없고 […]. (같은 책)

통치자는 문제를 해결하는 자가 아니라 그 원인이며, 통치자가 없었기 때문에 그 시대에는 도둑도 없고 난리도 없었다. 그리고 사람들은 평화롭게 생활했다.

> 남자는 경작하고 여자는 베를 짜고 안식안의安食安衣하여 부부가 화합한다. 부모 자식이 서로 친밀하고 화목하며 자손은 진실하고 순종한다. 형제자매는 다정하며 사촌은 사랑하고 친밀하다. 오륜은 오로지 하나로 화합하여 상하 귀천과 사사로운 법이 없고, 빈부나 사사로운 일이 없다. 논쟁하는 일도 없고 불경탐식不耕貪食하거나 토지를 뺏는 자도 없다. 토지마다 직경직직直耕直織, 곡식을 경작하여 먹고, 먹고 경작하고, 경작하고 먹는다. (《통도진전》 3)

그야말로 천지와 남녀가 완전한 닮은꼴을 이루어 일체가 되어 직경하였던 것이다. 그곳에는 성별에 따른 분업은 있지만 신분적인 분업은 없다. 또 상인이 없다. 그들은 "위에 아첨하고 직경을 하는 뭇사람들을 속이며, 부모와 형제 일족 간에도 서로 속인다. 이익을 늘리고 이익을 탐하는 욕심에 망령되이 홀려서 진정한 도眞道를 모르"는 자들이다(《고본》 25). 물론 화폐도 없다. 화폐로 인해 욕심도 발생하고 영화로움을 욕망하여 망령되이 행하는 세상이 돼 버린 것이다(《통도진전》 1). 흉년이라 뭇사람들이 굶어 죽는 일이 많은 때에, 허기를 못 이겨 죽이고 도적이 된 자는 좁쌀 두 되밖에 없던 거지에게 그것을 빼앗고 금전 은전은 그대로 두었다—그는 그렇게 적고 있다(《고본》 대서 〈총목록〉 끝부분). 기근을 체험하고 나니 결국 화폐 따위는 무의미하고 정말 중요한 것은 현물 식량이라는 것이다.

또 자연의 세상에는 경작하지 않고 세공만 하는 직인도 없다. 좋은 집이나 성곽, 아름다운 옷 같은 것은 필요없기 때문이다(《통도진전》

1). 나아가 음악이나 예능도 없다. 거문고 · 비파 · 퉁소 · 피리 · 북 · 소고 · 샤미센三味線 · 연극 · 가부키 · 인형극 · 다도 · 가도歌道 · 하이카이俳諧도 없다. 바둑 · 주사위 놀이 · 카르타 놀이 · 노름도 없다. 물론 유녀遊女도 없다.

> 이런 음악과 유예遊藝가 시작된 이래 위아래 사람들 모두 즐겨하고 유희로 삼아, 각자가 가업을 잊고 탐닉하는 자들이 나날이 많아지고 직경하는 이들은 적어져, 낭비만 많고 재산이 생기는 일이 적어진다. 결국에는 난리가 일어나 천하 나라마다 망하여 어지러워지고, 집안마다 없어지고 끊어지는 일이 멈추지 않는다. (같은 책)

색욕이나 술로 인한 병이 생기지 않는다. 욕심이 없기 때문에 병에 걸리지 않는다. 감기에 걸려도 평소 경작을 해서 몸이 튼튼하기 때문에 "조금만 자면 땀 흘리고 바로 낫는"다. 따라서 "잘못하여 사람을 죽이는 의술"이라는 것도 없다(《고본》 1). 그는 의사로서 살았지만 본래는 의술 자체가 불필요한 것이다.

물론 불승에 의지하여 극락을 기원하는 일도 없고 신에게 기도하여 행복을 원하는 일도 없다(같은 책)(니이다무라 사람들이 신사 · 제례 등 일절 그만두었단 것도 이와 관계가 있을 것이다).

그리고 그에 따르면 무엇보다 훌륭하게도 자연의 세상에는 기근이 없었다. 왜냐하면 아랫사람이 윗사람을 선망하고 윗사람이 아랫사람을 탐하는 욕심으로 환비患悲의 정과 사정邪情 · 미욕迷欲 · 원한怨恨의 사악한 기가 천지 활진의 기행氣行을 오염시키기 때문에 "6월이 한랭하여 곡물이 열매를 맺지 못하고, 혹은 가뭄으로 곡식이 익지 않고 타들어가 흉년이 되어 사람들이 굶어 죽거나, 혹은 역병으로 많은 사람들이 죽어서 천하 모두가 죽음을 걱정"하는 일이 발생하기 때문이다(《고본》 대서). 원인이 없는 이상 기근이 습격해 오지 않는다는 것이다.

이렇게 안도 쇼에키는 영주 · 무사 · 상인 · 직인 · 의사 · 배우 · 유녀

등이 없는, 농민만의 유토피아를 그렸다. 만민이 농민으로 부부와 가족이 화목하고, 연공 · 금은 · 도둑 · 난리와 병이 없고 욕심이나 미혹도 없는, 소박하고 근면한 생활을 올해도 내년도 내후년도 그렇게 사는 것이다—그것이 사람 본래의 세상이었다고 말하는 것이다(주희 · 진사이 · 소라이 · 다이니 등이 구상한 이상적인 상태와는 이 얼마나 다른가!). 그의 말은 저 멀리서 현란하고 왁자지껄한 도시의 번영을 증오하는, 고지식한 백성 신분의 사람들의 마음을 요동치게 했을 것이다.

또 그는 당시의 에조치夷地가 그런 세상이었다고 한다. 성인 현자, 상군上君, 정사법도政事法度, 금은의 통용, 욕심, 난세 전쟁 군학서의 학문, 유 · 불 · 신 · 의 · 노 · 장 · 학법, 허위모계의 상매, 아첨과 경박함, 질투와 시기, 선악을 신경 쓰는 일이 없이, 그곳은 안한무사安閑無事하다(《고본》 4). 아이누 사람들이 당시 일본인의 모범으로 언급된 드문 예이다.[9]

그렇다면 이러한 본래의 상태에서 세상이 어떻게 해서 전락해 버리고 만 것일까?

5. 법세法世

그 까닭은 스스로 경작하지 않고 먹으려고 하는 성인이나 석가 같은 악인들의 출현 때문이다. 아마도 오규 소라이의 주장에 대한 의식적인 전도顚倒일 것이다(천지에 왜 그런 불한당이 출현했는지에 대한 설명은 없다).[10]

9_다만 다른 예가 전혀 없지는 않다. 1788년 에조치를 방문한 후루카와 고쇼켄古川古松軒은 "일본도 상고 시대에는 에조치와 다를 바가 전혀 없었으며 무위태평하였다. 지금의 에조치에는 영주나 지토地頭도 없고, 아무것도 하지 않아도 다스려지고, 정직한 풍속은 부러워할 만하였다"라고 쓰고 있다(《동유잡기東遊雜記》 平凡社, 1964, 168쪽).

10_그는 소라이에 대해서도 언급하고 있다. 《고본》 24 〈법세물어法世物語〉의 〈제조회합논법세諸鳥會合論法世〉 및 〈제수회합논법세諸獸會合論法世〉.

> 성인은 뭇사람이 직경한 천업의 곡물을 불경탐식하고 직경하는 천직의 천자인 뭇사람들을 말로 속이고 자연천하를 훔쳐 위에 서서 왕이라 부른다. (《통도진전》 1)
>
> 성인이란 죄인의 다른 이름이다. (같은 책)

따라서 유교나 불교 같은 것은 "모조리 도둑질을 행하는 변명"이다(같은 책). 도둑이 자기정당화를 하는 이데올로기이다. "글자 · 책 · 학문은 천도를 훔치는 기구"에 지나지 않는다(《고본》 대서).

그 자신이 글자를 이용해 책을 쓰고 있는 것은 오래된 집을 지탱하는 쐐기를 빼내기 위해 새로운 쐐기를 박는 것과 마찬가지이다. "옛날 책이 도둑질하고 어지럽히는 뿌리를 파괴"하기 위한 것이다(그래서 그는 우선 한문다운 문체로 쓸 필요가 있다고 생각했을 터이다). "쐐기로 쐐기를 빼고 난 뒤에는 쐐기는 쓸모없다"(같은 책). 자연의 세상에서는 문자도 없고, 책도 없고, 학자도 없다.

왕이란 자가 세워진 이래 이 세상은 난세, 망혹의 세상이 되었다(《고본》 6). 그리고 그들이 자신들의 사리사욕을 위하여 법을 만들었다.

> 법은 사람이 자기를 이롭게 하기 위해 만들었으며, 나라마다 집안마다 사사건건 이것을 마련하여 법으로써 사사로운 뜻을 행한다. (같은 책)
>
> 천도는 법이 없는 것이다. 이미 법이 없다면 어떻게 법을 범하겠는가. 법을 세운 것은 성인의 사사로움 때문이다. 법을 만들었기 때문에 뭇사람이 법에 쫓겨서 태어났을 때에는 없던 악행과 도둑질하고 싶은 마음이 일어난다. 따라서 악한 도둑의 뿌리는 성인에게 있다. (《고본》 4)

게다가 법세에는 폭력이 만연한다. "어떠한 때에도 사람을 죽이고 다른 사람이 가진 나라를 빼앗지 않으면 왕이 될 수 없다. 그러니 왕이 서는 것은 분명 난세로서 많은 사람을 죽이고 이루어진다"(《고본》 4).

그리고 훔치고 어지럽히는 망령된 욕심 때문에 "배를 만들어서 서로 타국으로 밀고 들어가 전쟁을 하고 나라를 빼앗거나 빼앗기며, 이욕을 위하여 나라마다 두루두루 원정을 간다"(《고본》 24).

일찍이 오규 소라이는 성인이 제도를 제작한 데서 인류의 문명사가 시작되었다고 했다. 마치 그것을 뒤집듯이 쇼에키는 성인에 의해 자연의 세상이 법의 세상으로 타락해 버렸고 인류사가 두려워할 만큼 부정과 혼란에 빠져 버렸다고 생각하는 것이다. 그의 성인 · 왕 · 군주를 향한 저주는 격렬하다. 그의 저술 가운데 쇼군 · 다이묘에 대한 직접적인 공격은 없지만 그가 의미하는 지점은 명백하다. 그들의 존재 자체를 그의 자연관 · 사회관 · 정치관 · 역사관에 기초하여 뿌리부터 부정해 버린 것이다.

6. 복귀

그렇다면 그런 사람들이 없는 저 자연의 세상으로 복귀는 가능할까?

가능하다. 유교도 불교도 모두 타국에서 건너온 것이기 때문에 적어도 이 나라는 "타국에서 온, 세상을 미혹하는 거짓된 이야기의 망령된 가르침을 덜어 내기"만 한다면 "홀연히 처음 발전했던 신국神國의 자연으로 돌아간다"(《통도진전》 5).

그러려면 어떻게 해야 할까? 폭력이 없는 사회를 실현하기 위한 폭력, 전쟁을 없애기 위한 전쟁이라는, 특히 20세기에 신봉된 역설은 인정하지 않는다. 그는 군술軍術은 단호하리만치 언급하지 않는다(《고본》 25). 일찍이 소수의 악인이 출현하여 이 세상을 바꾸어 버렸기 때문에 이번에는 소수의 정인正人(일본어 발음은 성인聖人과 동일)이 출현하면 되는 것이다.

만약에 위에 활진이란 묘한 도에 통달한 정인이 있어서, 사사로운 법

> 의 세상을 고친다면, 오늘이라도 직경이 일반적인 활진의 세상이 될 것이다. (《고본》 25)

그러나 그런 정인이 존재하는가?

존재한다. 실제로 과거에도 정인이 출현했었다고 그는 말한다. 놀랍게도 《논어》에도 등장하는 공자의 제자, 증자이다(같은 책, 《통도진전》 1). 증자가 해진 옷을 입고 노나라에서 경작하여 노나라 군주가 읍을 하사하였으나 거절하면서 "내가 듣기로 다른 사람의 시혜를 받는 자는 항상 다른 사람을 두려워하고, 다른 사람에게 나누어 주는 자는 항상 다른 사람에게 교만하다"고 하였다(《공자가어》 재액 제20)는 것이 근거이다. 이 작은 일화를 가지고 그는 증자가 직경하는 정인이었다고 해석하는 것이다.

게다가 설령 정인이 출현하여 자연의 세상으로 되돌려 놓지 않는다고 해도 "상하 훔치고 어지러운 세상에서 자연 활진의 세상에 도달한다"는 차선의 법이 있다고 말한다. 상하의 구별은 존재하지만 윗사람이 그 영지를 스스로 경작하여 윗사람의 일족의 의식을 충당하고, 그 아래의 제후도 마찬가지로 하면 되는 것이다. 부러워할 만한 금은과 미녀가 없기 때문에 윗사람을 노리는 제후는 없다. 따라서 방위를 위한 많은 신하들도 불필요하다. 직경에 태만한 제후와 민을 제어하는 것이 유일한 "윗사람의 정사"가 된다.

유민遊民과 상인에게는 토지를 주고 경작시킨다. 한편 필요 이상으로 많은 토지를 소유하는 것은 금지한다. 금은의 통용은 중지한다. 유예 · 글자 · 책 · 학문은 정지한다. 경작을 게을리하고 이런 일에 종사하는 사람은 일족이 음식을 주지 말고 생각하여 깨닫게 한다. 그리하여—

> 만약 태어나서는 안 될 악당이 나오면 그 일가 일족에게 그를 죽이게 하고, 윗사람이 형벌을 더하는 일은 없어야 한다. 이를 읍정邑政으로 삼는다.

윗사람이 불경탐식만 하지 않으면, 엄격한 상벌의 정사 없이도 읍정만으로 악당이 횡행하지 않는다.

그리고 이런 상태가 이어져 "후후년을 지나는 동안 정인이 위에서나 아래에서 나타난다면 도둑이 없고, 난이 없고, 미혹됨이 없고, 욕심이 없는 활진의 세상으로 돌아갈 것이다"(이상, 《고본》 25).

그러나 이상의 과도기의 실현 역시 대개혁이다. 어떻게 가능한가?

그는 자신의 저서가 가진 힘에 희망을 걸었을 것이다. 《고본》 〈대서〉에는 제자의 말로서 "스승님 일생의 직경은 일대의 진도眞道였다. 직경을 대신하여 진영도를 책으로 엮어 후세에 남긴 것은 영영 무한한 진도이자 직경이다. 이로써 진영도의 책을 엮은 지 수십 년이 되었다"고 적고 있다. 그리고 말미에는 다음과 같이 서술되어 있다.

> 이 지은이는 항상 맹세하여 말하기를, 내가 하늘에서 죽어 곡물 안에서 쉬고 사람으로 올 것이다. 아무리 세월이 흐를지라도 맹세코 자연 활진의 세상을 만들겠다고 하면서 하늘로 돌아갔다.

앞서 말한 대로 사람은 곧 미곡이다. 죽은 쇼에키는 이윽고 곡물에 깃들어 사람으로 재생하여 정인으로서 자연 활진의 세상으로 복귀를 실현한다—제자들은 그렇게 믿었을 것이다.

니이다무라의 사람들이 '수농대신 확룡당 양중선생 재령'이라 새긴 비석을 건립하고 제사지냈을 당시에도 그 간절한 기도가 담겨 있던 것은 아니었을까?

참고 문헌

야스나가 도시노부《안도 쇼에키》(安永壽延《安藤昌益》平凡社, 1976)

와카오 마사키《안도 쇼에키로 보는 일본 근세》(若尾政希《安藤昌益からみえる日本近世》東京大學出版會, 2004)

제12장 어백성御百姓과 강소强訴

1. 연공年貢과 어백성

도쿠가와 일본의 영주들은 정촌町村[1]을 단위로 통치하였다(그런 구성 단위는 개인이 아니라 제4장에서 말한 이에였다). 내부의 질서 유지를 비롯해 대부분 각 정촌의 책임으로 처리되었다(잇초기리一町切, 잇손기리一村切). 말하자면 자치를 강제한 것이다. 각각 조야쿠닌町役人·무라야쿠닌村役人이라고 하는 대표자가 있다. 촌에는 나누시名主(쇼야庄屋·기모이리肝煎라고도 한다)와 그 보좌역인 구미가시라組頭가 있다. 촌의 총무·유력자·지도자이며, 세습이나 일정 범위 내 이에의 윤번 혹은 이레후다入札(선거)로 취임한다. 그들이 주군과의 접점이다. 공문은 보통 그들에게 전해져서 사본이 만들어진 후 정해진 순서대로 다른 정촌으

1_[옮긴이] 町은 음역하면 '조(초)', 훈독하면 '마치'라고 읽는다. 일본사에서 중세 후기 이후에 성립한 도시의 민중 공동체를 가리킨다. 중세 후기에 상업과 유통이 발전하면서, 교토나 사카이堺 등지에서 도로를 낀 양측의 상공업자가 자치 조직을 형성하였는데, 이러한 집단을 정이라고 불렀다. 근세에는 도시의 기초 단위로 일반화되었으며, 각종 자치 조항인 '조시키모쿠町式目'가 마련되었다. 근대에 이르러서는 그 기능이 해체되어 지역 단위로서 재편성되었다. 조의 대어인 村은 음역하면 '손', 훈독하면 '무라'라고 읽는다. 농어민의 비도시적인 생활을 영위하는 사람들로 형성된 집락을 뜻한다. 근세에는 이전과 같이 생활 단위로서 공동체의 의미를 가지면서 동시에 막번제 지배의 기초 단위로 자리매김되었다.

로 돌려진다. 각각의 정촌 내부에서 공문을 알게 되는 것은 나누시의 책임이다.

게다가 정과 달리 촌은 연공 수납의 단위이기도 했다. 촌에는 고쿠다카石高가 있다(정에는 없다). 고쿠다카는 촌내의 논·밭·가옥과 대지 등의 면적을 통상 현미의 수확량으로 환산한 것이다. 이것이 촌별로 표준 생산고를 나타내며 각 촌의 고쿠다카의 집합인 다이묘의 영지의 생산고도 이로써 표시된다. 이에 따라 다이묘의 격이 결정되며 만일의 경우 공출해야 하는 군세軍勢의 크기도 결정된다. 감봉·증봉이나 구니가에國替[2]도 이를 기준으로 행해진다.

1,800킬로리터(1만 석)의 다이묘라고 하면 기묘하게 들린다. 그러나 질적 차이를 제외하고 억지로 쌀의 수량으로 환산함으로써 영지의 경제적 가치가 일원적으로 표시되어 전국의 통일적인 지배와 동원이 용이하게 되었던 것이다.

예를 들어 고쿠다카의 4할, 5할이나 되는 무거운 연공을 (안도 쇼에키의 분노에도 불구하고) 촌의 사람들은 매년 납부했다. 그것은 촌 전체의 연대 책임으로 되어 있었다(무라우케村請). 그런 까닭에 어느 집이 홀몸으로 오랫동안 병을 앓아 경작이 어려운 상황이라면, 그만큼 다른 집의 부담이 된다. 그래서 그 토지를 이웃들이 공동 경작을 하는 일까지 있었다. 가을이 되면 각 촌에 영주로부터 연공 수납 명령서가 송부된다. 얼마의 쌀을 언제, 어디로 보내라는 통지이다. 그에 따라 촌별로 쌀섬을 운반한다. 이 밖에도 (점차 화폐로 납부하게 되었지만) 특정 작물의 납부를 요구받거나(고모노나리小物成), 무사를 위해 노동력으로서 동원되는 일도 있었다(스케고助鄕).

왜 (보통은) 고분고분 그렇게 했을까? 왜 백성들은 무사에게 해마다 연공을 바쳤을까?

2_[옮긴이] 구니가에란 다이묘의 영지를 바꾸는 것을 가리키는데 에도 막부의 다이묘 통제책의 하나였다. 전봉轉封·이봉移封·개봉改封이라고도 한다.

연공에는 현재의 조세와 마찬가지로, 실질적으로는 치안의 유지 · 하천의 수리 등 공공적 비용의 부담이라는 면도 있었을 것이다.[3] 그러나 항상 그런 자각과 납득을 했던 것처럼은 보이지 않는다. 무엇보다 연공 미납 시의 가혹한 처벌을 두려워해서였을 것이다. 습관에 지배되어, (어째서인지) 백성이란 그런 존재라고 믿어서, 이유를 물으려는 생각조차 하지 않았을 것이다. "농農은 납納이다.[4] 연공을 납부하는 것이 유일한 마음가짐이다"라는 기묘한 논리도 있었다(다메나가 슌스이爲永春水《사농공상심득초士農工商心得草》).

여학생용 교과서 《여대학보상女大學寶箱》(1829 간행)의 삽화. 남녀가 함께 논의 피를 뽑고 물을 대고 벼를 베고 있다.

한편 연공은 지주인 영주에게 납부하는 지대라고 설명한 학자도 있다(마르크스주의 역사가와 동일한 해석이다).

> 전지田地는 나라의 주인이 소유하는 것으로, 민에게 빌려주어 농사를

3_하야미 아키라速水融《근세 일본의 경제사회》(麗澤大學出版會, 2003) 115쪽. 실제로 무쓰국陸奧國 구노헤九戶의 호상 모토야 고로스케元屋五郎助가 자손에게 이렇게 남긴 예가 있다. "연공과 명가금冥加金(조닌이 납부하는 잡세의 일종)을 납부하는 것은, 세상의 악당을 물리쳐서 만민을 평안히 살게 하는 것임을 명심해야 한다. 만약 밤에 도둑이나 강도를 만난 사람이 있다면 연공과 명가 납부를 면제해줘야 하지 않겠는가? 그 나라에서 살게 하고 그 업에 종사케 하는 것을 나라의 은혜라고 생각한다면 큰 잘못이다"(모리 가헤이森嘉兵衛《일본 벽지의 사적연구: 구노헤 지방사 상(모리 가헤이 저작집 제8권)》法政大學出版局, 1982, 630쪽). 그런 의미에서 영주를 반드시 '불경탐식'한다고 생각하지 않는 민도 있었다.

4_[옮긴이] 농과 납의 일본어 발음은 동일하다.

> 짓게 하는 것이다. 그렇다면 민이 조세를 바치는 것은 그 땅을 빌린 대가이다. (나카이 리켄中井履軒《아라마호시安良滿保志》)

> 어떤 이치로 민에게 쌀을 취하는 것인가? […] 논을 민에게 빌려주고 10분의 1을 연공으로 받는 것은 1할의 이익을 취하는 것이다. (가이호 세이료海保青陵《계고담稽古談》)

분명히 지대라고는 하지 않았지만 무사들은 "영지의 전답은 영주 지토地頭 소유이며, 전부 백성에게 주어 경작하게 해서 그들을 양육하는 것이니, 수확의 반을 취하는 것은 당연한 이치"라는 의식[5]을 가지고 있었을 것이다.

게다가 "영지는 연공을 취하기 위함이고 민을 다스리는 등의 일은 지엽적인 것이다. […] 민은 연공을 취하기 위한 도구이니, 그 도구가 고장이 나면 교환을 하든지 고쳐야 하는 것"(같은 책)이 원래 무사의 민정관民政觀일 것이다. 앞서 서술한 대로 원래 무사는 민을 위해 존재한 것이 아니라 거꾸로 조닌과 백성이 무사를 지탱하였기 때문이다. 도쿠토미 소호德富蘇峰가 "실로 당시의 농공상은 모두 지위가 높은 무사에게 공급하고 봉사하기 위해 생존하는 군수품"(《장래의 일본將來之日本》 1886)이라고 지적한 것은 정확하다. 실제로 도쿠가와 씨 직할령의 민정은 솔직히 간조부교勘定奉行 직무의 일단이었다.

연공을 취하기 위한 도구라는 말은 굴욕적이다. 게다가 그것은 무사에게 불가결한 역할을 하고 있다는 것이기도 하다. 따라서 백성은 영주 측을 향해 때때로 스스로 어백성이라고 불렀다. 어성御城 어마御馬의 어御와 마찬가지로 오토노사마御殿樣의 둘도 없는 백성임을 강조하는 것이다.[6] 잇키一揆가 발생했을 때에 '소장님少將樣의 어백성'(〈삼폐

5_'용리庸吏'의 생각으로서 메이지 초년에 고쿠부 요시타네國分義胤가 지적한 것이다. 사시하라 야스조指原安三《메이지 정사政史》 제6편.

6_후쿠자와 유키치도 다음과 같이 지적한다. "후세에 이르기까지 어국御國·어전지御田地·어백성御百姓이라는 말이 있다. '어'라는 글자는 정부를 존중하는 말로 일본 국중의 땅과 인민의 신체까지도 모두 정부의 사유품이라는 뜻이다"(《문명론의 개

이통백성일규록三閉伊通百姓一揆錄〉, 요코카와 료스케橫川良介《내사략內史略》 중)이라 칭하고, 영주에게 탄원서를 제출한 자의 이름이 어백성들이기도 했던 것은, 그 비굴함과 자부심의 결합을 보여 준다(이것만 보더라도 안도 쇼에키의 특출함은 정말 놀랄 만하다).[7]

그런데 무사는 오토노사마御殿樣의 어마御馬를 소중하게 다뤄야만 한다. 그와 마찬가지로 어백성에게 터무니없이 고통을 주는 일은 금물이다. "국가의 보물인 어백성을 상대로 하여 그대처럼 사려 없이 있는 힘을 다해 몰아붙여, 만약 한 사람이라도 살해하게 되면 공의가 꺼려하고 이웃 나라에 소문"(《아베노 동자문安倍野童子問》, 빈고備後 후쿠야마福山, 1786)나게 된다. 유학적 인정론과는 발상이 다르지만 결론만큼은 닮아 있다.

2. 무라오키테村掟와 하치부ハチブ

촌은 작다. 도쿠가와 중기 이후 평균적인 고쿠다카는 400석에서 500석이고, 경지 면적은 사방 1킬로미터 정도에 인구는 약 400명이다.[8] 평균적으로 100호가 안 되었을 것이다. 어떤 이에가 어느 촌의 소속이 되는지는 원칙적으로 정해져 있다. 따라서 누가 이 촌의 사람인지도 명확하다. 같은 촌의 사람들은 서로 친하지는 않더라도 모두 얼굴은 알고 지냈을 것이다. 그리고 촌에는 경계村境가 있었다. 촌 자체가 소유하며 그 안의 사람들만 사용할 수 있는 공동의 들과 산인 '이리아이치

략》 제9장). "근세의 농업자는 '어백성'으로서 적어도 관념상으로는 쇼군조차 사유물로 취급할 수 없는 '천하의 민'이 되었다"(후카야 가쓰미深谷克己《백성성립》塙書房, 1993, 24쪽)는 것은 오해이다.

7_"거듭하여 삼가 듣자온 바로는, 농민은 천하의 어백성으로서 위에서도 소중하게 취급하신다"(《가모의 소동鴨の騷立》)는 유명한 미카와 국三河國 가모잇키加茂一揆(1836) 지도자의 말도, '천하의 조닌'과 마찬가지로(제3장), '덴카사마天下樣의 어백성'이라는 의미가 아닐까?

8_기무라 모토이木村礎《근세의 무라》(教育社, 1980) 14-31쪽.

入會地'가 있는 경우가 많다. 각각의 사람들과 이에가 마음대로 사용하여 공동 이용지가 황폐해져 결국 전원이 피해를 입는, 이른바 공유지의 비극the tragedy of the commons[9]이 발생하지 않도록 적절한 공동 이용을 위한 규칙도 있다(무라오키테 · 무라핫토村法度의 중요한 일부이다). 게다가 이웃의 다섯 집 정도가 묶여 연대책임을 진다(고닌구미五人組). 고닌구미 구성원의 서명 · 날인을 촌별로 기록한 고닌구미초五人組帳에는 공평한 연공분담을 위해 사람들이 모여 확인할 것 · 연공의 완납 · 질박한 풍속 · 노름이나 유녀 금지 등을 서약하는, 때로는 수십 조항을 늘어놓은 머리말이 있다.[10] 이것은 종종 고닌구미에서 낭독되고 아이들의 습자 교과서로 이용되기도 하였다.

그러나 가도街道 연변이 아니면 촌에서 무사의 모습을 보는 것은 드물었을 것이다. 오규 소라이가 탄식한 대로 영원한 부재 영주였다.

그런 상황에서 어떻게 내부 질서가 유지되었을까? 무라오키테나 무라핫토 위반을 어떻게 억제하였을까? 이웃집의 논밭에서 훔치는 사람은 없었을까? 물을 이용하는데 제멋대로 하려는 사람은 없었을까? 촌의 도로나 수로 수리에 발을 빼는 집은 없었을까?

물론 있었을 것이다. 다만 무라우케村請[11] 제도와 고닌구미 제도 아래서는 그 영향과 책임이 촌의 다른 사람들에게 미친다. 게다가 어느 이에도 다른 촌이나 정으로 이주할 수 없다. 손쉬운 퇴출이란 선택지는 없다. 선조 대대로 계승해 온 이에를 그 마을에서 유지하는 것이 당연하다고 누구나 믿고 있는 것이다. 그런 까닭에 서로 입바른 소리를 하기도 어렵지만, 동시에 제멋대로 행동하기도 어렵다. 상호 감시와 견제라는 무거운 심리적 압박이 분쟁을 억제하고 조용한 내부 처리를 강요하는 것이다.

9_Michael Laver, *Private Desires, Political Action: An Invitation to the Politics of Rational Choice*, Sage Publications, 1997, pp.48-50.

10_이것은 기능적으로는 명국 · 청국 · 조선의 향약과 유사한 점이 있다.

11_[옮긴이] 무라우케란 에도 시대 연공과 부역의 납입이나 신전 개발, 법령 준수 등을 무라 단위로 맡아 부담하는 일을 말한다.

무언의 제재로서 아침에 일어나 보면 커다란 돌이 출입구에 놓여 있는 일도 있었다고 한다. 촌의 축제에서 어느 집으로 미코시神輿[12]가 돌진하는 일도 있었다. 촌 전체가 절교하여 촌에서 생활하기 어렵게 만들기까지 하였다(하치부ハチブ). 사죄하면 금전이나 재물을 촌에 공출시키기도 하였다. "법도에 도적 · 악당 · 도당은 말할 것도 없이 논밭과 들판의 작물과 그 밖에 무엇이든 훔치면, 아무리 조금이라 할지라도 발견하는 즉시 추방할 수 있다"고 정해 놓은 마을도 있었다(에치고 국越後國 쓰아리무라津有村 〈촌극증문村極証文〉 1754[13]).

그렇다면 촌의 관리자가 부정부패를 저질렀을 때는 어떻게 할까. 예를 들면 연공분담의 불공정과 공동 비용의 부정한 이용 등의 의혹도 당연히 생길 것이다. 촌의 관리자와 일반 백성들의 분쟁인 무라카타 소동村方騷動으로 발전하는 일도 있다. 그래서 18세기에 접어들면 "나누시구미名主組 우두머리에 대한 백성의 감시"(《지방범례록地方凡例錄》), 즉 감시역으로서 햐쿠쇼다이百姓代가 선임되는 일도 있었다.

이상과 같이 촌은 작으면서도 일면 공화국 같기도 하였다. 확실히 상당 부분 정치한 내부 규율 시스템이 있어서 자치를 행했다. 그러나 그것은 촌이 독립해서가 아니었다. 무라우케 제도에 묶인 어백성들이었기 때문이었다.

3. 소송과 공사公事

백성이 연공을 취하기 위한 도구라면 "백성은 농사일을 부지런히 하면 영주에 대한 의리는 없는 것이다"(와타나베 가잔 《유상일기游相日記》

12_[옮긴이] 미코시는 신이 행차할 때 신체神體 혹은 그 영혼을 대신하는 미타마시로御靈代가 타고 있다고 여겨지는 가마를 가리킨다.

13_이상의 제재에 대해서는 다케우치 도시미竹內利美 〈무라의 규정과 자유〉 《무라와 무라인-공동체의 생활과 의례(일본민속 문화대계 제8권)》 小學館, 1984, 제4장)에 의한다.

에 인용된 백성의 말). 요컨대 농사지어 연공만 납부하면 그 뒤는 맘대로라는 것이다. 실제로 다음과 같이 쓴 무라 나누시(마에바시前橋 히가시젠요지무라東善養寺村)도 있다.

> 무릇 백성의 가업을 곰곰이 생각해 보니, 농가만큼 이 땅에서 안락한 것도 없다. […] 농가의 일은 가난만 면하면 무엇이든 자유이다. 그중에서도 특히 평범한 평백성平百姓이 그렇다. 우선 상하 격식이 특별히 없고 다른 사람에게 고개를 숙일 일도 없다. 촌의 관리인 앞에서는 그래야 하겠지만, 이마저도 연공과 여러 가지 비용, 그 밖에 나누시에게 납부할 모든 것을 남보다 빨리 내고 모든 일을 다른 사람과 같은 수준에서 벗어나지만 않으면 일 년 내내 관청에 나가지 않아도 된다. […] 예를 들면 촌사람 중에 서로 왕래하지 않아도 괜찮은 사람은 농민이다. 내가 논밭에서 먹고 살면 어려움은 없을 것이며, 내 집에서 말하고 싶은 대로 말해도 되는 이는 백성뿐이다. (하야시 하치에몬林八右衛門《권농교훈록勸農敎訓錄》1826)

기본적으로 식료를 자급할 수 있는 이상 연공만 내면 백성은 무서울 것이 없다는 것이다. 확실히 적어도 하급 무사들보다는 황송해하며 납작 엎드리는 경우는 적었을 것이다.

그리고 백성들이 영주의 요구에 항상 비굴하게 순종하였던 것은 아니다. 얄밉다는 듯이 이렇게 쓴 은거무사도 있다.

> 부교쇼奉行所나 다른 관청에 나갈 때는 일부러 변변치 않은 옷차림으로 눈꼴사납게 하고, 자못 토민土民처럼 무식하게 보이게 하고, 한숨을 쉬어가며 끝없이 고생담을 늘어놓고, 자기가 이치에 맞을 때는 강경하게 말하고, 논리에서 밀리면 토민이기에 천지분간을 못 하는 체하고 […] 이처럼 영악한 아랫것들이 정직하고 한결같은 귀인을 올려다볼 때는 한없이 어리석게 보여 맘대로 속이기 쉽다. (무양은사武陽隱士

《세사견문록》 1816 서)

촌사람들은 갖가지 수단으로 영주에게 소원訴願하고 저항하며 요구도 하였다. 또 예를 들어 이웃의 촌과 경계선 분쟁(경론境論 · 산론山論 · 야론野論 · 어론漁論)이 생기면, 옳다고 믿는 쪽은 우선 영주에게 호소한다. 그것으로 해결되지 않으면 이른바 정식 민사재판이 된다(당시 용어로는 공사公事이다. 실제로 촌 자체가 현대의 법인처럼 원고도 되고 피고도 된다). 이웃 촌이 다른 다이묘의 영지면 재판권은 다이묘가 아니라 에도의 막부에 있다. 백성이 소송으로 에도로 나오게 되는 것이다. 민들끼리 무장 투쟁으로 결착하는 것을 금지하고 있는 이상, 지배자로서 그것을 무시하여 각하할 수도 없다. 앞에서 인용한 무양은사는 더욱 탄식한다.

> 또 간토의 나라들, 특히 에도 주변의 백성은 소송을 쉽게 생각하고 또 항상 에도에 익숙하여 부교쇼를 두려워하지 않고, 관리도 꿰뚫어 본다. 특히 무슨 일이 있으면 겸사겸사 에도로 나오고 싶어 하는 버릇이 있어서 걸핏하면 소송거리(데이리出入)를 만들어 바로 에도로 들고 나온다. […] (같은 책)

특히 도쿠가와 중기 이후 백성은 상인과의 거래도 활발하였다. 예를 들면 명주 · 면 · 채소 종자 같은 것을 팔고 비료 등을 산다. 그런데 상인이 독점적인 특권(가부株)을 갖게 되면서 백성에게 불리한 매매를 하게 되면, 관련 있는 촌들이 연합하여 소원하는 경우도 있다. 1823년(文政 6)에는 면 도매 중지를 요구하면서 셋쓰攝津 · 가와치河內의 1,007개 마을이 일치 단결하여 오사카 마치부교町奉行에게 청원을 하였다고 한다. 이렇게 다수의 촌이 공동 청원을 하는 것을 고쿠소國訴라고 한다(늦어도 1830년대에는 성립한 것 같다). 계산하는 방식에 따라 좀 다르지만 90건 가까운 예가 있다.[14] 촌사람들은 전자 메일이나 컴퓨터 없이도 그렇게 조직화하는 고도한 사회적 기술을 가지고 있었던 것이다.

4. 잇키一揆와 강소

상대가 다른 촌이거나 조닌인 경우에는 공사公事나 대규모 청원도 합법적으로 가능하다. 문제는 영주 측의 결정에 불복하는 경우이다. 예를 들면 재정 사정을 이유로 큰 폭으로 연공 증세를 해야 하는 경우는 어떻게 대응했을까?

우선 곤궁한 상황을 호소하고 '어자비어연민御慈悲御憐愍'을 구걸했을 것이다(그러나 유학적 통치원리를 전제로 한 인정仁政의 요구가 아니다. 따라서 반드시 온당치 않은 것은 아니다). 그래도 받아들여지지 않는다면 어떻게 했을까? 하는 수 없이 단념하는 게 아니라면 예를 들어 강소하는 방법이 있다. 이것은 중대한 범죄였다.

공의의 공사방어정서公事方御定書[15] 제28조(1741 결정)는 "지토地頭에 대한 강소와 도당도산徒黨逃散하는 백성에게 내리는 처벌"로서 그 가시라토리頭取, 즉 주모자는 사형, 나누시 구미가시라組頭는 추방과 전답 몰수, 총백성惣百姓[16]은 무라타카村高에 따라 벌금이라고 정하고 있다. "이유가 무엇이든 좋지 않은 일에 많은 백성들이 모여 정하는 것을 도당이라 하고, 도당하여 억지로 원하는 일을 꾀하는 것을 강소라

14_고쿠소에 대해서는 주로 야부타 유타카藪田貫《고쿠소와 백성잇키의 연구》(校倉書房, 1992)에 의한다.

15_[옮긴이] 일본어로는 '구지카타 오사다메가키'라고 읽는다. 이는 에도 막부의 법전으로, 8대 쇼군 요시무네의 명으로 편찬되어 1742년 완성되었다. 2권. 상권은 현행 법령 81통을, 하권은 판례 등 103조를 수록하고 있다.

16_[옮긴이] 총백성은 '소뱌쿠쇼'라고 읽으며, 에도 시대에는 본백성本百姓을 일컫는 말로, 백성 신분의 중핵을 이루었다. 전답과 집을 소유하고 관개 용수 이용 등의 권리를 가지고 촌정에 참여하였다. 중기 이후 상품 경제의 침투로 본백성이 몰락하여 생산고를 전혀 갖지 못하고 소작과 날품팔이를 하는 빈농이 늘었는데 이를 미즈노미水呑백성이라고 한다.

고 한다. 혹은 촌사람들이 약정하여 마을에서 도망치는 것을 도산"이라고 한다(1770년 4월 공의 고찰高札). 요컨대 집단적인 경작 방기뿐 아니라 널리 호소하여 집회를 열고 시위를 하고 관청 앞에 모여 청원하는 것—이 자체가 범죄 행위인 것이다. 지금의 민주 국가에서는 일상적인 정치활동에 지나지 않는다. 또 이런 활동은 청나라에서도 때때로 평화적으로 행해졌다.[17] 그러나 어위광의 지배에서 이처럼 위를 두려워 않는 행위는 통치의 근간에 걸리는 문제이다.

그런 만큼 도당 강소에 발을 내딛는 때에는 백성들도 비일상적인 각오가 있었다. 다음과 같은 전형적인 경과를 보인다.[18]

우선 어떤 촌사람(들)·어떤 촌(들)이 발두發頭가 돼서 내담하고 담합한다. 그때 대표자들이 단결을 맹세하는 기청문起請文에 서명하고 신 앞에 물을 돌려가며 마시기도 한다. 중세 이래 일미신수一味神水는 신성한 잇키의 맹세이다.[19] 그 결합은 신성神性과 위신을 띠었다. "잇키란 원래 그 무리들이 말하기 시작한 미명美名으로 외부에서 일컫는 추한 이름이 아니다. 후세에 백성들이 들고 일어나 지토에게 강소하여 난폭하게 구는 것을 잇키라고 부르는 것은 크게 뒤바뀐 잘못된 이름이다"라는 지적도 있다(나카이 지쿠잔中井竹山《초모위언草茅危言》, 1789 서).

그리고 익명으로 각 촌에 집회를 호소하는 문서를 돌리거나 붙이거나 한다. 그 문서에는 참가하지 않는 곳은 부수겠다는 문구도 종종 삽입된다. 강제적인 참가였다는 변명이 성립된다는 것은 참가 역시 쉬운 일이었음을 알 수 있다. 요컨대 중핵은 개인의 결합이라고 하더라도, 대다수는 각 촌의 총백성이 어디서 시작됐는지도 모르는 호소에 일동一同·일통一統·일렬一列로 서는 형태를 띤다. 그러면 개별 백성이 불참하기는 쉽지 않다. 집회 장소는 각 촌에서 가까운 강가나 신사 또는 사찰 경내가 많다. 도롱이에 삿갓을 쓰고 손에는 낫과 괭이 같은 농기

17_James H. Cole, *Shaoshing: Cooperation in Nineteenth-Century China*, The University of Arizona Press, 1986, p.51.

18_호사카 사토루保坂智《백성잇키와 의민연구》(吉川弘文館, 2006)을 참조.

19_중세의 잇키에 대해서는 가쓰마타 시즈오勝俣鎭夫《잇키》(岩波書店, 1982) 참조.

구나 끝에 갈고리를 단 장대 그리고 나각이나 징을 들었다. 이런 차림은 무장이라기보다는 전형적인 백성의 모습으로 호소하고 있음을 드러내는 것이다. 그리고 사찰의 종을 치면서 함성을 지른다. 촌 이름을 쓴 깃발이 펄럭이고 밤이 되면 횃불이 새빨갛게 타고 있다. 수백 명, 수천 명, 때로는 수만 명 규모가 되기도 한다. 많은 사람이 속속들이 모이는 경험이 별로 없었던 촌의 사람들은, 마치 큰 축제 때와 비슷한 고양된 기분을 맛보았던 것 같다. 그리고 성을 향해 행진하거나 혹은 평소 원망을 품었던 부유한 상인의 집이나 창고를 쳐부수기도 한다(란보亂妨·濫放라고 불렀다). 원칙적으로는 다른 사람을 해치지 않고 강탈도 하지 않는다.

이윽고 영주가 파견한 관리와 집단 교섭을 하게 된다.

그들의 요구는 대부분 수용된다. 영주 측은 "타국, 타 영지에 소문나는 것"(《나곡사통야물어那谷寺通夜物語》 가가加賀 다이쇼지大聖寺, 1712)이나, "옆 나라에 소문나고 에도까지 전해지는 것"(《심비오해도오파深秘奧海道五巴》 데와出羽 가미노야마上山, 1747)을 극도로 꺼려 하여 한시라도 빠른 사태 수습을 바랐기 때문이다. 어정밀御靜謐이어야 하는 세상에서 소동이 발생하는 것은 그 자체로 즉 통치의 오점이다. 그 때문에 처벌을 받은 다이묘는 없지만 강소强訴·란보濫放 등 "하층민이 위를 두려워 않는 것이 난의 근본이자 심히 어려운 일로, 무엇보다 그 영주의 치욕이 이보다 더함이 없다"(모토오리 노리나가《비본 다마쿠시게秘本玉くしげ》 1787 성립, 기이紀伊 도쿠가와 가에 제출)고 여기는 것이 상식이었다.

이윽고 백성들은 해산하여 각기 촌으로 돌아간다. 조사가 시작되어 고문도 행해지고 주동자가 체포된다. 그들은 종종 가혹하게 처형되기도 한다. 그에 대한 반대운동은 일어나지 않는다. 다만 그들을 때로 의민義民으로서 받들어 모시며 오래도록 구전한다.[20]

강소는 반란이 아니다. 대부분의 경우 폭동이라고도 할 수 없다. 잇

20_실례에 대해서는 호사카 사토루 편《근세 의민 연표》(吉川弘文館, 2004)를 참조.

키 서약을 했다 하더라도 잇코잇키一向一揆나 시마바라 잇키島原一揆와는 다르다. 유럽이나 명·청의 농민 반란처럼 종교적 이단으로서 단결하는 것도 아니다. 천년 왕국의 바람이나 종말의 절박함에 이끌리는 것도 아니다(도쿠가와 말기의 요나오시世直し 폭동은 그런 측면도 있다). 다른 영지로의 편입을 희망한 사례도 있지만, 연공 납입 자체를 거절하지도 않는다. 그런 의미에서 반체제 운동은 아니다. 납세자 단체의 실무적인 정치적 압력 운동에 지나지 않는다. 적어도 백성의 의식에서 보자면 대부분은 단지 영주 측의 계속되는 가혹한 시책으로 곤궁해져서 부득이하게 그 시정을 절실히 바라고 있음을, 각오하고 행동으로 보였을 뿐이다. 1747년(延享 4) 여름 데와 국 가미야마에서 강소의 주동자로서 신문을 당한 쇼야庄屋, 소자에몬惣左衛門이 눈물을 글썽이며 한 말은 대부분의 사례에 해당할 것이다.

> 저나 다로에몬太郎右衛門 부자와 같은 사람들은 아무리 재촉을 하여도 좀처럼 평소에 마음을 쓰는 이가 없으니, 삼천 명 이상을 불러 모으기는 어렵습니다. 그러다가 이번의 청원은 각 촌사람들이 모두 마음속으로 품고 있었기에, 어느 날 갑자기 모두 마음이 같음을 알고 모인 터이오니, 송구하오나 헤아려 주시기를 바라오며 [⋯]. (《심비오해도오파》)

요구 내용은 대부분 근년의 연공 증가와 새로운 부담의 철회이며, 고법古法으로 돌아가는 것이다. 사태의 발단은 백성 쪽이 아니라 신법新法을 시작한 영주 측에서 비롯되었다. 일반적으로 관습의 계속은 거기에 규범성을 띠게 하는 것이다. 특히 생활과 생존에 걸리면 더욱 절실해진다. 관습법 위반은 암묵적으로 계약 위반으로 여겨진다. 보통 신의新儀의 기획 자체가 경계심을 불러일으키던 당시 사회에서 신법에 대한 저항 자체가 온당하지 못한 것은 아니다. 게다가 백성들은 종종 영주 본인에게 반감을 돌리지는 않고 특정 관리(급속하게 출세한 수완가가 많다)를 원망의 대상으로 삼았다. 군주 자체가 아니라 군주 측의 간신을 비난하는 모양새다. 개혁 시도는 사실 그런 가신들의 주도가 많았을 것이다. 또 영주 측의 양보를 이끌어 내기 위한 전술이었는지도 모른다.

요구의 최대 논거는 이렇게 가다가는 백성이 존속하지 못한다는 것이었다. 백성상속百姓相續·백성성립百姓成立이 불가능하다는 것이다. 강소의 탄원서는 매뉴얼처럼, 이런 식으로는 연공 납입이 불가능하게 되어 영주가 곤란해진다고 쓴다. 연공을 취하기 위한 도구임을 역이용하는 것이다.

> 이번 개혁으로 위에도 이익이 없고 아래는 어려움에 처하게 됩니다. 나라 안이 곤궁해져서 굶주리게 되며 […] 위에서 언급한 두 분의 개혁은 영주님에게도 이익이 되지 않으며 아래의 곤궁은 돌아보지 않고 도리에 맞지 않는 까닭에 상황이 이렇게 되었습니다.(《보영 수부 태평기寶永水府太平記》 히타치常陸 미토水戸, 1708)

> 이렇게 점차로 쓰러져 가니 첫째는 나라를 위해서고, 둘째는 군주를 위해서이다. 신속하게 결심하여 강소해야 한다. (《아베노 동자문》)

백성 자신이 서술했다는 이 말은, 기록자의 의식뿐 아니라 백성의 실제 의식을 반영하고 있을 것이다.

그리고 탄원서는 마지막으로 영주의 어자비, 어연민을 기대한다. 그것을 송구스럽지만 간절히 바란다. 이는 앞에서도 서술했지만 유학적 통치자의 임무로서의 인정안민仁政安民의 요구가 아니다. 다만 영주의 권위에 납작 엎드려서 강자의 미덕으로서의 긍휼을 구걸하는 것이다.

이처럼 도당 강소의 모양새를 취하긴 하지만 내용을 보면 공손한 어백성의 명분에 따랐던 것이, 그들의 요구가 의외로 받아들여진 요인일 것이다. 그러나 또한 주동자들의 처벌을 조용히 받아들이게 한 원인이

기도 했을 것이다. 그리하여 촌의 사람들은 영주의 권위 재확인에 응하여 조용한 일상생활로 복귀한 것이다.

그런 의미에서 강소 역시 그 배후에 있는 사고는 기본적으로 보수적이었다고 할 수 있을지도 모른다. 그러나 그것이 가진 기능은 별도로 존재한다. 도쿠가와의 지배하에 경지 면적당 생산량은 매우 증대되었다. 그러나 백성들의 힘겨운 저항으로 연공 증징은 어려웠으며 영주측은 증수분을 획득할 수 없었다.[21] 상대적으로 영주가 취하는 생산물은 적어지고 시장 경제화가 진행되는 가운데 그들의 재정은 파탄해 갔다. 많은 다이묘들은 거대한 빚에 허덕이고 그 가신들은 끝없는 봉록 삭감에 불만을 쌓아갔다.

어백성들의 공순하면서도 완고한 저항이, 이렇게 하여 이 정치체제를 내부에서부터 썩어 가게 하였던 것이다.

참고 문헌

기무라 모토이 《촌이 말하는 일본의 역사 근세편》(木村礎《村の語る日本の歴史 近世編》(二冊)そしえて, 1983)

하야미 아키라 《에도 농민의 생활과 인생: 역사 인구학 입문》(速水融《江戶農民の暮らしと人生: 歷史人口學入門》麗澤大學出版會, 2002)

쓰카모토 마나부 《생존의 근세사: 인명환경의 역사로부터》(塚本學《生きることの近世史: 人命環境の歷史から》平凡社, 2001)

21_하야미 아키라 · 미야모토 마타오宮本又郎 〈개설 17-18세기〉(하야미 아키라 · 미야모토 마타오 편《경제사회의 성립 17-18세기(일본 경제사 1)》岩波書店, 1988) 39쪽.

제13장 기묘한 진심
— 모토오리 노리나가本居宣長의 사상

1. 게이추契沖

모토오리 노리나가는 게이추를 "이 학문을 시작한 시조"라고 부른다(《우이야마부미宇比山踏》[1]). 그 자신 게이추의 "가론에 견주어 고대 황국의 뜻을 생각하니, 세상에 신도가神道家라 하는 사람들의 주장은 모두 완전히 틀렸음을 일찍 깨달았다", "고대의 진실한 취지를 깊게 헤아려 보겠다"는 뜻을 품었기 때문이다(《다마카쓰마玉勝間》).

게이추(1640-1701)는 승려이다. 서른아홉 무렵부터 오사카에 있는 절의 주지로 있는 한편, 고문서를 가까이하였으며 도쿠가와 미쓰쿠니德川光圀의 의뢰로 《만엽집萬葉集》 주석에 착수하여 《만엽대장기萬葉大匠記》 20권을 완성했다(1690). 또 《고금집古今集》《이세 모노가타리

1_[옮긴이] 보통 국학자라 불리는 지식인들의 저서명은 한자를 훈독 또는 차음하거나, 와카의 수사법을 차용하기도 하여, 한자의 본래 뜻만으로 서명의 의미를 알기는 쉽지 않다. 이런 경우 서명을 번역하면 오히려 부자연스럽기도 하기에 일본어 읽기 그대로 둔다. 예를 들어, 《우이야마부미》의 '우이'(히라가나로는 '우히'라고 표기하지만, '우이'로 발음한다)는 처음이란 뜻이고 '야마부미'는 산길을 걷는 것을 가리킨다. 《다마카쓰마》에서 '다마'는 접두어로서 미칭이고, '가쓰마'는 성긴 대나무 바구니를 가리키는데, '다마카쓰마'는 와카의 수사법인 마쿠라고토바枕詞로서 '만나다'라는 말과 호응한다. 서명 중에 한자음을 음독한 것은 그대로 우리말 한자음으로 읽는다.

伊世物語》 그리고 《일본서기》《고사기》 속의 노래에 주석을 달았다. 게다가 가나 표기법을 연구한 《화자정람초和字正濫鈔》(1695)를 정리하여, 중세 이래 사용된 후지와라노 사다이에藤原定家의 가나 표기법을 부정하였다. 이는 노리나가에게 계승되었다. 메이지 이후 사용된 '역사적 가나 표기법'은 기본적으로 게이추의 입장을 따르고 있다.

게이추의 가론에 보이는 현저한 특색은, 우선 광범위한 용례 수집과 상호 비교를 통해 고어의 의미를 해명하는 방법적 태도이다. 그는 "고서를 인용하여 논증하는 것은 사심이 없는 일"(《화자정람요략和字正濫要略》)이라고 믿었다. 노리나가는 이 예증법을 계승한 것이다. 두 번째로 "이 책(《만엽집》)을 볼 때에는 옛 사람의 마음이 되어 지금의 마음을 잊어야 한다"고 주장한다(《만엽대장기》). 나아가 "후세에 안 좋아졌다고 해서 고대를 비난해서는 안 된다. 또 옛날의 일을 후세의 예로 삼아서도 안 된다. […] 그냥 있는 그대로가 좋을 것이다"(《세어억단勢語臆斷》). 지금의 기준으로 과거를 재단하지 말고 과거를 지금의 범례로도 삼지 않는다. 각 시대를 그 자체로 이해하라는 말이다. 오규 소라이도 지금의 의식을 과거로 가져가는 것을 배제하지만, 그는 거꾸로 "옛날의 일을 후대의 예로 삼아야 한다"고 생각한다. 그런 의미에서 게이추는 소라이 이상으로 역사주의적이다.

다만 게이추 역시 철저하게 역사주의적이지는 않았다. 그에게는 "노래는 부질없이 느껴지는 감정이 스며 있어서 재미있는 것이다. 논쟁을 좋아하면 감정이 무뎌진다"(초고본 《만엽대장기》)는 미의식이 있다. 그래서 아리와라노 나리히라在原業平의 사세가辭世歌 "마침내 가야 할 길이라 오래전부터 들었으나, 오늘 내일이라고는 생각지 못하였건만"에 대하여 다음과 같이 서술한다.

> 이 노래는 진실하여 사람들을 가르치는 데 좋다. 후세 사람들의 노래는 죽음에 이르러서도 잘난 체하거나 혹은 도를 깨친 것처럼 들린다. 사실은 정말로 그렇지 않으며 더 싫은 것이다. 평범한 나날이라면 광

언기어狂言綺語도 섞여 있겠지만, 결정적인 때라면 진실한 마음으로 되돌아가야 한다. 나리히라는 일생의 진실함이 이 노래에 담겨 있으나, 후세 사람들은 일생의 거짓이 드러난다. (《세어억단》)

게이추는 나리히라의 심정은 공감하면서 이해하지만, 후세 사람들이 세상을 떠나면서 "잘난 체하거나 혹은 도를 깨친 것처럼" 노래하는 심정에 대해서는 공감하려고 하지 않는다. 모든 과거를 내면적으로 이해하려고 한다면, 허위나 위선으로 치닫는 마음도 공감해야 할 것이다. 그러나 그는 진실한 마음과 거짓을 독단적으로 구별한다. 그리고 유학 특히 주자학적인, 규범적인 것이야말로 사람다운 것이라는 인간관을 부정하고, 오히려 거기에서 벗어나는 것을 진실한 마음이라고 한다. 그리고 모토오리 노리나가는 게이추의 이 말에 대하여 "게이추 법사는 세상 사람들에게 진실함을 가르치고, 신도가나 가학자歌學者는 거짓만을 가르친다"(《다마카쓰마》)고 절찬하면서 그러한 태도를 계승하였다. 도리란 인간의 본성이 아니라 오히려 허식이라는, 유학의 근본에 대한 도전이었다.

2. 가모노 마부치賀茂眞淵

가모노 마부치(1697-1769)는 도토미 국遠江國(지금의 시즈오카 현)의 신직神職 가문에서 태어났다. 가모賀茂는 본성이고 묘자苗字[2]는 오카베

2_[옮긴이] 고대의 씨성제도에서 성은 '가바네'라고 읽는데, 이는 호족의 정치적 사회적 지위를 나타내기 위해 세습한 칭호이다. 씨는 '우지'라고 읽는데 고대 조정의 정치기구로 일정한 직무를 세습적으로 분장한 부계의 친족집단을 가리킨다. 그 정치적 지위에 응하여 천황으로부터 우지의 이름과 가바네를 부여받았다. 우지는 지명에서 유래하는 것과 오토모, 나카토미 같이 조정의 직장에 유래하는 것으로 나뉜다. 헤이안 시대에는 후지와라 씨가 압도적 우위를 차지였으며, 가마쿠라 시대가 되면서 점차 우지와 가바네가 결합하여 부계에 계승되면서 이것을 가바네와 구별하여 '세이'라고 불렀다. 세이, 즉 성이 개인의 이름 위에 붙는 씨족 등의 친족 집단의 호칭이라고 한다면, 묘자란 12세기경에 재지 영주가 자신의 저택 소재지의 지명이나 관직 등에서 유래하

岡部라고 한다. 20대에 하마마쓰浜松의 와키혼진脇本陣[3]을 운영하는 가문의 양자가 되어 와카를 즐겨하였고, 또 다자이 슌다이의 제자에게 배웠다. 상류층 조닌다운 유예이지만, 너무 열중한 나머지 30대에는 교토로 가서 노래와 모노가타리物語[4]를 배우기에 이르렀다. 그리고 1737년(元文 2)에는 에도로 이주하였고, 1746년(延享 3)부터 다이묘 다야스 무네타케田安宗武 밑에서 일하게 되었다. 당시의 쇼군 동생의 유예 상대로 채용된 것이다. 그즈음부터 고대인 같은 마부치라는 호를 사용하였다. 1760년(寶曆 10)까지 일하고 은퇴하여 이후에는 저술에 힘쓰다 73세에 세상을 떠났다.

마부치는 황조의 배움과 고학의 방법을 다음과 같이 주장한다.

> 우선 고대의 노래를 배워 고대풍의 노래를 읽어야 한다. 그 다음에 문장을 배워서 고대풍의 문장을 짓는다. 그 다음에는 《고사기》를 잘 읽고 그 다음에는 《일본기》를 잘 읽고, 《속일본기》부터 대대로의 역사서를 읽는다. 혹은 의식儀式이나 다른 기록들도 보고 가나로 된 것을 읽어 고사와 고언이 남아 있는 것을 찾아내서, 고대의 악기 · 의류나 그릇 같은 것도 생각하고, 그 밖에 무수한 것은 위의 옛 역사를 보고 생각하면서 알 수 있어야 한다. 이렇게 황조의 고대에 진력하면 신대神代의 일도 알 수 있을 것이다. 그렇게 해야만 천지와 합치되어 세상을 다스리신 고대 신황神皇의 도까지 알 수 있을 것이다. (《니이마나비にひまなび》[5])

는 명칭을 이름으로 일컬은 데서 비롯되었다. 14세기에는 대대로 계승되어 가명家名으로 인식되었다. 에도 시대의 조닌이나 백성도 묘자를 가진 사람이 많았으나 공식적으로는 금지되었다. 명자名字라고도 쓰며, 모두 일본어로는 '묘지'로 읽는다. 아울러 가모노 마부치처럼 성과 이름 사이에는 '노'를 붙여 묘자와 구별한다.

3_[옮긴이] 혼진은 에도 시대 5가도나 주요 가도에 설치된 공용 여행자용 숙박 시설을 가리키는데, 혼진의 보충 시설이 와키혼진이다.

4_[옮긴이] 모노가타리는 작자의 견문 또는 상상에 기초하여 인물과 사건을 서술한 산문 형식의 문학 작품으로, 좁은 뜻으로는 헤이안 시대부터 무로마치 시대까지의 작품을 가리킨다.

5_[옮긴이] 니이마나비는 처음으로 배운다는 뜻이며, 1765년에 성립되어 1800년에

소라이의 손제자에게 수학하고, 핫토리 난카쿠와도 교제를 한 마부치이다. 확실히 소라이학의 방법을 일본에 응용하였다.

그렇다면 고대 신황의 도란 무엇일까? 마부치는 이번에는 소라이나 난카쿠의 논의를 역으로 이용하면서 명쾌하게 유학을 비판한다(《국의고國意考》).

예를 들면 유학이 말하는 도는 분명히 사람이 만든 것이라고 말한다. 예악을 성인이 제작하였다는 것은 유학에서 통념인데, 도 자체가 성인이 제작했다는 것이 소라이학의 주장이다. 이를 포착하여 마부치는 유학 자체를 조롱한다. "사람의 마음을 가지고 만든 것은 틀린 것이 많구나."

실제로 유학의 원류인 가라唐 즉 중국은 대대로 제대로 통치되고 있지 않다. 특히 만주족이 지배하는 청나라를 향해 그는 다음과 같이 말한다.

> 비천한 사람이 출현하여 군주를 죽이고 스스로 황제라 칭하면 사람들은 머리를 조아리며 순종한다. 뿐만 아니라 사방의 다른 나라를 오랑캐라고 비하하면서도, 오랑캐 나라에서 나와 가라의 황제가 되면 또 모두 머리를 조아리며 순종한다.

한편 일본에서는 비천한 사람이 황위에 오른 일이 없으며 오랑캐에게 정복당한 일도 없다. 요컨대 "아무리 생각해도 유교의 도리야말로 그 나라를 어지럽힐 뿐"이다(당시의 청나라는 유학자로서 분명 곤혹스런 사태였다).

그렇다면 어째서 일본은 중국과 이리도 다른 것일까? 왜 혁명도 없으며 지금도 온화하게 다스려지는 것일까? 그 이유는 일본인이 원래부터 뛰어나기 때문이다(일찍이 난카쿠가 말한 대로이다. 제10장).

> 그저 중국은 마음이 악한 나라이니 깊이 가르쳐도 겉은 번지르르하지

간행된 가론서이다. 《만엽집》을 중시해야 한다는 주장이 담겨 있다.

> 만 끝내 크게 나쁜 일을 하여 세상을 어지럽힌다. 이 나라는 원래부터 사람이 정직하여 작은 가르침도 잘 들으며, 또한 세상 움직이는 대로 두루두루 행하기 때문에 가르치지 않아도 괜찮은 것이다.

근대 일본에서 대부분의 반서구주의가 서구 사상의 일면을 모방한 것처럼, 이 반중국주의도 중국의 반유학사상인 노자를 수입한 것이다. 마부치는 노자와 마찬가지로 사람이 가진 어설픈 영리함 때문에 세상이 어지러워진다고 하였다.

> 만약에 세상에서 한두 사람만 똑똑하다면 좋을 것이다. 사람들이 모두 똑똑하면 모든 일에 서로 공격하게 되어 마침내 쓸모없게 된다.

다만 노자와 달리 마부치에게 태고는 단순히 평안했을 뿐 아니라, 깨끗하며 아름답다. 미적인 것이다. 올곧은 마음에 대하여 논리와 위선은 불결하며 추악하다.

그렇다면 올곧은 마음을 가지면 어째서 세상이 평안한 것일까?

> 마음이 올곧으면, 가끔씩 나쁜 일을 저지르고 세상을 빼앗으려고 생각하는 사람도 있지만, 올곧은 마음으로 인하여 생각하게 되는 것이니 숨김이 없다. 숨김이 없으면 곧바로 몰아낼 수 있다. 따라서 대란이 없다.

요컨대 악인도 음험하지 않다. 나빠도 솔직하며 명랑하다. 그래서 대란으로 번지지 않는다. 다만 악의 없이 난폭한 사람에 대응할 필요가 있는 이상, 폭력도 필요하다.

> 진실로 무武의 의미는 올곧음이니, 소홀함이 없으며 사사로움도 없다. 팔짱 낀 채로 힘들이지 않고도 집안을 다스리고 천하를 다스린다.

황조의 옛 뜻은 신대부터 시작되어 무를 표방하고 화和를 안으로 삼는다. 상세한 것은 조금도 말하지 않고 민을 억지로 바로잡지 않으며 천지에 합치되어 다스리신다. (《류코비龍公美에게 보내는 서간》)

순박한 심정과 솔직한 폭력의 아름다운 나라 일본이라는 자화상이다.

그러나 유교 · 불교 등의 유입으로 지금 세상은 고대보다 뒤떨어진다. 이를 고대로 되돌리는 것이 가능할까? "만약 통치자로서 고대를 좋아하여 세상을 바로잡고자 하시는 분이 오시면 10년, 20년 안에 세상은 모두 바로잡힌다"고 마부치는 대답하였다.

모토오리 노리나가는 마부치와 한 번 대면하였고 그 이후로는 서신을 주고받았으며 평생 그를 스승이라고 불렀다.

3. 인물과 저작

모토오리 노리나가로 알려지게 된 인물은 1730년(享保 15)에 이세 국伊勢國 마쓰자카松坂의 상인 집안에서 태어났다. 이른바 이세 상인의 본거이자 그 집안도 목면상으로서 에도에 가게를 내고 있었다. 아명은 도미노스케富之助였다가 야시로弥四郎로, 다시 겐조健藏로 바뀌었다. 실명은 도시사다榮貞(20세에는 좀 더 우아하게 '나가사다'라고 읽는 법을 바꾸었다). 옥호屋號는 오즈야小津屋이다.

어려서부터 상류층 조닌다운 유예를 가까이 하였으며 부친과 형의 죽음으로 1751년(寶曆 1) 22살에 이에를 계승한다. 그러나 장사에는 분명히 소질이 없었기에 의사가 되기로 하여 이듬해 교토로 유학을 가서 유학을 공부하는 스승 밑에 들어갔다(한문을 읽지 못하면 한방의가 될 수 없다). 그가 바로 호리 게이잔堀景山이다. 소라이의 영향이 짙은 사람으로 게이추를 존경하여 《만엽대장기》의 필사까지 하였다. 유학 중

겐조는 존마게를 소가미總髮[6]로 바꾸고 의사로서 슌안春庵이란 이름을 썼다. 한편 선조의 성이었다 하여 모토오리라는 성을 사용하기 시작하였고 실명도 노리나가로 바꾸었다. '모토오리 노리나가'의 탄생이다. 이것은 아무리 봐도 이세의 상인 이름이 아니다. 공가나 간누시神主 같은 이름의 인물로 스스로 변신한 것이다.

그리고 1757년(寶曆 7) 마쓰자카로 돌아와 마치町의사 슌안으로서 생활을 시작하였다. 의술을 하면서 와카를 읽고 모노가타리 · 화가집和歌集 · 《고사기》 등을 연구하였다. 그럴 때면 그는 '모토오리 노리나가'였다. 평온하고 근면한 생활을 이어 가면서, 《고사기》의 상세한 주석(《고사기전》은 치밀한 예증과 독단이 기묘하게 혼합되어 있다)을 비롯한 다수의 책을 저술하고 차례로 간행하였다. 점차 늘어가는 제자들을 대상으로 자택에서 강의도 하였다(사회적 존재 형태로는 유의儒醫와 동일하다). 제자는 특히 만년에 급증하여 문인록에 의하면 남쪽의 규슈에서 북쪽의 마쓰마에松前까지 487명에 이른다. 1792년(寬政 4)에는 마쓰자카를 지배하는 기슈紀州 도쿠가와 가에 초빙되어 와카야마和歌山에서 어전 강의를 하고 후치扶持를 받게 되었다. 1801년(享和 1)에는 제자를 데리고 개진하듯이 교토로 와서 공가들에게도 강의를 하였다. 그리고 그해 세상을 떠났다(72세). 당시의 조닌 학자로서 선망할 만한 생애였을 것이다.

그의 영향은 매우 컸으며, 그런 만큼 반발도 강했다. 오와리尾張 도쿠가와 가에 출사한 히토미 야에몬人見彌右衛門(호는 기유璣邑)은, 노리나가의 제자이기도 한 동료가 《고사기전》을 주군에 헌상하자고 한 기획에 반대하였으나, 결국 그 첫머리에 다음과 같이 추가하는 것을 조건으로 헌상을 인정했다고 한다.

6_[옮긴이] 존마게는 에도 시대 남자의 머리 모양의 하나로 이마 위의 머리를 밀고 머리 뒤쪽에서 틀어 올린 데 반해, 소가미는 이마 위쪽의 머리를 밀지 않고 전체 머리를 뒤로 빗어 넘기거나 머리 위에서 묶은 남자 머리 모양으로, 의사 · 유학자 · 수도승 등의 머리 모양이다.

이 책은 고훈古訓의 음미는 분명하고 자세하지만, 이 책의 취지를 너무 신뢰하시면 정사에 크게 해가 될 것이니, 생각하셔서 읽으셔야 합니다.[7]

공의의 유학자인 하야시 줏사이林述齋도 "요즈음 화학자和學者 순안蕣庵 [⋯] 적당한 때에 죽었다. 그렇지 않았다면 큰 일이 났을 것"이라 했다 한다(《갑자야화 3편》 권23). 그럼에도 불구하고 에도 말기에는 "근래 천하를 휩쓸고 있는 것은 모토오리 일파"(류온龍溫 《총척배불변總斥排佛辨》)라고 서술되기에 이르렀다.

온화하면서도 거들먹거리기도 했던 이 인물의 위험한 사상은 어떠한 것이었을까?

4. 노래 배우기

노리나가는 학문 입문서인《우이야마부미》에서 사람은 누구나 노래를 배우고 와카와 모노가타리를 열심히 읽어야 한다, 그래야 우아한 정취雅趣, 모노노아와레物の哀れ[8]를 알 수 있으며, 마음을 갖추게 된다고 말한다. 그것이 고대의 도를 알게 되는 단계라고 한다. 마부치의 방법론과 비슷하면서도 노리나가는 상고의 책이나 노래에 한정하지 않는다. 도를 체득하기 위해서는《고금집》《신고금집》 등 화조풍월花鳥風月이나 연애의 노래, 제왕인 아버지의 비와 밀통하여 그 아들이 제왕이 된,

---

7_후카다 마사쓰구深田正韶 저 · 호소노 요사이細野要齋 초출抄出《천보회기초본天保會記鈔本》(오노 스스무大野晉 편《모토오리 노리나가 전집》 별권3, 筑摩書房, 1993, 해제 23-24쪽).

8_[옮긴이] 모노노아와레란 노리나가 가론의 핵심 요소로서, 헤이안 시대의 문예 이념이자 미적 이념이다. 대상 객관을 가리키는 '모노'와 감정 주관을 나타내는 '아와레'가 일치하는 데서 발생하는 조화를 이룬 우아하고 아름다운 정취의 세계를 나타낸다. 노리나가는《겐지 모노가타리》를 그 최고봉으로 평가하였다.

저 히카루 겐지光原氏의 이야기 같은 것을 읽어야 한다는 것이다.

노리나가에 의하면 와카와 모노가타리로 대표되는 덧없는 심정이야말로 인간의 거짓 없는 마음이기 때문이다. "대부분의 사람은 아무리 영리하여도 속마음을 들여다보면 여자나 아이들과 특별히 다르지 않다. 모두 한없이 연약한 데가 많다"(《이소노카미 사사메고토》[9]). 한편 유학풍의 논리나 선악을 엄격하게 따지는 규범 의식은 추악하며 위선이다(그가 적대시하는 대상은 마부치와 마찬가지여도 사람의 거짓 없는 마음의 내용에는 차이가 있다). 여기서 "대부분의 사람"이라고 하면서도 남자만을 상정하고 있는 것은 분명한데, 요컨대 "여자와 아이" 쪽이 사람다운 것이다. 남자와 여자, 인위와 자연, 이성과 감성의 구별은 유럽인들도 하였다(한다). 다만 노리나가는 그것을 젠더론으로서가 아니라 중일 비교론으로서 전개한다.

> 우리 나라는 아마테라스오미카미의 나라로서 다른 나라보다 뛰어나네. 경사스러운 나라이니, 사람들의 마음도 행동도 말도 올곧고 우아하다네. 천하가 무사히 평온하게 다스려지니 다른 나라처럼 번잡스럽고 골치 아픈 일은 조금도 섞이지 않는구나. (같은 책)

이렇게 일본의 본래의 뛰어난 특색을 이해하기 위해서는 노래를 배워 우아한 정취, 모노노아와레를 알아야만 한다는 것이다.

모노노아와레를 알아야 한다는 견해는 당시에도 종종 제기되었다.[10]

9_[옮긴이] 원제는 《石上私淑言》이며, 한자 私淑言을 음독하여 '이소노카미 시슈쿠겐'으로 읽어야 한다는 설도 있다. 이소노카미는 와카에서 '오래되다'는 말과 호응하는 마쿠라코토바이기도 하고, 또 노리나가의 호로 사용되기도 하였다. 私淑은 마음속으로 존경하고 배운다는 뜻이지만, '사사메고토'로 읽으면 '남녀 간 속삭이는 말'이란 뜻이 되어, 과연 노리나가가 이런 뜻을 가진 말로 서명을 읽었을지, 의문이 남는다. 이렇게 읽는 방식은 초기 노리나가 연구서인 《영옥옹약연보鈴屋翁略年譜》에서 비롯되었으나, 와카를 배우는 것은 바로 고대의 도를 아는 것임이 서술된 책의 내용으로 봐서는 한자어 私淑의 뜻에 가깝다고 할 것이다.

10_히노 다쓰오日野龍夫 〈노리나가와 당대문화〉(《노리나가와 아키나리: 근세 중기 문

"한창 젊은 나이에 '서책을 읽어 익히지 않으면 성인의 가르침에 어긋난다'라고 말하는 것은 비천하게 보일 뿐 아니라, 마음도 몹시 천하여 모노노아와레를 분별하지 못하고 매사 마음이 두루 미치지 못하게 된다"(야나기사와 기엔柳澤淇園《혼잣잠ひとりね》1724), "비록 철로 만든 사람이거나 흙으로 만든 물건이라도, 조금은 정취를 자아내어야 하니 모노노아와레를 알지 못하는, 오랑캐 마음을 가진 간페이眼平 같은 사람이라면, 흐느끼는 소리도 귀에 들리지 않는다"(산토 교덴山東京傳《석어도처표지昔語稻妻表紙》[11] 1806), "사랑이 생각대로 되지는 않더라도, 모노노아와레를 알게 된다면 사견邪見을 가진 필부로 하여금 마음을 부드럽게 하는 데 도움이 되지 않겠는가"(다메나가 슌스이《춘색매력春色梅曆》권1, 1832). 노리나가의 우아함은 당시의 통속 문예와 조용히 공명하면서 점차 설득력을 강화해 갔던 것이다.

다만 노리나가는 어디까지나 고대의 아어雅語를 구사하여 마음도 고대인의 우아한 정취로 질적인 변화가 있어야만 뛰어난 노래를 지을 수 있다고 주장한다. "노래를 읽는 사람의 심성은 오로지 이 모노가타리(《겐지 모노가타리》)에 나오는 사람들의 마음이 되어야 한다"(《자문요령紫文要領》). 요컨대 부단히 노래와 모노가타리에 마음을 쏟아 히카루 겐지나 무라사키노우에紫上[12]로 내면적 변신을 해야 한다(일견 기묘하지만, 오규 소라이와 가모노 마부치의 방법론을 계승한 것이다. 일종의 의고주의적 작가법作歌法이다). 그리고 그렇게 철저하게 되면 똑같은 산벚나무를 접하더라도 옆자리의 속물적인 현대인과는 달리 고대인과 마

학 연구》筑摩書房, 1984) 참조. 히노 씨는 "나는 노리나가가 말하는 '모노노아와레를 안다'는 설의 모태를 노리나가가 친숙했던 동시대 통속문화의 성격에서 찾는 것을 주저하지 않는다"고 하였다. 같은 책, 205쪽.

11_[옮긴이] 일본어로는 '무카시바나시 이나즈마뵤시'라고 읽는다. 이나즈마란 순식간의 일이나 덧없음을 비유하는 말로, 벼꽃이 필 무렵 천둥과 번개가 많았던 데에서 그 영험함으로 벼가 영근다고 믿었던 데에서 유래한다. 본문의 인용서는 충신과 간신의 대결을 그린 소설이다.

12_[옮긴이] 양자 모두《겐지 모노가타리》의 등장인물로, 무라사키노우에는 주인공인 히카루 겐지가 이상적으로 양육하여 아내로 맞아들인 여자이다.

찬가지로 정취를 느끼게 되고, 고대인처럼 와카를 읽을 수 있다. 현실 세계에 직접 손을 대지 않고도 배움의 힘으로 현실에 우아함이란 베일을 씌울 수 있는 것이다.

거기에는 개성을 표현하는 즐거움은 없다. 그러나 스노비즘snobbism의 만족은 있을 것이다. 또 당시의 문예 · 회화 · 연극 등에서 이상하리만치 유행했던 미타테見立て와 야쓰시やつし[13]의 취향과도 통한다. 그것은 폐쇄된 세상으로부터 별세계로 조용히 도주하는 것이다.

5. 고대의 도

(1) 올바른 전승

"고대의 도"란 중국의 가르침이 흘러 들어와 오염되어 버리기 이전의 "우리 나라 고대의 풍속"(《나오비노미타마直毘靈》[14])을 말한다. 신대 · 상대의 천황을 포함한 모든 사람들의 마음 · 말 · 행동 모두가 '도'이다. 따라서 그것은 "사람의 도"이며 동시에 "천황께서 천하를 통치하시는 도"이다(같은 책). 게다가 그것은 전 인류의 모범이며, "진실한 도는 천지 간 모든 나라에 마찬가지로 일관되는 것"(《다마쿠시게玉くしげ》)이다.

왜 그렇게 말하는가?

그것은 "이 도는 오로지 황국에서만 올바르게 전해지고 외국은 모

13_[옮긴이] 양자 모두 일본 문화의 예술적 표현 기법이다. 미타테는 예를 들어 만담가가 자신이 들고 있는 부채를 담뱃대로 가정하고 표현하는 등의 비유법이고, 야쓰시는 고전에 보이는 제재를 당대풍으로 모습을 바꾸어 표현하는 법을 가리킨다. 예를 들어 헤이안 시대의 가인인 오노노 고마치小野小町가 에도의 처자로 모습을 바꾸어 등장하는 것처럼, 인물에 한정되지 않은 전설이나 이야기를 현대풍으로 환골탈태시키는 것과 같은 표현 기법을 뜻한다. 전승성과 중층성이 풍부한 표현 기법으로 에도 시대에 성행하였다.

14_[옮긴이] 나오비 신은 죄악과 부정을 씻어 주는 신으로, 이 책은 일본의 도의 특색을 논한 것으로 노리나가의 고도설의 골자를 읽을 수 있는 저서이다.

두 상고부터 이미 그 전래를 잃었"기 때문이다(같은 책). 즉 노리나가는 《고사기》에 기록된, 그리고 그 엄밀한 해독으로 재현할 수 있는 신대 · 상대의 모습이 사실이며, 또한 '일본'뿐 아니라 인류의 본래성을 보여준다고 말하는 것이다.

다만 노리나가는 《고사기》를 매우 신뢰성이 높은 사료로 간주하긴 해도 일언일구 사실이라고 주장하지는 않는다. 그래서 그는 사료로서의 신뢰성은 다소 떨어지는 《일본서기》《만엽집》《고어습유古語拾遺》도 사용한다. 현존하는 문헌사료를 모두 이용하여 당시에 실재했을 터인 역사적 사실을 재현하고자 하는 것이다. 그런 의미에서 노리나가는 종종 오해받는 것과 달리 문헌학자 · 해석학자는 아니다. 역사가인 것이다. 따라서 그는 종종 "전설이 없으면 알기 어렵다"(《고사기전》 신대 1권)고 한다. 역사가답게 사료적 근거가 뒷받침되지 않는 것은 말하지 않는 것이다. 한편 그는 기기記紀와 "이 두 책에는 누락되었지만 다른 고대의 책에 보이는" 일까지 종합하여, 그 이름도 《가미요노 마사고토神代正語》라고 지은 책을 저술하였다. 나아가 때로는 《고사기》의 어구를 올바르다고 생각한 말로 고치기도 하였다. 모두 문헌학자라면 하지 않을 작업이다.[15]

다만 노리나가는 조금은 기묘한 역사가이다. 그가 밝힌 역사적 사실이란 이자나기노미코토伊邪那岐命와 이자나미노미코토伊邪那美命가 성교하여 일본 열도를 낳았고, 태양은 쓰쿠시노히무카竺紫日向에서 아마테라스오미카미로서 태어나고, 그 손자가 하늘에서 내려왔으며, 그 증손이 진무神武 천황이 되었다는 것이다. 노리나가에 의하면 이는 모두 역사적 사실이다.

도쿠가와 일본에서는 교양인이라 해도 많은 사람이 여우나 살쾡이가 사람으로 둔갑한다고 믿고 있었다. 실제로 제정신을 잃고 이상한

15_노리나가는 '《고사기》와 《일본서기》는 별개의 텍스트다. 이를 종합하여 하나의 신화를 구성하는 것은, 과거의 두 소설을 제멋대로 종합해서 하나로 새 소설을 만들어 내는 것이 아닌가'라는 생각은 하지 않는다.

눈빛으로 기괴한 언동을 하는 사람이 있다. 그것은 당사자도 종종 인정하듯이 여우나 살쾡이가 들러붙었기 때문이라고 생각한다. 그러나 위의 '사실'은 당시 사람들에게도 황당무계한 것이었다. 그래서 예를 들면, "원래 고사기 정도로 오래된 책은 없지만 믿기 어려운 일이 많다. […] 야스마로安麻呂는 근본적으로 바보 천치였던 것 같으니, 증거도 없고 논리도 없다"(히토미 기유人見璣邑《기순문답璣舜問答》), "신대부터 천 년 정도는 […] 사서에 어떻게 실려 있다 하더라도 모두 꾸민 것이다. 물론 신대의 일은 더욱 꿈과 같다"(야마가타 반토山片蟠桃《유메노시로夢ノ代》)는 솔직한 지적도 있었다.

그런데 노리나가라는 지극히 총명한 인물은 그렇게 생각하지 않는다. 그는《고사기》의 사적 신빙성에는 확실한 근거가 있다고 믿는다.

제일 먼저《고사기》에 기록된 니니기노미코토邇邇藝命의 자손이 이 나라를 통치하라고 한 아마테라스오미카미의 '위임'이 실현되고 있다. 그 말씀대로 중국처럼 왕조 교체 없이 지금도 천황이 군림하고 있는 기적과 같은 사실이 실재한다.

둘째 실제로 아마테라스오미카미가 니니기노미코토에게 내린 거울인 야타노카가미八咫鏡가 이세신궁에, 야마토타케루노미코토日本武尊가 사용한 구사나기노쓰루기草薙劍가 아쓰다신궁熱田神宮에 각각 신체神體로서 실재한다. 이러한 신대의 유적이 실제로 존재하고 나아가 "진무천황부터 지금까지 대대로 천황의 능이 기나이畿內 각 국에 현존"한다. 게다가 "조정에는 신대의 유사遺事(대상제大嘗祭 등을 가리킬 것이다)도 이것저것 남아 있으며" "나카토미中臣 · 인베忌部 · 오토모大伴같은 우지氏는 신대의 직職을 전하여 후세까지도 이어지고" 있다. 이런 것들이 "거짓으로 만들어 낸 것"이겠는가(《구즈바나くず花》[16]).

또 노리나가에 따르면 이런 사실을 회의할 이유가 없다.

16_[옮긴이] 구즈바나는 칡꽃을 뜻한다. 1780년 지어졌으나 간행된 것은 노리나가 사후인 1803년이다. 소라이 학파의 이치카와 다즈마로市川匡麻呂와의 논쟁서로,《고사기》신대 전승의 모순에 대한 비판과 노리나가의 반론이 주된 내용이다.

예를 들면 첫째로 위의 유적과 유사에 대해서도 거꾸로 그에 맞추어 이야기(모노가타리)가 창작되었다고 주장하는 사람이 있을지도 모른다. 하지만 후세의 창작물이라면, 그럴싸한 중국풍으로 지어졌을 것이다. 그렇지 않기 때문에 지어낸 이야기일 리가 없다(같은 책).

둘째로 애당초 인간의 작은 지혜를 가지고, "내 마음을 가지고 세상만사를 헤아려서 이치가 이래야 한다, 저러면 안 된다라고 정해 버려서 자신이 정한 것이 지극히 이치에 맞는다고 생각한다. 그 외에는 없다고 생각"(《겸광인鉗狂人》)하는 것이 문제이다. 증거가 있는 사료를 일개인의 추측으로 부정할 수 있을까? 그것은 여름철의 벌레가 얼음의 존재를 의문시하는 것과 같은 것이다.

셋째로 회의란 "세상에는 이상한 일이란 없다"고 믿기 때문에 생기는데, 원래 삼라만상이 불가사의한 것이다. 예를 들면 이 천지의 움직임과 인간의 오묘한 신체작용도 익숙해져서 자명하게 여기지 않게 되면 정말로 기이하지 않은가?

> 지금 세상에 존재하는 일도 지금 존재하기 때문에 이상하다고 생각하지 않는 것이다. 곰곰이 생각해 보면 세상의 온갖 일들, 이상하지 않은 모든 일도 따져 보면 이상하지 않은 것이 없다. (《다마카쓰마》)

따라서 《고사기》의 기술만을 의심할 근거가 없다.

넷째로 《고사기》에는 분명히 앞뒤가 서로 맞지 않은 기술이 있다. 그런데 "만약 후대의 천황이 만들었다고 한다면 이렇게나 천박하게 들리는, 사람들이 믿기 어려운 일을 만드셨겠는가"(《구즈바나》). 요컨대 명백한 모순이 당당하게 기술되어 있는 것이야말로 의도적인 창작이 아니라는 증거이다.

다섯째로 커다란 세계의 만국 가운데 이 작은 섬에 전해진 것만이 올바르고, 해와 달도 이 나라에서 생겼다는 이야기에 이국인이 승복하겠는가, 각 나라마다 전설이 있지 않느냐는 비판도 유효하지 않다. 후지와라노 사다이에의 진품이라고 일컬어지는 색지色紙가 열 장이 있다고 해서 그 전부가 가짜가 되는 것인가?

> 이 또한 그 진위를 스스로 확인할 수 없기 때문에 생기는 의심이다. 만약에 영리한 체 하는 가라고코로漢意[17]를 모두 깨끗이 씻어 버리고, 더러움이 없는 순일한 고학의 눈으로 보면, 신대의 고전설이 오묘한 정취가 있는 진실한 것임을 스스로 명백하게 알게 되어, 저 아홉 장의 가짜와는 조금도 헷갈리지 않을 것이다. (《가에가呵刈葭》[18])

더러움 없는 순일한 고학의 눈, 정밀한 고학의 눈(《겸광인》)으로 감정해 보면 진위는 구별할 수 있다. 노리나가는 의견이 나뉘는 이상, 무엇이 진실인지 알 수 없다는 방관자적인 입장은 인정하지 않는다. 방법적 연구를 하면 상대도 모를 리가 없다. 또 그가 말하는 도는 보편적으로 타당하다. 따라서 노리나가는 각 나라가 각양각색이어도 괜찮다는 상대주의를 인정하지 않는다. 어떤 사람을 신랄하게 비판하면서 이렇게 말한다.

> 그대의 생각을 헤아려 보니 일본인은 일본의 전설을 믿어 취해야 하고, 다른 나라 사람은 또한 그 나라의 전설을 믿어 취해야 한다는 것인데, 그렇게 하면 믿는 것이 모두 거짓으로 사실이 아니다. […] 만약에 실로 황국의 이야기를 믿는다면 다른 나라의 것은 논할 바도 없이 모두 거짓이니, 조금도 마음을 쓰면 안 된다. 만국이 모두 황국의 이야기

17_[옮긴이] '가라고코로'는 한적漢籍을 배워 중국풍에 심취하고 감화된 마음을 뜻한다. 국학자가 애용하였으며 이에 반대되는 '야마토고코로大和心'는 본래 일본인이 지닌 순수하고 부드러운 마음을 뜻한다.

18_[옮긴이] 이 책은 고대의 음운에 관하여 우에다 아키나리上田秋成와의 논쟁과 《겸광인》에 대한 아키나리의 비판에 반론하는 내용이다. 刈葭는 갈대를 벤다는 뜻이지만, 이를 훈독하면 '아시葭카루刈'로 이는 나쁘다는 뜻의 '아시카루悪しかる'와 발음이 같다. 따라서 서명의 '呵刈葭'는 나쁜 것을 꾸짖는다는 뜻이 되는데, 우에다 아키나리를 꾸짖는다는 의미이다.

를 믿어야 한다고 말해야 한다. (《답문서答問書》)

각국의 각 사람들이 제각기 믿고 싶은 것을 믿으면 되지 않느냐고 말해서는 안 된다. 그렇게 말하는 당신 자신은 무엇이 올바르다는 것이라 생각하는가? 이렇게 노리나가는 추궁한다. 올바른 것이면 전 인류가 옳다고 인정해야 하는 것이다.

> 이렇게 본조本朝는 아마테라스오미카미의 본국으로서 그 황통이 다스리시는 나라로, 만국의 근원이 되는 대종大宗의 나라이니, 만국 모두 이 나라를 존숭하고 복종해서, 사해 안이 모두 이 진실한 도에 의지하여 따라야 하는 이치 [⋯] (《다마쿠시게》)

위와 같은 주장은 그 나름 논리적일지도 모르겠다. 그러나 어딘가 정상이 아닌 것같이 보인다. 하지만 노리나가의 고도론이 좀 극단적이긴 하지만 기본적으로 옳음은 인정해야 한다는 분위기가, 당시 서서히 퍼지고 있었다. 노리나가에게 크게 영향을 받은 미토학水戶學(후술)도 지지자가 증가하여, 노리나가가 빈번하게 이용했던 '미쿠니皇國'라는 용어도 급속하게 통용되었다. 그리고 도쿠가와 말기(이후 1945년까지)에는 정치적 입장과 상관없이 사용하는 사람이 많아졌다. 이 나라는 일관되게 천황을 모시는 특별한 나라라는 자부심이 들어간 자칭인 것이다.

그리고 메이지 유신 후 실제로 천황 중심의 정치체제가 수립되었다. 메이지 헌법은 천황이 통치권을 갖는다고 정했다. 그것은 천명이나 인민의 신탁이 아니다. 헌법 제정 시의 〈고문告文〉은 "천황은 천양무궁의 굉모宏謨에 따라 오직 신의 보조寶祚(천황의 지위)를 계승하여"라고 설명한다. 천양무궁의 굉모란 아마테라스오미카미가 니니기노미코토를 다카아마하라高天原에서 지상에 내리셨을 때, "보조의 융성함은 천양과 함께 무궁하리라"(《일본서기》)고 한 말을 가리킨다. 요컨대 아마테라스오미카미의 '위임'이다. 아인슈타인이 상대성이론을 발견한 지 40년, 20세기 중반까지 일본 열도에 존재했던 정치권력은 그 정통성의 근거를 정식으로 태양신의 탁선託宣에 둔 것이다.

(2) 다스림まつりごと

노리나가가 말하는 "크나큰 우리 나라의 위대한 풍속"이란 다음과 같은 것이었다.

> 우선 상고 시대에 천황께서 천하를 다스리시던 방법은, 옛날 말씀에도 신에 따라 다스리시라고 되어 있어 오직 아마테라스오미카미의 크신 마음을 그 마음으로 삼아, 모든 일을 신대에 정해 놓으신 발자취대로 행하시고, 그 가운데 마음에 정하기 어려운 일이 있을 때에는 점을 치셔서 신의 마음을 여쭈어 행하신다. 어떤 일이라도 대부분 그 자신의 지혜로움을 쓰시는 것이 아니니, 이것이 진실한 도의 올바름을 행하는 방법이다. (《다마쿠시게》)

천황은 전제 군주가 아니다. 사사로운 생각으로 변혁을 꾀하거나 하지 않는다. 늘 선례를 본뜨고 망설여지면 점을 쳐서 신의 뜻을 살핀다. 신하와 만민도 마찬가지이다.

> 그 시대에는 신하들도 그 아래 만민도 동일하게 마음이 올곧고 발랐으니, 모두 천황의 마음을 그 마음으로 삼아 오로지 조정을 삼가 경외하여, 위의 정하신 대로 따르고 지켜서 조금도 제각각 잘난 체하는 생각을 하지 않았기 때문에, 위와 아래가 잘 화합하여 천하는 놀라우리만치 잘 다스려졌다. (같은 책)

천황 · 신하 · 만민은 닮은꼴이다. 각각 그 윗사람의 마음을 그대로 자신의 마음으로 삼는다. 누구라도 자기 결정 같은 것은 하지 않는다.

때문에 천하는 온화하고도 훌륭하게 다스려졌던 것이다.

그렇다면 그곳에서의 다스림이란 무엇인가?

> 다스림政(마쓰리고토)이란 […] 받드는 것奉仕事(마쓰리고토)이다. 천하의 오미臣 · 무라지連 · 조정의 백관이 천황의 명을 삼가 받들어서, 각각 그 직職을 받들어 섬기는 것, 이것이 천하의 다스림이기 때문이다. 따라서 고어에서 다스림이라 함은 군주가 아니라 받들어 섬기는 모든 사람과 관련되는 말이다. (《고사기전》 18권)

다스림이란 아랫사람이 윗사람을 받들어 섬기는 것이다. 통치가 아니다. 따라서 "나라가 잘 다스려지는가, 어지러운가는 아랫사람이 위를 외경하는가, 그렇지 않은가의 일이다. 윗사람이 그 위를 깊게 외경하면 아랫사람도 또한 속속 그 윗사람을 깊게 외경하여 나라는 저절로 다스려진다"(《다마쿠시게》).

그런데 중국의 사상이 들어오면서 이 훌륭한 상태에 그림자가 드리워졌다.

> 스스로 논리를 세우는 풍속이 옮겨 와 사람들이 모두 제각각 영리해져서 아랫사람도 윗사람의 마음을 자신의 마음으로 삼지 않게 되니 모든 일이 어렵게 되었다. 점차 다스려지기 어려워져 후대에는 결국 저 가라西戎의 나쁜 풍속과 그다지 다르지 않게 되었다. (같은 책)

노리나가의 말을 빌리자면, 첫째로 각 개인이 시비사정을 판단하는 것은 위험하다. 중국에서는 예를 들면 신하가 군주에게 세 번 간언하여 듣지 않으면 물러나야 한다고 한다. 그것은 군주가 올바르기 때문에 따른다는 말이 된다. 그러나 올바르고 덕이 있는 사람을 군주라고 한다면, 자기야말로 덕이 있다고 주장하는 자가 잇달아 나타나서 반드시 나라가 어지러워진다. 결국 그 가운데서 한 명이 군주를 치고 나라를 빼앗게 된다.

> 중국에서 도라 하는 것도 그 취지를 파고들어 보면 단지 다른 사람의 나라를 빼앗기 위함과, 다른 사람에게 빼앗기지 않으려고 하는 준비, 두 가지에 지나지 않는다.(《나오비노미타마》)
>
> 원래 천명이라고 하는 말은, 저 나라에서는 고대에 군주를 쳐서 나라를 빼앗은 성인이 자신의 죄를 벗어나기 위하여 만든 구실이다.(같은 책)
>
> 이른바 성인도 단지 성공한 도적이다.(같은 책)

요컨대 성인의 도란 찬탈자의 자기 정당화를 위한 수단에 지나지 않는다. 안도 쇼에키와는 다른 이유에서 유학 이데올로기를 비판하는 것이다.

따라서 천황도 덕이 있어서 존귀한 것이 아니다.

> 황국은 신대부터 군신의 나뉨이 일찍이 정해져서, 군주는 원래부터 진실로 존귀하다. 그 존귀함은 덕에 의한 것이 아니며 오로지 씨에 있는 것이다. 아래에 아무리 덕이 있는 사람이라 해도 바뀔 수 없으니 만만년 후의 말대에도 군신의 지위가 움직이지 않음은 엄연하다.(《구즈바나》)

천황은 덕이 아니라 정자精子의 연속에 의해서만 존귀하다. 그래서 절대적이며 군신관계가 흐트러지지 않는다. 유덕자가 다스린다는 그럴싸한 논리야말로 위험한 것이다.

더군다나 둘째로 노리나가에 따르면, 사정邪正을 논하는 마음은 위험할뿐더러 미적이지 않다. 논리를 부정하고 항상 공손하게 군주를 따르는 것이야말로 상큼하고 개운하다. 더군다나 본래 군주도 그 마음일 터이다. 그리고 군주가 올려다보는 저 너머에는 신이 있다.

(3) 신들과 진심

노리나가는 신神(가미)을 이렇게 설명한다.

> 무릇 가미迦微란 고대의 전적 등에 보이는 천지의 여러 신들을 비롯하여, 신사에 모셔진 어령御靈을 말한다. 또 사람은 말할 것도 없고 금수 초목과 같은 종류, 바다와 산 그 외에 무엇이든, 평범하지 않게 뛰어나 외경할 만한 것을 가미라고 한다. (《고사기전》 신대 1권)

대체로 외경 · 공포를 느끼게 하는 모든 것이 신이며, 그 선악과 실체를 따지지 않는다. 천둥 · 목령木靈 · 여우 · 호랑이 · 용, 모두 신이다. 천황은 물론 사람이면서 신이다. 당연히 "선악을 따져 이러쿵저러쿵하는 논리는 버리고, 외곬으로 외경하여 받들어 섬기는 것이 진실한 도"(《나오비노미타마》)이다. 또 《고사기》에 보이는 신들도 과거의 존재가 아니다. 아마테라스오미카미는 태양으로서 지금도 하늘에서 빛나고 있다. 다카미무스비노카미高御産巢日神 · 가미무스비노카미神産巢日神[19]는 일체의 사물을 생성하고 있다. 마가쓰히노카미禍津日神는 모든 흉악함(마가코토)을 만들고, 나오비노카미直毘神는 흉악함을 좋은 일로 바로 잡으려고 지금도 작용하고 있다. 선악사정 · 존비귀천 온갖 신들이 뒤섞여서, 모든 현상의 배후에서 활동하고 있다. 모두 외경해야 하며 기이하고 신비로우며 결국은 인력을 초월한다. 그 때문에 착한 신에게 기도를 한다. 악신에게도 너무 난폭하지 않도록 기도한다. 어느 쪽이나 외경하고 삼간다. 그럴 수밖에 없다.

이러한 신들의 정원인 현실 세계에 대응하는 사람들의 마음가짐을 노리나가는 진심(마고코로)이라고 부른다.

19_[옮긴이] 다카미무스비노카미와 가미무스비노카미는 일본 신화에 등장하는 신으로, 천지개벽 당시에 다카마가하라에 출현했다고 전하며, 아메노미나카 누시노카미天之御中主神와 함께 조화造化 3신으로 일컫는다.

애당초 도란 원래 학문을 가지고 알 수 있는 것이 아니다. 태생의 진심인 것이다. 도에 깃든 참된 마음이란 좋은 것이든 나쁜 것이든 태생 그대로의 마음을 가리킨다. (《다마카쓰마》)

꾸미거나 속이지 않는 본래의 마음이며, 이것은 "무슨 일이 있으면 기쁘거나 슬프거나 그때그때 움직이는 마음"(《옥모백수玉鉾百首》)이다. 어떤 일을 접하면 솔직하게 느끼고 감동하는 마음이다. 그렇기 때문에 '고대의 도'에서는 모두가 윗사람에게 봉사하는 것인데, 그것은 로봇 같은 복종 기계가 되라는 것이 아니다. 또 《하가쿠레》와 같이 숨긴 열정으로서의 마조히스틱한 충성심을 갖는 것도 아니다. 이 마음은 민감하게 기뻐하고 슬퍼한다. 그리고 외경할 만한 것을 외경한다. 선악시비를 논하거나 하지 않는다. 따라서 정의를 내세운 반역 같은 것도 하지 않는다. 아니 할 수 없는 것이다.

여기서 말하는 진심은 노래 배우기를 통해 모노노아와레를 아는 덧없는 사람의 정이라고 부른 것과 분명히 유사하다. 결국 노래 배우기를 통하여 고대인이 되고, 인위적이지 않은 정을 체득한다. 그렇게 하면 태고의 사람들의 진심과 통하게 되며 고대의 도 역시 이해할 수 있다는 것이다. 물론 헤이안 시대의 문예 세계와 《고사기》의 세계는 다르지만, 노리나가는 억지로 공통점을 보는 것이다.[20]

거기에는 무리가 있지만, 당시 이 두 세계를 통합하는 실재가 있었다. 바로 금리이다. 금리는 신대에 연속하며 동시에 헤이안의 정취를 유지하고 있다고 묘사되고 있었다(공의가 가질 수 없었던 미적 강점이다). 노리나가의 《고사기》 주석과 노래 배우기는 모두 문자를 통해 이 환상적인 금리에 한없이 접근해 가는 것이었다. 멀리 있으면서도 관념상으로 금리의 중추에 살며시 다가가서, 조정에 출사하는 사람들보다

20_따라서 '정밀함'을 자랑하는 노리나가의 《고사기전》도 실은 "직감에 따라 선택된 고어에 의한 픽션으로서의 고어의 세계"이다. 고노시 다카미쓰神野志隆光 《한자 텍스트로서의 고사기》(東京大學出版會, 2007) 215쪽.

더 우아하고 기품 있게 된다. 이것이 마치町의사 노리나가의 의도였다.

6. 고대의 도와 지금의 세상

노리나가에 따르면 황국의 역사는 원래의 이상적인 상태에서 점차 하강하는 역사이다. 맑고 온화한 본래성에서 중국화로 인한 오염과 타락의 역사이다(이 사관에는 당시 유학의 침투에 대한 반발도 담겨 있다). 그렇다면 노리나가처럼 혹은 노리나가에게 배워서 고대의 도, 사람의 도를 인식한 사람은 지금 어떻게 살아야 하는 것인가?

그는 야마가타 다이니와는 달리, 고대를 재현하기 위한 방벌을 고취하거나 실행하지는 않는다. 또 가모노 마부치와도 달리 명군이 출현하여 10년, 20년 안에 복고를 이룰 수 있을 것이라고도 말하지 않는다. 그에 따르면 "모든 아랫사람은 좋든 나쁘든 그때그때 위에서 정한 대로 따라야 하는 것이 고대의 도의 뜻"(《우이야마부미》)이다. 흉악함의 발생도 결국은 신의 작용이므로 그에 대한 강경한 저항은 허락되지 않는다. 억지로 복고를 시도하는 것은 그 자체가 고대의 도에 반한다. "오늘날 사람의 행위는 단지 그때그때 공적으로 정한 것을 지키며, 세상의 풍속에 따르는 것이 곧 신의 도"(《구즈바나 부록》)이다. 현대의 유교적인 규정 · 불교적인 습속에도 공손하게 따르는 것이 고대의 도이다. 따라서 "우리 집에서는 모든 선조를 제사하며, 부처에 대한 공양이나 승려에 대한 보시도 그저 부모 세대부터 해 왔던 대로, 세속과 다름없이 그저 소홀하지 않도록 할 뿐"이다(《우이야마부미》). 불교의 망령됨을 충분히 알고 있지만 불단 앞에서 합장을 하고 법사도 관례대로 행한다. 그것이 오히려 고대의 도에 따르는 것이 된다. 실제로 그의 집에는 큰 불단이 있었다. 아마도 그는 매일 그 앞에서 합장을 했을 것이다.

그러나 그렇다 하더라도 지금 천황의 존재양태에는 문제가 없는 것일까라는 의문이 생길 수 있다. 그러나 노리나가는 그에 대한 답도 가지고 있었다. 일찍이 아사미 게이사이도 주장한 위임의 논리이다. "지금 세상은 우선 아마테라스오미카미의 뜻이 조정의 위임에 의해 아즈마테루카무미오야노미코토東照神御祖命(도쿠가와 이에야스)로부터 차례로 이어져 쇼군이 천하의 다스림을 행하는 세상이니, 이 다스림을 또 일국일군一國一郡으로 나누어 다이묘들이 각각 이를 맡아 행하는 것"(《다마쿠시게》)이다.

그렇다면 현재의 통치자는 어떻게 해야 하는가? 기슈의 도쿠가와 가에 헌상한 《다마쿠시게》(1789 간행)에서 그는 다음과 같이 말한다.

> 지금 세상의 국정은 또한 지금 세상의 형세를 따라 위에서 정하신 규정을 외면하지 않고, 전해 내려온 형태를 무너뜨리지 않고, 그 발자취를 지켜 행하는 것이 진실한 도의 취지이다. 이것이 즉 고대의 신의 뜻에 따라 다스리는 취지에 부합하는 것이다. (같은 책)

그는 마치 모순을 즐기기라도 하듯이, 지금 세상에서는 필요하다면 유교에 따르면 되고(《답문록》), 위정자의 학문으로서는 송학이 적당하다고까지 서술한다(《다마카쓰마》). 따라서 기슈의 도쿠가와 가의 명에 따라 그가 제출한 어국정론御國政論인 《비본 다마쿠시게》에도 광신주의fanaticism의 그림자는 조금도 없다. 그것은 냉정한 현상 분석과 온화한 대응책의 제안이다.

이렇게 하여 위정자든 백성이든 평범하게 살아감으로써, 지금의 속되고 고약한 세상에서도 오히려 고대의 위대한 시대인 것처럼 살 수 있다. 현 세상에서 손가락 하나 까딱하지 않고도 지금을 고대로 비유하여 살 수 있는 것이다.

이 정신 구조는 물론 그의 의고주의적인 노래 배우기와 합치한다. 이른바 의고도擬古道[21]이며, 의고의 유기遊技(우에다 아키나리上田秋成

21_가라키 준조唐木順三씨의 조어이다. "노리나가의 고도도 결국은 의고도였다고 생각한다"(《일본인의 마음의 역사》 하, 筑摩書房, 1970, 170쪽).

《야스미고토安安言》 1792 서)이다. 이것은 아무리 봐도 태생의 진심은 아니다. 굴절된 연기와 의장擬裝의 삶이다. 노리나가는 이렇게 말한다.

> 본디 세상만사는 전부 다 신의 마음에서 나온 작용이니, 좋은 일도 나쁜 일도 인력으로는 간단히 멈출 수 없다. 때문에 모든 나쁜 것을 반드시 그만두게 만들자고 가르치는 것은 무리한 일이다. 다만 그 선악 · 사정 · 진위를 잘 분별하여 동요하지 않는 것이 학문이다. (《가에가》)

동요하지 않는 것. 현실의 악을 분명히 자각하면서 그에 공손히 따르되 혹닉하지 않는다. 그것은 저항할 수 없는 어위광의 지배하에서 살아가는 현명한 피치자의 심경일 것이다. 현상에 대해 순종하는 것 같으면서도 불온하며, 공손한 것 같으면서도 불손하다. 두 측면이 표리를 이루는 것이다.

이러한 의장의 삶은 언제까지 이어지는 걸까? 그는 명확하게 답하고 있다.

> 학자는 오로지 도를 탐구하고 밝히는 것만을 본분으로 삼아야 하니, 사사로이 도를 행해서는 안 된다. 그러니 충분히 고대의 도를 밝혀서 그 취지를 사람들에게 가르치고 깨우치게 하며 기록으로 남겨 설령 오 백년, 천 년이 지난 뒤에라도 때가 되어 위에서 이를 행하여 천하에 베푸는 시대가 오기만을 기다려야 한다. 이것이 노리나가의 뜻이다. (《우이야마부미》)

오 백년, 천 년이다. 그때까지 동요하지 말고 평온하게 살아가라. 그는 독자에게 이렇게 말하고 있다. 적어도 그 자신은 그렇게 완벽하게 살아갔다.

실제로 그는 정치적 의혹을 불러일으킬 만한 행동을 세심하게 피했다. 예를 들면 야마가타 다이니의 야마토타케루노미코토 현창비가 있

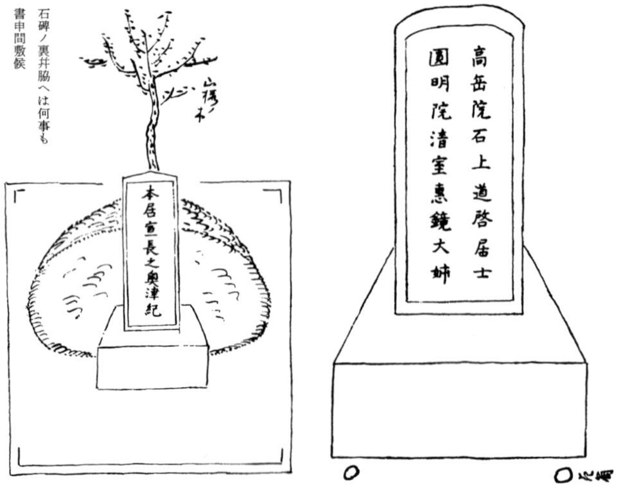

노리나가의 유언장에 그려진 자신의 묘 2개의 그림. 그림 좌측 상단의 문장: "비석의 옆과 뒷면에는 아무것도 쓰지 말아라."

는 사카오리미야酒折宮에 세울 비석에 붓을 들기를 거절했다(〈하기와라 모토에萩原元克에게 보내는 서간〉, 1789년 9월 초하루). 그리고 제자로 들어오길 희망하는 이들에게는 "세상에서 별스러운 이상한 행동을 하여 다른 사람이 보고 듣기에 놀랄 만한 행동을 해서는 안 된다"고 서약하게 한 뒤에 입문을 허락하였다(《입문서사入門誓詞》).

이렇게 그의 의장으로서의 삶을 완성하는 것이 유언이 되었다. 그는 세상을 떠나기 2년 전에 기묘하고 상세한 유언장을 썼다. 그 내용은 거의 대부분 그의 장례와 매장의 방식에 대한 지시였는데 제자들에 의해 대부분 실행되었다.

우선 그가 죽으면 세상의 관례에 따라 가까운 곳의 보리사菩提寺[22]까지 장례 행렬로 간다. 그리고 절에 마련된 일반적인 묘에 묻는다. 그러

22_[옮긴이] 보리사는 한 집안이 대대로 귀의하여 장례나 추선공양을 하는 절로 조상들의 위패가 안치되어 있다.

나 실은 빈 다비空送[23]라고 그는 말한다. 요컨대 형식은 통례의 불교식 장례로 하여 보통의 묘에 매장하지만, 실제로 거기에는 유골이나 시신을 넣지 않는다(다만 빈 관을 옮기는 것은 아무래도 이상하기에 실제로는 일단 옮겼다고 한다). 그리고 시신은 그가 미리 선정한 마쓰자카 교외의 야마무로야마山室山 산 정상으로 운반하여 매장한다. 묘의 형태도 그림으로 그리고 비문까지 자신이 미리 준비했다. "모토오리 노리나가의 오쿠쓰키奥津紀"[24]이다. 그리고 그 옆에는 벚나무를 심도록 지시했다.

> 벚나무는 산벚나무로 꽃이 잘 피는 나무를 골라서 심어야 한다. 만약에 말라 죽는다면 물론 나중에라도 다시 심어야 한다.

그가 자화상 옆에 쓴 "누군가 시키시마의 야마토고코로를 묻는다면, 아침 해에 아름답게 빛나는 산벚꽃일까나"[25]라는 노래와 정확하게 조응한다. 그의 마음을 상징하는 산벚꽃이다. 그리고 법사 같은 일은 모두 "지금까지 선조들이 해 온 대로 할 것"이라고 지시하면서, 만약에 다른 지역이나 다른 나라에서 그를 찾아오는 사람이 있으면 이곳으로 안내하도록 부탁하였다.

요컨대 그는 사후까지 주도면밀하게 평범함을 가장하면서도 세상에 완벽하게 동화되는 것은 피한 것이다. 그리고 진정한 자신은 저 산벚나무 아래에 있으니까,[26] 그의 글을 읽고 숭모하여 오는 사람들에

23_[옮긴이] 노리나가는 送이라 쓰고 다비로 읽었다. 다비荼毘는 범어로 불교에서 화장을 달리 이르는 말이다.

24_[옮긴이] 오쿠쓰키란 무덤을 가리킨다.

25_[옮긴이] 원문은 다음과 같다. "敷島の大和心を人問はば, 朝日に匂ふ山櫻花."

26_그는 누구라도 사후에는 요미노쿠니夜見國에 간다고 하면서도 한편으로 사람의 영靈은 이 세상에도 머무는데, 뛰어난 사람은 "수백 년 수천 년이 지나도 현저하게 성하다"고 한다(《고사기전》 30권). 나아가 다음과 같은 노래를 읊었다. "야마무로에 천 년의 봄을 맞이할 처소 정하여 바람에 지지 않는 꽃을 바라보고 싶구나山むろにちとせの春の宿しめて風に知られぬ花をこそ見め", "이제는 덧없는 몸이라 탄식하지 않으리. 천

게는 이 산 위의 묘를 알려 줄 것을 의뢰하였던 것이다. 그 유언에 따라 만들어진 두 개의 무덤은, 이 놀랄 만한 인물과 그 사상의 처절한 상징이다.

참고 문헌

마쓰모토 시게루 《모토오리 노리나가의 사상과 심리: 아이덴티티 탐구의 궤적》 (松本滋《本居宣長の思想と心理: アイデンティティ探究의 軌跡》東京大學出版會, 1981)

모토오리 노리나가 기념관(편) 《모토오리 노리나가 사전》 (本居宣長記念館(編)《本居宣長事典》東京堂出版, 2001)

고노시 다카미쓰 《복수의 '고대'》 (神野志隆光《複數の〈古代〉》講談社, 2007)

대를 머무를 곳 찾았으니今よりははかなき身とは歎かしよ千世のすみかを求めえつれは"(《영옥집鈴屋集》8권).

제14장 민을 들뜨게 하다
— 가이호 세이료海保青陵의 사상

1. 인물과 저작

오규 소라이나 (다른 의미에서의) 안도 쇼에키는 시장 경제화를 부정해야 세상을 구할 수 있다고 생각했다. 오사카의 유학자인 나카이 지쿠잔은 좋은 시장 경제와 나쁜 시장 경제를 구별하여, 예를 들면 미두 거래를 금지하고 허창虛昌이 아닌 실창實昌(진실한 번창)의 실현을 로주에게 제언했다(《초모위언》 1789 서). 한편 시장 경제를 적극적으로 이용하자는 구상도 출현했다. 예를 들면 1755년(寶曆 5)에 태어난 놀랄 만한 지성의 소유자 가이호 세이료이다.

그의 이름은 고카쿠皐鶴. 글을 쓸 때는 가쿠學라 자칭하였다. 세이료는 호이다. 부친은 소다이묘小大名의 가로였는데, 그가 어렸을 때 오이에 소동御家騷動[1]으로 로닌이 되었다. 그리고 가쿠는 열 살부터 스물두 살까지 소라이의 제자인 우사미 신스이宇佐美灊水를 사사하였다. 그 후 사사야마篠山의 다이묘에게 유학자로서 등용되지만, 7년 뒤에 사임하고 1789년(寬政 1), 서른다섯 살부터는 중간에 오와리 도쿠가와 가에

1_[옮긴이] 오이에 소동이란 다이묘 등의 가신단 사이에 후계자 상속이나 총신 · 애첩을 둘러싼 파벌싸움으로 발생한 분쟁을 가리킨다.

서 보낸 3년 정도를 빼면, 어디에도 출사하지 않았다. 그저 전국을 여행하여 각지에서 일시적으로 체류하면서 강의도 하고, 행정과 경영에 관해 상담하거나 지도하면서 생활하였다. 그의 제자나 고객 중에는 무사뿐 아니라 촌의 관리자와 상인도 있었다. 그리고 1806년(文化 3)부터는 교토에 머물면서 사숙을 열고 저술을 하다가 1817년에 세상을 떠났다. 평생 결혼도 하지 않았으며 자식도 없었던 것 같다.

저작의 대부분은 ○○담으로 제목을 지었으며 강연 필기의 형식을 갖추었다. 모두 기지가 뛰어난 표현과 신선한 조어, 탁월한 비유로 청자를 끌어들여 설득하려는 기백으로 가득 차 있다.

그는 자신의 배움에 대하여 이렇게 서술하였다.

> 나는 […] 어느 학파의 학문이라고 하는 것을 매우 싫어하였다. 젊어서부터 어떤 학파의 학문도 하지 않았다. 즉 내 자신이 일가를 이룬 학문이다. (《계고담稽古談》)

그렇다면 그 일가를 이룬 학문이란 어떤 것이었을까?

2. 지智

세이료에 따르면 '지'는 책에서 배우는 것이 아니다. 독서는 오히려 해가 되기도 한다. "무릇 책에 빨리 수긍하는 사람은 사실에 부합하는지 보지 않고 그저 이유 없이 외고집을 부린다"(《부귀담富貴談》). "무릇 책을 읽는 사람은 책에 취한 취객"(《만옥담萬屋談》)이다. 스스로 생각하지 않고 책에 취한 사람에게는 세상사가 제대로 보이지 않는다. 그런 까닭에 세상의 유자儒者는 '지'의 적이다. "저 유자들은 옛날 책에만 의지하여 자신의 지혜를 발휘하려 하지 않고, 오히려 자신의 지혜를 발휘하는 사람을 고대를 믿지 않는 엉터리라고 말하니 슬픈 일"(《전식담

前識談》)이다.

> 천하의 사람을 어리석게 만드는 데 유자처럼 죄가 큰 것이 없다. […] 사람을 어리석음에 빠지게 하는 자들이다. 내가 정말로 싫어하는 바이다. (《양심담養心談》)

유자가 현실을 보지 않고 오로지 옛날 책에 의지하여 어리석은 주장을 하고 있다는 예로서, 세이료는 아라이 하쿠세키나 오시오 주사이大鹽中齋(오시오 헤이하치로)가 믿었던, 저 천인상관론을 들고 있다. 세계에서 한 나라의 한 마을에 사는 한 사람이 민을 사랑하기 때문에 비를 내려 준다니, 하늘이 그렇게 배려해 줄 리가 있을까?(《양심담》)

그러면 권위 있는 책에 기대지 않고 어떻게 지혜를 구할 수 있을까? 우선 스스로 "마음을 자유롭게 쓰는 것"이다(《노자 국자해老子國字解》). 자유라는 말은 나중에 freedom, liberty의 번역어로 사용되지만 도쿠가와 시대에도 일상어였다. 그러나 그 의미는 크게 달랐다. 자신의 생각대로 되다, 뜻대로 된다는 말이다(소라이가 민의 자유 즉 '제멋대로心儘'라고 탄식한 경우도 마찬가지다). 현대 일본어에도 남아 있는 "눈이 부자유하다", "돈에 자유롭지 못하다" 등의 표현이 그것이다(이는 노예가 아니라는 의미를 중핵으로 하는 freedom, liberty 같은 말로는 표현할 수 없다). 따라서 마음을 자유롭게 쓴다는 것은 스스로 자기의 마음을 생각하는 대로 쓰는 것이다. 그러기 위해서는 무엇보다 "마음을 이중으로 세우는 것"(《대호담待豪談》)이 필요하다. 그것은 마음속의 본존本尊(《음양담陰陽談》)을 지키면서도 동시에 구체적인 상황에 기민하게 반응하는 마음을 구성하는 것이다. 이것을 '장수심將帥心'과 '사졸심士卒心'이라고도 한다. 그가 만들어 낸 말이다.

> 희로애락이란 사람 사는 세상에 태어났다면, 기뻐하거나 노여워하는

것은 당연한 일이다. 다만 마음속 깊이 기뻐하고 노하는 일은 심히 나쁜 것이다. 장수심은 차분함을 유지하여 조금도 기뻐하거나 노하지 않는 것이다. 사졸심은 세상과 사귀지 않으면 안 되기 때문에, 이에 명하여 기쁘게 하거나 화나게 하여도 괜찮다. 장수는 결코 기뻐하거나 노하지 않는 법이다. (《노자 국자해》)

마음 깊은 곳에서 움직이지 않는 마음의 본존인 장사심과 겉으로 기민하게 움직이는 사졸심으로 나누어 마음을 이중으로 구성한다. 그렇게 하면 ① "내 마음으로 나를 볼 수 있"게 된다. 마음을 보는 마음과 보이는 마음으로 나눔으로써 "하나의 마음으로 하나의 마음을 보는 것"이 가능하게 된다(《천왕담天王談》). 요컨대 자기를 객관시할 수 있다.

② 게다가 타인에게 겸허하게 배우면서도 자기 자신의 생각을 유지하고 전개시킬 수 있다.

보는 마음은 어떻게든 높여야 한다. 보이는 마음은 어떻게든 낮춰야 한다. 그러면 오늘 다른 사람을 대할 때도, 겉으로는 지극히 초라하게 보이는 남자라도 속마음은 항상 고귀하게 된다. 겉으로 겸손하지 않으면 다른 사람을 미워하게 되어, 좋은 말이 내 귀에 들리지 않는다. 속마음이 고귀하지 않으면 견식이 잘 다져지지 않아 일생 타인에게 밟히게 된다. 지혜도 학술도 향상되지 않는다. (같은 책)

③ 그리고 인식하고 적극적으로 행동해야 할 대상으로부터 일단 거리를 둘 수 있다. "무릇 마음은 죽어 있는 물건처럼 하여 사물에 들러붙게 한다면 살아 움직이지 않는다"(《노자 국자해》)는 것이다.

들러붙어 있는 마음을 깨끗이 씻어, 항상 눈을 하늘로 향하게 하고 높고 먼 곳으로부터 한눈에 아래를 내려다보듯이 하지 않으면 빠뜨리고 보게 된다. (《계고담》)

떨어져 멀리서 보는 눈은 갖고 싶은 것이다. 떨어져 멀리서 보는 눈이란 살아 있는 눈이다. 죽은 눈이 아니다. (《섭리담燮理談》)

④ 게다가 떨어져 멀리서 보는 눈은 오히려 대상 안으로 들어갈 수 있다.

나의 혼을 꼼꼼히 하늘로 올려서 보면 나는 타인이 된다. 또 혼이 하늘에 있으면, 누구의 혼이라고 하는 것이 없다. 혼은 홀로 작용할 수 있다. 그 혼을 하치베에八兵衛에게 넣으면 내가 하치베에가 된다. 나무에 넣으면 나무가 나이다. 풀에 넣으면 풀이 나이다. 그래서 지혜로운 사람은 천하 만물의 정을 알게 된다. 평생 만물에 혼을 넣어 만물이 되어서 보기 때문이다. (《노자 국자해》)

이렇게 다양하게 마음을 자유롭게 이용하는 것이다.

지를 작용하게 하는 두 번째 방법. 그것은 의심하는 것이다.

의심해야 하는 것을 의심하지 않는 것은 의심하는 지智가 없기 때문이다. 의심하면 마땅히 생각하게 된다. [···] 의심하지 않으면 생각도 하지 않는다. 생각하지 않으면 지가 쌓이지 않는다. 내 마음에서 잊지 않도록 기억하고 있는 한 구절이 있다. 가로되, 의심은 미덕이라는 구절이다. 의심한다는 것이 실마리가 된다. 지를 단련할 때에는 금방은 붙잡을 단초가 없다. 붙잡을 단초가 없을 때에 의심해야 하는 것이니, 이 의심이 실마리가 된다. 지혜의 실마리가 생기면 재촉하고 닦달하여 끝까지 다그친다. 의심은 미덕이다. (《양로담養蘆談》)

의심은 미덕이란 몽테뉴와 흄의 말이기도 하다.

나의 지를 작동시키는 세 번째 방법. 그것은 철저하게 생각하는 것이다. "어중간하게 해 놓고도 괜찮다고 하는 사람은 내가 심히 싫어하는 바이다"(《천왕담》).

> 무릇 사물을 겉만 보고 빨리 결정하는 것은 영리한 사람이라면 전혀 하지 않는 일이다. 게으른 것이다. […] 실마리를 얻어 다그치고 끝까지 닦달해야 한다. (《양로담》)
>
> 무릇 지는 채근하지 않으면 쥐어짤 수 없다. 지는 쥐어짜지 않으면 샘솟지 않는다. 조금 찌르는 정도로는 나오지 않는다. 목숨과 바꿀 정도로 심하게 짜지 않으면 샘솟지 않는다. […] 막바지에 도달했을 때 물러서지 않고 억지로 에워싸서 물어 찢고 앞으로 나아가겠다는 마음을 가지고 달라붙어서 떨어지지 않는 것, 거지가 무언가를 얻었을 때와 다르지 않다. 거지는 구걸하고 또 구걸하고 끝까지 구걸한다. 그렇게 해도 주지 않는다, 그래도 구걸한다. 끝까지 구걸하는 마음을 가진다. 구걸했을 때 무언가 얻지 못하고 그냥 네, 하고 돌아와 버리면 일생 받지 못한다. (같은 책)

굶주린 거지처럼 목숨을 걸고 파고드는 것이다.

이러한 지가 파악하는 것, 바로 인식의 대상을 그는 '이理'라고 부른다. 이란 "그러지 않으면 안 되는 것"(《노자 국자해》), 즉 사람이 어찌할 수 없는 사물의 존재양태를 말한다.

> 자연이란 이이다. 이야말로 자연이다. […] 천지에 이의 밖에 있는 것은 없다. 이의 밖에 있다면 이가 아니다. […] 천지를 비롯하여 모두 이이다. 이의 밖에 있을 턱이 없다. 이를 미루어 헤아리는 일이 여전히 충분하지 않기 때문에, 이의 밖에 있는 것처럼 보이는 것이다. (《천왕담》)

사람에 대해서도 "사람은 다른 사람이 자유롭게 할 수 없다. 이는 자유룹게 할 수 있다", "사람은 다른 사람을 억제할 수 없다. 이는 사람을 잘 억제한다"(같은 책).

여기에는 주자학의 이와 같은 규범성은 없다. 그저 실제로 그러한 존재양태를 말하는 것이다. 따라서 이 세상에서 이의 밖에 있는 것은 없다. 실재로서 기능하고 있는 이를 지로써 정확하게 파악하고 그에 충실히 따라 사물을 대하면 결과는 좋게 나온다(《만옥담》). 거꾸로 "밖에 있는 아무리 멋있는 논리라 해도, 지금 소용이 없는 논리는 필경 헛된 논의"(같은 책)에 지나지 않는다. 정확한 인식과 공리功利는 한 몸이다.

이상과 같은 인식론을 기초로 해서 세이료는 다스림에 대하여 생각했던 것이다.

3. 다스림과 장치

그에 따르면 다스림이란 "천하 만물의 성명性命을, 하늘로부터 부여받은 대로 천명을 다하도록" 하기 위해 천하를 보살피는 일이다(《홍범담洪範談》). 따라서 "천자는 천하 사람이 남김없이 굶주리거나 추위에 떨지 않도록 천수를 지켜 주는 일이 천직"(《문법피운文法披雲》)이며, 그것이 전부이다. 통치는 민을 위한 영위이지만 유학자처럼 "하민을 품성이 좋은 지자智者로 만들려는 것은 [···] 잘못"(《경제화經濟話》)이다. 인민의 도덕적 향상은 통치의 목적이 아니며, 다만 천수를 누리게 하면 된다. "하민을 효제충신의 선인善人으로 만들려고 해도 크게 무리한 일이다. 효제충신의 선인이 되지 못하기 때문에 하민"(《전식담前識談》)인 것이다(앞서 서술한 대로 소라이는 민간인에게는 효제충신만으로 괜찮다고 했다. 그러나 통치에 대한 세이료의 목표 설정은 그보다 훨씬 낮다. 그는 사람들을 도덕화하려는 생각은 하지 않는다).

그리고 "천하를 보살피는 것은 천하의 사람을 하늘의 이에 다르지 않도록 생활하게 하는 것"(《홍범담》)이다. 때문에 통치자는 무엇보다 지자, 즉 이의 인식자여야 한다는 것이다(《천왕담》).

그러나 세이료는 통치란 진정 용이하지 않다고 말한다.

그 이유는 첫째 인정人情이다. 인민을 다룰 때 전제로 해야만 하는, 실제로 사람의 마음이 움직이는 방식을 말한다. 인식자인 통치자로서는 그 자체가 하늘의 이라고도 할 수 있다. "사람은 하늘로부터 성을 부여받았으니 천리와 인정은 같은 것"이다(《홍범담》). 인정에는 시대·연령·성별·신분·지역에 따른 차이도 있지만, 사람 일반의 공통성도 있다. 그것이 진정 만만치 않은 것이다.

우선 일반적으로 내 삶보다 중요한 것은 없다고 생각하는 것이 사람의 정(《선중담善中談》)이며, 나를 기르려고 부산을 떠는 것이 인정(《노자 국자해》)이다. 따라서 인정은 어찌됐든 내가 마음대로 하고 싶어 하는 것(같은 책)이다. 또 누구라도 가난이 싫고 부자를 좋아하는 것이 인정(《유민담諭民談》)이며, 게다가 맛있는 음식을 먼저 먹고 싶고, 노는 것을 먼저 하고 싶은 것이 인정(《노자 국자해》)이다. 그리고 사람의 정은 귀찮은 수고로움은 싫어하고 쉬운 일을 기꺼워하는 것(《어중담御衆談》), 나에게 이익이 되는 일에 힘쓰고 내게 이로움이 없는 일에 애쓰지 않는 것(《추밀담樞密談》)이다.

요컨대 인정은 자신을 사랑하는 것이다. 그렇기 때문에 다른 사람을 사랑하는 것도 내 자신을 사랑하는 방편에 지나지 않는다. "내가 다른 사람을 사랑하면, 다른 사람 또한 나를 사랑하기 때문에 돌고 돌아 내가 나를 사랑하는 이치가 되는 것"이기 때문이다(《노자 국자해》)(진사이가 이 말을 들었다면 뭐라고 했을까?).

통치의 보조자인 신하도 충성하는 마음은 없어도 입신하고 싶은 마음은 있다(《계고담》). 그리고 다른 사람이 나보다 잘난 것을 시기한다(같은 책). 나아가 타인의 잘못을 찾아내서 비웃으려고 한다(《노자 국자해》). 일반적으로 어려운 상황에 처하면 다른 사람이 시험해 보게 한 다음에 편하게 넘어 가는 사람도 많다. 요컨대 "사람이란 무시무시한 존재"(《신간담新墾談》)이다.

이러한 인정론은 세이료의 스승의 스승인 오규 소라이가 말하는 인지상정과 닮아 있다. 모두 정치적 조작의 여건으로서 인간을 조망하기 때문에 인간관이 마키아벨리풍이 되는 것이다.

통치가 곤란한 두 번째 이유는, 민중도 사람이며 그 나름대로 지혜가 있기 때문이다(가모노 마부치가 지적한 서로 공격하는 것의 문제이다).

> 무릇 사람은 모두 동격이다. 윗사람도 사람이다. 아랫사람도 사람이다. 사람이 다른 사람을 마음대로 하려는 것은 원래 어려운 일이다. (《노자 국자해》)

따라서 민중은 사실 어리석은 편이 좋다. "지금 산속이나 섬에서 사는 민은 매우 어리석다. 심히 어리석은 자들 중에 도적은 없다." "태고에는 민이 모두 어리석었다. 이때는 잘 다스려졌다. 필경 후세가 되면 똑똑해져서 다스려지지 않는다. 따라서 현재의 모두를 옛날의 질박함으로 되돌리는 것이 좋다"는 것이다(《노자 국자해》).

> 다스리는 자도 사람이다. 다스려지는 자도 사람이다. 동격이다. 격이 같으면 서로 다투게 된다. 따라서 아랫사람을 어리석게 해야 한다. (같은 책)

그러나 이미 민을 어리석게 만들어 태고로 되돌릴 수는 없다. 인류사에는 이미 어떤 불가역적 변화가 일어났다. 그것이 통치가 곤란한 세 번째 이유였다.

즉 첫째로 시대의 흐름과 함께 아랫사람이 똑똑하게 되었다.

> 원래 소민小民은 아무것도 모르는 편이 좋다. 지금도 이 나라 기소木曾

> 나 히다飛驒 같은 산속이나, 멀리 떨어진 섬 같은 곳에서는 소송도 없고, 분쟁도 없고, 도둑도 없고, 살인도 없으니, 민들이 똑똑하지 않기 때문이다. […] 그러나 천하가 모두 영리해지려고 노력해서 사람을 속이는 세상이 되었으니, 영리해지지 않으면 다른 사람에게 속아 넘어가기 때문에, 한당漢唐 이래 똑똑해지지 않으면 안 되는 세상이 되었다. (《홍범담》)

이미 한나라와 당나라가 자기 방어를 위해 영리해지지 않으면 안 되는 세상이었다. 그 이래로 민중은 나날이 똑똑해졌다.

> 세상은 활물活物이니 늘 같은 모양으로 있을 수가 없다. 나날이 움직여 때때로 변한다. 눈 한 번 깜빡이면 지나간다. […] 지금은 민이 사대부보다 훨씬 예리하고 교묘하며 민첩하고 지혜롭다. 세상이 변화한 것이다. (《유민담諭民談》)

게다가 두 번째로 이 변화와 관련하여 특히 도쿠가와 시대에 무시무시한 현상이 발생하였다. 그것은 전체적으로 '세상의 상승'(《계고담》) 또는 '향상'(《대호담》)이다.

그 원인은 어위광의 지배 자체에 있다.

> 이는 필경 옛날에 나날이 어위광이 빛나도록, 빨리 상승하도록 하였던 형상이 아직껏 없어지지 않았기 때문이다. 아직도 하루하루 상승한다. 옛날에는 과연 하루하루 상승하지 않으면 어위광이 빛나지 않는 것이며, 어위광이 빛나지 않으면 천하가 잘 다스려지지 않는다고 보는 눈이 지금도 멀어지지 않았다. 지금은 어위광의 정상頂上이다. 이 이상이 있겠는가? 지금 와서 보니 더 이상 상승하지 않아도 괜찮을 것이다. 그러나 나날이 상승하는 것은, 상승세이면 진정시키고 진정시켜도 자연히 올라가는 기운이 되기 때문에, 멈출 수 없이 오르는 상

황이 된다. 이런 상황이라면 상승의 기운은 좀처럼 멈추기 어렵다. 에도의 상승과 함께 다른 나라들도 같이 향상된다. 골짜기에 사는 최하층의 백성들도, 섬나라에서 배를 타는 사람들도 모두 그렇게 멋있어진다. (《대호담》)

어위광도 익숙해지면 빛이 바랜다. 습관은 공포심마저 둔화시킨다. 그래서 끝없이 더 멋있게 되는 수밖에 없으며 그것이 전국으로 퍼져 나갔다. 일단 움직임이 시작되면 더 이상 멈출 수가 없다는 것이다.

이 상승은 사람을 꼭 행복하게 하지는 않는다.

옛날에 맨발로 돌아다녔을 때는 맨발이 일상이었다. 맨발로 걷는 것이 보통이었기에, 맨발로 걷는 것이 고통스럽지 않았다. 지금은 바닥을 덧댄 셋타雪駄[2]를 신는다. 바닥을 덧댄 셋타를 신고 다니는 것이 보통이다. 바닥을 덧댄 셋타를 신고 다니는 것이 일상이 되면, 그것이 더 이상 편리한 것이 아니다. 전체 기준이 위로 올라갔기 때문이다. 따라서 상승이라고 한다. 옛날에는 일상이어서 힘들지 않고 생활하였던 것이다. 요즘은 항상 힘들어서, 이래저래 어찌할 수 없는 때에는 옛날이 좋은 세상이 된다. 좋은 세상이라는 것은 어떤 것이냐 하면, 무릎길이의 무명옷을 입고 좁인 감자에 찬밥을 먹는 것이다. 고통스런 세상, 요즘과 같이 안타까운 세상은 없다고 하는 세상은 어떤가 하면, 다관茶罐을 걸어 보글보글 끓이고, 꽤나 괜찮은 말린 과자와 연한 차를 마시며, 명주옷을 입고 좋은 집에서 사는 것이다. (《계고담》)

생활의 쾌적한 느낌도 습관의 법칙을 따른다. 쾌적한 것도 익숙해지면 그다지 쾌적하게 여겨지지 않는다. 익숙해져 버린 쾌적함을 유지하는 어려움에 힘들어진다. 도리어 불만은 쌓여간다. 게다가 그것을 알면서도 멈출 수가 없는 것이다.

2_[옮긴이] 셋타는 죽순껍질로 엮은 짚신 바닥에 가죽을 댄 신발이다.

세이료에 따르면, 이런 의미에서 세상의 상승과 민의 지의 향상은 관련되어 있다. "세상의 상승에 따라 지 역시 밝아진다"(《음양담》). 세상의 상승은 지의 정밀화를 동반한다. 따라서 통치는 더욱 곤란해진다.

> 아랫사람이 어리광하는 일이 요즘처럼 심해진 때는 개벽 이래 없었다. 아랫사람이 느긋하게 사치를 하게 되는 일이 요즘처럼 심했던 때가 없다. 아랫사람이 불평을 말함이 요즘처럼 엄청났던 때가 없다. 아랫사람이 권력을 가진 것이 요즘처럼 강했던 때가 없었다. 아랫사람이 지혜가 있어 계책을 책동하는 일이 요즘처럼 영악한 적이 없었다.(《계고담》)

가이호 세이료는 동시대 유럽인이 progress, progrès 등으로 불렀던 현상을 알아챘던 것이다. 지식 · 지성의 향상, 생산 · 유통 · 소비가 누적되면서 한 방향으로 진전되고, 그에 수반되는 민중의 영향력이 증대한다. 통치도 그것을 전제하는 수밖에 없다.

> 요즘은 평안해져서 감사함을 까맣게 잊고, 호의호식하면서도 편안하다고 생각하지 않는 것은, 익숙해져서 이골이 났기 때문이다. 그래서 민은 젓가락질에도 투덜댄다. 부족하다고 말한다. 평생토록 원망한다. 윗사람의 조작이 그래서 중요하다. (같은 책)

통치란 바야흐로 민중과의 치열한 지혜 겨루기였다.

> 상인 · 장인 중에는 지를 궁리하는 것이 사士보다도 훨씬 나은 사람이 많다. 그렇게 영리한 상인들에게 신규 운상運上[3] 등을 말하면 크게 아우성칠 것이다. 불평을 하는 정도가 아닐 것이다. 크게 분노하여 소동을 일으킬 것이다. 당치도 않은 일이 될 것이다. (같은 책)

3_[옮긴이] 운상은 각종 영업에 부과한 잡세이다.

요즘 세상에서는 급격한 증세를 명하기라도 하면 큰일 난다. 불평을 토로하는 정도로 끝나지 않는다. 일반적으로 난亂은 아래서부터 시작되는 무서운 일(《홍범담》)이다.

그러면 이 성가신 민을, 이런 성가신 시대에 통치하기 위해서는 어떻게 해야 할까? 답은 장치이다. '태엽 장치'로 민을 움직이게 하는 것이다.

> 원래 천하에 장치가 이理와 다르지 않으면 민의 마음에 자연스레 이가 스며든다. 민의 마음에 이를 주입시키고자 하면 포고나 명령문으로는 전혀 되지 않는다. 다만 천하의 장치가 이에 맞으면 민은 이가 습관이 되기 때문에 익숙해진다. (《계고담》)
>
> 민을 보살피는 것은 민의 귀에 입을 대고 이해利害를 말해 주는 것이 아니다. 민의 눈을 손으로 크게 뜨게 만들어 이해를 보게 하는 것이 아니다. 태엽 장치이다. (《추밀담》)

4. 경제와 경쟁

경세제민 · 경국제민의 줄임말인 경제는 원래 통치를 의미한다. 그러나 18세기 말엽부터 현대어에 가까운 의미로 사용되는 용례가 빈출한다. 그리고 이 의미에서의 경제의 능수능란한 조작이야말로, 바야흐로 통치의 중심 과제라고 세이료는 생각한다. 천하 즉 일본은 나라가 나뉘어 각 나라들은 부단히 부를 지향하는 경쟁 상태에 놓여 있기 때문이다.

> 법을 만들어서 고쳐서 나라에 돈이 들어오는 장치를 마련하지 않거나, 주변 나라들이 모두 방심하지 않고 열심히 일하는데 이쪽만 그러지 않으면, 주변 나라들에게 분할되는 처지가 된다. 다른 나라에게 빼앗기지 않으려고 한다. 내부의 법을 세워서 고치려고 한다. […] 나라

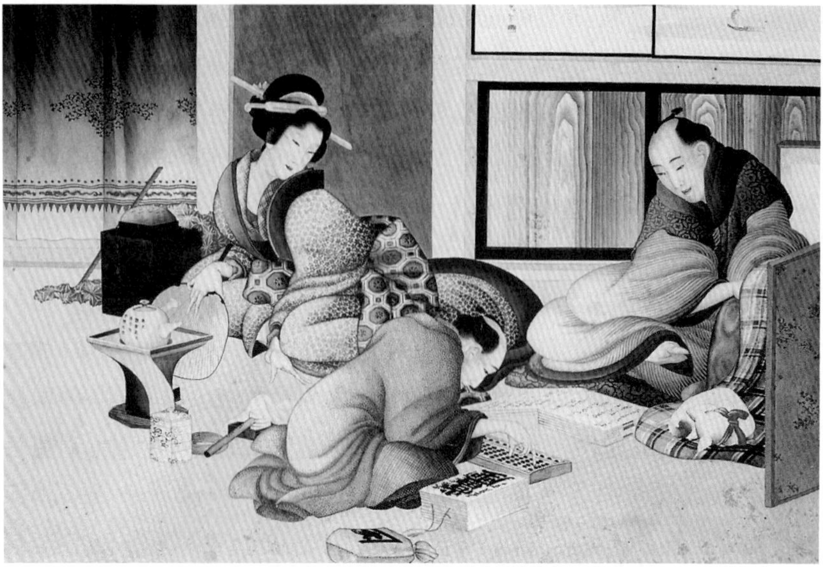

상가도商家圖. 가쓰시카 호쿠사이葛飾北齋. 매출 장부 · 주판 · 증서철이 보인다. 라이덴 국립민속학 박물관 소장.

> 의 산물을 다른 곳으로 보내 이익을 얻으려고 애쓴다. 서로 분발하고 경쟁하는 것이 요즘처럼 심한 것은 고래에 없던 일이다.(《계고담》)

이렇게 그는 동시대 유럽인의 중상주의자들이 외국과의 경제 경쟁에서 승리를 지향했듯이 각 다이묘가 국익 증진 경쟁에서 승리를 지향할 수밖에 없다고 하면서, "근본적으로 다스림의 출처는 국익이라는 글자가 연원"이며, "이를 근원으로 하여 쌓아 올리고, 쌓아 올리고 또 쌓아 올려야 한다"(《양로담》)고 주장하는 것이다.

그러나 애당초 경쟁에서 이기려고 노력하는 것이 좋은 것인가? 전국시대 무사들과는 대조적으로, 공자는 "군자는 다투지 않는다君子無所爭"고 하였다(《논어》 팔일). 신사 숙녀는 문 앞에서 다른 사람과 부딪치면 먼저 들어가라고 하지 않는가? 금은을 다투는 마음이 그득한 난세에, "다른 사람을 쓰러뜨리고 내가 부자가 되려고" 하는 금전 전쟁만

해도 괜찮은 것일까?(다다노 마쿠즈只野眞葛《독고獨考》 1817 성립)

세이료는 이렇게 답하였다.

> 요즘 천하는 위아래 모두 들개처럼 교활하기 때문에, 조금이라도 멍하니 방심하고 있는 나라가 있다면 곧 가난이라는 더러운 물을 흘려보내서, 그런 방심한 나라로 떨어뜨리려고 밤낮으로 궁리하고 있다. 이는 경박하고 비열하며 폭악하고 무도한 일이기에, 선왕 성인이 주벌誅罰을 면치 못하게 하였던 것이 풍속이었다. 그러나 이쪽의 한 나라에서 독행군자篤行君子 · 인서정리仁恕正理한 선왕 성인이 주벌을 면하는 일을 하면, 천하의 더러운 물이 일시에 밀려와서 대국이라 하여도 곧바로 가난과 굶주림과 추위를 겪게 되어 천하의 웃음거리가 된다. 슬프도다. 그렇다면 일각이라도 빨리 저 경박비열 · 폭악무도한 대응을 익히는 일만 한 것이 없다. (《부귀담》)

다른 사람을 이기려고 꾀하는 일은 멋진 일이 아니다. 그러나 실제로 이미 우리는 극심한 경쟁 상태에 놓여 있다. 자신만이 태연하게 사람 좋게 있다가는 파멸하고 만다. 따라서 단호하게 경박비열 · 폭악무도한 행동을 할 수밖에 없다. 구래의 덕과 현대의 부의 추구는 양립하지 않는다. 이리하여 노골적으로 "온 나라가 하나로 우리 편이 되어 다른 나라의 돈을 빨아들이는 법"(《계고담》)을 채용하는 것이 과제가 된다.

5. 사士와 상인

세이료는 우선 무사들이 이익 추구에 대해 갖는 저항감을 없애려고 한다. 애당초 무사가 그것을 부끄러워하거나 주저하는 것은 오류이다.

왜냐하면 첫째로 애초에 무사가 백성으로부터 연공을 걷는 것 자체가 일종의 상거래이기 때문이다. "어떤 논리로 민에게 쌀을 취하는

가?"라는 근원적 물음에 대한 그의 답은, 제12장에서 소개했듯이 "논을 민에게 빌려주고 십분의 일을 연공으로 취하는 것은 1할의 이익을 취하는 것이다"(《계고담》). 무사는 실제로 토지를 백성에게 빌려주고 지대를 취하는 상거래를 하고 있는 것이다.

둘째로 세이료에 따르면 군신관계 역시 상거래이다(《하가쿠레》의 저자 야마모토 쓰네토모가 들었다면 뭐라고 했을까?).

> 신하에게 영지를 주어 일하게 하고, 신하는 군주에게 노력을 팔아 쌀을 취한다. 군주는 신하를 사고 신하는 군주에게 팔았으니 매매이다. 적절한 거래인 것이다. [···] 군신관계는 매매가 아니라고 하기 때문에 재산을 탕진하거나 보람도 없이 고생만 하는 일이 많다. 탕진하는 것은 군주의 손해이다. 보람 없이 수고만 하는 것은 신하의 손해이다. 셈이 심히 맞지 않는 것이다. 천지의 이와 다른 것이다. (같은 책)

군신관계도 거래라고 솔직하게 말하지 않기 때문에 한편으로 불로소득이 생기고 다른 한편으로 무상 노동이 된다. 그것은 자연의 도리에 반하는 것이다.

그리고 셋째로 무사는 항상 물건을 사고 있다. 사는 것이 수치가 아니라면 어째서 파는 것이 부끄러운 일인가. "네덜란드에서는 국왕이 장사를 한다며 와하고 웃는다"(같은 책)지만, 그래서는 안 되는 일이다.

요컨대 세이료에 따르면 무가도 이미 첩첩이 상인이었다. 이제 와서 장사치 같은 행위를 주저할 필요는 없는 것이다.

그래서 세이료는 마땅한 통치의 모델을 경제의 중심지인 오사카에서 찾았다. 경제 경쟁으로서의 통치의 비결은 경영자에게 물으라는 것이다. "속담에 떡은 떡집에서 구하라는 말이 있다. 지극히 맞는 말이다. 돈에 관한 일은 오사카이다. 쌀에 관한 일은 오사카이다. 장사에 관한 일은 오사카이다", "오사카의 장치를 잘 물어보고 오사카의 부리富利

의 이치를 이해해서 이로써 경제를 고안해야 한다"(《음양담》)는 것이다.

게다가 장사의 뿌리는 생산이다. 다이묘는 장치를 써서 생산도 확대시켜야 한다.

> 본래 토지가 무엇인가 산출해 내는 것은 토지의 성性이다. 거두면 줄어든다는 이치는 없다. 거두면 거둘수록 나오는 것이다. (《계고담》)

따라서 경제 경쟁은 제로섬 경쟁이 아니다.

> 토지에서 나오는 것이 많음을 부라고 한다. […] 다만 민이라 함은 자기 배만 부르면 일하지 않으려는 마음이 있다. 민을 일하게 만들려고 생각하면 심히 술수가 필요하다. (같은 책)

술수로써 민을 일하게끔 하고 생산량을 증대하여 그것을 내다 판다. 문제는 민이 게으름을 부리지 않고 일하도록 만드는 것이다. 배가 불러도 더욱 열심히 일하게 만드는 것이다. 그러려면 고무시켜 들뜨게 하면 된다.

> 고무하는 것은 들뜨게 하는 것이다. 들떠서 일하면 일을 하게 된다. 일하라고 말한다고 해서 일하는 것이 아니며, 윗사람을 원망하게 된다. 민이 자발적으로 하고자 하여 일하는 것이, 민을 일하게 하는 법이다. (같은 책)

명령하여 일하게 만들면 원망한다. 그러니 스스로 알아서 일하도록 신명나게 만든다. 주체적인 근면함을 가져오는 장치를 만들면 되는 것이다. 따라서 그는 직접적으로 지급하는 복지를 반대한다. 곤궁한 자에게 시행미施行米[4] 등을 줘서는 안 된다(《추밀담》). 그것은 게으름을

4_[옮긴이] 시행미란 빈곤자나 승려에게 보시하는 쌀을 가리킨다.

권하는 것이다.

> 지혜롭지 못하고 현명하지 못한 쓸모없는 자까지 기뻐하게 만드는 일은 성인이라도 할 수 없는 일이다. 경작하지 않는 사람은 굶어 마땅하다. (베를) 짜지 않는 자는 추워 마땅한 일이다(《만옥담》).

"일하지 않는 자, 먹지도 마라"는 것이다.

> 일하지 않고 나라가 부유하다는 것은 절대로 없는 이치이다. 온 나라가 확실하게 일하는데 나라가 부유하지 못하다는 이치 또한 없다. (《강목박담綱目駁談》)

그렇다면 그 장치란 구체적으로 어떤 것일까?

6. 들뜨게 하다 · 상승시키다

세이료가 제일 먼저 장려하는 구체적인 장치는 산물 유통이다. "온 나라가 하나로 우리 편이 되어 다른 나라의 돈을 빨아들이는 것은 산물 유통이 그 기밀"(《계고담》)이다. 즉 다이묘가 백성과 상의하여, 산물을 사들여 한데 모아 도매상에게 팔도록 한다. 다이묘 주도의 판매 카르텔이다. 그렇게 하면 판매인이 시세를 주도하게 되어 이익이 증대한다. 그는 단바丹波 소노베 번園部藩의 다이묘가 담배 등을 전매한 예를 들고 있다.

> 우선 처음부터 소노베는 큰 이익을 얻었다. 그 후로 점차 백성들을 재촉하여 산물을 생산해 내게 하였다. 이것은 백성도 크게 기뻐하는 이치이다. 백성이 기뻐하면 들뜨게 되어 자신이 힘든 것도 잊어버리고

> 산물을 계속해서 생산해 내려는 마음이 되기 때문에, 산물이 많이 나오게 된다. (같은 책)

이렇게 하여 민이 이익을 보게 하고, 다이묘도 이익을 얻는다. 당시의 이른바 국산(이 말을 세이료도 사용한다) 장려 · 번 전매 정책을 추진하는 것이다. 게다가 "다른 곳의 물건을 타인에게 팔아도 좋다"(같은 책). 즉 다이묘가 상인화하여 가문이 상사 회사商事會社가 되는 것이다.

다만 주의해야 할 것이 있다. "이렇게 영악한 세상이 되면, 자국의 산물에 대해 자만하는 동안에 머지않아 이웃에서 그 국산을 만든다." 따라서 "다른 사람에게 선수를 빼앗기는 일"이 없도록 해야 한다. "여러 나라의 이야기를 듣고 영리한 계책을 물어봐서 견주어 보고 지혜를 장려해야 하는 것"이 중요하다(같은 책). 경쟁 상대의 신상품 개발의 정보를 재빨리 입수하여 수용할 것은 수용해서 선수를 뺏기지 않도록, 선수를 쳐서 부단한 개발 경쟁에서 승리를 거듭해 가는 것이다.

둘째로 산물유통과 관련하여 상품의 무진無盡도 유효하다. 다이묘 가문을 매개로 한 전매로 민이 얻은 이익에서 추렴하게 하여 계를 짜서 백성에게 빌려주는 것이다. 예를 들면 백성이라면 봄에 논에 비료를 듬뿍 뿌리고 싶을 것이다. 그러면 수확이 껑충 뛸 것이다. 그렇지만 초봄에는 그렇게 선행 투자할 자금이 없다. 그래서 추렴한 돈을 희망자에게 빌려준다. 돈을 빌린 백성은 그로써 이익을 올려 이자를 지불하고, 추렴한 백성도 할당된 이자를 얻는다. 즉 상사 회사가 된 다이묘 가문이 상호 은행도 되는 것이다.

> 무릇 백성도 무가도 고무하지 않으면 움직이지 않는다. 이익을 보여주지 않으면, 아무리 좋은 지혜를 알려 주더라도 받아들이지 않는다. 이익을 보면 틀림없이 들뜨게 된다. 들뜨기만 하면 나라는 분명 부유해진다. (같은 책)

그렇게 이익을 보여 주면 민은 들뜨게 된다. 무아지경으로 일하게 된다. 그리고 나라는 부유해진다.

제3의 장치는 추밀상樞密賞이다. 표창 제도이다. 이익으로 고무하고 명예로 자극하여 북돋는 것이다. 인간은 질투가 많다. 따라서 소수를 칭찬하면 다수는 시기한다. 그리고 한층 경쟁심을 불태운다.

우선 무사이다. 치세의 요즈음에 대다수의 무사는 한가롭다. 그러나 한가한 인간은 "변변한 생각을 하지 못한다". 게다가 "나라에 놀면서 재산을 탕진하는 사람이 많으면 당연히 나라가 빈곤해진다." 나아가 "지혜도 쓰지 않고 방치하면 지력智力도 시들어서 죽은 자의 마음과 같게 된다." 따라서 당사자를 위해서도 고무하여 일하게 해야만 한다. 예를 들면 무기를 스스로 제작한 무사를 표창한다. 우수한 제언을 한 무사는 가문에 상관없이 발탁한다. 그렇게 하여 성적에 의한 인사를 행하면 가신들이 점차 활심活心을 갖게 되어 들뜨게 된다(《계고담》).

다음은 백성이다. 신종 작물 개발자 등이 대상이 된다.

> 무릇 백성이라 함은 뭐니 뭐니 해도 성실하기만 하면, 영주가 사용한 젓가락으로 음식을 먹기만 해도 학질 같은 것은 바로 낫는다. 그 정도로 영주의 영위靈威가 있다면, 심은 것을 영주가 보게 되어 이름을 써 내라는 말만 들어도, 감사하여 눈물짓는 것이다. 하물며 몸소 내려 주시기라도 하면, 목숨을 걸고서라도 열심히 일하고자 하는 마음이 되는 것이 백성이다.(같은 책)

이것은 너무 빤한 속임수일까? 그러나 현대에서도 노벨상을 비롯하여 표창 제도는 많다. 어엿한 어른도 그것으로 고무된다. 게다가 저 어위광의 체제에서 황송하게도 영주님이 몸소 백성을 칭찬해 주시는 것이다. 효과가 있을 법하다.

이렇게 생산이 증대하여 민이 이익을 얻게 되면, 영주는 거기서 거둬

들여야만 한다. 감쪽같은 갈취법(같은 책)이 필요하다. 그 방법은 악마같이 교묘하다.

우선 영내에 다른 나라에서 들어 온 도적 · 악당 · 도박사 등을 체포하여, 다음과 같이 명한다.

> 요즘 영내에 다른 나라 사람이 많이 들어와 영내에 사는 젊은이들을 속여서 각종 바람직하지 않은 일을 권한다는 것은 진작부터 알고 있는 일이다. 이 무렵 도적 · 악당 · 도박 등 영내에 늘어가는 일이 예전에 비해 배가 되었다. […] 그런데 나라의 풍속이 나빠지는 것은 모두 타국에서 사람들이 들어왔기 때문이다. 마을 모두 아이가 있는 집은 그 아이의 훌륭한 장점을 만들어 내고, 가업을 소중히 하여 형벌에 연관되지 않도록 바랄 것이다. 위에서도 아무쪼록 민이 악당에 물들지 않도록 형벌에 처하는 일이 없기를 바란다. 그러나 요즘같이 악당이 많은 것은 예부터 들어보지 못하였다. 형벌이 빈번한 일 또한 예부터 듣지 못하였다. 따라서 자식이 많은 집은 필시 마음을 써야 할 것이다. 위에서도 이것만은 한탄스럽게 생각하시는 일이다. (《식포담植蒲談》)

타국인의 입국으로 치안이 악화하고 있다. 부모들도 틀림없이 청소년에 미칠 악영향을 걱정할 것이다. 정부도 상심하고 있다. 그렇게 새삼스레 말함으로써 불안을 선동하고, 치안을 위해서 대부분의 일은 받아들이는 분위기를 만드는 것이다. 그 위에 가부시키株敷 일제 조사를 분부한다.

> 아무래도 가부시키를 모르는 자가 많은 것 같다. 또 가부시키가 분명하지 않은 자도 많다. 또 종잡을 수 없는 가부시키도 많이 있다. 필경 이렇게 가부시키가 규명되지 않기 때문에 무법자가 영내에 거주하거나 체류하거나 혹은 뒤섞여 있는 것이, 악당의 근본이다. 이번에 가부시키 일제 조사를 분부하셔서 모조리 가부시키를 검문하고, 한편 수

상한 사람은 물론 종잡을 수 없는 가부시키는 가부를 바꾸도록 분부하셨다. 더욱이 가난한 집에서 가부를 바꾸지 못하는 자에게는 밑천을 주실 것이다. 가부 바꾸기를 할 수 있을 정도로 주실 것이기에, 분명하게 알 수 있는 가부로 바꾸어야 할 것이다.

요컨대 영내에서 일하고 생활하는 것을 일종의 권리로 삼는 것이다. 그리고 가부의 보유자만 영내 거주를 허가하고, 종잡을 수 없는 가부시키로 기존에 생활해 온 빈민 등에게는 정부가 자금을 원조하여 올바른 일에 종사하게 한다. 금제된 직업과 종잡을 수 없는 일을 생업으로 하고 있는 자는, 직업을 바꾸지 않으면 국외로 추방한다. 이렇게 주민 조사 · 직업 조사로서 가부시키 일제 조사를 하여 가부시키 장부에 기입한다.

그런데 가부를 인정하고 가부시키 장부에 올려 주는 것은 인민을 위해서이다. 따라서 그 비용은 인민이 부담해야 한다.

위의 가부시키 조사 비용 등은 윗사람에게 수고를 끼쳐서는 도리가 아니니다. 본주本株에 들어갈 때에 가부시키센株敷錢이라고 하는 것을 그 사는 마을의 쇼야庄屋 · 나누시名主 · 도시요리年寄 등에게 가지고 가서 가부시키 장부에 올려야 한다. 가부시키 조사는 1년에 네 번이어야 한다. (같은 책)

이미 연공을 납부하고 있는 백성에게 가부시키센은 가볍게 한다. 한편 직인은 영내에서 생업을 하며 산다는 점에서는 백성과 마찬가지이므로 세공물의 10분의 1, 즉 매출의 10분의 1을 그 액수로 한다. 상인도 마찬가지이다.

치안을 명목으로 불법거류 타국인을 추방하고 동시에 내국인임을 귀중한 권리라고 여기게 하고, 호적에 등록을 인정해 줌과 동시에 영업세 제도를 창설하는 것이다. 이것이 실현되면 시장 경제의 발전이 무가에게 가난이 아니라 이익을 가져다주게 된다. 세상의 상승에 대응하여 무가도 살아갈 수 있는 것이다. 그리고 민은 행복 없는 근면과 자유 없는 번영을 이어 갈 수 있다는 것이다.

7. 난문難問

교묘한 정책의 실행을 위해서는 지배 조직에도 개량이 필요하다. 세이료는 경영조직론도 언급하고 있다. 그러나 결국 그는 근본적인 문제에 봉착했다. 그것은 그가 주장하는 통치의 본질론에서 보든 구체적인 정책론에서 보든, 통치자는 지자智者여야 한다는 것이다.

> 천리로 보자면 가장 지혜로운 자가 제일의 위치에 있지 않으면 맞지 않는다. (《홍범담》)

따라서 선양禪讓이야말로 최선이다(《노자 국자해》). 그러나 도쿠가와 일본에서는 통치자는 거의 모두 세습이었다. 다스리는 지위에 지자가 있다는 보장은 어디에도 없다. 오히려 현실은 반대였다.

> 지금의 사士는 지를 싫어하여 위로 끌어올리지 않고, 아래로 떨어뜨리는데 아까워하지 않으니, 지혜로운 민이 어리석은 사를 자유자재로 속인다. 어리석은 사가 지혜로운 민을 부림은 거꾸로 된 것이다. (《선중담》)

이렇게 하여 가이호 세이료의 구상은 체제의 기본 원칙과 충돌한다. 다이묘 · 쇼군을 지자로 만드는 방법에 대하여 그는 어떤 말도 하지 않았다. 그의 '지' 역시 거기까지는 미치지 못했는지도 모른다. 혹은 그것을 언급하는 것이 너무나 위험했던 것인지도 모른다.

참고 문헌

요시나가 아키라 《근세의 전매제도》(吉永昭《近世の專賣制度》吉川弘文館, 1973)

구라나미 세이지 《가이호 세이료 경제사상의 연구》(藏竝省自《海保青陵經濟思想の硏究》雄山閣出版, 1990)

제15장 일본이란 무엇인가 – 구조와 변화

1. 구니國

도쿠가와 일본에서는 다이묘의 영지를 '구니'라고 불렀다. 요컨대 번이야말로 구니였다. '일본' 전체를 구니라고 여기는 의식은 거의 없었다. 이런 속설이 있다. 완전한 오류이다.

확실히 구니모토國元 · 구니가에國替[1] · 국익國益 · 국산國産이라는 말이나, 가가加賀 · 사쓰마薩摩 등 고대 이래 구니 이름도 사용되며, 그 구획이 실질적인 의미를 갖는 경우도 있었다. 그러나 일본도 명확하게 구니였다.

본래 중세 이래 삼국(천축 · 당 · 일본)이란 표현이 있다. "삼국 제일의 신부"란 혼례를 축하하는 관용구이다. 일본은 중국 · 인도와 어깨를 나란히 하는 주요 '구니'였던 것이다. 게다가 17세기 이래, 특히 마테오 리치利瑪竇의 《곤여만국전도》(1602, 베이징 간행)에 의거한 각종 세계지도도 간행되고 있었다. 나가사키의 니시카와 조켄의 《증보 화이통상고增補華夷通商考》(1708 간행)에도 그 계통의 '지구만국일람지도地球萬國一覽之圖'가 실려 있다. 이 책은 《화리통상고華里通商考》라는 패러

1_[옮긴이] 구니모토는 다이묘의 영지를 가리킨다. 구니가에는 다이묘의 영지를 바꾸는 것으로 에도 막부의 다이묘 통제책의 하나이다.

디 샤레본洒落本[2](1748 서)이 간행될 정도로 유명했다. 게다가 난학자는 그 다음 유럽인의 세계 진출에 기초하여 더욱 정확한 지도도 간행하였다(예를 들면 시바 고칸《지구전도地球全圖》1792, 다카하시 가게야스高橋景保《신정만국전도新訂萬國全圖》1810 식識). 모토오리 노리나가도, 만국의 지도에 대해, "요즈음 저 지도를 안 본 사람은 없을 것이다"라고 말하였다(《가예가》). 세계 · 지구에는 (삼국뿐 아니라) 만국이 있고, 일본국 · 화국和國 · 화조和朝는 그 가운데 하나라는 것도 점차로 알려졌다.

실제로 일본을 하나의 나라라고 의식하는 조건이 있었다.

우선 정치적 통합이 있었다. 천하를 통일하여 다스리는 구보사마公方樣를 받드는 통치 조직이 전국을 덮고 있었다. 시판된 전국 지도에는 때때로 에도부터 각 도시에 이르는 거리가 표시되었고, 참근교대 행렬은 모두 에도를 향했다(그래서 거꾸로 쇼군을 섬기는 다이묘 · 다이칸이 없는 에조치나 류큐국은 보통 일본 밖이라고 여겨졌다. 따라서 일본 지도에 류큐국은 싣지 않았고 18세기 말경까지 에조치는 마쓰마에松前까지만 실었다).

둘째로 경제적 통합이 있었다. 공통 화폐가 사용되고 쌀을 비롯한 상품들이 대량으로 유통되고 있었다. 일본 시장권이 이미 성립했던 것이다. 나가사키 · 쓰시마 · 사쓰마 · 에조치 경유의 무역은 그에 비하여 부가적이었다.

셋째로 사람 · 물자 · 정보의 유통망이 정치적 경제적 통합에 대응하여 성립해 있었다. 앞에서 서술한 대로 하치노헤에 살던 안도 쇼에키의 저작이 교토에서 간행되었고, 니이다무라에도 이세참배를 위한 고講[3]가 있었다(제11장). "다른 나라의 사투리는 결코 비웃으면 안 된다. 나중에는 이쪽의 말투를 비웃게 된다"고 한《도세간요기 2편渡世肝要記二編》(1837 간행)의 교훈은 각 나라 사투리 간 접촉 양태를 시사하고

2_[옮긴이] 샤레본이란 주로 18세기 후반에 에도에서 발달한 소설의 한 양식으로, 유곽을 제재로 하여 주고받는 대화에 재치가 넘치는 것이 특징이다.

3_[옮긴이] 고는 일종의 금융 조합 혹은 상호 부조 조직이다.

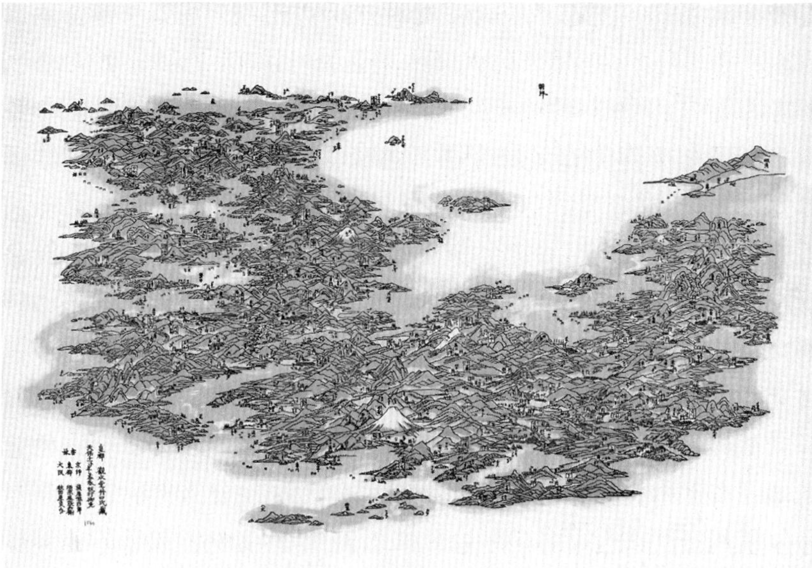

구와가타 게이사이鍬形蕙齋(기타오 마사요시北尾政美)가 1840년에 간행한 전국도. 마쓰마에에서 규슈까지를 한눈에 담은 조감도이다.

있다. 한편 중국인을 접하는 경험은 나가사키 밖에서는 드물었으며, 부산 교외의 초량 왜관에 주재하는 쓰시마 사람들 외에 조선 사람들과의 접촉은 더욱 드물었다. 지리적인 근접성에도 불구하고 조선 사람들과의 만남은 내지에서는 쇼군이 즉위할 때 방문하는 통신사 일행과, 어쩌다가 오는 표류민에 한하였다. 그 경험은 일생의 추억이었을 것이다.

넷째로 문화적 통합도 있었다. 구어는 서로 통하기 어려웠다 해도 서간과 공문서에 사용된 소로분候文에 (성별 차는 있었지만) 지역 차는 없다. 이미 겐로쿠元祿 연간(1688-1704)에 마쓰오 바쇼松尾芭蕉는 하이카이俳諧 애호자의 네트워크를 통해 오슈奧州의 좁은 길細道을 더듬어 갈 수 있었다.[4] 한문의 세계는 관념적으로는 조선 · 청나라로 확대되어

4_[옮긴이] 오슈는 무쓰 국陸奧國의 별칭이다. 마쓰오 바쇼는 1689년 3월에 에도를 출

있었지만, 특히 일본으로부터의 발신은 극히 한정적이었으며 실제로 일본인에 의한 일본인을 위한 한학 · 한문학이었다.

그리고 이상의 전체를 규정하는 기본 조건이 나중에 '쇄국'이라 불리게 되는 엄중한 출입국 관리였다. 본국인과 이국인의 엄밀한 구별이 그 전제이다. 그런 구별은 현대와는 달리 당시 세계에서는 오히려 예외였다. 당시는 언어 · 종교 · 풍속에 상관없이 모든 상인의 자유로운 왕래를 허가하고, 그 위에 세금을 취하는 정도의 권력이 군림하는 나라까지 있었다.[5] 그와 대조적으로 도쿠가와 정권과 다이묘 권력은 인별장人別帳 · 고닌구미초五人組帳로 촌에서 살아가는 개개인까지 파악하고 있었다.

그런 까닭에 중국인 · 류큐인 · 남만인 · 홍모인紅毛人과의 접촉 경험은 없었지만, '일본인'이라는 통합이 있었으며 자기는 그 한 사람이라는 의식도 보통이었다. 그래서 의미가 불명확한 말을 "중국인의 잠꼬대"라고 했던 것이다. 따라서 일본의 특질에 대해서도 활발한 논의가 있었다. 일본관은 현대와 마찬가지로 중요한 사상문제였으며, 그 변화의 귀결은 중대했다.

2. 화이華夷

중화가 성인의 나라이며 그래서 인류 문명의 중심이라고 한다면, 일본은 이적夷狄의 나라이다. 실제로 이른바 《위지 왜인전》 등은 〈동이전〉의 일부이다. 도의 보편타당성을 믿는다면 그렇게 인정하는 것이 맞을 것이다. "일본은 동이이다"(구마자와 반잔 《야회기夜會記》), "물론 이적이라는 것이 좋은 이름이 아니고 기꺼운 것은 아니더라도, 이적의 땅

발하여 문인과 함께 오슈 각지를 여행하면서 《오쿠노호소미치奥の細道》란 기행문을 남겼다.

5_하네다 마사시羽田正 《동인도회사와 아시아의 바다(흥망의 세계사 15)》(講談社, 2007) 참조.

에 태어났다면 어쩔 수가 없다"(사토 나오카타 《중국논집中國論集》)는 말일 것이다. "나라의 존귀하고 비천함은 군자 소인의 많고 적음과 풍속의 좋고 나쁨에 따라야만 한다. 중국에 태어났다고 해서 자랑할 것이 아니다. 또 오랑캐로 태어났다고 해서 부끄러워할 것도 아니다"(아메노모리 호슈 《다와레구사》)는 것을 깨닫기만 하면, 그것으로 괜찮을지도 모른다.

그러나 단순하게 이적이라고 스스로 인정하고 싶지 않은 사람도 적지 않았다. 그래서 특히 17세기 중에는 천황의 조상(아마테라스오미카미 혹은 진무 천황)이 실은 태백泰伯이라는 설에 호의를 품은 유학자가 적지 않았다(하야시 라잔 · 나카에 도주 · 구마자와 반잔 · 기노시타 준안). 태백은 공자가 "그는 가히 지덕至德이라고 부를 만하다"고 절찬한(《논어》 태백) 문왕의 숙부이다. 태백은 장남이었으나 왕위 계승을 거부하고 남방으로 도망갔다고 되어 있다. 그 태백이 일본에 왔다는 전승(《진서晋書》 왜인전)에 주목한 것이다. 건국자가 태백이라면 일본 역시 단순한 이적은 아니다. 좀처럼 나아가지 못하는 일본의 유교화도 가능할지도 모른다. 그래서 "공구孔丘가 지덕이라고 칭찬한 사람이라면 존귀할 것으로 생각되니 이 설을 좋아하는 사람도 중고中古부터 있었다"(모토오리 노리나가 《겸광인》)고 할 정도였다(덧붙여 조선에는 기자箕子[6]가 일찍이 건국했다는 전설이 있었다). 그러나 이 설의 인기는 점차 시들해졌다.

추호도 이적이라고 인정하기 싫어하는 사람도 있었다. 예를 들면 야마가 소코는 일본을 중국 · 중주中州 · 중화 등으로 불렀다. 수토풍속水土風俗에서 본조와 외조外朝(중국)만이 중정中正을 얻었다. 게다가 유교 도래 이전부터 중조中朝에서는 그와 같은 내용의 가르침이 실천되고 있었다. 이 나라는 중국에 다름 아니라는 것이다(《중조사실中朝事實》 1669).

게다가 아사미 게이사이는 우열과 관계없이 일본은 그 자체로 중국이라고 주장하였다. 그에 따르면 누구에게라도 자신의 나라가 중국이

6_공자가 "은나라에 삼인三仁이 있다"고 칭찬한 사람의 하나로 《논어》 〈미자〉편에 보인다.

며, 다른 나라가 이적이다. 따라서 가라唐에서는 가라를 중국이라고 하였고, 이 나라에서는 이 나라를 중국이라고 부르면 되는 것이다.

> 무리를 해서라도 내 부모가 다른 사람에게 머리를 얻어맞지 않게 하는 것이 그 자식의 역량이다. 다른 사람의 부모는 그 부모를 또 다른 사람에게 머리를 얻어맞지 않도록 하는 것이 역량이다. 저마다 그 나라를 나라로 여기고 그 부모를 부모로 여기는 것, 이것은 천지의 대의이니, 동시에 행해지더라도 어긋나는 일이 아니다. (《중국변中國辨》)

이것은 개성을 주장하는 것이 아니다. 실태의 우열도 상관없다. 단지 자국이 즉 중화인 것이다. 그러나 이것은 문제를 관념적으로 해소할 수 있을지 몰라도 해결하는 것은 아니었다. 중국과 마주하는 일본이 어떤 것인지 여전히 문제였다.

3. 일본국 · 일본인

(1) 변邊 · 소小

무엇보다 일본은 소국이었다. 실제로는 예를 들어 18세기에 정치적으로 통합된 3천만이 넘는 인구는 세계적으로도 거대한 것이었다. 유럽에는 그런 예가 없다. 그럼에도 불구하고 소국 의식은 뿌리가 깊었고 광범위했다. 비교 대상이 중국과 천축이었기 때문이다. 게다가 불교적 세계관을 가진 세계의 중심인 수미산須彌山에서 보자면 일본은 변토속산邊土粟散의 땅이며, 중화에서 보더라도 그 주변이다. 특히 중화야말로 일본을 관념하는 경우에 비교 대상이 되었다.

그 때문에 소국이라는 것은 단순히 지역의 넓고 좁음이나 인구의 많고 적음의 문제가 아니었다. 변경성邊境性 · 주연성周緣性은 열등성을 함의하였기 때문이다. "[…] 키가 큰 부모는 부모고 키 작은 부모는 초라하다고 해야 하는가? 크고 작음으로 논하는 것은 모두 이해利害의 정情 때문이다. 하물며 만국의 지도를 보면 가라唐의 폭은 백분의 일에도 못 미치고 가라를 열 개 정도 합한 나라도 여럿 있다"(아사미 게이사이 《중국변》)고 한 것은 정론일 것이다. 요코하마 시橫濱市는 가와사키 시川崎市보다 영역이 넓지만, 그렇다고 해서 "대단하지?"라고 자랑하는 것은 아이들뿐이다. 그러나 게이사이가 그렇게 비판하지 않을 수 없을 정도로 대소론은 우열론과 쉽게 결합하였다.

> 중국은 사람들이 총명하고 재능이 많아 시비를 빨리 분별하고, 악함을 버리고 선함으로 옮아가려고 한다. 우리 나라는 소국이기 때문에 이지利智를 가진 사람이 어쩌다가 있지만, 대부분은 우리들처럼 우매한 자들이 세상에 많을 것이다. (《기온 모노가타리祇園物語》 간에이寬永 연간 간행)

> 일본은 소국으로, 사람들의 혼백의 정精이 엷고, 감내하는 힘이 약하다. (구마자와 반잔 《집의화서集義和書》 1672 간행)

역사적으로 많은 부분을 중국에서 배운 이상, "본조는 작은 나라이므로 이조異朝에는 어떤 것도 미치지 못하고 성인도 이조에서만 나올 수 있었다고 생각한다. 이는 우리들에만 한정되지 않고 고금의 학자가 모두 그렇게 생각하여 이조를 숭모하고 흉내 내었다"(야마가 소코 《배소잔필配所殘筆》)는 상황도 이상한 것은 아니었다.

그래서 예를 들면 가쓰베 세이교勝部青魚(1712-1788)는 "일본은 요령이 좋은 나라이다. 무엇인가 능란하게 창조하는 일은 할 수 없다. 원래 중화에 있었던 것을 배워서 그보다 더 훌륭한 것을 얻기도 한다. 수용도 빠르다고 할 수 있다. 큰 나라에는 일을 창조하는 기량이 있다. 여러 나라가 교토를 모방하는 것과 같다"(《전등수필剪燈隨筆》)고 주장하였다. 소국이기 때문에 독창성은 없다. 그러나 모방과 개량은 뛰어나다는 것이다. "새롭게 무엇인가를 만드는 일은 할 수 없지만, 다른 사람이 만든 것을 그대로 이용하여 그 위에 지혜를 더하는 것은 더 뛰어날 것이다"(핫토리 다이호服部大方《방토고실邦土考實》[7])라고도 한다. 더욱이 히라타 아쓰타네는 "무엇이든 간에 외국에서 만들어 낸 사물이 이 나라로 건너오면 그것을 힐끗 보고 훨씬 탁월하게 할 수 있는 것 또한 이 나라 사람의 뛰어난 점"(《고도대의古道大意》 1824 간행)이라고 자부하고 있다. 막무가내로 억지를 부리는 듯이 보이지만 현대 일본인들 중에서도 찬동하는 사람이 있을 것 같다. 실제로 서양에 대해서도 "조총 또한 서양에서 비롯되었다. 우리가 잘하는 만큼 다른 나라가 미치지 못하는 것은 우리의 민첩함이 아닐는지"(시오노야 도인鹽谷宕陰《도인 존고宕陰存稿》 권7)란 주장이 있었다. 그리고《명륙잡지明六雜誌》창간호의 권두 논문은 일본 국민의 성질을 "습답襲踏을 잘하고 모효模傚에 뛰어나지만 스스로 기축機軸을 내는 데 모자라다"(니시 아마네西周〈양학으로 국어를 쓰는 논〉 1874)고 지적하였다. 이번에는 서양에서 배우기 위한 격려가 되었던 것이다.

그리고 변비邊鄙한 소국이란 기본적인 열등감은 나아가 그것을 보상하는 다양한 일본론을 도출하였다.

(2) 동東·양陽

지리적으로 주변임을 인정하면서도 동쪽의 나라 · 태양의 나라는 특별하다는 의견도 있었다. 광대한 태평양은 결합보다는 분리를 느끼게 한다. 지구는 둥글다 해도 일본 열도가 세계의 동쪽 끝에 있다는 것은 객관적 사실이라고 생각되었기 때문이다. 예를 들면 니시카와 조켄은 "이 나라는 만국의 동쪽 끝에 있어서 아침 해가 비추는 땅, 양기 발생의 시작이며 진뢰분기震雷奮起의 원토元土이다. [⋯] 또 일본이라 부르는 것도 그 뜻에 가장 들어맞는다. [⋯] 양물陽物이 처음 생겨나는 것은

7_나카노 미쓰토시中野三敏〈핫토리 부쇼服部撫松와《신동경번창기新東京繁昌記》〉인용. 나카노 미쓰토시 외 교주《개화풍속지집開化風俗誌集(신일본 고전문학대계 메이지편1)》(岩波書店, 2004) 416쪽. 핫토리 다이호는 1770년 태어나 1846년 사망.

그 바탕이 치약稺若하고 그 기가 강장强壯하다. 따라서 일본인에게 인애한 마음이 많은 것은 진목발생震木發生의 목木을 받음이 두터운 것이다. 용무勇武의 뜻을 오로지 하는 것은 간산강립艮山强立의 정精을 얻었기 때문이다"(《일본 수토고日本水土考》 1720 간행)라고 한다. 음양론과 역易을 이용한, 밝고 강한 양의 나라라는 주장이다.

더욱이 음양론에서는 오로지 양이면 좋은 것이 아니다. "일본은 양국이다. 양의 시작으로 어리다. 그래서 그 물과 땅에서 태어난 사람은 생을 중시하고 사를 가벼이 여긴다. 인심이 기쁨이 많고 슬픔이 적다. 또 제례를 중시하고 장례를 가벼이 한다"(구마자와 반잔 《집의화서》). "일본은 세계에서 소양少陽의 나라이기 때문에 사람의 기운도 양기로 젊어서 공손하지 않다. 무용武勇이 앞서서 뒤처지는 것을 싫어한다"(다다 난레이多田南嶺 《난레이 유고南嶺遺稿》)는 지적도 있다.

그러나 미토의 무사 겸 유학자인 아이자와 세이시사이會澤正志齋에 따르면 "신주神州는 태양이 솟아 나오는 곳이자 원기가 시작하는 곳으로, 천일天日의 후예가 대대로 신극宸極(황위)을 다스리시며 영원히 바뀌지 않는다. 원래부터 대지의 원수元首로 만국의 강기綱紀"(《신론新論》 1825)라고 했다. 동방이라는 사실을 태양 · 천황과 관련시킴으로써 단숨에 일본을 만국의 원수라고 했던 것이다. 모토오리 노리나가에게 배운, 이른바 후기 미토학의 성립이었다.

(3) 무武 · 용勇

일본은 상무의 나라 · 무용의 나라라는 주장도 있다. 중화에 대하여 그 본령인 문이나 예에서 우월하다고는 말하기 어렵다. 조선에서는 만주족이 지배하는 청국에 대하여, 바야흐로 중화문명을 담당하는 것은 소국이지만 자신이라는 소중화론이 대두했지만, 일본에서 그렇게 주장한 실태는 없었다. 그래서 무라면 지지 않는다는 것이다. 실제로 무사가 통치신분인 이상, 그것은 자연스러운 일이기도 했다. "우리 일본 [⋯] 사람의 용한勇悍함이 실로 만국에 뛰어나"(후지이 란사이藤井懶齋

《한제필기閑際筆記》 1715 간행), "우리 나라는 만국에 뛰어난, 무를 숭상하는 나라라고 예로부터 불려 왔다"(아라이 하쿠세키 《오리타쿠 시바노키》), "일본은 무용을 본체로 하고 문필을 끄트머리로 삼아, 백세불역의 요해要害의 나라로서 세계 제일이다", "일본은 무국으로 질박하고 소박함을 높이 여기는 나라이다"(니시카와 조켄 《서민의 주머니》 1719 간행), "일본은 무비武備가 활발한 국풍"(바바 분코馬場文耕 《세상의 하타모토들의 기질》[8] 1754 서) 등의 언명이 많다.

무엇보다 문보다 무 중심이라는 것은 결국은 야만적으로 이적풍이라는 것이기도 하다. 대당大唐과 다르게 본조는 "인심이 강무剛武하여 제도와 법을 깨기 쉽고, 강려强戾하여 경신敬信을 게을리하기 쉽다"(가나조시假名草子 《아스카가와飛鳥川》 1652 간행), "무국이기에 기가 강함은 중국보다 훨씬 강한 풍속이니 두려워할 만한 일"(가이호 세이료 《계고담》)이라고도 할 만하며, "일본은 중화에 비하면 소국이기 때문에 자연과 사람들의 기량도 좁고 무풍도 결국 모두 기량이 좁은 데서 비롯되는 것"(호리 게이잔 《부진언》)이 되기도 한다. 소국이기 때문에 도량이 좁아 폭력적이라는 것이다.

결국 무국으로서 중화에 맞버티려면 성인의 도의 보편성을 부정하는 수밖에 없다. 국학으로 접근하는 것이다.

> 우리 나라는 무국이다. 서토西土는 문국이다. 문국은 문을 숭상한다. 무국은 무를 숭상한다. 원래 그런 것이다. […] 우리 나라는 저 나라와 서로 백리나 떨어져서 풍속이 심히 다르고 인정도 같지 않다. 어찌 그 도를 같이 할 수 있겠는가? (나카무라 모토쓰네中邨元恆 《상무론尙武論》 1843)

8_[옮긴이] 원제는 《世間御旗本形質》이며 일본어로는 '세켄오하타모토가타기'라고 읽는다.

결국 "황국은 무위로써 만국에 뛰어난 국풍"(야시로 히로카타屋代弘賢, 마쓰라 세이잔松浦靜山《갑자야화》 권96에서 인용)이라고 한다면, 그 무의 쇠퇴는 나라의 아이덴티티와 자긍심과 연결된다. 페리의 군사력 과시에 대한 대응이 정치적 문제가 되어 체제적 위기감을 불러일으킨 것은 그것이 한 요인이다.

(4) 질質 · 직直

문에 대해서는 질이란 대비도 있다. 《논어》〈옹야〉편에는 "바탕이 문식을 이기면 거칠어지고, 문식이 바탕을 이기면 허식이 된다. 문식과 바탕이 조화를 이룬 뒤에야 군자가 된다"[9]고 했다. 그래서 일본은 질의 나라라는 말도 있었다. 야만 혹은 질박하고 정직하다는 것이다.

예를 들면 오규 소라이는 이토 진사이가 속이지 않는 것을 직이라고 하면서 높이 평가한 것을 비판하면서, "왜인의 비루함倭人之陋也"이라고 평가한다. 정직이라는 한 가지 덕만을 존숭하는 것은 야만적인 단순함이라는 것이다(《변명》〈직〉). 또 도미나가 나카모토富永仲基는 축인竺人 · 한인漢人과 동인東人 즉 일본인의 성질을 비교하여, 동인은 그 본성이 "맑고 깨끗하며 정직한 말"을 좋아한다고 하였다. 그리고 그 풍속에 대해서는 축인은 환幻, 한인은 문文, 동인은 교絞하다고 하였다(《출정후어出定後語》 1745 간행). '교'란 "솔직하면서 무례하면 즉 급박하다"라고 할 때의 급박하다와, "솔직함을 좋아하고 배우지 않으면 그 폐단은 급박함에 있다"고 할 때의 급박함이라는 말에 근거하고 있다.[10]

또한 "어떤 책에 이 나라의 기풍이 질직하여 꾸밈이 적은 것이 본색이니, 선이나 악으로 나아감이 빨라서 되돌아보는 풍속이 부족하다"(구사카베 이가쿠日下部維岳《고금기문古今記聞》)는 주장도 있다.

그러나 문식보다 실질, 허화虛華보다 질실質實이 중요하지 않은가,

9_[옮긴이] 質勝文則野, 文勝質則史, 文質彬彬, 然後君子.

10_[옮긴이]《논어》〈태백〉勇而無禮則亂, 直而無禮則絞.(馬曰: 絞, 絞刺也.) 교자絞刺는 급박하다, 촉박하다는 뜻이다.《논어》〈양화〉好直不好學, 其蔽也絞. (邢昺疏: 絞者, 絞切也.) 교절絞切 역시 급박하다, 촉박하다는 뜻이다.

라고 할 수도 있다. "이윽고 일본은 양기의 무기武機를 정도政道의 귀감으로 삼아, 저절로 재지총명才智聰明하여 청직강강淸直剛强함이 일찍이 천축과 진단震旦(중국)보다 뛰어났다"(야마시타 고나이山下幸內〈상서上書〉 1721), "이 나라는 인심이 순수하여 하夏 상商의 풍속에 가깝다"(아메노모리 호슈《다와레구사》), "저 나라는 첫째 허문虛文을 귀하게 여긴다. 그래서 사람이 저절로 속이려고 한다. [···] 우리 나라는 순박함을 귀하게 여긴다. 그래서 사람이 저절로 성실하다"(사쿠마 다이카佐久間太華《화한명변和漢明辨》 1778 간행)는 주장도 있었다. 그리고 앞서 서술한 대로, 가모노 마부치 · 모토오리 노리나가도 유학과 중국을 비판하면서 올곧은 마음과 참된 마음의 황국을 찬미하였다.[11] 문명의 중심에 대하여 순진함을 자랑한다는 것은 영국과 프랑스에 대한 독일과 서구에 대한 러시아 등에서 나타난 주변국다운 역전의 사상적 전략이다. 유학의 침투가 더해 갈수록 그런 전략의 매력은 커지고 (비판적인 것을 포함하여) 현대까지 일본인론 · 일본 문화론의 원형을 이루게 되었다.

(5) 신神 · 황皇

일본은 신국이라고도 일컬어진다. 신국은《일본서기》권9에 신들이 수호하는 나라라는 의미로 등장하는 오래된 말이다. 다만 중세 이래 신국은 불국佛國이라는 것과 모순되지 않았다. 이른바 신불습합神佛習合이란 실태가 있었기 때문이다. 이것을 두 종교의 조잡한 혼효混淆로 간주하는 것은 국학자에 선동된 메이지 초기의 신불 분리 이후의 의식이다. 불교가 세계로 퍼지는 보편적인 가르침이라면 그것이 일본이라는 작은 지역에서는 신도라는 구체적인 형태를 띤다 한들 이상할 것이 있겠는가.[12] 절에 신사가 있든, 절과 신사 양쪽에 참배하든 오히려 당연

11_특히 무하고 질하기 때문에 뛰어나다는 것은 압도적 다수를 점하는 한인에게 우위를 확보하려고 했던 청국의 만주족 지배자들의 자기 규정이기도 했다. 필립 A. 쿤 Philip A. Kuhn《중국 근세의 영혼 도둑》(平凡社, 1996), 히라노 사토시平野 聰《청제국과 티베트 문제: 다민족 통합의 성립과 와해》(名古屋大學出版會, 2004).

12_사토 히로오佐藤弘夫《신국 일본》(筑摩書房, 2006) 참조.

하다는 것이다. 실제로 동조궁 역시 절과 신사로 구성되어 있었다.

도쿠가와 초기에는 이런 의미의 신국관이 기독교 국가들과의 대치에서 강조되었다. 예를 들면 곤치인 스덴金地院崇傳이 초안을 쓴, 도쿠가와 히데타다德川秀忠 주인朱印의 〈바테렌 추방지문伴天連追放之文〉(1614)은 유학까지 끌어들이면서 다음과 같이 적고 있다.

> 무릇 일본은 원래 신국이다. 음이 되고 양이 됨에 예측할 수 없는 것을 일러 신이라 한다(《역》 계사전 인용). 성인이 성인답고 신령이 신령다우니 누가 존숭하지 않겠는가. [⋯] 또 불국이라고 한다. 근거가 없지 않다. [⋯] 일본은 신국 · 불국으로 신을 존숭하고 부처를 존경한다. 인의仁義의 길에 전념하여 선악의 법을 바로잡는다.

기독교에서 전향한 후칸사이 하비안不干齋巴鼻庵 역시 "일본은 신국으로 동점東漸의 이치에 따르면 불국이라고도 할 수 있다"고 하였다(《파제우자破堤宇子》 1620)

그 후에도 "만약 내가 그런 일을 저지르기라도 했다면 [⋯] 일본은 신국이니 여러 신불이 나를 안온하게 두어서는 안 될 것이다"(오쿠보 다다타카大久保忠教《미카와 모노가타리》), "일본은 신국이니 어느 집에서 신을 존경하지 않겠는가. 특히 불법이 널리 퍼진 나라이니 어디에서든 부처를 우러르지 않겠는가"(《도세전수차渡世傳授車》 1737 서)라고 한다.

물론 유학자들은 신국론에 반발하기도 했다. 예를 들면 주자학자 사토 나오카타는 "천지 가운데 사람 외에는 모두 조수와 같은 것으로서 비천한 것이다. 사람은 만물의 가장 뛰어난 존재이니 사람의 나라야말로 말할 만하며 사람 외에 신이라고 하는 것은 이해하기 어렵다"고 한다. 그는 "내가 태어난 나라를 약장수처럼 나만 좋다고 자만하는 것은 [⋯] 천하의 공리公理라고 할 수 없는 것이다. [⋯] 신도자와 같이 선악 시비에 관계없이 무턱대고 우리 나라를 존숭하고 믿는 것이 좋다고 하면 학문도 필요하지 않을 것이다"(《중국론집》)라며 통렬하게 비판하였다.

그러나 신국관은 종종 존왕론과도 결부되어 오히려 강화되어 갔다. 일찍부터 기타바타케 지카후사北畠親房《신황정통기神皇正統記》 첫머리에 "대일본은 신국이다. 천조天祖가 처음 터를 열고 태양의 신日神이 오래도록 통치를 이어 주셨다. 우리 나라만이 이러하다. 다른 왕조에는 그런 것이 없다. 그런 까닭에 신국이라고 한다"고 쓰여 있다. 천황의 지속(역성 혁명이 없는 것)이 자랑해야 할 특색이라는 것이다. 이것은 소국의 열등감을 보상하는 것으로서 많은 사람들에게 매력적이었다. 도덕적 우위의 증명이자 올바른 유서의 증명으로도 보였기 때문이다.

아사미 게이사이나 그 문인 · 신도가 · 국학자 · 미토학자뿐이 아니다. 야마가 소코《중조실록》, 이토 진사이《논어고의》(권5), 이토 바이우伊藤梅宇《견문담총見聞談叢》 서叙, 니시카와 조켄《일본 수토고》, 마쓰미야 간잔松宮觀山《학론學論》 상권, 이가이 게이쇼猪飼敬所《조고정명操觚正名》 등 다양한 입장의 사람들이 자랑하듯이 지적하고 있다. 게다가 히라가 겐나이平賀源內《풍류지도헌전風流志道軒傳》(1763 간행)의 등장 인물은 다음과 같이 기세 좋게 떠든다.

> 중국의 풍속은 일본과 달라서 외국에서 건너온 물건과 마찬가지로, 천자가 마음에 들지 않으면 바꾼다. 천하는 한 사람의 천하가 아니라 천하의 천하라고 마음대로 지껄이니, 주인의 천하를 낚아채는 발칙하기 짝이 없는 나라이기 때문에 성인이 나와서 가르치셨다. […] 일본에서는 천자를 소홀하게 하면 버릇없는 삼척동자라도 가만히 있을 수 없는 기분이 되는 것은 충의가 올바른 나라이기 때문이다. 바로 그런 까닭에 천자의 천자다움은 세계에 견줄 만한 나라가 없다.

이렇게 황통의 연속 자체가 자국 우월의 근거로서 주장되고 황국이란 말의 유행과도 공명하였다. 그것은 유학의 침투로 중화와의 관념적 대항이 한층 중요하게 된 것의 귀결이기도 하다. 막말幕末의 '지사'들은 종종 일본을 황국 · 신주[13]라고 불렀다. 그때 예전의 중화는 서토 · 서융 · 청이清夷 그리고 지나支那였다.

(6) 섬 · 바다

일본은 바다로 둘러싸여 있는 것이 특색이라는 관념도 있었다. 청나라의 세계지리서인 위원魏源《해국도지海國圖志》[14]의 해국이 바다에서 도래하는 여러 외국을 가리키는 것과 대조적이다. 그리고 18세기 말까지 그것은 안전을 의미하였다.

> 일본국의 요해要害는 만국보다 뛰어나다. 다만 소국으로서 대국에 이어지면 반드시 대국 때문에 굴복하게 되거나, 끝내 병합되는 일이 있다. 일본의 땅은 대국에 가깝기는 하지만 거친 바다로 떨어져 있어 서로 멀리 있는 것과 같다. 따라서 대국에 굴복할 염려가 없다. 하물며 병합될 일이 있겠는가? (니시카와 조켄《일본 수토고》)

그러나 이윽고 섬나라 · 해국의 의미가 달라졌다. 바다가 변한 것이 아니라 서양 배의 성능이 좋아지고, 게다가 가까운 바다에 빈번하게 출몰하게 되었기 때문이다. 그리고 1786년(天明 6), 하야시 시헤이林子平《해국병담海國兵談》이 완성된다. 그 유명한 구절은 아래와 같다.

> 해국이란 무엇인가? 이르기를, 땅이 이어진 이웃 나라가 없고 사방 모두 바다로 이어진 나라를 말한다. 그러니 해국에는 해국에 상당하는 무비武備가 있어서, 중국의 산처럼 많은 군서軍書와 일본에서 고금에 전해지는 여러 갈래의 설과는 사정이 다르다.
>
> 곰곰이 생각해 보니 지금 나가사키에는 석화시石火矢의 방비가 엄

13_신주는 사마천의 《사기》(권74)에도 나오는 중국의 별칭인데, 그것을 신국의 의미에서 사용하는 것이다.

14_[옮긴이] 그의 저작 《해국도지》는 아편전쟁에 직면한 위기감에서 서양 각국의 군사와 산업 등을 상세하게 서술한 세계지리서로서 조선과 일본에서도 널리 읽혔다.

> 중하나, 오히려 아와安房나 사가미相模의 해항에는 없다. 이는 심히 의아하다. 세세하게 생각하면 에도의 니혼바시日本橋에서 중국과 네덜란드까지 경계가 없는 수로이다. 그런데도 여기에 갖추지 않고 어찌 나가사키에만 갖추고 있는가?

해국이 취약하고 위험한 표상으로 바뀐 것이다. 그 때문에 "특히 일본은 해국이다. 도해 · 운송 · 교역이 국가정무의 간요하다는 것은 물론이다"는 설도 나타났다. "이국 교역은 상호 국력을 빼내려고 하는 것이니 전쟁과도 마찬가지"이기 때문이다(혼다 도시아키本多利明 《경세비책經世秘策》 1798). 한편, "해국에서는 군함이 제일의 방비"(도쿠가와 나리아키德川齊昭가 로주 아베 마사히로阿部正弘에게 쓴 서간, 1846년 7월 13일)라고까지도 하게 되었다. 해국 · 소국 · 무국이란 의식 때문에 긴박감과 함께 각종 해방론海防論이 주장되었다. 게다가 한편으로는 황국의식이 대두하였다.

개항 · 개국을 둘러싼 논의가 끓어오를 조건은 이렇게 페리가 내항하기 훨씬 이전부터 착착 준비되고 있었던 것이다.

참고 문헌

아라노 야스노리 《근세 일본과 동아시아》(荒野泰典《近世日本と東アジア》東京大學出版會, 1988)

사토 히로오 《신국 일본》(佐藤弘夫《神國日本》筑摩書房, 2006)

마에다 쓰토무 《병학과 주자학 · 난학 · 국학》(前田 勉《兵學と朱子學 · 蘭學 · 國學》平凡社, 2006)

제16장 성性의 불가사의함

1. 성과 정치체제

염색체나 신체의 형상으로 성별을 정하기 어려운 사람이 있다. 유전자와 신체의 형상이 어긋나 있는 사람도 있다. 신체의 형상과 성적 자기 인정이 맞지 않은 사람도 있다. 자기 인정이 흔들리는 사람도 있다. 옛날에도 마찬가지였다. 성별은 자명하지 않다(신체적 성차와 사회적·문화적 성차라는 단순한 이분법으로 구분되는 것도 아니다). 그러나 그것을 자명하다고 간주하고 게다가 제각각 고유의 특성이 있다고 믿으며, 그에 합치하는 사회적 역할과 인생 경로를 당연한 것으로 부담 지운다—그런 것은 도쿠가와 시대에도 행해졌다. 그런 의식이 사회구성의 근저를 이루고 정치체제와 변화에도 관련하고 있었다.

2. 우키요浮世[1]와 색色

제4장에서 서술한 대로 도쿠가와 일본인은 원칙적으로 이에의 사람으로서 살아갔다. 그리고 어느 신분이라도 이에의 가업에 힘쓰는 것이

1_[옮긴이] 우키요는 덧없는 세상 또는 속세, 현세를 가리키는 말이다.

인생의 의미가 되어야 했다. 따라서 “사람들은 두 가지 성에 분류된 채 이에에 갇혀서, 성적 관계는 이에 안의 부부간에만 엄격히 한정되었다. 그것을 어지럽히는 혼인 외의 성은 불의밀통으로 탄핵되었으며 예외적으로 일부는 유곽에 갇혔다”—이런 상황이 되는 것이다.

그러나 당시의 실상은 그런 단순한 추론에서 크게 빗나간다. 일부 마을에서 벌어지는 요바이夜這い[2]의 습관이나 각지에서 축제날 밤의 열광orgy만을 가리키는 것은 아니다.

(1) 애초에 당시 중국 · 조선과 비교하면 도쿠가와 일본에서 남녀의 격리는 느슨하였다. 즉 유학에서는 “남녀의 구별은 나라의 큰 절목이다”(《국어國語》 여어상呂語上), “남녀 구별이 있은 연후에 아비와 자식이 친하게 되고, 아비와 자식이 친한 연후에 의義가 생긴다. 의가 생기고 난 연후에 예가 일어난다. 예가 일어난 연후에 만물이 안정된다. 구별이 없고 의가 없으면 금수의 길이다.”[3] 양성을 음양으로 나누어 그에 걸맞은 양성의 역할분업과 공간적 · 사회적 격리야말로 질서의 기초라는 것이다. 남자는 양이므로 바깥이고, 여자는 음이기에 안이 되는 것이 자연스러우며 당연하다는 것이다(때문에 전형적으로 ‘바깥’의 일인 통치는 남자의 일이다. 여성이 도덕적이라면 ‘안’에 있어야 하며, 인류의 도덕적 모범인 천자나 그를 섬기는 관리가 여성이라는 것은 자기모순이 된다). 그러나 이러한 자연철학에 기초한 남녀의 구별의 규범의식이 도쿠가와 일본에서는 약했던 것이다.

무엇보다 당시에도 상급의 무가에서는 저택의 구조에서 볼 때 남녀는 격리되어 있었다(오모테表와 오쿠奧). 다이묘 · 하타모토의 아내는 상징적이게도 오쿠가타사마奧方樣 · 오쿠사마奧樣 등으로 불렸다. 거기서 내외의 구별은 엄격하였다. 그것은 도쿠가와 시대의 초기였기 때문

2_[옮긴이] 요바이란 밤에 남자가 애인의 침소에 숨어들어가 정을 맺던 일을 말한다.

3_[옮긴이] 《예기》 〈교특생 편郊特牲篇〉 男女有別, 然後父子親. 父子親, 然後義生. 義生然後禮作. 禮作然後萬物安, 無別無義, 禽獸之道也.

에 (그 시점에서는 여전히 거의 수용되지 않았던) 유학의 영향은 아니다. 무도武道와 정도政道는 남자 중의 남자인 무사의 일이라는 의식이 그들의 영광스런 자리에 여성이 섞이는 것을 기피했기 때문일 것이다(한편 남도男道와 무연한 금리에서는 여관女官과 구게슈公家衆[조정에 출사하는 사람들]가 혼재하였다).

그러나 중국과 달리 환관은 없다. 따라서 후궁을 통솔하는 것은 여성 자신이다. 그리고 오쿠에서 주군의 후계자를 기르는 것도 여성이다. 다이묘의 결연 등 사사私事의 알선과 교섭을 하는 것도 종종 여성이다. 그리고 오쿠 여성들의 네트워크는 쇼군 · 다이묘에게 손을 쓰는 데도 이용되어, 에도 성 오오쿠大奥의 연장자는 높은 권위와 큰 정치력을 지녔다(이른바 어린 잔심부름꾼에 지나지 않았던 청조의 궁녀와는 큰 차이이다). 그것은 여자에게 적합하지 않은 것이 아니었다.

시가지로 나오면 중국과 달리 많은 여성들의 모습이 보였다. 여성들은 쇼핑이나 나들이, 그리고 (종종 구실로 삼은) 사찰이나 신사 참배로 일상적으로 외출하였다. 신분이 높은 무가 여성의 외출은 적었지만, 고위 여성을 대상으로 한 교훈서《여인의물어女仁義物語》(1659 간행)의 등장인물도, 남편이 있으면 나들이나 관광, 참배하는 데도 "남편의 마음을 살펴서 내 스스로 맘대로 하지" 않도록 해야 하는 어려움이 있다고 지적하고 있다. 독신이라면 마음대로 바깥에 놀러 나갈 수 있다는 것이다. 한편 야마가타 반토는 중국과 비교하여 "일본의 풍속은 산천유람 · 극장 · 구경함에 전적으로 남자보다 여자가 많다"고 한탄하였다(《유메노시로》).

게다가 1791년(寬政 3) 로주 마쓰다이라 사다노부松平定信 재임 중에 남녀혼욕을 금지하는 방이 붙은 것으로도 알 수 있듯이, 에도 시가지에 있는 대부분의 목욕탕에서는 남녀가 완전한 나체로 혼욕을 하였다. 이 포고로 일시적으로는 "허리띠 풀고 부부 별도로 마련된 목욕탕문"(《하이후 야나기다루俳風柳多留》[4] 88편)이 생기기도 하였다. 그러나 어

4_[옮긴이] 167책으로 된 센류집으로, 에도 시대 평자인 가라이 센류柄井川柳 이하 5대

공의御公義가 그런 것까지 입 밖에 내는 것은 "하찮은 참견"(《풍문서》 15)이라는 반응도 있었고, 그나마 얼마가지 않아 지켜지지 않게 되었다. 성별이 다른 타인끼리 입욕하는 구별조차 없었던 것이다. 동시대의 중국 · 조선 · 오스만 제국과 유럽에서는 있을 수 없는 사태였을 것이다.

애초에 일반적으로 이성의 시선에 몸을 맡기는 것에 대한 기피가 당시 유럽에 비해 약했던 것 같다. 1776년(安永 5) 어느 네덜란드 상관원商館員은 "일반적으로 일본인에게 수치심은 그다지 미덕이 아니다. 또 부정不貞은 널리 일어나고 있는 것 같다. 여성은 때때로 칸막이가 없는 장소에서 목욕을 하고, 네덜란드인이 몇 번이나 눈앞이나 옆을 지나쳐도 몸을 숨기려는 기색은 거의 보이지 않는다"고 지적하고 있다.[5]

또 혼재의 제한이 느슨한 생활의 이면에는, 도쿠가와 일본의 여성이 집밖의 격한 노동을 남성과 뒤섞여 일하는 것도 당연시되었다. 전족을 한 한족의 여성과 달리 집안에서 여홍女紅, 즉 여성으로서의 일女工에만 종사하는 것이 바람직하다고 여겨지지는 않았다. 딸로서 아내로서 각각 가업에 종사하기를 요구받았던 것이다. 그녀들은 가사 노동에 더하여 남자와 함께 무거운 짐을 지고, 질퍽거리는 논에 들어가거나 밭을 갈고 또 해녀로서 반라 차림으로 바다에 들어갔다. 상업에도 종사했다. "민의 집안에서 태어나 다른 곳에 시집가서 남편의 가업을 도우려고 한다면 셈을 몰라서는 안 될 것"(《여자의 구구단 읽는 소리》[6] 1787 간행)이라고도 하였다. 《여대학女大學》 계통의 교과서(유학자 가이바라 에키켄의 글을 기초로 한 교훈서 《여대학》에 더하여 여자의 인생에 필요하다고 여겨진 잡다한 지식 · 교훈을 같이 실었다)의 대표인 《여대학보상女大學寶箱》(1716 이래 계속 간행)은 〈여직인지도女職人之圖〉 〈여상인지도女商人之圖〉를 게재하여, 각종 가업에 종사하는 여성의 모습을 소녀들에

에 이르는 센류만쿠아와세川柳萬句合에서 뽑아 편찬한 것이다.

5_칼 페테르 툰베리Carl Peter Thunberg 《에도 참부수행기》(平凡社, 1994) 81쪽.

6_[옮긴이] 원제는 《女九々の聲》이며 일본어로는 '온나쿠쿠노코에'라고 읽는다.

게 가르치고 있다.

이렇게 도쿠가와 일본에서는 양성의 엄격한 내외구별과 공간적 · 사회적인 격리가, 적어도 명 · 청과 비교하여 매우 약했던 것이다.

(2) 게다가 요시와라吉原 · 신마치新町 · 시마바라島原 등의 유곽이 사회적으로 중요한 위치를 차지하고 있었다. 그것은 분명 (탐닉하면 몸을 망치는, 요염한 매력을 발산하는 것으로서 경외심을 담아) 악소惡所, 악장소惡場所로 불리기는 했지만, 대도시를 대표하는 명소였다. 요시와라에는 수천 명의 유녀가 있었다. 사창가인 오카바쇼岡場所도 많이 있었다. 오늘날 에도의 문화로서 종종 자랑스럽게 일컬어지는 대부분은 유곽을 중심으로 개화했던 것이다. 유녀가 아닌 여성인 지온나地女가 유녀의 풍속을 좇고 있다는 지적도 도쿠가와 세상에서 끊이지 않았다. 고급 유녀는 남자들에게 고혹적인 섹스 심벌이었을 뿐 아니라, 여자들도 일면 동경하는 패션 리더였다. 그리고 유녀가 몸값을 치르고 나와 조닌 등의 아내가 되는 것도 가능했다. 그것은 유럽에서 고상한 여성the respectable woman과 타락한 여자the fallen woman를 준별하는 것과는 대조적이다. 실제로 악소 · 색 · 우키요 세 단어는 종종 동일한 말과 연결되어 합성어를 만들고 "그 내용에서 서로 깊게 겹치고"[7] 있었다. 에도 문화는 극단적으로 말하면 이로자토色里, 즉 화류가의 문화였다.

(3) 또 연극도 중요했다. 그것은 어스레한 작은 극장에서 종종 농밀한 색을 그려 내고 관객을 황홀하게 하였다. 남자가 연기하는 여자와 남자가 연기하는 남자가 흠뻑 빠져드는 연애(그것은 이성애와 동성애 모두를 동시에 자극했다)는 특히 여자들의 마음을 빼앗았다.

> 극장은 거의 같은 수의 남녀 관객으로 가득 찼고, 누구도 더할 나위 없이 즐기고 있는 듯이 보였다. 남녀 혼욕 정도가 아닌 음란한 장면을 다

7_모리야 다케시守屋毅《겐로쿠 문화: 유예 · 유곽 · 연극》(弘文堂, 1987) 83-86쪽.

양한 연령층의 여자들이 즐긴다 […]. (하인리히 슐리만Heinrich Schliemann)[8]

오사카의 유학자 나카이 지쿠잔도 "아랫것들인 어리석은 부녀자들은 세시歲時에 짬이 있을 때에는 극장 구경을 천지에 가장 큰 즐거움으로 여기니, 일시적으로 정지되면 크게 기운이 빠져서 하늘이 무너지고 땅이 갈라지기라도 하는 듯이 생각할 것이다. 그것도 인혜仁惠의 정치라고 하기는 어렵다. 따라서 다만 음란하고 더러운 행동거지를 금하고 또 평소에 사치를 통제하고 너무 심한 것은 버려서 정도가 넘는 것을 방지하는 처치가 있어야 할 뿐"(《초모위언》 권5)이라고 로주 마쓰다이라 사다노부에게 건언하고 있다.

(4) 나아가 춘본 · 춘화가 공공연하게 유포되고 있었다. 춘본(염본艶本)의 간행은 2천 종 내지 3천 종에 달했다고 한다.[9] 우키요에浮世繪[10]도 실은 춘화가 큰 부분을 차지한다. 그리고 춘화는 "여러 판본이 해마다 신판이 나오고, 이 또한 금은을 칠한 극채색을 사용하여 마을의 가게 앞에 진열하거나 부모 형제 사이에도 싫은 기색 없이 가지고 노는 것이 되었다"고 한다. "부인이나 여자아이는 이 그림을 모을 때면 옷이 모이는 부적이라고 하여 옷장의 의류 사이에 끼워 두고, 엄마가 딸에게 물려주며"(《세사견문록》), 무가에서는 갑옷을 두는 궤에 넣어 두면 화살을 피할 수 있다고 하여 애장하였다. 에도 성의 어전에서는 연말연시에 새해 달의 대소를 기입한 패러디 그림을 "높거나 천하거나 모두 품속에 넣고 다니며 서로 바꾸는" 습관이 있었는데, 그 가운데 춘화도 있었다고 한다(《갑자야화》 권47). 류큐국에서 온 사절에게 "색판 인쇄한 춘화를 꺼내 보여 주고 이게 무엇인가?"를 묻고 나서 그 반응을 즐

8_《슐리만 여행기: 청국 · 일본》(講談社, 1998) 145쪽.

9_타이몬 스크리치Timon Screech《춘화: 한 손으로 읽는 에도의 그림》(講談社, 1998) 7쪽.

10_[옮긴이] 우키요에는 에도 시대 성행한 풍속화로 주로 화류계 여성과 연극 배우가 주된 소재가 되었다.

기는 관리도 있었다(《갑자야화 속편》 권88).

(5) 밀통에 대한 엄격한 법도도 그 실행과는 큰 차이가 있었다.[11] 특히 무가 이외는 내부에서 은밀히 처리하는 내제內濟(단 위자료를 지불함)로 끝내는 일이 많았다. 또 〈공사방어정서公事方御定書〉도 "혼담이 정해진 처자와 불의를 저지른 남자"는 처벌 대상으로 하였지만(단 경추방輕追放[12]에 지나지 않음), 혼담이 정해지지 않은 처자와의 행위에 대해서는 어떤 규정도 없다(청조에서는 그것도 중죄로 여겨졌다[13]). "내 고향 요슈豫州[14]에는 유녀 같은 부류는 결코 없는 대신 처녀나 하녀, 과부나 할머니도 행실이 방종하다. 그러나 몸 파는 것이 아니라면 친절하게 대하지 않으면 안 된다"(미즈노 다쿠사이水野澤齋《양생변養生辨》 1841[15])는 증언도 있다.

어째서 도쿠가와 체제에서는 엄격한 신분 도덕 · 이에의 도덕과 남녀의 혼재와 색의 횡일橫溢이 병존했던 것일까? 에도의 성이 의외로 대범했다고 느긋하게 평가해서는 안 된다. 색의 횡일은 남녀평등이나 여성의 해방을 의미하지 않는다. 짓눌린 도덕 의식과 일견 모순되는 것 같은 성의 양태(게다가 그것이 몸을 파는 등의 비참함과 결합하고 있다)의 관계야말로 문제다.

11_《세사견문록》에는 불의밀통을 "드물게 소송을 해도 실부實夫와 밀부密夫 모두 재판소에서 갖가지 조롱을 당할 뿐으로, 흑백 분명한 판단이 없기 때문에 설령 신상에 미치는 정도의 일이 있었다고 해도 소송하지 않게 된다"고 한다. 또 메가 아쓰코妻鹿淳子《범과장犯科帳 속의 여자들: 오카야마 번의 기록》(平凡社, 1995), 우지이에 미키토氏家幹人《불의밀통: 금지된 사랑의 에도》(講談社, 1996, 218쪽) 참조.

12_[옮긴이] 경추방이란 에도 막부의 형벌의 하나로 범인의 주거지와 범죄지 외, 에도 사방 10리, 교토, 오사카, 도카이도, 닛코의 출입금지와 전답몰수를 규정하였다.

13_Matthew H. Sommer, *Sex, Law, and Society in Late Imperial China*, Stanford University Press, 2000, p.69.

14_[옮긴이] 요슈는 이요伊豫의 별칭으로 지금의 에히메 현愛媛縣이다.

15_다쓰카와 쇼지立川昭二《에도 노인의 문화》(筑摩書房, 1996) 72쪽.

3. 이에와 색

(1) 부부 화목

도쿠가와 일본에서는 오륜의 부부유별의 가르침을 수정하여 부부 화합으로 종종 설명한다. 〈오인조장전서五人組帳前書〉[16]도 종종 "부부 사이좋게"라고 정하고 있다. '별別'의 반대로 원만함을 도덕적 의무로서 논하는 것이다.

그것은 현대와 비교해도 이혼율이 매우 높았던 상황에서, 인연을 맺었으면 해로하도록 노력하라는 가르침이자 바람이었다. 당시는 미쿠다리한三行半[17]의 첫머리에 쓰는 "원래 미숙하기에 쌍방이 숙담熟談 후에 이별한다"는 정해진 문구가 말해 주듯이, 사이가 안 좋으면(미숙) 이연離緣이 가능했다. 극단적으로 말하자면 부부는 화숙和熟하고 사이가 좋은 한에서만 존속하는 것이기 때문이다(그것은 '사랑 없는 결혼은 결혼이 아니다'라는, 유럽에서도 신기한 통념과는 의미가 다르다). 그리고 이혼에는 종교 조직과 정부 기관의 허가도 필요하지 않았다. 정해진 문구에 보이는 숙담 후의 이혼, 말하자면 협의이혼이 보통으로,[18] 사회적 제재에 대한 두려움은 적었다. 그런 의미에서 당시의 혼인은 부서지기 쉬운 것이었다(메이지 유신 전보다 훨씬 적었을 1883년[明治 16]의 공식통계에서도 인구 천 명당 이혼율은 3.39이다[19]).

더욱이 (남성뿐 아니라) 여성에게도 재혼이 (그것도 꼭 나쁘지 않은 재

16_[옮긴이] 일본어로는 '고닌구미초 마에가키'라고 읽는다. 이것은 에도 시대 서민 법령의 일종으로 영주가 봉건 도덕과 서민의 일상을 상세하게 규정하였다.

17_미쿠다리한이란 원칙적으로 남편이 아내에게 건네는, 이혼을 확인하고 장래 재혼에 이의를 제기하지 않음을 서약하는 문서이다.

18_다카기 다다시高木侃《이혼장: 에도의 이혼과 여성》(平凡社, 1999) 102쪽. 동《이혼장과 연절사緣切寺: 에도의 이혼을 다시 읽다》(講談社, 1992) 109쪽.

19_다카기 다다시,《이혼장: 에도의 이혼과 여성》 29쪽. 덧붙여 후생노동성대신 관방통계정보부 (편)《2009년 일본 인구 동태 2007년까지의 동향》(厚生統計協會, 2009) 36쪽에 〈이혼율의 연차 추이 외국과의 비교 1947년-2007년〉에 따르면, 인구 천 명당 이혼율(2007년 혹은 2006년의 통계)은 미국 3.6 · 프랑스 2.3 · 독일 2.3 · 일본 2.02이다.

혼이) 충분히 가능했던 것이 이혼을 비교적 용이하게 만들었다. 《여대학》도 "여자가 한번 시집갔다가 그 집을 나오게 되면, 설령 다시 부귀한 남편에게 시집가더라도 여자의 도리와 달라서 큰 부끄러움이다"라고 말한다. 부자 남편과 재혼이 가능한 현실을 인정하고 있는 것이다. 《관정중수제가보寬政重修諸家譜》에 게재된 최상위의 무가(다이묘 · 하타모토)도 반 이상의 여성이 재혼이었다.[20]

즉 신부의 혼전 순결을 중요하게 생각하는 풍습이 (필시 천주교의 마리아 신앙과도 관련 있는 서양류의 처녀 숭배이든, 엄격한 부계원리에 의한 가족 · 종족이 사회 질서의 근간을 이루던 중국류의 그것이든지 간에) 거의 없었던 것이다. 중세 유럽에 대해서는 다음과 같은 지적이 있다.

> 아내의 불륜으로 생긴 아이는 어미가 그 죄를 잘 감춘다면 그만큼 위험한 존재이자 또 부정한 아이다. 그 아이가 생존하면 육체의 죄에서 태어났다는 것, 또 시집 가족에 대한 배신이라는 이중의 비난을 받는다. 여성의 성적 절조는 그야말로 가족 기구의 중심에 있다. 요컨대 여성의 신체는 가계라는 커다란 집단에 타격까지 초래하는 비뚤어진 부정을 피하기 위해 엄중한 감시를 받는다. (크리스티안 클라피슈 쥐베르 Christiane Klapisch-Zuber 〈여성과 가정〉[21])

명 · 청에서도 거의 마찬가지였을 것이다. 그러나 앞에서 말한 대로 당시의 이에의 본질은 애당초 혈맥의 연속이 아니다. 따라서 딸의 순결이나 아내의 정조는 유럽이나 중국에서의 의미로 보자면 중대하지 않았다(그 때문에 아내의 밀통도 위자료나 기껏 이연으로 정리된다. 게다가

20_와키타 오사무脇田修 〈막번 체제와 여성〉(여성사 종합 연구회편 《일본여성사 제3권 근세》 東京大學出版會, 1982) 23-26쪽. 아사쿠라 유코淺倉有子 〈무가여성의 혼인에 관한 통계적 연구 · 시론: 《관정중수제가보》를 소재로〉(근세 여성사 연구회 편 《에도시대의 여성들》(吉川弘文館, 1990) 49-74쪽.

21_자크 르 고프Jacques Le Goff 편 《중세의 인간: 유럽인의 정신구조와 창조력》(法政大學出版局, 1999) 339쪽.

데릴사위로 들어갔다면 이에의 입장에서 어떻게 아내의 부정을 비난할 수 있겠는가?).

그렇다고 해서 이혼이 바람직한 것은 아니었다. 갖은 비용이 들었을 것이다. 게다가 《출세의 기초, 일명 민가의 마음가짐》[22]이라는 제목의 책(1844 간행)에서 "부부는 상담하는 상대"라고 설명하듯이, 아내는 이에의 공동경영자였다. 따라서 부부관계의 안정적인 유지는 이에 번영의 전제였다. "부부 사이가 좋으면 이에가 번영"(사무카와 마사치카 《자손감》 1673 간행), "부부 사이좋게 가업을 소중하게"(다다 난레이 《교훈 버릇없이 자란 아이》[23] 1750 간행)라는 것은 저 가업 도덕(제4장)의 일환이다. '부부 사이좋게 화목하게'라고 말할 때, 당시 사람들은 이에를 위해 가업을 위해 부부가 된 이상은 해로하라, 그것을 위해 서로 노력하라고 권했던 것이다.

근대 서구에서 유포된 로맨틱 러브에 기초하는 결혼은 개인주의화한 개인이었던 만큼 부부애가 강조된다. 이에 대하여 도쿠가와 일본의 결혼은 부부는 개인주의적이 아니라 함께 이에를 위해 살아가는 존재였기 때문에 화합의 필요성이 강조된다. 전자에서는 가정이 노동과 분리되어 순수하게 사적인 공간이 되었기 때문에, 밖에서는 갖기 어려운 친밀함이 희구되고 배양된다. 이에 대하여 후자에서는 이에가 가업으로 성립하는 것이었기 때문에, 양자가 한 몸이 되어 화목이 규범으로서 요구된 것이다.

게다가 당시에는 정情과 색은 일체였다. 부부 화합을 말할 때는 성적인 의미도 포함되어 있었다. 실제로 《여중보기女重寶記》는 "미토노 마구와이御門の目合[24]는 부부 화합이다"라고 설명하고 있다. 이 주어와

22_[옮긴이] 원제는 《出世礎, 一名民家心得草》이다. 일본어로는 '슛세노이시즈에 이치메이민카 고코로에구사'라고 읽는다.

23_[옮긴이] 원제는 《教訓我儘育》로, 일본어로는 '교쿤 와가마마소다치'라고 읽는다. 와가마마소다치란 가정 교육에 엄하지 않은 양육 환경에서 자란 사람을 뜻한다.

24_[옮긴이] 미토노 마구와이는 《고사기》에 등장하는 이자나기와 이자나미의 교합을 일컫는 말로 남녀의 성교를 뜻한다.

술어를 바꾸어도 될 것이다. 더욱이《여대학보상》의 부록《요쓰기구사世繼草》의 첫머리에는 "하늘은 베풀고 땅은 낳으니 이를 화합의 도라고 할 수 있다. 부부가 교구交媾하여 자식을 낳는 법"이라고 되어 있다. 이 책을 패러디한 춘본《여대락보개女大樂寶開》에 적힌 "무릇 여자란 성장하여 다른 집에 시집가서 남편을 섬기는 것이니, 색도色道는 마음가짐의 첫째이다" 등의 문장도 의외로 진심이었는지도 모른다(그렇다고 한다면 춘본 · 춘화가 '화합'을 축하하는 반가운 것으로서 유포되어도 이상할 것은 없다).

《염도통감艶道通鑑》(1715 서)을 저술하여 부모의 강제에 의한 무리한 혼례를 비판하고 "사랑하는 진심을 근본으로 한" 혼담을 권장한 마스호 잔코增穗殘口도 향락적인 개인주의자나 관대한 자유주의자는 아니었다. 물론 종종 오해하듯이 연애 지상주의자도 아니다. 그는 사랑에 의한 결혼이라면 "내 몸을 그에게 맡기고 그를 이쪽이 떠맡아, 진정으로 예쁘고 진실로 사랑스러워야만이 비익연리比翼連理의 언약"이 되어 "이에를 잃고 자손이 끊기"는 일이 없다고 믿었던 것이다. 그런 의미에서 염도 혹은 색도 역시 가업 도덕의 일부였다(그렇다면 성에 대해서 거리낌이 없는 것도 불근신한 것은 아닐 것이다).

화합에는 부부 쌍방의 노력이 필요하다. 그러나 상대적으로 약자의 입장인 아내의 노력이 강조되었다. 강약의 기울기가 있는 사이에 화합을 당위로서 요구하면 당연히 약자가 아양을 떨게 된다. 교훈서는 남편에게 버림받지 않기 위한 마음가짐을 여러 가지로 설명하고 있다. 화장이나 옷매무새에도 신경을 쓰고 "만사 남편에게 외면당하지 않도록 소양을 쌓는 것이 부부의 도리이다"(《여인의물어》 1659 간행). 여자는 어지간히 교태를 부려야만 하며(《여랑화물어女郎花物語》 1661 간행), 처가 너무 말이 많은 것은 듣기 안 좋을뿐더러, 다른 사람에게 외면당하고 남편에게 버림받는 근원이다(《본조여감本朝女鑑》 1661 간행). 한번 시집갔으면 내쳐지지 않도록 하는 것이 여자의 첫째, 내 용모를 뽐내다가 버려졌으면서 또 다른 곳에 시집가겠다는 발칙한 생각을 삼가야 한다(《부자가 되는 기초》[25] 1771 서). 일견 유학적인 《여대학》의 가르침도 실은 "남편에게 외면당하고 […] 사이가 안 좋아져 결국에는 쫓겨나"지 않기 위한 방책의 전수에 다름 아니다. 그 말미에서도 "이렇게 마음을 먹으면 부부 사이가 저절로 부드러워지고, 장래 오래도록 부부로 함께 하게 되어 이에가 안온해진다"고 확인하고 있다.

근엄한 유학자는 눈살을 찌푸릴 터이지만 적어도 어느 정도 여성이 교태를 부리는 것은 마땅한 임무였다.

(2) 정과 애교

명·청에서는 여덕女德의 중심은 남편에게 일생 동안 충성하는 것이었다. 과부의 재혼은 수치로 여겨졌으며 재혼의 강요는 범죄였다(《대청율례》 호율혼인戶律婚姻 394조). 한 사람의 남편을 위해 죽은 절부·열부는 관에서 표창하였다. 여성의 미덕은 무엇보다 chastity, pudicité(정숙함)라는 유럽인의 관념도 뿌리 깊다. 여자는 이성보다 감정적인 특질이 있다고 여겨졌고 게다가 그 덕은 무엇보다 정절이었다. 한편 도쿠가와 일본에서도 여자는 정이 깊은 것이 특색이라고 여겨져서 그것을 기르는 것이 여자교육의 요점의 하나였다. 그러나 그 함의는 크게 달랐다.

"여자는 애교"다. 이 관념은 적어도 도쿠가와 시대 전반까지 거슬러 올라간다. 《여실어교女實語教》(1695 간행)는 "여자가 애교가 없으면 바위나 나무의 무정함과 다를 바 없다"고 말한다(1850년 간행된 《여실어교조감女實語教操鑑》에도 같은 구절이 있다). 정은 애교와 연결되어 있다. 또 겐로쿠元祿 시대(1688-1704)부터 도쿠가와 말기까지 반복되어 간행된 《여중보기》는 권두에 "품品·형形·사司·위位가 바뀌어도 마음만은 부드러워라"라는 노래와 유녀를 포함한 각 신분의 여성의 그림을 싣고 있다. 그리고 여자는 "요염하고 부드러워야" 함을 반복해서 강조

25_[옮긴이] 원제는 《分限玉の礎》이며 일본어로는 '분겐타마노 이시즈에'라고 읽는다.

《여중보기》(1692 간행, 1847 재판). 이것은 재판본에 실린 삽화로, 그림은 가쓰시카 오이葛飾應爲(호쿠사이의 딸)가 그렸다. 중앙에 "품 · 형 · 사 · 위는 바뀌어도 마음만은 부드러워라"라는 노래가 실려 있다. 여성의 기묘한 분류와 허리를 젖힌 요염한 자태도 눈길을 끈다.

하고 있다. 신분제하에서도 모든 여자에게 공통하는 특유의 덕은 바로 (정절이 아니라) 부드러움이라는 것이다.

그것은 배짱을 남자다움의 중핵으로 하는 무가 사회의 의식과 대응하고 있다. 남자란 예를 들어 무엇보다도 교양이 아니라 자고로 기개 · 강함 · 거침이라고 한다면, 여자는 정 · 부드러움 · 애교라는 것이다(무사의 정이란 무사이기 때문인 정이 아니라 무사임에도 불구한 정이다).

《여중보기》는 "마음이 정직하면 소양을 쌓지 않더라도 질투심이 없고 욕망이 없으며 정이 깊고 애틋해하고 마음씨도 부드러워진다"고 가르친다. "우선 여자라면 아무래도 마음이 부드러워야 하며, 이 일본국은 화국和國이니 여자가 다스려야 한다. 아마테라스오미카미도 여체女體로 오셨다"는 좀 기묘한 주장도 있다(《친자훈親子訓》). 신분별로 여성의 작법을 가르치는 《정절교훈여식목貞節敎訓女式目》(1754 간행)도, 정 · 자비를 강조하면서, 결국 "여자는 한결같이 […] 마음과 말이 부드러워야 함을 근본으로 한다"고 말한다. 여자라면 부드러운 정과 상냥한 애교가 있어야 했다(그 때문에 남자가 구애하는데 너무 박정하고 쌀쌀맞은 것은 여자답지 못하다. 이 관념은 때때로 남편이 있는 여성들을 곤란한 도덕적 딜레마에 빠지게 하였다).

게다가 정은 색과 직결한다. 따라서 당연하게도 당시에 가장 여자다운 여자란 (후술하는 고쇼가타御所方, 즉 궁정과 관계된 사람들을 제외하면) 아름답게 차려 입은 유녀들이었다. 애정의 생업, 애정의 직업(《세사견문록》)을 갖는 것은 '정의 군주'라고도 불린 그녀들이었기 때문이었다. 물론 "창녀에게 진심이 있으면 그믐에 달이 뜬다"는 속담도 있다. 그러나 정이 색에 직결된다면 거꾸로 색도 정을 벗어날 수 없다. 단순한 섹스 워크sex work가 아니라, 정의 교제라는 모양새를 취하기 때문에 거짓말도 하는 것이다. 따라서 그녀들은 (본래는) 두려움을 포함하여 경성傾城(성이나 나라를 멸망시킬 정도의 미인)이라 불렸고, 교묘하게 (경성과 발음이 같은) 계정契情으로도 표기되었다. 한편 지온나地女라도 아내로 정해 놓는다는 것은 "한 손님이 매일 같은 경성에 빠져 즐기는 것이 아니겠는가"(《에도 명소기江戸名所記》 1663 간행)라는 말도 가능하다. "지온나에 소금을 살짝 친 것이 첩"이라고 한다면, 소금을 좀 더 치면 유녀가 된다. 지온나는 소박한 유녀이며, 유녀는 화려한 아내였다.

실제로 여자용 교훈서 등의 삽화에 이상적으로 그려진 여성의 용모는 그 신분을 불문하고 때로 이상할 정도로 요염하다. 게다가 왕왕 유녀와 나란히 서 있기도 하다. 지온나들이 끊임없이 유녀의 풍속을 몸소 익혔던 것도, 유녀가 조닌의 아내가 될 수 있었던 것도 당연하였다. 여자로서 가장 매력적인 것이 유녀라면, 좋은 남편을 두고 싶은 처자나 남편에게 외면당하고 싶지 않은 아내에게 유녀는 일면 모범이었다. 이렇게 하여 고지식한 사람들이 비난을 하더라도, 유녀는 (한편으로 정해진 곳이 없는 떠돌이로 멸시와 연민의 대상이기도 하면서도 다른 한편) 끊임없이 화려함을 내뿜으면서 고지식한 세상에 색을 침투시켰다(그런 처지에 놓인 여성들이 어떻게 끈끈한 정으로 얽힌 연극을 편애하지 않을 수 있겠는가?).

(3) 예藝와 우아함

좋은 혼담이 들어오거나 남편에게 예쁨을 받으려면 예능도 중요하다고 여겨졌다. 여자용 교훈서는 대부분 예외 없이 각종 예능을 익히도록 권하고 있다. 예를 들면《여중보기》는 "부인이 즐기기 좋은 예능"으로서 "글씨 · 시 · 가학歌學 · 겐지 모노가타리와 이세 모노가타리 · 백인일수百人一首 · 고금집과 만엽집의 의리 알기 · 재봉질 · 길쌈 · 베짜기 · 그림 · 꽃모양 매듭 · 거문고 · 반상盤上 놀이 · 향도香道 · 다도 · 렌카連歌와 하이카이俳諧 짓기 · 꽃꽂이 · 목화 따는 법 · 머리 올리는 법 · 여자로서 행실을 아는 것"을 열거하고 있다.

예사藝事와 계고사稽古事는 여자의 매력을 높이고, 혼담과 봉공에 유리하다고 믿어졌기 때문에 권장된 것이다(그러는 한, 그것은 중국의 전족과 유사하다). 요컨대 여성 교육은 남자를 기쁘게 하는 게이샤藝者 교육의 성질을 띠고 있었다.[26]

글자 공부도 단순히 실용을 위해서가 아니라 여자의 매력을 증가시키는 수단이었다.《여중보기》는 다음과 같이 솔직하게 말한다.

> 아름다운 손으로 문장을 재미있게 쓴 글을 보면, 사람을 보지 않고도 그 모습과 마음씨까지 부드럽고 요염하게 생각된다. 그래서 글씨 쓰기를 배우라는 것은 아니지만, 필체를 보고 남자의 마음을 끌어당기는 선례가 옛날에도 많았다. 얼굴이 아름다워도 손이 서툴면 사람의 마음을 멀어지게 한다. 그렇다고 하면 부인네의 예능 중에 제일은 손으로 쓰는 것이다.

아름다운 필적은 요염했다. 우아한 와카나 모노가타리의 소양과 연속되기 때문이다.《여중보기》는 다음과 같이 다짐하고 있다.

26_제인 오스틴(1775-1817)의 소설을 읽은 독자라면 누구라도 알겠지만, 19세기 초 잉글랜드에서도 피아노를 치고, 노래를 부르고, 그림을 그리는 일은 상류계급 여성의 중요한 매력이었다. 그러나 도쿠가와 일본에서 여성의 '예능' 요구는 그 이상으로 광범위하였으며, 게다가 신분적 한정이 적었던 것으로 생각된다.

여자는 특히나 노래를 읽고 배워야 한다. 얼굴이 예쁘지 않아도 노래를 읽는 것을 들으면 부드럽고 요염하다고 생각하게 되니, 그런 여자는 남자도 외면하는 일은 없을 것이다. 그렇다면 부부가 오래도록 해로하는 것은 노래이다.

그리고 《여대학보상》 등에도 《겐지 모노가타리》를 소개하는 글이나 백인일수가 삽화와 함께 수록되어 있다. 백인일수 중심의 여자용 교과서가 간행된 수도 방대하였다. 백인일수의 대부분은 사랑 노래이다. 《겐지 모노가타리》도 자유분방한 사랑 이야기다. 시집가기 전의 처자에게는 위험할 법하여도 그런 것은 정과 부드러움을 상징한다. 따라서 일견 유학적인 《여대학》이지만 그 의도에서는 모순되지 않는다.

게다가 그것들은 왕조의 우아한 궁정 여성을 연상하게 하고, 신분사회에 당연하게 만연된 속물주의를 만족시켰다. 《본조여감本朝女鑑》(1661 간행) · 구로사와 히로타다黑澤弘忠 《본조열녀전本朝列女傳》(1668 간행) · 《여감인기대왜문女堪忍記大倭文》(1713 간행) 등은 오노노 고마치小野小町 · 이즈미 시키부和泉式部 · 아카조메 에몬赤染衛門 · 세이 쇼나곤淸少納言 · 무라사키 시키부紫式部[27] 등의 전기를 싣고 있다. 그녀들이야말로 여자의 모델이었다(이들과 중국 《열녀전》의 모범 여성군의 차이는 크다). 그리고 식자율의 향상과 함께 "세상의 부녀자가 높고 천함과 관계없이 백인일수를 읊조리며 [···]"(《갑자야화 3편》 권57)라는 지적까지 나타났다. 남자에게 유학적 교양이 보급되어 가는 한편, 여자는 정이라는 통념과 결합한 시적 교양도 계속 침투해 갔다.

27_[옮긴이] 이상 열거된 인물들은 헤이안 시대의 가인으로 36가선에 속한다.

4. 무사와 색

도쿠가와 일본에서는 남색(동성혼은 공식적으로는 없었기에 당연히 혼외의 성이다)은 금기가 아니었다. 남자가 바이 섹슈얼인 경우는 넘쳐났다. 남색과 여색의 우열까지 공공연히 논의되었다. 주군의 상대라는 이유로 무사가 입신하는 경우도 있었다. 미소년이 와타리 쇼세이渡り小性[28]로서 다이묘를 전전하며 봉공하는 일도 있었다. 그것은 근세 유럽에서 남성 동성애를 인륜의 근간에 관련된 죄악처럼 배격하거나, 중국에서 사실상 상당히 성행하면서도[29] 어디까지나 성별 질서를 문란하게 하는 중죄로 간주하는 태도[30]와는 대조적이다.

남색은 (승려 이외는) 특히 무사의 것으로 여겨졌다. 그것은 그들이 극도의 남자다움을 자랑했기 때문이었다.

무사는 예를 들면 폭한暴漢을 만났을 때 겁내며 도망쳐서는 안 된다. 그러나 여자나 조닌 · 백성이라면 도망쳐도 수치는 아니다. 강하고 진정한 남자인 무사는 여자와 남자라기에는 충분치 않은 다른 신분의 남자들을 위압하고 지배하고 있었다. 따라서 남도는 여성 멸시와 표리를 이루고 있었다.[31] 그리고 그들로서는 (이에 존속을 위하여 여색도 필요하지만) 여자와 지나치게 접촉하는 것은 남자다움을 오염시킬 위험이 있었다. 하물며 여자의 뜻을 받아들이려고 노력하는 일은 자신을 폄하하는 일이었다. 유럽의 기사와 달리 용감한 무사가 여성에게 무릎을 꿇고 구애하는 일은 있을 수 없다. 그래서 남자답게, 남자끼리 행동하자

28_[옮긴이] 쇼세이란 신분이 높은 사람을 모시는 미소년을 가리키는데, 와타리 쇼세이는 주군을 바꾸어 가며 봉공하던 미소년을 가리킨다.

29_우춘춘吳存存《명청사회 성애풍기》(人民文學出版社, 2000) 제4장 〈명청사회 남성동성연풍기〉.

30_Bert Hinsch, *Passion of the Cut Sleeve: The Male Homosexual Tradition in China*, University of California Press, 1990. Sommer, *op.cit*.

31_우지이에 미키토《에도의 성 풍속: 웃음과 정사의 에로스》(講談社, 1998) 142-143쪽에서도 이 점을 언급하고 있다.

고 하기도 하였다.[32] "남색은 무문武門의 꽃이라고 하니, 조금이라도 뒤떨어지는 것 같으면 그 자리를 떠나지 않고 때려눕히는 것이 보통이다. 그것이 싫으면 남색을 그만둬라. 겁쟁이 같은 여자에게 조종되는 편이 낫다"(《남색산로로男色山路露》 겐분元文 이후 간행[33])는 감각도 있다. 모리 오가이森鷗外도 소년애 추구자를 경파硬派로, 여색 추구자를 연파軟派라고 부르고 있다(《비타 섹슈얼리스ヰタ・セクスアリス》). 즉 연약하지 않기 때문에 남색으로 나아가는 것이다. 그 때문에 에도에서 메이지 기의 여성혐오란 말에는 찬탄이 들어가 있다. 남자다운 남자는 (빠지기 쉬운 유혹인) 여자를 상대하지 않는다. 그래서 빈번하게 일어나는 사랑싸움과 주종관계와 다른 연대에 대한 경계 차원에서 남색에 대한 금령이 나와도, 무사들은 그들의 성적 행동을 쉽게는 고치지 않았던 것이다.

남색은 전형적으로는 성인 무사와 십대의 소년 무사 사이에 성립한다(약도若道). 염자念者(사랑하는 사람)는 반드시 아니분兄分이다. 먼저 연장자가 와카슈若衆[34]를 처음 보고, 연서 등을 보내어 구애를 하면 와카슈는 그 정을 느껴 정을 맺는다(이러한 순서에 대해서는 우키요조시浮世草子 《최정기催情記》 등을 참조). 이것은 선후배 무사들이 단결하는 한 형식으로도 보인다. 게다가 종종 지적되듯이,[35] 남색 관계는 관념상 무사

32_그것은 여성끼리의 사랑이 '남자 같은 이미지'가 아니라 '궁극의 여성스러움'으로서 그려지는 경우(Lillian Faderman《레즈비언의 역사》筑摩書房, 1996, 65쪽)와 대칭을 이룬다. '청아하고 섬세한 처녀들'의 친밀한 공동체에 험상궂은 남자들은 방해꾼이었을 것이다.

33_조닌이지만, 에지마 기세키江島其磧《세간자식기질世間子息氣質》에 실린 힘이 세고 스모를 좋아하는 남자는 "여자와 베갯머리를 같이하면, 한창 때 왕성했던 남자의 힘이 떨어져 스모를 못 하게 된다. 아타고 신愛宕神과 하쿠산 신白山神께 맹세컨대 내 몸이 불에 타더라도 여자가 싫다"고 단언하고 있다.

[옮긴이] 일본어로는 '난쇼쿠야마지노쓰유'라고 읽으며, 겐분 연간은 1736-1741이다.

34_[옮긴이] 와카슈란 에도 시대 관례를 하기 전의 소년을 가리킨다.

35_Gary P. Leupp, *Male Colors: The Construction of Homosexuality in Tokugawa Japan*, University of California Press, 1995, pp.49, 203. 우지이에 미키토氏家幹人《무사도와 에로

의 주종관계와 중첩되어 있었다. 고쇼小姓가 때때로 주군을 상대했다는 것만이 아니다. 무사의 주종관계 자체가 이상적으로는 동성애적이었기 때문이다. 앞서 서술한 대로(제2장), 이상적인 주종은 종종 연인처럼 묘사되고,《하가쿠레》뿐 아니라 거기에는 호모섹슈얼한 상상이 얽혀 있었다. 남자끼리 사랑하고 사랑받으며 그것을 위해 목숨을 버리는 일은 자긍심 높은 남자다움의 실증이지 부정이 아니었다.

남색은 무사의 단결과 무사적 남자다움machismo에서 나오는 여성 멸시의 상징이며, 무사의 지배를 성의 구조에서 상징적으로 뒷받침하고 있었던 것이다.

5. 금리와 합체

앞에서 서술한 대로(제13장) 금리는 당시 헤이안의 우아함을 보유한 별세계로서 그려지고 있었다. 한편 아마테라스오미카미와 이어지는 신화적 이미지도 가지면서 동시에, 여전히《겐지 모노가타리》《고금집》등의 세계를 지니고 있는 공간으로서 존재했다. 그것이 무위를 자랑하는 무가 지배 세상에서도 소양으로서의 와카나 모노가타리의 권위를 지탱하고 있었다.

노래는 공가의 것이었다("비록 노래를 배워서 잘한다 한들, 공가 사람들보다 뛰어나지는 않는다" 다자이 슌다이《독어獨語》. "세상사람 모두가 생각하기를 노래는 당상堂上이 아니면 안 된다" 모토오리 노리나가《아시와케오부네排蘆小船》[36]). 그리고 궁정 사람들御所方은 여성스러움의 꽃이었다.

스》(講談社, 1995), 동,《에도의 성 풍속: 웃음과 정사의 에로스》138-141쪽.

36_[옮긴이] 문답 형식으로 지어진 가론서로 노리나가가 1757, 58년 무렵 교토에서 돌아와 얼마 지나지 않아 저술한 것으로 보인다. 노래란 정치 도덕과는 본질이 다르고, 선악에 상관없이 오로지 마음으로 생각하는 정을 있는 그대로 표현한 것임을 주장하였다. 서명은 무성한 갈대숲을 노 저어 나가는 작은 배란 뜻인데, 어려움을 헤쳐 나간다는 의미이다.

여자용 교훈서는 그들의 호화롭고 사치스레 꾸민 그림을 즐겨 실었다. "황거에서는 여성들이 어쩐지 천성적으로 아름답고 […]"(다다 난레이 《세간모친용기世間母親容氣》 1752 간행), "교토는 각별히 왕성의 땅이라서 남자도 여자 같고 만사가 아름답고 부드럽다"(시키테이 산바式亭三馬 《미용실에서 본 세상 초편》[37] 1812)는 관념도 있었다. 쇼군 · 다이묘가 공가의 처자와 결혼하고 측실로 교토 여자를 선호한 것도 이러한 의식과 관련될 것이다(그 결과 오쿠奧에 교토 취미가 침투하였고 그것이 그러한 의식을 더욱 강화했다).

그런데 궁정 사람들이 온화한 정의 상징이라면 그것은 바로 유녀와 마찬가지가 아닌가? 그렇다. 어찌됐든 양자의 이미지는 융합되었던 것 같다. 《여중보기》는 "조닌의 부인이라면 문장은 궁정 사람들을 배우고, 필체는 교토의 경성을 배워야 한다. […] 황송하지만 옛날의 고묘光明 황후나 주조中將 공주라도 부러워하실 것은 경성의 손"이라고 가르치고 있다. 궁정 사람들과 경성 즉 유녀가 나란히 모범이 되고 있다. 실제로 1699년(元祿 12)에는 교토 · 오사카 · 에도 유녀의 자필 서간집이 간행되었고(《오태력보살수감五太力菩薩手鑑》), 유녀 필적의 두루마리 서화 등은 도쿠가와 말기까지 즐겨 이용되었다.[38] 그리고 "경성은 언뜻 보기에는 공가의 따님처럼 보여서 […] 세상 물정 모르는 표정"을 했다(에지마 기세키 《풍류곡 샤미센風流曲三味線》). 그녀들의 이름은 《겐지》에 등장하는 인물의 이름을 의도적으로 연상시켰다(겐지나源氏名). 어딘지 촌스러운 무가의 어전에서는 취미를 선도해 가는 퐁파두르 부인[39]은

37_[옮긴이] 원제는 《柳髮新話浮世床初編》이며, 일본어로는 '류하쓰신와 우키요도코'라고 읽는다. 류하쓰는 여자의 찰랑거리는 머리 모양을 바람에 날리는 버들가지에 비유하는 말이며, 우키요도코란 이발소로 번창하여 사람들이 모여드는 가게를 뜻한다. 이 책은 이발소에 모여드는 손님들의 다양한 행태를 해학적으로 묘사한 작품이다.

38_미타무라 엔교三田村鳶魚 《에도의 화가》(中央公論社, 1997) 266쪽. 나카노 세쓰코中野節子 《생각하는 여자들: 가나조시부터 〈여대학〉》(大空社, 1997) 99-100쪽.

39_[옮긴이] 퐁파두르Pompadour 부인(1721-1764)은 프랑스 루이 15세의 정부로 후작부인의 작위를 받았으며, 화려하고 사치스러운 생활을 하면서 국정에도 참여하여 권력을 휘둘렀다. 로코코 문화의 상징적인 존재이다.

없었다. 두 겹으로 에워싸인 땅에 환상의 여성 모델이 있었던 것이다.

때로는 남자들도 그 세계를 동경하였다. 야나기사와 기엔은 유녀를 찬미하면서 다음과 같이 말했다.

> [···] 풍아함이 없으면 이 정을 모른다. 풍아한 정취를 아는 사람이라면 물불 가리지 않고 빠져드는데, 이를 색이라고 하는 [···]
>
> 나이가 젊어 한창때에 '책 읽기를 익히지 않으면 성인의 가르침에 등 돌리는 것'이라는 말은 더 말할 것도 없다. 비루하게 보일 뿐 아니라 마음은 더더욱 메말라, 모노노아와레를 이해하지 못하고 매사 무뚝뚝하게 될 것이다. [···] 진실로 사물의 정을 아는 마음이 있으면 호색에 빠지기는 어렵지 않다. (《혼잣잠》)

유녀 놀이는 그에게 '풍아' · '모노노아와레'와 한 가지였다. 그리고 "예로부터 사랑을 하는 사람은 마음도 부드러워 모노노아와레를 아는 정도 깊다고 전해지니 [···]"라고 하였으며(《에도 명소기》), "노래는 일본의 풍속과 교훈의 시작이니, 만사 모노노아와레나 정 역시 이 도리가 아니면 알기 어렵다"(《여랑화물어》). "여자의 재주와 지혜는 활용하기 어렵다고 하지만 [···] 옛 노래 한 수를 외운다면 모노노아와레를 알게 되는 방법일 것이다"(《본조여감》). 요컨대 정과 모노노아와레를 아는 것은 (모토오리 노리나가의 설일 뿐 아니라) 특히 여자의 책무이며 악소惡所 즉 유곽의 도덕이자 더욱이 금리의 문화이기도 했던 것이다.

그 때문에 와카를 즐기는 사람에게는 "그 옛날 엔기延喜 · 덴랴쿠天曆[40] 시절을 사모하여 무가를 업신여기는 습관이 있다"는 지적도 있다(오타 긴조 《오창만필》). 쇼군 · 다이묘가 태어나고 자라는 오쿠는 교토와 금리를 향한 동경을 배양하는 그릇이었다. 그런 의미에서 여성 교육 보급은 무가로서는 위험했다. 금리와 유곽은 모두 아름다운 매력

40_[옮긴이] 엔기(901-923)는 다이고醍醐 천황기의 연호이며, 덴랴쿠(947-957)는 무라카미村上 천황기의 연호이다.

을 가졌으며, 공간적으로는 갇혔으면서도 사람들의 상상력을 자극해 갔다.

한편 태평이 지속되는 동안 무사의 거친 남성성도 누그러지고 자긍심 높았던 남색도 쇠약해져서, 거꾸로 여색에 빠지는 연약함을 한탄하는 일도 빈번하였다(전국시대 무사의 기풍이 강하게 남아 있다고 여겨진 사쓰마薩摩 등지에서 오히려 약도가 왕성했다는 것은 상징적이다).[41] 더욱이 무사는 (경제적 곤궁함도 이유가 되어) 요시와라에서 촌스럽다고 비웃음을 사게 되었으며("요시와라에서 무도는 승리하지 못함" 《하이후 야나기다루》 11편), 다음과 같이 탄식하게 되었다.

> 근년의 젊은 무사는 외출이라도 할라 치면 칼 두 자루 차는 것이 촌스럽다 하여, 마을 어귀 조닌의 집에 맡겨 두는 자도 있고 혹은 칼 한 자루만 차는 자도 있으며, 새장을 나온 새와 같은 마음이 되어 조루리 극장에서 조닌처럼 보이는 것을 기뻐하는 자가 많다. 참으로 한심스러운 일이다. 저속한 노래에 있었던가, '사람들은 경성이 왜 무사를 싫어하는지'라고. 이 때문에라도 요즘 젊은 무사들이 조닌처럼 되려고 하는 것이다. (이노우에 긴가 《병간장어病間長語》 1780년대)

> 옛날에는 조닌의 딸은 어떻게든 무사의 아내가 되려고 해서 금지를 할 정도였는데, 지금은 무사의 아내가 된다는 말만 들어도 싫어한다. 또 옛날에는 무가의 모습을 선망하여 무가의 외양을 보고 익혔지만 요즘은 스스로 화려하고도 남아서 무가의 예의범절은 풍류가 없다고 하여 피하게 되어 [...]. (무양은사 《세사견문록》 1816 서)

무사에게는 무를 빛낼 기회도 없고 돈도 없다. 더 이상 두려워하지

41_"옛날 국가 초기부터 다이묘에게는 시동이 다섯 명, 열 명이 있었고, 하타모토에게도 몇 명 있었는데, 어느덧 없어지고 있어야 한다는 생각도 하지 않게 되었다. 여색이 만연해진 탓이다"(마쓰자키 교신松崎堯臣 《마도노 스사미窓のすさみ》1724 서). 또 Leupp, *op.cit.*, pp.77, 167. 우지이에, 《무사도와 에로스》 166-179쪽.

도 않고 동경의 대상이 되지도 않는다. 요컨대 인기가 없다. 그러니 자부심도 갖기 어렵다. 사회적 위신이 떨어진 것이다. 어위광 지배의 근저가 쇠약해진 것이다.

그때 무가 정부는 스스로 금리로부터 대정위임을 받았다는 논리로 자기의 정당성을 주장하기 시작하였다(1788년에 젊은 쇼군 이에나리에게 로주 마쓰다이라 사다노부가 "60여 주는 금정禁廷에서 받자온 것"이라고 주장하기에 이른다. 〈어심득지개조〉[42]). 무가 우아함의 그늘 아래로 조금씩 다가간 것이다. 금리의 권위에 대한 공의의 의존은 점차 깊어졌으며, 이윽고 공무합체公武合體의 상징으로서 쇼군과 고쇼가타 중의 고쇼가타인 황매皇妹와의 결혼[43]이 처음으로 실현되었다. 그것은 무가가 금리를 억지로 포용하여, 공무가 합체함으로써 연명을 꾀할 수밖에 없었다는 고백이었다. 무가 지배의 종언은 바로 그때부터 이미 얼마 남지 않았다. 성의 질서에도 커다란 전환의 시기가 가까워진 것이다.

참고 문헌

우지이에 미키토《에도의 성 풍속: 웃음과 정사의 에로스》(氏家幹人《江戸の性風俗:笑いと情死のエロス》講談社, 1998)

사쿠라이 유키 · 스가노 노리코 · 나가노 히로코《젠더로 읽는 에도 시대》(櫻井由幾 · 菅野則子 · 長野ひろ子《ジェンダーで讀み解く江戸時代》三省堂, 2001)

세키구치 스미코《어일신과 젠더: 오규 소라이에서 교육칙어까지》(關口すみ子《御一新とジェンダー : 荻生徂徠から教育勅語まで》東京大學出版會, 2005)

42_후지타 사토루藤田覺《근세 정치사상사와 천황》(吉川弘文館, 1999) 제3장 참조.

43_[옮긴이] 제14대 쇼군 도쿠가와 이에모치德川家茂는 닌코仁孝 천황의 여덟째 딸인 가즈노미야和宮와 1862년 결혼을 하였다.

제17장 서양이란 무엇인가 – 구조와 변화

1. 당인唐人과 이인異人

도쿠가와 일본 사람들이 '당인'이라고 할 때에는 종종 조선과 류큐 사람들도 포함된다. 때로는 네덜란드 사람까지 그렇게 불렀다(이케다 사다쓰네 〈당인이라 부르는 일〉《생각나는 대로》 1832). 외국으로서 중국이 의식의 중심에 있음을 상징한다. 그것이 18세기 말경부터 점차로, 이윽고 극심하게 변화한다. 무수히 저술된 그러나 대부분 졸렬한 전술론에 지나지 않았던 해방론海防論은 청나라도 조선도 아닌 서양이 대적對敵이다. 개항 · 개국은 외국 일반이 아니라 서양 국가들에게 해당되었다. '이인'이란 (전후의 '가이진상外人さん'과 마찬가지로) 주로 서양인이다. 타자의 중심이 서쪽으로 크게 움직인 것이다. 그것은 '일본' 자국의 격변과 관련되어 있다.

그렇다면 메이지가 되어 서양으로부터 본격적으로 배우기 이전에는 서양을 어떻게 이해하고 해석하고 있었을까?

2. 기독교切支丹

도쿠가와 일본에서 서양이라 하면 우선은 기독교를 뜻했다. 그것은 적

어도 19세기까지 서양인의 자기의식과도 일치하고 있다. 거기에는 앞서 서술한 대로 교리 자체의 위험성에 대한 두려움에 더하여(제3장 1 · 제8장 5), 포교는 침략의 수단이라는 의구심이 있었다. 우선 포교하여 국내에 자기편을 만든 다음에 군사적으로 정복한다는, 이른바 간접 침략에 대한 경계이다. 그것이 '쇄국'의 중요한 동기가 되었고 거꾸로 쇄국이 기독교로서의 서양의 이미지를 지속하는 장치가 되었다(그리고 신국론 부상의 한 원인이 되기도 하였다). 그 교리에는 어두웠어도 그 어제금御制禁 · 슈몬 아라타메宗門改め · 후미에踏み繪[1] 등에 의하여, 검은 음모를 둘러싼 사종문邪宗門의 서양 이미지가 지속적으로 환기되었다. 쇄국의 일본은 서양을 망각한 것이 아니라, 보이지 않는 그것과 대치해 왔던 것이다.

이윽고 천축까지 서양의 지배에 들어간 것이 판명된다. 1844년(弘化 1) 간행된 미쓰쿠리 쇼고箕作省吾《신제여지전도新製輿地全圖》는 세계 각 식민지의 본국이 어디에 있는지를 기재하기에 이른다.[2] 그 과정에서 간접 침략론도 다시 끓어올랐다. 서양인을 이적이라 매도하고, 양이攘夷를 당연시했던 사람들은 기독교를 신봉하는 서양에 대해 뿌리 깊은 공포심에 사로잡혔던 것이다. 미토학에서 전형적으로 나타났다. 미토학은 미토 도쿠가와 가문을 섬기는 무사 겸 유학자들이 현상에 대한 불만과 서양에 대한 위기감에 쫓겨 노리나가 등에게도 배우면서 황국의식을 강조하고, 사기고양과 정치적 통합을 다잡으려 했던 사상 운

1_[옮긴이] 슈몬 아라타메와 후미에 모두 에도 시대 기독교 탄압의 수단으로서 실시되었다. 슈몬 아라타메는 영민의 신앙 조사를 계기로 마련된 호적 작성 · 민중 통제 제도로, 1612년 금교령 이후 시작되었는데 시마바라 난 이후 강화되었다. 1671년에는 종교조사 장부인 슈몬 아라타메초宗門改帳 작성이 제도화되었다. 1873년 기독교 금제령이 철폐되면서 폐지되었다. 후미에는 기독교인이 아님을 증명하는 수단으로, 성모 마리아상이나 예수 십자가상을 새긴 목판 혹은 동판을 밟게 하였다. 1620년대 나가사키에서 시작되었고, 60년대에는 규슈 각지에서 전체 영민을 대상으로 제도화하였다. 규슈 이외의 지역에서도 밀입국자나 기독교 탄압을 피해 불교도를 가장하여 몰래 신앙 생활을 해 온 기독교도를 적발하기 위해 사용되었다. 1858년 미일 수호 통상 조약의 체결로 폐지되었다.

2_가와무라 히로타다川村博忠《근세 일본의 세계상》(ぺりかん社, 2003) 213쪽.

동이다. 그 지도자의 한 사람인 아이자와 세이시사이는 서이西夷의 발호는 지용智勇 · 인은仁恩, 예악형정이 뛰어나서가 아니라, 단지 야소교耶蘇敎[3]에 의한다고 주장하였다(《신론》 1825). 그 가르침은 사벽천루邪僻淺陋하지만, 그런 까닭에 어리석은 민중을 홀리기 쉽다. 그런 다음 그들의 환영을 받으면서 쳐들어간다. "그 나라를 병합하고 땅을 빼앗는 것은 모두 그런 술수에 의한 것이다." 그래서 아이자와 같은 미토학자는 이러한 술수로서의 가르침의 위협에는 천황을 대치시켜 인심의 통일을 꾀하고, 군사적 위협에는 서양의 무기라도 도입하여 대항하자고 주장하였다. 특히 덴포天保 무렵(1830-1844) 이래 그 영향은 전국으로 퍼졌다.

그런데 서양은 실제로 스스로 야소교를 받들어 번창하고 있다. 모토오리 노리나가도 "기독교 나라에서는 그 법으로써 나라를 다스리니, 중국에서 중국의 도로 다스리는 것과 같다"(《답문록》)고 지적하고 있다. 그렇다면 야소교는 대외 침략뿐 아니라 국내 통치에도 뛰어난 술수가 아닐까?[4]

실제로 노리나가의 손제자 나카지마 히로타리中島廣足는 솔직하게 인정했다. 그에 따르면 애초에 "모든 도의 본뜻은 그 나라의 인민을 길들이고 이끄는 방법"이며 "천하 사민의 마음을 정직하게 만들어 오로지 나에게 복종하고, 중대사가 있을 때 나를 위해 죽음을 영광스럽게 여기도록 하는 일"이다. "천축은 천축, 네덜란드는 네덜란드, 러시아魯細亞는 러시아, 그 밖에 만국 모두 각각의 도가 있어 나라가 다스려지는 것"이며, "서양의 나라 역시 궁리학 외에 각기 국민을 길들여 이끄는 도가 따로 있으니, 그것이 바로 국민의 마음을 일치시키는 방법"이

3_[옮긴이] 야소는 예수(Jesus)의 중국식 음역어를 일본어로 읽은 것이며, 야소교는 기독교를 뜻한다.

4_도쿠가와 나리아키德川齊昭도 "일본에서야 사법邪法이지만 저 나라에서는 광대하고 심원한 도법 정교로 보인다"고 말한 일이 있다. 오오쿠大奧의 도시요리年寄(쇼군 부인의 주거에서 일하는 여성의 최고위직)인 아네가코지姉小路에게 쓴 서간문(1846년 8월 1일).

다. '황국'의 도 또한 마찬가지이다. "만일의 경우 성심으로써 목숨을 버리고 황국을 위하여 충을 다하고 천하를 위하여 전사"시키기 위한 것이다.

따라서 황국의 도가 아무리 황당무계하게 보여도 "노리나가의 주장을 만약에 네덜란드 말로 써서 그 사람들에게 보여 줬다면 필시 비웃었겠지"라고 창피하게 여길 필요는 없다. "외국인에게도 마음이 있으면, 과연 이 도로써 일본은 일본식으로 민심을 길들여 공고히 하고 차분하게 나라를 다스리는 기준이 지당하다"고 생각할 것이기 때문이다.

오래도록 나가사키에서 살았던 히로타리는 게다가 이렇게 해설하고 있다.

> 서양이라고 해도 인민 모두가 궁리학을 하는 것은 아니다. 하층민은 어디서나 마찬가지로 학문하지 않은 우민일 뿐이다(마도로스를 봐도 알 수 있다). 우민은 나라의 근본으로서 천하에 가득하니 그 민심이 흔들리지 않도록 일치시키는 것이 교법이라 하는 것이다. 민은 어린 아이와 같으니 잘 속여서 길들이는 것이 가장 좋다. 길들이는 방법은 도리만 내세운 궁리로는 안 된다. 단지 지옥 · 극락 등을 내세워 부녀자를 속이는 수단이 아니고는 우민의 마음에는 이해되지 않을 것이다(지금 우리 나라의 민심이 불법佛法에 속고 있는 것으로도 알 수 있다). 그러니 서양의 유치한 가르침도 그 우민의 마음을 일치시키는 술수로서, 그들 선조가 깊게 생각하여 민은 속이는 대상에 지나지 않는다고 생각해서 세운 교법일 것이다. 그런데 그것을 속이는 대상과 민이 알게 되면 속지 않기 때문에, 그 법을 가르치는 자도 그 법을 굳게 행하여 바르고 참된 일로 삼아서 가르치고 이끈다. (《동자문답》 괄호 안도 히로타리의 말)

그는 속이는 술수로서의 기독교에 대체로 호의적이다. 제20장에서 후술하겠지만 이러한 이해가 메이지가 되어 중대한 귀결을 낳은 것이다.

3. 궁리

기독교에 더하여 18세기 후반 이후 '궁리'가 서양관의 중요한 구성요소가 된다.

첫째로 매력적인 기구가 있었다. 난학자 스기타 겐파쿠杉田玄白는 유명한 《난동사시蘭東事始》(1815)에서 메이와明和 무렵(1764-1772)에는 "세상에 화미번화華美繁花가 한창"이라 네덜란드에서 건너 온 기압계인 청우계晴雨計 · 습도계 · 라이덴 병(축전지) · 환등기 · 시계 · 망원경 · 유리 세공 등에 대한 애호가 확산되었다고 지적하고 있다. "사람들이 그 기이하고 교묘함에 마음이 심히 움직여, 그 궁리의 미묘함에 감복" 했다고 말한다. 더욱이 예를 들면 히라가 겐나이平賀源內는 '에레키테르'[5] 즉 마찰 발전기를 입수하여 사람들에게 보여 주었다. 시바 고칸司馬江漢은 커피콩을 가는 도구인 화란다구和蘭茶臼나 사안경覗眼鏡 즉 요지경을 제작하였다. 그는 현미경도 입수하여 그것으로 본 벼룩의 그림도 그렸다.

어느 것도 아직은 산업혁명으로 이어지는 기술은 아니다. 마찰 발전기는 그저 깜박거리는 모양이 재미있을 뿐이다. 벼룩을 확대한 그림은 징그럽고 이상할 뿐이다. 이런 것들은 실용성은 없지만 놀랄 만큼 호기심을 돋우는 장치였을 뿐이다. 당연히 상업으로서 "화란의 기술은 우리 나라에서 그 기교를 높이 여겨 만드는 법을 배워 흉내 내 만드는 물건이 적지 않다"(오쓰키 겐타쿠大槻玄澤 《난학계제蘭學階梯》 1788 간행)고 하는 상황이 되었다.

둘째로, 회화라는 매력이 있었다. 그림을 이해하는 데 언어까지 수련할 필요가 없다. 게다가 아직은 사진 · 영화 · 텔레비전은 없다. 따라서 회화가 이국을 향한 창구가 된 것이다. 수입서 중에서 작은 동판화라도 세밀한 묘사는 경이로웠으며 원근법('우키에浮繪'라고 불렸다)은 신선했다. 서양화의 기법을 채용하는 화가도 나타나서 우키요에 화가도

5_[옮긴이] 네덜란드어 elektriciteit가 생략되어 바뀐 말이다.

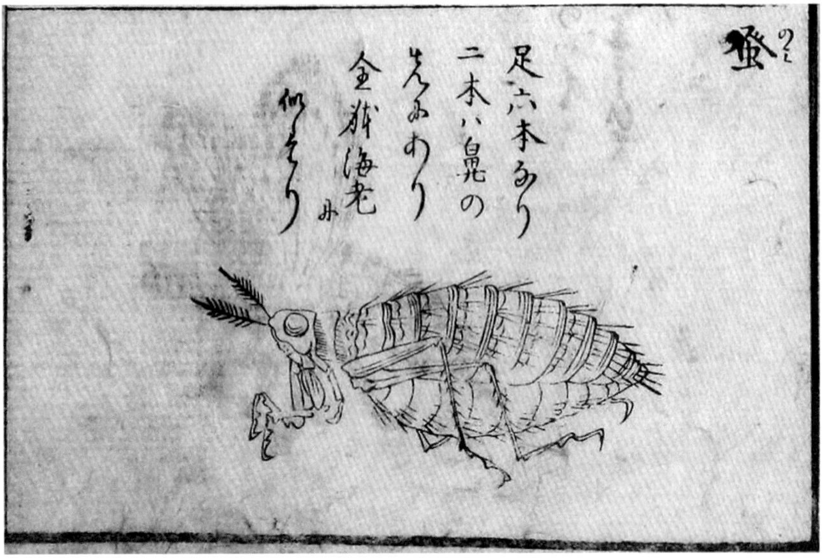

모리시마 주료森島中良 《홍모잡화紅毛雜話》(1787 서)의 삽화. 현미경으로 본 벼룩 그림을 모사한 것이다. 와세다대학 도서관 소장.

때로 원근법을 사용하였다.

더욱이 회화는 언어에 대한 호기심 · 탐구심까지 자극하였다. 스기타 겐파쿠가 전형적이다. 의사였던 그는 네덜란드 통사가 보여 준 네덜란드 의학서를 보았을 때를 이렇게 회고하고 있다.

> 이 책을 펼쳐 보니 그 서설書說은 한 글자 한 줄도 읽을 수 없었지만, 그림들을 보니 일본과 중국의 책과는 느낌이 크게 달라서 그림의 정묘함을 봐도 기분이 상쾌해지는 것 같은 느낌이 있다. (《난동사시》)

그리고 1771년(明和 8) 네덜란드의 해부서 그림을 보고 "이것은 반드시 실제로 확인하여 도설한 것임을 알고 나서는 왠지 매우 간절한 마음이 들어" 해부를 보고 그 정확함을 확인하고 마에노 료타쿠前野良澤

등과 네덜란드어 학습과 그 책을 (당시 의학서의 상식에 따라 한문으로) 번역하기 시작했던 것이다(《해체신서》 1774 간행).

이렇게 서양은 우선은 오로지 호기심을 돋우는 정묘한 기교와 세밀한 회화의 나라였다.[6]

오쓰키 겐타쿠에 의한 난학 입문서 《난학계제》 제4장은 〈정상精詳〉이라는 제목이 붙어 있다. "무릇 저들 나라의 국속이 사람의 지교知巧가 미치는 곳마다 마음을 집중하고 힘을 다 하여서 천서만단千緖萬端, 그 이치의 오묘함을 구명하지 않음이 없"으며 의학 · 천문 · 지리 등 "그 법과 학설이 정상 · 간편함 · 미묘함의 요론이 적지 않다." 또한 "그 학설들은 잠시 내버려 두고, 그 도상을 그린 것을 보니" "꼭 헛되게 만들고 헛되게 말하지는 않았다." 또한 제작의 도구가 "한결같이 기이한 발상을 떠올리게 하지 않음이 없다."

> 이것은 그 토속의 기지機智 · 정교함이 원래부터 남보다 뛰어나서 그럴 뿐 아니라, 그 모두가 만국의 아름다움을 끌어 모은 것이기 때문이다.

그는 서양이 더욱 진보하고 문명의 앞 단계로 나아가고 있다고 말하는 것이 아니다. 그런 역사관은 아직은 없다. 다만 서양은 어째서인지, 세계에서 정보를 수집하고 상세히 조사하여 그 이치를 탐구하고 온갖 기교를 다 부리는 국속인 것이다.[7] 그리고 그런 영위를 《역경》(설괘전)과 주자학에서 말하는 '궁리窮理'라고 이해한 것이다. 당시 학문이란 보통 유학을 가리키며 과학이라는 개념은 존재하지 않았다. 서양인이

6_분세이文政 무렵(1818-1830), 로주 은퇴 후 마쓰다이라 사다노부는 "오랑캐 서책을 일본어로 번역한 것을 보면 쓸모없게 여겨지는 것은 상세하고, 바로 이것이라고 여겨지는 것은 조잡하다. 통틀어 말하자면 쓸모없는 것이 많은 것 같다"고 적고 있다(《화월초지花月草紙》).

7_메이지에 들어서도 예를 들면 가나가키 로분假名垣魯文《아구라나베安愚樂鍋》 초편(1871)에는 "저들 나라는 모두 리로 유추해 나가는 나라로, 증기선이나 기관차 장치라니 기가 막히네"라고 쓰여 있다.

하는 것을 형용하는 데는 확실히 궁리라고 할 수밖에 없었을 것이다(앞에서 서술한 대로 현대에도 이과 · 이학부 · 물리학 · 생리학 · 심리학 같은 용어의 간접적인 원인이다). 그리고 궁리라고 한다면 그 학습은 숭고한 임무가 될 수 있었다. 인체 구조를 이해해도 스기타 겐파쿠가 특히 전문적이었던 매독의 치료에는 도움이 되지 않았을 것이지만 주자학에서는 이의 탐구야말로 학문이었기 때문이다.

난학자들은 이렇게 유학적 의식을 가지면서 직접적으로 배우는 상대를 중화에서 서양으로 전환시킬 수 있었다. 따라서 그들은 더 이상 대륙을 중화, 즉 세계의 중심이라고 부를 수 없었다. 그리고 그런 호칭 자체를 네덜란드어에서 채용하였다. 지나支那이다.

지나는 원래 인도에서 중국을 부른 이름의 음역인데 불교도들이 사용하던 말이다. 한편 네덜란드어 China의 발음은 '시:나'이다. 이 네덜란드어에 새롭게 지나라는 한자를 대응시켜 의식적으로 부르기 시작한 것이다(마에노 료타쿠 《관려비언管蠡秘言》 1777 서 · 오쓰키 겐타쿠 《난학계제》). 덧붙이자면 아라이 하쿠세키도 서양인의 세계 인식을 소개한 《채람이언采覽異言》에서 마찬가지로 지나를 사용하고 있다. 지나는 서양인의 눈을 통하여 서방 대국을 재조망하고, '중화'가 아니라 그저 '만국'의 하나로 간주한다는 의지의 표명이다. 지나는 그 후 널리 통용되어 20세기 중반까지 일반적으로 사용되었다. 그것은 동시기에 사용된 '황국'이란 존대한 자칭과 대조를 이루었다. 이 두 개의 용어는 '일본인'과 그 의식에서 세계 지도가 변화한 신선한 상징이다.

이윽고 이러한 서양의 궁리를 향한 찬탄이 군사적 우월에 대한 (소국이자 해국으로서의) 두려움으로 귀결되어, 서양의 군사 기술 습득에 강한 충동을 일으켰다.

예를 들면 신슈信州 마쓰시로松代의 다이묘 가신이자 주자학자인 사쿠마 쇼잔佐久間象山은 페리 내항 이전인 1849년(嘉永 2), 주군에게 올린 상서에서 "서양의 여러 나라들이 학술을 상세히 탐구하고 국력을 강성하게 하여 기세를 얻었습니다. 주공과 공자의 나라까지도 이 때

문에 빼앗겼으니, 애초에 무슨 까닭이라고 생각하시는지요?"라고 물었다. 이 물음에 대하여 아이자와 세이시사이가 《신론》에서 답한 것은 기독교였다. 쇼잔의 답은 달랐다. "필경 저들의 배움은 그 요체를 얻었고, 이쪽의 배움은 그 요체를 얻지 못하였습니다. 높고 공허한 이야기에 빠져 훈고와 고증으로 흘러서 [···] 만물 일체의 궁리가 그 실질을 잃어버린 국풍"이기 때문이다. 아편전쟁의 충격 아래 주자학의 나라에서는 궁리가 서양처럼 올바르게 행해지지 않았기 때문이라고 지적한 것이다. 그리고 그는 네덜란드어 사전의 간행을 주군에게 권하였다(〈하루마はるま 출판에 관해 번주에게 올리는 글〉). 또 예를 들면 다카노 조에이高野長英는 《삼병답고지기三兵答古知幾》 27권을 번역하였다(1850 완료, 1856 간행). 보병 · 기병 · 포병에 대한 유럽의 최신 전술서[8]의 번역이다.

더욱이 1862년(文久 2) 조슈長州의 무사, 다카스기 신사쿠高杉晉作는 당시 스물네 살의 나이로 나가사키에서 상하이로 항해하여 그곳의 문인과 한문으로 필담을 하였다. 그 기록인 《유청오록遊淸五錄》에 따르면, 그 문인이 주자학의 궁리는 수신을 위한 것인데 서양의 궁리는 술수에 지나지 않는다고 했던 말에, 다카스기는 이렇게 반론하였다. (《대학》에서 말하는) 정심 · 성의의 공부뿐 아니라, 항해 · 포술 · 기계 등의 지극한 이치 역시 연궁硏窮하지 않으면 천하를 다스릴 수 없다. 그렇지 않으면 성인의 말을 주장하여도 이적의 노복이 되고 만다.

옛날에는 단순한 호기심을 만족시켜 주었던 서양의 궁리가 나라의 존속에 연관된다고, 조슈의 기예한 무사까지 말하기에 이르렀던 것이다.

8_[옮긴이] 원서는 1837년에 저술된 Taktiek der drie wapens이다. 번역서에서 삼병이란 보병 · 기병 · 포병을 의미하며, 서명의 답고지기를 '다쿠치키'라고 읽었는데, 이는 네덜란드 어 taktiek의 음역으로 전술을 뜻한다.

4. 삼대三代

(1) 배움學

유학의 도는 수신과 치국의 도이다. 그렇다면 만약 각 나라들이 풍요롭게 번영하고 있으면, 그것은 가르침이 두루 미쳐서 도가 올바르게 행해지고 있음을 의미하는 것이 아닌가? 실제로 다이묘 이케다 사다쓰네는 "네덜란드喎蘭의 학문을 좋아하는 자들은 서양풍을 우러러, 측량 · 역법 · 의학서 등과 같은 것이 중국唐山보다 낫다고 생각하기 때문에, 그 습속까지 아름답다고 생각한다"고 불쾌한 듯이 적고 있다(《생각나는 대로》 1832).

그렇게 생각하게 된 실제 예가 와타나베 가잔이다. 그는 소다이묘의 에도 번저에서 근무하는[9] 가로의 집안에서 태어나 일생을 바쳤다. 그러나 집안은 가난했으며 부업으로 그림을 그렸다. 가잔은 화가로서의 호이다. 그는 삶에 답답함을 느끼면서 서양에 강한 관심을 가졌다. 그리고 그 나름대로 서양을 조사하여 《서양사정서西洋事情書》《외국사정서外國事情書》를 썼다(모두 1839년).

가잔에 따르면 현재의 상황은 "오대주 안에서 아세아亞細亞 외에는 양인洋人의 영지가 되었다". 그것은 물론 기독교에 의한 것은 아니다. 단순히 군사적 궁리 때문도 아니다. 정신 태도가 다른 것이다.

> 생각건대 서양의 두려운 점은 천둥을 듣고서 귀를 닫고, 번개를 꺼려 눈을 감는 것을 제일의 악惡이라고 여기는 것이다. 단지 만물을 헤아려 이를 규명하는 것만이 아니라, 만사를 논의하고 토론하여 이를 규명하는 것을 임무로 삼는다. (《초편 서양사정서》)
>
> 서양은 과단성이 있는데 모두 궁리에서 나온다. 따라서 여러 국정의 개정이 번번이 이루어지는데, 근래에 영국英吉利斯은 상법商法(상업의

9_[옮긴이] 이를 가리켜 에도즈메江戸詰라고 한다.

의미. 상업에 관한 법률의 의미가 아니다)에서 갑자기 크게 그러했다고 한다(산업혁명을 뜻할 것이다). 궁리라고 하면 사물만을 생각하지만, 사리를 궁구해 가는 일에 가장 정통하다고 한다. (《재고再稿 서양사정서》)

서양인은 갖가지 사리를 구명한다. 그리고 궁리는 사람을 용감하게 만든다(은연중에 일본이 비교된다). 게다가 "서양 나라들은 소국이라고 해도 규모가 광대"하여 궁리의 결과를 몰래 감추는 것을 천하게 여기며 "내추럴" 즉 "하늘의 뜻에 반한다"고 한다.

더욱이 서양에서 천자 · 국왕은 하나의 역할과 같아서 "자신을 다스리고 남을 다스리는 것을 제일의 임무"로 간주하고 "오로지 땅을 개척하고 인재를 양성하는 일을" 하여 "학교가 활발한 것이 우리 나라와 중국이 미치는 바"가 아니다. 요컨대 통치가 일본 · 청나라보다 유학적인 이상적인 상태에 가깝다.

이런 인상은 일면 쇼헤이코昌平黌에서 공부하고 미즈노 다다쿠니水野忠邦를 섬긴 유학자인 시오노야 도인의 그것이기도 했다.

지금 양이의 수학을 보자니 한당漢唐을 뛰어넘는 바가 있다. 또 학제의 정밀하고 상세함은 송명宋明이 미치지 못하는 바가 있다. 그것은 거의 선왕이 세우신 소학의 뜻을 깨달은 것일까? (《도인 존고》 보유補遺 〈육예론六藝論〉 5)

사쓰에이薩英 전쟁[10] 후 교섭에 나선 사쓰마의 무사 이지치 마사하루伊地治正治의 인상이기도 했다(1863년 11월, 《속재몽기사續再夢紀事》).

지금 이른바 서쪽의 양이는 토지의 광대함이 한토의 갑절이고, 난을

10_[옮긴이] 사쓰에이 전쟁은 1863년 7월, 전년도에 나마무기生麥에서 발생한 영국인 살상 사건의 책임 추궁을 위해 가고시마 만에 진입한 영국 함대와 사쓰마 번 사이에 벌어진 전투로 같은 해 10월 화의가 성립하였다.

다스리는 제도와 교육의 도는 중국을 우러르지 않는다. 별도로 완전히 갖춘 한 세계를 저 서양에서 열어 사해를 횡행한다.

이러한 이상화된 서양관이 침투한 한 요인은 아마도 예수회 선교사 줄리오 알레니Giulio Aleni가 한문으로 쓴 세계 지리서《직방외기職方外紀》[11]에 있다. 가잔과 도인 모두 이 책을 읽었다. 명나라에서 선교사가 쓴 것이니만큼, 이 책은 당연히 유학적 지식인의 호감을 얻을 수 있도록 유럽을 기술하고 있었다. 예를 들면 이렇다.

> 유럽의 여러 나라들은 모두 학문을 숭상한다. 국왕은 널리 학교를 세우고, 1국 1군에 대학과 중학이 있으며, 1읍 1향에 소학이 있다. 소학은 학행學行의 사士를 뽑아 스승으로 삼고, 중학과 대학도 가장 뛰어난 사를 뽑아 스승으로 삼는다. 생도는 수만 명에 이를 정도로 많다.

주희가《대학장구》서문에서 그린 고대 중화의 학교제도 그대로이다. 더욱이 일본에는 과거제도도 없고, 번교 등이 늘고는 있지만 누구나 생각처럼 학문을 할 수 있는 상황은 아니었던 사실이, 서양을 더욱 강하게 이상화시켰다. 예를 들면 와타나베 가잔은 열두 살 때 다이묘 행렬에 속해 있던 같은 또래의 종자에게 두들겨 맞아서 분발했다고 한다. 그리고 유자가 되려고 했지만 가난해서 "도저히 학문을 하고 유자가 되어도 돈이 나올 것 같지 않고, 무엇보다 가난을 구제하는 길이 제일이다"라며 그림을 배우기 시작했다. 그러나 수업료를 내지 못해서 선생에게 파문된 일도 있었다(《퇴역원서지고退役願書之稿》1838).

그랬던 가잔이《직방외기》를 읽은 것이다. 또 같은 해 3월 그는 에도에 온 네덜란드 상관장과 통역관을 사이에 두고 대화하는 기회를 얻었다. 그가 남긴 문답기록《격설혹문鴃舌或問》에 따르면 네덜란드에서는

11_[옮긴이]《직방외기》는 1623년 완성된 세계 지리서로 마테오 리치의《만국도지萬國圖志》를 증보한 것이다.

누구나 대여섯 살이면 의학義學 · 향학鄕學에 들어가, 그 천부天賦를 심사하고 발상이 뛰어난 사람에게는 검토 후에 관부官府에서 학자學資를 낸다고 한다.

> 이로써 실학이 성행하고, 학문을 지향하는 사람이 날로 많아 햇빛이 내리쬐고 비가 쏟아져, 하늘이 만물을 나게 하는 것과 같으니, 뜻은 있지만 사는 형편이 어려워서라는 일은 없다.

네덜란드에서는 뜻이 있는 사람이라면 생활에 어려움 없이 학문을 할 수 있다. 그래서 나라가 번영한다. 가잔이 이렇게 쓰면서 느꼈을 기분을 상상해 보자. 이로부터 겨우 15년 후에 페리 제독이 이끄는 네 척의 군함이 에도 만灣에 모습을 드러낸 것이다.

(2) 인仁

서양인은 사람을 중히 여긴다, 요컨대 인자하다. 이 역시 일찍부터 서양관의 한 측면이 된다.

그런 요인의 하나는 역시 《직방외기》에 있다. 유럽편에는 다음과 같은 기술이 있다.

> 남을 사랑하기를 내 몸같이 한다. […] 따라서 유럽인은 함께 시사施捨를 기뻐하고, 천여 년 이래 지금까지도 가난 때문에 자녀를 파는 자가 없으며, 굶주려 도랑에 버려지는 자도 없다.

'애인여기愛人如己'는 기독교의 가르침을 기술한 것인데 유학의 가르침과도 합치한다(그렇게 보인다). 그리고 유럽에서는 딸을 유곽에 팔거나, 비참하게 굶어죽는 사람이 없다고 한다. 덴메이天明 · 덴포天保의 기근을 경험한 사람의 마음을 자극하는 기술이다. 더욱이 《직방외기》에 따르면 유럽에서는 곳곳에 빈원貧院이 있어서 환과고독鰥寡孤

獨을 부양한다. 또 유원幼院도 있어서 가난한 자의 아이들을 양육한다. 게다가 병원도 있다. 요컨대 인자함이 단지 통치자의 마음가짐이 아니라 제도화되어 있다. 이 역시 유학적 교양인의 마음을 울리는 기술이다.

그리고 난학자는 그 실재를 확인하고 기록했다. 예를 들면 모리시마 주료森島中良는 《홍모잡화紅毛雜話》(1787 간행)에서 빈원 · 유원 · 병원이 명나라 사람(애유략艾儒略이란 서명 때문에 알레니를 명나라 사람으로 생각했을 것이다)이 말하는 대로 실재한다고 적고 있다. 또 가쓰라가와 호슈桂川甫周는 러시아에서 귀환한 표류인인, 다이코쿠야 고다유大黑屋光太夫의 경험을 듣고 쓴 《북사문략北槎聞略》(1794 성립)에서 러시아의 병원(양생소)을 자세히 소개하고 있다. 그리고 "유럽은 타인을 사랑하는 풍속이 그렇게 만들었다고 한다"는 주를 달고 있다.

유럽에서는 중국 · 일본 이상으로 타인을 사랑한다.

> 궁리가 정밀하고 기교가 뛰어나면 영리한 것이다. 그러나 인자하기까지 하다면 서양인은 영리할 뿐 아니라 착한 것이 된다. 일본인이나 중국인보다도 영리하고 선하다면 그들은 도대체 어떤 사람들인가?

도쿠가와 시대 말기에 후쿠자와 유키치는 20만 내지 25만 부라는 대형 베스트셀러가 된 《서양사정》 초편을 간행한다(1866). 그 첫머리에 후쿠자와는 "유럽의 정치학자가 말하길 무릇 문명 정치라고 칭하는 데는 6개조의 요결이 있다고 한다"고 적고 있다. 문명은 civilization의 번역어이지만, 원래 도가 행해져 찬란하게 '문文'한 모양을 말하는 유학의 용어이다. 그리고 제6조는 "인민이 추위와 배곯는 걱정을 안하게 하는 것. 즉 병원과 빈원 등을 설립하여 빈민을 구하는 것을 말한다". 그런 것이 없으면 문명의 정치라고 할 수 없다. 그리고 후쿠자와는 《서양사정》에서 증기 기관 등과 나란히 병원 · 빈원 · 맹원盲院 · 전원癲院 · 치아원痴兒院[12] 등을 소개하고 있다. 한편 매우 작은 규모의 고이시

12_[옮긴이] 맹원은 시각 장애인을 위한 학교이며, 전원은 정신병원, 치아원은 지적

카와 양생소小石川養生所 이외에, 이와 비슷한 시설은 일본에는 없었다.

더욱이 《서양사정》이 간행된 다음 해 미국에 밀항하여 매사추세스 주 앤도버에 체재하던 무사가 부친에게 장문의 편지를 썼다. 고즈케 국上野國 안나카 번安中藩 가신 집안의 장남인 니지마 시메타新島七五三太(훗날의 니지마 조新島襄)이다. 그는 이렇게 썼다(괄호 안도 니지마).

> 옛날의 앤도버는 고명한 마을로 성학교聖學校 · 대학교(소자도 여기에 있습니다), 자유학교(이 학교는 한 푼도 받지 않기 때문에, 아무리 가난한 사람이라도 입학하여 학문을 수행하니 이 나라에는 눈 뜬 장님, 즉 읽고 쓸 줄 모르는 자는 전혀 없습니다) · 부인학교 · 그 외 여러 마을학교 · 빈원 · 병원 등이 있습니다(이런 곳은 마을 사람들이 돈을 모아 약 · 의복 · 식물 등을 구하여 가난한 자들을 부양하고 있습니다. 아아, 인정仁政이 지나와 일본보다 뛰어난 것은 여기에서 찾을 수 있겠습니다).

또 히로시마廣島의 다이묘를 섬겼던 의사의 아들인 무라타 수郁田樞(후미오文夫)는 1864년(元治 1)에 영국에 밀항하여 메이지 원년에 귀국하였다. 그 다음 해에 《서양사정》을 뒤이은 서양 소개서로서 널리 읽힌 《서양문견록》을 간행하였다. 서문에서 서양의 "윤리가 올바르고 풍속이 두터우며 종종 지나보다 탁월하다"고 적었다. 지나라고는 말하지만, 물론 일본을 함의한다. 이렇게 서양을 실제로 체험한 사람들까지도 보편적인 도의 실천에서 확실히 서양이 낫다고 생각하고 언명하기에 이른 것이다.

게다가 문제는 정치제도에까지 미쳤다.

(3) 공公

공이란 한자의 의미는 제3장과 제6장에서 서술한 대로 일본어의 오야케(공의公儀 등의 한자로 써도 오야케의 의미이다)나, 영어의 public과는

장애아를 위한 학교를 가리킨다.

다르다. 그리고 주자학 등에서 강조하는 공은 강한 윤리성을 띠고 있다. 사리를 초월하여, 만인에 공통하는 천리의 입장을 가리킨다. 따라서 천자는 공에 마음을 쓸 뿐 아니라, 그 판단을 공의 절차에 따라야 한다는 논의도 등장했다. 예를 들면 황종희黃宗羲가 천자의 시비 판단도(현인이 모인) 학교에서 공론해야 한다고 말한 것은 유명하다(《명이대방록明夷待訪錄》).

그래서 청조의 지식인들도 종종 서양의 근대 정치제도를 알게 되었을 때 매우 높이 평가를 하였다(서양인이 유학적으로 높게 평가되기 쉽도록 설명했던 사정도 있었을 것이다).

예를 들면 위원魏源의 《해국도지》(1842, 개정판이 곧바로 일본에 수입되어 1854년 복각판이 간행되었다. 페리 내항 다음 해이다)에 따르면, 영국英吉利國에서는 나라에 큰 일이 있으면 왕과 관민이 함께 파리아문巴厘衙門parliament에서 공의公議하여 행한다. 또한 미국彌利堅國은 27개의 부部로 나뉘어 있으며, 거기서 "일대추一大酋(대통령)"를 공거公擧한다. 게다가 세습하지 않고 4년마다 교체한다. "공이라 말하지 않을 수 없다." 일을 논의하고 소송을 듣는 데에도 "뭇사람들이 맞다 하면 이를 맞다 하고, 뭇사람들이 아니라고 하면 이를 아니라고" 하며 그 논의를 떠맡는 사람도 공거한다. "면밀하다고 하지 않을 수 있겠는가?"

더욱이 서계여徐繼畬《영환지략瀛環志略》(1850 간행. 일본에서는 1861년 출판)은 영국에는 귀족원인 작방爵房과 서민원인 향신방鄉紳房으로 구성되는 공회소公會所가 있으며, 나라의 큰 일은 작방에서 사람들을 모아 공의하고, 게다가 향신대중鄉紳大衆이 진실로 허락한 뒤에 행한다고 설명하고 있다. 또 이 책에 따르면 미국에서는 워싱턴華盛頓이 대통령의 세습을 사私라하여 부정하고, 유덕자가 맡아야 한다고 주장하여 추거하는 법을 시작하였다. 따라서 이 나라에는 왕후王侯의 호칭과 세습의 규정은 없으며, 현사가 뽑혀서 대정大政을 결정하는 공회가 있다. 공기公器를 공론에 부치는 장치이다.

이런 것들은 요·순의 선양이 전면적으로 제도화된 것으로 이해할 만한 기술이다. 실제로 서계여는 대통령제를 "천하를 공으로 삼는 것에 가깝다. 삼대의 유의遺意에 가깝다"라고 평가했다.[13] 천하를 공으로 삼는 것이란 《예기》 예운편의 말이다. 아메리카 합중국의 정치제도는 고대 중화의 이상에 가깝고, 그렇기 때문에 상찬되는 것이다.

이렇게 평가되면 당연히 일본의 독자도 움직이게 된다. 도쿠가와 가문에 가까운 다이묘 마쓰다이라 요시나가松平慶永의 측근, 하시모토 사나이橋本左內도 미국에 대해 "정체政體의 취지는 첫째 천제天帝의 뜻을 봉행하는 것으로서, 상하 모두 대중의 뜻으로 돌아가고 공의에 반하는 것은 하지 않는 것이 제1의 율령이라고 한다"(《서양사정서》 1855, 56년경)고 썼다. 또 1860년(萬延 1) 미국에 파견된 사절단의 일원이었던 다마무시 사다유玉蟲左太夫는 방미 일기에 《영환지략》을 인용하여 백악관을 방문했을 당시를 이렇게 적고 있다.

> 요컨대 미국花旗國은 공화정사共和政事로 한 가지의 사사로움도 행할 수 없고 선악길흉이 모두 대중과 함께하며 내란은 결코 일어나지 않게 한다.

공화정사야말로 공이며 따라서 내란 같은 것은 일어날 수 없다는 것이다(역설적이게도 다마무시가 이렇게 쓴 다음 해, 미국은 저 처참한 남북전쟁에 돌입한다).

구마모토의 유학자 요코이 쇼난橫井小楠은 《국시삼론國是三論》을 저술하였다. 이 책은 그가 후쿠이 번주 마쓰다이라 요시나가의 고문이었을 때 썼는데, 1860년에 에치젠 국越前國의 국시로 간주된 문서이다. 본문에는 다음과 같은 일절이 있다.

13_워싱턴을 찬미하는 이러한 말은 비석(1853년 일자)에 새겨져 미국에 기증되어 워싱턴 기념관에 설치되었다. 팡원方聞 〈워싱턴 기념탑의 중문석비로부터 언급함由華盛頓紀念塔中文石碑說起〉 런푸싱任復興 편 《서계여와 동서 문화 교류》(中國社會科學出版社, 1993) 321쪽, 슝웨즈熊月之 《서학동점과 만청사회》(上海人民出版社, 1994) 252쪽.

미국에서는 워싱턴 이래 세 가지 제도를 세웠으니(워싱턴 은퇴 시 고별 연설을 가리킴), 첫째는 천지 간에 참담하고 지독한 것은 살육을 넘는 것이 없으니, 천의에 따라 천하 전쟁을 멈출 것을 의무로 삼는다. 둘째는 지식을 세계 만국에서 취하여 치교治教를 도울 것을 의무로 한다. 셋째는 전국의 대통령의 권병權柄은 가장 현명한 이에게 양보하여 자식에게 전하지 않고 군신의 뜻을 폐하고 오로지 공공화평을 의무로 한다. 정법과 치술 기타 백반의 기예 · 기계 등에 이르기까지 범지구상에서 선하고 아름답다고 일컫는 것은 모조리 취하여 나의 것으로 삼아 크게 호생好生의 어진 풍속을 드높인다. 영국에서는 정체政體가 첫째로 민정民情에 의거하여 관이 행하는 것은 크든 작든 반드시 민과 논의하고, 그 편의에 따르며 바라지 않는 바를 강요하지 않는다. 전쟁이나 우호를 맺는 것 역시 그러하다. 그래서 러시아와 싸우고 청나라와 전쟁한 수 년 동안 사상자가 무수하고 수만의 비용을 모두 민에게 취하여도 한 사람도 원망하는 일이 없다. 그 밖에 러시아俄羅斯를 비롯하여 각국 대부분은 문무 학교는 물론, 병원 · 유원 · 아농원啞聾院 등을 설립하여 정교가 모두 윤리에 의해 생민을 위하여 행함에 급하지 않음이 없다. 거의 삼대의 치교에 부합하는 데 이르렀다.

이것이 18세기 이래 서양관의 구조가 변화한 (하나의) 귀결이다. 즉 유학자가 오랫동안 믿어 왔던 이상적인 유학적 통치가, 실제로는 현재 서양에서 실현되고 있다는 선언에 다름 아니다.

이 문장은 8년 뒤에 신정부가 그 개혁의 정신을 선언한 〈5개조의 서문誓文〉을 상기시키지 않는가? 그것은 우연이 아니다. 5개조 서문의 기초자인 유리 기미마사由利公正는 후쿠이 출신으로 요코이 쇼난의 애제자이다. 적어도 메이지 유신의 일면에는, 이렇게 자신이 믿는 보편적인 도에 비추어 더욱 올바른 제도 · 정책을 섭취하려는 태도가 뒷받침되었다.

참고 문헌

스기모토 쓰토무《일본 번역어사 연구》(杉本つとむ《日本飜譯語史の研究》八坂書房, 1983)

이마하시 리코《아키타 난화의 근대: 오다노 나오타케 〈시노바즈노이케 그림〉을 읽다》(今橋理子《秋田蘭畫の近代－小田野直武〈不忍池圖〉を讀む》東京大學出版會, 2009)

마에다 쓰토무《에도 후기의 사상 공간》(前田勉《江戶後期の思想空間》ぺりかん社, 2009)

이나다 마사쓰구《메이지 헌법 성립사》상권 (稻田正次《明治憲法成立史》上卷, 有斐閣, 1960)

제18장 사상 문제로서의 개국

1. 인 · 의 · 예

서양의 국가들을 향한 개국은 외압에 의해 강제되었다. 이제까지 종종 그렇게 일컬어졌다. 한때 목청 높여 양이를 외치면서 도쿠가와 정권을 시달리게 하고, 그 후 일변하여 개국을 용인한 메이지 신정부의 지도자에게도 그것이 스스로 정당화하기 편한 이야기였기 때문일 것이다. 그러나 그것은 역사의 일면에 지나지 않는다. 개항 · 개국은 페리 내항보다 훨씬 이전부터 강약이나 손득과는 별개로 도리에 합당한가라는 사상 문제로서 논의되었다.

1791년(寛政 3) 러시아 제국은 일본에 사절을 파견하였다. 1673년(寬文 13) 영국 국왕 찰스 2세가 통상 재개를 요청하는 서간을 보낸 이래, 서양이 정식으로 접근한 첫 사례였다. 사절 락스만Adam Laxman이 일본인 표류자 두 명의 송환과 함께 통신 · 통상을 요청하는 국서를 제출하려고 하였지만 공의는 거절하였다. 그러나 단순한 거절이 아니었다. 그들은 러시아인들도 납득할 만한 이유를 설명하였다.

〈간세이寛政 5년 6월 21일, 이국인에게 국법을 깨우치는 글異國人に被諭御國法書〉은 먼저 국법을 설명한다. 통신 관계가 없는 외국의 배가 일본의 땅에 왔을 때에는 소환하거나 해상에서 쫓아 버린다. 표류자가 통신하는 나라 사람이면 나가사키에서 네덜란드 배로 송환하거나 국내에 억류하고, 통신이 없는 나라 사람이면 배를 부수고 영구히 억류한다. 그러나 이번에는 "멀리서 우리 나라 사람을 보내 온 수고를 생각해서" 또 아직 일본의 법을 분간하지 못함을 고려하여 "그대로 돌려보낼 것을 허락"한다고 하였다.

둘째로 예의 관점에서 국서 왕복은 할 수 없다.

> 국서를 가져왔지만 진작부터 통신이 없어 국왕의 호칭도 알기 어려우며, 그 나라의 언어와 문장도 통하지 않고 귀천의 차등도 알기 어려우니 저절로 그 예의 올바름을 갖추기 어렵고, 우리 나라에서는 공경하는 일이 그 나라에서는 소홀한 것인지도 헤아릴 수 없으니, 국서 왕복은 허락하기 어렵다.

요컨대 무의식적으로 무례를 범하는 것을 우려하고 있다. 바로 예를 중시하기 때문에 서간의 교환도 할 수 없다는 것이다.

셋째로 에도 입항은 허락하지 않는다. 그것은 오히려 이쪽의 공격을 야기하여 역효과가 난다. 마지막으로 요청이 받아들여지지 않는 경우 일본인 표류자도 돌려보내지 않는다고 한다면, 억지로 보내라고는 하지 않는다. "우리 나라 사람을 아끼지 않는 것은 아니지만, 그 때문에 국법을 흐트러뜨릴 수는 없기 때문이다"(《통항일람通航一覽》 권274). 당시 로주의 수좌인 마쓰다이라 사다노부 역시 그 자서전에서 부교 등에게 "다만 예와 국법으로 일을 분간하고 깨닫게 해야 한다"고 명령한 것을 회고하고 있다(《우하인언宇下人言》).

락스만은 얼마 안 있어 귀국하였다. 정말 납득을 했는지는 별개로 일단은 결말이 난 것이다.

그러나 9년 후, 이번에는 레자노프Nikolai Petrovich Rezanov의 배가 나가사키에 나타나 새로운 러시아 황제의 국서를 가지고 통호 교역을 요청

〈요코하마 교역 서양인 하물운송지도橫濱交易西洋人荷物運送之圖〉. 고운테이 사다히데五雲亭貞秀, 1861 간행. 요코하마개항자료관 소장.

하였다. 공의는 다시금 거절하였다. 이번에도 〈어교유서御教諭書〉로 이유를 설명하였다.

첫째로 자신들도 인의隣誼를 모르는 바는 아니나 풍토가 달라 "환심懽心을 맺는 일", 즉 우호를 맺기는 어렵다.

둘째로 "예는 오고 감을 숭상한다禮尙往來"(《예기》 곡례 상). 외국에서 예물을 받고 나서 보내지 않는 것은 예를 모르는 나라가 되어 버리지만, 해외 만국에 응할 수는 없다. 처음부터 하지 않는 것이 제일 낫다.[1]

셋째로 (실제로 자급자족하고 있는 이상) 교역은 "해외의 무가치한 물건을 얻고 우리 나라의 유용한 재화를 잃는" 것에 지나지 않는다.

1_지금으로서는 기묘한 논의 같지만, 아이자와 세이시사이가 주군 도쿠가와 나리아키德川齊昭의 명으로 기초한, 페리의 요구를 거절하는 미 합중국 대통령에게 보낸 서간(〈답합중국대통령서答合衆國大統領書〉)에도 다음과 같은 일절이 있다. "若夫結好者, 則實所可嘉焉. 然來而不往非禮. 我國不事航海, 水路非所語. 與其來而不往, 則何如無往而無來, 無怨無怒, 各全天所賦, 以奉順天意之爲勝乎."

[옮긴이] 이를 해석하면 다음과 같다. "수호를 맺는 것이야 실로 기뻐할 만한 것이다. 그러나 찾아 왔는데 방문하지 않는 것은 예가 아니다. 우리 나라는 항해하는 것 자체를 일삼지 않으니 물길은 말할 바가 아니다. 찾아왔는데 방문하지 않는 것보다는 방문하지도 않고 찾아오지도 않아서 원망하지 않고 노여워할 일 없이 각기 하늘이 부여한 바를 온전히 지켜 하늘의 뜻을 받들어 따르는 것이 어찌 더 낫지 않겠는가?"

넷째로 교역은 풍속을 무너뜨리고, 우리 민을 망가뜨리는 우려까지 있다.

다섯째로 통호만을 하는 것도 "우리 나라의 금지" 사항이다(《통항일람》 권282).

여기서는 락스만의 경우 이상으로 인의 · 예 그리고 민에 대한 배려라는 유학적인 도를 논거하고 있다. 당국자가 어디까지 도를 믿고 있었는가는 별도로, 단지 침묵하는 것이 아니라 말로 외국인을 납득시키자고 결정한 이상, 보편적인 규범과 가치를 꺼내들 수밖에 없다. 그리고 그들에게는 유학적인 도 외에 만국에 보편 타당한 규범은 없었던 것이다.

레자노프도 귀국하고 이번에도 사태가 마무리되는 것 같았다. 그러나 이국인 사이에서까지 도가 타당하게 여겨진다면, 당연히 그 도는 일본인에게도 적용된다. 그리고 문제가 있는 것은 오히려 이쪽이라고 생각하는 일본인도 있었다.

예를 들면 시바 고칸은 레자노프에 대한 대응에 실경불손失敬不遜을 느꼈다.

> 한마디로 오랑캐의 행동거지가 예에 어긋난 것은 아니지 않은가? 레자노프는 그 나라 왕의 사자인데, 왕이 우리 나라의 왕과 다를지라도 무릇 예는 인도人道의 교시가 그 시작이다. 비유컨대 위관位官(의관衣冠을 가리키는 듯)을 바르게 해야 할 곳에서 벌거벗고 서 있는 것과 마찬가지니, 반드시 우리 나라 사람을 금수처럼 생각할 것이다. 오호통재라. (《춘파루필기春波樓筆記》 1811)

예란 사람과 금수를 나누는 것이다. 그 예에 비춰 보면 부끄러워해야 하는 쪽은 오히려 이쪽이라는 것이다. 스기타 겐파쿠도 "머나먼 곳에서 선물을 가져온 사자를 허탈하게 돌려보낸 것은 오랑캐이지만 대국인 나라에 대해 무례"한 것은 아닌가라며 "저쪽이 옳고 이쪽이 틀렸다고 생각"하는 사람이 적지 않다고 지적하고 있다(《야수독어野叟獨語》 1807).

그 다음에 모리슨 호 사건이 발생했다(1837). 일본인 표류민을 태우고 온 광둥廣東의 미국 상사 선박을 에도 만 입구에서 포격하여 격퇴시킨 사건이다. 그리고 모리슨 호가 실은 중국어 저서로 이미 알려진 로버트 모리슨Robert Morrison이 지휘하는 영국의 선박이었다는 오해가 발생했다. 그 모리슨이 몸소 승선하여 왔다는 것은 영국의 중대한 결의를 보여 주는 것이었는지도 모른다. 게다가 중국통인 모리슨이라면 성현의 도를 충분히 알고 있을 터였다. 그런 배를 포격한 것이 잘한 일이었을까?

와타나베 가잔은 잘못한 것이라고 생각했다(《신기론愼機論》 1838). 퇴치는 변하지 않는 큰 도일 것이다. 그러나 "서양 여러 나라들이나 우리나라의 도가 도리에서는 하나뿐이지만, 크고 작은 견해 차이가 없지 않다." 표류민을 돌려보내는 측과 격퇴하는 측 중에 어느 쪽이 진짜 큰 도냐는 것이다. 더욱이 가잔은 도를 둘러싼 영국인과의 대화를 상상하였다. 아마도 영국인은 이렇게 추궁할 것이다.

> 귀국은 오래도록 굳게 금하여 침범할 수 없었다. 그렇지만 우리 나라를 비롯하여 해외 여러 국가가 항해를 하면서 정처 없이 떠돌거나 혹은 물과 땔감이 모자라거나 질병이 있는 자가 있어, 육지를 찾아 위급한 상황에서 구해 주었으면 하여도, 귀국의 해안 경비가 삼엄하여 항해하는 데에 방해가 되니, 한 나라 때문에 지구 여러 나라에 해가 된다. 같은 하늘을 이고 같은 땅을 밟고서도 같은 사람끼리 해를 입히니 어찌 이를 사람이라 하겠는가?

고립 정책은 일본이란 한 나라로서는 편할지도 모른다. 그러나 표류선까지 배격하는 그 법은 지구 여러 나라에 해가 된다. 같은 인류로서 허용되는 것인가? 그대들은 정말 사람이라 할 수 있을까?

이런 물음에 대하여 "이제까지 저들을 의심할 만했던 사실을 들어 통신할 수 없는 까닭을 알려주는 수밖에 없다." 영국의 침략 사례 등을 지적하여 반론할 수밖에 없다. 그러나 그런 깊은 논쟁을 하게 되면 결국 영국 측에 공격할 구실을 줄 것이다—이것이 가잔의 결론이었다. 그는 큰 도에 어긋난 쪽은 명확하게 일본이라고 생각하였다.

그의 벗이자 난학자인 다카노 조에이도 마찬가지였다(《무술몽물어戊戌夢物語》 1838). 표류민을 돌려보내는 배까지 내쫓으면 서양인이 어떻게 생각하겠는가? "서양 여러 나라에서는 각별히 인민을 존중하고, 사람의 목숨을 구하는 것을 가장 큰 공덕"이라고 한다(앞서 말한 인仁의 서양관이다). 그런데도 "표류인을 불쌍히 여기고 인의를 명분으로, 힘들여 보내온 사람을 어떤 접촉도 없이 막무가내로 내쫓아" 버린다면, 그들은 제일 먼저 "일본은 민을 불쌍히 여기지 않는 불인不仁의 나라"라고 생각할 것이다. 둘째로 일본의 "불인불의에 분노해" 해상의 도적이 되어 가까운 바다에서 해운을 방해할지도 모른다. 셋째로 그렇게까지는 아니더라도 일본을 "이비理非도 분간하지 못하는 폭력적인 나라라고 생각하고 불의의 나라라고 해석"할 것이다. 그리고 일본은 "예의의 나라라는 이름"을 잃어버릴 것이다.

기준은 인이자 의이며 예이다. 이에 비추어 보면 고립은 정당화할 수 없다. "만약 모리슨莫利宋 호가 오더라도 저들이 한학을 이해한다면 성현의 도로써 접대해야 한다. 꼭 격퇴해야 한다는 명령에 구애받아서야 되겠는가"라고 잘라 말하는 은거한 다이묘도 있다(마쓰라 세이잔 《갑자야화 3편》 권71). 나아가 쇼헤이자카 학문소 교수인 고가 도안古賀侗庵도 외국선의 시비곡직도 따지지 않고 "국경을 위협하고 습격해 오는 오랑캐" 즉 침략자로 간주하여 배격하는 것에 반대하였다. 본국은 원래 관대한 정치와 용감한 풍속으로 세계가 우러르는 나라이다, 그런 나라가 "사납고 포악하여 도가 없는 나라"라고 여겨질 만한 짓을 해서는 안 된다고 말한다(《해방억측海防臆測》 37, 1838[2]).

그리고 마침내 표류민 송환 등, "인의예양의 올바른 도"로써 통신을 바라는 자는 물리치기 어려운 것이라며 나가사키에 그들을 맞이하기 위한 시설을 건설해야 한다는 주장도 등장했다(쓰루미네 시게노부鶴峯戊申《내밀문답록內密問答錄》 1849). 예를 들면 '선린국보관善隣國寶館'이란 이름이 좋다. 거기서 응대하고 (레자노프에게 보낸 교유서에서 문제시한) 선물을 받고 상응하는 물품을 돌려준다. 그렇게 하면 "천하의 오랑캐들이 기뻐하며 오래도록 성화聖化"를 우러를 것이라고 하였다.

위와 같은 생각이 얼마나 일반적이었는지는 추측하기 어렵다. 용맹스러운 해방의 전술론이나, 범 무서운 줄 모르는 하룻강아지 같은 시각에서 쓰인 양이론이 훨씬 더 많았다. 그러나 위와 같은 사고는 유학의 가르침에서 볼 때 그 나름 조리에 맞는다. 게다가 락스만이나 레자노프에 대한 대응에서 보여 준 당국자의 입장과도 조응한다. 실제로 1842년(天保 13)에는 어인정御仁政의 관점에서 "외국 것이라고 해도 거센 바람을 만나 표류하여 음식과 땔나무를 얻기 위해 도래"한 선박까지 "그 사정을 잘 알지 못하면서 한결같이 좇아 버리는 것이 만국에 대하여 취한 조치라고는 생각하지 않으셨을 것이다"면서, 격퇴 명령打拂い令을 완화하는 명령이 내려졌다.[3] 더욱이 1845년(弘化 2) 미국의 포경선이 조업을 중지하고 일본인 표류민 22명을 송환하기 위해 우라가浦賀에 나타났을 때, 우라가 부교奉行는 정해진 법대로 나가사키로 회항시키는 것에 반대했다. "타국 사람을 돕기 위하여 자기 일도 멈추고 진실한 뜻으로 돌려보내 온 것"임에도 불구하고 우라가에서 곧바로 받아들이지 않는 것은 "일본의 인민을 내버리는 것에 해당하며 불

2_다이가쿠노카미大學頭 하야시 줏사이林述齋도 표류민 송환선 퇴치에 인·군덕·이국 접대의 근본이라는 관점에서 반대했던 것 같다. 후지타 사토루藤田覺《근세 후기 정치사와 대외관계》(東京大學出版會, 2005) 302-305쪽.

3_실제로 이런 것이 네덜란드에서 다른 서양 국가로 전달된 것은 1851년이라고 한다. 마쓰가타 후유코松方冬子《네덜란드 풍설서와 근세 일본》(東京大學出版會, 2007) 193쪽. 덧붙여 도쿠가와 나리아키는 이것을 "인혜仁惠 운운하며 성인인 체하는 지시"라고 빈정거렸다. 로주 아베 마사히로阿部正弘에게 보낸 서간(1846년 2월 18일).

인한 것"이다. "설령 금수와 같은 나라라고 해도 인의의 나라에는 대적하기 어렵다는 것은 알고 있다. 그렇다면 후환을 남기는 일이 있어서는 안 될 것이다. 오히려 잔인하다고 여겨지는 바가 있으면 장차 [그들이 어떤 행동을 할지 걱정되어—옮긴이] 그들을 꺼리게 될 뿐 아니라, 비례비의非禮非義라는 허명을 쓰게 되면 국체國體와 관련되니, 그래서는 안 되는 것"이기 때문이었다(시오다 준안鹽田順庵 편《해방휘의부록海防彙議附錄》). 무도無道한 나라라는 오명을 피하기 위한 모색이었다.

이렇게 페리가 내항하기 훨씬 이전부터 자생적으로, 보편타당한 도를 믿었기 때문에 기존의 관습이나 정책의 정당성에 의문을 던지는 사태가, 분명히 일어나고 있었다.

2. 도리의 소재

아편전쟁 종결 후 얼마 지나지 않아(1844), 이례적으로 네덜란드 국왕이 도쿠가와 쇼군에게 직접 쓴 서간이 나가사키로 전해졌다. 내용은 서양 여러 나라와 통호와 교역을 개시할 것을 충고하는 것이었다. 그것은 "증기선을 창제한 이래 이쪽은 각국이 서로 멀리 떨어져 있어도 오히려 가깝다. 이렇게 서로 친교를 맺는 때에 이르러서도 홀로 나라를 닫아 만국과 가까이 하지 않는 것은 사람들이 바라는 바가 아니다"라고 쓰여 있었다. 공의는 충고를 받아들이지 않았다. 그러나 1853년(嘉永 6) 두려워하던 대로 증기선을 탄 미국 사절이 에도 만에 나타났다. 그리고 예상하던 대로 사절은 일본인에게 군사적 압력을 가했을 뿐만 아니라 윤리적으로 물음을 던지며 사상적으로 도전장을 내밀었다.

예를 들면 미국 대통령 필모어Millard Fillmore가 쇼군에게 보낸 서간(한문 서간을 일본 측이 번역함)에는, 일본에 표착한 미국인을 "적절하게 편안케 해주고 불쌍히 여겨 은혜로 대하고 인자함을 베풀기"를 바란다, "같은 인류의 일"(한문으로는 "本國之民 亦是五倫之內")이 아닌가라고 요구하고 있다. 더욱이 페리가 쇼군에게 보낸 서간(네덜란드어 서간을 일본 측이 번역함)에는 "우리는 연안에 표착한 자는 어느 나라 사람인지를 막론하고 사랑으로 받아들여, 인자하게 무휼撫恤하고 있다. 귀국의 정부도 마찬가지로 인자함을 가지고 사람을 대하기를 바란다"고 하였다. 증기선은 18일 내지 20일이면 일본에 닿는다. 왕성한 무역이 가능할 터이다. 미국인을 구수寇讐로 취급하지 않기 바란다. "정실우애正實友愛의 진정한 정에 답하도록 호의로써 할 것"을 바란다.[4]

여기서는 네덜란드어 원문의 표현, 나아가 그 원문인 영어의 표현은 문제가 되지 않는다. 대부분의 일본인은 일본어 번역이나 한문에 의해 미국의 요구를 이해하고 받아들였기 때문이다. 그리고 거듭 걱정하고 두려워했던 대로 일본은 인자하지 않다고 바야흐로 정면에서 추궁당한 것이다. 사람의 도는 어디에 있는가라고 마침내 정면에서 도전받은 것이다. 오메쓰케大目付나 메쓰케들도 곧바로 "이러쿵저러쿵 도리에 합당하다는 듯한 문체로, 더욱이 저쪽으로서는 지당한 조리로서 이럴 수 있겠느냐고 하는데 […]"라고 반응하고 있다.

이런 배경에는, 예전의 러시아 등과 같이 일본에 대하여 은혜를 간청하는 solicit as a favor이 아니라, 권리로서 요구하는 demand as a right이라는 페리의 결의가 있었던 것이다.[5] 즉 그는 누구라도 승복할 만한 올바름에 의거하려고 한 것이다. 증기 기관이나 통신기 같은 선진 기술을 과시할 뿐 아니라, Right(올바름)의 논의에 도전한 것이다. 당시에는 서양에서나 일본에서나 아직 가치 상대주의자는 없었다. 올바른 것은 시공을 초월하여 올바르다고 생각한 것이 통례이다. 그래서 페리의 이런 요구를 '도리'와 관련된 도전으로 받아들인 것을 오해라고 말할 수는 없다. 보편적 도리의 실재를 믿는 사람들끼리 그에 합당한 것은 무

4_《막말 외국 관계 문서》. 이하 이 장에서 특별히 출전을 밝히지 않은 인용은 모두 본 사료에 의한다.

5_쓰치야 다카오土屋喬雄 외 역《페리 제독 일본 원정기》(岩波書店, 1948-1955) 제2책, 192쪽 참조.

엇인가를 겨루는 사태가 정말로 성립했던 것이다.

따라서 페리는 강하게 나왔다. 나가사키로 회항하지 않고 에도 만 깊숙이 진입하여 "대통령이 황제에게 보낸 우호적인 서간이 받아들여지지 않고 이렇다 할 답을 얻지 못한다면, 그는 자국이 모욕을 받았다고 생각할 것이다. 그런 사태가 야기할 결과에 대해서는 책임지지 않을 것이다"라고까지 통고하였다.[6] 그는 막무가내였다. 그 '예禮'에는 문제가 있었는지도 모른다. 그러나 요구 자체의 도리성은 그 자체로서 논의하지 않을 수 없었던 것이다.

그리고 표류민 구조에 대해서는 미국 측이 도리에 합당하다고 인정하는 의견이 유력했다.

예를 들면 자문을 받은 다이묘들은 "서간이 그다지 무리한 것으로는 보이지 않는다"(마에다 나리야스前田齊泰), "표류인을 무휼하는 1조는 그들이 말하는 가장 큰 예의이다"(우에스기 나리노리上杉齊憲), "여하튼 묵서墨書(미국의 서간)에도 본국의 민 역시 오륜 안에 있다고 하며, 오랑캐조차 윤리를 바로하고 인류를 걱정하는 도리로써 요청하는 것이니, 이조차 끊어 버리면 인의의 국풍이라고 말하기 어렵다"(마쓰다이라 요시나가), "그런데 덴포 시기에 내리신 인자하신 뜻을 아직 알지 못하였기 때문에, 시의에 응하여 땔감과 음식물을 내리시어 대일본국이 인의의 도로써 높이 솟은 위덕을 내보이시고, 의로운 나라의 이름을 잃지 않도록"(미조구치 나오아키溝口直諒)이라고 말했다. 분명히 앞에서 서술한 페리 이전부터 있었던 논의의 연장이다. 일찍이 민감한 지식인들이 품고 있던 예감이 사실이 되었을 때, 그들의 조용한 의심이 이제와서는 다이묘들의 공공연한 주장이 된 것이다.

더욱이 예전에는 용감무쌍한 《해방책》 5편을 저술한 사이토 세쓰도齋藤拙堂 역시 "저들이 호의를 갖고 말하고 있으니 화친은 원래 허용해야 한다"고 주장하였다. 이제껏 미국 표류민을 죄수와 같이 다루었던

6_같은 책, 212쪽.

것을 "저들이 불평하는 것도 당연"하며, "무릇 국토는 다르지만 같은 천지 간의 사람이니 그 어려움을 위로하는 것은 천지의 도리"이기 때문이다(〈제로사의制虜事宜〉《사이토 세쓰도 유고齋藤拙堂遺稿》). 또한 "귀국이 대대로 워싱턴話聖東 씨가 정한 법률을 지키는 것은 우리 조종이 옛 제도를 지킴과 같으며, 각기 그 국법을 지키고 정해진 법률을 잃지 않음은 독립국의 본뜻이 아니겠는가"라고 상호 불간섭주의를 주장한 센다이仙台 번사 오쓰키 기요타카大槻清崇도 표류민을 격퇴하는 것은 "필경 인자한 도리가 아니"라고 인정하고 있다. 페리와의 교섭장에 나온 정부의 유학자 하야시 후쿠사이林復齋도 "응접하기 전에는 고작 오랑캐의 무리가 어느 정도인가라고 멸시하는 말을 했지만, 처음 응접을 하고 난 뒤에는 갑자기 겁쟁이가 되어서 저들의 말이 심히 이理가 있으니 임하지 않으면 큰일이 날 것이다"라고까지 말하기에 이르렀다(나카네 모로카타中根師質《작몽기사昨夢紀事》). 주자학자가 "저들의 말이 심히 이가 있으니"라고 인정하는 것은 단순하게 악의를 품은 기록자가 말하는 겁쟁이이기 때문일 수는 없다. 여러 유력한 다이묘들의 반응을 보더라도 그것은 본심이지 않았을까?

아마도 페리의 요구를 수락하는 '개국'의 제1단계는, 단순히 증기선과 같은 고도의 첨단기술의 위협을 맞닥뜨려 굴욕적인 양보를 하는 것이 아니었다. 그것은 일면 국내외에 타당할 법한 도리에 관한 설득을 마주해서 적극적으로 찬동한 결과였던 것이다.

무릇 사람으로서 자신이 진작부터 믿어 온 보편적인 도리에 따르기 위해 스스로 과거를 반성하고 재출발하는 일이 치욕일 수는 없다. 그런 까닭에 미일 화친 조약의 체결뿐이었다면 어국욕御國辱의 책임자로서 도쿠가와 정권의 위신이 치명적으로 붕괴할 일은 없었을지도 모른다. 문제는 무역이었다. 이 조약에 의해 파견된 미국 초대 총영사 해리스는 이미 페리 역시 시사했던 무역개시를 집요하게 요구했다. 1857년(安政 4) 10월 에도에 들어간 해리스는 로주 홋타 마사요시堀田正睦를 향해 주로 다음과 같은 이유를 들어 통상을 재촉했다(일본 측 기록에

의함).

미국은 새로운 영지를 요구할 생각은 없으며 무기를 써서 영토를 획득한 적이 일절 없다. 그러나 증기선과 통신의 발명으로 세계 각국이 서로 가까워졌다. "서양 각국은 세계가 일족一族이 되기를 바라는데, 이는 증기선을 이용하기 위해서"이다. 그 때문에 "차단하여 외부와 교유를 맺지 않는 나라는 세계가 하나로 통하는 데 장애가 되니 제거하고자 생각"한다. "어떤 정부라도 하나로 통일하려는 것을 거부할 권리는 있을 수 없는" 일이다. 그래서 첫째로 상호 수도에 대사minister, agent를 두고, 둘째로 자유로운 교역이 인정되어야 한다. 게다가 "교역이라고 하면 물품에 한정되는 듯이 들리지만 새로 발명된 기계 등 서로 통하여 국익이 되는 것 또한 교역의 일단"이다. 지금의 세계에서는 "세계가 하나로 통일되어 화목하려고 마음을 써야" 하는 것이다.

해리스는 일본의 이해득실도 말했다. 그러나 이러한 세계 전체의 도리에 관계되는 설득이야말로 중심이었다(고 이해되었다). 일본인에 대한 사상적 도전 · 윤리적 물음은 이렇게 한층 더 만만치 않게 되었다.

그 도전을 위선이라고 물리치려는 시도도 있었다. 예를 들면 위의 해리스의 논의를 검토한 해방 담당자는 미국이 "멕시코와의 전쟁 뒤에 멕시코의 땅 캘리포니아를 약취"했던 예를 들면서, 결국 미국도 일통一統을 거부하고 "국체를 견지해 온 나라는 전투로써 굴복시킨 것"이라고 생각했으며, 페리 역시 "만약 정부가 조약을 거부하면 곧바로 무기를 움직이겠다는 생각이었음에 틀림"없었다고 지적했다. 마찬가지로 사쿠마 쇼잔은 해리스에게 이렇게 따져야 한다고 주장했다.

> 서양 여러 나라에서 세계를 일족으로 일통하기를 원한다는 것은 천지 공공의 도리에서 나와, 자국과 타국의 경계 없이 생령生靈(인민)을 애육하고, 있고 없음을 교통하려고 하는 바람에서 나온 것인가? 단지 각국이 자국의 이익을 꾀하여 세계의 이익을 망라하려는 사악한 욕심에서 일어난 것인가?

그러면 상대는 분명히 "공공의 도리에서 나온 것"이라고 답했을 것이다. 그렇다고 한다면, "자국의 이익에 된다면 화친을 맺어 교통하는 나라가 엄히 금지하는 것도 범하여," "불인不仁 · 부자不慈 · 무례 · 무의하며 강도가 하는 짓"이라고 할 만한 아편전쟁 같은 예를 지적하여 그 위선을 폭로하면 그만이다. 해리스는 송구해하면서 물러날 것이다(〈해리스와의 절충안에 관하여 막부에 올리는 글〉 1858년 4월).[7] 이러한 대응을 후련하게 느끼는 양이론자도 많았을 것이다.

그러나 현실의 서양이 위선적인지 아닌지와 자국 타국의 경계 없이 생령을 애육하고, 있고 없음을 교통하기 위하여 세계를 일족으로 일통하는 것 자체가 천지 공공의 도리인지 아닌지는 별개의 문제이다. 타자의 위선을 폭로하는 것이 반드시 자기를 정당화하지는 않는다. 무엇이 진정한 천지 공공의 도리인가 하는 물음을 피할 수는 없다.

역시 문제는 해리스의 말처럼, 만국이 사물과 정보를 교역하고 교제하는 일, 그런 의미에서 세계일통, 일족이 되는 것이 진정한 도리인가였다.

예를 들면 다이묘 구루시마 미치타네久留嶋通胤는 진정한 천리 · 천의는 따로 있다고 주장하였다. "저 나라는 강대함과 번화함을 자부하여 우리 나라와 화친 교역하면 양국이 이익이 많을 것이라고 말하지만, 우리 나라는 편안하고 질박함을 고기古紀와 옛 법률에 따라 지켜왔다. 무릇 천하에 크고 작은 지계地界를 가진 인주人主로서 각각 그 나라의 민을 편안하게 하고 뜻하지 않은 환란을 걱정하지 않게 하는 것은, 이기적인 이익추구를 꾀하지 않고 천리의 본연에 따라 편안하여 하늘의 뜻에 어긋나지 않기 위함"이다. 욕망하는 대로 강대함과 번화함을 추구할 필요는 없다. 각국이 편안하고 질박함을 지키면 된다는 것이다. 저마다 고립된, 조용하고 소박한 안녕함이야말로 윤리적이라는 것이다.

7_[옮긴이] 이 글이 실제로 막부에 제출된 것은 아니다. 원제는 〈ハリスとの折衝案に關する幕府宛上書稿〉이다.

한편 훗날 로주가 된 이이 나오스케는 이미 1853년(嘉永 6) 8월, "교역은 국금國禁이지만 시세가 고금이 다르다. 남는 것과 모자라는 것을 서로 통하게 하는 것은 천지의 도리이다"라고 단정하였다(확실히 고전에는 "이곳은 천하의 중심으로 물자를 교역하는 길이 통하여 있으니 장사를 하면 부자가 될 수 있다",[8] "옛날에 국가를 세우려는 자는 본업과 말업의 길을 열고 교역의 이용을 막히지 않게 하였다"[9] 등의 말이 보인다). 또 다른 도의 주장이었다. 그리고 그는 앉아서 기다리는 것이 아니라 "튼튼한 대군함을 비롯하여 증기선을 새로 만들어" 일본에서 상선商船을 내보낼 것을 건언했다.

1857년(安政 4) 11월 마쓰다이라 요시나가도 "요즘 형세에 쇄국이 불가함은 두 눈이 있으면 분명히 알 것이다. 우리부터 항해를 시작하여 여러 주州로 교역을 나가기를 바라는 까닭으로, 도리로써 와서 구하는 자는 마땅히 거절하지 말아야 하니, 미니스터에 관한 것도 마찬가지로 판단해야 한다"고 진언하였다. "금후 상정商政을 다스리고 무역학을 열어, 남는 것과 모자라는 것을 서로 유통하여 황국으로부터 지형의 이로움에 따라 세상 제일의 부유함을 이루기를" 바라기 때문이다. 이것은 해리스의 주장을 도리로 인정하고 그 위에 일본도 도리에 따라 부국을 지향하자는 의견이었다.

미일 수호 통상 조약 조인으로 개국이 더욱더 추진된 배후에도 이러한 도리에 대한 신념이 있었다. 이 단계에서도 개국은 (양이론자가 믿었던 것처럼) 결코 단순한 군사적 압력에 굴욕적으로 양보한 것이 아니었다. 적어도 일면에서 도쿠가와 일본은 보편적인 도리를 음미한 결과, 자주적으로 결단하여 '근대 서양'에 자신을 열었던 것이다.

8_[옮긴이]《사기》 권41, 此天下之中, 交易有無之路通, 爲生可以致富矣.

9_[옮긴이]《염철론鹽鐵論》 제1, 古之立國家者, 開本末之途, 通有無之用.

3. 세계 일통一統

외국과의 관계에서 도리에 대한 논쟁은 계속되었다. 도리인 이상 그것은 세계 전체에 관련된 문제였다. 세계 질서와 일본의 관계에 대해서는 특히 두 가지 상징적인 논의가 부상했다.

첫째는 외국 담당 로주 홋타 마사요시의 의견이다.[10] 우선 홋타는 당시 만국의 형세를 "중국의 춘추 열국 당시와 본국의 아시카가 씨 말년과 거의 비슷한 양상이 확대된 것"이라고 파악했다. "각각 그 땅에서 할거하여 황제라고 칭하고 왕이라 주창하며 [⋯] 누구도 통일하지 못하고 서로 웅장雄長이 되려고 앞다투는" 상태였다. 그런 까닭에 "화친을 맺지 않으면 전쟁을 하게 되고, 전쟁이 아니면 반드시 화친을 맺는 외에, 화친도 하지 않고 전쟁도 하지 않으면서 외교를 끊고 독립하여 태평한 나라는 하나도 없다." 일본의 '쇄국'은 더 이상 유지 불능이다. 그러나 중국 · 일본의 전국시대 역시 마침내 통일로 종결된 것을 보면, 세계에서 지금 상황이 영원히 지속될 리도 없다—홋타는 이렇게 생각했던 것 같다.

> 현재 세계는 결국에 대단원에는 어느 나라에서 어질고 현명한 군주가 출현하여, 덕과 위엄을 겸비해서 만국을 어루만져 기르고 교화하고, 폭도를 치고 난을 평정하여 모두가 덕화로 돌아가 그 정교政教를 받들게 만들어서, 바다가 얼어붙고 해를 못 보는 나라氷海夜國의 구석구석까지 그 은택을 입지 않은 곳이 없게 되고 전 지구가 통일 세상이 되어, 비로소 황천상제皇天上帝의 개재무량蓋載無量한 마음에 부합하게 될 것이다 [⋯]

보편성을 지탱하는 황천상제의 관념이 등장하고 있지만, 동맹 아니

10_1857년 11월. 에도막부의 최고 재판소인 효조쇼評定所의 이치자一座에게 제시한 의견서.

면 전쟁이라는 시대의 종언, 세계 평화와 정의의 실현은 덕과 위엄 즉 소프트 파워와 하드 파워를 겸비한 나라의 헤게모니 확립으로 이루어질 것이다. 그 나라는 미합중국이 아니다. 일본이다.

> 널리 만국을 항해하여 무역을 통해서 저들의 장점을 취하고 이쪽의 부족함을 보완하여, 국력을 기르고 무비를 튼튼히 하고, 점점 전 지구가 어위덕御威德에 복종하게 될 국세國勢를 이루어, 세계에 해를 끼치는 폭력 국가는 동맹을 맺은 신의의 국가들을 이끌고 정벌하고, 선량하고 외롭고 힘이 약한 나라는 어루만져, 실로 천심을 대신하여 천벌을 행하고, 세계만방이 은혜로운 통치의 은택을 입어서, 피차 간에 범하는 일 없이 형제와 신하의 정을 맺고, 결국 세계 만방의 대맹주가 된 우리 나라의 정교를 받들고, 우리 나라의 재판을 받게 될 것을 […]

이것이 당시 사실상 수상이었던 이가 품었던 보편주의의 신념과 제국주의적인 충동이 뒤섞인 구상이다.

둘째로 이와 첨예하게 대립한 요코이 쇼난의 발상이 있었다. 그는 1858년(安政 5) 이래 마쓰다이라 요시나가의 고문이 되어 일시적으로 큰 영향력을 발휘했다. 그는 "오늘날에 독립 쇄국의 옛 견해를 주장하는 것은 천리에 어긋나는 것"이라고 믿고 있었다. "서양에서도 항해와 교역이 일어난 것은 3백 년 이래로 보이는데, 그렇다면 그 이전은 만국이 모두 천리에 어긋났던 것인가?"라고 비아냥대는 질문에도, "고금의 형세가 다르다. 형세에 따라 이 또한 같지 않다"고 일축하고 있다. 그러나 그것은 현재의 서양이 완전하다는 의미는 아니다. 만약 그렇다고 한다면 네덜란드는 자바 섬을, 영국은 인도를 옛날의 왕에게 돌려주었을 터이다. 그들은 그렇게 하지 않았다. "하늘을 마음으로 하여 공평한 천리에 따르는" 것이 불가능하기 때문이다. 그것은 그들에게 '말末'은 있지만 (진정한 보편적 윤리성이라는) '근본本'이 없고, 협애한 "할거견

割據見"[11]에 사로잡혀 있기 때문이다.

마찬가지로 일본 역시 할거견에 구속되어서는 안 된다. 예를 들면 "자신이 강성해져서 세계를 횡행하는 데 부족함이 없으려면 수군水軍을 비롯하여 항해를 열어야 한다"는 적극적 개국론에 잠재된 발상을 그는 비판한다. "횡행이라 하는 것이 어찌 공공의 천리이겠는가?" 한 나라의 횡행은 공공의 천리에 반한다. "세계로 나아가려면 공공의 천리로써 그들의 분란까지 해결할 정도의 규모"가 없어서는 안 된다(이상 〈소산대화沼山對話〉 1864). 예를 들면 영국과 러시아가 대립하고 있다면 "우리 나라는 일시동인一視同仁하여, 분명히 천지의 큰 도로써 깊게 저들의 사사로움을 설파하고, 만국이 스스로 안전한 도를 보여 주어야 한다"(〈해외의 형세와 아울러 국방을 논함〉). 그에 따르면 보편적 원리의 실현을 전 세계에서 지향하는 것이 일본, 그리고 모든 사람들의 사명이었다.

그러나 무엇이 보편적 원리인지, 도리인지에 대해서 의견이 대립하면 어떻게 해야 하는가? 실제로 의견은 격렬하게 대립했다. 당사자가 믿는 원리의 보편 타당성을 무엇이 보증하는가? 쇼난의 답은 논의의 보편성이었다. 폭력에 의한 양이攘夷야말로 올바르다는 목소리가 드높았던 1863년(文久 3) 5월, 그는 (마쓰다이라 요시나가의 의견서라는 형태로) 로주에게 이렇게 진언했다.

양이가 "전 세계의 도리에 있어서도 반드시 귀결되어야 하는 것인가?" "이는 지구상의 전체 논의와 연관시켜 말하지 않고서는 결정하기 어려운 일"이다. "전 세계가 꼭 그런 것이 아니면 지구상에서 반드시 옳다고도 말하기 어려운 도리"이다. 따라서 "지구상의 논정論定"에 의거하지 않으면 안 된다. 국내에서 "제후는 물론 천하의 후백侯伯, 여러 번의 유지와 초망草莽의 무리들에 이르기까지" 모두 끌어들여 "상의商議(논의를 뜻함)"하고, 나아가 "상의한 각 조리를 열국에 추진"해야 한다(《속재몽기사續再夢紀事》).

11_[옮긴이] 할거견이란 자신의 이해 관계 또는 선입견에 사로잡힌 견해를 가리킨다.

"지구상의 전체 논의"(!)에 의한 "전 세계의 도리"(!)의 발견—그것이 쇼난의 답이었다. "세계에서 횡행하는" 일국의 패권에 의한 글로벌리제이션과는 상이한, (하버마스나 존 롤스보다도 앞선) 숙의에 의한 보편성을 추구하는 구상이었다.

참고 문헌

사토 세이자브로 《〈죽음의 도약〉을 넘어서: 서양의 충격과 일본》(佐藤誠三郎《〈死の跳躍〉を超えて: 西洋の衝撃と日本》都市出版, 1992)

미타니 히로시 《메이지 유신과 내셔널리즘: 막말 외교와 정치 변동》(三谷博《明治維新都ナショナリズム: 幕末外交と政治變動》山川出版社, 1997)

마쓰우라 레이 《요코이 쇼난》(松浦玲《横井小楠》朝日新聞社, 1976)

제19장 와해와 일신

1. 난세적 혁명

도쿠가와 체제의 급격한 붕괴, 그 후 전면적이고도 철저한 변혁—이것은 세계 역사상 특이하고 놀라운 일이었다. 그것을 체험한 사람들은 종종 꿈만 같다고 회고하고 있다. 지금이 현실이라고 한다면 이전의 세상은 꿈으로만 여겨진다. 그 정도로 격변이었던 것이다.

17세기 초두에서 2세기 반 동안, 여러 번의 기근 · 홍수 · 대지진 · 대분화 · 질병, 그리고 잇키 · 파괴 · 오시오 헤이하치로의 난 등을 별 탈 없이 극복해 왔던 체제였다. 그것이 1853년(嘉永 6) 6월 3일 네 척의 배(이 중 두 척은 세 개의 돛대를 가진 선체의 좌우에 증기 기관으로 회전하는 외륜까지 갖춘 신예함)가 에도 만에 출현한 이래, 체제가 동요하기 시작하여 겨우 14년여 만에 결국 와해하고 말았다. 그리고 4년 뒤에는 예전의 중앙 정권뿐 아니라 무장한 지방 정권 모두가 일소되어(폐번치현) 무사 신분 자체가 빠르게 소멸되고 만 것이다.

왜 그랬을까?

게다가 와해 직후인 1868년(慶應 4) 3월, 만 15세의 천황이 무가와 소수의 공가로 구성된 신정부의 국시로서 "천지신명에게 맹세"한 5개조는 다음과 같다.

1. 널리 회의會議를 일으키고 만기 공론으로 결정한다.
1. 상하 마음을 하나로 하여 경륜經綸을 활발하게 행한다.
1. 관리와 무사, 서민에 이르기까지 모두 각기 뜻을 이루고, 인심이 지치지 않도록 할 것을 요한다.
1. 구래의 누습을 깨고 천지의 공도公道에 기초한다.
1. 지식을 세계에서 구하고 크게 황기皇基를 떨쳐 일으킨다.

10년 전, 5년 전에는 누구도 상상하지 못했던 '국시'이다. 여기에 양이론은 없다.

이른바 메이지 유신은 사전에 마음속으로 그렸던 "이상적인 아름다운 나라를 건설하고자 한" "이상적인 혁명"이 아니다. 다양한 의도를 가진 세력들과 경쟁하는 가운데 순식간에 급진적이 되어, 당사자들 누구도 당초 예상하지 못한 결말에 이른 "난세적 혁명anarchical revolution"이다(다케코시 요사부로竹越與三郎《신일본사》1892).

왜 이렇게도 신기한 국시를 내건 혁명정부가 성립한 것일까?

게다가 그 후에 혁명정부는 실제로 크게 "지식을 세계에서 구하고" "구래의 누습을 깨고" 정치 · 법제 · 세제 · 경제 · 사회 · 교육 등을 근본부터 뒤엎었다. 이윽고 풍속 · 언어까지 일변했다. '위'로부터의 개혁에 '아래'는 그다지 저항하지 않고 호응하였으며, 메이지 초년을 제외하면 "아무것도 잊지 않고, 아무것도 배우지 않고" 여하튼 혁명 이전으로 되돌리자고 책동하는, 문자 그대로의 반동파 등은 없었다. 결국은 예전의 왕조가 다시 왕위를 되찾고, (프루스트의《잃어버린 시간을 찾아서》의 독자라면 누구라도 알듯이) 그 후 1세기가 지나도 오히려 귀족의 신분 의식이 강고하게 존속했던 프랑스혁명 등과 비교하여, 그 결착은 정말로 선명했다.

이 현상을 개항에 의하여 세계 무역의 고리에 참여함으로써 기성의 사회 · 정치 구조가 파괴된 것이라고 설명할 수는 없다. 무역 수지는 대체로 흑자였고 국내는 품귀 현상으로 물가가 상승할 정도였다. 국내

산업이 무너지기는커녕 수출 붐으로 큰돈을 번 사람이 한둘이 아니었다. 대부분의 조닌과 백성은 무사들의 소동을 방관하는 한편 개항지의 신풍속을 흥미진진해했다. 당시 서양인의 수기는 모두 서민들이 자신들에게 우호적이었다고 적고 있다.

후세의 소설이나 드라마는 종종 소수의 명민한 개명파가 서양에 의한 간섭 · 침략 · 식민지를 피하기 위해서는 천황을 중심으로 하는 통치와 당시의 서양을 모방한 개혁이 필수였음을 일찍이 깨닫고, 게다가 그 속마음을 감추면서 사태를 이끌어 갔던 것처럼 묘사한다. 그러나 그것은 사실이 아니다. 사태의 추이에 따라 누구라도 의견을 바꾸었다. 대부분 몇 번씩 전향했다. 그 때문에 (특별히 음험했던 것은 아니지만) 속내는 기존의 주장과 종종 엇갈렸다. 게다가 메이지 이후, 예전의 양이파도 좌막파佐幕派도 최종 결착에 끼워 맞춰서 자신들을 설명했다. 그것을 비난할 필요는 없겠지만 안이하게 편승해도 안 될 것이다. 냉정하게 살펴보자.

2. 어국위御國威와 양이

페리는 그제까지의 락스만이나 레자노프와 달리, 대담하게 에도 만 깊숙이 진입하여 나가사키 회항을 엄중히 거절하고, 막무가내로 대통령의 요구서를 건넸다. 앞 장에서 보았듯이 선박의 편의를 위하여 몇 개 항구를 열고 땔나무와 물을 제공하는 '인의'의 요구는 사실 그다지 어려운 문제는 아니었다. 그런 강경한 자세야말로 충격이었다.

미토의 도쿠가와 나리아키는 내항 이후 1개월 남짓한 시점에서 이미 "쫓아내겠다고 결정하신 것이 아니고, 지나치게 관유寬宥하고 인유仁柔하게 처치하시면, 아랫사람들이 그 품으신 뜻을 알지 못하는 까닭에 간악한 민들이 어위광을 두려워하지 않아 다른 마음이 생길지도 모릅니다. 영지를 가진 다이묘를 비롯해서 통제되지 않는 추세가 될지도 모르니 […]"라고 생각하고 있었다(로주에게 보내는 건의서. 7월 10일). 영지를 가진 다이묘 이하 간악한 민의 주시하에 어위광이 실추하는 것을 두려워했던 것이다. 에치젠의 마쓰다이라 요시나가도 "무덕의 쇠약을 알아채게 되면 다른 나라는 차치하더라도, 전국의 대소 영주들까지 어떻게 생각할지, 국내의 정도政道 역시 이제까지처럼 꾸려 나가기 어려우며, 아시카가 씨 말기와 같이 되지는 않을지 두렵습니다"라고 말했다(로주에게 보내는 의견서. 8월 7일).

그가 고백하듯이 문제는 다른 나라가 아니라 국내였다. 어위광은 해외에서도 빛나고 있을 터인지라 그 실추는 곧바로 국내에 파급되어, 어위광의 체제를 위기에 빠뜨릴 것으로 직감한 것이다.

그 때문에 요시나가는 약해 빠져서 자식도 못 낳을 것 같은 (그렇게 여겨진) 쇼군 이에사다家定에게 나이들고 현명한 양자(나리아키의 일곱째 아들 요시노부慶喜)를 들임으로써 어위광의 재정립을 꾀하도록 시도했다. 이른바 히토쓰바시파一橋波의 운동이다. 그러나 너무나도 억지스럽고 (쇼군 가문에서 보자면 심히) 주제넘은 이 운동은 결국 동요와 분열을 초래할 뿐이었다.

이것은 도쿠가와 가문의 어위광보다는 어국위의 문제라고 생각한 사람들도 있었다. 일본이 만국을 마주하고 있다는 의식은 드물지 않았으며(제15장), 일찍이 기독교를 일소했던 사건을 "국위를 해외에 떨치는 것은 또한 통쾌하다고 할 만하다"(아이자와 세이시사이 《신론》 1825)라고 여기는 분위기도 있었기 때문이다. 그들은 해리스의 에도 성 방문이나 통상 조약 체결도 외국에 대한 굴복이며, 그렇기 때문에 굴욕이라고 여겨서 이를 갈며 부들부들 떨었다. 그리고 저자세의 공의에 대한 불신이 깊어졌다. 그들의 표어는 바로 미토학의 교전教典인 《홍도관기弘道館記》에서 이에야스에 의한 (존왕과 아울러) 기독교 배격을 기리면서 사용했던 '양이'라는 말이었다.

그러나 실제로 어떻게 하면 양이를 실천하는 것인지, 의견은 다양했다. 조약을 파기하고 싸워서 모든 서양인을 추방해야 하는가? 그랬다가 지기라도 하면 어쩔 것인가? 지지 않으려면 서양의 병기와 군사기술을 죽도록 배워야 하는가? 그것으로 양이라 할 수 있는가? 양이가 요컨대 어국욕을 씻고 어국위를 만회하는 것이라면, 일단은 조약을 파기하고 당당하게 다시 체결하면 되는 것인가? 나아가 통상하면서 항해술을 배워 스스로 세계로 진출하면 그것이야말로 진실로 양이의 실천이지 않을까?[1]

도쿠가와 정부가 서구에 파견한 두 번째 사절의 일원. 1864년 촬영. 기모노 안에 넥타이와 셔츠를 입고 군모를 손에 들고 있다.

서양인에 대한 극심한 혐오와 증오가 끓어오르는 사람들도 분명 있었다. 그러나 서양인 암살조차도 서양인보다는 실은 정부에 대한 항의 표명인 듯이 보인다. 그런 의미로는 미토의 무사들에 의한 다이로大老 이이 나오스케 암살과 성질이 같다. 그 결과 어위광은 더욱더 저하되었다. 그러나 (이제는 널리 '막부'라 불리게 된) 공의는 외국과의 타협에 의한 위광의 쇠퇴보다도, 싸움에 져서 위광이 실추되는 것을 더욱 두려워했다. 그리고 처음에 양이를 하지 않는 정부에 분개한 사람들은 이윽고 양이를 할 수 없는 정부를 경멸했다. 그리고 마침내는 단지 정부를 괴롭히고 타도하기 위한 수단으로서 양이를 이용하였다.

1868년(慶應 4)(이 해는 9월에 연호가 메이지로 바뀐 해이기도 하다) 2월

1_'양이'론자들은 특별히 조약 내용이 불평등하기 때문에 분개했던 것은 아니다(미타니 히로시《페리내항》吉川弘文館, 2003, 266-268쪽). 메이지기에 들어와서, 무지한 '막부'가 체결한 불리한 조약이라고 여겨졌던 것이다. 원래 통상 조약은 일본인의 국외 진출을 상정하지 않는다. 따라서 일본인을 피고 · 피고인으로 하는 사건은 일본의 재판소가, 외국인을 피고 · 피고인으로 하는 사건은 해당국의 영사가 판단한다는 것은 불평등이 아니다. 또한 일본인이 외국에 나가게 되면 일본인은 외국에서 자유롭게 행동할 수 있지만, 외국인은 일본에서 거류지로부터 십리 안에 둔다는 역불평등이 있었으며, 이것은 외국 자본의 일본 국내 진출에 무거운 족쇄가 되었다(스기야마 신야杉山伸也《개항과 유신(일본경제사 3)》岩波書店, 1989, 217쪽).

천황이 신정부를 대표하여 서양 여러 국가의 외교관들과 처음 회견한 날 아침에 오하라 시게토미大原重德는 아래와 같이 술회했다고 한다. 그는 5년 남짓 전에 시마즈 히사미쓰島津久光의 군세와 더불어 에도에 칙사로서 들어가 위압적인 고자세로 외이소양外夷掃攘을 다그친 당사자이다.

> 내가 생각건대 어일신御一新 전에 조정이 오로지 양이를 주창하신 것은, 필경 도쿠가와 가문의 병마권 및 천하의 정무를 빼앗겠다고 생각하셔서, 도쿠가와 가문을 무너뜨리기 위해서였다. 어일신 이후에 갑자기 외국인 알현도 시작한다고 하니, 너무나 갑작스러운 정반대의 처치라서, 도쿠가와 가에 대해서도 심히 의리가 아니다. (마쓰다이라 요시나가 《일사사보逸事史補》)

오하라조차 이제 와서 보니 도쿠가와 가문을 무너뜨리기 위해 양이를 주창한 것으로 보인다는 것을 자각하고는 겸연쩍어졌을 것이다. 게다가 앞에서 서술한 서양관(제17장)도 형성되고 있었다. 뭔가 서양의 우위를 인정하고, 그런 서양에 대항하기 위해서라도 더더욱 서양을 배워야 한다는 논의가 유력하였으며, 양이론이 공동화空洞化하는 기반은 진작부터 있었다.

이윽고 예전의 양이를 외치던 지사들은 신정부의 지도자로서, 양복을 입고 머리를 잘랐으며, 당시 서양인을 모방하여 일제히 수염을 기르고 '문명개화'를 주도했다. 문자 그대로 양이를 믿었던 사람들이 보자면 혁명은 완전히 배신당한 것이다.

3. 존왕과 무가

특히 19세기 중반 이후 금리의 위신은 더욱 빛을 발하여 갔다. 금리가 스스로 화려한 선전 활동을 한 것도 아닌데 점차 존재감이 커진 것이다.

유신 체험자도 자주 지적하듯이 거기에는 유학의 침투도 영향을 미쳤을 것이다. 금리와 공의의 병존 상태를 유학의 틀에서 이해하려고 한 결과, 결국 정통 군주는 금리이며, 공의는 국정·대정大政을 위임받은 것이라는 국제國制의 해석이 확대된 것이다. 게다가 제16장에서 서술한 대로 젊은 이에나리에게 로주 마쓰다이라 사다노부가 그렇게 이야기 한 것(〈어심득지개조〉 1788)이나 이에나리가 금리에 대하여 특히 정중했던 것[2]으로 보면, 쇼군 이에나리도 (훗날 이에모치·요시노부도 마찬가지로) 이미 그렇게 믿고 있었는지도 모른다.

그것은 약체화를 자각하고 금리의 권위를 이용하였다는 단순한 책략을 말하는 것이 아니다.

첫째로 이것은 점차로 보급된 일본사 해석과 관련된다. 즉 금리가 원래 '일본'의 정통 군주라고 한다면, 무가가 실권을 잡고 있는 것은 변칙적인 사태가 된다. 따라서 그런 입장을 취하는 아사미 게이사이와 같은 이들이 보자면, 가마쿠라·무로마치 시대는 한탄스러운 찬탈의 시대이다(제5장 3). 미토 가의 《대일본사》도 그런 입장이다(거기에는 고다이고 천황에 동정적인 《태평기》 역사관의 영향도 있을 것이다. 선구적인 근왕가로서 알려진 다카야마 히코쿠로高山彦九郞·가모 군페이蒲生君平도 《태평기》 애독자였다). 미나모토노 요리토모가 가마쿠라 막부를 세우자 한탄스럽게도 "병마권이 모조리 간토로 귀속"되어 천하의 시세가 일변하였다. 무로마치 막부의 아시카가 다카우지에 이르러서는 그 "속임수와 권모는 공이 죄과를 덮지 못하며, 한 시대를 농락하려 하였으나 천하 후세를 속이지는" 못하는 것이었다(권179, 쇼군열전). 그는 "군주를 변모弁髦(쓸데없는 것)처럼 여겼으며, 폐위와 옹립이 모두 그의 손을 기다려 이루어졌고, 천하 군국郡國은 신사神祠의 봉호封戶나 공경의 식읍을 따지지 않고 강탈하고 점령하여 모조리 장좌將佐에게 나누어"

2_《문공원전어실기文恭院殿御實紀》 부록 권1, 마쓰다이라 요시나가 《일사사보》.

주었기 때문이다(권184). 간편한 일본 통사로서 널리 읽히고 번교의 교과서로도 사용된 라이 산요賴山陽의 《일본외사》도 마찬가지이다. 마쓰다이라 요시나가는 라이 산요에 대하여 "일본외사를 비롯하여 통의通議 같은 것을 저술하였다. 이로부터 존왕설이 크게 행해졌다. 미쓰쿠니光圀 경 다음으로는 산요를 유신의 장본인이라고 생각한다"고 회고하고 있다(《일사사보》).

물론 미토학자들은 (다카우지와 마찬가지로 전국의 토지를 장좌에게 나누어 주었음에도 불구하고) 이에야스는 존왕하였기 때문에, 요리토모·다카우지와는 전혀 다르다고 한다. 앞에서 서술한 대로 《홍도관기》도 이에야스가 존왕양이를 했다고 칭송한다. 그러나 어쨌든 무가의 지배를 역사적으로는 천황의 정통 권력의 잠식과 찬탈의 결과라고 해석하는 것이다.

따라서 도쿠가와 씨의 지배, 나아가 무사에 의한 전국 지배 자체의 정통성조차 결국 금리가 추인했다는 점과 관련된다.[3] 동시에 황실존숭만이 '막부'의 존립근거가 된다. 그 존립이 위태로워지면 위태로워질수록 더 깊이 존숭할 수밖에 없는 것이다.

둘째로 유학적 예와 명예 의식에서 관위를 부여하는 자가 군주라고 한다면, '정이대장군'이 금리의 '신하'임은 부정하기 어렵다. 다만 그 이름이 실태에 걸맞지 않기 때문에 위임을 명확하게 드러내도록 섭정이라 하면 된다는 것이 후기 미토학의 개조인 후지타 유코쿠藤田幽谷의 주장이었다(〈정명론〉). 또 도쿠가와 나리아키는 로주 아베 마사히로에게 주의를 주면서, 로주가 네덜란드인에게 쇼군을 "우리 군주我主"라 부르는 것은 부적당하다, "일본 국내에서든 외국에서든 적절하지

3_덧붙여 로주 마쓰다이라 사다노부에게 제출한 건언서 《초모위언》(1789)에서 "간토의 현명한 다스림은 오로지 위임받으셔서"라고 쓴 나카이 지쿠잔은 그 이전에 스스로 《대일본사》를 필사하였다. 《존음집尊陰集》 권7 〈대일본사부의大日本史附議〉. 그가 지은 도쿠가와 이에야스의 일대기 《일사逸史》도 기본적으로 미토학적인 역사해석에 의거하고 있다. 그는 그 '위험성'을 인식하지 못하고 '천진하게' 그것이 도쿠가와 가문의 역사관·정통성관이라고 믿고 있었던 것이다.

않다", 우리 군주라는 말은 금리밖에 없다고 하였다(서간, 1846년 2월 18일). 그것이 진실이며 또 그렇게 부르는 것이 정치적으로도 현명하다고 믿었던 것이다.

다만 이 논리는 (예를 들면 종5위하 이키노카미壹岐守라는 관위를 형식상 금리에게서 제수한) 다이묘의 진정한 군주 역시 금리라는 위험한 주장의 길을 연다(제3장). 실제로 히라도에 은거한 다이묘 마쓰라 세이잔은 쇼헤이코의 유학자 하야시 줏사이에게 자신은 "막부幕府"가 아니라 "조정의 신하"라고 분명히 말하여 "그와 논쟁하였다"고 한다(1839, 《갑자야화》 권61). 막부 말기에는 그렇게 일컫는 다이묘가 속속들이 나타났다. "세상에 막조幕朝를 일컬어 패도라 말하면서, 지금의 제후를 왕신王臣과 같이 생각하는 자도 간간이 있는데, 이는 한학자들이 쓰기 시작한 말로 중국의 문자를 가지고 우리 나라의 일을 말하려고 하는 잘못이다"(야마가타 다이카山縣太華《강맹차기평어講孟箚記評語》)라고 말하는 편이 무사의 주종제의 원리에서 보자면 정론일 것이다. 그러나 유학적 교양이 침투한 결과 바야흐로 실력에 의한 제압과 토지의 급부(이익!)에 의한 주종관계보다도, 관위수여에 의한 군신관계야말로 의로움이라고 믿게 된 것이다. 스스로 정통성 이론을 구축하지 않았던 공의는 그것을 정면에서 결연하게 부정도 할 수 없었다(아라이 하쿠세키처럼 "고대 이래 천황의 왕조는 멸망하였다. 도쿠가와 가는 천명을 직접 받았으며, 도쿠가와 가문이 북조를 공주共主로서 받들고 있는 것"이라고 역사와 정통성을 해석하고 있었다면, 이렇게 궁지로는 몰리지 않았을 것이다).

그러나 어째서 금리의 권위가 어느덧 이렇게 상승하게 된 것일까?

① 외국을 의식할수록 황통의 연속이 귀중하게 여겨지게 된 사정은 분명히 있었다(제15장). 물론 그것을 공언한 ② 아사미 게이사이 같은 유학자나 ③ 국학과 미토학의 영향도 크다. ④ 게다가 유학적 예악과 헤이안의 정취 모두 미적 동경의 대상이 된 측면도 있다(제10장 · 제16장). 아름다움은 힘이다. ⑤ 또한 두 개의 권위가 병존하고 있는 까닭에

2대 정당제와 비슷한 집권당에 대한 불만의 결과, 재야당의 인기가 실적보다 기대치에 의해 높아진다는 다이너미즘이 작용한 것도 있을 것이다. ⑥ 더 큰 배경으로는 체제가 오랫동안 안정된 탓에 지속과 전통이 사회적 권위의 최대 원천이 되었던 사실이 있을 것이다. 당시에는 종종 나의 이에와, 정촌 · 사사寺社 · 나카마仲間 · 좌座 같은 나의 집단의 역사적 유서와 혈통을 자랑하는 형태로 자기주장이 행해졌다.[4] 그런 상황에서는 최고 · 최강의 유서, 혈통과 격을 지닌 금리가 한발 한발 권위를 높여 가는 것이 당연했다. 아마도 금리는 근세 후반기 전국적인 유서 경쟁의 최대 승자였다.

그리고 금리가 한층 더 빛나게 되면서 '일본'은 천황을 받드는 특별히 뛰어난 나라, '황국'이라는 자의식이 더욱 강해졌다.

어국욕을 탄식하며 어국위의 만회를 부르짖을 때, 그 어御가 보여 주듯이 국國이란 우리라는 의미의 국민이나 민족이 아니다(이런 의미에서 21개조 요구에 대한 굴복을 대하는 젊은 중화민국의 '국치'와는 다르다). 문제는 황국 혹은 그것을 대표하는 정부의 위신이다. 그것이 되비쳐 황국의 신민 모두에게 문제가 되는 것이다. 존왕론과 양이론이 그렇게 결합하여 서로를 강화시켰다.

황국 의식이 전제가 되면 위칙違勅 조인은 막부로서는 뒤가 켕기는 것이며, 존왕론자가 보기에는 반역에 가까웠다. 그것을 추궁당하면 막부는 사정이 어쩔 수 없었다고 설명할 수밖에 없는 것이며, 요컨대 스스로 약함을 인정하는 것이었다. 그 때문에 위광은 더욱더 저하되었다. 그리고 존왕이 결여되었다고 비난받으면 이제부터라도 존왕을 관철시키겠다고 할 수밖에 없었다.

4_"첫머리에서 근세는 유서의 시대가 아니었을까라고 했지만 18세기 후반 이후 19세기에 걸쳐 유서의 시대로 진입했다고 하는 편이 정확할 것이다. 다른 사회 집단이 유서를 발견하고 활발하게 말하기 시작하는 것도 이 시기였다"(구루시마 히로시 〈촌이 '유서'를 자랑할 때〉 구루시마 히로시久留島浩 · 요시다 노부유키吉田伸之 편《근세의 사회 집단: 유서와 언설》山川出版社, 1995, 32쪽).

또한 무가가 천황으로부터 토지와 권력을 찬탈했다고 하는 역사 이해는 공의뿐 아니라 모든 무사에게 윤리적으로 양심의 가책을 느끼게 한다. 그 극복은 존왕의 노력에 의해서만 가능하다.

실제로 미토학을 대표하는 후지타 도코藤田東湖의 《홍도관기술의弘道館記述義》(《홍도관기》의 해설)는 요리토모가 대권을 찬탈하였다면서, 아시카가 치세에 "황실은 쇠락하게 되었고 무인은 교만하고 횡포한 상황"이라고 탄식하고, 그것을 "이륜명분彛倫名分의 퇴패착란頹敗錯亂"이라 평가한다. 그리고 황실이 멸시당하는 난세에서 근왕을 위해 분투한 사람들의 "영풍의기英風義氣"를 상찬한다. (본래는 대외적 위기에 대비하기 위해 미토의 가신들을 고무하려는 의도였지만) 막부 말기의 독자는 군주도 이 '대의' 실현을 위해 헌신하는 '영웅'이 되어야 하지 않겠는가라고 추궁하는 것처럼 느꼈을 것이다.

다이묘의 가문에서도 존왕양이를 외치는 이가 나타나고 출분出奔·탈번[5]도 이어져서, 다이묘 역시 그것과 정면에서 대결하면 가신들의 이반을 초래할지도 모르는 상황이 되었다(덧붙여 히라도의 다이묘 마쓰라 가의 유학자였던 야마자키 안사이 학파의 구스모토 세키스이楠本碩水는 유신 후에 "다이묘는 적신賊臣이다. 조정의 복고도 다이묘의 힘을 빌려 이룬 것이니 뭐라고도 하기 어렵다. 화족華族 축에 끼어 의기양양하다니 이상하기 짝이 없는 일이로다"라고 했다고 한다. 구스모토 세이슈楠本正脩《과정여문過庭余聞》). 존왕론의 고양은 결국 다이묘를 향한 경멸과 부정 그리고 무사의 자기 부정까지 야기한 것이다.

이처럼 존왕과 무사의 자기 회의가 결합한 것이, 천황을 직접 받들던 무사 출신자로 구성된 정부가 다이묘 지배와 무사 신분 자체를 해소시키는, 일견 역설적인 변혁의 한 요인이 되었을 것이다. 그렇게 해서야 존왕론은 완성되었다. 그때 미토학적이고 라이 산요와 같은 역사의식을 수용하고 있던 무사들은 그 변혁에 저항하는 사상적 발판을 이미 결

5_[옮긴이] 출분이란 에도 시대 가치徒士 이상의 무사가 도망쳐서 행방불명되는 것을 가리키며, 탈번은 무사가 번을 벗어나 로닌이 되는 것을 가리킨다.

여하고 있던 것이다.

막부 말기에는 자기 보존을 위해서 혹은 자기 주장을 위해서, 또는 자기 긍정을 위해서 누구든지 간에 존왕을 외쳤다. 누가 진정으로 존왕인지를 경쟁하는 존왕 경쟁이 시작되고 가속화했다. 이제는 누구도 경쟁을 그만둘 수 없었다. 그런데도 금리는 스스로 독재자가 될 기개가 없었다. 그 결과 금리를 추대하면 그로써 권력을 쥐고 정국을 움직이는 구조가 성립했다. '왕정복고'라 칭한다 해도 그것이 '천황친정'을 의미하지 않는다는 것이 통상적인 인식이었다. 메이지 천황제 국가의 기본적 구조가 그렇게 형성되었다.

4. 인심 화합과 공의 여론

일반적으로 전제적 권력이 성립하여 안정되면, 권력이 일일이 지시할 필요는 줄어든다. 그 의향을 헤아려 자주적으로 따르게 되기 때문이다. 무위無爲로 다스려지는 상태라고도 할 수 있을 것이다. 그러나 권력이 확산된 상태로 보이기도 한다. 특히 권력의 요구가 고정되면 사람들은 편안히 선례대로 움직이게 된다. 그것은 최강의 전제로도, 합의에 기댄 통치로도 보일 것이다.

도쿠가와 체제에서는 이 논리가 실제로 작용했던 것으로 보인다.

문제는 권력이 변혁을 시도할 때이다. 그때 절대적으로 보였던 권력이 실은 피통치자의 습관에 의한 인내 혹은 수용으로 기능하고 있었음이 폭로된다. 조건부 동의에 기대고 있었다는 것이 명백해진다. 왕은 주위가 왕으로 여기지 않게 되는 순간, 더 이상 왕이 아니다. 위압적인 어위광의 지배가 순식간에 부단한 합의 조달에 기대는 지배로 뒤집혀 용해될 수 있다.

공의를 담당하는 로주들도 그런 예감과 공포에 사로잡혔던 것 같다.

페리의 내항 이래 다이묘들의 의견을 듣고 금리에도 열심히 보고하고, 나아가 조약 칙허를 얻고자 했던 배경에는 그런 두려움이 있을 것이다. 예를 들면 1857년(安政 4) 12월 15일 해리스에게 통상 조약 체결의 압박을 받은 로주 홋타 마사요시는 다이묘들에게 "중흥의 대업을 세우시고, 어국위를 경장하실 기회도 지금이기에 대변혁을 하려고 생각하시지만, 요즈음 국내 인심의 조화와 안정이라는 문제도 있고, 인심이 화합하지 않으면 안팎으로 어떤 화근을 끌어내게 될지 헤아리기 어려우니 […]"라고 말했다. 대변혁을 하고 싶지만, 인심이 화합하지 않으면 무슨 일이 벌어질지 알 수 없다는 솔직한 고백이다. 그 때문에 전례에 없이 여러 다이묘들에게 자문을 단행한 것이다.

이것은 프랑스 국왕의 삼부회 소집이 혁명의 계기가 되었듯이, 후대에서는 전제 정부가 정치 과정에서 스스로 다수를 끌어들이는 자살 행위처럼 보인다. 그러나 그는 독단으로 인해 곧바로 인심이 화합하지 않아 혼란을 야기하는 것보다는 오히려 현명한 방법이라고 생각했을 것이다.

한편 이듬해 2월에는 금리도 호응하듯이 "인심의 화합은 국가의 중대사이니, 산케三家 이하 여러 다이묘의 단심을 듣고 싶어 하신다"고 통고했다. 그렇게 하면 조약 체결이 어려워진다고 예상한 것이다. 그리고 '위칙' 조인 후 이른바 '무오戊午의 밀칙密勅'(8월)에서는, 먼저 여러 다이묘들의 중의를 듣고 싶다고 했음에도 무시당했다고 하여, 다시금 "이것은 국가의 대사이니 다이로와 가쿠로閣老 외 산케 · 산쿄三卿 · 가몬家門 · 도자마外樣 · 후다이譜代 모두 하나가 되어 논의하여 결정"[6]하도록 요청했다. 이것은 민주정론民主政論이 아니다. 인심의 화

6_[옮긴이] 가쿠로는 로주의 다른 말이며, 산케는 도쿠가와 이에야스의 직계후손으로 오와리 가 · 기이 가 · 미토 가의 세 가문을 가리킨다. 산쿄는 에도 시대 중기 도쿠가와 씨의 일족에서 분립한 다이묘 가문으로 다야스田安 · 히토쓰바시一橋 · 시미즈淸水 가문을 말한다. 쇼군에게 후사가 없을 때에는 산케와 산쿄 가문에서 낼 수 있었다. 가몬家門은 쇼군가의 일족 및 이에야스의 형제의 가계를 잇는 다이묘 가문을 가리킨다. 후다이는 세키가하라 전투 이전부터, 도자마는 그 이후부터 도쿠가와 가문에 복종한 다

합을 질서의 조건으로 삼는 발상에서, 중의 · 군의에 의거하라는 절차론이 등장한 것이다. 이는 그 뒤에도 다양한 입장에서 주장되었다. 결과적으로 그것은 처사횡의處士橫議를 초래했다.

다른 한편 권력을 논의 대상으로 열어 놓으라는 유학적 권유도 채용되었다. 첫째로 천한 민중에게 묻는 것을 부끄러워하지 않는(〈순우추요詢于芻蕘〉《시경》 대아) 것은 치자의 미덕이다. 아래로부터의 언로를 활짝 열라는 요청은 유학에서 보면 당연하다.

둘째로 스스로 내면을 성찰하고 다스리면서 강습 · 토론하는 것은 학문, 즉 수신의 기본이다(주희 《대학장구》). 각각의 내면에도 있는 보편적인 이理를 발견하려면 토론도 필요하다. 따라서 널리 일치하는 논의 즉 공론은 이에 부합할 가능성이 높다. 공론은 단순한 여론조사의 다수 의견과 달리 공도에 가까운 권위를 가진다. 1858년(安政 5) 4월 마쓰다이라 요시나가의 심복이었던 하시모토 사나이는 "가쿠로 정도라면 스스로 공의 여론도 들을 것이고, 또 국가의 안위를 염려하신다면 그리 쉽게 물정에 어두운 분을 (쇼군 이에사다의 양자로) 세울 걱정은 없겠지만 […]"이라고 말하였다. 또 같은 해 5월에 요시나가가 다이로 이이 나오스케에게 "어쨌든 천하를 위해 좋게 하려면, 간요한 것은 바로 천하의 공론을 채용하셔야만 한다. 누가 (이에사다의 양자로서) 어린 분이 좋을 것이라고 말하겠는가"라고 다그쳤던 때에도(《작몽기사》), 그런 의도였을 것이다. 실제로 요시나가는 다이묘들의 이의 제기에 의하여 행한다면 "어위광은 어찌 되겠는가"라고 생각한 로주 마쓰다이라 다다카타松平忠固에게 "공론을 취하여 결정하시는데 어찌 어위광에 구애될 일이 있을 것인가"라고 반론했다(같은 책). 올바른 일을 해서 어위광에 구애받을 일은 있을 수 없다는 것이다.

이윽고 사쓰마와 조슈도 천하의 공론을 들고 나오게 된다. 마침내는 대항하는 선상에서 공의 쪽도 내세우게 된다. 그리고 《해국도지》 등

이묘를 말한다.

에서 소개된 서구의 의회가 공으로서 관심을 끌었다(제17장). 인심이 화합되지 않은 것을 염려하는 중의론과 유학적 '공론'론 그리고 서양의 정치제도의 소개, 이런 것들이 혼합되고 융합하였다. 이렇게 하여 공의 여론이 구보사마公方樣의 어위광을 대신하는 통합 원리로 부상했다.

특히 게이오慶應 연간(1865-68)에 여러 세력이 새로운 통합을 모색하게 되자, 그들 모두가 공의 여론에 따를 것을 주장했다. 사카모토 료마坂本龍馬의 〈선중팔책船中八策〉(1867년 6월)은 "상하 의정국議政局을 설치하여 의원을 두고, 국정에 참여하여 이끌게 하고, 국정을 올바르게 공의로 결정할 것"이라고 하였다. 도쿠가와 요시노부의 대정봉환 상서(같은 해 10월)는 "권력을 조정으로 받들어 되돌리고 널리 천하의 공의를 다하여"라고 하였다. 그리고 이른바 〈왕정복고어사태서王政復古御沙汰書〉(같은 해 11월)는 "진신縉紳 · 무변武弁, 당상堂上 · 지하地下의 구별 없이 지당한 공의를 다하고"라고 하였다.

5개조의 서약문에서 "널리 회의를 일으키고 국정은 공론으로 결정할 것", "상하 마음을 하나로 하여 활발히 경륜을 행할 것", "천지의 공도에 기반할 것"이라고 선언한 것은 이 과정의 당연한 귀결이었다. 그리고 그 21년 뒤에 천황 아래 민선의원民選議院을 두는 정치체제가 확정된 것도 물론 그것과 관계가 없지 않다.

5. 폭정과 자유

그렇다면 존왕양이와 공의 여론이 당시 종종 목숨을 걸고 활동한 지사나 의사들의 동기였던 것일까? 그런 추상적인 대의를 위하여 직분과 목숨도 내던지고 활동하는 헌신적인 자원봉사자가 갑자기 대량으로 출현하여 유신을 일으킨 것일까? 그러나 자유와 인권을 요구하는 시민이 갑자기 들고 일어나 미국 독립혁명이나 프랑스혁명을 일으켰다는 소박한 설명에, 도대체 누가 만족할 수 있겠는가?

조숙한 내셔널리즘에서 나온 나라의 독립 유지를 위한 개혁이었다라는 유신 해석도 마찬가지이다. 이해하기 쉬운 설명이다. 그러나 이런 해석은 결국 나라를 위하여 자기희생을 마다하지 않는 위인 혹은 기인이 왠지 역사상 이 시기에만 (그것도 하급 무사를 중심으로) 자발적으로 다수 출현했다는 설명으로 흘러가게 되고 만다.

후쿠자와 유키치는 좀 더 현실주의적으로 설명하고 있다(〈국권가분의 설國權可分の說〉 1875).

> 저 왕정일신의 거동도 당시에는 존왕이라고도 혹은 양이라고도 하여 다양한 의논이 행해졌지만, 모두 지엽적인 것으로 실은 존왕도 아니고 양이도 아니었다. 국권의 동량인 인민의 기풍은 정부의 전제를 쓰러뜨려 자유로 나아가려고 했던 것이다. 만약 이 거동이 정말 양이를 위한 것이었다면, 그때 도쿠가와 정부로 하여금 진실한 마음으로 외인外人을 물리치게 했다면, 막부는 안전했겠는가? 그렇게 믿고 싶은 자는 믿어라. 나는 믿지 않는다. 만약 이 거동이 역시나 존왕을 위한 것이었다면, 당시 구 막부로 하여금 실질적인 전권을 장악하게 하고 천자(천황) 받들기를 지금의 정부가 궁내성을 대하는 것처럼 하게 했다면, 천하의 뜻있는 사士가 이를 방관하면서 만족했겠는가? 나는 믿지 않는다. 혹은 또한 오늘날에도 지금의 궁내성에서 옛날의 공경公卿만을 채용하여 천하의 정권을 잡고 마음껏 전제 억압을 하는 것을 옛날 막부처럼 하게 한다면, 현재의 여러 관원들로서 그 제어에 잘 복종하고 만족하여 그 노예가 되겠는가? 나는 결코 그렇게 믿지 않는다. 만약 그렇다면 지금의 관원은 반드시 다시금 파열하여 두말할 필요도 없이 제2의 일신一新을 꾀할 것이 명백하다. 하물며 저 '리버럴 파티'는 관원뿐만이 아니다. 인민들 사이에서도 그 설에 찬동하는 자가 적지 않다. 점차로 일본 국내에 만연하여 그 당을 늘려 나날이 더욱 많은 세가 되면, 정부의 전제가 구 막부의 반에 미치지 않더라도 더욱 그 안

전을 유지할 수 없을 것이다. 그래서 말하자면 지금의 일본 인민은 자유의 취의趣意를 우러러, 폭정의 정부를 타도하여 일체의 권한을 얻었다.

후쿠자와에 의하면 존왕양이는 지엽적인 것에 지나지 않는다. 일의 진상은 자유를 요구한 인민에 의한 전제 · 폭력 정부 타도이다. 다만 그가 말하는 자유란 언론의 자유나 종교의 자유가 아니다. 같은 해 나온 《문명론의 개략》에서 그는 이렇게 설명하고 있다.

> 우리 나라의 인민은 오랜 세월 전제의 폭정에 시달리고, 문벌을 권력의 원천으로 삼고, 재주와 지혜가 있어도 문벌에 힘입어 그 재능을 쓰지 못하면 일을 할 수 없다. 한때는 그 세력에 압도되어 전국에서 지력이 작동하는 곳을 보지 못하고, 사사건건 모두 정체되고 흐르지 않은 상태처럼 되었다고 하더라도, 사람의 지혜가 발생하는 힘은 멈추게 하려 해도 그럴 수 없다. 정체되고 흐르지 않는 동안에도 오히려 더 전진해서 도쿠가와 말기에 이르러서는 세상 사람들이 점차 문벌을 싫어하는 마음이 생겼다.

요컨대 자유란 세습신분제의 해방이며 능력 있는 자가 입신출세하는 자유였다.

그가 《서양사정》(1866) 첫머리에서 〈문명의 정치〉의 요건으로 제시한 자유도 마찬가지이다. 무엇보다 "문벌을 논하지 말고 […] 하늘이 내려준 재력才力을 신장시키는" 것이다.

무엇보다 이전부터 조닌이었다면 가업에 힘쓰고, 재각才覺을 발휘하여 가업의 번창과 가격家格의 상승을 지향하는 일도 가능했다. 백성 신분이라도 엄청난 근면 · 공부 · 절검節儉으로 토지를 사들이고, 멋진 집을 지을 가능성이 없지는 않았다. 이에 비하여 입신출세의 가능성이

거의 없었던 것이 하급 무사였다. 그들 대다수는 애당초 보람을 느낄 수 있는 일을 하고 있지 않았다. 무용이나 재능을 살릴 기회가 없다. 열심히 내직內職에 힘써서 품삯은 늘더라도 무사로서의 출세는 없다. 노력할 방법조차 없는 것이다. "치세에는 많은 농 · 공 · 상인들이 관리 외에는 무용지물처럼 생각하고" "조닌이나 백성도 무시하고 조롱하여 무사의 혼은 시들어 잠에 빠져들어 무위가 점차 가벼워져" 갔다(다카노 쓰네미치高野常道《승평야화昇平夜話》) 1796 서). 그렇다고 해서 자기 소유의 토지도 없는 이상 그들이 분연히 무사를 그만둘 수도 없었다.

게다가 그들은 가난했다. 원래 쌀로 정해진 봉록으로는 시장경제화에 따라 가난이 불가피했다. 더욱이 백성의 저항으로 세수를 늘리지 못한(제12장) 다이묘는 그 봉록조차 18세기 중반 이후 종종 삭감되었다. 때로는 반으로까지 줄었고 이윽고 그것이 일상화되었다(한치半知). 혼다 도시아키는 다음과 같이 염려하고 있다(《경세비책》 1798).

> 그때 이미 제후의 가신들은 원래의 봉록을 지급받지 못했다. 반 이상 감봉되는 상황이 되어 그 주군을 원망함이 원수와 같았고, 항상 분개하는 유념遺念이 쌓여 참다 못해 번을 떠나 도적이 된다. 여러 나라를 횡행하면서 해안가에 사는 사람들과 규합하여 해적이 되면, 점점 더 강성해져서 오래전의 옛날로 되돌리는 세력을 일으킬 것이다.

미즈노 다다쿠니水野忠邦를 섬기고 나중에 쇼헤이코의 유학자가 되기도 한 시오노야 도인도 천하의 무사 대부분이 어리석은 데다 탐욕스러워진 것은 녹봉의 감소 때문이라고 지적하면서 "지금의 천하는 폭정이란 이름은 없지만 실질적으로는 폭정이다"라고 단정한다(〈가와니시 시류에게 준 의천책을 논한 글與川西士龍論義泉策書〉[7]).

하급 무사는 돈도 없고 위신도 없는 데다 동경하는 사람도 없었다(제16장). 유학을 배운 탓에 가문이 아닌 재덕에 의해 등용되어야 한다고

7_[옮긴이] 의천이란 사창이나 의창과 같은 구호제도를 가리킨다.

믿게 되었더라도, 청 · 조선과 달리 과거제도는 없었다. 후쿠자와가 나중에 부모의 원수라고 부른 문벌제도였다(《복옹자전福翁自傳》). 그런 하급 무사라도 자부심만큼은 높았다. 그 틈새에서 가슴이 꽉 막히는 답답함을 느꼈을 그들, 즉 '불평사족'에게 대외적으로 긴장감이 발생하고 '해방海防'이 과제가 된 것은 어떤 의미에서는 한줄기 빛이었다. 무사로서 활약할 날이 드디어 도래하였다는 예감에, 문자 그대로 무사로서 전율을 느낀 사람들이 있었던 것이다. 출분 · 탈번한 무사의 대부분이 하층이었던 것도 당연하다.[8] 또 다이묘 가문 중에서도 특히 자긍심이 높고 경제적 궁핍이 극심했던 미토 도쿠가와 가문에서 대외 위기를 강조하고 영웅 · 호걸이 떨쳐 일어나 세상을 바로잡아야 한다고 목청껏 외치는 일파(미토학 · 천구당天狗堂)가 출현하고, 다수의 테러리스트를 낳은 것은 시사적이다.

혁명이란 피지배 계급이 일으키는 것이라고 믿을 필요는 없다. 가정을 꾸린 조닌의 생활은 대다수 하급 무사보다 풍요로운 데다가 홀가분하지 않았을까? 그들이 무사의 소동을 방관했던 것은 당연했다. 한편 많은 무사들은 경제적으로 어려웠을뿐더러 자기 긍정이 어려웠다. 전국시대 무사가 가졌던 이상에서 보자면 그들은 타락했다. 유교적 군자의 이상에서 보자면 세습되는 무武의 사士인 것은 약점이었다. 그리고 황국의 역사 의식에서 보자면 존재 자체가 도덕적으로 미심쩍었다.[9]

페리 내항 이후 보인 동요와 와해의 주된 구동력은 기존의 체제에서 울분이 쌓이던 무사들, 특히 하급 무사들이 품었던 자기와 타자의 개혁과 파괴를 향한 충동이었다. 그들이 양이 · 존왕을 기치로 하여 횡의

8_1862년 무렵 교토에서 '부랑자 무리'의 대다수가 '경사輕士'였던 것은 "전쟁의 기회에 편승하여 입신을 하려는 자"였기 때문이라는 이해가 많았다는, 동시대의 지적도 있다(바바 분에이馬場文英《원치몽물어元治夢物語》1864 완성).

9_이에 대하여 "유불의 도는 일본의 도가 아니며 신도는 지금 세상의 도가 아니다. 지금의 풍속에 따르고 지금의 법도를 지키면 그것으로 된다. 그것이 진정한 도이다"라고 가장 현실긍정적인 도를 주장한 도미나가 나카모토富永仲基가, 무사가 아니라 부유한 오사카 조닌이었던 것은 우연이 아니다(《옹의 문翁の文》1746 간행).

하고 하극상으로 싸우고 동맹했던 것이다. 신정부 구성이 보여 주듯이 이것은 주로 하급 무사에 의한 혁명이었다.

어위광으로 위압적이고 빛나던 막부를 존왕을 들어 매도하자니 마치 묵은 체증이 내려간 듯 가슴이 후련해졌을 것이다. 양이도 못 하는 겁쟁이라고 불충한 막부 관리를 협박하여 천벌을 내리면서 쾌감을 맛보았을 것이다. 공론을 따르라고 외치며 가신의 (당연히 보신적인 까닭에 보수적인) 문벌을 끽소리 못하게 하고, 나아가 번주까지 조종하는 것은 속 시원한 일이었을 것이다. 지사들의 위압적인 자세와 종종 사디스트적인 폭력의 배후에는 르상티망과 '정의'의 결합이 있었던 것이리라.

5개조의 서문 제3조는 "관리와 무사, 서민에 이르기까지 모두 각기 뜻을 이루고, 인심이 지치지 않도록 할 것을 요한다"고 되어 있다. 그때까지 뜻을 다하지 못하고 인심이 지쳤음을 인정하고, 더 이상 그런 세상은 그만두자고 하는 것이다. 그것은 피지배 신분이었던 조닌 · 백성으로부터의 요구(확실히 그렇기도 했지만 강하지는 않았던)에 대한 부득이한 양보가 아니었다. 무엇보다 2세기 이상 고뇌하고 울분이 쌓인 무사 자신의 해방 선언이었다.

참고 문헌

소노다 히데히로 《서양화의 구조: 흑선 · 무사 · 국가》 (園田英弘《西洋化の構造: 黑船 · 武士 · 國家》 思文閣出版, 1993)

미타니 히로시 《메이지 유신을 생각한다》 (三谷博《明治維新を考える》 有志舍, 2006)

다카하시 히데나오 《막말유신의 정치와 천황》 (高橋秀直《幕末維新の政治と天皇》 吉天弘文館, 2007)

제20장 문명개화

1. 바람風

1873년(明治 6) 무렵을 회고하면서 원래 조슈長州의 기병 대원으로 무진전쟁戊辰戰爭[1]에도 참전한 도리오 고야타鳥尾小彌太(당시 육군소장)는 이렇게 탄식하고 있다(〈술회론述懷論〉).

> 돌이켜보면 나는 원래 군인 출신이었다. 그런 까닭에 왕정 유신 이래 오로지 군사軍事에만 힘을 쏟았다. 이 제국의 군사를 통일하게 되면 비로소 왕정 유신의 실효를 볼 수 있을 것이라 믿고 위험을 무릅쓰고, 비방을 당하면서도 오로지 군사 개정에 종사했다. 생각건대 이 군사 통일 이후에는 무도武道로써 국민을 교육하고, 천하의 인민으로 하여금 모조리 봉건 시대의 무사와 같은 성질을 갖추게 함으로써, 외국의 난에 맞서 우리 국가의 독립을 완전케 해야 한다. 그러나 어찌 예상했겠는가? 문명개화라는 바람이 불어서, 천하 일반이 떠들썩하게 있는 힘껏 서양류라 칭하고, 단번에 습관을 깨고 풍속을 바꾸어 인심이 사뭇 경박하게 흘러가니 […]

1_[옮긴이] 무진전쟁은 1868년 초부터 이듬해 5월까지 이어진 신정부군과 구 막부 측 사이에 벌어진 내전으로, 신정부군의 승리로 끝나 메이지 천황에 의한 국가가 성립하였다. 일본어로는 '보신' 전쟁이라고 읽는다.

그는 서양의 여러 나라에 대항하는 무사들의 통일 정권이 성립했다면 천하의 인민이 무사와 같은 성질을 갖는 배외적 군사국가가 될 것이라고 믿고 있었다. 그럼에도 불구하고 돌연 문명개화라는 바람이 불어 천하 일반이 들떴다. 양이에서 일변하여 문명개화의 풍속으로 격변하게 되었던 것이다. 무슨 일이 일어난 것일까?

후쿠자와 유키치는 《서양사정》(1866 간행. 당시 일본인의 서양상의 중요한 기초가 됨) 첫머리에서 "문명의 정치"를 설명했다. 그리고 《서양사정 외편》(이듬해 혹은 2년 후 간행. *Chambers' Educational Course, Political Economy for Use in Schools, and for Private Instruction*, 1852의 번역)에서는 Civilisation의 장을 "세상의 문명개화"라고 번역했다. 그 이후 문명개화·문명·개화라는 말은 급속도로 통용되었다.

후쿠자와 자신이 서양 소개서나 《학문의 권장》(1872-76)에서 사용한 것뿐만 아니다. 예를 들면 1868년(慶應 4) 《중외신문中外新聞》은 "구라파 대륙의 문명개화의 나라에서는 […]"(4월 29일), "문명개화를 도운 공이 적지 않다"(5월 9일), "일본국을 문명으로 나아가 지금보다 몇 단계 강성해지게 하려면 […]"(5월 17일) 등으로 적고 있다. 1869년(明治 2) 공론公論의 조달기관으로서 신정부가 각 번의 대표자로 구성한 공의소公議所에서는 "이런 일은 문명개화의 나라에서는 없다고 전해 들었다" "개화 진보를 하려고 하면 세습되는 가록을 폐지해야 한다"는 등의 논의가 행해졌다(《관판 의안록官版議案錄》). 그리고 1871년 10월의 〈태정관 포고〉는 폐번치현으로 도쿄에 모여든 구 번주들에게 "중외개화의 진보를 살피고, 견문을 넓혀 지식을 연마하고 국가의 쓰임"에 도움이 되도록 격려했다. 당시의 딱딱한 유행어를 모은 《동몽필독유신어포고왕래童蒙必讀維新御布告往來》(1872년 9월 간행)는 첫머리에서 "황정皇政복고·강기어유신綱紀於維新·어대정御大政·만기어경장萬機御更張·공명정대·언로통개·방금方今·규운奎運융성·문명개화의 성시盛時"를 나란히 적고 있다. 더욱이 1874년(明治 7) 3월 이

래 매달 몇 책씩 간행된 《명륙잡지明六雜誌》에는 〈개화 제1화〉 〈개화를 북돋는 방법을 논함〉 〈개화의 진전은 정부가 아니라 인민의 중론에 기인한다는 설〉 등의 논설이 줄을 이었다(명륙은 메이지 6년에 발행처인 명륙사明六社가 결성되었기 때문이라고 하지만, 당시 독자의 눈에 명륙은 새벽 6시明け六つ의 의미로 보였을 것이다)[2].

가토 유이치加藤祐一 《문명개화》의 삽화. 개화 · 구폐 · 미개를 시각화하고 있다.

그리고 이와 호응하여 '개화물'이라고 총칭되는, 문명개화를 설명하면서 선동하고 구가하는 통속적인 읽을거리도 속속 간행되었다. 《개화 진보의 목적開化進步の目的》 《문명개화 왕래文明開化往來》 《개화의 입구開化の入口》 《문명 천자문文明千字文》 《개화 천자문開化千字文》(이상 1873), 《동경 개화 번창지東京開化繁昌誌》 《개화문답開化問答》 《개화자만開花自慢》 《개화지본開化之本》 《개화신설開化新說》(이상 1874) 등이다. 그리고 예를 들면 가토 유이치의 《문명개화》(1873)는 "이발을 해야 하는 도리" "모자를 꼭 써야 하는 도리" "구두는 꼭 신어야 하는 도리" "육식은 불결한 것이 아니라는 도리" 등 도리로서 서양 풍속의 섭취를 권장했다.

그리고 실제로 "쇠고기 전골을 먹지 않으면 개화되지 않은 놈"(가나가키 로분假名垣魯文 《아구라나베安愚樂鍋》[3] 1871)이 되어 버리고, 남자의 존마게丁髷 머리 모양은 별안간 케케묵은 것이 되었다. 도회지에서는

2_나카노메 도루中野目徹 〈해설 명륙사와 《명륙잡지》〉(《명륙잡지》 岩波文庫, 상, 1999) 441쪽.

3_[옮긴이] 아구라나베는 책상다리(아구라)를 하고 냄비(나베)를 둘러싸고 앉아서 먹는 요리를 가리킨다. 이 책은 5권으로 된 풍자소설로 문명개화의 신풍속을 어설프게 아는 체하는 사람의 입을 빌려 해학적으로 묘사하고 있다.

마차 · 인력거가 달리고, 양관洋館 · 의양관擬洋館이 차례로 건축되고, 가스등이 빛나고, 전신 · 기차 · 신문 · 회중시계가 급속도로 보급되고, 태양력으로 바뀌고, 성냥이 사용되고, 승려가 일제히 아내를 두었다. 문명개화는 정부의 방침이 되었을 뿐 아니라, 의식주 · 생활양식까지 사회적 유행 현상이 되어서 도시에서 시골로 파급되었다. 불과 10년 전까지 상상도 못했던 극심한 변화가 다달이 발생했다. 그리고 인순고식因循姑息 · 구폐누습舊弊陋習을 압도하여 인심은 끓어오르고 (가이호 세이료의 구상이 실현된 것처럼) 마음이 들떠 새로운 기회에 달려들었다.

이렇게 동시대인조차 이해하기 어려운 급격한 변화가 일어난 이유는 무엇일까?

일본인은 서양을 배워 근대화할 필요를 헤아려 재빨리 방향을 전환할 정도로 명민(혹은 경박)했기 때문이라는 것은 설명이 되지 않는다. 그 사람은 왜 그때 새빨간 거짓말을 했을까, 원래 거짓말쟁이기 때문이다라는 설명과 마찬가지인 셈이다. 동의 반복이다. 그렇다면 왜 그랬을까?

첫째 도쿠가와 말기에 진행되던 양이론의 공동화空洞化(제19장)가 있었다. 둘째 그것을 메울 만한, 이전부터의 서양관(제17장)의 재부상과 확대가 있었다. 거기에는 서양 이해의 통로를 거의 독점하던 후쿠자와 유키치 등 양학자의 영향이 크다. 그리고 셋째 후술하는 '열리는 것'으로 이해되어 오해된 유행으로서의 문명개화 현상의 발생이 있었다.

2. 예의와 사람됨

우선 지적인 지도자들은 문명개화를 어떻게 이해했을까?

앞에서 언급한 《서양사정 외편》 〈세상의 문명개화〉 장은 이렇게 설명하고 있다.

역사를 살피건대, 인생은 어두운 데서 시작하여 점차 문명개화로 나아가는 것이다. 망매불문莽昧不文한 세상에서는 예의의 도가 아직 행해지지 않고, 사람들은 스스로 혈기를 제어하고 정욕을 누를 수가 없다. 큰 것은 작은 것을 범하고 강자는 약자를 해치고, 아내를 노비처럼 여기고, 아비가 자식을 길들임에 무도無道로 해도, 이를 제어할 자가 없다. 또한 세상이 서로 믿는 의식이 희미해져 교제하는 도리가 심히 좁기 때문에, 제도를 마련하여 일반을 위한 이익을 꾀하지 못한다. 세상이 문명으로 나아감에 따라 이러한 풍속도 점차 없어지고, 예의를 중시하여 정욕을 억누르고, 작은 것은 큰 것의 도움을 받고, 약자는 강자에게 보호를 받으며, 사람들이 서로 믿어 홀로 그 사사로움을 되돌아보지 않고, 세상 일반을 위하여 편리함을 꾀하는 자가 많다.

요컨대 예의가 없고, 정욕이 가는 대로 강자가 약자를 해치고, 일반의 이익을 꾀하지 않는 상태에서 그 반대의 상태로 이행한다. 게다가 이것은 "인생 천품天稟의 지극한 성性이다. 이를 인위라고 해선 안 된다"고 한다.

이것은 아무리 봐도 유학적이다. '문명'이란 말은 《서경》《역경》에서 유래하며, 세련된 덕이 눈부시게 빛나는 상태를 말한다. 이 전통적인 (아시카가 시대의 연호가 되기도 한) 문명과 후쿠자와의 설명은 거의 합치한다. 게다가 이야말로 서양이 번영한 내막이라는 것이다. 즉 도를 실현하는 선도자로서의 서양상이다(제17장). 도덕과 번영이 일치할 때, 그것을 적대시할 수 있겠는가?

후쿠자와가 특별히 원문을 왜곡하여 유학적으로 번역했던 것이 아니다. 실제로 원문은, barbarous state에서는 the lower passions of mankind가 그다지 regulation 하에 있지 않고, the higher moral qualities of our nature가 전개되지 않으며, confidence between men이 모자라기 때문에 great combinations for the general benefit이 있을 수 없다고 서술하고 있다. 그리고 human nature only gets fair play in a civilized state

라 적고 있다. 정욕이 제어되고 예의가 발달하고 도덕화한다, 그것은 인간의 성의 실현이자 civilization이라고 원문에서도 확실히 설명하고 있다.

나카무라 마사나오中村正直가 번역한 《서국입지편 원명자조론西國立志編 原名自助論》 제1편(1870 간행)도 "이른바 개화문명이라고 하는 것은 다름이 아니라, 그 나라의 인민 남녀노소가 각자 품행을 바로 하고 직업에 힘쓰고 기술을 잘 수련한 바가 모여서 개화문명이 되는 것이다"라고 하였다. 그 원문은, civilization itself is but a question of the personal improvement of the men, women, and children of whom society is composed. (Samuel Smiles, *Self-Help; with Illustrations of Conduct and Perseverance*, 1859)라고 되어 있다. 개개인의 improvement의 집합이 civilization인 것이다. 서양이 융성한 비밀이 그것이라면, 품행이 뛰어난 서양인의 전기에 흥미를 갖게 되는 것은 당연하다(이 책은 이본異本을 포함하여 실로 100만 부 이상 팔렸다고 한다)[4].

메이지 초년에 널리 읽힌 프랑수아 기조François Pierre Guillaume Guizot의 《유럽 문명사》*Historie de la civilisation en Europe*(1828)의 영역(1867 간행)이나, 존 스튜어트 밀John Stuart Mill의 "Civilization"(원래 1836년 간행된 잡지 논문인데, 1867년 간행된 논문집에 수록됨) 설명도 거의 마찬가지이다. 그들은 물질문명을 정신문화에 대치시켜 얕보거나 하지 않는다. 세계에서 다양한 문명이 병립하고, 충돌하고 있다고도 하지 않는다. 당시 Civilization은 야만 · 만행의 극복이며 사람들이 세련되고 향상되어 더욱 뛰어난 존재가 되어 가는 일반적인 일을 의미했던 것이다.

따라서 "문명개화란 영어 시빌리제이션이라는 말의 번역이다. 지나인은 이 말을 예의로 나아간다고 번역하였다. 우리 나라의 속어로 번역하면 인품이 좋아지는 것"(니시무라 시게키西村茂樹 〈문명개화의 이해〉 《명륙잡지》 제36호, 1875)이라는 것도 오해는 아니다(1872년 이래 정부가 〈위식괘위조례違式詿違條例〉에서 문신 · 혼욕탕 · 나체 노출 · 기괴한 몸치

4_다카하시 마사오高橋昌郎 《나카무라 게이우中村敬宇》(吉川弘文館, 1966) 78쪽.

장까지 규제를 시도한 것도 그 때문일 것이다. 그것은 유교적이면서 문명적이다).

게다가 제18장에서 서술한 대로 당시에는 많은 구미인도,[5] 아마 일본인 누구도 가치 상대주의자가 아니며 사람에게는 선한 본성이 내재하고 있다고 믿었다. 그렇다고 하면 문명, 즉 사람으로서의 향상(그리고 그것과 직결되는 번영)에 반대하고 저항할 이유는 있을 수 없는 것이다.

더욱이 현재 서양이 가장 번영하였다는 것은 자명했다. 후쿠자와는 삽화가 들어간 세계지리서《세계국진世界國盡》(1869 간행)에서 "구라파 대륙"을 이렇게 설명하고 있다. 기억하기 쉬운 7 · 5조로 쓰여 있다.

> 땅 크기를 견주면 다섯 대륙의 끄트머리이지만, 좁다란 나라 땅에 빈 땅이 없고, 인민들은 항산恒産을 손에 넣어, 부국강병에서는 천하의 제일. 문명개화의 중심은 이름만이 아니고, 내실은 사람 수에 고루 미쳐서, 덕의 마땅함을 갈고 닦으며 지식을 넓혀 가고, 문학 기예의 미를 힘써 다하고, 도시든 농촌이든 차별이 없이, 곳곳마다 세워진 학문소는 수천만으로 헤아리기 어렵다. 저들 나라 생업은 평온하면서, 저들 나라 상업은 번창하였고, 병비兵備는 정리되어 무기도 넉넉하다. 세계에 자랑하는 태평의 근원을 살펴보자니, 근본에 힘을 쓰는 학문의 가지 끝에 핀 꽃이런가. 꽃을 보고 그 꽃을 부러워 말라. 뿌리 없는 가지에 꽃 피겠는가? 한 사람이 배움에 서둘러서야, 진보하여 나아가는 굽어진 길, 함께 따라가 서양의 도에 빛나게 피어나는 꽃을 보겠네.

유럽은 학문에 의해서 덕과 지가 진보한 선도자가 되었으며, 그 때문에 부국강병을 실현시킨 지역이었다.[6] 억울하면 우리도 그것을 지향하

5_당시 일반적이었던 '진보' 신앙은 절대적 가치 기준을 전제로 한다. 시대와 장소에 인간의 향상의 기준이 바뀔 수 있다고 한다면, '인류의 진보'는 말할 수 없다.

6_덧붙여 난학자 마에노 료타쿠前野良澤는 일찍이 이렇게 썼다. "네덜란드에 여러 학교가 있다. 그 가운데 특별히 궁리학교라고 이름붙인 곳이 있다. 그 학교가 세워지

면 된다. 아니 지향하지 않으면 안 된다.

게다가 개화를 (아마도 후쿠자와가 문명개화라는 번역어를 만들었을 때에도 의식하고 있던) '열리다開ける'라는 구어의 의미로 이해했던 사람들도 많았던 것 같다. '개화'도 '문명'도 거의 같은 뜻의 오래된 한자어이지만(《일본서기》에 '개화천황'이란 이름이 있다), 종래 거의 쓰이지 않았던 말이었기 때문이다. 열리는 것은 인위에 의해 변화하고, 도회적이 되는 것이다. 토지가 개척되고 마을이 개발된다.[7] 따라서 열린 사람이란 세태와 인정에 정통한 사람을 말한다. "에조의 끄트머리도 개척하는데 어째서 너는 열리지 않느냐"라는 도도이쓰都都逸[8]도 만들어졌으며(《한어 도도일漢語都々逸》 1870), 문명개화에 "세련된 세상"이라고 음을 단 책까지 있었다(《동희백인일수童戯百人一首》 1873).

마쓰모토 만넨松本萬年《문명여지 전사번창기文明餘誌 田舍繁昌記》(1875)는 마을 연극의 성황 · 게이샤의 번창도 개화의 예로서 들고 있다. 역참에 창가娼家가 늘어난 것을 개화라고 생각하고(쓰다 마미치津田眞道 〈폐창론廢娼論〉《명륙잡지》 제42호, 1875), 첩 두기를 조심하면 "물정에 어둡고 개화되지 않았다"고 비웃는(사카타니 시로시阪谷素 〈첩설妾說의 의문〉《명륙잡지》 제32호, 1875) 남자도 있었다고 한다.[9]

자, 삼재(천 · 지 · 인) 만물에 대하여 근본 고유의 이치를 궁구한다. 이름하여 본연학本然學이라 한다. 이로써 하늘을 공경하고 신을 존숭하며, 정치를 하고 수행하며, 사리를 밝히고 학술과 기예를 면밀히 하고, 사물의 격에 맞도록 올바르게 평가하고 기용을 잘 살린다. 그리하여 제왕은 덕교를 널리 펴고, 공후는 사직을 지키며, 사민은 직업에 만족하고, 백공은 절묘함을 다한다. 생각건대 그 교화가 이르는 곳은 실로 원대하다"(《관려비언管蠡秘言》 서문, 1777). 후쿠자와의 논의의 배경에도 역시 난학의 두터운 전통이 있다.

7_[옮긴이] 拓과 開는 모두 일본어 훈독이 열린다는 뜻을 가진 '히라케루ひらける'로 같으며, 거기에는 개화되다 · 발전되다는 뜻도 있다.

8_[옮긴이] 도도이쓰란 18세기 말엽에 성립한 구어조의 속곡俗曲으로 남녀의 정을 기묘하게 표현한 것이 많다.

9_또 일본어도 할 줄 아는 영국의 외교관은 전통적인 예의바름의 포기가 "civilization 즉 그들의 말로 열려있는" 증거라고 해석하는 일본인이 있었음을 지적하고 있다. Ernest Satow, *A Diplomat in Japan* (1921), Stone Bridge Press, 2006, p.368.

이렇게 정부도 개화를 권장하고 있다고 이해하고 인심이 들뜬 것도 문명개화에 다수가 동조하여 편승한 한 요인일 것이다.

어무위와 신분제도로부터의 해방감 속에서 서양에서 도래한 신기하고 화려한 도회적 유행이 '도道' · 부강의 추구와 떠들썩하게 융합한 것이다.

3. 구한歐漢일치 · 백교百敎일치

5개조의 서문은 "지식을 세계에서 구하고", "구래의 누습을 깨고 천지의 공도에 기초"해야 한다고 한다. 자신이 믿는 보편적인 도에 비추어 올바른 것을 외국에서 섭취한다는 태도(제17장)를 표명하는 것이다. 문명개화란 본래 천지의 공도에 기초하여 서양을 배우면서 인간과 세상의 향상을 지향하는 것이었다. 따라서 서양을 배우는 것은 굴욕이 아니었다. 그것은 뉴턴 역학을 분명히 올바르다고 인정하고, 배우고 응용하는 것이 치욕도 자학도 아닌 것과 마찬가지다. 오히려 배우지 않는 것이 어리석은 것이다. 도리는 인류 공통이기에.[10] 사람인 이상 정정당당하게 도리를 도리로서 인정해야 한다. 그때 문명화는 서양화도 유럽화도 아니다. 외견상 서양화이지만 그것은 다만 사람과 세상을 보편의 도리에 비추어 향상시키는 것이다.

실제로 《명륙잡지》의 대표적 집필자로 (주희의 〈백록동서원게시〉를 매일 아침 낭송하는) 열렬한 주자학자인 사카타니 시로시阪谷素는 '구한일치'(〈질의일칙質疑一則〉《명륙잡지》 제10호, 1874)를 신봉했다. 그는 서양어를 배우지는 않았지만, "근래 당사(명륙사)의 끄트머리에 참여하여 고론高論을 듣고 감동하여 깨달은 바가 적지 않다. 점점 더 정리공

10_덧붙여 메이지 전기에 널리 읽힌 Francis Wayland, *The Elements of Moral Science* (Revised and Improved Edition, 1868, pp.3-5)는 뉴턴의 laws, 수학의 axioms, 화학의 laws와 Moral Philosophy, 즉 Ethics에서 말하는 moral law는 기본적으로 동질적인 것이라고 하였다.

도正理公道로써 밀고 나가면 비록 적중하진 않더라도 멀어지지 않음을 알았다"고 한다(〈존왕양이설〉《명륙잡지》 제43호, 1875). 요컨대 그는 주자학자였음에도 불구하고가 아니라 그야말로 주자학자였기 때문에 문명개화를 위하여 논진을 펼친 것이다.

니시 아마네도 "대체로 공맹의 도는 서구 철학과 비교하여 대동소이하며, 동서가 서로 영향을 미치지 않았음에도 부절符節을 합친 것과 같다. 이는 원래 인리人理에 기초하여 세워진 것이기에 사해고금이 다르지 않다"고 말했다. 게다가 그에 따르면 "아마쓰카미天津神[11] · 상제上帝 · 고드God · 디외Dieu · 가미神라고 하는 부류는 모두 그 주재主宰하는 데서 부르는 것일 뿐이다. 이 말은 정자程子가 '형체로 말하면 하늘이고 주재로 말하면 제帝'[12]라고 한 말과 대략 유사하다"(〈복모씨서復某氏書〉 1870)고 한다. 인간성이 동일한 이상 설파되는 도리 역시 동서고금이 거의 동일하다. 그 근원에 있는 하늘 · 고드 · 디외 · 아마쓰카미 역시 대개 같은 것을 가리킨다. 요컨대 백교일치이다(《백일신론百一新論》 1874)(이른바 삼교일치론의 확대이다)[13].

쓰다 마미치도 석가의 자비 · 공자의 인 · 예수의 사랑에 대하여 "이른바 인도人道의 대체에 이르러서는 세 성인이 말하는 바는 확연하여 흔들리지 않으며, 하늘과 땅과 함께 사라질 수 없다"고 한다. 모두 "조물주의 덕", "조화생생造化生生 애육愛育의 덕"인 것이다(〈삼성론三聖論〉《명륙잡지》 제21호, 1874).

더욱이 나카무라 마사나오는 "무릇 서국의 강점은 인민이 천도를 믿음이 두터운 데서 기인하며, 인민에게 자유의 권리가 있기 때문이며, 정치가 관대하고 법이 공정하기 때문"이라고 지적하고 있다(《서국

11_[옮긴이] 아마쓰카미는 일본신화에서 다카아마하라高天原에 살고 있는 신들을 가리킨다.

12_[옮긴이] 정이《역전易傳》〈건乾〉以形體謂之天, 以主宰謂之帝.

13_그것을 소박함 또는 엉터리라고 간단히 치부할 수는 없다. 저 총명한 레싱Gotthold E. Lessing(1729-1781)에 의하면 '현자' 나탄도, 유대교 · 기독교 · 이슬람 '삼교'의 근원적 '일치'를 주장했다(희곡《현자 나탄》).

입지편》 제1편 서). 서양인도 천도를 믿고 있으며 그것이 저들이 부강한 이유의 하나이다. 실제로 청나라에 오래도록 체류했던 미국인 선교사 윌리엄 마틴William Martin도, 기독교 포교서를 《천도소원天道溯原》(1858 서)이라는 제목으로 간행하였다. 그 첫머리에는 "무릇 도의 큰 근원은 하늘에서 나온다. 이 말은 가장 확실한 논리이다. 여기서 말하는 하늘은 창창한 하늘이 아니라 우주의 대주재大主宰이다"라고 쓰여 있다. 선교사 중에도 주재로서의 하늘과 고드를 동일하게 말하는 사람이 있던 것이다. 마틴 역시 사람의 도에 동서의 차이가 없는 이상, 그 근원 또한 결국 동일하다고 믿었던 것인지도 모르겠다. 적어도 나카무라 마사나오는 그렇게 믿었으며, 《천도소원》에 훈점을 붙여 간행하였다(1881). 그는 1874년 감리교의 세례도 받았는데, 그것은 그가 기본적으로 유학자라는 사실과 모순되지 않았다.

그렇다면 문명국의 천도신앙인 기독교를 널리 알리면 문명개화에 도움이 되지 않을까? 나카무라 마사나오는 실제로 그렇게 생각하였다. 그는 "서양은 교법教法을 정신으로 삼고, 이로써 치도의 원천으로 삼고" 있다며, 이를 모방하기 위하여 천황이 "우선 세례를 받아서 자신이 교회의 주主가 되어야" 한다고 하였다(〈의태서인상서擬泰西人上書〉 1872). 일찍이 그가 방문했던 영국 국교회가 모델일 것이다. 쓰다 마미치도 〈개화를 추진하는 방법을 논함〉이라고 제목을 붙이고 다음과 같이 주장하였다(《명륙잡지》 제3호, 1874).

> 바야흐로 온 세상의 인민 일반의 개화를 돕는 것은 기독교만 한 것이 없다. 그렇지만 특히 크고 작음 · 같고 다름 · 이해득실이 있음을 피할 수 없다. 그렇다면 가장 새롭고 가장 선하고 가장 자유롭고 가장 문명에 가까운 것을 취하여, 우리 개화의 진보를 도움으로써 오늘날 우리나라의 상책으로 삼아야 한다. 바로 지금 여러 관청에서 수많은 서양인을 고용하여 그들의 학술을 수용하는 것과 같이, 그들의 가장 선하고 가장 새로운 법교사(법교法教는 religion의 번역어)를 고용하여 공공연

하게 우리 인민을 가르치고 이끌게 하면 어떨까?

개화를 위하여 정부에 고용된 선교사에 의지하여 가장 새롭고 가장 선한 기독교를 전파하라는 것이다. 쓰다로서는 법교 역시 인민을 보편적인 도(즉 개화)로 이끌기 위한 수단이다. 따라서 그 목표 달성의 유효성에서 가르침의 우열을 잴 수 있는 것이다.

덧붙여 만년의 후쿠자와 유키치는 이후에 하고 싶은 일로서 "전국 남녀의 기품을 차례차례 고상하게 이끌어 진정한 문명이란 이름에 부끄럽지 않게 하는 일과, 불교든 기독교든 뭐라도 좋은데, 이를 북돋아 다수의 민심을 온화하게 하는 일" 등을 언급하였다(《복옹자전》 1899). 무엇이 고상하고 문명적인지는 후쿠자와에게도 자명하였다.

4. 방법

(1) 종교

문명의 기초가 기독교라는 것은 당시 구미인의 통념이었다. 이것은 문명국 전체가 기독교국이었던 이상 설득력이 강했다. 그렇다면 역시 일본도 문명개화를 실현하는 방법으로 기독교를 채용해야만 할까?

그러나 기독교는 단지 천도에 대한 숭경을 주장하거나 선행을 권장하는 가르침이 아니다. 괴怪 · 력力 · 난亂 · 신神을 말하지 않는(《논어》 술이) 유학적 교양인에게, 예를 들면 전능한 우주의 주재자가 인간으로 태어나 인간의 손에 죽고, 3일 후에 소생하여 승천했다는 이야기를 믿는 것은 (아라이 하쿠세키의 예에서 보듯이) 쉽지 않았다(그런 까닭에 신자 중에서도 예수는 천제天帝가 아니라 모범으로 삼을 만한 사람이라고 해석하는 이도 있었다). 1871년(明治 4)부터 2년간 구미를 회람한 이와쿠라 사절단의 공식 보고서(구메 구니타케 편, 1878)는 이렇게 서술한다.

> 서양의 인민은 각기 문명으로 경쟁한다. 그러나 그들이 귀중하게 여기는 신약 · 구약은 우리가 훑어보면 일부분은 황당한 이야기일 뿐이다. 하늘에서 목소리가 내려오고 사형수가 부활하다니, 미치광이의 헛소리라 할 만하다. 저들은 이단을 주창하여 책형에 처해진 자를 천제의 아들이라 하고, 통곡하여 무릎을 꿇고 절한다. 나는 그들이 왜 눈물을 흘리는지 수상쩍다. 구미의 각 도시는 가는 곳마다 붉은 피를 뚝뚝 흘리는 사형수를 십자가에서 내리는 그림을 그려서 집의 벽이나 방 귀퉁이에 걸어 놓았다. 보는 사람으로 하여금 묘지를 지나거나 형장에서 자는 생각을 하게 한다. 이것이 기괴하지 않다면 무엇이 기괴하겠는가? (《특명전권대사 미구회람실기》 제19권)

그러나 실제 문명국에서는 그 기괴함이 일상적이었다. 무슨 영문인가? 어떻게 이해해야 하는가?

그래서 일찍이 아이자와 세이시사이나 나카지마 히로타리(제17장)와 같은 해석이 유력했던 것이었다.

> 원래 인민이 신을 존경하는 마음은 노력하고 힘쓰는 근본이고, 좋은 품행은 치안의 원소原素이다. 나라가 부강하게 된 이유도 여기에 있다. (같은 책, 제19권)

> 사람의 의식을 일깨워 그 품행을 선한 데로 나아가게 하고, 생명과 이욕을 뒤로 하고 지켜야 하는 것과 범하지 말아야 하는 것을 알게 하려면, 교문教門의 유지에 기대지 않으면 안 된다. (같은 책, 제21권)

'종교' · '교문' · '법교'(모두 religion의 번역어)는 인민을 인도하는 수단이다. 다만 문명국의 통치자들이 그 기괴한 교의를 믿고 있을 리는 없다. 그렇다면 그들은 통치를 위해 신앙을 가장하고 있는 것이다.

> 유럽의 상류 사회 사람들이 겉으로는 심히 교법을 존중하고 숭배하는

듯이 보이지만, 속뜻을 헤아려 보면 인기를 얻어 규율을 따르게 하는 기구로 삼아, 그 권모를 쓰는 것과 비슷하다. […] 각국의 군주와 재상들이 국내를 다스리고 외국과 사귐에 교묘하고 간사한 속임수가 백가지로, 권모를 쓰는 실제 행적을 보자니, 법교는 완전히 도구로서 희롱되고, 그 가면으로 어리석은 민중을 사역할 뿐이다.(같은 책, 제63권)

통치자의 신앙은 외면 · 가면이며 법교를 기구로 사용하는 권모인 것이다. 그것이 이와쿠라 사절단의 정식 보고서의 기술이다.

사절단의 일행이었던 사사키 다카유키佐々木高行도 워싱턴 체재 중에 이렇게 일기를 썼다(《보고비려비保古飛呂比》 1872년 1월 21일).

> 합중국 인민은 각기 그 적합한 자리를 얻어서 나날이 개화 진보하고 […] 또 교법이 성행하여 그 교법으로 풍속을 유지한 것 또한 절묘하다. '선데이'에는 반드시 대통령 · 부통령을 비롯하여 고위 관료까지 모두 교회에 가서 설교를 삼가 경청한다. 궁리학자들은 종교는 믿지 않는다 하더라도, 모든 인민을 유지하는 도구이기에 고위 관료 역시 진지하게 설교를 듣는 것은, 일본에서 진종眞宗의 교법을 부녀자들이 믿는 것과 다름이 없다.

역시 도구이다. 그들에게는 이것이야말로 문명국에서 기괴한 교법의 융성이라는 역설을 납득하기에 가장 좋은 해석이었던 것이다.

그러면 일본은 어떻게 하면 좋을까?

역시 기독교일까? 아니면 "고유한 신도를 기초로 하고, 공맹의 도로 도와서"(사사키 다카유키, 같은 날 일기) 하면 되는 것일까? 혹은 불교일까?("종지宗旨를 치안의 도구로 삼으려 한다면, 국민 다수가 믿는 종지를 이용해야 한다. 종지를 정략과 화합시키고자 한다면, 가능한 외국을 중심점으로 하는 가르침이 아니라 내국에서 가장 친밀한 가르침을 이용해야 한다." 이노우에

고와시井上毅 〈교도직教導職 폐지 의견안〉 1884)

모색은 계속되었다. 그 가운데 부상한 것이, 예를 들면 명륙사 일원이었던 니시무라 시게키의 아래의 주장이었다(《일본 도덕론》 1886).

> 무릇 민심이 향하는 곳이 일정하다면 그 나라는 견고하며, 민심이 향하는 곳이 일정하지 않다면 그 나라는 견고하지 않은 것이다. 서양 여러 나라의 정부가 종교를 존숭함은 다만 민심으로 하여금 그 향하는 바를 일정하게 만드는 데에 있다. 우리 나라는 이미 지극히 귀하고 지극히 존숭하는 황실이 있다. 민심을 모두 황실로 돌아가게 만들면, 나라의 강고함과 안전은 구하지 않아도 저절로 얻게 될 것이다. 어찌 종교의 힘을 빌릴 필요가 있겠는가?

기독교의 대체물이 황실이라는 아이디어이다.

정부는 결국 이 안을 채용하였다. 1888년(明治 21) 6월, 헌법 초안 심의를 위해 개최된 추밀원 회의 첫머리에서 기초자인 이토 히로부미伊藤博文는 이렇게 연설하였다(《추밀원회의 의사록》).

> 원래 유럽에서는 헌법 정치의 맹아가 싹튼 지 천여 년으로, 인민이 이 제도에 익숙해졌을 뿐 아니라, 또한 종교가 있어 이를 기축으로 삼아서 인심에 깊이 침윤하여, 인심이 여기로 귀일하였다. 그러나 우리 나라는 종교가 극히 미약하여, 국가의 기축이 될 만한 것이 하나도 없다. 불교는 한번 융성하여서 세를 넓혀 상하 간의 인심을 연결하였지만, 오늘날에 이르러서는 이미 쇠퇴한 경향이 있다. 신도는 조종의 유훈에 기초하여 조술한다고는 하지만, 종교로서 인심을 모으는 힘은 모자라다. 우리 나라에서 기축으로 삼을 만한 것은 오로지 황실일 뿐이다. 이로써 헌법 초안에서는 오로지 이 점에 뜻을 두어, 군권君權을 존중하여 가능한 이를 속박하지 않도록 힘쓴다.

민선 의원에 의한 원심력에 황실의 구심력으로 대항한다. 황실을 인심을 잇는 기축으로 삼는다. 일찍이 이와쿠라 사절단의 일원이었던 이토 히로부미는 자신이 이해한 유럽의 종교 즉 기독교의 정확한 대체물로서 의식적으로 황실숭배를 기획했던 것이다.[14]

이렇게 구성된 메이지 국가는 종종 오해받는 것처럼, 의회라는 서양적인 것과 천황제라는 일본적인 것의 단순한 결합이 아니었다. 의회는 일면 오래된 공의 · 공론 사상의 실현이다. 그리고 천황제는 일면 현대 유럽의 모방인 것이다. 〈대일본 제국 헌법〉〈고문告文〉에 인용된 "천양무궁天壤無窮의 굉모宏謨"를 이토 히로부미가 모토오리 노리나가처럼(제13장) 믿고 있었는지는 매우 의심스럽다. 그러나 태양의 여신의 계시라고 해도, 예수의 이야기처럼 황당무계하지는 않을 것이다. 문명국에는 그런 것이 필요하다. 아마도 그는 마음속으로 그렇게 생각하고 있었을 것이다.

(2) 자유

문명개화는 위로부터의 가르침만으로는 실현되지 않는다. 현실의 문명국과의 격차는 어떻게 발생했는가?

그 문제에 대해서는 서양인의 자기 이해도 참고하면서 다방면에서 탐구하였다. 예를 들면 풍토에 기인한다는 주장도 있었다(예를 들면 Henry Thomas Buckle, *History of Civilization in England*, 1857, 1861). 그러나 그래서는 현실의 격차가 숙명적인 것이 되어 버린다. 인종에 기인한다는 설도 있었다(19세기 중반부터 1세기는 의사疑似과학으로서의 인종주의의 시대이다). 그래서 서양인과의 결혼을 권장하는 인종개량론도 등장하였고, 처녀는 "유럽 인종을 얻게 하기 위해" 유럽으로 보내진다는 풍문도 돌았다(《신문잡지》 제84호, 1873년 3월).

14_미타니 다이이치로三谷太一郎 〈일본 근대화와 천황제〉(《근대 일본의 전쟁과 정치》 岩波書店, 1997).

한편 외국인과 접하면 누구라도 깨닫는 차이점이 언어이다. 영국과 미국이 세계를 제패하고 있으니 영어가 좋은 것 같다, 일본도 영어를 쓰는 나라가 되면 좋겠다는 주장도 있었다(모리 아리노리, *Education in Japan*, 1873). 표기를 로마자로 하자는 주장도 있었다(니시 아마네 〈서양 문자로 국어를 쓰자는 논〉《명륙잡지》 제1호 권두 논문). 알파벳과 비교하여 너무 복잡한 한자가 진보의 장애라고 생각되었기 때문이다(현대에도 일본에서 로마자 입력을 한자로 변환하기 위해 드는 노력과 시간은 도대체 어느 정도인가). 실제로 베트남이나 몽골에서는 그렇게 하고 있다. 말도 안 되는 주장은 아니었다. 또 적어도 히라가나만으로 표기하자는 주장도 있었다(1873년, 마에지마 히소카前島密 〈마이니치 히라카나 신문지〉[15] 창간. 시미즈 우사부로淸水卯三郞 〈히라가나 설〉《명륙잡지》 제7호, 1874. 1883년에 '가나 모임' 결성). 한글만으로 한국어를 표기하는 것과 마찬가지이다.

그러나 기독교와 아울러 서양인 자신이 문명의 기초로서 강조하고 있던 것은 무엇보다 liberty, freedom이었다. 앞서 인용한 나카무라 마사나오의 《서양입지편》 제1편 서문에도 서양이 강한 한 요인을 "인민에게 자유의 권리가 있음에 기인한다"고 하였다. 그가 번역한 J. S. 밀의 *On Liberty*(1859)의 번역서 《자유지리自由之理》(1871)도 크게 호평을 받았다. 그는 역자 주에서 "백 개의 이에"가 "서로 모여서 한 마을이 되는" 것처럼, "단나檀那의 가부權" 즉 "자유의 가부"(right는 가부나카마株仲間의 가부에 해당한다는 것이다)를 가진 사람들이 모여 나라를 이루는 것이라고 설명하였다. 그리고 "촌을 수호하는 역할을 갖고" 있는 정부의 "가부가 너무 강해지면 개별적으로 자유롭게 일을 행하는 것을 방해"하기 때문에 그 "권세의 한계를 의논하여 정하는" 일이 중요하다고 하였다. (기인이나 괴짜도 포함하여) 각각의 individuality의 발휘 자체를 존중해야 한다는 밀의 주장을 어느 정도나 이해했는지는 의심

15_[옮긴이] 원제는 〈まいにちひらかなしんぶんし〉로 모두 히라가나로 표기하고 있다.

스럽다. 아마도 자유 민권론자를 포함하여, "리버티를 번역하여 자유라고 한다. 그 뜻은 인민으로 하여금 다른 사람의 속박을 받지 않고, 자유롭게 자신의 권리를 행하게 하는 데에 있다. 요즈음의 유럽과 아메리카의 각국이 그 정치가 선함과 아름다움을 다하고 국력이 강성하게 됨은 필경 인민의 자유에 기반한다. 만약 자세하게 알고자 하면 나카무라 선생의 번역서 밀의 자유지리를 읽어야 하며 […]"(미쓰쿠리 린쇼 箕作麟祥 〈리버티 설〉《명륙잡지》 제9호, 1874)라는 정도로 이해하는 사람이 많았을 것이다.

게다가 통속 작가인 가나가키 로분은 "지금의 신정부가 고맙지 아니한가? 사민 동일하게 자주 자유의 권리를 주고, 묘자대검苗字帶劍,[16] 하카마든 양복이든, 말이든 마차든 모두 마음대로이다. 아무리 곤궁한 우리라도 지난날의 우리가 아니다. 이것이 즉 자유의 권리이다"(《아구라나베》 3편, 1872)이라고 하였다. 신분제도로부터의 해방이라는 자유(제19장)에, 생각하는 대로 하는 것(되는 것)이라는 구래의 일본어의 자유(제9장)가 중첩되고 있는 것이다. 유행으로서의 문명개화에는 "바야흐로 무엇이든 새로운 일을 하면 된다, 위에서 그것을 허락해 주었다, 자유다, 자유다"라는 들뜬 기분도, 분명히 있었다(그래서 반발하는 사람들도 있었다).

그러나 물론 서양 정치사상의 근간을 이루는 자유의 이념은 그것과는 크게 다르다. 실제로 자유나 정치에 대해서 더욱 깊고 진지하게 사색한 사람들도 있었다. 예를 들면 후쿠자와 유키치와 나카에 조민中江兆民이 그러하였다.

16_[옮긴이] 성을 쓰고 칼을 차는 것은 에도 시대에는 무사의 특권이었다.

참고 문헌

마쓰자와 히로아키《근대 일본의 형성과 서양 경험》(松澤弘陽《近代日本の形成と西洋經驗》岩波書店, 1993)

야마구치 데루오미《메이지 국가와 종교》(山口輝臣《明治國家と宗教》東京大學出版會, 1999)

쓰치야 히로마사《유니테리언과 후쿠자와 유키치》(土屋博政《ユニテリアンと福澤諭吉》慶應義塾大學出版會, 2004)

제21장 후쿠자와 유키치의 서원誓願

1. 인물과 저작

후쿠자와 유키치는 1834년(天保 5) 12월 12일 오사카에서 태어났다. 부친은 부젠豊前 나카쓰中津 다이묘 가문의 오사카 구라야시키藏屋敷[1]에서 근무하던 하급 무사였다. 유키치가 태어난 지 1년 반 만에 타계하여 남은 가족은 조카마치인 나카쓰로 이사했다(오시오 헤이하치로의 난의 전년도이다). 대도시 오사카에서 근무를 오래한 탓에, 이른바 귀국자녀의 모자 가정이었다. 가난했지만 주변에 대해 자긍심과 고립된 기분을 느꼈던 것 같다.

유키치는 신체가 건장하였으며 사설학교인 주쿠塾에서도 다른 상급 무사의 자제보다 우수했다. 그런데 "그 사귐이 친구끼리 서로 어울려 노는 아이들 사이에서도 꼭 문벌이란 것을 가지고 건방지게 으스대는 것이 심하여, 어린 마음에도 화가 나서 견딜 수가 없었"던 나날이었다(《복옹자전福翁自傳》). 그러나 페리가 내항한 다음 해인 1854년(安政 1) 초봄, 만 19세의 유키치는 나가사키에서 난학 수업을 받을 기회를 얻

1_[옮긴이] 구라야시키는 에도 시대 다이묘들이 화폐 수입을 위해 영내의 공미와 특산물을 판매하기 위해 유통의 거점 지역에 두었던 저택으로, 창고와 판매 사무소를 겸하였다.

었다. 해방감을 느꼈던 것 같다. 그 다음 해에는 태어난 곳인 오사카로 옮겨 오가타 고안緒方洪庵의 주쿠에 들어가서 본격적으로 네덜란드어를 배웠다. 각지에서 몰려든 문인들이 경쟁하면서 배우는 기숙제의 학생생활이었다. 맹렬한 학습과 그 즐거움을 자서전에서 생생하게 말하고 있다. 3년 뒤에 번의 명령으로 에도로 가서 가르치기 시작한다. 양학의 효용이 급속도로 상승한 시기였다. 게다가 그는 영어 공부도 시작했다. 다행히도 네덜란드어와 영어는 서로 가까웠다. 18세기 이래의 난학의 전통을 이어받아 네덜란드어를 확실하게 배운 위에, 실용성이 더욱 커진 영어로 생각보다 쉽게 바꾼 것이다.

1860년(安政 7)에는 간린마루咸臨丸[2] 승선에 성공하여 샌프란시스코까지 갔다(곧장 웹스터의 영어사전을 구입했다고 한다. 영일사전 같은 것은 없던 시기였다. 그는 현대의 일본인과 달리 영영사전을 찾아가면서 영어의 개념들을 이해했던 것이다). 다음 해에는 공의의 유럽 사절단에 합류하였다. 순수한 양학자가 직접 구미를 체험한 드문 예였다. 1864년(元治 1) 하타모토 격의 외국봉행지배번역어용外國奉行支配飜譯御用에 발탁되어, 외교 문서의 번역을 하게 되었다(소다이묘를 섬기는 하급 무사의 차남으로서는 크게 출세한 것이다). 그리고 1866년(慶應 2)《서양사정》초편을 간행한다. 당시 일본인의 서양에 대한 지적 갈망은 무서울 정도여서, 적어도 15만 부(해적판을 포함하면 20만 부 내지 25만 부)가 팔렸다고 한다. 결과적으로 이 책은 후쿠자와 자신도 인정하듯이(〈후쿠자와 전집 서언緒言〉), 메이지 초기까지의 일본인의 서양 이해를 깊게 규정하였다.

게다가 그는《서양려안내西洋旅案內》(1867)《훈몽궁리도해訓蒙窮理圖解》(1868)《영국의사원담英國議事院談》(1869),《세계국진世界國盡》(같은 해) 등을 속속 간행하면서 서양을 소개하는 데 힘썼다. 훗날 '후쿠자와본' 또는 '후쿠자와물'이라고 불리게 된, 서양을 모델로 한 '문명개

2_[옮긴이] 간린마루는 1857년 에도 막부가 네덜란드에 발주하여 구입한 군함이다. 1860년 견미 사절단을 태우고 일본인이 운항하여 최초로 태평양을 횡단했다.

화'로 이끄는 일련의 저작의 개시이다.

그는 적어도 도쿠가와 시대의 가장 말기에는 도쿠가와나 삿초薩長나 어차피 양이파이므로 기대하지 않는다는 심경이었던 것 같다. 그러나 양학·영학英學을 가르치며 '문명'을 널리 알리겠다고 생각하여, 에도 성을 양도한 직후인 1868년(慶應 4) 4월(9월에 메이지로 바뀐다), 자신의 사숙을 게이오의숙慶應義塾이라 이름을 지었다. 사찰의 이름에 연호를 붙이는 것은 엔랴쿠지延曆寺·간에이지寬永寺 등 특별한 유서가 있는 경우로 한정되는 것이 전통이다. 하물며 개인의 사숙에 연호를 붙이는 것은 전례가 없었다. 더욱이 의숙이란 널리 사람들에게 열려 있는, 사람들로부터 지원을 받는 학교를 말한다. 의기양양한 이름이었다. 게다가 양이론자였을 신정부 지도자가 개항·개국을 추인하고, 오히려 적극적으로 서양을 배우자고 하는 것이 점점 분명해져 갔다. 틀림없이 기뻤을 것이다.

1872년(明治 5)《학문의 권장》초편을 간행하고, 이후 1876년 17편까지 이어 간행하였다. 크게 호평을 받았다(각각 약 20만 부는 팔렸다고 한다). 동시에 정부가 태양력으로 변경한 것을 해설하며 응원한《개력변改曆辨》(1873), 서양식 부기를 설명하는《장합지법張合之法》(같은 해), 서양식 회의 진행·의결 등의 절차를 설명한《회의변會議辯》(같은 해) 등을 간행하였다. 그 문체는 현학성이 전혀 없이 오로지 알기 쉽게 쓰려고 했던 미증유의 "아속雅俗이 뒤죽박죽인" 혼합체(〈후쿠자와 전집 서언〉)이었다. 새로운 일본어를 의식적으로 창조했던 것이다.

예를 들면 1872년 이요伊豫 마쓰야마松山에 소학교가 창설되었을 때에도, "요즈음 지어진 후쿠자와물인 궁리도해, 지학사시地學事始, 세계국진, 그 외 문부성 출판의 단어편과 연어편連語篇 등을 임시변통하여 사용하였다"고 한다(나이토 메이세쓰內藤鳴雪《메이세쓰 자서전鳴雪自敍傳》). 후쿠자와본의 영향은 지대했다.

1875년《문명론의 개략》을 간행한다. 문명에 대한 사색을 집중시킨, 그로서는 드물었던 이론적 고찰이다.

그 후는 게이오의숙에서 가르치고, 경영하는 한편 헌법 초안으로 유명한 교순사交詢社를 창설하는(1880) 등 사회적 활동을 한다. 나아가 정당계나 정부계도 아닌 독립불기獨立不羈 의 신문을 창간하여(《시사신보時事新報》 1882) 궤도에 올리고, 시사를 논하고 문명을 말하면서 책으로 정리하여 차례로 간행하였다. 1898년(明治 31) 뇌출혈로 쓰러져 3년 후에 세상을 떠났다. 66년여의 생애였다. 중의원은 그를 위하여 애도를 결의하였다.

《복옹자전》(1899)에서 그는 인생을 되돌아보면 꿈만 같다고 자주 말했는데, "나의 꿈은 지극히 변화무쌍했던, 한바탕 떠들썩한 꿈이었다"고 회고하고 있다. "옛날의 작은 번의 작은 사족으로 비좁은 작은 상자에 눌려 박혀서, 번정의 이쑤시개로 찬합 구석구석까지 후비는, 그 이쑤시개 끝에 걸려 있던 소년이 휙 밖으로 뛰쳐나와 고향을 등졌다. 그뿐만 아니라, 이제껏 교육받았던 한학류의 가르침도 내팽개치고 서양학에 입문하여, 이전과 다른 책을 읽고 이전과 다른 사람들과 사귀고, 자유자재로 운동"하였다. 게다가 "먹고 입는 것만 가능하면 대원大願 성취"라고 생각하고 있었는데 갑작스레 유신의 변혁을 마주했다.

> 그러니 나 역시 이전의 대원 성취에 만족할 수만은 없어요. 이거 재밌네, 이 기세를 타고 더욱 크게 서양 문명의 공기를 들이마시고, 전국의 인심을 뿌리부터 전복시켜, 멀고 먼 동양에 새로운 문명국을 열어, 동쪽에 일본이 서쪽에 영국과 대등하여 뒤지지 않게 되지 말라는 법도 없다고, 이에 제2의 서원誓願을 세워 […] 신체의 건강에 기대어 오로지 사숙 일에 힘쓰고, 또 붓을 놀려 각양각종의 일을 써 댄 것이, 서양 사정 이후의 저술과 번역입니다.

이하, 이 장에서는 후쿠자와의 '제2의 서원'의 기본 내용을 소개하겠다.

2. 독립과 문명

(1) 정신의 독립

《학문의 권장》 5편에서 후쿠자와는 이렇게 말하고 있다.

> 나라의 문명은 형태로 평가해서는 안 된다. 학교든, 공업이든, 육군이든, 해군이든, 이 모두 문명의 형태일 뿐이다. 형태를 만드는 것은 어렵지 않다. 다만 돈으로 살 수 있다고 하더라도, 여기에 또한 무형의 일물一物이 있으니, 이것은 눈으로 볼 수 없고, 귀로 들을 수 없고 사거나 팔 수 없고, 빌릴 수도 없다. 널리 국인들 사이에 자리하여 그 작용이 매우 강하며, 이것이 없다면 저 학교 이하 무엇도 실용이 되지 않으니, 진실로 이것을 문명의 정신이라 할 만한 지대 지중한 것이다. 이것이 무엇인가? 이것은 바로 인민 독립의 기력이다.

후쿠자와는 문명의 중핵을 유형물도 아니고 기독교도 아닌 '인민독립의 기력', '정신독립', '독립의 정신'(《학문의 권장》 16편)에서 찾았다. "독립이란 자신이 자신의 몸을 지배하여 다른 데에 의지하려는 마음이 없는 것을 말한다"(《학문의 권장》 3편).

왜 '독립'일까? 그것은 당시 구미인의 자화상과 후쿠자와가 유년 시절부터 가졌던 깊은 불만과 품어 왔던 생각이 서로 공명했기 때문일 것이다.

예를 들면 첫째로 앞 장에서 소개한 챔버스 사의 *Political Economy for Use in Schools, and for Private Instruction*은 이렇게 설명하고 있다. "Individual Rights and Duties"라고 제목한 절이다.

> Accordingly, every human being, of whatever colour or country, has, by a law of nature, the property of his own person. He belongs to himself. In ordinary language, *man is born free*. This freedom he is

not at liberty to sell or assign. [···] We are, nevertheless, to bear fully in view the GRAND PRINCIPLE, that a society is only equitably constituted, and only can be successfully conducted, when each works diligently and honestly for the general benefit, and lives independently upon the remuneration which his industry or private resources afford him.

이 부분을 후쿠자와는 《서양사정 외편》(1868)에서 이렇게 번역했다.

> 세계 중 어느 나라임을 논하지 않고 어떤 인종임을 따지지 않고, 사람들이 스스로 그 신체를 자유롭게 하는 것은 천도의 법칙이다. 즉 사람은 그 사람의 사람이며 또 천하는 천하의 천하라고 말하는 것과 같다. 태어나서 속박되는 일 없이, 하늘에서 부여받은 자주 자유의 통의通義는, 팔아서도 안 되고 또 살 수 있는 것도 아니다. [···] 본래 인간의 대의를 논하자면, 사람들이 서로 편리함을 꾀하여 일반을 위하여 근로하고, 의기義氣를 지켜 염절廉節을 알며, 일하면 그에 따라 보수를 얻고, 불기독립不羈獨立으로 세상에서 처신하여, 비로소 교제의 도리를 다할 수 있다.

세습의 봉록에 기대는 문벌제도가 아니라, 자주 자유의 불기독립한 사람이 자신의 노동으로 생활하면서 교제하여 이 세상을 구성하게 한다는 것이다. 이것이 동서 차이의 원인이라고 생각했을 때, 하급 무사의 불만은 일본의 '문명'을 위한 대의가 된다. 1869년 8월, 나카쓰 번에서 봉록을 주고 채용해 주겠다는 제안을 그가 다음과 같이 준엄하게 거절한 것은 그러한 발견의 결과였을 것이다.

> 무릇 천하에서 놀고먹으면서, 가깝게는 다이묘 가문에 혹덩어리가 되는 것은 세록世祿의 신하가 제일입니다. 한 사람이라도 줄이는 것이 천하의 행복이며, 다이묘 가문을 위한 것입니다. [···] 이록利祿은 사람

이라면 바라는 바이니, 소생 역시 봉록은 원하는 바입니다. 다만 한 조각의 천리를 어찌하겠습니까? 설령 군공君公 1만 석의 봉록을 반으로 나누어, 5천 석을 받는다 해도 이理를 버리고 봉록을 취할 수는 없습니다. (핫토리 고로베에服部五郎兵衛에게 보내는 서간, 1869년 8월 24일)

천리에 의해 세록은 용납되지 않는다. 그가 우선 경제적 독립(유형의 독립 · 물품에 대한 독립, 《학문의 권장》)을 주장한 이유이다. 이것은 세습 신분에 의한 통치를 부정하는 것이다. 게다가 제2장에서 소개한 "무사는 독립하는 마음이 있어야 한다"(《무사라면》)는 자부심 높은 무사의 기개(의 기억)에는 울림이 있었을 것이다.

둘째로 후쿠자와에게 예를 들면 페리의 《일본 원정기》에 보이는 일본의 신분 차별에 대한 조롱 섞인 서술은 서양을 기준으로 한 일본 사회 비판이며, 프랑수아 기조의 유럽 문명론은 입장을 바꾸면 일본사에 대한 반성이 되었다. 기조는 유럽에서는 다양한 세력이 길항했기에 자유가 확보되고 결과적으로 문명이 진보했다고 설명한다. 그와 달리 일본에서는 곳곳에 "상하의 명분이 판연해서 그 명분과 함께 권리와 의무도 다르며, 한 사람도 무리를 당하지 않은 자가 없고 한 사람도 무리하게 행하지 않는 자가 없다. 무리하게 억압되고 또 무리하게 억압하고, 이에 굴복하면 그를 향해 잘난 체할 것이다", "갑은 을에게 억압되고 을은 병에게 제어되고, 강압 억제의 순환은 끝이 없다"는 상하의 억압관계의 연쇄가 있었다(《문명론의 개략》). 그렇다면 이 편재한 거만함과 비굴의 조합을 파괴하고, 한 사람 한 사람이 독립하면 (난리가 나는 것이 아니라) 번영이 실현될 것이 틀림없을 것이었다.

셋째로 존 스튜어트 밀의 *On Liberty*(1859)도 후쿠자와를 자극하여 정신적 독립의 중요성을 가르쳐 주었다.

이처럼 고대를 믿고 고대를 숭모하여 터럭만큼도 자신의 생각을 바꾸지 않고, 이른바 정신의 노예(멘탈 슬레이브)로, 내 정신을 들어 고대의

> 도에 바치고, 현시대에 살면서 고대인의 지배를 받으며 그 지배를 또 전하여 현시대를 지배하고, 두루두루 인간의 사귐에 정체되고 흐르지 않는 원소를 흡수하게 한 것은, 유학의 죄라고 해야 한다. (《문명론의 개략》)

멘탈 슬레이브란 후쿠자와 자신의 주注이다. 이것은 아마도 정통이라고 여겨져 온 설에 대한 반성 없는 의존으로서의 mental slavery(*On Liberty*, Chapter II)의 서술에서 유래할 것이다. 자유와 진보의 결합을 믿는 밀이 빅토리아 시대의 영국에서 사회적 억압에 대하여 사상 · 언론의 자유를 확보하기 위해 전개한 논의가, 여기서 경서에 영원한 진리가 있다는 유학의 기본 신조의 부정으로 바뀌는 것이다.

더욱이 후쿠자와는 일반적으로 아무 생각 없이 전통이나 통설에 의존하고 속박되고, 게다가 속박되어 있다는 사실조차 자각하지 못하는 마음의 태도도 부정한다. "믿음의 세계에 위사僞詐가 많고, 의심의 세계에 진리가 많다. [⋯] 문명의 진보는 천지 간 유형물이든 무형의 사람의 일이든, 그 작용이 향하는 곳을 천착하여 진실을 발명하는 데 있다"(《학문의 권장》 15편)고 말한다. 이것은 밀의 주장과 비슷하다. 그러나 동시에, "옛날 책에만 의지하여 자신의 지혜를 발휘하려" 하지 않는 유학자를 비판하여 "의심은 미덕이다"라고 말한 가이호 세이료 같기도 하다. 아마도 후쿠자와 이외의 사람들의 마음속에도 마찬가지로 숨어 있던 생각이 유럽의 가장 앞선 지식인의 사상과 공진共振한 것이다.

(2) 인간 교제

독립은 고립이 아니다. 후쿠자와의 이해로는 사람은 홀로 고립해서는 살아갈 수 없다.

> 사람의 성은 떼 지어 사는 것을 좋아하여 결코 독보고립獨步孤立을 하지 못한다. 부부나 부모 자식 사이로는 아직 이 성정을 만족시킬 만하

지 않다. 반드시 다른 사람과 폭넓게 사귀고, 그 사귐이 점차 확대되면 일신의 행복도 점차 커짐을 깨닫게 되니, 즉 이것이 인간 교제가 일어나는 연유이다. (《학문의 권장》 9편)

인간 교제란 society의 번역어이다.[3] 요컨대 인간은 사회적 동물이다. 그리고 독립의 정신을 가진 사람들이 상호 독립을 존중하면서 협동하는 일이 문명의 기초이다. "원래 문명이란 사람의 지덕을 발전시켜 사람들이 스스로 그 몸을 지배하여 세상과 서로 사귀고, 상해라는 일이나 해를 입는 일도 없이, 각기 그 권의權義(right의 번역어)를 달성하여 일반의 안전 번창을 가져오는 것을 말한다"(같은 책, 7편).

그리고 독립하고 있는 이상, "모든 인간의 교제라고 일컫는 것은 모두 어른과 어른의 사이이며, 타인과 타인의 사귐이다"(같은 책, 11편). 서로 타인인 성인들을 부모 자식 사이에 의제하여 "민의 부모"라 해서 태평을 이루자고 하는 것은 무리이다. "타인과 타인의 사귐"에 어울리는 방식이 필요하다.

그것은 첫째로 규칙과 약속이다.

타인과 타인의 사귐에는 사사로운 정을 이용해선 안 되며 반드시 규칙과 약속을 만들어서, 서로 이를 지키고 아주 작은 차이를 다투어 오히려 서로 원만하게 다스려지는 것이니, 이것이 즉 국법이 일어나는 연유이다. (같은 책)

애정과 덕의만으로 이 세상을 헤쳐 나갈 수 없다. 악한 이도 있다. "악인의 수가 만 명 중 하나라고 해도 반드시 없다는 보장이 없으니, 만 명에게 행해지는 규칙은 악인을 제어한다는 취지에 따르지 않으면

3_Society의 번역어로는 사중社中 · 연중連中 · 나카마仲間 · 나카마 연중仲間連中 · 사교社交 · 교제의 사중 · 교제 나카마 · 세도世道 · 동사同社 · 회사會社 등도 있다. 당시 웹스터의 영어사전 등의 설명을 읽으면 모두 일리 있는 번역어였지만, 결국 그때까지 거의 사용되지 않았던 '사회'라는 말이 번역어의 생존 경쟁에서 승리한 것이다.

안 된다. […] 따라서 인간의 교제에서 규칙이 날로 번다해지고, 규칙의 외형은 무정한 것처럼 되어도, 절대 이를 업신여길 도리는 없"게 된다(《문명론의 개략》). 공적인 소송이 많았던 도쿠가와 세상에서 자랐다면 별난 얘기도 아닐 것이다.

둘째로 권의의 평등과 불평등한 상태의 양립이다.

> 사람과 사람의 조화를 묻는다면 동등함이라 하지 않을 수 없다. 다만 그 동등함이란 상태의 동등을 말하는 것이 아니다. 권리통의權理通義의 동등함을 말한다. (《학문의 권장》 2편)

상태의 불평등함을 만드는 것은 첫째가 학문이다. "하늘은 사람 위에 사람을 만들지 않고 사람 아래 사람을 만들지" 않지만 "다만 학문을 부지런히 하여 세상사를 잘 아는 사람은 귀인이 되고 부유하게 된다. 무학자는 가난하게 되고 하인이 된다"(《학문의 권장》 초편). 그래서 학문이 권장된다. 후쿠자와의 생각으로는 집안으로 빈부귀천이 정해지는 것은 옳지 않지만 학문으로 결정되는 것은 공정하다(유학적인 사고방식이다).

셋째로 자유로운 경쟁이다. 이는 만인에게 도움이 된다. 챔버스Chambers의 *Political Economy*의 Society as a competitive system의 1절을 후쿠자와는 이렇게 번역하고 있다.

> […] 인생은 서로 해를 끼치지 않고 각자가 그 부귀청운의 뜻을 이루어야 하며, 그 위에 서로 격려하고 경쟁하여 거꾸로 세상의 이익을 이루어야 한다. 따라서 가족 간 친애자정親愛慈情을 주로 하여 서로 경쟁하는 마음이 없는 것은 노유소약老幼小弱을 돕게 하기 위함이다. 세상의 교제에서 서로 앞을 다투고 이달利達을 구하여 그 폐해가 없음은, 세계 일반의 이익을 이루게 하기 때문이다. (《서양사정 외편》 〈세상 사람들이 서로 격려하고 경쟁하는 일〉)

각자가 자기 이익을 추구하여 경쟁하면 결국 세계 일반의 이익이 된다. 이거 너무 듣기 좋은 소리가 아닐까? 후쿠자와는 그런 생각은 하지 않는다.

> 사익은 공익을 기본으로 하고, 공익은 사익을 잘 영위해야만 일어나는 것이다. […] 시험해 보라. 남을 위하면서도 또 자기를 위하는 일은 그 이익이 영속할 만하지만, 남을 위하는 데는 심히 해가 되면서 오로지 자기만을 이롭게 하고자 해도 결국에 그 이익은 일시적인 것에 지나지 않으며, 일시적으로는 어느 정도 이익이 있다 한들 끝내 영속할 수 없다. (〈사리를 영위해야 하는 것〉 1877)

이것은 제4장 4절에서 말한 시장 도덕론과 같다. 더러운 상술은 지속되지 못한다. 거래 상대까지 만족하는 장사야말로 장기적이고 큰 이익을 올릴 수 있다. 자기 이익의 현명한 추구는 결과적으로 공공의 이익이 된다. 자유 경쟁이라는 메커니즘이 그것을 가능하게 한다. 이렇게 "문명개화는 즉 경쟁하면서 진보한다"(《국회론》 1889). 이런 사고방식은 잘못된 것일까?

타인과 타인의 사귐에 필요한 방식의 넷째 요건은 논의이다. 사람은 묵묵히 규칙을 따르고, 조용히 경쟁하는 것만으로는 안 된다. 독립하고, 의심하는 정신을 가졌다면 자신의 의견을 서로 개진하고 논의할 것이며 그렇게 해야만 한다(〈연설법을 권하는 설〉《학문의 권장》 12편. 또 《회의변》). 그는 스스로 미타 연설회三田演說會를 설립하고 나아가 미타 연설관을 건설하였다(1875, 현존). 지금 보면 예쁘장한 서구풍의 건축물인데 당시로서는 획기적이었다.

> 다만 일본인이 토론하지 않는 습관에 눌려 안주해선 안 되는 온편함에 안주하고, 해야 할 말을 하지 않고, 해야만 하는 논의를 하지 않음에 놀랄 뿐이다. 이익을 다투는 것은 옛사람의 금구禁句이지만, 이익

> 의 다툼은 곧 도리를 다투는 것이다. (《문명론의 개략》)
>
> 똑같은 주장을 고수하면 설령 그 설의 성질이 순정하고 선량하더라도, 그로 인해 결코 자유의 기운을 일으킬 수 없다. 자유의 기풍은 다만 다사쟁론多事爭論하는 가운데 존재함을 알아야 한다. (같은 책)

논의란 남들과의 교제에서 진리를 위한 자유롭고 공정한 경쟁이자, 반대로 자유를 보장하는 것이 되기도 한다. '강습토론'(주희 《대학장구》)이 학문의 중요한 방법임은 상식이지만, 밀에게 배운 '다사쟁론'의 주장은 신선했을 것이다.

(3) 자업자득

규칙과 약속에 따라 행동하고 경쟁하며 논의하는 독립한 개인들-그들에게는 그에 걸맞은 교제의 태도가 있다.

예를 들면 첫째로 적극적인 교제이다. 독립이란 은둔이 아니다. "활발한 세상으로 들어가 많은 사물을 접하며 폭넓게 세상 사람들과 사귀고 다른 사람도 알고 자신도 알린다. 자신의 타고난 능력을 겉치레없이 마음껏 발휘하여 자신을 위하고 겸하여 세상을 위하고자" 활동해야 한다. 후쿠자와는 《학문의 권장》의 최종편에서 오로지 이 문제만 다루고 있다.

구체적인 방법으로는 우선 "언어를 배워야만 한다." "말은 되도록 유창하게 하여 활발해지지 않으면 안 된다." "다른 일은 다 제쳐놓고 지금의 일본인은 지금의 일본어를 능숙하게 사용하여 언변을 상달하고자 노력해야 한다." 언어 커뮤니케이션 능력의 향상은 좋은 사회인의 책무인 것이다. 다음으로 "안색용모를 밝고 단정하게 하여 첫눈에 바로 다른 사람이 싫어하는 일이 없어야 한다." "안색 용모를 활발하고 유쾌하게 하는 것은 사람의 덕의의 한 조목으로 인간교제에서 가장 중요하다." 그 다음으로는 "다른 사람과 사귀려거든 비단 옛 친구를 잊지 않을 뿐만 아니라 새로운 친구를 구하지 않으면 안 된다. [...] 인류가 많다고 해도 도깨비도 아니고 뱀도 아니며, 일부러 나를 해치려고 하는 악적은 없다. 두려워하여 꺼리지 말고 심사를 그대로 드러내서 척척 응접해야 한다." 숨김없이 드러내서 상쾌하게 교제를 넓혀 가고 뜻을 통하게 하자는 것이다. 그리고 "하늘은 사람 위에 사람을 만들지 않고, 사람 아래 사람을 만들지 않는다"로 시작하는 《학문의 권장》은 "사람이라면 사람을 까닭 없이 싫어하지 말라"고 끝을 맺고 있다.

미타 연설관. 게이오의숙대학 미타 캠퍼스에 현존한다. 게이오의숙 도서관 소장.

이것은 예를 들면 토크빌이 그린 당시 미국인의 교제와 흡사하다(《미국의 데모크라시》 제2책, 1840 간행.[4] 제3부 제2장).

> 미국에서는 출생에 따른 특권은 전혀 존재하지 않는다. 또 재산은 그것을 지닌 자에게 어떠한 특권도 부여하지 않는다. 그래서 모르는 사람들이 같은 장소에서 기꺼이 모이고, 자신의 생각을 자유롭게 전하는 일에 어떠한 우월감도 느끼지 않으며 위험도 느끼지 않는다. 우연히 만나도 가까워지지도 않지만 피하지도 않는다. 때문에 그들의 태도는 자연스럽고 솔직하며 개방적이다. 그들은 대부분 서로 어떤 기대도 하지 않고 무엇도 의심하지 않는다. 또 자신의 지위를 억지로 과시하려고도 하지 않으며 숨기려고도 하지 않는다.

후쿠자와는 아마도 미국 방문에서 관찰하였을 유사점을 그의 독서

4_Alexis de Tocqueville, *De la démocratie en Amérique* II(1840), 3me Partie, Chap. II, Comment la démocratie rend les rapports habituels des Américains plus simples et plus aisés.

경험과 종합하였다. 그리고 출생에 따른 특권과, 지위의 현시와 그 비굴한 존중이 이어져 온 일본에서 미국류 혹은 '데모크라시'적인 교제의 실현을 바랐던 것이다.

둘째로 원망怨望하지 않는 것이다. 《학문의 권장》 13편은 특히 그것을 논하고 있다. 후쿠자와에 따르면 인간 교제 시 여러 가지 부덕不德 중에서도 가장 꺼림칙하고 항상 유해한 것이 있다. 그것은 이기주의 같은 것이 아니다(영리한 이기주의야말로 오히려 공익이 된다). 바로 원망이다.

> 원망은 음의 작용이니, 나서서 취할 바가 아니다. 다른 사람의 상황에 비추어 나에게 불평을 품고, 나를 되돌아보지 못하고 많은 것을 타인에게서 찾으며, 그 불평을 만족시키는 술수란 나에게 도움이 되지도 못하고 타인에게 손해를 주는 데 있다.

이 주장은 지적된 바도 있듯이, 밀John Stuart Mill의 《대의 정치론》, *Considerations on Representative Government*(1861) 제3장 envy론에 계발된 것이리라.[5] 밀에 따르면, 사람들이 인생의 성공이 운명이나 우연의 결과라고 믿을 때 envy가 국민성까지 된다. 그리고 인류 중 가장 envious한 것은 the Orientals라고 한다. 자신이 졌을 때 더욱 노력하는 것이 아니라 단지 부러워하고 원망하고 승자에게 해를 끼치고자 하는 것은 본인은커녕 누구에게도 득이 되지 않는다. 그러니 더러운 수단으로 남의 발목을 잡지 않는 것이 경쟁의 기본적 규칙이다. 동양인이야말로 envious하다는 지적을 들었을 때 후쿠자와는 머리에 피가 거꾸로 솟구치지 않았을까? "원망을 바꾸는 활동을 하고, 질투하는 마음을 그치고, 서로 경쟁하는 용기를 격려하며, 화복훼예禍福毁譽를 모두 자력

5_덧붙여 envy는 기독교에서 말하는 7대 대죄의 하나이기도 하다. 참조, Joseph Epstein, *Envy: The Seven Deadly Sins*, Oxford University Press, 2003.

으로 취하여, 만천하 사람들로 하여금 자업자득이 되게" 해야 한다. 그는 선망과 질투가 소용돌이치는, 무너져 가는 신분 사회에서 절실히 그렇게 생각했을 것이다.

자업자득이라고 하면 일단 별로 좋게 들리지는 않는다. 그러나 바꿔 말하면 자기 결정 · 자기 노력 · 자기 책임이다. 독립의 정신을 지닌 주체가 교제하면서 당당하게 겨루고, 그 결과를 받아들인다. 이겨도 교만하지 않고 지더라도 원망하지 않으면서 의연하게 살아가자는 것이다.

이상과 같은 단호하게 독립한 개인에 의한 사회상에는 몇 가지 의문이 생길 수 있다. 우선 규칙 · 경쟁 · 논의 그리고 상쾌한 상냥함의 장점—결국 표면적인 교제일 수밖에 없는 그런 상태에서, 사람들의 내면은 외로워지며 겉치레뿐이지 알맹이가 없지 않은가? 이 세상은 역시 따뜻한 만남 · 온기 · 의리 · 인정으로 살아가야 하지 않을까? 강한 사람은 다를지도 모른다. 그러나 대다수의 약한 인간이 후쿠자와가 말하는 것처럼 살 수 있을까? 둘째, 이런 교제란 결국은 자기 이익을 추구하는 사람들 간의 상호 이용일 것이다. 사적인 이익을 영위하는 일을 신조로 하는 개인들끼리는 보상을 바라지 않는 호의 · 우정 · 애정을 더 이상 믿지 못하게 된다. 항상 배후에 단기적 · 장기적인 손익 계산이 있다고 의심하지 않을 수 없다. 지옥 같지 않을까? 셋째, 전원이 승자일 수 없는 것이 경쟁이다. 자업자득이란 강자의 대사이며 패자에겐 잔혹한 것이다. 일생 지기만 했더라도 원망하지 말고 단지 자신을 책망하라는 것일까? 게다가 그러면서 상쾌하게 살라는 말인가? 그러나 출발점부터 공평하지 않은 것이 이 현실 세상에서의 경쟁이라는 것이 아닐까?

메이지 사회에서 후쿠자와가 인정 없고 패덕한 배금종拜金宗의 조상이라고 종종 반발을 받게 된 것은, 단순한 오해가 아닐 것이다. 그의 저작의 독자들 마음에도 이러한 의문과 불만이 점점 서리게 되었을 것이다.

(4) 자존 · 구더기 · 가족

후쿠자와도 아마 그런 문제를 느끼고 있었을 것이다. 그리고 그 나름의 답을 냈다.

첫째로 그는 독립한 정신을 안으로부터 지탱하는 지주의 필요를 인정했다. 답은 자존심이다. 아무도 보고 있지 않아도 비열한 짓은 하지 않는다. 인간으로서 부끄러운 일은 하지 않는다. 그런 자신의 인격에 대한 자긍심이다. 그것은 명예욕 · 공명심이 아니다. 무사들의 신분적 명예심이나 프로로서의 자부심이라는 직업적 명예심과도 다르다. 동물이 아니라 독립한 인간이라는 품위 있는 존재라는 사실, 그 자체에 대한 자부심이다. 요컨대 게이오의숙의 표어가 된 '독립자존'이다. 그것이 도덕적 질서를 가능하게 한다.

> 옛날에는 사회의 질서가 모두 서로 의지하는 풍속으로, 군신 · 부자 · 부부 · 장유가 서로 의존하고 서로 경애하여, 양자가 서로를 대함에 그렇게 한 이후에 가르침을 세웠지만, 오늘날 자주 독립의 가르침에서는 우선 내 자신을 독립시키고, 내 자신을 존중하여 스스로 그 몸을 금과 보물로 여기고, 이로써 다른 관계를 유지하여 인사人事의 질서를 지켜야 한다. (《덕육여하德育如何》 1882)

후쿠자와는 이를 "서양어에서 말하는 디그니티"라고 설명한다(《일본 남자론》 1888). 직접적으로는 인류는 a sense of dignity를 가지고 있다는 밀의 지적에 계발된 것이다(*Utilitarianism*, 1861[6]). 그것은 예를 들면 이마누엘 칸트가 말한 dignitas interna(내적 존엄[7]) 의식과도 연결되며 기독교의 교리에도 이어진다. 한편 그것은 금수와 만물의 영장인 사람을 구별하고 존재의 거대한 연쇄의 꼭대기에 있는 인간이라는 사

6_이 점은 안자이 도시미쓰安西敏三 씨의 가르침을 얻었다.

7_이마누엘 칸트Immanuel Kant 《도덕 형이상학》 *Metaphysik der Sitten* (1797) 제1편 제1부 제1권 제2장.

실 자체를 존중하는 유학적 전통과도 합치한다.

둘째로 후쿠자와는 거꾸로 자신을 포함한 일체를 상대화함으로써 독립 정신을 지킬 수 있는 마음의 기술도 주장했다. 만년의 수상집《복옹백화福翁百話》에서 되풀이하여 말했던, 이른바 인간 구더기론이다. 예를 들면 〈인간의 안심〉이라고 제목을 붙이고, 그는 우선 "끝없는 우주를 생각하면서 홀로 바라본다면, 해와 달도 작은 것이며 지구 역시 미미하다. 하물며 인간처럼 무지하고 무력하여 한없이 초라하기만 한 구더기와 같은 작은 동물로, 전광석화의 순간 동안 우연히 이 세상에서 숨 쉬고 침식하고, 희로애락의 꿈 속에서 곧 사라져 쇠퇴할 뿐"이라고 했다. 인생 역시 한심한 장난과 같은 것이다. 그러나 "이미 세상에 태어난 이상 구더기라도 그에 걸맞은 각오가 없을 수 없다. 그 각오란 무엇인가? 인생이 본래 허무한 것임을 알면서도 한바탕의 장난을 장난으로 하지 않고 바야흐로 성실하게 일하며 빈곤과 고통에서 벗어나 부유함과 쾌락을 지향하고, 같은 부류를 방해하지 않고 스스로 안락을 구하며, 쉰, 일흔의 수명도 길다고 생각하여 부모를 섬기고 부부가 서로 친하며 자손의 계획을 세우고, 또한 집밖의 공익을 꾀하여 생애 한 점의 과실이 없도록 마음을 먹는 것이야말로 구더기의 본분"이라는 것이다. 그에 따르면 "다만 장난이라고 알면서 시시덕거리면 마음을 편안히 하여 극단적인 장난으로 치닫는 일이 없을 뿐아니라, 때로 세속의 백 가지 장난 속에 잡거하여 홀로 장난치지 않는 것도 괜찮다. 인간이 안심하는 법은 무릇 이 정도라면 큰 잘못도 없을 것"이다. 인생을 결국 허무하고 무의미한 장난이라고 생각하면 동요할 일도 없으며, 오히려 착실히 지금 여기에서 살아갈 수 있다는 것이다.

이것은 전통이 깊은 논의이자 기술이다. 《장자》 〈소요유〉편뿐 아니다. 시바 고칸 역시 "먹고 싸고 교미하고 헤매는 세상의 벌레, 위로는 천자로부터 아래로 서민에 이르기까지"(《무언도인필기無言道人筆記》)라고 노래했다. 또 오다 노부나가가 대군을 공격하기 전에 스스로 "인간

50년 몽환과도 같으니"라고 노래했듯이, 무사들도 인생을 덧없다고 생각함으로써 현세의 공포를 초월하고자 궁리하였다(《하가쿠레》에도 보인다). 게다가 앞에서 서술한 대로 가이호 세이료는 마음을 이중으로 하여 한 발짝 떨어져 눈을 하늘로 올려서 자기 자신을 내려다본다, 그리고 자유로이 마음을 움직인다는 주장을 하였다. 실제로 후쿠자와는 《복옹백화福翁百話》에서 이렇게 말한다(〈사물을 가벼이 보아야 비로소 활발해질 수 있다〉).

> 사람의 마음가짐은 여하튼 세속을 가벼이 바라보고 너무 열심이지 않는 데 있다. 이렇게 말하면 천하 인심을 냉담하게 이끌어 만사에 진력하는 자가 없을 것 같지만, 결코 그렇지 않다. 속세를 가벼이 보는 것은 마음의 본체이다. 가벼이 보는 이 속세를 살아가는 데 활발해지는 것은 마음의 작용이다. 속마음의 근저에서 이를 가벼이 바라보기 때문에, 잘 판단할 수 있고 활발해질 수 있다.

마음을 마음의 본체와 마음의 작용으로 이중으로 구성하는 것이다. 그렇게 하지 못하면 "사물의 한편에 푹 빠져서 그때그때 잊어버리지 못하고 결국에는 그 일의 경중을 볼 수 있는 지혜를 잃어버린다. 오직 외곬으로 내가 중히 여기는 것만을 중시하여 실제 뜻대로 되지 않으면 다른 사람을 원망하고 세상을 개탄한다. 원한 분노의 기운이 안으로부터 열이 나서 안색으로 나타나 언행으로 나오고, 큰일에 임하여 방향을 잘못 잡는 자가 많다. 단지 본인뿐 아니라 천하를 위해서도 불행이라고 하지 않을 수 없"게 된다. 자기 자신에게 거리를 두지 못하는 고지식함은 르상티망(원한)과 분노를 초래한다.

아마도 구미에서는 인격 존엄의 의식이나 현세의 초월도 최종적으로는 모두 기독교가 지탱할 것이다. 그리고 기독교인 우에무라 마사히사植村正久가 보자면 구더기론과 같은 "후쿠자와 선생의 복음"과 이러한 예언자에 인도되어서는 진정한 낙토에 도달할 수 없다(〈후쿠자와 선생의 제행무상〉 1892). 그러나 기독교를 믿지 않는 후쿠자와는 영혼 대신에 (주자학자가 '본연의 성'을 믿듯이) 마음속 황금 구슬을 믿는다. 그리고 전능한 창조주 대신 광대무변의 하늘을 생각하고, 마음을 활발하게 한다. 그것은 개인주의의 내면적 지주를 일본 사상사가 지닌 재료에서 창출하려는 시도였다.

셋째로 독립한 개인의 고립 그리고 독립한 타인과 타인의 산뜻하면서도 삭막한 교제를 보상하는 것이 달리 있다. 그것은 가족이다. 후쿠자와에 의하면 가족만은 냉정한 이익 집단이 아니라 정애의 공동체이다.

> 부부와 부모 자식이 한 집에 있는 것을 가족이라고 한다. 가족 간에는 정으로 사귀고, 물건에 정해진 주인이 없고 주고받음에 규칙이 없으며, 잃어도 아까워하지 않고 얻어도 기뻐하지 않으며, 무례를 혼내지 않고 졸렬함을 부끄러워하지 않는다. 아내와 자식의 만족은 남편과 부모의 기쁨이 되고, 남편과 부모의 고통은 아내와 자식의 우환이 된다. 또는 자신에게 부족하게 하고 다른 이에게 후하게 하며, 다른 이의 만족을 보면 오히려 마음이 기쁘게 여기게 된다. [···] 대체적으로 말하자면 가족 간에는 사유私有를 보호하려거나, 체면을 차리려거나 내 목숨을 중하게 여기는 마음도 없다. 따라서 가족의 사귐에는 규칙이 필요치 않고 약속도 필요치 않으니, 하물며 지술책략이랴. (《문명론의 개략》)

이것은 현실의 가족을 묘사한 것이 아니다. 그러나 후쿠자와에게 가족만은 독립한 개인이 마음의 갑옷을 벗고 어리광을 부릴 수 있는 애정의 관계이다. 아마도 그런 까닭에 한 발자국 밖으로 나오면 타인과 타인이 야무지게 사귈 수 있는 것이다.

부부에 대해 말하자면, "가정은 그 당시에 부부 관계에 있는 가정으로서, 서로 친애하고 서로 존경해야만 인간의 본분"이다(《일본 부인론

후편》). 이에가 아니라 부부의 가정이다. 후쿠자와는 결혼 후에도 한쪽의 성씨를 따르는 것은 적절하지 않다며, 예를 들면 하타케야마畠山 씨와 가지와라梶原 씨가 결혼하면 야마하라山原라고 하면 좋지 않느냐는 제안을 한다. 그렇게 하면 이에와 이에의 결혼이 아니라 "진정한 부부의 만남"이 되기 때문이다(《일본 부인론》). 부모자식 간에 대해서는, "양친에게는 자신의 몸과도 바꿀 수 없는 사랑하는 자식이니, 자식을 가르치고 타이르고 자랑하고 꾸짖어도 모두 진정한 애정에서 나오는 것이니, 부모 자식이 한 몸과 같아 그 기쁨을 비유할 것이 없다"(《학문의 권장》 제11편). "부모 자식이 한 몸과 같아 그 기쁨을 비유할 것이 없다." 그렇다! 이 구절은 동시대 영국의 sweet home 숭배를 떠올리게 하는 가족의 감미로운 일체성을 꿈꾸는 것이다.[8]

3. 네이션

(1) 일신독립 · 일국독립

이상과 같은 개인과 인간 교제에서 정치는 무엇일까?

물론 도쿠가와 일본과 같은 어무위 · 어위광의 지배는 있을 수 없다. 《학문의 권장》 초편에서 후쿠자와는 지금껏 정부가 "위광을 휘둘러 사람을 겁주고 사람의 자유를 막으려" 한 것을 비판하고, "적어도 정부에 대해 불평을 품게 되면, 이를 감추어서 은근히 위를 원망하지 않고, 그 길을 찾아 도리에 따라 조용히 이를 호소하여 기탄없이 논의해야 한다"고 말하고 있다. 논의가 어위광에 대한 두려움을 대신한다.

당연히 정치적 지배는 피치자가 충분히 납득해야 하는 것일 수밖에

8_다만 후쿠자와의 경우, 영국의 스위트 홈과 비교하여 특히 자식에 대한 부모의 애정이 중시되고 있다. 후쿠자와 자신이 그 "천연"의 "순정무잡純精無雜의 지극한 정"(〈충효론〉《수업 입지론》)에 의해 심리적인 균형을 얻고 있었다고 생각된다. 참조, 오카 요시타케岡義武 〈후쿠자와 유키치: 그의 인간적인 측면에 대하여〉(《일본학사원기요》 특별호, 1979년 3월).

없다. 동등자의 합의에 의한 지배이다. 따라서 관원이라고 해서 위세를 부리면 안 되고, 그들에게 비굴해져서도 안 된다. 유능한 사람들이 모두 정부에 들어가 지도하는 것도 바람직하지 않다. 단호하게 "사립의 지위"를 점하는 사람들이 있어야만 한다(《학문의 권장》 4편 〈학자의 직분을 논함〉).

그것은 나랏일에 무관심할 것을 권하는 것이 아니다. 후쿠자와는 일면 강렬한 내셔널리스트이다. 그는 항상 전 인류를 위해서가 아니라 일본인을 위해서 글을 썼다. 그리고 "일본에는 정부는 있으나 국민(네이션)은 없다"고 하면서 "일본은 고래로 아직 국가를 이루지 못했다"고 탄식한다(《문명론의 개략》 '네이션'도 후쿠자와). 그것은 종래의 일본에는 무사끼리의 싸움은 있었어도 인민과 인민의 싸움은 없었고, 인민은 항상 방관자였음을 말한다. 마찬가지로 이후 외국과 일본이 적대시하게 되면 "우리는 손님이니까 목숨을 버리는 것은 과분하다며 도망가는 자가 많을 것"(《학문의 권장》 3편)이라고 그는 걱정한다. 나라의 운명과 자신의 생을 일체시하지 않으면 국민(네이션)이 아니며, 일본에도 그것이 출현하지 않으면 안 되는 것이다.

후쿠자와의 생각으로는 독립한 개인들이 자신들을 위하여 정부를 세우고, 그 비용을 세금으로서 납득하면서 부담한다. 바로 그렇기 때문에 긴급할 때 나라의 문제를 자신들의 문제로서 생각한다. 그래서 독립을 유지할 수 있다. 그런 의미에서 "일신이 독립하여 일국이 독립한다"(같은 책).

평등화와 민주화가 네이션의 의식을 고양시키고, 강대한 국민군을 출현시키는 것은 프랑스 혁명이 증명한 것이다. 후쿠자와도 개인의 독립과 네이션의 성립, 국민군(나아가서 총력전)의 가능성을 주장한 것이다. 전형적인 국민국가론이었다.

(2) 나라를 세우는 큰 근본

그러나 자유로운 주체가 국가를 위하여 앞장서서 자기를 희생한다는 구상에는 어려움이 따른다. 자기이익과 자기희생은 결국 모순되기 때문이다. 자신을 위한 정부에 의하여 군대로 끌려가고 목숨을 잃게 되어서는 수지가 맞지 않을 터이다. 이 문제는 정치사회를 계약론적으로 해석하면 좋든 싫든 따라다니게 된다(홉스 《리바이어던》 제21장, 루소 《사회 계약론》 제2편 제5장). 한편 1873년(明治 6) 1월에는 벌써부터 징병령이 정해지고 있었다.

명철한 후쿠자와는 이 어려운 문제를 알아챘다. 그리고 독특한 방법으로 국민의 자기희생을 확보하고자 했다. 즉 일반적으로 처음부터 우세한 싸움이라면 사람들은 용맹스럽게 일어날지도 모른다. 문제는 승산이 희박한 때이다. 합리적으로 계산하면 빨리 백기를 드는 게 나을 수도 있다. 그러나 그렇게 되면 네이션은 유지할 수 없다. 그래서 합리성을 초월한 무엇인가가 필요하다. 후쿠자와가 내 놓은 해답은 "야세가만瘠我慢", 즉 '오기로 버티기'이다(〈오기로 버티는 설〉 1891). 그에 따르면 "강한 자와 약한 자가 상대하여 적어도 약자의 지위를 유지하는 것은, 오직 오기로 버티는 것에 의할 뿐이다."

> 오기로 버틴다는 주의主義는 원래부터 사람의 사사로운 정에서 나오는 것으로, 냉정한 수학 이론에서 논할 때는 거의 아이들의 장난처럼 여겨져도 변명할 말이 없지만, 세계 고금의 실제에서 이른바 국가를 목적으로 정하여 이를 유지하고 보존하려고 하는 자는, 이 주의에 의하지 않을 수 없다. 봉건 시대에 여러 번이 상호 경쟁하여 사기를 키운 것도 이 주의에 의한 것이며, 봉건이 이미 폐하여 통일된 대일본 제국이 되어, 더욱 시야를 넓혀서 문명 세계에서 독립된 체면을 펼치려고 하는 것도 이 주의에 의해야 한다. 따라서 인간 사회의 일이 오늘날 같은 풍조인 한, 외면의 체재에 문명과 야만의 변천이 있을 터이지만, 백 년 천 년 뒤에도 오로지 오기로 버티는 것은 나라를 세우는 커다란 근본으로서 이를 중시하고, 점점 더 이를 배양하여 그 원소의 발달을 돕는 것이 긴요할 것이다.

오기로 버티는 것은 자존심으로 지탱되는 불합리한 경지이다. 그러나 실은 애초에 같은 인류가 나라별로 나뉘어 경쟁하는 것 자체가 불합리하다("나라를 세우는 것은 사사로우며 공적이지 않다." 여기에서 공 · 사는 물론 한자어의 의미이다). 게다가 문명의 현 단계에서는 그것이 불가결하다. 따라서 네이션이 성립하려면 그 불합리성에 정확하게 대응하는, 합리성을 초월한 것이 필요하다.

후쿠자와에 따르면 그 모범은 주군 가문의 비운을 견뎌 냈던 미카와三河 무사이다. "나라를 세우는 커다란 근본"은 천황 숭배가 아니다(하물며 시노부코이忍戀도 아니다). 야스쿠니 신사도 아니다. 그저 향토애를 확대하는 것도 아니다. 체통을 지키는 무사의 정신의 일면을 재생함으로써 네이션을 유지하는 것을 세계적 제국주의 시대에 후쿠자와는 구상한 것이다.

(3) 저항의 정신

다만 대외적인 오기로 버티기만으로는 나라가 잘 돌아가지 않는다. 후쿠자와에 따르면 대내적으로는 '저항의 정신'이 필요하다. 정부는 한없이 전제專制가 되기 쉽기 때문이다.

그는 서남전쟁西南戰爭[9] 당시 정부를 추종하여 사이고 다카모리西鄕隆盛를 적 · 국적이라 부르고 부화뇌동하여 매도하는 풍조를 한탄하면서, 비밀리에 문장을 지어 "일본 국민 저항의 정신을 보존하여 그 기맥을 끊어지지 않게 하려고" 했다(《메이지 10년 정축공론丁丑公論》 발표는 1901). 거기서 후쿠자와는 "실은 인민의 기력에 대해서 논하자면 제2의 사이고 다카모리를 나오게 하는 것이야말로 나라를 위하여 축하할 만한 일이지만, 그런 인물이 나오지 않음을 어찌 하겠는가? 우리는 도

9_[옮긴이] 서남 전쟁은 1877년 사이고 다카모리 등에 의한 반란으로 메이지 정부에 대한 불평사족의 최대이자 최후의 반란이다. 다카모리가 가고시마에 설립한 사학교私學教 학생들이 중심이 되어 2월에 거병, 구마모토 성을 공략하지 못한 사이에 정부군의 반격을 맞아 패퇴하였다. 9월 다카모리의 자살로 끝이 났다. 일본어로는 '세이난 전쟁'이라고 한다.

리어 이를 슬퍼할 뿐이다"라고까지 말한다. 반란군의 지휘자를 그 정도로 평가하는 것이다.

왜냐하면 정부는 "일의 질서를 보호하여 인민의 행복을 진전시키기" 위하여 존재한다. 그렇게 하지 않는 "유명무실하다고 인정할 만한 정부는 전복시키는 것도 의로움에 지장이 없을" 것이 분명하다. 기성의 정부에 반대하여 저항했다고 해서 국적이라고 할 수는 없다. 실제로 "지금의 정부 고관도 10년 전에는 사이고와 함께 일본국의 정부였던 구 막부를 전복한" 것이 아닌가? 요컨대 후쿠자와는 자신의 국가론의 기본에서 저항권, 나아가 거의 혁명권까지도 주장하고 있는 것이다.

그렇다고 하면 사이고에 의한 첫 번째의 정부 전복은 의로운 것이다. 그러면 두 번째의 시도는 어떠한가? 그것은 "지금 정부의 관원에게 일본국의 사무를 맡기면 반드시 사회를 잘 정리하여 실책 없이 인민의 지덕이 점차 진보하고 자유 자치의 정신은 점차 발달하여 부강하고 번성하는 행복을 가져 올 것인가? 이에 반하여 사이고가 뜻을 얻게 된다면 그 반대의 재해를 키울 것인가? 지금의 관원이라면 반드시 그럴 것이고 사이고라면 반드시 그럴 리가 없다고 하는 것은, 오늘을 관찰하여 미래를 추량하여" 판단해야 한다.

공의 여론에 의하여 성립되는 정부가 오히려 국회를 개설하지 않고, 정부를 비판하는 자유를 억압하고 그래서 억압의 결과로서 반란이 일어나면 국적 취급을 한다. 게다가 민간에서까지 그에 추수하여 모두가 다 저항자를 비난한다. 그러면 안 된다, 정부의 존재 목적에 비추어 정부를 비판하고 정부에 저항하는 "일본 국민 저항의 정신"이 필요하다는 것이다.

후쿠자와가 보기엔 자존심으로 지탱되는, 외부에 대해 오기로 버티는 정신과 함께 내부의 의연한 저항의 정신이 있어야만, 진정한 네이션인 것이다.

4. 고상함

《문명론의 개략》 제3장에서 후쿠자와는 이렇게 말한다.

> 문명이란 사람의 몸을 안락하게 하고 마음을 고상하게 함을 일컫는다. 의식을 풍족하게 하여 인품을 귀하게 하는 것을 말하는 것이다. [⋯] 따라서 사람의 심신 양면에서 그렇게 하지 못하면 문명이란 이름을 줄 수 없다. 그리고 사람의 안락에는 한정이 없고, 인심의 품위 역시 극도極度란 없다. 그 안락이나 고상함이라는 것은 그야말로 진보하는 때의 상태를 가리켜 이름 붙인 것이니, 문명이란 사람의 안락과 품위의 진보를 일컫는다. 또 사람의 안락과 품위를 얻게 하는 것은 사람의 지덕이기 때문에, 문명이란 결국 사람의 지덕의 진보라고 할 수 있다.

고상함은 활발함과 아울러 후쿠자와가 애용하는 말이다. 《복옹자전》 말미에 남은 생애에 하고 싶은 세 가지 중에 두 가지가 "전국 남녀의 기품을 점차 고상하게 이끌어 진실한 문명의 이름에 부끄럽지 않게 하는 일"과 "크게 돈을 투자하여 유형 무형의 고상한 학리學理를 연구하게 하는 일"이다. 요컨대 문명의 진보란 덕과 지, 도덕성과 지적 능력의 양면으로 사람들이 '고상'하게 되어 가는 것이다.

따라서 사람이라면 항상 문명의 진보를 지향함이 당연하며, 거기에 기여한 정도로 사물의 선악도 헤아릴 수 있다. "제도 · 문학 · 상업 · 공업 · 전쟁 · 정법政法이라고 하는 것도 [⋯] 오직 문명을 잘 진전시킴으로써 이득이 되고, 그것을 뒷걸음치게 하면 해가 되고 손실이 될 뿐"이다(《문명론의 개략》).

그러나 무엇이 고상한 것인가? 그것을 한마디로 말할 수 있는 것인가? 문명이 진보하고 있는지 여부를 일의적으로 계측하는 기준이 있을까? 종종 오해를 받지만, 후쿠자와는 20세기 중반 이후의 많은 지식인과 달리, 가치 상대주의자가 아니다. 후쿠자와는 그 기준의 존재를 의심하지 않는다(그것을 믿지 않으면 애초에 진보의 개념이 성립하지 않는다). 후쿠자와로서는 "그 덕은 예수 공자와 같으며, 그 지는 뉴턴과 같고, 체격은 씨름꾼과 같으며, 수명은 팽조彭祖와 같다"(〈교육론〉)면, 당연히 좋은 일이다. 그리고 궁극적으로는 다음과 같이 되어야 하며, 될 것이다.

> 전쟁도 그쳐야 하고 형법도 폐해야 한다. 정부는 세상의 악을 그치게 하는 도구가 아니며, 사물의 질서를 지키고 시간을 아끼고 무익한 노고를 적게 하기 위하여 세운 것일 뿐이다. 세상에 약속을 어기는 자가 없으면 빌리거나 빌려준 증명서도 오직 기억하기 위해서만 쓸 뿐으로, 다른 날 소송의 증거로 사용하지 않을 것이다. 세상에 도적이 없으면 창문은 다만 바람과 비를 피하고 개나 고양이가 드나드는 것을 막을 뿐, 자물쇠 사용에 미치지 않는다. [⋯] 대포 대신 망원경을 만들고, 감옥 대신 학교를 세우고, 병사와 죄인의 모습은 겨우 옛 그림에만 있을까, 혹은 연극을 보지 않으면 상상하지 못할 것이다. 가정에서 예의가 두터우면 또한 교화사教化師의 설교를 들을 필요도 없으며, 전국이 한 집과 같고 집집이 사원과 같다. 부모는 교주와 마찬가지고 아이들은 신도와 마찬가지다. 세계의 인민은 흡사 예양禮讓의 큰 기운에 안겨서 덕의의 바다에서 헤엄친다고 할 수 있다. 이를 문명의 태평이라고 이름 한다. (《문명론의 개략》)

이것이 문명의 극치, 인류의 최고 상태이다. 후쿠자와는 우주의 광대함으로 인간을 상대화한 것처럼, 이로써 인류사를 상대화한다. 이러한 관점에서 보자면 일본이란 한 나라에 대한 생각도 왜소한 편파심에 지나지 않는다(같은 책). 그러나 그렇게 알게 된 위에, 혹은 알고 있기 때문에 각국이 할거하는, 여전히 저급한 문명의 현 단계에서 해야 할 일을 할 수밖에 없다(예를 들면 현 시점에서 코즈모폴리턴으로서 발언하는 것은 아직은 무책임한 것이 된다). 최선이 아님을 자각하면서 현재에 걸맞은 일을 할 수밖에 없다. 그는 평생 그런 입장에서 구체적인 시론時論을 자유자재로 변환變幻하면서 전개했다. 그것은 시니컬한 현실주의로도 보이고 미온적인 타협론으로도 보이며, 또 억제된 이상주의로도 보였다.

1901년 후쿠자와는 세상을 떠났다. 그의 문인이 고안하여, 지금도 그의 묘에 새겨져 있는 계명은 "대관원 독립 자존 거사大觀院獨立自尊居士"이다.

참고 문헌

마루야마 마사오 《'문명론의 개략'을 읽다》(3책) (丸山眞男《〈文明論之概略〉を讀む》(三册) 岩波書店, 1986)

사카모토 다카오 《시장 · 도덕 · 질서》 (坂本多加雄《市場 · 道德 · 秩序》 創文社, 1991)

안자이 도시미쓰 《후쿠자와 유키치와 자유주의: 개인 · 자치 · 국체》 (安西敏三《福澤諭吉と自由主義: 個人 · 自治 · 國體》 慶應義塾大學 出版會, 2007)

히라야마 요우 《후쿠자와 유키치: 문명의 정치에는 여섯 개의 요결이 있다》 (平山洋《福澤諭吉: 文明の政治には六つの要訣あり》 ミネルヴァ書房, 2008)

제22장 루소와 이의理義
— 나카에 조민中江兆民의 사상

1. 인물과 저작

나카에 조민(이름은 도쿠스케篤介/篤助)은 1847년(弘化 4) 도사土佐의 고치高知에서 아시가루足輕 집안의 자식으로 태어났다. 최하급의 무사이다. 16세에 번교에 입학하여 주로 유학을 배웠다. 우수했었는지, 3년 뒤(1865)에는 명을 받아 개항지 나가사키로 가서 프랑스어를 배웠다. 영국과 아울러 대일 외교를 주도하고 있던 (나폴레옹 3세 치하의) 프랑스의 언어를 배운 것이다. 다음 해 에도로 가서 학습을 이어 가면서 유신을 맞이하였다.

그 뒤로 프랑스에서 돌아온 미쓰쿠리 린쇼(훗날 명륙사 동인의 한 사람)의 사숙에서 공부하였다. 스물다섯(明治 4)에 오쿠보 도시미치大久保利通에게 직소하여 사법성 파견으로 프랑스 유학을 허락받아 유럽으로 건너간다. 장소는 리옹과 파리, 기간은 2년 4개월 정도였다. 당시 프랑스는 보불전쟁의 패배로 나폴레옹 3세가 실각하고 오랜만에 공화정이 부활한 직후였다. 분명 흥미로웠을 것이다. 그는 우선 소학교에 입학하여 프랑스어를 다시 배우고 나아가 "철학 · 사학 · 문학"을 배우는 한편 《맹자》를 불역하기도 했다고도 한다(고토쿠 슈스이幸德秋水 《조민

선생兆民先生》).

1874년(明治 7)에 귀국하여 도쿄의 자택에서 불문학 사숙을 개업한다. 프랑스어와 프랑스 역사서, 몽테스키외와 루소의 《개화론》《민약론》《교육론》 등을 가르칠 예정이었다(〈가숙 개업원家塾開業願〉). 한편 다음 해 원로원 권소서기관元老院權少書記官이 되어 조사계에 배속되었다. 정부 역시 헌법과 법률 제정을 위해 프랑스어를 할 수 있는 인재를 필요로 하고 있었다. 그러나 서남 전쟁 직전에 원로원의 〈국헌 초고안國憲草稿案〉이 거의 완성될 즈음에 사직한다(1877, 31세). 그 후에도 사법성의 의뢰로 프랑스어의 법률서 번역을 하기도 했지만, 주된 활동은 자택 불학숙佛學塾의 교육이었다.

동시에 32세 즈음부터 다시금 한문 능력을 진지하게 키워 갔다. 일본의 문장이 한문의 일본어식 문장인 간분쿠즈시漢文崩인 이상, 한자 · 한문 · 한어를 통하지 않고는 명문을 쓸 수 없다는 것이 그의 신념이었다. 스승은 쇼헤이코 교수였던 오카마쓰 오코쿠岡松甕谷 등이었다. 그리고 1881년(明治 14) 3월에 창간된 《동양자유신문東洋自由新聞》의 주필이 되어 속속 논설을 발표하였다. 신문사 사장은 프랑스 유학 당시의 친구이자 젊고 유능한 공가 출신으로 주목을 받았던 사이온지 긴모치西園寺公望였다. 그러나 사이온지에 대한 정부의 압력으로 신문은 34호를 끝으로 폐간된다. 다음 해부터는 자신의 사숙에서 잡지를 간행한다(《(구미)정리총담(歐米)政理叢談》 약 2년간 전 55호). 10년 후에 정부가 민선 의원을 열 것이라고 약속한 바, "구미 여러 대가의 정법 · 윤리에 관한 논설을 번역하고 자유의 진리와 공사公私의 대권을 간략하게 해설함을 취지로 한다"는 잡지(합본 《민약역해民約譯解》 판권장의 선언문)를 간행하였다.

이 잡지의 제2호부터 연재하여 1882년(明治 15) 10월 권1을 합본으로 간행한 것이 《민약역해》이다. 장 자크 루소의 *Du Contrat social*(현대에는 보통 《사회 계약론》으로 번역한다)의 2편 6장까지를 한문으로 번역하고 한문으로 해설한 것이다. 이미 1877년에 핫토리 도쿠服部德에 의한 일본어 완역이 간행되었지만, 그것은 내용을 이해하지 않은 기계적 번역이었으며, 독자를 납득시킬 만한 것은 아니었다. 그에 비해 《민약역해》는 대체적으로 매우 정확한 번역이었다. 무엇보다 《해체신서》 때와는 달리 1882년이 되면 한문 번역은 이례적이었다. 그러나 아마도 그는 정법 · 윤리의 고전을 그에 어울리는 (일본식 한문이 아닌) 고전어로써 격조 높은 번역을 하고 싶었던 것이다. 후술하듯이 '동양'의 전통과 근본적으로 일치함을 드러내고자 했을 것이다.

같은 해에 바로 전년에 결성된 자유당의 기관지 《자유신문》의 사설 필진이 된다. 도쿠가와 정권 붕괴 후 15년, 자유를 내건 정당이 결성되고 루소의 번역자가 관여하기에 이른 것이다. 무엇보다 그는 기본적으로 자신을 학자로 의식하고 있었다. 철학자 · 필로조프philosophe · 지식인이다. 실제 그 후에도 《이학 연혁사理學沿革史》(번역서), 《이학구현理學鉤玄》(서양 철학사 개설) 등을 간행한다(1886, 이학은 philosophie의 번역어이다). 나아가 스스로 이학 체계를 구축하는 꿈도 가지고 있었다. 그 이듬해에 걸쳐서 일본 최초의 불어사전인 《불화사림佛和辭林》도 간행한다.

41세에는 《삼취인 경륜문답三醉人經綸問答》을 간행한다. 세 사람의 등장인물이 정체政體 · 역사 · 대외 정책 등에 대해 술을 마시면서 밤을 새며 논하는 구성이다. 자유 민권론자들이 품고 있던 다양한 지향을 논리적으로 극단화하고 생생하게 조형하고 상호 비판을 하게 한 것이다. 이를 테면 사상적 실험이다. 특정한 결론을 내리기보다 독자로 하여금 사상적으로 반성하게 하고, 근본으로 되돌아 간 사색을 재촉하는 의도였을 것이다. 또 같은 해 《평민의 각성 일명 국회의 마음가짐平民の目さまし一名國會の心得》을 간행한다. 헌법 제정 · 의회 설치를 목전에 두고 평민에게 정치란 무엇인지, 국회는 무엇인지를 알리고, 평민도 정치에 관여해 가야 함을 호소한 것이다. 문장은 평이하며, 저자명은 '조민兆民'이다. 숫자는 다르지만 '만민'과 마찬가지 의미이다. 그때까지 유학자나 문인들이 쓴 적이 없는 이 파격적인 호는 번벌 정부가

아닌 민중 쪽에 섰음을 단호하게 선언한 것이기도 하다.[1]

이러한 인물을 정부는 위험시했던 것 같다. 같은 해 11월 정부가 갑자기 공포한 보안 조례에 의해, 그는 황거에서 3리(12킬로미터)[2] 이상 떨어진 곳으로 퇴거 명령을 받았다. 당시 황거에서 12킬로미터 떨어진다는 것은 도쿄에서는 살 수 없다는 뜻이었다. 결국 그는 오사카로 이사한다. 그 여정에서도 시종 미행이 붙었다고 한다.

다음 해인 1888년 오사카에서 창간된《시노노메 신문東雲新聞》의 주필이 된다. 그의 논설은 호평을 얻었으며, 같은 해 이 신문의 평균 발행 부수는 2만 3,000부, 다음 해에는 3만 3,000부로 상승했다고 한다.[3] 지지자가 늘었으며 그는 마음이 내키지 않은 채로 추대되어, 어떤 운동도 하지 않았는데도 오사카 선출로서 중의원 제1회 선거에 당선된다(1890, 44세). 그리고 11월부터 제1회 회의에 출석한다. 저명한 학자였던 만큼 주목받는 의원이었다. 그러나 민당民黨이 정부와 타협하자 분개하여 다음 해 2월에는 사직해 버리고 만다. 사직원에는 알코올 중독 때문에 보행이 어려워 표결에 참가하지 못한다는 이유가 기재되었으며, 신문 논설에는 타협한 의원들을 무혈충無血蟲(무척추동물)[4]이라고 매도했다. 의원과 의회에 깊이 절망한 것이다. 그의 인생에서 커다란 전환점이었다.

같은 해 홋카이도로 건너가 지역 신문과 관련된 일을 하였으나, 그조차 1년여로 끝낸다. 그후 잡다한 영리 사업에 관여한다(그때 매우 즐겼던 술도 끊었다고 한다). 생활고에 시달리게 되면서 대문장은 쓰지 못하

1_'평민' 측에 선다면서 어째서 조민은 후쿠자와처럼 통속적이고 평이한 문장을 일상적으로는 쓰지 않고, (《평민의 각성》등을 제외하고) 눈에 익지 않은 한자어를 자주 사용한 난해한 문장을 쓴 것일까, 자주 의문시된다. 아마도 그는 어차피 '민'에게는 통속적으로 쓰지 않으면 안 될 것이라는 태도를 꺼렸던 것 같다. 민주적으로 민중적인 것과, 문화적으로 세련된 고상한 것의 양립(프랑스처럼?)을 몸소 보이고 싶었을 것이다.

2_ [옮긴이] 일본에서는 1869년에 1리=36정町으로 통일되었으며, 약 3,927m이다.

3_마쓰나가 쇼조松永昌三《나카에 조민 평전》(岩波書店, 1993) 230쪽.

4_다카노 조에이高野長英《서설 의원 추요西說醫原樞要》 권1 〈활물 구별 제일活物區別第一〉 참조.

고 정부에 타협해 가게 된다. 큰돈을 벌어 그 재산으로 생활하면서 차분하게 글을 쓰고, 독립하여 정부에 대항해 가겠다—그렇게 꿈꾸었던 것 같다. 근본부터 바로 잡으려는 시도였다. 그러나 장사는 전부 실패하고 소장하던 책도 빚 때문에 잃게 된다.

그리고 1901년(明治 34) 4월 후두암으로 1년 반의 시한부 선고를 받는다. 다음 달에는 기관지 절개 수술로 목소리가 나오지 않게 되어, 석판에 글씨를 써 가며 의사를 전하는 상태가 된다. 그러나 그는 사람은 살아 있는 한, 해야 할 일과 즐겨야 할 일이 있다고 믿고 있었다. 병상에서 할 수 있는 유일한 일로서 오랜만에 붓을 들어 수상집《일년유반一年有半》을 간행하였다. 내용은 주로 정치 평론 · 세상평 · (그가 좋아했던) 기다유론義太夫論[5] 등이었다. 9월 발매 이후 1년 만에 20만 부가 넘게 팔렸다고 한다. 게다가 오랜 세월 간직해 온 철학 체계의 기본을 세상에 남기고 싶어 하여, 10월에는《속일년유반 일명 무신무령혼續一年有半一名無神無靈魂》을 간행한다. 자신의 죽음을 눈앞에 두고 영혼과 신의 존재를 철저하게 부정하는 내용이었다.

그동안 병세는 악화하여 고통은 커져만 갔다. 그러나 어떤 승려가 억지로 병실에 들어와서 가지기도加持祈禱를 하려고 했을 때, 그는 매우 화를 내며 베개를 던지려고 했으며 주석으로 된 타구에 손을 뻗기도 했다. 그 15일 후 사망하였다. 문인인 고토쿠 슈스이는 스승의 시신에 매달려 오열했다고 한다. 55세였다.

유언에 따라 "학리 연구의 재료"로서 시신은 해부되었다. 또 종교적인 장례는 행하지 않았으며 고별식이 개최되었다(전례가 없던 방식이었다. 요컨대 무종교의 고별식은 조민의 유지의 결과로 창시되었다). 게다가 유골은 도쿄의 아오야마靑山 묘지에 묻혔지만 묘비도 세우지 않았다. 다만 그대로라면 언젠가는 매장 장소도 모르게 된다고 하여 1915년에 옛 친구들이 "조민 나카에 선생 예골지표兆民中江先生瘞骨之標"(뼈를

5_[옮긴이] 기다유란 다케모토 기다유竹本義太夫가 창시한 조루리의 한 파로 샤미센의 반주에 이야기를 엮어 나간다.

나카에 조민의 예골지표. 도쿄 미나토 구港區 아오야마 영원靈園 내.

묻은 장소의 표식)라고 쓴 작은 비석을 세웠다. 이는 모토오리 노리나가의 묘나 후쿠자와 유키치의 묘와도 다른 의미에서, 사상가의 강렬한 신념을 지금도 침묵 속에서 드러내고 있다.[6]

서양에 갔다 온 지식인으로서 그는 얼마든지 하이칼라로 거드름을 피울 수도 있었을 것이다. 그러나 그는 단호하게 번벌과 화족의 대극에 자신을 두는 길을 택했다. 그것은 호뿐만 아니라 옷차림에도 미쳐서 모모히키股引 · 하라가케復掛 · 시루시반텐印半纏[7] 차림으로 연설회 단상에 오르기도 했다. 그 자체가 권위주의 비판이었다. 가족끼리 식사를 할 때에는 (당시로서는 이례적인) 식모까지 같은 식탁에 앉았으며, 딸에게는 지비千美, 아들에게는 우시키치丑吉라는 이름을 지어 주었다. 축년 생으로 "커서 인력거꾼이나 마부가 되어도 괜찮도록"이라는 뜻이라고 한다. 게다가 동생의 자식에게는 얼굴이 원숭이를 닮았다고 해서 사루키치猿吉라고 이름을 붙였다. 더군다나 딸아이였다(이상, 다케우치 지비竹內千美 〈아버지 조민의 추억〉). 별난 행동이었으며 그를 기인이라고 여기는 세평도 있었다. 그러나 전환이나 실패도 포함하여 그의 언행에는 어떤 일관된 뜻이 느껴진다. 실제로 죽음 앞에서 "지조를 지키는 사상가"로 평가되었을 때야말로 그는 "진정 유쾌함을 느꼈"던 것이다(고토쿠 슈스이 《조민 선생》).

6_이상은 《나카에 조민 전집》 별권(岩波書店, 1986) 수록 사료 및 〈연보〉, 마쓰나가 앞의 책, 아스카이 마사미치飛鳥井雅道 《나카에 조민》(吉川弘文館, 1999)에 의한다.

7_[옮긴이] 모모히키는 통이 좁은 바지 모양의 남성용 하의이며, 하라가케는 배두렁이처럼 생긴 작업복이다. 시루시반텐은 옷깃이나 등에 옥호屋號나 가문을 넣은 윗도리를 가리킨다.

2. 이의理義

조민이 애용한 말 중에 '성실함'[8]이 있다.

그는 "팽개쳐 두기 · 뻔뻔함 · 휘젓기 · 속임수 · 불평"이 "구 · 군 · 시정촌으로 점차 확대되어 천하가 극히 불성실한 사회"가 되는 것을 우려했다. 요컨대 시니시즘cynicism이 만연하면 "성실한 인물을 바보 취급하고 업신여기게 된다. 또 지금 생활 형편이 어렵기 때문에 슬슬 불성실한 사람들의 모임에 들어가 정치 · 경제 · 문예 등 지극히 진지한 항목의 일도 모두 경박해지기" 때문이다(〈구세계를 나와 신세계로 들어갈 때 [···]〉[9]). 그리고 "대정사가大政事家는 성실"하다. 그는 "동서고금의 역사를 봐라. 흥하는 나라의 사람들은 모두 성실하며, 쇠퇴하는 나라의 사람이나 망한 나라 사람들은 모두 불성실하다"고 말한다(《일년유반》).

성실함을 사랑하는 그의 사고의 근간에는 이의理義가 있었다. '도리' · '진리' · '이론' 또 단순히 '이理'라고도 한다. 그에 따르면 "천하 만사의 하나라도 도리를 포용하지 않은" 것은 없다. 불이 타오르거나 물이 흘러가는 데에도 그렇게 되는 "소이所以의 도리"가 있으며, "사사물물 모두 그러하며"(〈자유신문 발행의 뜻〉), "이란 사물의 유래하는 바"(〈이론은 나라에 필요함〉)이며, 학술이란 이 진리를 추구하는 것이다(〈정당론〉). 게다가 이 이란 "나누면 만 가지 종류가 될 것이지만, 종합하면 아마도 둥근 단 한 개의 무형물로 귀착할 것"이며, "이 세계의 사물이 전부 하나의 이一理가 포함하지 않는 것이 없다"(〈이론은 나라에 필요함〉).

모든 것에 '이'가 있으며, 게다가 근본은 '하나의 이'라는 것은 주자학의 기본이다. 조민도 그렇게 믿는 것이다. 따라서 그에 따르면 사람

8_[옮긴이] 일본어로는 眞面目라고 쓰고 '마지메'라고 읽는다.

9_[옮긴이] 이하 출처가 저서가 아닌 조민의 글은 《中江兆民全集》(岩波書店, 1983-1986)에 수록되어 있다.

은 우선 이를 발견하고 그 이에 따라 행동해야 한다. 그렇지 않으면 올바르지 않을 뿐 아니라 일이 되지 않는다. “무릇 천하의 일은 이론에서 시작되어 실행으로 끝나지 않음이 없으며”(〈우리 자유당 제군에게 고함〉), “만약에 지극한 이에 봉착할 수 있다면, 또 어찌 사업에 시행하지 못함을 걱정하겠는가”(〈우리 금월 18일 제1호 지면에서 […]〉).

그렇기 때문에 농업도 제19세기의 학술에 기대야 하며(〈농족農族 제군에게 고함〉), 공업도 학술과 자본이 혼인을 하면 된다(〈공족工族 제군에게 고함〉). “물건이 좋으면서도 값을 싸게 하려면 과학에 의지하는 수밖에 없다”(《일년유반》). 즉 그에게 역사란 이 · 이의를 인간이 발견하고 실현해 가는 노력의 과정인 것이다. 게다가 실제로 이가 점차적으로 분명해지고 실현해 온 과정이다.

> 우리 19세기 사회는 순연한 철학적인 유리 거울에 비춰보면 심히 죄장罪障의 어두움이 드러남을 면하지 못하더라도, 요컨대 이전 시대에 비하면 점차로 도리가 승리를 향하고 비의非義가 패배하게 되어 […] (〈또 도시샤同志社 사립대학의 설設〉)

> 법률이나 도덕 · 경제 등 여러 종류의 학문과 공업 · 상업, 고대 그리스 로마부터 지금까지 학사를 배출하여 각각 그 소견을 붙여 하나하나 전하고, 앞서거나 뒤선 사람이 모두 그 얻은 바를 합하여, 점차로 그 수를 늘리고 무게를 늘려서, 암흑의 구역을 줄이고 광명의 영역을 넓히고자 하는 것. 이것은 바꿔 말하면 그 이의 전부를 얻고자 하는 우리 인류의 희망이 실로 그러하기 때문이다. (〈이론은 나라에 필요함〉)

인류의 공동 작업으로서의 누적된 이의 탐구, 그 결과로서의 도리의 승리. 그것이 인류사의 기조이다. “진보는 세상의 큰 도리이니 하루 종일 그침 없이 행해진다”(〈속론〉). 주자학적인 이의 관념이 진보관과 결합하고 있는 것이다.

그리고 조민은 모든 종교가 이에 반한다고 생각했다.

> 종지宗旨의 해독害毒을 낫게 하는 것은 오직 이학이란 약제뿐이다. 천하의 종지에 열심인 인물이라면 한가한 때에 이학 책을 펼쳐서 때때로 눈을 감고 거꾸로 생각해 보는 수고를 하는 것이야말로 훌륭한 것이다. (〈암살 전문가에게 고함〉)

그는 종교를 믿지 않는다. 믿는 것은 이이다. 그 이는 종교적인 것은 포함하지 않지만 윤리적인 것은 대부분 포함한다. 그의 주자학적 발상에서는 당연한 것이며, 동시에 앞에서 말했듯이 당시 진보가 지식뿐 아니라 도덕적 진보라고도 믿어졌던 것과도 대응하고 있다. 따라서 그는 권세나 재화를 위해 나의 양심을 억누르는(〈우리가 에이토쿠永德처럼, 오쿄應擧처럼 […]〉[10]) 일이나, "시시각각 자기의 양심을 압살하고 […] 더러운 이익을 찾아서 사회의 골목길을 허둥거리며 걷는" 일(〈도쿄의 여론신지輿論新誌는 이번 […]〉)을 증오한다. 양심은 맹자가 말하는 양지良智(《맹자》 진심 상)이다. "만약에 양심이 없다면 사람이면서도 사람이 아니"며 "옛부터 가장 불쌍한 사람은 양심 없는 사람보다 심한 것이 없"기 때문이다(〈양심론〉). "무릇 내가 한 일이 바른지 그른지는 모두 스스로 아는" 자성 능력의 있고 없음이 "대개 사람과 금수의 구별"이기 때문이다(《속일년유반》).

덧붙여 주희는 이 양지를 '본연지선本然之善', 즉 인간 본연의 성으로서의 '이'라고 설명하고 있다(《맹자집주》). 그런 인간성의 일면을 조민도 믿고 있는 것이다.

따라서 조민은 쾌락을 인생의 목적으로 삼는 것을 부정한다(〈이노우에井上 참의의 연설은 일시적인 유전謬傳에 지나지 않음〉). 공리주의도 틀린 것이다. 이해득실을 따지는 타산적인 행동을 원리로 삼아서는 안 된다. "무릇 선을 위하여 선을 행하고 악하기 때문에 악을 피하여, 일

10_[옮긴이] 에이토쿠와 오쿄는 아즈치모모야마 시대와 에도 시대 중기의 화가이다.

절 자신의 외부에 있는 이익을 마음에 두지 말고 조금이라도 이익이 되는 것을 없애야만, 선함을 칭찬하고 악함을 벌할 수 있다"(《속일년유반》). 그에 따르면 입헌 자유당의 창립(1891)도, "이해득실뿐인 중앙을 향해서 넓디넓은 이의의 큰 땅을 개간하는" 것이었다(〈필설은 여전히 존재함〉).

이 역시 흡사 주자학에서 말하는 의로움과 이로움의 준별과 같다. 그는 주자학자에 가까웠던 진보주의자이자 자유 민권론자이다.

3. 정치와 이의

조민에게 정치란 "우리 인민의 총체에 관련된 일"(《평민의 각성》)이다. 인민 총체를 위하여 이의를 찾아내고, 그것을 실현하면 되는 것이다. 따라서 정치가는 정치에서의 이의를 탐구하는 자이다.

> 어째서 우리 나라 정치가는 주장이 없는가 하니, 그 뇌수가 비어서 아무것도 없기 때문이다. 생각이 없기 때문이다. 승리에 급급해서 앞뒤를 생각할 겨를이 없기 때문이다. 정치적 양심이 노둔하여 수치심이 없기 때문이다. (〈우리 나라의 정치가〉)

거꾸로 훌륭한 정치가는 "생각할 줄 안다"(《일년유반》)는 것이 된다.

따라서 정당이란 정치의 이의를 이해하는 것이 일치하는 사람들의 학파이다.

> […] 서로 경쟁하여 스스로 진리라 여기는 바를 주장함에, 나와 의견을 같이 하는 사람이 모여 일당을 이루는 것이 학술의 당파이다. 정치의 당파도 그러하다. 즉 제왕 · 대통령 · 재상 · 백료의 직무와 권한으로부터, 국회 · 부회 · 현회 · 군회 · 구회의 제도 및 해군 · 육군 교육 등 모든 국가의 경영에 관계된 것은 모두 정치의 영역이며, 그 사이에 반

드시 진리가 있다고 생각한다. 이로써 정치가의 무리는 각각 지혜와 생각을 다함으로써 진리를 탐색하고, 만약 자신이 믿어 진리를 얻었다고 생각하면 그것을 언론에 실어서 다른 사람의 동의를 구한다. 이렇게 해야만 정치의 당파가 일어난다.(〈정당론〉)

이 정치가들이 합의하여 이의의 극치를 지향하는 것이 법률(〈또 치외법권의 철거〉)이며, "이의가 일변하여 실무가 되고, 여론이 일변하여 공법이 되는" 것이다(〈토저병론土著兵論〉).

"법이란 주권자의 명령"이라고 이해한다면, 이것은 기이한 논리이다. 또 법률이란 이익집단들이 압력의 균형점에서 타협하여 완성된다고 믿는다면, 이것은 어리석은 논리이다. 그러나 유럽의 전통적 주류에서 보자면 권리란 right, 올바름이며 그 right의 체계가 법이다. 법이란 정의가 구체화된 것일 터이다. 때문에 사법이란 justice, 정의이다. 그렇다고 하면 조민은 오히려 정통적이다. 그에게는 주자학적 사고와 서양의 전통적 사고가 일체화하고 있는 것이다.

그의 《민약역해》는 그러한 동서의 행운의 만남을 다시금 증명하는 것이다. 예를 들면 루소에 따르면 la raison(영어의 reason)에서만 나오는 une justice universelle라는 것이 있다. 조민은 이것을 "사람의 양지良智"에서 나오는 "무릇 일의 올바름에서 얻을 수 있는 것"으로, 어디서건 "하나인 이一理"라고 번역한다(Liv.II, Chap.VI De la loi). 그리고 루소는 선한 사람만이 이 justice universelle를 따름으로써 손해 보는 일 따위는 없으며, droits(권리)와 devoir(의무)를 일치시키기 위하여, loi(법)이 필요하다고 했다. 조민은 그것을 도덕이 행해지기 위해서 의로움과 이로움을 합치시키는 예규例規를 세운다고 번역했다. 조민은 '양지'·'이'·'의로움'·'이로움'이라는 개념 장치를 가지고 루소를 확실히 수용하고 있으며 표현하고 있는 것이다.

또 루소에 의하면 법은 volonté générale(일반 의사)로 정해진다. 거꾸로 말하면 일반 의사란 전원(성인 남성에 한정되지만)이 모인 집회에서 전원에게 동등하게 적용되는 일반적인 법에 찬성으로서 표현되는 인민의 의사이다. 공평한 법이기 때문에 그것에 의해 자기 이익을 도모하려고 해도 전원의 이익이 된다. 여기서 정의와 이익이 일치한다. 따라서 일반 의사는 항상 옳다. 요컨대 사람의 내부의 양심이 일반 의사로 표현되어 법이 된다. 이 volonté générale를, 조민은 '공지公志'·'중지衆志'로 번역한다. 그리고 "뭇 사람들의 뜻이 동일하게 그러한 바", "중지란 뭇 사람들이 함께 그러한 바이다"라고 설명한다. 이것은 맹자가 "마음이 동일하게 그렇다고 하는 바"라는 구절에 입각하고 있다. 맹자에 따르면 이것은 그야말로 이의인 것이다(《맹자》 고자 상[11]).

조민은 루소와 맹자가 근본적으로 일치한다고 굳게 믿고 있었다. 동일한 보편적 이의를 다르게 표현한 것이라고 생각한 것이다. 그것을 완전히 오해였다고 할 수 있겠는가?[12]

4. 정치의 이의

정치에서 실현되어야 할 이의의 더 구체적인 내용은 무엇인가? 그것은

11_[옮긴이] 心之所同然者何也. 謂理也, 義也.

12_덧붙여 현대 프랑스의 어떤 공화주의자는 이렇게 말한다. "시민이란 자신의 바람으로 행동을 결정하지 않는 인간, 자신이 세금을 내고 싶은지 아닌지를 생각하는 것이 아니라, 자신이 내지 않는 것이 공정한지 아닌지를 생각하는 인간을 말한다. 그리고 경찰이 다른 사람들뿐 아니라 그에게도 풍선을 불게 하는 것은 결국은 좋은 것이라고 생각하는 인간이다. 본능을 이성으로 억제하는 것은 곤란한 싸움이다. 누구라도 자신 안에 두 존재가 있다. 이기적인 동물과 이성적인 인간이다. […] 공화국은 각 개인(흑인·이슬람 교도·대좌大佐·청소부·와인 애호가·변호사·무신론자·독실한 기독교도 등등)의 마음 속에는 보편적인 사고가 있다고 믿으며, 시민은 그 보편적인 사고를 자신의 욕망과 충동보다 우선할 수 있다는 것에 내기를 걸고 있다. 레지 드브레Régis Debray《딸과의 대화: 국가의 장치란 무엇인가?》(現代企劃室, 2002) 57-58쪽. 괄호 안도 원저자. 특히 주자학에서 말하는 사람의 마음에 내재하는 '천리지공天理之公' '인'의 개념과 volonté générale 개념의 유사성은 중국 사상 전문가도 지적하는 바이다. 미조구치 유조構口雄三《중국 전근대 사상의 굴절과 전개》(東京大學出版會, 1980) 355, 361쪽.

인정仁政이나 오륜이 아니다. 여기서 조민은 보통의 주자학자와 갈라진다.

> 평등은 천지의 공도公道이다. 인사의 정리正理이다. (〈신민세계新民世界〉)
>
> 민권은 지극한 이다. 자유 평등은 대의大義이다. 이러한 이의에 반하는 자는 필경 벌을 받지 않을 수 없고, 백 가지 제국주의가 있다고 하더라도 끝내 이의를 적몰할 수는 없을 것이다. 제왕이 높다 한들 이의를 공경하고 중하게 여겨야만 그 고귀함을 지킬 수 있을 것이다. (《일년유반》)

민권 · 자유 · 평등, 이것이 이의이다.

그리고 조민은 그 내용 역시 동아시아에서 오래전부터 발견된 것이라고 이해했다.

> 이 이는 중국의 맹가孟軻와 유종원이 일찍이 간파한 것으로 구미의 전유물이 아니다. (같은 책)

유종원(773-819)은 예를 들자면 '관리'란 '민'이 '고용'하여 자신들을 위하여 '직무'를 맡긴 것이라고 주장하였다(〈송설존의지임서送薛存義之任序〉). 조민도 "정부는 말하자면 고용인과 같은 것으로 우리 인민은 고용주와 같다"(《평민의 각성》)고 하였다.

자유에 대해서도 조민은 "리버티 모럴이라는 것은 우리 정신과 심사心思가 다른 것의 속박을 전혀 받지 않고, 완전히 발달하여 여력이 없게 되는 것을 말한다. 옛사람들의 이른바 의와 도에 걸맞은 호연지기는 바로 이것이다"(〈우리가 이 신문을 발행하니 […]〉)라고 설명한 적이 있다. 그가 이해한 바로는, 다른 것의 속박을 받지 않고 (욕망의 노예도 되지 않고) 의연하게 올바른 일을 하는 기력인 '호연지기'(《맹자》 공손추 상[13])란 바로 루소가 말하는 liberté morale (*Du Contrat social*, Liv. I,

Chap. 8 De l'État civil)인 것이다.[14]

그러나 맹자나 유종원이 근대 민주정의 원리를 주장했다고 할 수 있을까. 맹자는 정말로 자유의 애호자였을까? 당연한 의문이다. 그러나 조민은 보편적 '이'를 믿는다. 따라서 아무리 차이가 있다 하더라도 그들의 주장에서 올바른 부분은, 정치에 관한 대진리의 일부를 제각기 파악하여 드러낸 것이다. "천지의 안이든 밖이든 둘도 없는 하나의 도리로부터 끌어내서, 로크羅克 · 루소婁騷 · 칸트廣篤가 배양한 이래 연년세세 끊임없이 자라 온 하나의 지의旨義를 사랑하고 믿으며 의지하여 [⋯]"(〈천지의 안이든 밖이든 둘도 없는 [⋯]〉)라고 하는 것이다.

더욱 구체적으로 조민은 우선 국가란 다음과 같다고 말하였다.

> 이끌어 내는 것은 개인이며 이끌려진 것은 국가이다. 정부의 설립은 개인을 편안하게 하기 위함이며, 군대의 설립은 개인을 보호하기 위함이며, 철도 시설은 개인의 이동을 위함이며, 관립학교는 개인을 가르치기 위함이다. [⋯] 개인이 목적이며 국가는 수단이다. (〈국가의 꿈, 개인의 종鐘〉)

13_주희의 《맹자집주》는 "浩然, 盛大流行之貌. 氣, 卽所謂體之充者" "配者, 合而有助之意. 義者, 人心之裁制. 道者, 天理之自然. 餒, 飢乏而氣不充體也. 言人能養成此氣, 則其氣合乎道義而爲之助, 使其行之勇決, 無所疑憚, 若無此氣, 則其一時所爲雖未必不出於道義, 然其體有所不充, 則亦不免於疑懼, 而不足以有爲矣"라고 설명하고 있다.

[옮긴이] 이를 해석하면 다음과 같다. "호연이란, 성대하게 흐르고 있는 모양이다. 기는 곧 이른바 몸에 꽉 차 있는 것이다." "배는, 부합하여 도움이 있다는 뜻이다. 의는 인심을 단제하는 것이다. 도는 천리가 저절로 그러함이다. 뇌는 굶주리고 결핍되어 기가 몸에 충만하지 못한 것이다. (이 부분의 취지는) 사람이 이 기를 잘 기르면 그 기가 도의에 부합하여 도움이 되고 그 행함에 용맹스럽고 결단성이 있어 의심하고 거리끼는 바가 없게 해주지만, 만약 이 기가 없으면 한때 행하는 바가 반드시 도의에서 나오지 않는 것은 아닐 수 있지만, 그 몸이 충만되지 못한 바가 있기 때문에 또한 의심하고 두려워하는 마음에서 벗어나지 못하여 일을 도모하기에 부족하게 됨을 뜻한다."

14_또 이른바 현대 신유가의 한 사람인 쉬푸관徐復觀 씨도 맹자가 지대지강至大至剛(호연지기에 대한 맹자의 형용)한 "자유 정신의 최고 표현"을 제출했다고 주장하고 있다. 《유가 정치사상과 민주 자유 인권》(臺灣學生書局, 1979) 293쪽.

국가는 일대 회사會社(〈국회문답〉)로, 개인을 위한 개인의 집합에 지나지 않는다.

그렇다면 둘째로 헌법이란 무엇인가?

> 헌법은 바꿔 말하면 일본이라 부르는 하나의 회사의 규약이다. (〈또 대연회大宴會〉)
>
> 헌법이란 민이 서로 기대고 서로 모여서 한 나라를 이루고, 함께 조약을 세워 복지의 터를 굳게 하는 것을 말한다. (〈국회문답〉)

요컨대 헌법이란 사회 계약의 계약서이다. 거기에 정치사회 설립의 내용과 조건이 적혀 있다. 따라서 헌법이 없으면 나라가 아니다. 민도 민이 아니다.

> 민이 민인 까닭은 그야말로 스스로 헌법을 만들 수 있기 때문이다. 헌법을 만드는 것은 오직 민이 자유자재의 큰 권리로써 이에 참여할 수 있다. 두세 명의 신사臣肆(隸의 오기로 보임)가 무슨 수로 이를 멋대로 할 수 있겠는가? (같은 책)

따라서 "우리 3천5백만의 동포가 서로 논의하여 헌법을 만들어 정하고 이로써 정치 참여를 도모할 뿐"(〈심사心思의 자유〉 1881)이다.

그러나 자유 민권 운동 이후 결국 군주의 이름으로 소수의 관료가 헌법을 정하기에 이르렀다. 국가와 헌법의 이의理義에 반하는 사태였다. 그래서 그는 제국 헌법이 발포된 다음 해, 제1회 총선거가 실시되기 전에 신문에 〈중의원 의원의 일대 의무〉라는 논설을 실었다(1890년 1월 29일).

> 중의원 의원의 일대 의무란 무엇인가? 바로 헌법에 대한 의견을 진술하는 것이다. 헌법이란 국가의 근간이자 기초이다. 오직 이 근간과 기

초가 있기 때문에 비로소 국가를 국가라 칭할 수 있으며, 비로소 인민을 인민이라 칭할 수 있다. […] 그리하여 헌법이란 반드시 군상君上과 인민 혹은 인민의 대표자가 함께 도모하고 기획한 뒤에 정해야 마땅하다. 따라서 만약 국회이면서 헌법을 각 조항마다 점검하고 의견이 있을 때 의견을 진술할 권리가 없으면, 이것은 국회가 기초가 없는 것이다. […] 의원 모두로 하여금 서로 함께 의결하여 우선 국회에서 점검해야 한다는 뜻을 올리고 삼가 그 재가를 기다린 이후에 실제로 수정에 착수하는 순서를 취한다면, 터럭만큼도 위헌의 죄가 없을 것이며, 국회의 정성이 반드시 구중九重의 위에 도달하여 성려聖慮를 계발할 수 있음은 의심할 나위가 없다.

천황의 이름으로 헌법이 제정되어 버린 것은 더 이상 어쩔 수 없는 일이다. 그러나 제1의회에서 의원이 헌법을 자세히 점검하고 수정을 요한다고 판단한 조목은 수정을 출원한다. 그럼으로써 실질적으로 헌법을 인민의 사회 계약으로 한다. 그리고 국가를 본래의 국가 즉 인민의 국가로 만들자—그는 그렇게 호소했던 것이다.

이것은 제국 헌법상 불가능한 것은 아니다. 제73조는 "장래 이 헌법의 조항을 개정할 필요가 있을 때에는 칙명으로 의안을 제국 의회의 회의에 부쳐야 한다"고 정하고 있기 때문이다. 민선의 헌법 제정 의회 등에 기대지 않는, 이른바 흠정 헌법欽定憲法이지만 개정은 의회의 의결을 거치는 것이다. 그렇다면 의회에서 출원하여 칙명으로 제국 의회에 새롭게 제안하는 형식을 취한다면 합법적으로 또 실질적으로 인민의 대표가 정한 헌법으로 만들 수 있다. 조민은 그렇게 생각했던 것이다.

그리고 같은 해 2월 17일 자유당 임원회는 정책강령을 정한다. 조민은 여기에 참가하였고, 거기에는 "국회에서 요청하여 헌법을 점검하는 일"이 포함되어 있었다. 그러나 이 항목을 경시청이 허가하지 않아서(!) 부득이 삭제를 해야 하는 상황이 되었다. 물론 제1의회에서도 헌법 점검 등은 하지 않았으며, 조민도 도중에 의원사직을 하게 된 것이었다.

그렇다면 셋째로 국회란 무엇인가? 국회는 "일국의 주주 총회"(〈일어나라 국민〉), "우리 일본 국민 의지의 집합소"(〈관리의 의원 후보자〉), "국민의 소견 수탁소"(《평민의 각성》)이다. 의원으로 말하자면 "각 정당 사람들이 지혜와 양심을 자본으로 하여 승패를 거는 여론의 경매장"(〈정당론〉)이다. 그러나 그것은 단순한 기술 획득 경쟁이 아니다. 진리를 발견하는 과정이다.

> 입헌 정치의 묘한 작용은 사람들의 이기심의 음향을 모아서, 그 속에 조용히 잠복해 있는 공공심公共心의 음향을 겉으로 드러나게 하는 데 있다. (〈지가地價의 수정 · 비수정에 대하여〉)

> 어떤 일이라도 도리는 유일하지만, 그것은 좀처럼 급히 찾아내기 어려운 까닭에, 갑을병정 각종 당파가 경쟁하여 다투고 언쟁하여 서로 천착하면, 중앙에서 그 도리가 점점 두각을 나타내어 사람들의 눈에 머무르게 되기도 할 것이다. (《평민의 각성》)

저 유일한 이의를 발견하고 실현하기 위하여 논의하는 곳이 국회이다. 그 이의가 구체화한 것으로서의 법에 따를 때에 인간은 자유로우며 또 올바르다. "어떤 법률을 새로 만들 것인가 혹은 조세를 새로 거둘지에 대한 공고가 돌 때는, 그것은 바로 인민 자신이 만든 법률과 자신이 정한 조세와 마찬가지인 까닭에 조금도 화가 날 리가 없으니, 관리에게 제멋대로 끌려 다니는 것과는 크게 다르다"(같은 책).

또 진리가 유일하다면 학파로서의 정당도 절대적으로 복수일 필요는 없게 된다. 각 정당 사이에 "정치적으로 크고 작은 지의旨義가 이미 분명해서, 의기투합과 도덕의 신용으로 이에 참여한다면, 훗날 우리 일본국에서 거대한 대일본당大日本黨을 옹립하게 될지도 모른다"(〈정당론〉).

즉 나카에 조민은 존 스튜어트 밀이 아니다. 후쿠자와 유키치도 아니다. 이의에 대한 강렬한 신념은 꼭 다사쟁론이나 다원성 애호와 결합하는 것은 아니다. 때로는 진리를 체현하는 일파의 지배가 이상적이라는 발언까지 하였다.

5. 생각해야만 한다

정치적으로 나카에 조민은 실패의 연속이었다(게다가 특히 외교와 관계된 실제 정책론은 꽤 흔들렸다. 이의의 신념과 힘이 지배하는 국제 정세의 틈새에서 일관된 입장을 취하기 어려웠기 때문일 것이다).

그는 논설에서 되풀이하여 프랑스혁명 당시의 테러와 혼란의 공포를 지적하면서, 역사의 진행을 억지로 저지하는 것이 혁명을 일으킨다고 정부에 경고하고 그들의 양보를 재촉하였다. 그러나 정부는 양보하지 않았으며 그의 생각대로 헌법이 만들어지지 않았다. 그의 헌법 점검론도 무너졌다. '이당吏黨'에 대비되는 '민당民黨'이란 말을 만들고 민당의 단결을 끈질기게 호소하였지만, 민당은 상호 극렬한 대립을 이어갔다. 그리고 번벌 정부와 점차 타협하고 서로 이용하면서 융합해 갔다. 1900년(明治 33) 구 자유당은 이토 히로부미를 총재로 추대하여 입헌정우회立憲政友會가 되었다. 조민의 시각에서 보자면 그것은 정당정치의 실현이 아니었다. 권세와 이욕 추구에 치달은 정당의 타락일 뿐이었다(《일년유반》).

실패의 연속이었지만 그러한 현실에 직면해서도 조민은 자신이 틀렸다고 생각하지 않았다. 이의에 비추어 보면 잘못된 것은 현실이었다.

> 우리가 이렇게 말하면 세상 물정에 통달한 정치가는 반드시 의기양양하게 말할 것이다. 그것은 15년 이전의 진부한 민권론이라고. 구미 강국에서는 제국주의가 활발하게 행해지고 있는 오늘날에 여전히 민권론을 내세우는 것은 세계 풍조를 모르는, 유행에 뒤처진 이론이라고.

그러나 이것은 민권론이다. 이론으로서는 진부하더라도 실행으로서는 신선한 것이다. 이렇게 명료한 이론은 구미 강국에서는 수십 수백 년 전의 옛날부터 이미 실행되었기에 지금은 그 나라에서 진부하게 되었지만, 우리 나라에서는 겨우 이론이 민간에서 싹이 텄는데, 번벌 원로와 이기적인 정당가가 주물러 터뜨려서 이론에 머무른 채 소멸했다. 때문에 언사로서는 극히 진부하지만 실행으로서는 신선하다. (〈생각해야만 한다〉《일년유반 부록》)

그러면 왜 일본에서는 이 명명백백한 이의가 통용되지 않은 것인가? 그것은 "번벌 원로와 이기적 정당가" 때문만은 아니다. 국민이 스스로 철저하게 생각하지 않고, 어차피 세상은 이런 것이라고 안이하고 냉소적인 깨달음을 얻고, 결과적으로 기정사실을 좇아 따르는, 그 "국민된 자들의 무기력"의 결과였다. 문제는 일본의 인민 자신에게 되던져지는 것이다.

우리 나라 사람들은 이해관계에 밝고 이의에는 어두워서, 무언가에 따르는 것을 좋아하고 생각하기를 싫어한다. 무릇 생각하기를 싫어하는 까닭에 천하의 가장 명백한 도리임에도 이를 방치하고 이상하게 여기지도 않는다. 오랜 세월 봉건 제도를 감수하여 사인士人의 발호에 맡기고, 이른바 기리스테고멘切棄御免[15]의 폭력을 당해도 감히 항쟁하지 않았던 까닭은, 그야말로 생각하지 않아서일 뿐이다. 무릇 생각하기를 싫어한 까닭에 대개 그 행위가 천박하여 충분히 깊은 데까지 투철하지 못하였다. 이후에 필요한 것은 영웅호걸보다도 철학적 위인을 얻는 것이다. (《일년유반》)

그런 까닭에 그는 계속해서 이학 · 철학을 추구하였다. 마지막 저서

15_[옮긴이] 에도 시대 무사에게 부여된 특권의 하나로, 무례를 범한 조닌 · 백성 등을 베어 죽여도 처벌받지 않았다. 斬捨て御免으로도 쓴다.

인《속일년유반》도 철학을 구축하려는 시도였다. 이것은 그가 "우리 일본은 예부터 지금까지 철학이 없다"(《일년유반》)고 비통하게 말했던 것과 대응하고 있다. 물론 여기까지 이 책을 읽은 독자 여러분들은 동의하실 것이다—일본에 예부터 철학이 없다는 것은 정당한 평가는 아니라는 것을. 그러나 좋은 정치사회의 실현을 위해서는 때때로 이해득실의 판단을 뛰어 넘은 깊은 사색이 필수라는 조민의 판단 자체는 분명 옳다.

후쿠자와 유키치와 마찬가지로 나카에 조민은 1901년에 세상을 떠났다(세키가하라 전투로부터 301년이다). 그 해부터 시작된 20세기는, 조민의 이 과제를 해결했는가? 21세기는 어떤가? 그것은 별도의 주제로 해야 할 것이다.

참고 문헌

요네하라 겐《일본 근대 사상과 나카에 조민》(米原謙《日本近代思想と中江兆民》新評論, 1986)

이다 신야《나카에 조민의 프랑스》(井田進也《中江兆民のフランス》岩波書店, 1987)

미야무라 하루오《이학자 나카에 조민: 어떤 개국 경험의 사상사》(宮村治雄《理學者中江兆民:ある開國經驗の思想史》みすず書房, 1989)

에필로그

이 책은 이 주제에 관심은 있지만 전문 연구자가 아닌, 그런 의미에서 '일반' 독자를 위하여 17·18·19세기의 간략한 통사를 제공하고자 쓴 것이다. 이 3세기는 유학을 기축으로 하여 정치사상사가 꽤 자율적으로 전개된 시기이고 게다가 흥미롭게도 하나로 묶을 수 있는 시기라고 생각했기 때문이다. 따라서—

(1) 전문적인 지식이 없더라도 이해할 수 있도록 쓰고자 했다. '일본'을 대상으로 하면서 유학·주자학의 설명을 각각 한 장씩 할애한 것도 그런 이유에서이다. 그것이 이 시기의 '일본' 사상사의 전개의 기초이기 때문이다. 그리고 그것들이 어리석은 관념과 말라비틀어진 설교의 집적이 아니라, 그 나름 조리 있는 흥미로운 사상 체계임을 보여 주고자 노력했다.

(2) 두꺼운 책이 되지 않게 하려고 했다. 그러나 모든 것을 얕게, 미주알고주알 늘어놓는 지루한 교과서처럼은 쓰고 싶지 않았다. 그 결과 꼭 다루어야 하는 주제를 다루지 못한 것도 많다. 예를 들면 히라타 아쓰타네와 그의 문류, 자유 민권 운동, 메이지 기의 젠더·섹슈얼리티 질서의 재편, 메이지 기의 국제 질서관 등이다. 그런 주제들이 빠진 것은 의도한 바는 아니지만 부득이했다. 독자 여러분의 관용을 구한다.

(3) 이미 발표한 졸고를 사양하지 않고 다시 이용했다. 이 책의 내용

에 대하여 저자의 견해와 참고 문헌을 더욱 상세하게 알고 싶은 독자가 계시면, 그 원고를 읽어 주시면 좋겠다. 주로 다음의 논저이다.

① 《근세 일본사회와 송학》(東京大學出版會, 1985)

② 《근세 일본 정치사상》(日本放送出版協會, 1985)

③ 《동아시아의 왕권과 사상》(東京大學出版會, 1997)

④ 〈'도'와 '미야비雅': 노리나가 학과 '가학'파 국학의 정치사상사적 연구〉(《國家學會雜誌》 제87권 9・10호, 동 11・12호, 제88권 3・4호, 5・6호, 1974-1975)

⑤ 〈'부부유별'과'부부상화'〉(中國社會文化學會編《中國―社會と文化》 제15호, 2000)

⑥ 〈사상 문제로서의'개국': 일본의 경우〉(朴忠錫ほか編《國家理念と對外認識: 十七-十九世紀》 慶應義塾大學出版會, 2001)

⑦ 〈도쿠가와 일본의'성'과 권력〉(政治思想學會編《政治思想研究》 제1호, 2001)

⑧ 〈'오야케'와 '와타쿠시'의 어의: '공' '사' 'Public' 'Private'의 비교〉(佐々木毅《公と私の思想史(公共哲學一)》 東京大學出版會, 2001)

⑨ 〈서론 왜 '성'인가? 왜 지금인가?〉(日本政治學會編《年譜政治學二〇〇三》 岩波書店, 2003)

⑩ 〈'교敎'와 음모: '국체'의 한 기원〉(渡辺浩ほか編《韓國・日本・'西洋': その交錯と思想變容》 慶應義塾大學出版會, 2005)

⑪ 〈'예' '어무위' '미야비': 도쿠가와 정권의 의례와 유학〉(笠谷和比古編《公家と武家の比較文明史》(思文閣出版, 2005)

⑫ 〈경쟁과 '문명': 일본의 경우〉(朴忠錫ほか編《'文明' '開化' '平和': 日本と韓國》 慶應義塾大學出版會, 2006)

⑬ 〈'메이지 유신'론과 후쿠자와 유키치〉(慶應義塾福澤研究センター編《近代日本研究》 24, 2007)

이 책의 내용의 대부분은 도쿄대학 법학부 일본 정치사상사 시간에 강의한 것이다. 널리 국내외에서 모인 극히 우수한 학생들은 항상 열심히 수업에 참가하여 날카로운 질문을 해 주었고, 나의 질문에 응답해 주었다(실제로 나는 학생들에게 아무런 불만도 없다. 오랫동안 그런 학생들과 접할 수 있었던 것은 내 인생에서 행운이다). 그런 까닭에 우선 직접적으로는 이 사람들에게 정치 · '일본' 등에 대해 깊게 생각할 수 있도록 가능한 한 좋은 자극과 재료를 제공하고 싶다는 의욕이, 매년 솟아올랐다. 요컨대 예민하고 진지한 여러분의 존재 덕분에 이런 저서를 어떻게든 완성시킬 수 있었다. 마음속 깊이 감사한다.

편집하는 데에는 도쿄대학 출판회 편집부의 사이토 미시오齊藤美潮 씨에게 큰 신세를 졌다. 집필 기간에 대한 그녀의 인내심과 관용, 원고 완성 후의 그 배려심과 노고에 깊이 감사한다.

2009년 12월 와타나베 히로시

옮긴이 후기

이 책은 일본 정치사상사 분야의 걸출한 연구자인 와타나베 히로시 선생의 역작으로, 학생들이 보다 가깝게 에도 시대를 만날 수 있도록 심혈을 기울여 집필한 저서이다. 에도 시대 지배 구조의 특질을 도쿠가와 가문의 어위광御威光 체제로 파악하고 그 같은 특성 때문에 와해되는 과정을 탄탄한 스토리에 근거하여 전개한, 개성에 찬 에도 시대론, 메이지 유신론이라 하겠다.

요코하마 각국 상관 앞을 양복이나 기모노 차림의 사람들이 왕래하는, 뚜렷한 색채감의 표지 그림에서도 이 책의 지향점을 짐작할 수 있는데, 서양의 충격과 자극에 대한 일본의 반응으로 시작된 메이지 유신이라는 기존의 '상식'을 깨고, 그 반응의 배경에는 에도 시대를 관통해 온 도道·예禮에 대한 진지한 고민이 담겨 있음을 밝힘으로써, 에도 시대에 대한 새로운 시각을 제시하고 있다. 바로 이것이 이 책의 매력으로 다가오는 지점이다.

유학, 특히 주자학을 바탕으로 문명과 야만을 구별짓는 화이사상은 당시 동아시아의 사상 세계를 지배하는 강력한 이데올로기였다. 1세기에 걸친 전란이 수습되고 전쟁이 없는 시대가 되면서 지배층인 무사들은 서서히, 그러나 강렬하게 정체성의 위기를 경험하게 되고 그와 연동하여 통치의 방향성에 대해 고민하기 시작했다. 바로 그때 유학이라는 동아시아의 보편 사상이 가진 이념과 제도로 눈을 돌려야 한다고 주장하는 유학자들이 출현하게 되는 것이다.

일반적으로 조선의 문치文治와 일본의 무치武治는 종종 양국의 차이를 강조하는 구조에서 설명되었다. 확실히 이 같은 인식은 당대의 지식인들 사이에서도 공유되었고, 국시國是로서 성리학의 정통성을 인정하여 지배 사상으로 채택한 조선과 달리, 일본의 최고 지배자가 정치 이념을 유학적 도리로 천명한 경우는 찾기 쉽지 않은 것도 사실이다. 그럼에도 불구하고 다종다양한 사료를 바탕으로 짜임새 좋은 논리를 전개하는 이 책을 통해서, 우리가 그동안 일본의 특수성으로 이해했던 무치의 에도 시대 일본 역시, 조선과 마찬가지로 통치의 정당성을 유학의 언어로 고민하고 사유하였음을 가감 없이 볼 수 있다.

저자는 260여 년간 이어진 '팍스Pax 도쿠가와' 시대에 등장한 주요 사상가들을 들어 그들의 고민과 사유를 그들이 지향한 도道의 내용을 바탕으로 분석하고 있다.

집안의 반대를 무릅쓰고 유학자의 길을 걸으면서, 현실 세계에서 보이는 인정이야 말로 천하의 도임을 쉬운 언어로 설파하였던 이토 진사이. 현실정치에서 주자학적 세계관의 실천을 강렬히 열망했던 아라이 하쿠세키. 개인의 도덕성을 강조하는 주자학을 비판하여 강력한 통치와 제도 개혁만이 고대 성인이 만들어 놓은 도를 실천하는 길이라고 했던 현실 정치 개혁론자 오규 소라이. 고대 일본에서 가장 이상적인 모습을 찾은 독특한 심미주의자 모토오리 노리나가. 하늘과 땅으로 이루어진 자연의 섭리가 인간으로 구체화되어 오로지 내 몸의 수고로움이야말로 자연의 이치라고 주장한 안도 쇼에키. 민중에게 끊임없이 동기부여를 해야 경제가 산다고 주장한 가이호 세이료. 나라의 독립을 이루는 근간으로서 개인의 독립을 강조한 후쿠자와 유키치. 민의 입장에서 민권과 민주주의에 대한 사유를 멈추지 않았던 나카에 조민.

이들은 대부분 현실 세계에서 좌절을 맛보았지만 끊임없이 인간이 살아가면서 추구해야 할 도가 무엇인지를 각자가 놓인 현실에서 진지하게 고민하였으며, 통치의 원리를 궁구하였다. 이는 지금 우리의 현실적인 고민과 크게 다르지 않은 것이다.

이 책은 매력적인 사상가들을 생생한 필치로 되살려내는 데 그치지 않고, 일본 사회에 유학의 침투가 갖는 의미와 무치를 기본으로 하는 근세 일본의 가직국가家職國家 구조에서 살아가는 백성의 이야기, 서양이라는 타자의 수용으로 발생하는 자타 인식의 변화까지, 리드미컬하고 힘 있는 문장을 통해 다층적인 구성을 보여 준다.

이 책에서는 에도 시대를 그 당시의 눈으로 보기 위한 하나의 장치로서, 별다른 의심 없이 써 왔던 막부, 조정과 같은 용어는 공의公儀, 금리禁裏로 써야 한다는 저자의 주장을 다시 한 번 확인할 수 있다. 그러한 노력(?)이 어디까지 가능할 것인가, 혹은 역사학이란 해석학인데 그렇게까지 필요할까 싶기도 하지만, '근대'의 지향에 의해 구성된 '에도 사상'을 해체하는 것은, 사상사 연구에 가장 기본이 되는 것이며, 이를 '의식하기 위한' 장치로서 유의미하다 할 것이다. 이 점에 대해서는 저자의 《동아시아의 왕권과 사상》(東京大學出版會, 1997; 2016 증보신장판) 이 참고가 될 것이다. 같은 시각에서 출발하지만 다른 방법론으로, 즉 언설의 생성사로서 에도 시대 읽기를 주장하는 고야스 노부쿠니 선생의 에도 사상사나, 근대 일본의 '지'의 형성 과정에 미친 유학적 교양을 논한 나카무라 슌사쿠 선생의 《에도 유교와 근대의 지》 역시 이 책과 같이 읽으면 흥미로운 지적 자극을 제공할 것이다.

에도 시대를 향한 저자의 각별한 애정이 그대로 전달되는 이 책을 박홍규 교수님의 권유로 동양 정치사상사 강의의 텍스트로 삼은 적이 있다. 학부 학생들이 소화하기에 쉽지 않은 내용이었으나, 그것을 플라톤과 아리스토텔레스, 비틀즈에 이르는 다양한 예시와 함께 이해하기 쉽게 풀어 낸 저자의 탁월함에 감탄했던 기억이 난다. 강의 후 한동안 책장에 넣어 두었던 책을 재차 꺼내어 읽다 보니, 독서의 횟수가 늘수록 기존의 일본 사상을 설명한 저서와 차이점이 분명하게 드러났고,

다시금 저자의 매력이 선명하게 다가왔다. 게다가 이미 몇몇 대학원 수업에서 교재로 사용되고 있기도 하였거니와 꼭 읽어 보고 싶다는 한국학 연구자들의 목소리에 힘입어 박홍규 교수님과 상의하여 번역을 시작하게 되었다. 그때부터 이미 긴 시간이 흘러 버려 기다려 준 분들에게 면목이 없지만, 이제라도 마무리 할 수 있게 되어 다행스럽다. 또 개인적으로 어려운 시기에 평정심을 유지할 수 있게 해 준 고마운 책이기도 하다.

번역이란 작업은 단지 어떤 언어를 다른 언어로 바꾸는 것이 아니라, 원어가 가지고 있는 의미를 이쪽으로 옮겨 올 때 발생할 수 있는 다양한 문화의 차이까지 고려해야 하기에, 하면 할수록 녹록치 않은 작업임을 깨닫게 된다. 몇 권의 번역서를 내면서 크게 신경 쓰지 않았던 에도 시대의 서명을 어떻게 번역할까에 대한 고민은 번역이 마무리되는 마지막까지 놓을 수 없는 문제였다. 저자를 비롯하여 출판사의 편집자, 다양한 분야의 연구자들과 틈이 날 때마다 머리를 맞대고 상의하였다. 최선을 다했다고 생각하지만 그래도 아쉬움이 남는 것은 어쩔 수 없다. 또한 독자의 이해를 돕기 위해 세세하게 역자 주를 붙였는데, 이것이 오히려 독자들에게 불편함을 주지는 않을지도 염려스럽다.

이 책은 이미 영문판이 출판되었기에, 영문판과 대조하며 읽는 것은 매우 즐거운 경험이었다. 오랜만에 영어사전을 찾아가며 한 줄 한 줄 정독을 하였을 정도로 영문판의 번역은 흥미로웠는데, 한자어가 어색한 영어권 독자의 입장을 고려해 각 절의 제목을 재구성한 것도 새로웠다. 영어로 설명된 에도 시대는 우리말로 읽는 에도 시대와 색깔의 차이가 분명하게 느껴졌는데, 그것은 아마도 manners 혹은 ritual로 번역된 말이 유학적 예禮 개념을 정말로 모두 담고 있을까라는 의구심을 떨치지 못하는 것과 비슷하다. 그리고 이러한 의구심은 유학을 공통분모로 삼았던 국가 체제의 역사를 밟아 온 나라의 후예만이 느낄 수 있는 것이리라.

번역 작업의 막바지 단계에서 와타나베 선생님과 직접 만나 대화를 했던 시간과 이후 이메일로 몇 차례 오고 간 번역 이면의 질의응답은 사상사에 대한 시각과 고민을 나눈 의미 있는 경험이었다. 선생님은 쏟아지는 역자의 질문에 소년같이 맑은 미소로 열과 성의를 다하여 답변을 해 주셨는데, 그 시간은 마치 정지된 장면으로 한 장의 사진처럼 선명하게 각인되었다.

에도 시대 사상사를 공부하면서 항상 의식적으로 노력하는 것이 있다. 근대 이후 한일 간의 불행했던 역사에 대한 반성이 간혹 '상호 교린'과 그것을 가능하게 한 '아름다운' 근세상을 만들어 내는 것을 종종 목격하는데, 그 나름의 연구사적 의의는 분명하다. 그렇다 해도 강렬한 현재적 욕망으로 소환된 에도 시대 상이 아닌, 그 당대의 문법으로 시대의 맥락을 파악해야 한다는 점을 잊지 않으려고 한다. 이 점에 있어 이봉규 선생님과의 공부는 크게 도움이 되고 있다. 이 책을 출발점으로 발견한 심층적인 문제를 조선과 나란히 놓고 논의하면서 사료를 읽는 작업은 가장 든든한 버팀목이 되고 있다. 선생님께는 늘 고마울 따름이다.

이 책의 출판을 계기로 중국과 조선, 일본에서 각각 유학이라는 사상적 체계를 현실 정치와 인간의 삶에서 구현하기 위해 기울인 노력의 양상을 고찰하는 것으로, '민주주의'를 향해 조금씩 쌓아 온 지난한 역사를 되돌아보고, 여전히 국가주의를 극복하지 못하고 개인에 대한 국가의 폭력과 국가 간 패권 경쟁으로 치달은 비극의 역사에 기시감마저 드는 현 시점에 우리가 진정 고민해야 할 것이 무엇인지 진지하게 사유한다면, 역자로서 바랄 것이 없겠다.

《야마자키 안사이의 정치 이념》(東京大學出版會, 2002)의 저자와 독자로 시작된 박홍규 교수님과의 인연이 지금까지 이어져 온 것은 놀랍고 감사한 일이다. 박홍규 교수님과의 공동 번역 작업은 이번이 두 번째이다. 번역을 하는 기간 동안 박 교수님과 꼼꼼히 사료를 확인하고 문장을 다듬었으며 관련 주제에 대해 논의하였다. 그 과정 자체가 내게는 큰 공부가 되었다. 그뿐만 아니라 이 공동작업이 일본 산토리문화재단의 해외출판조성기금에 선정되는 기쁨도 누렸다. 마음깊이 감사드린다.

마지막으로 인문학 저서의 설자리가 갈수록 좁아지는 때에 흔쾌히 출판을 허락한 고려대학교출판문화원에 심심한 사의를 표한다.

2017년 3월
김선희

도판 출전 일람

제1장

고궁박물원 편故宮博物院編《자금성 제후생활紫禁城帝后生活》(中國旅游出版社, 1983), 112쪽.

제2장

《아동교훈 이로하 가회초兒童敎訓 伊呂波歌繪抄》(시모코베 슈스이下河邊拾水, 山城屋, 1836, 복각).

제3장

〈니회 류큐 사절 에도 성 니시노마루 등성도泥繪 琉球使節江戶城西の丸登城圖〉 에도 도쿄 박물관江戶東京博物館 소장.

제4장

고니시 시로 외 감수《되살아나는 막말: 네덜란드에 보존된 800장의 사진으로부터》(小西四郎ほか監修《甦る幕末：オランダに保存されていた800枚の寫眞から》朝日新聞社, 1986), 116쪽.

제5장

《시즈타니 학교閑谷學校》(山陽新聞社, 1990), 1쪽.

제6장

《대학장구》 모두冒頭(吳志忠刊, 淸代) 도쿄대학 동양문화연구소東京大學東洋文化研究所 소장.

제7장

《맹자고의》(文泉堂, 1720).

제8장

아라이 하쿠세키新井白石 초상 개인 소장(사진 제공: 기미쓰 시립 구루리 성지자료관君津市立久留里城址資料館).

제9장

《논어징집람論語徵集覽》(崇文堂, 1760 간행, 1812 재판).

제10장

아즈마노모리 비吾嬬林碑. 도쿄 스미다 구黑田區 다치바나立花. 사이토 미시오齊藤美潮 촬영.

제11장

안도 쇼에키安藤昌益 〈통도진전 3 인륜권統道眞傳三人倫卷〉《안도 쇼에키 전집 20 복각 4》(農山漁村文化協會, 1983), 315쪽.

제12장

《여대학보상女大學寶箱》(須原屋茂兵衛ほか, 1829 간행).

제13장

모토오리 노리나가 유언서本居宣長遺言書《모토오리 노리나가 전집》 제20권(筑摩書房, 1975), 230, 232쪽.

제14장

〈상가도商家圖〉 가쓰시카 호쿠사이葛飾北齋 그림, 라이덴 국립 민속 박물관 소장(《시볼트와 일본シーボルトと日本》 朝日新聞社, 1988, 170쪽).

제15장

일본전도 구와가타 게이사이鍬形蕙齋(기타오 마사요시北尾政美) 그림, 1840 간행.

제16장

《회입일용 여중보기繪入日用 女重寶記》(和泉堂, 1847 간행. 江戶時代女性文庫 58, 大空社(影印), 1996).

제17장

모리시마 주료森島中良《홍모잡화紅毛雜話》 삽화 와세다대학 도서관早稻田

大學圖書館 소장.

제18장

〈요코하마 교역 서양인 하물운송지도橫濱交易西洋人荷物運送之圖〉 고운테이 사다히데五雲亭貞秀 그림, 1861 간행. 요코하마개항자료관橫濱開港資料館 소장.

제19장

와타나베 요시오 · 고니시 시로 감수 / 오자와 겐지 편《막말 · 사진의 시대》(渡邊義雄 · 小西四郎 監修/小澤建志編《幕末 · 寫眞の時代》筑摩書房, 1994), 90쪽.

제20장

가토 유이치加藤祐一《문명개화》(1873 간행).

제21장

미타 연설관三田演說館 게이오의숙 도서관慶應義塾圖書館 소장.

제22장

나카에 조민中江兆民 〈예골지표瘞骨之標〉 사이토 미시오 촬영.

주요 인물 소개

가나가키 로분(假名垣魯文, 1829-1894) 막말-메이지 기 통속 작가이자 신문 기자로 해학과 풍자가 뛰어났다.

가노 에이토쿠(狩野永德, 1543-1590) 아즈치모모야마安土桃山 시대의 화가로, 일본의 중심 화파인 가노파의 중심인물이다. 오다 노부나가와 도요토미 히데요시를 위하여 아즈치 성安土城 · 슈라쿠다이聚楽第 · 오사카 성 등의 장벽화를 그렸다.

가메이 쇼요(龜井昭陽, 1773-1836) 에도 시대 후기의 유학자이자 후쿠오카 번의 번사로 경학에 정통하였으며, 소라이 학파이면서도 주자학의 유용성을 인정하였다.

가모 군페이(蒲生君平, 1768-1813) 에도 시대 후기의 근왕가로 연해 방비의 필요성을 주장하였다.

가모노 마부치(賀茂眞淵, 1697-1769) 에도 시대 중기의 국학자이자 가인으로 가다노 아즈마마로荷田春滿에게 배웠다. 고전연구와 고도古道의 부흥, 고대 노래 부활에 진력하였다. 국학의 4대인으로 일컬어진다. 주요 저서로《가의고歌意考》《만엽고萬葉考》《국의고國意考》《축사고祝詞考》《겐지 모노가타리 신석源氏物語新釋》등이 있다.

가쓰라가와 호슈(桂川甫周, 1751(혹은1754)-1809) 에도 시대 후기의 양의로 모리시마 주료의 형이다.《해체신서》의 번역에 참가하였다.

가와다 마사노리(河田正矩, ?-1768) 에도 시대 중기 사누키讃岐 지방의 부유한 농민으로 심학을 수용하였다. 《가업도덕론》은 1740년 간행된 가훈서이다.

가이바라 에키켄(貝原益軒, 1630-1714) 에도 시대 전기의 유학자이자 본초학자로, 후쿠오카 번의 번유였다. 기노시타 준안 등을 스승으로 하여 주자학을 신봉하였으나 만년에 회의를 품어 《대의록大疑錄》을 저술하였다. 그의 교훈서는 신분에 상관없이 수용되어 큰 영향을 미쳤다.

가이호 세이료(海保青陵, 1755-1817) 에도 시대 후기의 유학자이자 경세사상가로, 일본 각지를 돌면서 군신 관계를 상거래에 비유하고 번의 전매를 주장하는 등, 실용적인 학문을 제창하였다.

가타야마 겐잔(片山兼山, 1730-1782) 소라이의 고문사학에 만족하지 못하고 한·당의 고주와 송·명 제가의 설을 절충하여 산자학山子學이라 일컫는 절충학을 주장하였다.

간사잔 → 간차잔.

간차잔(管茶山, 1748-1827) 간사잔으로도 읽는다. 에도 시대 후기의 유학자이자 한시인으로 교토의 나와(또는 나바) 로도那波魯堂에게 유학을 배웠으며, 라이 산요賴山陽의 스승이다. 고향 간나베神邊로 돌아와 렌주쿠廉塾를 열었다. 시를 잘 지었으며 특히 송시를 주창하였다.

고가 도안(古賀侗庵, 1788-1847) 에도 시대 후기의 유학자로 와타나베 가잔·오쓰키 겐타쿠와 같은 난학자와 교유하였고 해방海防 문제에 정통하였다.

고다이고 천황(後醍醐天皇, 1288-1339) 가마쿠라 말기-남북조 시대의 천황으로, 호조 씨를 멸망시키고 겐무建武의 신정을 이루었으나 아시카가 다카우지와 대립하여 2년 반 만에 붕괴하였다.

고토쿠 슈스이(幸德秋水, 1871-1911) 메이지 기의 사회주의자로 나카에 조민을 사사하였으며, 일간 신문 《요로즈초호萬朝報》기자로 러일 전쟁에 반대하였다. 평민사平民社를 세우고 《평민신문》을 창간하였다. 이후 미국 생활을 한 뒤 귀국하여 무정부주의로 전향하였다. 대역 사건의 우두머리로 지목되어 사형을 당하였다.

구루시마 미치타네(久留嶋通胤, 1829-1859) 막부 말기의 다이묘로 분고豊後 모리번森藩 제11대 번주이다.

구마자와 반잔(熊澤蕃山, 1619-1691) 에도 시대 전기 교토 출신의 유학자로 나카에 도주中江藤樹에게 양명학을 배웠으며 오카야마 번의 이케다 미쓰마사池田光政에게 등용되었다. 그의 저서《대학혹문大學或問》이 막부를 비판하였다 하여 고가 성古河城에 유폐되었다.

구메 구니타케(久米邦武, 1839-1931) 역사학자로 사가佐賀의 번사였다가 유신정부에 출사하였다. 이후 도쿄대학 교수를 역임하였다. 근대 사학 창설에 힘을 썼으나 1891년 〈신도는 제천의 오랜 풍속神道ハ祭天ノ古俗〉을 발표하여 필화를 입었다.

구스노키 마사시게(楠木正成, 1294-1336) 남북조 시대의 무장으로 고다이고 천황의 뜻을 받들어 막부의 대군에 맞섰다. 아시카가 다카우지의 군대와의 전투에서 전사하였다. 태평양전쟁 시기에는 천황에 충의를 바친 인물로 추앙되었다.

기타무라 노부요(喜多村信節, 1783-1856) 에도 시대 후기의 국학자로 해박한 지식으로 민간 풍속의 고증에 큰 업적을 남겼다.

기타바타케 지카후사(北畠親房, 1293-1354) 남북조 시대의 공가로, 가마쿠라 막부 멸망 후에 노리요시義良 친왕을 받들어 무쓰로 갔다. 요시노에서 고무라카미後村上 천황을 도와 남조의 지주가 되었다.

나이토 메이세쓰(内藤鳴雪, 1847-1926) 막말-메이지 기의 하이진俳人으로 메이지 시단의 일파인 일본파의 중진이다.

나카무라 마사나오(中村正直, 1832-1891) 서양학자이자 교육가로, 1866년 막부의 명으로 영국에 유학하였다. 명륙사를 조직하여 계몽사상의 보급에 힘썼다. 도쿄대학 교수와 귀족원 의원을 역임하였다.

나카네 모로카타(中根師質, 1807-1877) 에도 시대 말기의 에치젠越前 후쿠이 번福井藩의 번사이며 에도에서 국학을 배웠다. 번주를 보좌하여 공무합체 운동을 추진하였다.

나카에 도주(中江藤樹, 1608-1648) 에도 시대 전기의 유학자로 일본 양명학의 시조로 일컬어진다. 이요伊豫의 오즈 번大洲藩에 출사하였으나 고향인 오우미近江(지금의 시가 현)로 돌아와 교육에 힘썼다. 오우미의 성인으로 칭송된다. 저작으로《효경계몽孝經啓蒙》등이 있다.

나카이 리켄(中井履軒, 1732-1817) 에도 시대 중기의 유학자로 주자학을 배웠다가 여러 설을 절충하였으며 사숙 수재관水哉館을 열어 교육과 연구에 전념하였다. 회덕당懷德堂의 제4대 학주인 나카이 지쿠잔中井竹山의 동생이기도 하다.

나카이 지쿠잔(中井竹山, 1730-1804) 에도 시대 중기의 유학자로 고이 란슈五井蘭洲에게 송학을 배웠다. 회덕당의 학주를 역임하였고, 마쓰다이라 사다노부松平定言의 자문에 응하여 정치와 경제를 논한 《초모위언》을 저술하였다.

나카자와 도니(中澤道二, 1725-1803) 에도 시대 중기의 심학자로 교토에서 직물업에 종사하였다. 에도에 사숙을 열고 심학도화心學道話를 강의하였다.

나카지마 히로타리(中島廣足, 1792-1864) 에도 시대 말기의 국학자이자 가인으로, 구마모토 번의 번사였다. 박학하여 어학에 조예가 깊었다.

난부 리쓰안(南部立庵, ?-1688) 난부 소주南部草壽로 에도 시대 전기의 유학자로 나가사키 부교를 역임하였다. 훗날 엣추越中 도야마 번富山藩에 출사하여 번학의 기초를 다졌다. 《직원초지류職原鈔支流》《쓰레즈레구사 언해徒然草諺解》 등을 지었다.

니시 아마네(西周, 1829-1897) 막말-메이지 기의 계몽사상가로, 네덜란드 유학 후에 개성소開成所 교수로서 《만국공법》을 번역하였다. 모리 아리노리 등과 명륙사를 창시하여 서양사상을 소개하고 보급하는 데 힘썼다. 영어 philosophy를 '철학'으로 번역한 것으로도 잘 알려져 있다.

니시무라 시게키(西村茂樹, 1828-1902) 윤리학자로 명륙사의 창립에 참여하였다. 유교에 의한 국민도덕 향상에 힘썼다.

니시카와 조켄(西川如見, 1648-1724) 에도 시대 중기의 천문지리학자로 유학과 서양의 천문역학을 배웠다. 《화이통상고華夷通商考》 등을 저술하였다.

니지마 조(新島襄, 1843-1890) 메이지 기의 교육가로 21세에 미국에 유학하였으며, 이와쿠라 사절단의 전권대사를 수행하여 유럽을 시찰하였다. 1875년 교토에 도시샤 영학교同志社英學校를 설립하였다.

다다 난레이(多田南嶺, 1698-1750) 에도 시대 중기의 국학자이자 신도가이다. 국어학과 유식고실을 연구하였다.

다다노 마쿠즈(只野眞葛, 1763-1825) 에도 시대 후기의 국학자로 젊어서부터 여성의 본보기가 되고자 하여 와카와 서예에 힘썼다. 극작가인 오타 난포大田

南畝와 교쿠테이 바킨曲亭馬琴 등과 교유하였으며 다수의 저작을 남겼다.

다마무시 사다유(玉蟲左太夫, 1823-186) 막부 말기의 지사로 센다이 번의 번사이다. 1857년에 에조치를 시찰하였으며 그후 1860년에 미국에 파견되었다.

다메나가 슌스이(爲永春水, 1790-1843) 에도 시대 후기의 통속작가로, 서민의 인정과 애정을 주제로 한 닌조본人情本의 작풍을 확립하였다. 풍기문란으로 처벌받은 다음 해 사망하였다.

다야스 무네타케(田安宗武, 1715-1771) 에도 시대 중기의 국학자이자 가인이며 8대 쇼군 요시무네의 아들이기도 하다. 가다노 아리마로荷田在滿와 가모노 마부치의 지도를 받아 국학에 정진하였으며 만엽조의 가인으로 이름을 날렸다.

다이도지 유잔(大道寺友山, 1639-1730) 에도 시대 중기의 병학자로, 《미카와 모노가타리》를 집대성한 오바타 가게노리小幡景憲 등에게 배웠다. 아이즈 번會津藩과 후쿠이 번에 출사하였다.

다자이 슌다이(太宰春台, 1680-1747) 에도 시대 중기의 유학자로 다지마但馬 이즈시 번出石藩에 출사하였으나 얼마 지나지 않아 그만두고 오규 소라이를 사사하였다. 경서와 경제에 밝았고 중국어를 잘하였다. 《성학문답》《논어고훈》《경제록》 등의 저술이 있다.

다카노 쓰네미치(高野常道, 1729-1815) 에도 시대 중기의 유학자로, 에치고 나가오카 번長岡藩의 번사이다. 일반적으로는 다카노 요케이高野余慶로 알려졌다.

다카노 조에이(高野長英, 1804-1850) 에도 시대 후기의 난학자로 나가사키에서 시볼트Philipp Franz von Siebold에게 배웠다. 에도에서 의사로 개업을 하였으며 막부의 대외정책을 비판하여 투옥되었다가 탈출하여 여러 지방에서 숨어 살다가 에도에서 자살하였다.

다카스기 신사쿠(高杉晉作, 1839-1867) 막부 말기의 지사로 요시다 쇼인吉田松陰의 쇼카손주쿠松下村塾에서 두각을 나타냈다. 에도에 유학하였으며, 번의 명령으로 상하이를 시찰하였다. 이 무렵부터 양이론의 선봉이 되었으며 기병대를 조직하였고 4국 연합함대의 시모노세키 포격 사건에서 강화 교섭을 담당하였다. 1866년 제2차 조슈 정벌에서 막부군에 대항하여 활약하였다.

다카야마 히코쿠로(高山彦九郎, 1747-1793) 에도 시대 중기의 존왕가로, 여러 번을 주유하며 존왕론을 주장한 것으로 막부의 미움을 받아 자살하였다. 하야시 시헤이 · 가모 군페이와 함께 간세이寬政의 3기인으로 불린다.

다카하시 가게야스(高橋景保, 1785-1829) 에도 시대 후기 천문 지리학자로 막부의 덴몬카타天文方였다. 만주어와 러시아어에도 통달하였으며, 시볼트에게 서양서와 일본 지도를 교환하여 넘겨준 죄로 옥사하였다.

다케코시 요사부로(竹越與三郎, 1865-1950) 역사가이자 정치가로 게이오의숙을 졸업하고 신문 기자를 거쳐 정우회 대의사代議士 · 귀족원 의원 · 추밀고문관 등을 역임하였다. 《2천5백년사》《일본경제사》 등을 저술하였다.

덴다이신(田大心) 본명은 우에다 히로시上田寬이다. 덴다이신은 중국풍으로 지은 이름이다. 통칭은 헤이조平藏, 다이신은 호이다. 이 밖에 하쿠스이白水라고도 하였다.

도미나가 나카모토(富永仲基, 1715-1746) 에도 시대 중기의 사상가로 오사카에서 간장양조업을 하는 집안에서 태어났다. 부친이 창립한 회덕당에 들어가 유학을 배우고 불경과 신도에 뛰어나 신 · 유 · 불을 역사적으로 비판하였다.

도시마 호슈(豊島豊州, 1737-1814) 우사미 신스이에게 고학을 배웠고 이후 사와다 도코澤田東江과 함께 절충학을 주장하였다. '간세이 이학의 금'에 반대하여 이른바 '이학의 오귀五鬼'로 일컬어진다.

도쿠가와 나리아키(德川齊昭, 1800-1860) 막말의 미토 번주로 번교 홍도관弘道館을 개설하여 문무를 장려하였다.

도쿠가와 미쓰쿠니(德川光圀, 1628-1700) 에도 시대 전기의 미토 번주로, 창고관彰考館을 두고 《대일본사》편찬에 착수하였다. 명의 유신인 주순수朱舜水를 불러 들였다. 권중납언權中納言에 오른 까닭에 미토코몬水戶黃門으로 불렸다.

도쿠토미 소호(德富蘇峰, 1863-1957) 저널리스트이자 저술가로, 1887년 민우사民友社를 설립하고 《국민지우國民之友》《국민신문國民新聞》을 발행하였으며, 평민주의를 제창하였다. 그러나 청일 전쟁 이후 제국주의를 고취하였다.

도키와 단포쿠(常盤潭北, 1677-1744) 에도 시대 중기의 하이진俳人이자 심학자이다. 농민교화에 힘썼다. 유교적 윤리에 기반한 실천적인 가르침을 주장하였으며, 《민가동몽해民家童蒙解》《백성분량기百姓分量記》《야총명화野總茗話》 등의 교훈서 3부작을 저술하였다.

라이 산요(賴山陽, 1780-1832) 에도 시대 후기의 유학자로 비토 지슈尾藤二洲에게 배웠다. 역사학에 관심이 많아 《일본외사》《일본정기日本政記》 등을 지었으며, 막말의 존양尊攘운동에 큰 영향을 끼쳤다.

류코비(龍公美) 본명은 다케다 소로武田草蘆(1714-1792)로 에도 시대의 한시인이자 유학자이다. 류코비는 중국풍으로 지은 이름이다.

마나베 아키후사(間部詮房, 1666-1720) 에도 막부 6대 쇼군 이에노부의 측근으로 권력을 휘둘렀다. 1710년 5만 석의 다카사키高崎 번주가 되었다.

마루야마 오쿄(圓山應擧, 1733-1795) 에도 시대 중기의 화가이다. 마루야마파의 시조로 이시다 유테이石田幽汀를 사사하였다. 메가네에眼鏡繪와 중국의 사생화, 서구의 원근법을 연구하여 새로운 화풍을 확립하였다. 신흥 조닌층의 지지를 받았으며 교토의 화단에 큰 영향을 미쳤다.

마스호 잔코(增穗殘口, 1655-1742) 에도 시대 중기의 신도가이자 극작가로, 강석을 하면서 통속신도의 계몽 운동을 하였으며, 유곽 연구자이기도 했다.

마쓰다이라 노리사토(松平乘邑, 1696-1746) 에도 시대 중기의 다이묘로서 요시무네에게 등용된 교호 개혁 후반기의 로주이다.

마쓰다이라 다다카타(松平忠固, 1812-1859) 에도 시대 후기의 다이묘이자 로주로, 미일화친조약과 미일수호통상조약 체결에 관여하였다.

마쓰다이라 요시나가(松平慶永, 1828-1890) 막부 말기의 후쿠이 번의 번주로, 쇼군 계승 문제와 조약 체결 문제에서 다이로 이이 나오스케井伊直弼와 의견 대립이 있어 은거에 처해졌다. 메이지 정부에서 의정議定·민부경民部卿·대장경大藏卿을 역임하였다.

마쓰모토 만넨(松本萬年, 1815-1880) 막말-메이지 기의 교육자로 도쿄사범 교원을 역임하였다.

마쓰미야 간잔(松宮觀山, 1686-1780) 에도 시대 중기의 병학자로 호조 우지스케北條氏如에게 수학하였으며, 그와 함께 에조치를 답사하고 《하이필담기蝦夷筆談記》를 저술하였다.

마쓰자키 간카이(松崎觀海, 1725-1775) 에도 시대 중기의 한학자로 다자이 슌다이와 다카노 란테이高野蘭亭에게 각각 유학과 한시를 배웠다. 사사야마 번篠山藩에 출사하였다.

마에다 나리야스(前田齊泰, 1811-1884) 에도 시대 후기 다이묘로 가가 번加賀藩의 제13대 번주이다.

마에지마 히소카(前島密, 1835-1919) 근대 우편 제도의 창설자로, '우편'·'우표'와 같은 명칭을 정하였다. 해운·철도·교육 분야에서도 활약하였다.

마틴, 윌리엄 알렉산더 파슨스(William Alexander Parsons Martin, 1827-1916) 미국인 선교사로, 중국 이름은 정위량丁韙良이다. 헨리 휘튼Henry Wheaton의 국제법 체계서를 번역하였으며, 1864년 《만국공법》이라는 제목으로 간행하였다.

모리 아리노리(森有禮, 1847-1889) 막말-메이지 기의 외교관이자 정치가로 막부 말기에 구미 유학 후 유신정부에 참여하였다. 명륙사를 설립하였으며, 1885년 제1차 이토伊藤 내각의 문부과학대신이 되어 국가주의 교육을 주장하였다. 국수주의자에게 암살되었다.

모리슨, 로버트(Robert Morrison, 1782-1834) 영국 출신으로 런던선교회London Missionary Society에서 1807년 중국에 파견한 최초의 프로테스탄트 선교사이다. 중국 이름은 마리쉰馬禮遜이며, 말라카에 신학문 학교인 영화학당英華學堂을 세웠다. 《중국어사전》《신천성서神天聖書》 등을 남겼다.

모리시마 주료(森島中良, 1762-1831) 에도 시대 후기의 교카시狂歌師이자 통속 소설가이다. 난학자로서 히라가 겐나이의 문인이기도 하다.

무라타 미사부로(村田巳三郎, 1821-1899) 무라타 우지히사村田氏壽의 통칭으로, 후쿠이 번의 번주 마쓰다이라 요시나가松平慶永에게 등용되었다. 하시모토 사나이橋本左内와 교유하여 쇼군직 계승 문제에 관여하였다. 무진전쟁戊辰戰爭에서 공을 세웠으며 메이지 유신 후에 후쿠이 현 참사參事와 내무대승內務大丞을 역임하였다.

미나가와 기엔(皆川淇園, 1734-1807) 에도 시대 중기의 유학자로 경서의 언어 연구를 중요시하였으며 역에 기반한 개물학開物學을 주창하였다. 저서로 《역원易原》《문학거요問學擧要》《허자해虛字解》 등이 있다.

미노베 다쓰키치(美濃部達吉, 1873-1948) 헌법학자로서 도쿄대학 교수였다. 퇴임 후에는 귀족원 의원에 칙선되었다. '천황 기관설'을 주장하여 '천황 주권설'을 주장한 우에스기 신키치上杉愼吉와 대립하였다. 1935년 국체 명징론國體明徵論이 일어나 그의 주장이 국체에 반한다고 하여 우익의 규탄을 받아, 저서는 출판금지가 되었으며 귀족원 의원직을 사임하게 되었다.

미쓰이 다카히라(三井高平, 1653-1737) 에도 시대 중기의 호상으로 부호 미쓰이가의 시조인 다카토시高利의 장남이다.

미쓰쿠리 린쇼(箕作麟祥, 1846-1897) 막말-메이지 기의 법학자로 신정부에서 사법차관 · 형정재판소 장관 등을 역임하였다.

미쓰쿠리 쇼고(箕作省吾, 1821-1847) 에도 시대 후기의 지리학자로, 난학자 미쓰쿠리 겐포箕作阮甫의 문하에 들어갔다가 그의 사위가 되었다. 세계 지도인 여지전도와 지리지 《곤여도식坤輿圖識》을 편역하여 세계의 최신 정보를 전하는데 영향을 미쳤다.

미야자와 겐지(宮澤賢治, 1896-1933) 시인이자 아동문학가로 도호쿠 지방에 속하는 이와테 현岩手縣 출신이다. 농업연구자이자 농촌지도자로서 헌신하였으며 동화 《은하철도의 밤》으로 국내에도 잘 알려졌다. 본문에 인용한 "추위가 닥친 여름サムサノナツ"은 그의 대표시인 "비에도 굴하지 않고雨ニモマケズ"에 나오는 구절로, 냉해를 의미한다.

미와 싯사이(三輪執齋, 1669-1744) 에도 시대 중기의 유학자로, 사토 나오카타佐藤直方 밑에서 주자학을 배웠다. 나중에 나카에 도주의 책을 읽고 양명학으로 기울었다. 잠깐 관직에 있기도 했지만 그만두고 가숙家塾 명륜당明倫堂을 열어 후학양성에 힘썼다.

미조구치 나오아키(溝口直諒, 1799-1858) 에도 시대 후기의 다이묘로 에치고越後 시바타 번新發田藩의 제 10대 번주이다.

미즈노 다다쿠니(水野忠邦, 1794-1851) 에도 시대 후기의 막부 로주로, 덴포의 개혁을 기획하였으나 강권적인 정치수단으로 반발을 불러 일으켜 실각하였다.

바바 분코(馬場文耕, 1718?-1758) 에도 시대 중기의 강석사이자 잡학자로 막부의 하급 무사였다. 미노美濃 구조郡上의 가나모리金森 가문의 소동을 강담과 실록으로 꾸민 것이 막부의 화를 사서 처형되었다.

반 고케이(伴蒿蹊, 1733-1806) 에도 시대 후기의 가인歌人이자 문장가. 오우미近江 출신의 상인이기도 했다. 36세에 가독을 양자에게 물려주고 교토에 은거하였다.

비토 지슈(尾藤二洲, 1747-1813) 에도 시대 중후기의 유학자로 오사카에서 소라이학을 배웠으나 라이 슌스이賴春水나 나카이 지쿠잔 등과 교유하면서 주자학으로 전환하였다. 1791년 쇼헤이코의 유관으로 등용되어 막부의 교학에 진력하였다.

사사키 다카유키(佐々木高行, 1830-1910) 막말-메이지 기의 정치가로, 신정부에서 참의 · 사법대보 · 공부경工部卿 · 궁중 고문관 · 추밀원 고문관 등을 역임하였다.

사이고 다카모리(西鄕隆盛, 1827-1877) 막말-메이지 기의 정치가로 사쓰마 번의 지도자가 되어 막부를 타도했다. 무진전쟁에서는 에도성의 무혈 입성을 실현시켰으며, 신정부의 육군대장 · 참의를 역임하였으나 정한론을 둘러싼 정변에서 물러났다. 귀향 후 사학교를 설립하였다. 1877년 서남전쟁에서 패하여 자살하였다.

사이온지 긴모치(西園寺公望, 1849-1940) 막말-쇼와 초기의 정치가로 유신 당시 군공을 세웠으며, 프랑스 유학 후 동양자유신문사의 사장이 되었으나 곧 사임하였다. 이후 정계에 들어가 제2차 정우회政友會 총재가 되었으며 두 차례 수상을 역임하였다. 1919년 파리강화회의에 수석전권으로 참가하였으며 정계 은퇴 후에도 최후의 원로로서 정치적 영향력을 행사하였다.

사이토 세쓰도(齋藤拙堂, 1797-1865) 에도 시대 후기의 유학자로, 쇼헤이코에 들어가 고가 세이리에게 배웠으며, 번교 유조관有造館의 독학督學이 되었다. 시문에 뛰어났으며 실용학 문을 중시하였다. 번내에 종두법을 실시하였다.

사젠 셋케이(佐善雪溪, 1654-1745) 에도 시대 전기 돗토리 출신의 유학자로 에도에 사숙을 열어 교육에 힘썼으며 이후 이세국伊勢國의 쓰 번津藩에 출사하였다.

사카모토 료마(坂本龍馬, 1835-1867) 막부 말기의 지사로 도사 번土佐藩의 향사였으나, 에도로 가서 가쓰 가이슈勝海舟 문하에 들어가 항해술을 배웠다. 나가사키로 돌아와 상사를 설립하고 사이고 다카모리 등과 모의하여 삿초 연합을 꾀하고 대정봉환에 진력하였다.

사카타니 시로시(阪谷素, 1822-1881) 막부 말기의 한학자이자 유학자로 메이지 유신 후에는 육군성 · 문부성 · 내무성의 관리를 역임하였다.

사쿠마 쇼잔(佐久間象山, 1811-1864) 막부 말기의 사상가이자 병학자로 사토 잇사이에게 유학을 배웠으며, 난학과 포술에 능하였고 해상 방위가 급무임을 주장하였다. 1854년에 문인인 요시다 쇼인의 밀항 기획에 연좌되어 유폐되었다가 풀려났다. 양이파에게 암살되었다.

산토 교덴(山東京傳, 1761-1816) 에도 시대 후기의 극작가이자 풍속화가이다.

서계여(徐繼畬, 1795-1873) 중국 청대의 관리이자 지리학자로 복건성福建省 순무巡撫로 있을 때 서양인과 교류하며 지도를 수집하여 《영환지략瀛環志略》을 저술하였다.

스기타 겐파쿠(杉田玄白, 1733-1817) 에도 시대 후기의 난학자이자 외과 의사로, 동료들과 《해체신서解體新書》를 번역하였다.

시마즈 히사미쓰(島津久光, 1817-1887) 막말-메이지 기의 정치가로, 사쓰마 번의 실권을 장악하였으며 공무 합체 운동을 추진하였다. 유신 이후 좌대신에 올랐으나 서구화 정책에 반대하여 은퇴하고 가고시마로 귀향하였다. 저서로 《통속국사通俗國史》가 있다.

시오노야 도인(鹽谷宕陰, 1809-1867) 에도 시대 후기의 유학자로 하마마쓰 번浜松藩의 번유이다. 만년에는 쇼헤이코의 유관을 맡기도 하였다. 페리 내항 이후 아편전쟁의 정보를 모아 《아부용휘문阿芙蓉彙聞》을 지어 해상 방위를 주장하였다.

시오다 준안(鹽田順庵, 1805-1871) 에도 시대 후기-메이지 기의 의사로, 마스지마 란엔增島蘭園에게 유학을 배웠고 막부의 의사가 되었다. 페리 내항이후 해방 연구에 힘써 《해방휘의海防彙議》를 편찬하였다. 1856년 막부의 명으로 하코다테箱館로 건너가서 병원과 학교를 세웠다.

시키테이 산바(式亭三馬, 1776-1822) 에도 시대 후기의 에도 출신 통속 소설가로 장편소설의 유행을 열었다.

쓰다 마미치(津田眞道, 1829-1903) 막말-메이지 기의 법학자로 원로원 교관이자 귀족원 의원이다. 명륙사의 일원이면서 일본에서 처음으로 서양법률을 소개한 《태서국법론泰西國法論》을 저술하였다.

쓰루미네 시게노부(鶴峯戊申, 1788-1859) 에도 시대 말기 국학자로 박학 다재하였다. 미토 번에 출사하였으며, 저서 《어학신서語學新書》는 선구적인 서양 문법식의 일본어 문법서이다.

아리와라노 나리히라(在原業平, 825-880) 헤이안 시대 초기의 가인으로, 아보친왕阿保親王의 다섯째 아들이다. 6가선 · 36가선의 한 사람으로《이세 모노가타리》의 주인공과 혼동되어 전설화되었다. 자유롭고 용모가 수려한 전형적 미남으로 여겨져, 가부키나 조루리의 소재가 되고 있다.

아메노모리 호슈(雨森芳州, 1668-1755) 에도 시대 중기의 유학자로 아라이 하쿠세키와 함께 기노시타 준안의 문인이다. 중국어와 조선어에 통달하였으며 쓰시마 번의 번유로서 조선통신사를 응접하였다. 성신을 외교의 중요한 덕목이라 주장하였고, 신유한과 교유를 한 것으로도 잘 알려져 있다.

아사미 게이사이(淺見絅齋, 1652-1711) 에도 시대 전기의 유학자로 야마자키 안사이의 학파인 기몬崎門 3걸의 한 사람으로 불린다. 스승의 수가신도垂加神道에 반대하여 파문되었다.

아시카가 다카우지(足利尊氏, 1305-1358) 무로마치室町 막부의 초대 쇼군이다.

아시카가 요시미쓰(足利義滿, 1358-1408) 무로마치 막부 제3대 쇼군으로 남북조 내란을 통일하고 막부의 전성기를 구축하였다.

알레니, 줄리오(Giulio Aleni, 1582-1649) 이탈리아 출신의 선교사로 중국명 애유략艾儒略이다. 야나기사와 야스아키라(1658-1714) 에도 시대 중기 막부의 로주로 훗날 요시야스吉保로 개명하였다. 쓰나요시의 소바요닌을 역임하고 고후甲府번주가 되었다.

야나기사와 기엔(柳澤淇園, 1704-1758) 에도 시대 중기의 문인이자 화가로, 고오리야마 번郡山藩의 가로로 유학을 비롯하여 시문 · 불전 · 서화 등 다양한 분야에 능했다고 한다. 특히 정밀한 화조화에 뛰어났다.

야나다 제이간(梁田蛻巖, 1672-1757) 에도 시대 전 · 중기의 유학자이자 한시 작가로, 히토미 지쿠도人見竹洞를 사사했으며 아라이 하쿠세키와 무로 규소室鳩巢와 교유하였다. 독자적인 시풍으로 시호詩豪로 불렸다. 시바 고칸(1747-1818)은 에도 시대 후기의 서양풍 화가이자 난학자蘭學者로 일본 최초로 에칭 기법을 사용하였으며 유채화를 그려 서양화 보급에 큰 역할을 하였다.

야마가 소코(山鹿素行, 1622-1685) 에도 시대 전기의 유학자이자 병학자이다. 주자학을 비판한 저서인《성교요록聖教要錄》이 막부에 문제시되어 아코赤穗로 유배되었다. 저서로《무교요록武教要錄》《무가사기武家事紀》등이 있다.

야마가타 다이카(山縣太華, 1781-1866) 에도 시대 후기의 유학자로 가메이 난메이에게 소라이학을 배웠으나 주자학자로 전향하였다. 나가토長門의 하기번萩藩의 번사로서 번교 명륜관의 학두를 겸하였다. 《민정요편民政要編》《국사찬론國史纂論》 등을 저술하였다.

야마가타 반토(山片蟠桃, 1748-1821) 에도 시대 후기의 조닌학자로서 오사카의 호상 마스야昇屋 별가를 계승하였고 상업에서 재능을 발휘하였다. 회덕당의 나카이 지쿠잔 형제에게 유학을 배웠으며 천문학과 난학을 좋아하였다.

야마모토 쓰네토모(山本常朝, 1659-1719) 에도 시대 중기 사가佐賀의 번사로서 9세부터 번주 나베시마 미쓰시게鍋島光茂의 시동으로 일했다. 군주가 사망하자 42세 때 순사금지령 때문에 순사대신 출가하였다.

야마무라 사이스케(山村才助, 1770-1807) 에도 시대 후기의 난학자이자 지리학자로 당시 입수 가능한 세계지리 · 세계사 지식을 집대성하여 《서양잡기西洋雜記》《인도지印度志》《노서아국지魯西亞國志》 등을 저술하였다.

야마시타 고나이(山下幸內, 생몰년 미상) 에도 시대 중기의 로닌이다. 1721년 건의함에 상서를 투고하여 에도 주민의 관점에서 당시 쇼군 도쿠가와 요시무네의 치세를 논하면서 검약 정책이 경제 활동의 정체를 가져온다고 비판하였다.

야마자키 안사이(山崎闇齋, 1618-1682) 에도 시대 전기의 유학자로 문하가 수천 명에 달할 정도로 이름이 높았다. 신도와 주자학을 융합시킨 수가신도를 일으켰다.

야스이 솟켄(安井息軒, 1799-1876) 막말-메이지 초기의 유학자로 막부 관학인 쇼헤이코昌平黌의 교수를 역임하였다. 고증학에 뛰어났으며 해방론인 《해방사의海防私議》를 저술하였다.

에지마 기세키(江島其磧, 1666-1735) 에도 시대 중기의 풍속소설 작가로, 교토의 유복한 떡집의 5대 주인이기도 했다. 가업에 힘쓰는 한편 작가로서의 활동도 활발히 하여, 이하라 사이카쿠 사후 통속소설을 확립하였다고 평가된다.

에지마 다메노부(江島爲信, 1635-1695) 에도 시대 전기의 무사로 이요伊予(지금의 에히메 현) 이마바리 번今治藩에 출사하였다. 임관 전에 가나仮名로 된 이야기책인 《몸의 거울身の鏡》과 《이비감理非鑑》을 지었다.

오가타 겐잔(尾形乾山, 1663-1743) 에도 시대 중기의 화가이자 도공으로, 오가타 고린의 동생이다. 장식성이 뛰어난 차 도구 등을 제작하여 겐잔야키로 불린다.

오가타 고린(尾形光琳, 1658-1716) 에도 시대 중기의 화가이자 공예가, 도예가로 교토의 포목상에서 태어났다. 고린은 처음에 가노파狩野派의 화풍을 배웠으나 점차 이탈하여 의장적이고 대담한 구도와 화려한 표현 기법으로 새로운 화풍을 열어 린파琳派를 열었다.

오규 소라이(荻生徂徠, 1666-1728) 에도 시대 중기의 유학자로 이른바 고문사학古文辭學을 제창하였다. 5대 쇼군 쓰나요시의 학문상대였다. 다자이 슌다이太宰春台·핫토리 난카쿠服部南郭 등 많은 학자를 배출하여 다방면에 큰 영향을 미쳤다.

오제 호안(小瀨甫庵, 1564-1640) 아즈치모모야마 시대-에도 시대 전기의 유학자이자 의사로서, 역학과 병학에 정통했다. 도요토미 히데쓰구豊臣秀次와 호리오 요시하루堀尾吉晴 등을 섬겼고 나중에는 가가 번에 초빙되어 군학을 가르쳤다. 《신장기信長記》《태합기太閤記》 등을 저술하였다.

오쓰키 겐타쿠(大槻玄澤, 1757-1827) 에도 시대 후기의 난학자이자 센다이 번仙台藩의 번의였다. 스기타 겐파쿠 등에게 난학과 의학을 배웠으며 나가사키에 유학을 하였다. 에도에 난학을 가르치는 지란당芝蘭堂을 설립하기도 하였다.

오카마쓰 오코쿠(岡松甕谷, 1820-1895) 막말-메이지 기의 유학자이자 교육자로, 호아시 반리에게 수학하였으며 구마모토 번에 출사하였다. 1876년 도쿄에서 사숙 소성서원紹成書院을 열었고 여자고등사범과, 도쿄대학 교수 등을 역임하였다.

오쿠보 다다타카(大久保忠教, 1560-1639) 에도 시대 초기의 하타모토로 도쿠가와 이에야스 편에 서서 전공을 세웠고, 3대 쇼군까지 섬겼다. 기이한 행동을 한 것으로 알려졌다.

오쿠보 도시미치(大久保利通, 1830-1878) 막말-메이지 기의 정치가로 사쓰마 번사출신이다. 사이고 다카모리와 함께 번의 지도자가 되어 막부를 타도했다. 유신 정부의 요직을 점하고 이와쿠라 사절단의 부사가 되었다. 정한론 정변 이후에는 초대 내무경이 되어 사실상 정부를 이끌었다. 서남전쟁 후 암살되었다.

오타 긴조(大田錦城, 1765-1825) 에도 시대 후기의 유학자이자 고증학자로 가가 번加賀藩의 번유였다. 미나가와 기엔皆川淇園 · 야마모토 호쿠잔山本北山에게 수학하여 문헌고증에 뛰어났다.

오하라 시게토미(大原重德, 1801-1879) 막말-메이지 기의 공가로, 1862년 에도로 가서 막정 개혁의 칙유를 전달하였다. 그 후에는 반막파로 활동하였으며, 유신 후에 참여 · 의정을 역임하였다.

와타나베 가잔(渡邊崋山, 1793-1841) 에도 시대 후기의 화가이자 양학자이다. 미카와三河 다하라 번田原藩의 가로이며 서양화법을 도입하여 사실적인 초상화를 그렸다.

요코이 쇼난(橫井小楠, 1809-1869) 막부 말기의 유학자로 구마모토 번의 번사이다. 개국 통상론을 주장하였다. 메이지 유신 후에 정부 고관인 참여參與가 되었다.

우사미 신스이(宇佐美灊水, 1710-1776) 에도 시대 중기의 유학자로 마쓰에 번松江藩의 번유였다. 소라이 사후 그의 저술 간행에 힘썼다.

우에다 아키나리(上田秋成, 1734-1809) 에도 시대 후기의 국학자이자 소설의 일종인 요미혼讀本 작가로《만엽집》과 음운학에 정통하여 노리나가와 논쟁을 하기도 했다.

우에무라 마사히사(植村正久, 1858-1925) 1887년 도쿄 고우지마치麴町에 후지미초富士見町 교회를 세우고 구약 성경을 번역한 목사이다. 일본의 기독교 교회 형성에 큰 역할을 하였다.

우에스기 나리노리(上杉齊憲, 1820-1889) 에도 시대 후기의 다이묘로 데와出羽 요네자와 번米沢藩의 제12대 번주이다.

우에키 에모리(植木枝盛, 1857-1892) 메이지 기 사상가이자 정치가로 자유 민권운동의 이론적 지도자였다. 이타가키 다이스케板垣退助 등과 함께 자유당을 창설하였다.

위원(魏源, 1794-1857) 중국 청대의 학자로 경세실용의 학문에 힘썼다.

유리 기미마사(由利公正, 1829-1909) 막부 말기의 재정가이자 정치가로 후쿠이 번의 번사이다. 메이지 유신 이후 정부의 참여가 되어 5개조 서문을 기초하였다.

유아사 조잔(湯淺常山, 1708-1781) 에도 시대 중기의 유학자로 오카야마 번사였다. 핫토리 난카쿠와 다자이 슌다이에게 고문사학을 배웠으며 번의 요직을 역임하였으나 강직한 태도로 인해 실각하였다.

이가이 게이쇼(猪飼敬所, 1761-1845) 에도 시대 후기의 유학자로 세키몬 심학에 관심을 가졌고 쓰 번津藩의 빈객으로 초빙되었다.

이노우에 고와시(井上毅, 1843-1895) 막말·메이지 기의 정치가로 구마모토 번사 출신이다. 오쿠보 도시미치와 이토 히로부미의 브레인으로 활약하였으며, 〈제국헌법〉〈교육칙어〉〈군인칙유〉를 기초하는 데 참여하였다. 추밀원 고문관·문부대신을 역임하였다.

이노우에 긴가(井上金峨, 1732-1784) 에도 시대 중기의 유학자로, 여러 학파를 절충하여 독자적인 학설을 전개하였다.

이시다 바이간(石田梅岩, 1685-1744) 에도 시대 중기의 사상가로 농민의 자식으로 태어나 11세에 교토의 상인 집안에서 고용살이를 하며 학문에 뜻을 두었다. 이후 쉬운 말로 강의를 하면서 상인의 직분 의식을 도덕으로서 주장하고, 사회 상황의 극복이 개인의 의지력과 연관됨을 피력하였다.

이케다 사다쓰네(池田定常, 1767-1833) 돗토리鳥取의 지번인 와카사 번若櫻藩의 번주로 사토 잇사이佐藤一齋에게 유학을 배웠으며 하야시 줏사이林述齋등 다수의 문인과 교유하였다.

이토 바이우(伊藤梅宇, 1683-1745) 에도 시대 중기의 유학자로 이토 진사이의 차남이다. 후쿠야마 번의 유관으로 역사와 유직고실有職故実에 정통하였다.

이토 히로부미(伊藤博文, 1841-1909) 막말-메이지 기의 정치가로 조슈의 번사출신이다. 유신 후에 번벌 정권 내에서 세력을 길러 헌법 제정의 중심이 되었다. 수상·추밀원 의장·귀족원 의장을 역임하였으며 정우회를 창설하였고, 1905년 한국통감으로 부임, 이후 안중근 의사에게 암살되었다.

이하라 사이카쿠(井原西鶴, 1642-1693) 에도 시대 전기의 통속 소설 작가이자 시인으로 당시 사회상을 적나라하게 그린 다수의 저서를 발간하였다. 대표작으로《호색일대남好色一代男》《호색일대녀好色一代女》《무도전래기武道傳來記》등이 있다.

지다라쿠 선생(自堕落先生) 야마자키 홋카(山崎北華, 1700-1746)의 별호로, 에도 시대 전기의 하이진俳人이자 기인이다. 원래 무사였으나 로닌으로 의술을 업으로 하였다.

지카마쓰 몬자에몬(近松門左衛門, 1653-1724) 에도 시대 중기의 조루리淨瑠璃·가부키歌舞伎 극본가로 수많은 작품을 남겼으며 의리와 인정의 갈등을 제재로 하였다.

하부토 마사야스(羽太正養, 1752-1814) 에도 시대 후기의 하타모토로, 1799년 에조치 직할령으로 에조치 담당 관리가 되었다. 1807년 실각하기까지의 경험을 토대로 《휴명광기休明光記》를 저술하여 에조치 대책을 주장하였다.

하시모토 사나이(橋本左內, 1834-1859) 막부 말기의 지사로 후쿠이 번의 번사이다. 오가타 고안에게 난학과 의학을 배워 양학 보급에 힘썼다.

하야시 시헤이(林子平, 1738-1793) 에도 시대 중기의 경세가로 에도에서 살다가 센다이仙台로 이주하였다. 나가사키에서 유학하면서 해외 사정에 주목하여 해상 방위의 중요성을 주장하였다.

하야시 줏사이(林述齋, 1768-1841) 에도 시대 후기 막부의 유관으로, 일본과 중국의 전적에 밝았고 26세에 막부의 명으로 린케林家를 계승하여 성당 등을 관리하였다. 후학 양성과 관찬서의 편찬에 애썼으며 린케의 중흥기로 여겨진다.

하야시 후쿠사이(林復齋, 1801-1859) 에도 시대 후기의 유학자이자 외교관이다. 린케의 제 11대 당주로서 1854년 페리가 내항했을 때에 교섭을 담당하였다.

핫토리 난카쿠(服部南郭, 1683-1759) 에도 시대 중기의 유학자이자 시인으로, 야나기사와 요시야스柳澤吉保에게 등용되었으며 소라이를 사사하여 고문사에 힘썼다. 시문과 그림에 능하였다. 저서로 《대동세어大東世語》《당시선국자해唐詩選國字解》《난카쿠 선생문집》 등이 있다.

호리 게이잔(堀景山, 1688-1757) 에도 시대 중기의 유학자이자 의사로, 증조부는 후지와라 세이카의 문인인 호리 교안堀杏庵이다.히로시마 번과 오와리 번에 출사하였다. 오규 소라이荻生徂徠와 교유하였고, 게이추契沖를 사숙하였다. 모토오리 노리나가本居宣長의 스승이기도 하였다.

호조 도키요리(北條時賴, 1227-1263) 가마쿠라 시대의 싯켄執權으로, 호조 씨의 독재체제를 확립하였다. 훗날 출가하여 여러 나라를 편력하며 민정을 시찰하였다고 전한다.

혼다 도시아키(本多利明, 1743-1820) 에도 시대 후기의 경세가로 에도에서 산학과 천문학을 가르치는 한편, 난학에 힘썼으며 유럽 사정에 밝았다. 개국과 무역, 북방北防의 긴급함을 주장하였다.

혼아미 고에쓰(本阿弥光悅, 1558-1637) 아즈치 모모야마-에도 시대 초기의 예술가로 도검의 감정과 연마를 가업으로 하는 가문에서 태어났다. 서예에 뛰어나 간에이 시대의 3필로 불리며, 마키에蒔繪와 라쿠야키樂燒 등에도 조예가 깊었다.

홋타 마사요시(堀田正睦, 1810-1864) 막부 말기의 로주이며 미일 수호 통상 조약을 체결하였다.

황종희(黃宗羲, 1610-1695) 중국의 명말-청초의 학자로 청대 고증학의 선구자이다.

후지와라노 후히토(藤原不比等, 659-720) 나라 시대의 귀족으로 가마타리鎌足의 차남이자 고묘光明황후의 부친이다. 우대신에 올라 다이호大寶 율령 제정에 관여하는 등 율령제도 확립에 힘썼다. 후지와라 가문 융성의 기초를 닦았다.

후지이 란사이(藤井懶齋, 1628-1709) 에도 시대 전기의 유학자로, 지쿠고筑後 구루메 번久留米藩의 번의가 되었다. 후에 교토에서 야마자키 안사이에게 배워 주자학의 입장에서 불교를 비판한《한제필기》를 지었다.

후지타 도코(藤田東湖, 1806-1855) 막말의 유학자이자 후지타 유코쿠의 아들로 미토의 번사이다. 번주 나리아키를 보좌하여 덴포의 개혁을 추진하였고, 치열한 존양론자로 알려졌다.

후지타 유코쿠(藤田幽谷, 1774-1826) 에도 시대 후기의 유학자로 미토의 상인 집안 출생이다. 18세에 〈정명론〉을 지어 미토학의 입장을 확립하였다.

후칸사이 하비안(不干齋巴鼻庵, 1565-1621) 에도 시대 초기의 일본인 예수회 수사로《묘정문답妙貞問答》을 지어 기독교 교리를 알렸으나 후에 파교하여 반기독교서인《파제우자破堤宇子》를 간행하였다.

히구치 류온(樋口龍溫, 1880-1885) 에도 시대 후기부터 메이지 기에 활약한 진종眞宗 오타니 파大谷派 승려로, 교토 엔코지圓光寺의 주지를 맡았다.

히라가 겐나이(平賀源內, 1728-1779) 에도 시대 중기의 박물학자이자 작가로, 난학과 본초학을 연구하였으며 처음으로 석면포를 직조하고 광산을 개발했다고 알려졌다.

히로세 단소(廣瀨淡窓, 1782-1856)　에도 시대 후기의 유학자로 가메이 쇼요龜井昭陽에게 유학을 배웠다. 경천설을 중시하였으며 한학 사숙인 함의원咸宜園을 세워 문인 수천 명을 배출하였다.

히토미 기유(人見璣邑, 1729-1797)　에도 시대 중기의 무사로 나고야 번주 도쿠가와 무네치카德川宗睦의 장남의 시강을 맡았다. 이후 관리가 되어 치수 사업과 농정 개혁을 추진하였다.

주요 인명 찾아보기

ㄱ

가나가키 로분假名垣魯文 347, 401, 416
가메이 쇼요龜井昭陽 205
가모 군페이蒲生君平 385
가모노 마부치賀茂眞淵 206, 251, 252, 259, 271, 285, 312
가쓰라가와 호슈桂川甫周 354
가이바라 에키켄貝原益軒 106, 320
가이호 세이료海保青陵 236, 277, 288, 299, 300, 310, 402, 426, 436, 471
가타야마 겐잔片山兼山 205
간차잔管茶山 204
고가 도안古賀侗庵 366
고다이고後醍醐 168, 170, 385
고토쿠 슈스이幸德秋水 447, 451, 452
구루시마 미치타네久留嶋通胤 373
구마자와 반잔熊澤蕃山 101, 107, 138, 304, 305, 307, 309
구메 구니타케久米邦武 79, 410
구스노키 마사시게楠木正成 106
기타무라 노부요喜多村信節 60
기타바타케 지카후사北畠親房 314

ㄴ

나이토 메이세쓰內藤鳴雪 421
나카네 모로카타中根師質 371
나카무라 마사나오中村正直 128, 174, 404, 408, 409, 415
나카에 도주中江藤樹 106, 157, 305
나카이 리켄中井履軒 236
나카이 지쿠잔中井竹山 243, 277, 322, 386
나카자와 도니中澤道二 216
나카지마 히로타리中島廣足 343, 411
난부 리쓰안南部立庵 89
니시무라 시게키西村茂樹 404, 413
니시 아마네西周 100, 308, 408, 415
니시카와 조켄西川如見 81, 308, 310, 314, 315
니지마 조新島襄 355

ㄷ

다다 난레이多田南嶺 309, 326, 336
다다노 마쿠즈只野眞葛 291
다마무시 사다유玉蟲左太夫 357
다메나가 슌스이爲永春水 235, 259
다야스 무네타케田安宗武 252

다이도지 유잔大道寺友山 57
다자이 슌다이太宰春台 103, 112, 201, 205, 206, 208, 209, 252, 335
다카노 쓰네미치高野常道 396
다카노 조에이高野長英 349, 366, 450
다카스기 신사쿠高杉晋作 349
다카야마 히코쿠로高山彦九郎 385
다카하시 가게야스高橋景保 302
다케코시 요사부로竹越與三郎 380
덴다이신田大心 203, 205
도미나가 나카모토富永仲基 311, 397
도시마 호슈豊島豊州 205
도쿠가와 나리아키德川齊昭 316, 343, 363, 367, 381, 386
도쿠가와 미쓰쿠니德川光圀 97, 113, 116, 249
도쿠토미 소호德富蘇峰 236
도키와 단포쿠常盤潭北 87, 103

ㄹ

라이 산요賴山陽 386, 389
류코비龍公美 206, 255

ㅁ

마나베 아키후사間部詮房 200
마스호 잔코增穗殘口 327
마쓰다이라 노리사토松平乘邑 114
마쓰다이라 다다카타松平忠固 392
마쓰다이라 요시나가松平慶永 357, 370, 374, 376, 377, 382, 384-386, 392
마쓰모토 만넨松本萬年 406
마쓰미야 간잔松宮觀山 212, 314
마쓰자키 간카이松崎觀海 205
마에다 나리야스前田齊泰 370
마에지마 히소카前島密 415
마틴, 윌리엄William Martin 409
모리슨, 로버트Robert Morrison 365
모리시마 주료森島中良 346, 354
모리 아리노리森有禮 83, 415
무라타 미사부로村田巳三郎 66
미나가와 기엔皆川淇園 108
미노베 다쓰키치美濃部達吉 59
미쓰이 다카히라三井高平 90
미쓰쿠리 린쇼箕作麟祥 416, 447
미쓰쿠리 쇼고箕作省吾 342
미야자와 겐지宮澤賢治 216
미와 싯사이三輪執齋 53
미조구치 나오아키溝口直諒 370
미즈노 다다쿠니水野忠邦 351, 396

ㅂ

바바 분코馬場文耕 310
반 고케이伴蒿蹊 81
비토 지슈尾藤二洲 205

ㅅ

사사키 다카유키佐々木高行 412
사이고 다카모리西鄕隆盛 441
사이온지 긴모치西園寺公望 139, 448
사이토 세쓰도齋藤拙堂 370, 371
사젠 셋케이佐善雪溪 107
사카모토 료마坂本龍馬 393
사카타니 시로시阪谷素 406, 407
사쿠마 쇼잔佐久間象山 348, 372
산토 교덴山東京傳 259
서계여徐繼畬 356, 357
스기타 겐파쿠杉田玄白 345, 346, 348, 364
시마즈 히사미쓰島津久光 384

시바 고칸司馬江漢 103, 302, 345, 364, 435
시오노야 도인鹽谷宕陰 308, 351, 396
시오다 준안鹽田順庵 368
시키테이 산바式亭三馬 336
쓰다 마미치津田眞道 406, 408, 409
쓰루미네 시게노부鶴峯戊申 367

ㅇ

아리와라노 나리히라在原業平 250
아메노모리 호슈雨森芳州 123, 305, 312
아사미 게이사이淺見絅齋 109, 110, 112, 116, 272, 305, 307, 314, 385, 387
아시카가 다카우지足利尊氏 106, 170, 385
아시카가 요시미쓰足利義滿 171
알레니, 줄리오Giulio Aleni 352, 354
야나기사와 기엔柳澤淇園 259, 337
야나기사와 야스아키라柳澤保明 178
야나다 제이간梁田蛻巖 102
야마가 소코山鹿素行 107, 305, 307, 314
야마가타 다이카山縣太華 387
야마가타 반토山片蟠桃 262, 319
야마모토 쓰네토모山本常朝 57, 58, 161, 292
야마무라 사이스케山村才助 173
야마시타 고나이山下幸內 312
야마자키 안사이山崎闇齋 109, 118, 138, 208, 389, 474
야스이 솟켄安井息軒 170
에지마 기세키江島其磧 88, 334, 336
에지마 다메노부江島爲信 54
오가타 겐잔尾形乾山 139
오가타 고린尾形光琳 139, 150
오규 소라이荻生徂徠 73, 105, 112, 177, 179, 198, 199, 226, 228, 238, 250, 259, 277, 285, 311, 339, 471
오쓰키 겐타쿠大槻玄澤 345, 347, 348
오제 호안小瀨甫庵 105
오카마쓰 오코쿠岡松甕谷 448
오쿠보 다다타카大久保忠教 313
오쿠보 도시미치大久保利通 447
오타 긴조大田錦城 204, 207, 337
오하라 시게토미大原重德 384
와타나베 가잔渡邊崋山 86, 239, 350, 352, 365
요코이 쇼난橫井小楠 357, 358, 376, 378
우사미 신스이宇佐美灊水 200, 277
우에다 아키나리上田秋成 264, 272
우에무라 마사히사植村正久 436
우에스기 나리노리上杉齊憲 370
우에키 에모리植木枝盛 76
위원魏源 315, 356
유리 기미마사由利公正 358
유아사 조잔湯淺常山 164
이가이 게이쇼猪飼敬所 314
이노우에 고와시井上毅 412
이노우에 긴가井上金峨 205, 338
이시다 바이간石田梅岩 88, 89
이케다 사다쓰네池田定常 59, 73, 341, 350
이토 바이우伊藤梅宇 314
이토 히로부미伊藤博文 413, 414, 464
이하라 사이카쿠井原西鶴 54, 69

ㅈ

지다라쿠自墮落 선생 215
지카마쓰 몬자에몬近松門左衛門 143, 157

ㅎ

하부토 마사야스羽太正養 53, 88
하시모토 사나이橋本左內 357, 392
하야시 시헤이林子平 315
하야시 줏사이林述齋 257, 367, 387
하야시 후쿠사이林復齋 371
핫토리 난카쿠服部南郭 202, 203, 205, 206, 214, 253
호조 도키요리北條時賴 167
혼다 도시아키本多利明 316, 396
혼아미 고에쓰本阿弥光悅 139
홋타 마사요시堀田正睦 371, 375, 391
황종희黃宗羲 356
후지와라노 후히토藤原不比等 185
후지이 란사이藤井懶齋 309
후지타 도코藤田東湖 389
후지타 유코쿠藤田幽谷 386
후칸사이 하비안不干齋巴鼻庵 313
히구치 류온樋口龍溫 257
히라가 겐나이平賀源內 314, 345
히토미 기유人見璣邑 262

일본 정치사상사
17~19세기

초판 발행 2017년 5월 30일
초판 4쇄 2020년 11월 30일

지은이 와타나베 히로시
옮긴이 김선희 · 박홍규
펴낸곳 고려대학교출판문화원
www.kupress.com
kupress@korea.ac.kr
(02841) 서울특별시 성북구 안암로 145
Tel 02-3290-4230, 4232
Fax 02-923-6311
찍은곳 한국컴퓨터인쇄정보

ISBN 978-89-7641-934-7 93340

값 29,000원
※ 잘못 만들어진 책은 바꿔 드립니다.